마오쩌둥 1

마오쩌둥

1 혁명을 향한 대장정
1893~1937

필립 쇼트 | **양현수** 옮김

교양인
GYOYANGIN

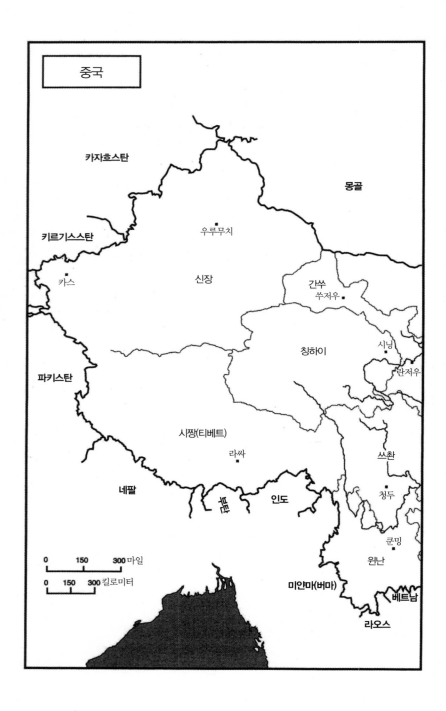

차
례

1 혁명을 향한 대장정
1893~1937

2 문화혁명의 붉은 황제
1937~1976

| 감사의 말 |

이런 종류의 책은 많은 사람들의 선의가 쌓여 탄생한다. 그들 가운데 몇 명에게는 공개적으로 고마운 마음을 표현할 수 있다. 먼저 장위펑(張玉鳳)은 마오쩌둥의 생애 마지막 몇 년 동안 그의 반려가 되어주었던 사람이다. 리루이(李銳)는 한때 마오의 비서로 일했으며 지금은 중국이 사회민주주의의 길로 나아가야 한다고 강력하게 주장하고 있다. 내가 이 글을 쓰고 있는 바로 이 순간에도 리루이는 100세의 나이에도 불구하고 여전히 힘차게 투쟁하고 있다. 고(故) 왕뤄수이(王若水)는 〈인민일보(人民日報)〉의 부편집장을 지낸 용감한 사람이었다. 팡셴즈(逢先知)는 한때 마오의 개인 장서 관리자였으며 오늘날 중국에서 가장 박식한 당 역사가들 가운데 한 명이다. 그 밖에 저우언라이의 조카딸 저우빙더(周秉德), 덩샤오핑의 아들 덩푸팡(鄧樸方), 류사오치의 딸 류팅팅(劉亭亭)이 나를 도와주었다.

여기서 이름을 밝힐 수 없는 많은 이들에게도 도움을 받았다. 이 책의 초판은 1999년에 출간되었다. 1999년의 중국은 내가 그곳에 살았던 20여 년 전보다 훨씬 관용적이고 자유로운 나라였으며, 중국인들은 마오가 살아 있을 때에는 생각할 수도 없었던 자유를 당연하게 여기고 있었다. 하지만 민감한 정치적 사안을 두고 기록에 남을 발언을 할 때면 중국인들은 여전히 상급자의 분노나 경찰 조사를 우려했다. 그때부터 다시 약 20년이 지난 지금은 좀 더 자유롭다. 비록 공산당 지배를 위협하는 것으로 해석될 수 있는 것은 그것이 무엇이든 체계적인 탄압이 가해지고 있지만, 고등교육을 받은 중국인 대부분, 특히 젊은 세대는 거의 모든 주제에 대해 자신의 의견을 말해도 된다고 생각한다. 다만, 그런 의견이 활자화되는 경우에는 함부로 넘을 수 없는 한계선이 여전히 존재한다.

마오에 대한 판단은 누구도 독점하지 못한다. 중국공산당 관료들, 당 역사가들, 중국의 학자들, 마오의 가족과 최측근들이 마오에 대해 자신이 개인적으로 통찰한 바를 나에게 알려주었다. 하지만 그들의 견해는 많은 중요한 지점에서 엇갈렸다. 때로는 모든 견해가 설득력 없게 들리기도 했다(그들이 보기에 나의 의견이 설득력이 없는 경우도 있었다). 하지만 그들 모두가 마오를 둘러싼 기존의 신화를 무너뜨리는 이 과정에 참여하여 그동안 교묘하게 가려져 있던 마오의 삶을 조명하는 데 큰 도움을 주었다. 모두에게 감사를 전한다.

이 책의 초판을 쓰는 데 아이오와대학의 캐런 채펠(Karen Chappell)과 주디 폴럼바움(Judy Polumbaum)이 큰 도움을 주었다. 두 사람 덕분에 나는 1년간 미국 중서부에서 다른 일에 방해받지 않고 오롯이 연구에 집중할 수 있었다. 나를 도와준 편집자들, 런던의 롤런드 필립스(Roland Philips)와 뉴욕의 잭 매크리(Jack Macrae)에게도 고마움을 전한다. 출판 에이전트 재클린 콘(Jacqueline Korn)에게도 감사한다. 다른 사람들이 이 책이 도저히 완성될 수 없을 것이라고 생각하기 시작했을 때에도 콘은 나를 믿어주었다.

이 책의 초판이 출판된 이후 중국과 서구에서 많은 역사가들이 엄청난 양의 새로운 연구를 수행했다. 그리하여 초판이 나올 때만 해도 전후 사정이 불분명했던 사건들이 훨씬 더 정확하게 알려지게 되었다. 이런 변화가 초판의 내용을 개정하고 보충하여 제2판을 낼 명분을 제공해주었다. 제2판은 I.B.Tauris 출판사의 편집인 토마스 호스킨스(Tomasz Hoskins) 덕분에 나올 수 있었다. 그에게, 그리고 이 책의 제작 과정을 관리해준 세라 매그니스(Sara Magness)에게 고마운 마음을 전한다.

권력에 이르는 길

퉁다오(通道)라는 작은 장터 마을의 이름을 들어본 사람은 오늘날 중국에도 별로 없다. 이 마을은 샹강(湘江)의 좌측 강변을 따라 약 1.5킬로미터 길이로 자리 잡고 있다. 마을 한편에는 누런 강물이 넓게 흘러 내려가고 다른 한편에는 계단식 논이 펼쳐진 나지막한 산이 있다. 퉁다오는 중국 남부의 세 개 성, 즉 광시성(廣西省), 구이저우성(貴州省), 후난성(湖南省)이 만나는 작은 소수민족 지역의 중심에 있다. 지저분하고 황폐한 이 마을의 중심가에는 진창길이 길게 뻗어 있다. 마을에는 점포도 몇 개 없고 현대적인 건물은 더더욱 없다. 주민들 스스로 이곳에서는 흥미로운 일이 일어난 적이 없다고 체념하듯 말한다. 하지만 수십 년 전에 흥미로운 일이 딱 한 번 있었다. 1934년 12월 12일에 일어난 일이었다.[1] 그날 중국공산당 홍군(紅軍) 지휘부가 이곳에 모여 회의를 했는데, 바로 그 회의를 기점으로 하여 마오쩌둥(毛澤東, 1893~1976)이 최고 권력을 향해 첫발을 내디뎠던 것이다.

퉁다오 회의는 중국공산당 역사에서 거의 알려지지 않은 회의다. 홍군이 이 마을을 거쳐 갔다는 사실을 증명해주는 기록은 그 당시에 병사들이 담벼락에 쓴 구호를 찍은 낡은 사진 한 장뿐이다. 병사들이 쓴 구호는 "모든 사람은 무기를 들고 일본에 맞서 싸워라!"였다.[2] 1934년 당시 이 회의에 참석했던 홍군 지휘부는 지금은 모두 죽고 없다. 회의 참석자와 회의 장소를 정확하게 기억하는 사람도 없다. 훗날 중화인민공화국의 총리가 된 저우언라이(周恩來, 1898~1976)는 회의 장소가 퉁다오 외곽의 어느 농가였으며 한편에서는 마침 혼인 잔치가 벌어지고 있었다고 회고했다.[3] 그때 마오쩌둥은 만 41세 생일을 2주 앞두고 있었다. 키가 껑충하고 마른 체구였던 마오는 이즈음 제대로 먹지도 자지도 못해 몹시 수척한 상태였다. 헐렁한 회색 무명옷이 금방이라도 어깨에서 흘러내릴 것 같았다. 말라리아를 심하게 앓고 나서 아직 회복 중이던 터라 때로 들것에 실려 다녀야 했다. 다른 공산당 지도자들보다 키가 컸던 그는 얼굴이 온화하고 말끔했으며 더부룩한 검은 머리 한가운데에 가르마를 타고 있었다.

좌파 성향의 미국 작가 아그네스 스메들리(Agnes Smedley)는 이 시기 직후에 마오쩌둥을 만났다. 스메들리가 본 마오쩌둥은 목소리가 높고 손이 여자처럼 길고 섬세하게 생겼으며 쉽게 다가가기 힘든 인상이었다.

마오는 얼굴이 길고 검은 편이었으며 속내를 알 수 없는 표정이었다. 이마는 넓고 높았으며 입매는 여성스러웠다. 그를 묘사하는 다른 말도 있을 수 있겠지만, 그는 분명 아름다움을 아는 사람이었다. …… 이런 여성적 자질과 달리 그는 황소처럼 고집이 셌고 자존심과 목적 의식이 강철 기둥처럼 내면을 관통하고 있었다. 몇 년이든 묵묵히 기다리며 지켜보다 결국은 뜻을 관철하고 마는 유형의 사람이라는 인상을 받았다. …… 그는 신랄하고 음울한 농담을 던지곤 했는데,

중국 혁명의 투사. 중화인민공화국의 창시자 마오쩌둥(1935년).

그것은 마치 영혼 깊숙이 격리되어 있는 어두운 지하 공간에서 울려 나오는 듯했다. 여태껏 아무에게도 열어 보이지 않은, 그의 내면 깊숙한 곳으로 향하는 문이 하나쯤 존재하는 듯한 느낌이었다.[4]

가장 가까운 동지들에게조차 마오는 속내를 알 수 없는 사람이었다. 스메들리의 표현처럼, 그의 정신은 "내면에 단단하게 자리 잡아 그를 고립시켰다." 마오의 인품은 충성심을 끌어냈지만 애정을 불러일으키지는 못했다. 그는 성미가 불같았지만 동시에 무한한 인내심도 있었다. 미래를 내다보는 넓은 시야를 지녔으면서 세부 사항을 살필 때에는 지나치게 규칙에 얽매이는 모습을 보이기도 했다. 한번 뜻을 세우면 굽힐 줄 몰랐지만 극도의 섬세함도 지니고 있었다. 공적으로 카리스마의 화신이었지만 사적으로는 음모가였다.

그의 머리에 현상금을 걸고 그의 아내를 살해했으며 그의 부모 무덤을 파헤친 국민당은 1930년대 내내 마오쩌둥을 공산당 홍군의 최고 지도자로 판단했다. 국민당이 자주 그러했듯이, 이것 역시 잘못된 판단이었다.

당시 공산당의 권력은 '3인단(三人團)'이 쥐고 있었다. 3인단의 첫 번째 인물은 보구(博古, 1907~1946)였다. 1934년에 27살이던 보구는 당의 총서기였고 공식적으로 '당 중앙의 업무에 대해 전반적인 책임을 지는 동지(黨中央工作的工作竭盡全部責任心的同志)'로 알려져 있었다. 모스크바의 중산대학*을 나온 보구는 언뜻 조숙한 소년처럼 보였다. 튀어나온 큰 눈에 검은 뿔테 안경을 쓴 보구에 대해 한 영국 외교관은 '골리워그(golliwog, 얼굴이 까맣고 눈이 동그란 헝겊 인형)'처럼 생겼다고 말했다. 점잖지 못한 표현이었지만 적절한 비유였다. 코민테른*은 보구를 낙하산 인사로 갑작스럽게 중국공산당 지도부에 투입했는데, 공산당이 소련의 정책 노선을 충실하게 따르도록 만들기 위해서였다. 3인단의 두 번째 인물은 홍군의 총정치위원 저우언라이였다. 공식적인 최고 지도자는 보구였지만 배후 실력자는 저우언라이였다. 그는 모스크바의 신뢰도 확보하고 있었다. 세 번째 인물은

중산대학(中山大學) 쑨원이 혁명 의식을 고취하기 위해 1925년 모스크바에 설립한 교육 기관. 주로 마르크스-레닌주의와 볼셰비키 혁명론을 가르쳤으며, 코민테른의 지시를 충실히 따르는 '친소련파' 지식인을 양성하는 데 힘썼다. 왕밍(王明, 1904~1974)과 보구를 비롯해 중국의 많은 청년들이 이곳에서 공부했다.

코민테른(Comintern) 'Communist International'의 약어이며 1919년 3월 레닌이 창설한 조직이다. 소련은 이 조직을 수단으로 삼아 각국의 공산당 활동을 통제했다. 외국 공산당들은 코민테른의 지부로 취급되었으며, 러시아인들이 압도적으로 지배하는 코민테른 집행위원회의 명령에 따라야 했다.(저자 주)

독일인 오토 브라운(Otto Braun)이었다. 그는 코민테른이 파견한 군사 고문이었다. 브라운은 키가 크고 마른 편이었는데 코가 높고 치아도 큼직했으며 동그란 테의 안경을 썼다.

공산당 군대의 참담한 패배가 이어지는 1년 동안 이 세 사람이 당을 이끌었다. 국민당 지도자 장제스(蔣介石, 1887~1975)는 이미 중국 대부분 지역에서 지배권을 확고히 한 상태였다. 장제스는 공산당이 자신의 지배에 치명적이고 장기적인 도전을 할 가능성이 있다고 판단하고 그들을 제거하기로 결심했다. 그리하여 그는 독일인 군사 고문의 도움을 받아 공산당이 장악한 지역 둘레에 강력한 토치카를 만들어 포위망을 구축하기 시작했다. 국민당이 점점 더 안쪽으로 밀고 들어오면서 공산당은 천천히, 그렇지만 꼼짝없이 포위되었다. 홍군의 목이 서서히 죄어들고 있었다. 3인단은 적절한 대응책을 찾지 못했다.

마오쩌둥이 지도부의 일원이었다고 해도 더 잘해내지 못했을지도 모른다. 하지만 당시에 마오는 보구에 의해 2년 전부터 지도부에서 밀려나 있었다. 마오에게는 아무 힘이 없었다.

중국공산당 지도부는 몇 달간 고뇌에 찬 논쟁을 벌인 끝에 결국 1934년 10월 중앙 근거지*를 버리고 떠나기로 결정했다. 장제스의 군대가 숨통을 끊으려고 다가옴에 따라 완전한 패배를 피하기 위해 마지막으로 필사의 도박을 감행한 것이었다. 약 1만 킬로미터에 달하는 거리를 횡단한 이 행군은 후에 '대장정(大長征)'이라고 불리게 된다. 역경을 뚫고 나아갈 용기, 철저한 자기희생과 규율, 불굴의 의지의 영웅적 상징이 될 대장정은 사실 처음에는 '전략적 이동(戰略大轉移)'으로, 조금 뒤에는 그저 '서쪽을 향한 행군(西部進軍)'이라고 불렸

---

* 당시 중국공산당 지도부가 주요 거점으로 삼은 장시성(江西省) 접경지대의 근거지를 말한다.

다. 목적지를 정한 것은 아니었지만 일단은 후난성 서북 지역으로 방향을 잡았다. 그 지역 군벌(軍閥)들은 장제스의 야심에 의심을 품고 그에게 협조하기를 꺼렸기 때문이다. 지도부는 그 일대 공산당 세력과 합류하여 새로운 근거지를 만들려는 계획을 세웠다.

행군은 처음에는 순조로웠다. 홍군은 첫 번째 포위망을 손쉽게 빠져나왔다. 두 번째와 세 번째 포위망 역시 뚫을 수 있었다. 국민당 정보기관에서 공산당이 포위망을 뚫고 나갔다는 사실을 파악하는 데 3주가 넘게 걸렸다.[5] 하지만 네 번째 포위망인 샹강 전선은 달랐다.

11월 25일부터 12월 3일까지 1주일 넘게 전투가 벌어졌다.[6] 전투 결과 홍군은 1만 5천 명 내지 2만 명의 전투원을 잃었다. 4만 명에 달한 예비 병력과 짐꾼이 대오를 이탈하여 도주했다. 10월에 출발했을 때는 모두 합쳐 8만 6천 명이었는데, 짐 나르는 행렬이 무려 80킬로미터에 이르러 마치 거대한 뱀이 구불구불 나아가는 것처럼 보였다. 이제 남은 인원은 3만 명 남짓이었다. 훗날 마오쩌둥이 행군 중인 군대라기보다 이삿짐 나르는 사람들 같았다고 표현한 이 장대한 행렬은 샹강 전투에서 산산이 흩어지고 말았다.[7] 강변의 진흙탕과 언덕 곳곳에 사무 집기, 인쇄기, 당의 공문서, 이동식 발전기 등 온갖 잡동사니가 나뒹굴었다. 공산당이 지난 3년 동안 벨기에보다 약간 넓은 지역을 통치하는 과정에서 쌓인 이 물건들은 짐꾼의 등에 실려 산을 넘고 논두렁을 지나 수백 킬로미터가 넘는 거리를 온 끝에 이렇게 버려졌다. 각종 대포, 기관총, 단 하나 있던 엑스선 촬영기마저 내동댕이쳐졌다. 이 짐 때문에 행군 속도가 느릴 수밖에 없었고, 지나치게 덩치가 커지고 약해진 홍군은 장제스가 놓은 덫으로 천천히 기어들어 갔던 것이다.

웬만한 일로는 평정심을 잃지 않는 홍군 지도자들도 이렇게 큰 재앙 앞에서는 당황할 수밖에 없었다. 몇 년 동안 애써 만든 근거지를 아쉽게 탈출한 것이 10월이었는데, 불과 2개월 만에 병력의 3분의 2를 잃은 것이다.

1주일 뒤 홍군은 드디어 추격자들을 떨쳐버리고 후난성 남부 지역으로 진입했다. 부대가 재편성되고 전체적인 질서를 회복했다. 하지만 지도부 내에서는 반란의 기운이 감돌았다. 3인단에게 책임을 물을 시간이 다가오고 있었다.

그러나 아직은 아니었다. 이날, 즉 1934년 12월 12일 퉁다오 마을에서 회의를 한 여덟아홉 명의 지친 당 지도자들에게는 책임을 묻는 것보다 더 시급한 문제가 있었다. 도대체 이 행렬은 어디로 가야 한단 말인가? 보구와 오토 브라운은 원래 계획대로 후난성 서북부 지역으로 가자고 고집했다. 하지만 군사 지휘관들이 반대했다. 장제스의 30만 병력이 북으로 가는 길을 가로막고 있었기 때문이다. 북쪽 행군을 강행하는 것은 홍군의 전멸을 초래할 일이었다. 빨리 결정을 내려야 했다. 동쪽에서 후난성 군벌의 군대가 접근하고 있다는 보고가 들어왔다.

다급하면서도 열띤 토론 끝에 서쪽으로 계속 이동하여 구이저우성의 깊은 산속으로 들어가자는 임시 결정이 내려졌다.[8] 거기서 당 정치국 전원회의를 열어 향후 전략을 논의하기로 했다. 이 타협안은 마오쩌둥이 내놓았다. 1932년 마오가 군 지휘부에서 축출된 이후 당 간부들이 처음으로 그의 의견을 듣고 채택했던 것이다. 샹강에서 크게 패배한 뒤에야 비로소 마오는 영향력을 회복했다. 중국 속담에 만리 길도 한 걸음부터라는 말이 있다. 마오쩌둥에게 퉁다오 회의는 바로 그 한 걸음이었다.

구이저우성은 지난 수백 년 동안, 그리고 지금도 중국에서 가장 가난한 성 가운데 한 곳이다. 1930년대 구이저우에는 아편이 퍼져 있었고 사람들은 문맹이었으며 너무 가난해서 온 가족이 바지 한 벌을 번갈아 입는 경우도 흔했다. 여자아이는 태어나자마자 죽여 없애는 일이 예사였고, 사내아이는 노예 상인을 거쳐 바닷가의 부유한 동네로 팔려 가곤 했다. 하지만 자연 환경은 매우 빼어났다. 홍군은 서쪽으로 행군하면서 명(明)나라 때 그려진 산수화 같은 멋진 풍경을 감상할 수 있었다.

퉁다오를 지나자 언덕은 더 가팔라지고 산줄기는 더 거칠어졌으며 모양새가 점점 기기묘묘하게 변해 갔다. 원뿔 모양으로 치솟은 석회암 산, 낙타 등 모양의 산, 거대한 개미탑 같은 산, 고대 왕릉처럼 펑퍼짐하고 둥그런 산이 연이어 등장했다. 소수민족 묘족(苗族)이 사는 마을은 높은 바위 절벽 위에 올라앉아 있었다. 황토 벽에 긴 처마를 이고 격자 창문에 창호지를 바른 초가집들이 옹기종기 모여 있었다. 겨우내 노랗게 말라버린 풀과 때 이른 봄철 새순이 뒤섞여 황록색 들판을 이루었다. 하늘에서 매가 맴돌았고 텅 빈 논에 남은 볏짚 동강에 하얀 서리가 내려앉았다. 구이저우 사람들은 말했다. "사흘이 지나지 않아 비가 내리고, 3리를 채 못 가서 비탈길이 나온다." 홍군이 지나가는 이 지역은 산밖에 없는 데다 12월과 1월은 이슬비와 안개의 연속이었다. 안개가 감싼 높은 봉우리에는 푸른 소나무와 금색 대나무, 짙은 녹색 전나무가 울창했고 계곡 아래를 내려다보면 하얀 구름이 마치 호수 물처럼 골짜기를 가득 채우고 있었다. 쇠사슬 다리가 강 위에 걸려 있었다. 계곡물이 쏜살같이 흐르는 언덕 사이로 보이는 손바닥만 한 밭에서는 농부가 가파른 땅에서 채소 한 뿌리라도 검붉은 흙을 뚫고 자라게 하려고 땀을 흘리고 있었다.

하지만 훗날 병사들은 오직 행군의 어려움만 기억했다. "우리는 엄청나게 가파른 산을 기어 올라갔다. 앞사람 신발 바닥이 보일 정도였다. …… 앞에서 선발대가 가파른 절벽을 만났다는 소식이 전해졌다. …… 지금 있는 곳에서 잠시 눈을 붙이고 내일 새벽 일찍 행군을 시작한다는 지시가 내려왔다. …… 별들이 검은 장막 위 옥구슬처럼 빛났다. …… 검은 산봉우리가 마치 우리를 둘러싼 거인들처럼 무섭게 보였다. …… 깊은 우물 바닥에 앉아 있는 듯한 기분이었다."[9] 지역 주민들에게 '천둥 신'이라고 불리던 이 절벽의 돌계단은 폭이 30센티미터 정도밖에 되지 않았다. 환자를 실은 들것은 좁은 계단을 올라갈 수 없었기에 다른 병사가 환자를 들쳐 업고 갈 수밖에 없었다. 말들은 절벽을 오르다가 미끄러져 떨어져 죽었다.[10]

홍군 지휘관 주더(朱德, 1886~1976)는 그곳 주민들이 얼마나 가난했는지를 훗날 이렇게 회고했다. "농부들은 스스로 '마른 사람들'이라고 불렀다. …… 남에게 모든 것을 다 빨아 먹혀서 아무것도 없이 말라버렸다는 뜻이었다. …… 지주의 낡은 곡식 창고 아래에서 흙을 파면 썩은 쌀알이 나왔다. …… 스님들은 그걸 '신성한 쌀'이라고 불렀다. 하늘이 가난한 자에게 주는 선물이라고 본 것이다."[11]

마오 역시 이런 모든 것들을 보았을 것이다. 하지만 그는 자연의 힘과 아름다움도 보았으며 그것을 이렇게 시로 적었다.

산!
거친 바다에 큰 파도가 일고 있구나.
만 마리의 말이
뜨거운 싸움터를 용감하게 달리고 있구나.

산!
칼날처럼 날카롭게 푸른 하늘을 찌르고 있구나.
하늘은 무너져 내리려 하지만

그대들이 힘차게 받쳐주고 있구나.*[12]

말 위에서 마오쩌둥이 이런 시를 읊은 것은 자연의 힘에 감동했기 때문만은 아니었다. 그에게는 들뜰 만한 또 다른 이유가 있었다.

12월 15일 홍군은 리핑(黎平)에 도착했다. 리핑은 퉁다오를 출발한 이후 처음으로 만나는 평지였는데, 낮은 산으로 둘러싸인 골짜기에 자리 잡고 있었다. 홍군 사령부는 어느 상인의 널찍하고 잘 단장된 저택에 머물렀다. 정원이 있고 곳곳이 불교풍으로 장식되었으며 부를 과시하는 상징이 가득 했다. 기둥 네 개짜리 고급스런 침대들, 그리고 저택 뒤쪽에는 작은 중국식 정원도 있었다. 대문을 열면 회색 기와를 올리고 처마가 새 날개처럼 위로 휘어진 가게와 집들이 보였다. 앞 골목을 따라 조금만 내려가면 독일 루터 교회가 있었다. 선교사들은 공산당이 온다는 소식을 듣고 모두 도망가고 없었다. 상인들도 마찬가지였다.

바로 이곳에서 대장정 개시 후 처음으로 당 정치국 회의가 공식적으로 열렸다.[13] 두 가지 주요 의제가 있었다. 하나는 지난번 토론 때 결론을 내리지 못한 문제, 즉 홍군의 목적지를 정하는 것이었고, 또 하나는 군사 전술 문제였다.

브라운과 보구는 여전히 후난성 북부 지역으로 가서 다른 공산당 세력과 힘을 합치자고 주장했다. 마오쩌둥은 북서쪽으로 이동해서 구이저우성과 남부 쓰촨성(四川省)의 경계 지역에 새로이 홍군 근거지를 마련하자고 제안했다. 그곳이 적군의 저항이 덜할 것이라고 그는 주장했다. 마오의 의견은 장원톈(張聞天, 1900~1976)의 지지를 받

─────────
* 이 시의 원문은 다음과 같다. "山 倒海飜江卷巨瀾 奔騰急 萬馬戰猶酣 山 刺破靑天鍔未殘 天欲墮 賴以拄其間"

았다. 장원톈은 네 명으로 구성된 당 정치국 상무위원회 위원 중 한 명이었다. 당 중앙군사위원회 부주석인 왕자샹(王稼祥, 1906~1974)도 마오를 지지했다. 왕자샹은 1년 전 전투에서 심각한 부상을 입어 대장정 내내 들것에 실려 다녔고, 그의 배에는 항상 위와 연결된 고무관이 꽂혀 있었다. 모스크바에서 훈련을 받은 장원톈과 왕자샹은 원래 브라운과 보구를 지지했지만 이제 태도를 바꾸었다. 마오쩌둥은 장정 초기부터 이 두 사람과 대화를 시작하여 서로 이해의 폭을 넓혀 왔다. 두 사람 덕분에 중국공산당 내 권력 구도가 마오에게 유리한 쪽으로 기울기 시작했다. 이런 변화를 재빨리 파악한 저우언라이는 곧 장원톈과 왕자샹의 의견에 동조했으며, 당 정치국의 나머지 구성원들은 대세를 따랐다. 결국 당 정치국은 구이저우성에서 두 번째로 큰 도시인 쭌이(遵義)까지 가서 새로운 근거지를 세우기로 결정했다. 만일 그것이 불가능하면 북서쪽으로 더 멀리 이동하기로 했다.

하지만 마오는 원하던 것을 모두 얻지는 못했다. 군사 전술에 대해 당 정치국은 어느 쪽으로도 기울지 않았다. 정치국의 결의는 "우리 측이 입은 피해를 과소평가하지 말고, 그렇다고 비관주의나 패배주의에 빠지지도 말라."고 지적했다. 이 결의는 샹강에서 당한 대패를 간접적으로 가리키면서 동시에 저우언라이, 보구, 브라운 세 사람의 군사 노선을 비판하는 것이었다. 앞으로 새로운 근거지를 확보하기 전까지는 대규모 전투를 피해야 한다는 지침도 있었다. 그러나 한편으로는 '유격주의(遊擊主義)'의 위험성이 언급되기도 했는데 이것은 마오쩌둥이 주장하던 '기민한 게릴라 전술'을 간접적으로 비판하는 구절이었다. 마오에게 쉽게 굴복하지 않으려는 저우언라이의 의도가 분명했다.[14]

다음 날인 12월 20일 홍군은 다시 행군을 시작했다. 보구와 오토 브라운의 입지는 치명적으로 약화되었다. 이제부터 본격적인 대결은

대장정(1934~1935)

네이멍구

황하

간쑤

칭하이

시닝

닝샤

와야오부

우치

바오안

옌안

황하

란저우

황링

류판산맥

시안

라쯔커우 길

하다푸

산시(陝西)

초원 지대

바이룽장

마오얼가이

쏭판

간쯔

마얼캉

량허커우

다웨이

티베트

지아진산

충칭

양쯔강

루딩

궁가산

텐취안

충칭

안순창

다두하

인도

쓰촨

미안닝

이빈

수이

마오타이

쭌이

라우산관

후이리

구이저우

황핑

리장

구이양

리핑

자오핑두

통다오

쿤밍

바이청

원난

광시

미얀마

난닝

베트남

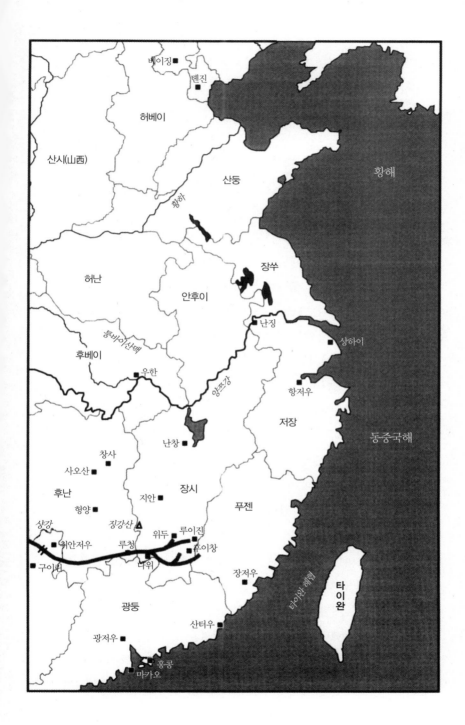

마오쩌둥과 저우언라이 사이에서 펼쳐진다.

두 사람의 배경과 성격을 살펴보면 공통점을 찾기가 매우 어렵다. 저우언라이는 관료의 아들로서 자신의 출신 계급에 반기를 든 사람이었다. 유연하고 섬세한 성격이었으며, 배신의 귓속말 한마디로 목숨을 잃을 수 있는 상하이에서 공산당 지하 활동을 하며 사람 목숨이 헐값에 팔릴 수 있다는 것을 배운, 전형적인 생존형 인간이었다. 한편 마오쩌둥은 농민의 아들이었으며 성정이 거칠고 투박했다. 마오의 말에는 항상 야유하는 색채가 짙은 경구와 속담이 따라붙었고 도시 사람들을 경멸하는 태도가 있었다. 한 사람은 도회적이고 세련되었으며 다른 사람들이 생각해낸 바를 불굴의 의지로 철저히 집행하는 사람이었고, 다른 한 사람은 속내를 알기 어려운 이상주의자였다. 이후 40년간 두 사람은 세계에서 가장 오래 지속된 정치적 동반자 관계를 맺는다. 하지만 지금 살펴보는 1934년 말 시점에서 마오와 저우언라이는 그런 미래를 조금도 예상하지 못했다.

12월 31일 홍군은 작은 상업 중심지인 허우창(猴場)이라는 마을에서 행군을 멈추었다. 북쪽으로 40킬로미터를 더 가면 우강(烏江)에 도착할 수 있었고, 우강만 건너면 목적지인 쭌이까지는 자연의 장애물이 없었다.[15] 당 정치국은 이날 저녁 회의를 열었다. 당시 군벌 3개 사단 병력이 홍군을 향해 진격하고 있다는 보고가 들어왔고, 오토 브라운은 이들과 전투를 벌일 것을 당 정치국 회의에서 제안했다. 군사 지휘관들은 반대했다. 지휘관들은 리핑 회의에서 대규모 정식 전투를 피하고 새 근거지 확보를 우선 목표로 결의했음을 브라운에게 상기시켰다. 밤늦게까지 격론을 벌인 끝에 오토 브라운은 군사 고문 직책을 박탈당했다. 이런 변화의 중대성을 강조하기 위해서인지, 당 정치국 결의문에는 지난 2년 동안 묵살되어 왔던 마오쩌둥의 핵심 방침을 명확하게 인정하는 구절이 들어갔다. "적 세력을 분산시켜 개별적으로 격퇴하고자 기동전을 펼칠 수 있는 기회를 놓치면 안 됨. 그렇게 하면 우리는 반드시 승리를 거둘 것임."

흐름이 완전히 바뀌었다. '3인단'의 지휘 계통은 해체되었다. 모든 주요 결정은 임시로 당 지도부 전체 의견을 묻기로 했다. 과거의 군사 전략이 폐기되었다. 새로운 군사 전략을 세워야 했다. 어느덧 1935년 1월 1일 새벽이 되었고 당 정치국은 쭌이에서 확대회의를 개최하기로 결정했다. 세 개의 안건이 마련되었다. 과거를 점검하고, 어디에 잘못이 있었는지 판단한 다음, 앞으로의 새로운 방향을 정한다는 것이었다. 마지막 결전을 위한 무대가 준비되었다.

덩샤오핑(鄧小平, 1904~1997)은 당시 30살이었다. 그는 키는 작지만 몸집이 탄탄하고 머리카락을 아주 짧게 깎은 청년이었다. 덩샤오핑은 십대 시절에 프랑스 파리에 가서 중국사회주의청년단 파리 지부에서 활동하며 소식지를 만드는 방법을 배웠다. 철필로 글자를 새긴 등사원지를 등사판에 걸고, 숯 검댕과 동유(桐油)로 만든 중국식 잉크를 롤러에 묻혀 밀어서 아래에 놓인 종이에 글자가 찍히게 하는 방식이었다. 덩샤오핑이 지닌 언론인의 자질은 그때 이미 인정받았다. 이제 그는 홍군에서 발행하는 신문의 편집인이었다. 허술한 등사판 인쇄로 만든 한 장짜리 신문은 〈홍성(紅星)〉, 즉 '붉은 별'이었다.

1935년 1월 15일자 〈홍성〉에는 쭌이 주민들이 공산당 군대를 환영하는 모습이 실려 있다. 홍군은 총 한 방 쏘지 않고 이 도시를 점령했다. 선봉대가 지역 군벌의 부대인 것처럼 수비대를 속여 성문을 열게 했던 것이다. 이날 신문에는 "민중의 가슴에 아로새겨진 홍군의 모습"을 묘사한 기사와, 쭌이의 행정을 담당할 혁명위원회가 결성되었다는 소식도 실렸다.[16]

하지만 이 신문 어디를 봐도 이날 저녁 쭌이에서 중국공산당 역사상 가장 중요한 당 정치국 회의가 열릴 예정이라는 것을 예견케 하는 글귀는 없다. 회의의 기록 담당자로 바로 덩샤오핑이 참석했는데도 말이다. 회의에서 매우 민감한 문제를 다루었기 때문에 당 지도부는 그 뒤 한 달 동안이나 회의에서 결정된 사항을 공개하지 않았다. 당 지도부는 다시 회의를 열어 다른 공산당 간부들에게 결정 사항을 어떤 방식으로 알릴지 정하기로 했다.

1월 15일 밤 20명의 사람들이 짙은 회색 벽돌로 지은 저택 2층에 모였다. 둘레에 베란다가 설치된 직사각형 모양의 멋진 건물이었다.[17] 군소 군벌의 집이었던 저택을 저우언라이와 홍군 지휘관들이 접수해 지휘 본부로 쓰기로 한 것이었다. 보구와 오토 브라운은 본부 저택 근처에 숙소를 정했다. 가까이에 화려하면서 위압적인 느낌을 주는 가톨릭 성당이 있었는데, 지붕이 3단이었고 중국식이라기보다는 유럽에서 유행하는 중국풍 건물이었다. 성당 주변 정원에서는 당 지도부를 호위하는 홍군 부대가 천막을 치고 야영을 했다. 마오쩌둥과 그의 동맹인 장원톈과 왕자샹은 호위병 여섯 명을 거느리고 도시의 다른 쪽에 있는 군벌의 저택에 숙소를 정했다. 아르데코 양식의 목재 장식이 가득하고 창문은 스테인드글라스로 장식한 집이었다. 이 도시에 도착한 뒤 1주일 동안 마오쩌둥은 사람들을 만나고 다니며 자신을 지지해 달라고 호소했다. 이제 모든 준비는 끝났다. 양측은 싸울 태세가 되어 있었다. 다음은 오토 브라운의 회고다.

(마오가) 복수를 바란다는 것은 분명했다. …… 1932년 …… 그는 군사적, 정치적으로 (권력을 잃고) 무너졌다. …… 드디어 가능성이 보인 것이다. 지난 몇 년간 그가 계속해 온 당파 투쟁은 바로 이런 가능성을 확보하기 위한 것이었다. 조직상, 전략상의 실책은 부차적인 중요성밖에 없었지만 그는 선동하듯이 실책을 비판하는 여론을 부추

기고 다녔으며 중상모략을 통해 당 지도부의 권위를 떨어뜨렸다. 그리고 특히 …… 보구를 고립시켰다. 마오쩌둥은 자신을 완전히 복권시키고 홍군을 손아귀에 넣은 다음, 결국에는 공산당 자체를 자신의 의지 아래 복속시키려 했던 것이다.[18]

20명이 비좁게 앉은 방에서는 안뜰이 내려다보였다. 방 한가운데에 석탄 난로가 놓여 있었지만 쭌이의 춥고 습한 겨울밤을 데우기에는 열기가 약했다. 왕자상을 비롯해 부상을 입은 간부들은 대나무로 된 긴 의자에 비스듬히 반쯤 누운 채로 회의에 참석했다. 오토 브라운과 그의 통역사는 다른 사람들과 조금 떨어져 문가에 앉았다.

당 총서기인 보구가 먼저 주제 보고를 했다. 그는 이번에 홍군이 중앙 근거지를 잃고 군사적으로 대재앙을 겪은 것은 잘못된 정책 때문이 아니라, 적의 힘이 압도적이었고 국민당이 제국주의 열강의 지원을 받았기 때문이라고 주장했다.

다음 발언자는 저우언라이였다. 그는 여러 실책을 저질렀음을 인정했지만, 보구와 마찬가지로 당 전략에 오류가 있었던 것은 아니라고 주장했다. 지금은 엄청난 좌절을 겪고 있지만 아직 희망이 남아 있다고 강조했다.

그다음에는 장원톈이 나서서 전략의 변화가 필요하다는 논지를 펼쳤다. 이 사안은 이미 리핑과 허우창에서 간접적으로 언급되었다. 하지만 공개적으로 거론된 것은 이번이 처음이었다. 장원톈의 뒤를 이어 마오쩌둥이 발언을 시작했다. 그는 '3인단'에 대해서 그리고 '3인단'이 채택했던 방침에 대해서 본격적으로 공격을 퍼부었다.[19] 오토 브라운이 40년 뒤 회고한 바에 따르면, 이때 마오는 평소 즉흥적으로 연설하던 것과 달리 '공들여 준비한' 연설 원고를 보면서 발언했다고 한다.[20] 마오는 적군의 압도적인 힘이 근본 문제가 아니라고 주장했다. 문제는 과거 홍군을 승리로 이끈 '기본적인 전략 전술 원칙', 즉 마오쩌둥 자신과 주더 장군이 개발한 '기민한 게릴라 전술'에서 당이 이탈했고, 원칙을 고수했다면 국민당 군대의 포위망을 분쇄할 수 있었다는 것이었다. 하지만 이제까지 현재의 지도부가 내린 명령은 고정된 위치에서 방어적으로 전투하고, 적군의 토치카에 맞서 토치카를 건설하고, "공산당 지배하의 소비에트 영토를 한 치도 빼앗기지 않기 위해" 홍군의 전력을 지나치게 넓은 지역에 분산 배치해 기동전을 포기하는 것이었다고 마오는 비판했다. 영토를 일시적으로 내주는 것은 괜찮지만 홍군의 전투력을 위험에 빠뜨리는 것은 허용할 수 없었다. 군대가 없으면 영토도 회복할 수 없기 때문이다.[21]

이러한 과오의 책임은 바로 오토 브라운에게 있다고 마오는 분명하게 지적했다. 코민테른의 고문이 홍군에게 잘못된 군사 전술을 강요했으며, 그의 '오만한 리더십' 때문에 군사위원회 내부에 '지극히 비정상적인 현상'이 일어났다는 것이었다. 브라운의 위협적이고 독재적인 방식이 공분을 사고 있었다. 보구 역시 적절한 정치적 리더십을 발휘하지 못해 이런 군사 노선의 실책을 바로잡지 못하고 방치했다고 마오는 비판했다.

발언을 마친 마오가 자리에 앉자 이번에는 왕자샹이 일어나서 오토 브라운의 지휘 방식을 신랄하게 비판하기 시작했다. 다음에는 모스크바에서 훈련받은 카이펑(凱豊, 1906~1955)이 보구를 변호하는 발언을 했다. 천윈(陳雲, 1905~1995)을 비롯한 일부 참석자는 마오쩌둥의 공격이 편파적이라는 의견을 밝혔다.[22] 인쇄공 출신으로서 상하이 시절부터 저우언라이와 가까웠던 천윈은 군사 직위는 없었지만 상무위원회 위원이었으므로 그의 의견에는 무게가 실렸다. 한편, 다른 회의 참석자들의 마음속에는 그들이 중앙 근거지를 버리고 출발하기 직전에 모스크바의 왕밍으로부터 받은 메시지가 기억에 남아 있었을 것이다. 코민테른이 군사 지도자로서 마오의 경험을 긍정적으로 평가하고 있다는 내용이었다.[23] 그다음은 일선 군 지휘관들이 공격에 나섰다. '3인단'의 실책 때문에 엄청난 대가를 치른 것은 바로 이들이 이끌던 부대들이었다. 괄괄한 성격에 직설적인 발언을 서슴지 않는 펑더화이(彭德懷, 1898~1974) 장군은 평생 공산주의 승리와 자기 수하들의 안위 두 가지에만 신경을 썼다. 그는 브라운을 "아버지에게 물려받은 재산을 탕진해버린 방탕한 아들"에 비유하며 펑더화이 자신이 마오쩌둥, 주더와 힘을 합쳐 오랫동안 엄청난 피를 흘리며 세운 홍군 근거지가 브라운의 실책 때문에 무너졌다고 주장했다.

당사자인 오토 브라운은 문가 쪽 자리에 꼼짝 않고 앉아 담배만 피워댔다. 그의 전속 통역사는 회의에서 쏟아지는 발언을 통역하면서 점점 흥분하고 혼란에 빠졌다. 결국 브라운이 일어섰다. 그는 자신을 향한 모든 비난을 한꺼번에 완전히 물리치려 했다. 나는 고문일 뿐이다, 따라서 내가 아니라 바로 중국인 당 지도부가 정책에 책임을 져야 한다는 것이었다.

이것은 솔직하지 못한 발언이었다. 1930년대 스탈린(Iosif Stalin) 통치하에서 코민테른이 파견한 사람은 비록 공식 직책이 고문이더라도 엄청난 권위를 지녔다. 하지만 브라운의 말에도 일리는 있었다. 군사 문제에서 최종 결정권은 그가 아니라 저우언라이가 쥐고 있었다.

마오는 저우언라이가 자신의 진정한 적수라는 사실을 분명하게 인식하고 있었다. 1931년 저우언라이가 홍군 근거지에 도착하자마자 마오를 무자비하게 권좌에서 몰아냈을 때 이미 그가 자신의 적수임을 알았다. 온화한 성격의 장원톈은 당의 권력을 최종적으로 손에 넣을 정도의 힘을 지닌 사람이 아니었다. 보구는 더더욱 아니었다. 저우언라이야말로 그런 힘을 지닌 인물이었다. 하지만 쭌이 회의에서 마오가 저우언라이를 정면으로 공격했더라면 당 지도부는 둘로 갈라졌을 것이다. 그런 싸움에서 저우언라이를 이길 힘이 마오에게는 아직 없었다. 그래서 마오는 특유의 정치적, 군사적 스타일대로 저우언라이 측의 가장 약한 지점에 공격을 집중했던 것이다. 그 지점이 바로 브라운과 보구였으며, 덕분에 저우언라이는 체면을 지키면서 슬쩍 물러설 수 있었다.

저우언라이는 마오의 의중을 간파했다. 다음 날 회의가 속개되자 저우언라이는 다시 한번 발언했다. 전날과 달리 이날은 군사 노선이 '근본적으로 잘못되었다'는 것을 시인하고 자아비판 발언을 길게 했다. 저우언라이는 이런 식으로 처신하는 데 뛰어난 능력이 있었다. 어제까지만 해도 마오의 적수였던 그가 오늘 마오의 동지로 변신한 것이다. 이런 데 속을 마오가 아니었다. 저우언라이도 마오가 속았다고 생각하지 않았다. 여하튼 둘 사이에 일단 휴전이 성립했다.

쭌이 회의에서 나온 결의문을 보면 3인단에서 저우언라이를 제외한 두 명은 '극도로 형편없는 지도력'을 보였다고 심하게 비판받고 있다. 브라운은 "전쟁을 게임처럼 취급"했고 "군사위원회 업무에 독점적인 태도를 보였으며", 자신과 다른 견해가 나오면 이를 "모든 수단을 동원하여" 물리치기 위해 논리보다는 처벌이라는 수단을 이용했다는 비판을 받았다. 보구는 '심각한 정치적 과오'를 저질렀다고 비판받았다. 저우언라이는 아무 비판도 받지 않았다. 게다가 결의문에 따르면 임시이긴 하지만 일종의 승진 처분을 받았다. 3인단이 공식적으로 해체되면서 저우언라이가 그 권한을 넘겨받은 것이다. 공식 직책은 '군사 사항 처리에서 당 중앙위원회를 대신하는 최종 결정권자(黨內委托對于指揮軍事上下最後決心的負責者)'라는 긴 이름이었다. 쭌이 회의 이전에 발생한 군사적 대실패에서 저우언라이의 책임은 전혀 거론되지 않았다. 결의문은 홍군의 행군 속도를 현저하게 떨어뜨린 '거대하고 거추장스러운' 보급품 수송 대열이 잘못이라고 비판한다. 하지만 바로 그 수송 대열을 조직한 사람이 저우언라이였다는 사실에는 침묵한다. 또 결의문에는 '순전히 방어 위주의 전략을 짠 지도자들'이라는 구절과 '오토 브라운을 비롯한 다른 사람들'이란 구절이 있지만, '다른 사람들'이 구체적으로 누구인지는 언급되지 않는다. 저우언라이의 이름은 단 한 번, 쭌이 회의에서 보구에 이어 '보충 보고'를 했다고 언급될 뿐이다. 저우언라이의 이름이 구체적으로 기록된 결의문은 당의 최고위급 간부들에게만 배포되었다. 그 밖의 당 간부에게 배포된 결의문에는 그의 이름 석 자가 그저 공백으로 남아 있었다.

마오는 당 정치국 상무위원회 위원으로 지명되었으며 저우언라이의 수석 군사 고문이 되었다. 2년 동안 찬밥 신세였던 것을 생각하면 너무 작은 보상으로 보일지 모른다. 하지만 중국에서 종종 그렇듯 결의문의 구체적 자구(字句)보다는 결의문 뒤에 숨은 정신이 더 중요했다. 오토 브라운조차 회고록에서 '당시 회의 참석자 대부분'은 결국 마오의 의견에 동의했다고 시인했다.[24] 결의문에 담긴 정신의 측면에서 마오의 뜻은 확실하게 관철되었다. 저우언라이의 경우 비록 새로운 직책을 받았지만, 실패한 정책을 밀고 나갔던 과거 지도부와 동일시되었다.

그후 몇 달 동안 마오의 승리는 구체적 형태를 띠기 시작했다.[25] 2월 초 보구는 당 총서기 직책을 마오의 동맹자인 장원톈에게 넘겨주었다. 한 달이 지난 뒤에는 새로운 '전선 지휘부'가 구축되고 사령관으로는 주더, 정치위원으로는 마오가 임명되었다. 이로써 저우언라이는 보유하고 있던 실질적 군 통제권을 상당 부분 잃었다. 얼마 지나지 않아 저우언라이, 마오, 왕자샹 세 사람이 새로 3인단을 형성하면서 저우언라이의 힘은 또 약화되었다. 초여름에 홍군이 진사강(金沙江)을 건너 쓰촨성으로 진입할 즈음 마오는 누구의 도전도 받지 않는 최고 지도자 자리에 우뚝 섰다.

당내 투쟁은 아직 남아 있었다. 마오쩌둥이 공식적으로 당 주석 자리에 오르게 되는 것은 8년 뒤의 일이며 마오는 그때부터 죽을 때까지 당 주석 직위를 독점한다. 하지만 저우언라이의 당권 도전은 이때 끝났고 그는 비싼 대가를 치러야 했다. 1943년이 되면 저우언라이의 당내 입지가 너무 약해지는 바람에 과거 코민테른의 최고 지도자였던 게오르기 디미트로프(Georgi Dimitrov)가 마오에게 저우언라이를 당에서 축출하지 말아 달라고 호소하는 지경에 이른다.[26] 마오는 저우언라이를 축출하지 않았다. 하지만 저우언라이는 큰 굴욕을 당했다. 2년 뒤인 1945년 새로 구성되는 당 중앙위원회에서 서열 23위로 떨어지고 만 것이다.

쭌이 회의가 열린 지 25년 후인 1961년 봄, 마오쩌둥은 전용 열차를 타고 중국 남부에 있는 자신의 고향 후난성을 여행하고 있었다.[27]

이제 그는 지극히 만족스러운 삶을 살고 있었다. 나이가 지긋하고 퉁퉁하게 살이 찐 '중국의 위대한 조타수' 마오가 톈안먼(天安門) 위에 올라 달처럼 둥그스름한 얼굴에 잔잔한 눈빛을 보일 때면 전 세계 사람들 눈에 그는 세계 최대 인구 국가의 절대 지도자로, 그리고 흐루쇼프(Nikita Khrushchyov)의 수정주의 정책에 배신당한 순수한 세계 혁명 지도자로 비쳤다.

하지만 마오쩌둥은 외부 세계가 상상하는 것과는 다른 사람이었다.

이번에도 다른 여행 때와 마찬가지로 젊고 매력적인 여성 여러 명이 마오를 수행했다. 마오는 어디를 가든 널찍한 전용 침대를 가지고 다녔는데, 여자들과 때로는 단 둘이, 때로는 여럿이 그 침대 위에서 즐거운 시간을 보냈다. 하지만 마오는 큰 침대를 그런 세속적인 용도가 아니라 자신이 항상 곁에 두려고 하는 책들을 놓아 두는 용도로 쓴다고 말했다.[28] 스탈린의 경우 아내가 자살한 뒤로 가정생활을 포기했고 비밀경찰 수장인 베리야(Lavrentii Beriya)가 그에게 매력적인 '가정부'들을 끊임없이 공급했다. 마오 역시 중년 이후에는 가정생활을 완전히 포기했다. 자기 나이의 3분의 1밖에 안 되는 젊은 여자들과 어울리며 다른 곳에서는 찾을 수 없었던 보통의 삶을 경험하고자 했다.

1960년대에 마오는 자신이 통치하는 국가로부터 완전히 격리된 삶을 살았다. 높은 지위가 그를 고립시켰고 경호원들과 선발대가 그의 일거수일투족을 미리 계획했다. 섹스만이 마오가 유일하게 자유를 누릴 수 있는 일이었다. 마오의 하루 일과 중 다른 사람을 동등하게 대하고 또 상대방 역시 마오를 동등한 존재로 대할 수 있는 유일한 시간이 바로 여자와 섹스를 할 때였다. 한 세기 전 청(淸)나라의 젊은 황제 동치제(同治帝)는 변장을 하고 시종 한 사람만 데리고 베이징 시내로 나와 홍등가에서 자유를 즐기곤 했다. 마오는 그럴 수 없었다. 마오가 밖으로 나갈 수 없으니 여자들을 안으로 들일 수밖에 없었다. 여자들은 마오의 권력을 즐겼고 마오는 여자들의 육체를 즐겼다. 한번은 마오가 "나는 내 거시기를 여자들 거시기 속에 집어넣고 씻지."라고 주치의에게 말했다고 한다. 마오는 이런 상스러운 말로 점잖은 주치의를 놀래키면서 즐거워했다. 이 선량한 의사는 훗날 "나는 그때 구역질이 났다."고 회고했다.[29]

다른 정치 지도자들과 마찬가지로 마오의 사생활도 외부 세계로부터 은폐되어 있었다. 마오의 경우에는 특히 혁명적 순수성이라는 두꺼운 장막이 그의 사생활을 가려주었다. 그러나 1961년 2월의 어느 날, 이 장막에 갑자기 작은 구멍이 뚫렸다.

전날 마오는 전용 열차에서 어느 젊은 여교사와 밤을 보내고 평소 습관대로 아침 늦게까지 잠을 잔 다음 회의에 참석하려고 열차를 떠났다. 이후 여교사는 마오의 다른 수행원들과 대화를 나누었는데, 어느 젊은 기술자가 대화에 끼어들었다. 훗날 마오의 주치의는 다음과 같이 회고한다.

우리끼리 한가하게 잡담하고 있었는데 갑자기 젊은 남자 기술자가 여교사에게 말했다. "오늘 당신이 한 말 들었어요." "내가 한 말을 들었다는 게 무슨 뜻이에요?" 그녀가 반문했다. "무슨 말이요?" "당신이 주석에게 얼른 옷을 입으라고 말했잖아요. 장핑화(張平和, 당시 후난성 공산당 제1서기였다)를 만나러 가야 하니까." 교사의 얼굴에서 핏기가 사라졌다. "또 무슨 소리를 들었죠?" 그녀가 낮은 목소리로 물었다. "모조리 다 들었죠." 젊은 기술자는 장난스럽게 대답했다.[30]

이리하여 마오는 이미 1년 반 전부터 고위급 당 간부의 명령으로 자신의 대화 내용이 전부 비밀리에 녹음되어 왔으며, 심지어 자신의 침실에도 녹음 장치가 설치되어 있다는 것을 알게 되었다.[31] 이때 목이 날아간 사람은—실제로 목숨을 잃은 사람은 없었다.—불운한 젊은 기술자를 포함한 하급 관리 세 명뿐이었다. 하지만 4년 뒤 문화혁명의 시작을 알리는 정치적 진동이 공산당의 표면적 단결을 흐트러뜨리기 시작했을 때, 마오의 동료 지도자들은 애당초 어떤 목적으로 비밀 녹음 장치를 설치했는지 좀 더 깊이 생각해보았더라면 좋았을 것이다.

어떻게 보면 그들의 목적은 순수했다. 2천만 명에 달하는 당원을 자랑하는 중국공산당의 정점에 선 정치국 상무위원회 위원 여섯 명은 모두 준이 회의 참석자였다. 권력을 쟁취하기 위한 기나긴 여정 내내 마오와 함께했던 극소수의 엘리트들이었다. 하지만 1960년대 초에 이르자 동지들은 갈수록 주석의 말에서 진의를 파악하기가 어

렵다고 느꼈다. 그들은 마오의 생각이 어느 방향으로 흐르는지 미리
알고 싶었다. 마오가 가끔 정치 노선을 갑자기 바꾼다든지 외국 지
도자와 만나는 자리에서 예상치 못한 발언을 해서 주위를 당황시켰
기 때문이다. 그때 당 중앙위원회 판공청*은 쭌이 회의 참석자였던 양
상쿤(楊尙昆, 1907~1998)이 맡고 있었다. 양상쿤은 궁리 끝에 현대적
장치인 녹음기를 사용하는 해결책을 찾아냈다. 이런 상황을 고려한
다면 비밀 녹음은 지극한 존경심의 표현으로도 볼 수 있었다. 마오
가, 그가 한 모든 말을 소중히 보존해야 하는 신에 가까운 위치에 올
라갔음을 뜻하는 것이었기 때문이다. 하지만 비밀 녹음은 주석과 측
근들 사이에 원활한 의사소통이 어려워졌다는 불편한 사실을 인정하
는 일이기도 했다. 이것은 정신적 차원의 분리였다.

몇 년 지나지 않아 정신적 단절이 이념적, 정치적 분리로 이어지기
시작했다. 중국 전역이 거대한 공포 정치의 소용돌이에 빠져들었고
쭌이 회의에서 형성된 동지애와 쭌이 회의가 지지했던 사상이 모두
파괴되었다.

30년 전 쭌이 회의에 비해 1960년대에 일어난 충돌은 더 미묘하고
복잡했으며 훨씬 잔인하고 무자비했다. 당연한 일이었다. 쭌이에서
쟁점은 중국 정치의 변방에 있던 3만 명의 초라한 군대를 누가 지휘
할 것인가 하는 문제였다. 1960년대 베이징에서는 인구 10억 명에 이
르는 거대한 국가를 누가 통치할 것인가가 쟁점이었다. 하지만 싸움
의 기본 규칙은 같았다. 30년 전 마오쩌둥은 싸움의 규칙에 대해 이
렇게 서술했다.

판공청(辦公廳) 중국공산당 중앙위원회 직속 사무기관. 공산당 설립 초기부터 설치되었다.
공식적으로 당 최고 지도자인 중앙위원회 총서기의 비서실 역할을 하는 곳이지만, 실제로
총서기를 비롯한 중앙위원회 주요 지도자들의 의료, 보안, 통신 등의 업무를 맡고 있다.

불리한 상황이 되면 우리는 전투를 거부하고 …… 주력 부대를 적당한 거리를 두고 퇴각하게 하여 적의 후방이나 측면으로 이동시켜 비밀리에 힘을 집결한 다음, 적이 실수를 저지르게 유도하고 적을 계속 괴롭혀 피로하게 만들어 약점을 노출하도록 만든다. 이렇게 하여 결정적 전투에서 승리할 수 있다.[32]

마오는 훗날 이렇게 썼다. "전쟁은 정치이며, 정치는 다른 수단으로 행하는 전쟁이다."[33]

소년 유학자

1893년~1910년

"나는 캉유웨이와 량치차오를 숭배했다."

MAO
THE MAN
WHO
MADE
CHINA

후난성의 겨울바람이 텅 빈 황토 벌판을 가로지르자 흙먼지가 훅 피어오른다. 추운 공기를 헤치고 가는 사람들은 눈을 가늘게 뜬 채 고개를 푹 숙이고 말들은 따가운 눈을 껌벅인다. 사람들의 얼굴은 가죽으로 만든 가면처럼 무표정하다. 한 해 중 겨울은 모든 것이 정지하는 계절이다. 진흙 벽돌로 만든, 난방이 되지 않는 오두막에 사는 농민들은 지저분한 누비 무명옷을 겹겹이 입고 두 손을 양쪽 소매 깊숙이 찔러 넣고서 좋은 시절이 오기만을 기다렸다. 파란색 옷 밖으로 얼굴만 빠끔히 내놓은 농민들의 모습은 거북이처럼 보였다.

마오쩌둥은 후난성에 있는 사오산이라는 마을에서 농민의 아들로 태어났다. 동지(冬至) 며칠 뒤였다. 한겨울의 큰 명절인 동지에 머나먼 수도 베이징에서는 광서제(光緖帝)가 가마를 타고 천단(天壇)에 가서 하늘에 제사를 지내며 한 해의 안녕을 기원하는 엄숙한 의식을 거행했다.[1] 마오쩌둥이 태어난 날은 음력으로 뱀의 해 11월 19일, 양력으로 1893년 12월 26일이었다.[2]

마오쩌둥이 맏아들이었기에 부모는 관습에 따라 태어난 지 사흘 뒤에야 처음으로 몸을 씻겼다.[3] 그런 다음에 점쟁이를 불러 점을 쳤는데, 수금지화토(水金地火土) 가운데 수(水)가 부족하다는 점괘가 나왔다. 그래서 아버지는 아들에게 '쩌둥(澤東)'이란 이름을 지어주었다. '쩌(澤)'는 본래 '물로 적신다'는 뜻을 지닌 글자이며 파생적 의미로 '도움을 준다' 또는 '혜택을 베푼다'는 뜻도 있는데,[4] 후난의 풍수학 전통에 따르면 수(水) 즉, 물의 요소를 보충하는 힘이 있는 글자로 여겨졌다.* 이렇게 불교와 도교의 전통 의례를 따르는 것으로 삶의 첫해가 시작되었다. 불교와 도교의 풍속 덕분에 농민들은 생활의 고단함을 달랠 수 있었으며, 삶의 틀을 정하고 사회의 작동 원리를 제공하던 엄격한 유교의 가르침에 약간이나마 색다른 재미를 더할 수 있었다. 4주가 지난 뒤 아기는 관습에 따라 머리를 빡빡 밀었다. 이때 정수리에는 머리털을 조금 남겨 두었는데, 이 머리털이 아이의 '생명줄을 붙잡아 둔다'고 했다. 아기의 목에는 붉은 끈을 두르고 끈에 동전을 몇 개 꿰어놓거나 은으로 만든 작은 자물쇠를 채웠는데, 여기에도 생명을 붙잡아놓는다는 의미가 있었다. 어떤 집에서는 아기의 머리털을 개털과 섞어 아기의 옷 속에 넣고 꿰맸다. 나쁜 귀신이 사람 아기를 짐승으로 착각하게 만들어, 귀신의 해코지에서 아기를 보호하려는 것이었다. 또 어떤 집에서는 남자아이에게 귀걸이를 달아주었다. 그렇게 하면 귀신들이 여자아이라고 착각해 굳이 해코지를 할 필요가 없다고 생각한다는 것이었다.

당시 기준에서 보면 마오쩌둥의 집은 상당히 부유한 편이었다.[5]

---

* 중국인의 이름을 한자 자구대로 해석하는 것은 오해를 낳을 수 있다. 마오쩌둥의 이름 글자를 하나씩 해석하면 '동쪽 방에 물을 적셔주는 머리털'이 된다. 하지만 한자가 사람 이름에 쓰일 때는 원래의 의미로 인식되지 않는다. 예를 들어, 영어 이름 필립(Philip)의 근원을 따져보면 '말을 사랑하는 사람'이란 어원이 나오며 프랑스어 이름 피에르(Pierre)는 돌(石)이라는 뜻이 있지만 영국 사람이나 프랑스 사람이나 그런 뜻을 의식하는 사람은 없다. 물론 중국 고대 역사 혹은 현대에도 예외는 있다(예를 들면 문화혁명 때 이름을 좀 더 혁명적으로 만들기 위해 많은 중국인들이 자신의 이름을 바꾼 적이 있다). 하지만 고유명사가 어떤 분명한 뜻을 갖고 있다 하더라도 실제로는 그렇게 받아들여지지 않는 경우도 많다. 예를 들면 마오쩌둥의 고향 사오산(韶山)은 글자의 뜻을 보면 '음악의 산'이지만 주민 입장에서는 그저 지명에 불과하다.(저자 주)

후난성 사오산에 있는 마오쩌둥의 생가.

마오의 아버지 마오순성(毛順生)은 16살에 후난성과 후베이성(湖北省)을 통치하는 호광총독(湖廣總督) 휘하의 군대에 들어가서 병졸로 복무했다.[6] 그는 급료를 저축해서 5, 6년 만에 땅을 샀다. 마오쩌둥이 태어날 즈음 가족이 소유한 논은 약 1헥타르에 달했다. 후난성은 중국에서 가장 넓은 쌀 곡창 지대였으며 마오의 고향은 후난성에서도 풍성한 소출을 자랑하는 지역이었다.[7] 그런 곳에서 그만한 논은 상당한 재산이었다. 마오의 아버지는 한푼이라도 더 아끼려고 노력하는 알뜰한 사람이었다. 아버지는 나중에 약 4천 제곱미터의 논을 더 사들이고 일꾼을 두 명 고용했다. 그는 일꾼들에게 매일 정해진 양의 쌀밥을 주었고 한 달에 한 번 특별히 달걀을 넣어 요리한 쌀밥을 주었다. 하지만 고기를 먹인 적은 한 번도 없었다.

아버지의 인색함은 어린 마오에게 나쁜 인상을 주었다. 훗날 마오는 "아버지는 내게 달걀도 고기도 준 적이 없다."라며 신랄하게 말한

적이 있다. 잘 먹으려면 그럴 수 있었지만 마오의 가족은 소박한 식사를 했다. 어린 소년이었던 마오의 눈에 아버지의 인색함은 아버지로서 애정이 부족한 것으로 비쳤다. 어머니가 따뜻하고 온화한 성품이어서 아버지가 더 부정적으로 보였는지도 모른다. 이 때문에 마오는 아버지의 장점을 제대로 보지 못했다. 아버지는 결단력, 집요함, 추진력을 갖춘 사람이었고 아들인 마오가 바로 그러한 장점을 이어받았음이 훗날 마오의 인생에서 확연하게 드러난다. 하지만 어린 마오는 가족이 두 편으로 갈라져 있다고 보기 시작했다. 어머니와 마오 자신이 한편이고, 아버지가 다른 한편이었다.

마오의 아버지는 근검절약으로 곧 사오산에서 가장 부유한 사람이 되었다. 사오산에는 약 3백 가구 정도가 살았고 대부분이 마오(毛)라는 성씨였다.

당시 후난에서 약 6천 제곱미터의 땅과 방 세 칸짜리 집을 소유한 농민은 부자라고 할 수 있었다.[8] 마오의 아버지는 그 두 배의 땅이 있었고 집도 매우 컸다. 지붕에 회색 기와를 얹은 처마가 하늘로 치켜 올라간 집이었다. 집 바로 옆에 펼쳐진 논은 멀리 있는 작은 산골짜기까지 층층이 이어져 있었다. 집 뒤에는 소나무 숲이, 집 앞에는 연꽃이 핀 연못이 있었다. 어린 마오는 방을 혼자 썼는데 당시에는 매우 드문 일이었다. 나이가 조금 더 들어 독서에 재미를 붙인 뒤로 마오는 자기 방에서 밤늦게까지 책을 읽곤 했는데 이때 등잔불은 푸른 천으로 가리개를 만들어 씌웠다. 비싼 기름을 쓰는 것을 아버지가 알아차리지 못하게 하기 위해서였다. 마오의 남동생들 역시 방을 혼자 쓸 수 있었다.[9] 아버지의 재산은 2천~3천 은원(銀元)에 달했다. 마오 스스로 인정했듯이 그 정도면 "작은 마을에서는 아주 큰 재산"이라고 할 수 있었다.[10] 마오의 아버지는 땅을 더 사지 않고 다른 땅의 저당권을 사들였다. 이런 간접적인 방식으로 마오의 아버지는 지주(地主)가 되어 갔다.[11] 또 그는 마을의 가난한 농부에게 쌀을 사들여 약 50킬로미터 떨어진 샹탄(湘潭)에 내다 팔았다.[12] 주민이 수십만 명인 큰 도시 샹탄은 후난성 최대의 수로이자 교역로인 샹강을 끼고 있는 덕에 상업과 금융과 차(茶) 매매의 중심지가 되었다. 사오산에서 샹탄까지 우마차를 끌고 가면 바퀴자국이 난 흙길로 가느라 이틀이 걸렸는데, 짐꾼들은 한 사람당 80킬로그램의 등짐을 지고 하루 만에 갈 수 있었다.

아버지가 지나치게 인색하다고 불평했지만 마오쩌둥은 아버지의 검약함을 물려받았다. 어른이 된 뒤에 마오는 적어도 자기 신변의 물건이라면 헌것을 고쳐 쓸 수 있을 경우 절대로 새 물건을 사지 않는 것으로 유명했다.[13]

마오는 어린 시절에 익힌 습관을 어른이 되어서도 고집했다.[14] 그가 어렸을 때 중국에는 위생 관념이 거의 없었고 몸을 씻는 일도 중세 유럽처럼 매우 드물었다. 당시 어느 서양인이 관찰한 기록이다. "위생에 대한 철저한 무관심이 중국 사회의 최상층부터 최하층까지 널리 퍼져 있다. 아름다운 비단옷 속에는 씻지 않은 피부가 있고 고급 관리가 입은 담비 털 옷소매 밑으로 때가 잔뜩 낀 손톱과 손가락이 보인다."[15] 마오는 평생 물과 비누를 써서 목욕을 하기보다 뜨겁게 적신 수건으로 몸을 문지르기를 좋아했다.[16] 양치질 역시 결국 습관을 들이지 못했고 중국 남부 농민들이 대부분 그러했듯이 차를 마시면서 입안을 찻물로 헹구는 것으로 양치질을 대신했다.[17]

농촌 생활의 또 한 가지 특징은 옷과 이불에 서식하는 이나 빈대 같은 벌레들이다. 몸이 가려우면 마오는 서슴없이 긁어댔다. 1930년대 공산당 근거지였던 바오안*에서 외국인 손님을 접견하던 중 마오

바오안(寶安) 산시성(陝西省)의 도시. 1936년 7월부터 1937년 1월까지 중국공산당 지도부가 있었다. 이후 지도부는 옌안(延安)으로 옮겨 간다.

는 갑자기 바지를 내리고 속옷 안쪽에 들어온 불청객을 잡은 적도 있었다.[18] 이런 행동은 이른바 예의범절 따위는 상관하지 않겠다는 생각에서 비롯된 것이기도 했지만, 어느 정도는 어릴 때 농촌에서 살면서 몸에 밴 습관이기도 했다. 마오의 이런 태도가 가장 극명하게 드러나는 경우는 생리 현상을 처리할 때였다. 서양인이라면 무척 당혹스러워할 일을 중국인들은 아주 자연스럽게 했다. 어린아이들은 아무데나 쪼그리고 앉아 일을 볼 수 있도록 가랑이가 조금 트인 바지를 입었다. 지금도 중국의 일부 시골 지역에는 이런 습속이 남아 있다. 어른들은 칸막이 없는 공동변소를 썼다. 사람들은 일을 보면서 다른 사람과 자연스럽게 대화를 나누었다. 마오는 서양식 좌변기나 수세식 화장실에 끝내 적응하지 못했다. 1950년대 초, 중국의 국가수반으로서 중난하이(中南海)의 관저에서 살 때도 그가 볼일을 보려고 하면 경호원이 삽을 들고 뜰 한쪽에 구덩이를 팠다. 이런 습관은 저우언라이가 마오의 허락을 얻어 특별 화장실을 마오의 침대 바로 옆에 설치하면서 바뀌었다.[19] 마오는 서양식 푹신한 침대에도 적응하지 못해 평생 딱딱한 나무 침대에서 잤다.

여섯 살이 되자 마오는 또래 아이들과 마찬가지로 농사일을 돕기 시작했다. 중국에서는 노인과 아이들을 위해 소나 돼지, 오리를 돌보는 것 같은 소소한 일거리를 항상 남겨 둔다.[20] 2년이 흐른 뒤 아버지는 아들을 마을 서당에 보냈다. 이것은 상당히 중요한 결정이었다. 1년 수업료가 4은원에서 5은원 정도였는데 이것은 성인 일꾼 한 명의 반년치 급료에 해당했기 때문이다.[21]

19세기 중국에서 큰 부자를 제외하고 모든 가정의 꿈은 아들이 유가 경전을 열심히 공부하여 과거에 합격하는 것이었다. 합격하면 온갖 특권을 누릴 출셋길이 열리며 각종 '뇌물'을 받을 기회가 생겼다.

마오쩌둥의 아버지 마오순성. '순성'은 자(字)
이고, 원래 이름은 이창(貽昌)이었다.

당시 중국에 매우 호의적이었던 서양인 관찰자가 쓴 기록을 보자.

중국에서는 교육이야말로 국가가 부여하는 온갖 명예와 부를 얻을
수 있는 왕도(王道)이다. 젊은이가 자신의 머릿속에 떠오르는 온갖 야
심을 달성할 수 있는 길이 바로 교육이다. 서양에서는 만약 어떤 젊은
이가 세상의 인정을 받아 장차 의회에 진출하고 싶다거나 정부의 관
직을 맡아 많은 사람들의 주목을 받고 싶다는 목표가 있다면 여러 가
지 방법과 경로를 선택하여 목표를 향해 준비할 수 있다. 하지만 중국
에는 단 하나의 길밖에 없다. 오직 교육이다. …… 서당에 가는 모든
소년들의 책 보퉁이 속에는 거의 모두 언젠가 성(省)의 총독이 되겠다
는 꿈이 들어 있을 것이다. …… 그렇게 되면 그는 의회의 통제도 전
혀 없이 2천만 명, 3천만 명을 지배할 수 있다.[22]

1장 소년 유학자 •

하지만 이런 꿈을 꿀 수 있는 소년은 극소수였다. 절대다수의 사람들은 글을 읽고 쓰는 가장 기초적인 교육조차 받을 수 없을 정도로 가난했다.[23)]

마오 어머니의 이름은 원치메이(文七妹)였다. '일곱째 딸'이라는 뜻이다. 여자아이들은 따로 이름을 지어주지 않고 낳은 순서를 매기는 것이 당시 농촌 관습이었다. 남편보다 세 살이 많았던 원치메이는 독실한 불교 신자였는데 아들에게 기대가 컸다. 그녀는 아들을 마을에 있는 절에 데려가서 여러 나한과 보살의 환상적인 그림을 보여주며 불교의 신비로움을 경험하게 했다. 그림들은 검은 때와 연기가 배어 더러웠고 절 안에는 짙은 향내가 가득했다. 훗날 아들이 청소년기에 이르러 신앙심이 흔들리자 어머니는 몹시 슬퍼했다.

마오의 아버지는 꿈 같은 것은 꾸지 않는 사람이었다. 그의 야심은 다른 소지주들과 마찬가지로 상당히 현실적인 것이었다.[24)] 정식 교육을 2년밖에 받지 못한 아버지는 간신히 글을 읽고 쓰는 정도였다. 그는 아들이 자신보다 더 잘살기를 바랐지만 철저하게 현실적인 목표를 세웠다. 집안의 장부를 기록하다 샹탄에 있는 곡물 거래상에 가서 견습 생활을 몇 년 하고, 나중에 가업을 이어받아 늙은 부모를 잘 보살피면 된다고 생각했다.[25)]

출세의 왕도이긴 했으나 청나라 말의 마을 서당은 아무리 담대한 소년이라도 의욕이 꺾일 정도로 분위기가 어둡고 음울했다.[26)] 하나뿐인 방의 벽은 진흙 벽돌로 되어 있었고 바닥은 흙을 다져 만들었다. 겨울에도 난방을 하지 않았고 여름에는 무척 더웠다. 가운데 문이 하나 있고 양쪽 벽에 구멍을 뚫어 공기가 통하게 했으며 그 구멍으로 희미하게 햇빛이 들어왔다. 서당 수업은 매년 음력 정월 17일, 그러니까 원소절(元宵節, 중국에서 새해맞이 행사가 끝나는 정월 대보름 명절) 이틀 뒤에 시작되었다. 학생들은 저마다 집에서 작은 책상과

의자를 갖고 와서 서당 문이 열리길 기다렸다. 보통 20명 정도의 학생이 있었는데, 제일 어린 아이는 마오쩌둥처럼 일곱 살이나 여덟 살이었고 제일 큰 아이는 17살이나 18살이었다. 학생들은 모두 집에서 만든, 앞섶을 끈으로 여미는 헐렁한 무명 윗옷과 펑퍼짐한 무명 바지를 입었다. 선생은 앞쪽 책상에 앉았고 책상에는 벼루, 연적, 그리고 차를 끓이는 주전자와 컵이 놓였다. 학생의 출석을 기록하는 대나무판과 튼튼한 대나무 회초리가 하나 있었다. 전통적으로 선생은 학생들에게 개인적인 관심을 보이거나 애착을 느껴서는 안 되었다. 절대적이어야 할 권위가 무너질 위험이 있기 때문이었다.

마오의 선생은 바로 그런 전통적인 사고방식의 소유자였다. 그는 "학생을 대하는 엄격한 태도를 강조하는 부류였으며 …… 거칠고 매섭게 가르쳐야 한다고 생각"했다고 마오는 훗날 회고했다.[27] 선생은 대나무 회초리를 자주 사용했으며 학생들은 매를 맞을까 봐 항상 공포에 떨었다. '향 피우는 판' 역시 공포의 대상이었다. 가는 홈이 파인 나무판 위에 꿇어앉아 향 하나가 다 탈 때까지 심한 고통을 참아야 했기 때문이다.[28]

이렇게 물리적 환경이 학생의 마음을 침울하게 만들었다면 교육 방식은 더 심각했다. 마오와 동료 학생들의 상상력을 자극할 그림책은 없었으며 어린아이들의 주의를 집중하게 할 수 있는 재미있는 이야기도 없었다. 철저하게 반복해서 암기하는 교육 방식이었다. 2천 년 동안 변함없이 전해 내려온 옛 글을 외우는 이 방식은, 마치 교육을 가능한 한 힘든 과정으로 만들어 엘리트가 아니면 접근할 수 없게 만들어놓은 것 같았다.

마오 세대의 어린이가 처음으로 배우는 교재는 《삼자경(三字經)》이었다. 한자 세 글자로 된 구절이 356개 나열되어 있었다. 어린아이들에게 유가의 가르침을 소개하고자 11세기에 만들어진 이 책은 이렇게 시작한다.

> 사람이 태어났을 때 성품은 본래 선하다(人之初 性本善).
> 성품은 서로 가까우나, 습관은 서로 멀다(性相近 習相遠).

이 구절에 15세기의 어느 해설자는 이렇게 설명을 붙였다.

> 이것은 교육 과정의 시작이며, 첫 번째 원리를 설명하고 있다.
> …… 하늘은 사람을 내고, 이때 하늘이 사람에게 주는 것을 '성(性)'
> 이라 하며, 올바른 도덕적 원칙을 지닌 것을 '선(善)'이라 부른다.
> …… 이는 사람이 태어날 때 상황을 말하는 것이다. 현명한 사람이거
> 나 단순한 사람이거나, 성품이 바른 사람이거나 비뚤어진 사람이거나
> 본성은 모두 같으며 근본적 차원에서는 모두 닮아서 다른 점이 전혀
> 없다. …… 하지만 아는 바가 늘어나면 사람들의 성격과 재능이 점차
> 다른 모습을 띠며 …… 그 과정에서 고결한 본성의 올바른 원칙들이
> 왜곡된다. …… 훌륭한 사람만이 올바름을 지킬 수 있다. 그는 자기
> 본성의 어린 싹이 망가지도록 내버려두지 않기 때문이다.[29]

여덟 살 난 아이에게는 확실히 이해하기 어려운 내용이다. 이렇게
난해하고 형이상학적인 내용을 머릿속에 집어넣는 것은 분명히 아주
고통스러운 일이었을 것이다.

얇은 종이로 만들어진 교재에는 한 쪽에 두 줄짜리 글귀가 다섯
개씩 인쇄되어 있었다.[30] 선생은 우선 학생 한 명을 앞으로 불러내
자기 책상 옆에 서게 하고 글귀를 다 외울 때까지 한 줄 한 줄 선생
이 읽는 대로 따라 읽게 했다. 그렇게 모든 학생이 한 명씩 앞에 나갔
다가 제자리로 돌아온 다음에, 학생들은 자기 자리에 앉아 방금 외

운 글자를 하나씩 종이에 베껴 쓴다. 이때도 입을 다물지 않는다.

어떻게 발음하는지 배운 다음, 학생들은 목청을 한껏 높여 글자들을 읽는다. 자신이 딴청 피우고 있지 않다는 것을 선생에게 증명하기 위함이 첫 번째 목적이고, 발음을 정확하게 파악하고 있는지 선생이 확인할 수 있게 함이 두 번째 목적이다. 오늘 배울 분량의 글을 학생이 '배웠다'는 것은 곧 선생이 발음하는 것과 똑같이 학생이 그 부분의 글을 큰 소리로 읽을 수 있음을 의미한다. 거기까지 된 학생은 선생을 등지고 서서 노래하는 듯한 멜로디를 붙여 오늘 배운 글을 큰 소리로 암기하여 발표한다. 글의 마지막 부분에 다다르면, 혹은 자신이 외운 부분의 마지막에 다다르면, 학생의 목소리는 높은 음에서 낮은 음으로 급격하게 떨어진다. 마치 6월의 풍뎅이가 공중을 날다가 갑자기 벽에 부딪혀 떨어지는 듯한 가락이다.[31)]

학생들이 저마다 글귀를 암송할 때면 불협화음의 합주가 열리는 듯했다.[32)] 다른 학생들이 무슨 말을 하는지 이해할 수 없었지만, 사실 자신이 무슨 말을 하는지도 잘 몰랐다. 선생은 자구 하나하나가 무슨 뜻인지 제대로 설명해주지 않았다. 학생들은 선생이 가르쳐준 대로 소리 내어 읽으면 되고, 교재에 적힌 대로 쓰면 된다. 그렇게 읽고 쓸 수 있으면 그 학생은 선생의 요구를 모두 충족한 것이었다.[33)]

이런 식으로 완전히 암기해야 하는 책이 여섯 권이었다. 《삼자경》이 끝나면 《백가성(百家姓)》을 외워야 했는데, 이것은 중국 사람이 쓸 수 있는 성씨 454개를 특별한 순서 없이 나열해놓은 책이었다. 그다음은 《천자문(千字文)》이었다. 기원후 6세기에 쓰였다는 이 책은 1천 개의 한자를 각각 단 한 번씩만 쓴 것이 특징이다. 그 뒤에 배우는 《유학경림(幼學瓊林)》은 학습과 문학의 중요함을 논한 책이었다. 그다음은 《효경(孝經)》이었는데, 이 책은 공자와 그의 제자가 나눈 대화를 바탕으로 한 것이라고 전해지며 저술 연대가 최소한 기원후 4세기까지 올라간다. 마지막으로 《소학(小學)》은 가족과 국가의 구성원들이 유가의 가르침에 따라 어떤 의무를 지켜야 하는지 자세하게 서술한 책이다.[34]

이런 교육은 영어밖에 모르는 영국이나 미국 어린이에게 그리스어로 된 구약 성경을 상당 부분 암기하라고 요구하는 것과 마찬가지다. 그 결과 많은 중국인이 그저 한자 몇 글자를 읽고 이해하는 선에서 학업을 마치게 된다.[35]

소년 마오쩌둥은 해가 뜰 때부터 질 때까지 종일 '업정어근훼어타(業精於勤毀於惰)'* 같은 교훈적인 문구를 무슨 뜻인지도 모른 채 암기하고 베끼고 낭송했다. 열 살이 될 즈음까지 2년 동안 줄곧 그렇게 지냈다.[36] 서당에 가지 않는 날은 한 달에 한 번 정도 돌아오는 전통 명절과, 음력 정월에 3주 정도 쉴 때밖에 없었다. 2년이 지나자 선생은 다시 처음부터 이 책들을 가르치면서 비로소 그 내용을 설명하기 시작했다.

자기 세대의 다른 모든 중국인들과 마찬가지로 마오쩌둥에게 이 여섯 권의 책과 해설서 그리고 그 뒤에 배우게 되는 '사서(四書)', 즉 《논어》, 《맹자》, 《대학》, 《중용》이 얼마나 중요한 의미였는지는 아무리 강조해도 지나치지 않다.[37] 이 책들에 담긴 사상, 그 사상이 형성된 방식, 그 사상의 기초를 이루는 가치와 개념들은 이후 일생 동안 마오에게 사유의 뿌리가 된다. 서구에서 기독교 신자든 무신론자든 상관없이 모든 사람의 머릿속에 유대-기독교적 가치와 생각이 자리 잡고 있는 것과 마찬가지다.

* 노력하면 정묘한 지경에 이르지만 게으름을 피우면 망가진다는 뜻이다.

유가 경전을 배우는 것은 매우 고달픈 일이었지만 마오는 거기서 얻은 지식이 매우 쓸모 있다는 것을 일찌감치 깨달았다. 유가 경전은 중국 지식인 세계에서 의사소통의 기본 수단이었으며, 공자의 말을 인용하는 것은 토론과 논쟁에서 필수 무기였다. 마오의 아버지조차 경전 공부의 중요성을 인정했다. 소송에서 상대방이 적절한 경전 구절을 인용하는 바람에 진 적이 있었기 때문이다.[38]

게다가 유가 경전에는 11살이나 12살 정도의 소년이 읽고 엄청난 희열을 느낄 만한 구절이 있었다. 마오가 평생 인간 의지의 힘을 굳게 믿고 칭송한 것은 이런 구절 덕분이었는지 모른다.

> 사람은 반드시 자신의 노력에 기대야 한다.
> 온 세상에 불가능한 일은 없다.
> 오로지 필요한 것은 굳은 결심이다.[39]

또 유가 경전은 과거를 연구하는 것이 중요하다고 강조한다. 역사에 대한 관심 역시 마오가 평생 견지한 유가적 태도다. 그가 역사에 매력을 느낀 계기는 《삼국지연의(三國志演義)》나 수백 년 동안 중국인들의 상상력을 자극했던 《서유기(西遊記)》 같은 소설이었다.[40] 역사 연구를 대하는 마오의 태도는 《삼자경》에 나오는 다음 구절과도 관련이 있다.

> 훌륭한 통치와 잘못된 통치의 기록, 왕조의 흥망, 역사를 공부하는 자는 이런 파란만장한 기록을 진지하게 살펴보아, 고대와 당대의 일들을 마치 눈앞에서 벌어진 일처럼 잘 이해해야 한다.*[41]

---

* "載治亂 知興衰 讀史者 考實錄 通古今 若親目"

좀 더 일반화하여 말하자면, 마오쩌둥은 유학 사상에서 세 가지 핵심 견해를 얻었다. 그 견해들은 훗날 그의 사상 전반에 밑바탕이 되었다. 첫째, 모든 인간과 사회는 반드시 도덕적 기준이 있어야 한다. 유학이든 다른 사상이든 말이다. 둘째, 생각을 올바르게 하는 것이 가장 중요하다. 생각을 올바르게 하는 것을 공자는 '덕(德)'이라고 불렀다. 올바른 생각이란 단순히 맞고 틀리고를 따질 때 정답을 가리키는 게 아니다. 도덕적으로 올바르게 생각할 때 비로소 그 사람의 행동이 올바를 수 있다. 셋째, 자기 수양이 중요하다.

마오쩌둥은 항상 자신이 경전을 싫어한다고 말했다.[42] 하지만 그 말을 액면 그대로 믿을 필요는 없다. 그는 자주 경전을 인용하여 생각을 표현했다. 그의 연설을 살펴보면 공자, 장자, 묵자를 비롯한 여러 고대 중국 사상가들의 말을 자주 인용하고 있다. 레닌(Vladimir Lenin)이나 마르크스(Karl Marx)의 말을 인용한 경우보다 훨씬 많다.[43] 마오는 바로 그런 전통 사상 속에서 성장했으며 다른 어떤 사상보다 그것들을 잘 알았다.[44] 유학이 마오에게 마르크스주의보다 중요했다고는 말할 수 없지만, 최소한 마르크스주의만큼 중요했다고 할 수 있다. 말년에 이르러 유학은 다시 한번 마오의 삶에서 큰 비중을 차지하게 된다.

마을 서당에 다니면서 마오는 틈틈이 밭일을 도왔고 아버지의 지시에 따라 주판을 배워서 저녁마다 그날의 장부 정리를 도왔다.

가족은 계속 늘었다. 마오가 두 살이 넘었을 때 어머니는 둘째 아들 쩌민(澤民)을 낳았다.[45] 마오가 태어나기 전에 아들이 둘, 마오가 태어난 뒤에 딸이 둘 태어났지만, 네 아이 모두 출생 직후 사망했다. 1903년에는 셋째 아들 쩌탄(澤覃)이 태어났다. 곧이어 마오의 부모는 쩌젠(澤建)이라는 여자아이를 양딸로 들였다. 쩌젠은 마오쩌둥의 삼촌네 아이였다.[46] 1906년에 이르러 집안에서 고용한 일꾼 외에 가족이 여섯 명이 되었다. 상황이 이렇게 되자 아버지는 13살이 된 마오에게 이제부터 하루 종일 일하라고 지시했다.

마오는 아버지와 사이가 좋지 않았다. 당시 중국에서 대부분의 소년들이 그랬을 것이다. 효도는 바람직한 일이었다. 마오와 서당 친구들은 모두 오래전부터 전해 내려오는 효자들의 모범 사례를 공부하며 자랐다. 후한(後漢) 때 학자였던 동윤(董允)은 아버지가 돌아가신 뒤 장례를 제대로 치러야겠다는 생각에 자기 자신을 노예로 팔았다. 유검루(庾黔婁)라는 인물은 죽어 가는 아버지를 살리고 싶은 마음에 아버지의 배설물을 먹었다고 한다.[47] 이런 이야기보다 더 믿기 힘든 이야기도 많았다. 이론상 아버지는 불효하는 아들을 죽일 권리가 있었다. 하지만 현실에서 효는 실행되지 않았으며 그저 말로 칭송될 뿐이었다.

19세기 말 어느 미국인 선교사는 다음과 같이 썼다. "'효성스럽다'는 말을 우리는 잘못 이해하기 쉽다. 그런 말에 속으면 안 된다. 우리가 조금이라도 아는 세계의 어떤 민족과 비교해보아도 자신의 부모에게 가장 효성스럽지 않고 가장 반항적이며 자신이 원하는 바를 말할 수 있게 되는 순간부터 가장 고집스럽게 제 마음대로 하고자 하는 자식이 바로 중국의 아들들이다."[48]

마오쩌둥이 바로 이런 경우였다. 마오는 아버지가 욱하는 성미가 있다든지, 인색하다든지, 지나치게 엄격하다든지, 자신과 동생들을 자주 때린다는 이유로 아버지를 비난했다. 하지만 마오의 이야기를 잘 살펴보면 반드시 아버지의 잘못이라고만 할 수 없음을 쉽게 알 수 있다.

어느 날 아버지가 손님을 여러 명 집으로 초대했다. 그날 나는 손님들이 보는 앞에서 아버지와 말다툼을 벌였다. 아버지는 많은 사람들 앞에서 내가 게으르고 쓸모없는 인간이라고 욕을 했다. 나는 엄청나게 화가 났다. 나는 아버지에게 욕을 하고는 집 밖으로 나와버렸다. 어머니는 내 뒤를 따라 나오면서 집에 들어가자고 했다. 아버지는 나를 따라오면서 욕을 퍼붓고 어서 집에 들어오라고 명령했다. 나는 연못가에 이르러서 더 가까이 오면 연못에 뛰어들겠다고 아버지를 위협했다. …… 아버지는 잘못을 사죄하고 복종의 의미로 땅에 머리를 대고 절하라고 말했다. 나는 아버지가 날 때리지 않겠다고 약속하면 한쪽 무릎만 꿇고 절을 하겠다고 대답했다.[49]

여기서 마오쩌둥은 언급하지 않았지만, 13살 어린 아들이 손님들 앞에서 아버지와 언쟁을 벌이는 것은 예(禮)에서 완전히 벗어난 일이다. 따라서 마오의 가족은 체면이 크게 깎였을 것이다.

오랜 세월이 지난 뒤 마오는 이때 겪은 일로 권위에 맞서는 반항의 가치를 배웠다고 회고했다. "내가 공개적으로 반항하면 아버지가 누그러졌지만, 내가 약하고 복종하는 태도를 보이면 아버지는 나를 더 때린다는 사실을 알게 되었다."

하지만 이 일화를 살펴보면 흔하게 일어나는 일이라는 생각이 강하게 든다. 마오가 깊이 사랑한 어머니는 친절하고 너그러우며 동정심이 많았고 자신이 가진 것은 무엇이든 나누려는 사람이었다. 어머니는 가정의 평화를 위해 노력했다. 아버지는 화가 나고 마음이 상했겠지만 여하튼 상황을 무사히 마무리 짓고 싶었을 것이다. 마오도 반항심이 들긴 했겠지만 그런 상황에서 벗어나고 싶었을 것이다. 부모와 십대 청소년 사이에서 얼마든지 일어날 수 있는 아주 보편적인 일이다.

마오가 성장하면서 집안 분위기는 더 나빠졌다. 아버지는 끊임없

(오른쪽부터) 마오쩌둥과 어머니 원치메이, 동생 쩌민, 쩌탄. 사진은 1919년 창사에서 찍은 것
이다.

이 잔소리를 했고 항상 잘못을 지적하며 꾸짖었다. 마오는 점점 더
아버지와 멀어졌다.[50] 게다가 이런 때 부모가 마오를 결혼시키려다
가 실패하는 어처구니없는 일이 벌어졌다. 신랑보다 나이가 많은 신
부를 들이는 관습에 따라 마오는 14살에 자신보다 네 살 많은 아내
를 맞게 되었다. 신부는 마오의 아버지와 먼 인척 관계였는데, 가세
가 크게 기운 시골 학자의 맏딸이었다.[51] 부모는 며느리가 들어오면
일단 일손이 하나 늘고 시간이 지나면 후손을 낳아줄 것이라 기대했

다.[52] 두 집안 사이에 예물이 오갔고 신부 집안에 지참금도 보냈다. 결혼에 드는 지참금은 상당히 큰 액수였는데, 당시 한 집안의 1년 수입에 해당하는 돈을 지불하는 경우도 있었다.[53] 그리하여 '뤄이구(羅一姑)'라는 이름의 여인이 마오 집안에 들어왔다.* 하지만 마오는 이런 일련의 과정에 전혀 동의하지 않았다. 마오가 한 말에 따르면, 그는 뤄이구와 한 번도 동침하지 않았으며 "그 여성에게 거의 관심을 두지 않았고" 자기 아내로 생각하지 않았다고 한다.[54] 결혼하고 나서 얼마 뒤 마오는 친구와 살겠다며 집을 나가 가족에게 상처를 주었다. 그 친구는 법률을 공부했지만 특정한 직업이 없었다.[55]

이상하게도 마오는 이 결혼에 대해 별다른 언급을 한 적이 없다. 아버지는 물론 엄청나게 화가 났을 것이다. 상당한 액수의 돈을 낭비했다는 것도 화가 났겠지만 그보다 아들이 당시 사회 관습을 짓밟은 일을 가문의 수치로 여겼을 것이다. 분명 이 사건 이후 아버지와 아들 사이에 시끄러운 논쟁과 비난이 오갔을 테지만 마오는 그런 이야기를 전혀 하지 않았다. 어떤 기록에 따르면, 그 여인은 그대로 마오 집안에 머물다가 아버지의 첩이 되었다고 한다. 여하튼 그녀는 1910년에 20번째 생일이 지난 직후 이질에 걸려 사망했다.[56] 이 일 때문이었는지 아니면 다른 이유가 있었는지 알 수 없지만, 마오의 어머니는 결국 자신의 고향 샹샹(湘鄉)으로 돌아가 친정 오빠 가족과 함께 살기 시작했다.[57]

10년 후, 어머니는 오랜 병고 끝에 사망한다. 마오는 어머니의 장례식에서 비통한 마음으로 추도사를 하다가 울분을 터뜨렸는데, 그때 아버지와 관련해 수수께끼 같은 말을 했다. "(어머니는) 정당하지

---

* 마오쩌둥의 첫 부인은 오랫동안 성씨 즉 뤄(羅)로만 알려졌다. 이름이 언급되기 시작한 것은 불과 10여 년 전부터이며, 이름이 '뤄이구'가 아니고 '뤄이슈(羅一秀)'였다는 이야기도 있다.

않은 것을 증오했습니다. 그 증오심은 삼강(三綱) 가운데 마지막 강령에 관한 것이었습니다."*58) 마지막 강령은 남편과 아내의 관계에 관한 것이다. 장례식에서 아버지와 다른 친척들 앞에서 이렇게 아버지를 비난한 것은, 곧 마오 자신이 아버지에게 품은 깊은 적대감과 그를 용서할 마음이 없음을 보여준 것이었다. 1930년대에 마오는 바오안에서 에드거 스노(Edgar Snow)와 대담하는 도중에 이렇게 말하기도 했다. "나는 점차 아버지를 증오하게 되었습니다."

마오가 부모가 정해준 결혼에 반발한 것은 아버지가 자신을 땅에 묶어 두고 그렇게 싫어하는 지겨운 농사일을 평생 시키려 한다고 의심한 탓이었는지도 모른다. 이후 마오는 스스로 자신의 길을 찾으려고 노력하기 시작했다. 다시 공부를 시작한 것이다. 이번에는 친척인 늙은 학자가 운영하는 서당에서 공부하기 시작했다. 15살 생일 직후 마오는 아버지에게 샹탄의 쌀 거래상에서 하던 견습 생활을 그만두고 고등소학교에 들어가겠다고 선언했다.59)

다른 일에서도 그랬지만 이번에도 마오쩌둥은 자기 뜻대로 했다. 이어진 상황을 보면 마오가 자신의 아버지에게도 괜찮은 측면이 있음을 거의 인정하지 않았다는 것을 알 수 있다.

아버지는 아들의 강한 결의와 끈기를 항상 과소평가하는 잘못을 저질렀지만, 아들도 구두쇠 같은 겉모습 뒤에 숨은 아버지의 높은 자부심을 제대로 알아차리지 못했다. 유가 사상에는 앞 세대와 다음 세대가 연속체라는 관념이 있다. 그래서 자식이 성공하면 부모는 자신의 인생이 성공적이라고 생각한다. 자식의 성공은 아버지의 명예이며 또 할아버지를 비롯한 선조에게 영광스러운 일이었다. 마오의

* 여기서 삼강이란 삼강오륜의 삼강을 뜻한다. 첫째 강령은 왕과 신하 사이에 마땅히 지켜야 할 도리, 둘째 강령은 아버지와 아들 사이에 지켜야 할 도리, 셋째 강령은 남편과 아내가 서로 마땅히 지켜야 할 도리를 말한다.

아버지는 제대로 된 교육을 받지 못했지만 그가 보기에 자신의 아들은, 마오 자신이 표현한 것처럼, '집안의 학자'였다.[60] 아버지는 큰아들 쩌둥만이 좁은 고향 땅을 벗어나 넓은 세상에서 성공할 가능성이 있음을 알아차렸던 것이다.

마오는 아버지를 욕심 많고 인색하며 계급적 편견에 사로잡힌 사람이라고 비난했지만, 바로 그런 아버지가 이후 10년 가까이 마오의 학교 등록금과 생활비를 대주었다. 아들이 고향에 돌아올 생각이 전혀 없고 따라서 앞으로 아버지 자신에게 실질적으로 이득을 가져다줄 일이 없으리라는 사실을 안 뒤에도 아버지는 지원을 중단하지 않았다.

한 세대 전만 해도 마오처럼 아버지에게 끝없이 도전하는 것은 용납할 수 없는 일이었다. 하지만 중국은 이제 변화하고 있었다. 시골 벽지 사오산에서도 오랜 관습이 무너지고 있었던 것이다.[61]

변화는 중국 내부의 쇠락과 외국의 압력에 의해 일어났다. 150년 전 청나라 건륭제(乾隆帝)는 영국 조지 3세의 교역 요청을 거절하며 "중국은 …… 바깥 야만인들이 만든 물건은 필요하지 않다."라고 멸시하는 말을 했다. 이후 중국은 발전이 없었다. 소요와 반란으로 국력이 급속히 약해졌다. 유럽은 산업혁명을 거치며 이전에는 상상도 할 수 없었던 막강한 힘을 얻었고 외부로 팽창하려는 기운이 넘쳤다. 1차 아편전쟁(1839~1842)에서 승리한 영국은 홍콩을 할양받았으며, 상하이를 비롯한 항구 다섯 곳이 개항되어 처음으로 중국 땅에 외국인이 거주할 수 있게 되었다. 2차 아편전쟁(1856~1860)에서는 영국군과 프랑스군이 베이징까지 진격하여 황제의 별궁 원명원(圓明園)을 불태웠다. 이제 수도 베이징에도 외국인이 거주할 수 있게 되었다.

하지만 후난성은 사정이 달랐다. 후난성은 중국에서도 보수적이고 외국인에게 적대적인 곳이었다. 다음은 어느 외국인 여행자가 남긴 기록이다. "후난 사람들은 중국인 가운데 특이한 사람들이며 …… 다른 지방 사람들을 신뢰하지 않는 듯하다. 그리고 내가 듣고 본 바에 따르면, 다른 지방 사람들도 후난 사람들을 같은 태도로 대한다."[62] 동치제 재위 당시 실권자였던 공친왕(恭親王)은 후난 사람을 "소란스럽고 싸움을 좋아하는" 자들이라고 했다.[63] 후난 사람들은 또 "만주족이 우리만은 정복하지 못했다."라고 공공연하게 자랑하곤 했다.[64] 외국인들에게 이 지역은 '폐쇄된 지역'이었다.[65] 1891년 영국 선교사 그리피스 존(Griffith John)은 후난성 성도(省都)인 창사(長沙)의 성벽에 도착했을 때 군중이 던지는 돌에 맞았다. 훗날 그는 다음과 같이 말했다. "베이징의 자금성(紫禁城)이나 티베트 왕국과 마찬가지로 후난은 지구상에서 몇 안 되는, 외국인이 감히 들어갈 수 없는 곳이다." 그리피스는 또 "후난성 성도 창사는 아마도 중국 전역을 통틀어 반(反)외세 정서가 가장 강한 도시일 것이다. 이런 정서는 현지 관리들이 완전히 지지할 뿐 아니라 현지 지식인들 역시 굳게 지키는 감정이다."라고 썼다.[66] 하지만 일찍이 중국을 여행한 외국인들은 후난 사람들의 '열렬한 정서'와 '고집스러운 성향'에 좋은 인상을 받았다. 중국의 다른 지역 사람들이 '맥 빠지도록 철저히 냉담'했던 것과 대조적이었기 때문이다.[67]

18세기에 예수회 선교사들은 중국에서 가장 뚫고 들어가기 어려운 지역으로 후난성을 들었다. 후난은 '박해받을 위험이 가장 높은 곳'이라고 평가받았다.[68] 조금 더 시간이 흘러 19세기 중엽 마오쩌둥의 할아버지 대에 '태평천국운동'이 일어났을 때에는 반란군에 의해 중국 전역에서 8개 성이 정복당하고 2천만 명이 희생되었지만 후난성은 끝까지 함락되지 않았다. 창사는 그때 반란군의 포위망 속에서 80일이나 버텨 '철문의 성(鐵門之城)'이라는 별명을 얻었다. 청나라 황실에 특별히 충성심이 있어서가 아니라 창사 지배층이 보기에 기독교의 영향을 받은 태평천국 사상은 유학에 어긋나는 위험한 사상이기 때문이었다. 마오가 어린 시절에 영웅으로 추앙했던 증국번(曾國藩, 1811~1872)은 후난성 출신 관료로서 태평천국 반란군을 물리친 인물이었다. 반란군의 주요한 두 지도자 중 한 명인 홍대전(洪大全, 1823~1852) 역시 후난 사람이었다.

"후난 사람은 예로부터 독립심과 자부심으로 유명했다. …… 그들은 특유의 지적인 자질로 다른 사람들의 이목을 끄는 경향이 있다." 20세기 초 어느 저술가의 말이다.[69] 후난성은 다른 지방에 비해 청 황실의 고위 관료, 개혁가나 혁명가로 유명한 인물들을 많이 배출했다.

청 조정은 처음에는 외국에 무대응 원칙으로 일관했다. 하지만 1870년대부터 일종의 근대화 운동인 양무운동(洋務運動)이 시작되었다. 개혁가들은 '중체서용(中體西用)'이라는 구호를 내거는 한편, 중국이 근대식 무기를 도입하기만 하면 외국 침략자를 물리치고 유가적 생활 방식을 지킬 수 있을 것이라고 주장했다. 하지만 이런 개혁 시도는 청나라가 1895년에 서구 열강이 아니라 이웃 아시아 국가에 치욕적인 패배를 당하면서 실패로 드러났다. 중국인들이 예로부터 난쟁이같이 키가 작다고 경멸적으로 '왜(倭)'라고 부르던 일본과 벌인 전쟁(청일전쟁)에서 패배한 것이다. 3년 뒤인 1898년에는 젊은 황제 광서제가 정치 제도와 사회 제도를 개혁하려고 시도했으나 서태후(西太后)가 이끄는 보수파에 의해 좌절하고 말았다. 외국인들은 중국이 이제 곧 서구 열강에 의해 분할되리라고 내다보았다. 중국의 장래가 영국 하원에서 논의되었으며 그 결과 1898년 후난성을 비롯한 양쯔강(揚子江) 유역은 영국의 영향권이라는 선언이 발표되었다.[70] 그 직후 '의화단 봉기'가 일어났다. 죽어 가는 청나라가 마지막으로 꿈틀한 것이었다. 중국의 진보 세력이나 외국인들 모두 옛 질서가 더는 작동하지 않는다고 인식했다. 옛 질서가 완전히 무너지는 것은 시간 문제였다.

이런 소식이 사오산까지 전해지기는 어려웠다. 당시 중국에서 새로운 소식은 사람들이 차를 마시면서 나누는 대화나 관청의 포고가 게시판에 내걸리는 방식으로 전해졌다.[71] 상인들이 샹탄의 항구와 광저우(廣州), 쓰촨성 충칭(重慶), 양쯔강이 흐르는 우한(武漢)을 오가면서 소식을 실어 날랐다. 중세 유럽과 비슷했다. 하지만 농민들은 의화단 봉기를 아주 희미한 소문 정도로만 들었으며 외국 열강의 침탈과 압박에 대해서는 전혀 몰랐다. 심지어 1908년 광서제가 사망하고 나서 사오산에 그 소식이 전해진 것은 거의 2년이 흐른 뒤였다.[72]

마오가 처음으로 중국이 처한 곤경을 알게 된 것은 14살 때 《성세위언(盛世危言)》이라는 책을 사촌에게 빌려 읽으면서였다. 이 책은 1895년 청일전쟁이 일어나기 직전 원래 상하이의 매판(買辦) 상인이었던 정관잉(鄭觀應)이 쓴 것이다.[73] 정관잉은 이 책에서 중국이 서양 기술을 도입해야 한다고 주장했다. 책에 나오는 전화, 기선, 기차 따위에 관한 설명은 전기를 써본 적도 없고 동력이라고는 짐승과 인간의 힘밖에 모르던 시골 사람들에게는 이해하기 힘든 내용이었다. 이 책을 읽고 소년 마오는 큰 충격을 받았다. 당시 그는 학업을 중단하고 농사일만 하고 있었다. 마오가 훗날 쓴 글에 따르면, 그가 농사일을 그만두고 다시 학업을 시작한 데는 이 책이 결정적 영향을 끼쳤다.[74]

정관잉은 이 책에서 외국인들이 개항장에서 중국인을 어떻게 부당하게 다루는지 논했다. 그는 또 의회 민주주의, 입헌 군주제를 옹호했으며 서양식 교육 방법과 경제 개혁을 주장했다.

하지만 이런 제안보다 마오쩌둥에게 더 강한 인상을 남긴 것은 몇 달 뒤 우연히 읽은 소책자의 내용이었다. 거기에는 중국이 외국 열강 손에 조각나는 상황이 묘사되어 있었다. 30년이 지난 뒤에도 마오는 소책자의 첫 문장, "아! 중국은 이제 망하는가!(嗚呼! 中國其將亡矣!)"를 기억했다. 소책자에는 일본이 조선과 원래 중국 땅인 타이완을 점령했다는 것, 또 인도차이나 지역 왕국들과 버마에서 중국이 지녔던 종주국 지위가 박탈당했다는 사실이 설명되어 있었다. 소책자를 읽은 마오의 반응은 애국심을 지닌 다른 수많은 중국 청년들이 보인 반응과 같았다. 훗날 마오는 회고한다. "이 글을 읽은 뒤 나는 나라의 미래를 생각하고 침통해졌으며 나라를 구하는 일이 모든 사람들의 책무라는 것을 깨닫기 시작했다."[75]

청나라가 쇠락하면서 비적이 들끓고 여기저기서 내란이 일어나던 상황도 마오에게 영향을 끼쳤다.

글을 갓 배웠을 때부터 그는 《수호지(水滸志)》에 나오는 양산박 호걸 108명, 각종 비밀결사, 의형제의 결의로 탄생한 집단을 비롯해 부정을 바로잡고 빈자를 보호하겠다고 맹세한 반란자들의 이야기를 즐겨 읽었다. 사오산에서 서당에 다닐 때 같이 공부하던 친구들도 이런 이야기를 무척 좋아해서, 선생이 곁을 지나갈 때는 유가 경전 밑에 이런 책들을 숨겨놓고 읽었다. 마을 노인들에게 그런 이야기를 자주 듣기도 했고 책을 읽고 또 읽어서 나중에는 거의 외울 정도였다. "감수성 풍부한 어린 나이에 나는 그런 책들의 영향을 크게 받았다."라고 마오는 회고했으며 이런 책들에 대한 그의 사랑은 죽을 때까지 변함없었다.[76]

그러나 마오의 세계관을 형성하는 데 훨씬 더 큰 영향을 끼친 것은 1910년 봄 창사에서 일어난 식량 폭동이었다. 훗날 마오는 그 사건이 "나의 전 생애에 영향을 끼쳤다."라고 말했다.[77] 바로 전해인 1909년에 양쯔강이 두 차례나 범람해 후난성 북부와 후베이성의 곡창 지대를 덮쳤다. 특히 두 번째 범람은 너무 갑작스레 발생하여 "사람들은 옷도 챙겨 입지 못하고 큰물을 피해야 했다." 후난성 순무(巡撫, 명나라와 청나라 때 성省을 통치하던 행정 최고 책임자)는 다른 지방으로 후난의 곡식을 매매, 반출하는 것을 제한하기로 했다. 하지만 창사에 주재하던 영국 영사관은 조약에 규정된 권리를 근거로 들어 순무의 방침을 거부하고 자유로운 곡식 반출을 주장했다. 후난성의 일부 지주 역시 영국에 동조했다. 매점매석으로 엄청난 이득을 볼 수 있었기 때문이다.[78) 곡물 가격이 오르기 시작했고 4월이 되자 쌀 한 되의 값이 평소 가격의 세 배에 이르는 약 260동원(銅元)까지 올랐다.[79) 시골 지역에서 "사람들이 나무껍질을 먹고 아이들을 팔아넘기고 길가에는 아사한 시체가 높게 쌓였으며, 심지어 사람이 사람 고기를 먹는 지경에 이르렀다."는 소문이 퍼지기 시작했다.[80)

4월 11일 창사 남문(南門) 근처에 살던 어느 물장수 부부가 자살했다는 소식이 사람들에게 알려졌다. 당시 기록을 살펴보자.

아버지는 하루 종일 물을 날랐고 어머니와 아이들은 구걸하러 다녔지만 쌀값이 너무 비싸서 아이들을 배불리 먹일 수 없었다. 하루는 어머니와 아이들이 종일 구걸하고 집에 왔는데 굶주린 아이들이 먹을 쌀이 없었다. 어머니는 불을 피우고 진흙을 가져와서 그것을 뭉쳐 불에 구워 먹으라고 아이들에게 주었다. 그리고 스스로 목숨을 끊었다. 아버지가 집에 돌아와 보니 아내는 죽어 있었고 아이들은 진흙을 불에 올려놓고 굽고 있었다. 아버지 역시 괴로움을 견디지 못하고 스스로 목숨을 끊었다.[81)

이 사건이 폭동에 불을 댕겼다. 당시 일본 영사의 묘사에 따르면

이 폭동은 "사실상 전쟁이나 다름없었다."[82] 폭도들은 남문에 집결하여 당시 치안을 담당하던 경무공소(警務公所) 책임자를 억류한 다음 밤새도록 방화와 약탈을 저질렀다. 주로 외국인 소유물이 표적이었다. 훗날 밝혀진 바에 따르면, 이때 창사의 향신* 가운데 극단적으로 보수적인 외국인 혐오론자들이 폭도들을 선동했다고 한다. 외국 기선 회사는 강을 통해 쌀을 반출함으로써 기아를 악화시켰다는 이유로 습격당했다. 외국인이 운영하는 관세 사무소, 선교 시설, 서양식 학교 등도 공격당했다. 아침이 되자 그사이에 3만 명으로 불어난 폭도들이 지역 관청으로 눈을 돌려 순무의 집무실이자 숙소인 아문(衙門)을 불태워버렸다.[83] 그 밖에 건물 17채가 완전히 파괴되었고 훨씬 많은 건물들이 훼손되었다. 외국인이 사용하거나 외국인과 연관이 있는 건물이 대부분이었다.[84]

외국 열강은 신속하게 대응했다. 외국인 중에 다친 사람은 없었지만 영국은 샹강으로 포함(砲艦)을 보내 자국민을 구출했으며 미국은 중국 동남쪽 해안의 개항장인 샤먼(廈門)에 주둔해 있던 자국의 아시아 함대에 비상 경계령을 내렸다. 이후 열강은 중국 정부에 거액의 피해 보상금을 청구했다.

하지만 가장 눈길을 끈 것은 당시 청 조정이 보인 반응이었다. 순무를 비롯한 고위 관료들이 해임되었다. 또 현지 향신 몇 명이 폭동을 조장한 혐의로 고발되었는데, 그중에는 중국에서 최고 지위의 학자인 한림원(翰林院) 학사(學士)가 두 명 포함되어 있었다. 이들은 '극단적인 형벌'을 받았는데 실은 직위를 고작 한 단계 강등당했을 뿐이

향신(鄕紳) 중국에서 과거 시험에 합격하고 임관하지 않은 채 향촌에서 사는 사람 또는 향촌의 퇴직 관리나 유력 인사 등의 사회 계층. 사회적으로 존경받는, 향촌의 실질적인 지배자였다. 청나라 말기에는 정치적, 사회적 발언권이 커져서 지방 행정이나 경제 정책에 영향력을 행사하기도 했다.

었다. 한편 어느 외국인이 '불운하고 불쌍한 사람들'이라고 칭한 이 도시의 빈민들에게 내려진 형벌은 훨씬 가혹했다. 폭동 지도자로 지목된 이발사 한 명과 뱃사공 한 명은 죄수를 가두는 대나무 우리에 갇혀 거리를 행진한 다음 성벽으로 끌려가서 처형당했고, 그들의 머리는 가로등 꼭대기에 내걸렸다.[85]

마오와 친구들은 며칠 동안 이 폭동 이야기만 했다.

이 사건은 내게 깊은 인상을 남겼다. 학생들은 대부분 '폭도'들에게 동정적이었지만 방관자 입장이었다. 폭동이 자신들의 삶과 관련이 있다고는 전혀 생각하지 않았다. 그들은 폭동을 오직 흥미로운 사건으로만 보고 관심을 두었다. 하지만 나는 그 사건을 결코 잊을 수 없다. 그 폭도들과 더불어 우리 가족 같은 보통 사람들이 거기에 있었다고 생각했다. 나는 그들에게 내려진 처분이 부당하다고 생각해 몹시 분노했다.[86]

몇 주 뒤에 또 다른 사건이 일어났다. 샹탄에서 약 40킬로미터 남쪽에 있는 화스(花市)라는 작은 마을에서 일어난 사건이었다. 그 지역의 지주 한 명과 가로회(哥老會)라는 비밀결사 사이에 시비가 붙었다. 가로회는 후난성과 이웃 성들에 널리 퍼져 있던 단체였다. 지주는 이 분쟁을 법정으로 가지고 갔으며, 마오의 말에 따르면 "힘이 있었던 그는 …… 돈을 써서 자신에게 유리한 판결을 쉽게 받을 수 있었다." 하지만 가로회 사람들은 이 판결에 복종하지 않고 류산(瀏山)이라는 산속으로 숨어들어 요새를 짓고 버텼다.

가로회 사람들은 노란색 모자를 쓰고 노란색 삼각 깃발을 들고 다녔다. 후난성 정부는 군대를 보내 요새를 무너뜨리고 세 명을 잡아들였는데 그 가운데 단체의 지도자 펑어우디(彭歐迪)도 있었다. 세 명은 고문을 당한 끝에 의화단이 사용한 의식과 주문을 배웠다고 자백했다. 그렇게 하면 전투에서 다치지 않을 것이라 믿었다는 것이다. 펑어우디는 참수당했다. 하지만 학생들이 보기에 "그는 폭동에 공감하는 모든 사람의 영웅"이었다고 마오는 훗날 썼다.[87]

하지만 마오의 견해는 아직까지는 앞의 진술에서 보이는 것처럼 뚜렷하지 않았다. 다음 해 쌀 부족 현상이 다시 한번 나타났는데 이번에는 마오의 고향 사오산이 무대였다. 마오의 아버지는 계속 쌀을 구입하여 도시에 내다 팔아 쌀 부족을 더욱 악화시켰다. 결국 마오의 아버지가 보낸 배송물이 굶주린 주민들에게 탈취당하는 일이 벌어졌다. 아버지는 노발대발했다. 당시 마오는 아버지에게 동조하지는 않았지만 "마을 사람들의 행동 방식 역시 잘못되었다고 생각했다."[88]

이때쯤 마오는 아버지를 졸라서 고등소학교에 들어갔다. 학교는 어머니의 가족이 사는 샹샹현에 있었는데 서양에서 영향을 받은 교수법을 도입한 '신식' 학교였다. 의화단 봉기 이후 외국식 교육의 필요성을 절감한 청 조정이 늦게나마 시작한 개혁 조치로 몇 년 전에 세워진 학교였다. 난생 처음 사오산을 떠난 마오는 새로운 광경에 압도되었다.

그렇게 많은 아이들이 한데 모여 있는 광경은 난생 처음 보았다. 대부분은 지주의 아들이었고 비싼 옷을 입고 있었다. 농민이 자식을 이런 학교에 보낸다는 건 매우 드물었기 때문이다. 나는 다른 아이들보다 남루한 옷을 입고 있었다. 위아래로 제대로 갖추어 입을 수 있는 옷은 한 벌밖에 없었다. 학생들은 장삼(長衫)을 입을 수 없었고 교사들만 입었다. 서양식 옷을 입은 사람은 '서양 마귀들'밖에 없었다.[89]

'현립둥산고등소학교(縣立東山高等小學堂)'가 이 학교의 정식 명칭이었다. 학교는 과거에 전통 서원이 있던 자리에 세워졌다. 학교 주변에는 높은 돌담을 둘러쳤고 담 중간에 검은색 옻칠을 한 문짝이 두 개씩 달린 큰 문이 여럿 있었다. 담 바깥에는 해자가 있었고 해자를 가로지르는 흰색 돌다리를 건너야 학교에 들어올 수 있었다. 근처 언덕에는 7층짜리 흰색 석탑이 서 있었다.[90]

마을은 5개월치 수업료와 교재비, 식비, 기숙사 비용으로 1천4백 동원을 지불했다. 당시 중국 돈 1은원, 영국 돈 5실링에 맞먹는 액수였다. 이런 학교에 다닌다는 것은 큰 특혜였다. 당시 이런 수준의 교육을 받을 수 있는 아이는 2백 명 가운데 한 명도 채 되지 않았다. 이렇게 부유층 아이들 틈에 낀 마오는 다른 아이들보다 나이도 많고 키도 컸지만 세련되지 못하고 깡마른 시골 소년이었고 말씨도 달랐기 때문에 적응하기가 힘들었다. 나중에 마오는 이렇게 회고했다. "부잣집 아이들은 나를 경멸했다. 다 떨어진 윗옷과 바지를 입고 다닌 탓이다. 게다가 나는 샹샹 출신이 아니었기 때문에 환영받지 못했다. …… 나는 상당히 우울했다."[91]

마오는 원래 자기가 옳다고 생각하면 종종 오만한 태도와 집요한 모습을 보였으며 때로는 유치하게 고집을 피웠다. 그런 성격 때문에 주변 아이들은 마오를 더욱 적대적으로 대했고, 그들의 적개심을 이겨내려면 마오는 아버지와 충돌하는 과정에서 습득한 불굴의 정신을 십분 발휘해야 했다.[92] 마침내 마오에게도 친구가 생겼다. 그중 한 명이 샤오싼(蕭三, 1896~1983)이었는데, 그는 훗날 에미 샤오(埃彌蕭)라는 필명을 쓰는 유명 작가가 된다. 마오는 1년 전에 학교에 들어온 외사촌과도 친해졌다.

이처럼 장애물이 있었지만 마오는 공부를 잘했고 교사들의 호감을 샀다. 마오의 성향이 과학이 아니라 문학 쪽이라는 것이 곧 분명해졌다. 그가 가장 좋아한 과목은 역사였다. 그는 중국 최초의 통일 왕조였던 진(秦)나라와 한(漢)나라에 관한 책을 있는 대로 구해다 읽었다. 유가 경전에 기초를 둔 논문을 쓰는 방법을 배웠고 시에 대한 사랑을 키웠다. 마오에게 시는 일생의 즐거움이 된다. 마오는 25년이 지난 뒤에도 당시 배웠던 일본 노래를 기억했다. 일본 유학을 다녀온 음악 교사가 가르쳐준 노래는 1905년 러일전쟁에서 일본이 승리한 것을 기념하는 내용이었다.

> 참새가 노래하고 꾀꼬리가 춤추네.
> 봄날의 푸른 들은 사랑스럽기만 하구나.
> 석류 꽃은 붉고 버들잎은 푸르니,
> 한 폭의 새로운 풍경이 펼쳐지네.[93]

일본은, 당시 신문에서 '젊은 중국'이라고 불리던 개혁가와 지식인들에게 영감을 주었다. 이들은 메이지유신으로 외국의 새로운 사상을 받아들여 근대화의 길에 들어선 일본을 본받아야 한다고 믿었다. 1895년 일본은 청일전쟁에서 중국을 격파했으며 중국인들은 자국의 허약함을 절감하지 않을 수 없었다. 10년 뒤 일본은 다시 러시아에 승리함으로써 아시아 군대가 유럽 군대를 물리칠 수 있음을 보여주었다. 그러나 러일전쟁에서 일본이 승리한 것은 중국에 좋기도 하고 나쁘기도 한 일이었다. 만주 지역에서 일본이 러시아 대신 압도적인 지배력을 행사하게 되었기 때문이다. 그러나 마오쩌둥 세대의 젊은이들에게는 황인종이 백인종을 이겼다는 사실이 중요했다. 나중에 마오는 이렇게 회고했다. "그때 나는 일본을 처음 알았고 그 나라의 아름다움도 알게 되었다. 그리고 러시아를 이긴 것을 기념하는 이 노래에서 일본의 자부심과 힘을 느꼈다."

1890년대부터 중국인 수천 명이 일본에 가서 새로운 서양식 교육을 받았다. 그중 가장 큰 영향력을 발휘한 사람이 캉유웨이(康有爲, 1858~1927)와 량치차오(梁啓超, 1873~1929)였다. 두 사람은 광서제가 추진한 개혁 운동의 뼈대를 만들었으며, 운동이 좌절된 후 일본으로 망명했다. 캉유웨이는 근대화 논의에 크게 이바지했다. 이제까지 유가의 사고방식은 머나먼 과거에 이상향이 존재했다고 가정하고 옛 황금시대로 복귀하려는 경향이 있었다. 캉유웨이는 유학 사상을 재해석하여 미래 지향적인 성격을 부여함으로써 개혁 운동과 조화를 이룰 수 있는 사상으로 재구성했다. 후난 출신이었던 량치차오는 찰스 다윈의 적자생존 개념을 가져와서 중국이 주변 열강들과 투쟁하는 상황에 적용했다. 량치차오는 중국이 생존하려면 반드시 근대화해야 한다고 주장했다.

캉유웨이와 량치차오는 '젊은 중국'의 우상이었다. 마오의 외사촌은 마오에게 개혁에 관한 책을 두 권 주었는데, 그중 한 권이 량치차오가 쓴 책이었다. 나중에 마오는 이렇게 돌아보았다. "나는 그 책들을 거듭 읽어서 결국 내용을 다 외웠다. …… 나는 캉유웨이와 량치차오를 숭배했다."

17살의 마오는 여전히 전제 군주제를 지지했다. "나는 대부분의 관리뿐 아니라 황제 역시 정직하고 선량하며 현명한 사람일 거라고 생각했다. 관리나 황제는 캉유웨이가 제안하는 개혁의 도움을 받기만 하면 될 것이라고 여겼다."[94]

마오의 그런 생각은 곧 변하게 된다.

신해혁명 한복판에서

1911년

"혁명이 끝난 후 나는 다시 책으로 돌아갔다."

MAO
THE MAN
WHO
MADE
CHINA

창사에서 배를 타고 이틀 동안 강을 따라 내려가다 보면, 대륙 중심부에 자리 잡은 주요 상업 도시 한커우(漢口)가 나타난다. 1911년 10월 9일 정오경, 한커우의 러시아 조계(租界)에 있는 한 중국인 장교의 집에서 폭탄이 터졌다. 폭탄 제조 중에 실수로 터진 것이었다.[1] 장교의 이름은 쑨우(孫武)였는데, 그는 '공진회(共進會)'라는 단체의 젊은 지도자였다. 공진회는 광둥성(廣東省) 출신의 반청(反淸) 운동 지도자인 쑨원(孫文, 1866~1925)이 만든 '동맹회(同盟會)'에서 갈라져 나온 조직이었다.[2]

쑨우의 친구들은 급히 쑨우를 근처 일본인이 운영하는 병원으로 피신시키는 데 성공했다. 하지만 러시아 조계를 담당하던 경찰은 쑨우의 집을 샅샅이 수색해 혁명 깃발과 선언문, 활동가 명단을 찾아냈다. 관계 당국은 재빨리 움직였다. 즉시 관련자 32명을 체포하고 그중 세 명을 다음 날 새벽 처형했다. 만주족 출신인 호광총독 루이청(瑞澂)은 베이징에 전보를 보냈다. "이제 모든 것이 …… 평화롭고 조용합니다. 사건을 조속히 해결했기 때문에 이 지역에는 피해가 없습니다."

하지만 세 명을 처형한 것은 큰 실수였다. 한커우의 강 건너에 있는 도시 우창에는 한족(漢族) 병사들로 이루어진 군부대가 주둔하고 있었는데, 그 부대들 사이에서 총독이 곧 비(非)만주족 병사들에게 대대적인 보복을 가할 것이라는 소문이 퍼졌다. 10일 저녁 우창의 공병 대대에서 반란이 일어났다. 반란을 막으려던 장교들은 그 자리에서 총에 맞아 죽었다. 보병 연대 2개가 뒤를 따랐다. 그다음에는 포병 연대 하나가 반란에 가담했다. 가장 치열한 전투는 총독의 아문 인근에서 벌어졌다. 총독 측은 기관총으로 무장했지만 결국 수백 명의 사상자가 났으며 총독 루이청은 그다음 날 새벽에 아문을 탈출하여 포함을 타고 도주했다. 우창은 이제 반란군 손에 들어갔다. 몇 년간 들끓던 혁명 운동이 마침내 결실을 맺은 것이다. 하지만 혁명을 계획했던 사람들의 생각과 달리, 실제 혁명이 성공한 다음에 일어난 일은 훨씬 더 많은 폭력과 피를 불러왔다. 반란군은 붉은색 띠를 두른 흰색 깃발에 '흥한멸만(興漢滅滿)', 즉 '한족을 부흥하고 만주족을 멸망시키자'는 글귀를 써 넣었다.[3] 만주족으로 구성된 제30연대는 거의 몰살을 당했다. 민간인 만주족 집단 학살이 이어졌다. 한 선교사의 말에 따르면 사흘이 지난 뒤 거리에 쌓인 만주족 민간인의 시체는 8백 구가 넘었고, "성문 밖 한 장소에는 50구의 시신이 무더기로 쌓여 있었다."[4]

혁명 선언문들이 잇달아 발표되면서 사람들의 감정을 더욱 자극했다. 어떤 선언문에는 북방에서 온 유목 민족의 지배 아래 "성스러운 한족의 자손들은 거친 풀 위에서 잠을 자고 쓴 담즙을 마셨다."라고 쓰여 있었다. 와신상담하면서 복수의 날을 기다렸다는 뜻이었다.[5] 또 다른 선언문은 이렇게 경고했다.

만주족 정부는 폭압적이고 잔인했으며 미치광이였고 아무 생각이 없었다. 엄청난 세금을 거두어 사람들의 뼛골까지 빼 먹었다. …… 기

1911년 우창 봉기가 마무리될 무렵의 혁명군 병사들.

억하라. 처음 중국 땅에 침입해 왔을 때 만주족은 보통 사람들로 가
득 찬 많은 도시를 칼로 제압했다는 사실을. …… 우리 선조가 당한
일을 되갚지 않는다면 그것은 곧 우리의 치욕이 될 것이다. 그러므로
우리의 모든 형제들이여 …… 혁명군을 도와 저 야만스러운 이방인들
을 섬멸하라! …… 오늘의 이 기회는 하늘이 내려주신 것이다. 이 기
회를 잡지 않는다면 우리는 또 언제까지 기다려야 할 것인가?[6]

외부 세계에서는 판단을 유보하고 있었다. 런던에서 발행된 〈더
타임스(The Times)〉는 교육을 받은 중국인들 가운데 대부분은 조금
도 주저하지 않고 혁명을 지지한다고 보도했는데, 이 기사에는 다음
과 같이 경멸적인 어조로 쓴 구절도 있었다. "환관이라든가 그 밖에
다른 야만적인 습속을 지니고 있는, 이 부패하고 무력한 만주족 황
실에 동정을 표하는 사람은 거의 없다."[7]

그러나 그때 새로운 역사가 이미 진행 중임을 알아차린 사람은 거
의 없었다. 우창에서 펼쳐진 일들이 세계에서 가장 오래되고 가장 인
구가 많은 나라에서 천 년에 한 번 일어날까 말까 한 거대한 변화의

예고편이라는 사실을 아는 사람은 거의 없었다. 기원전부터 중단 없이 지속되어 왔으며 세계 역사상 가장 오래된 통치 체제가 무너지기 직전임을 누구도 예측하지 못했다. 우창 봉기가 일어난 뒤 몇 주가 흐르기까지 대부분 사람들은, 중국 역사에서 종종 그래 왔듯이, 황실이 곧 상황을 역전시킬 것이고 결국 반란을 진압할 것이라고 생각했다.

중국 채권은 가격이 약간 하락했지만, 금융 시장에서는 이 움직임이 결국 외국이 중국과 통상 거래를 하는 데 이롭게 작용하리라고 보았다. 심지어 당시 상하이에서 발행된 한 영자 신문을 보면 혁명 상황은 다른 뉴스에 가려 있었다. 이탈리아군이 트리폴리를 포격했다는 소식, 러시아 노보체르카스크에서 트루베츠코이 공(公)이 암살당했다는 소식, 바이에른 공국의 섭정인 90세의 루이트폴트 공이 멧돼지 사냥을 나갔다가 감기에 걸렸다는 소식, 그리고 "영국의 퍼시 백작과 고든 레녹스 양이 이튼 광장에 있는 성베드로 교회에서 올 들어 가장 화려한 결혼식을 거행했다."와 같은 소식이 '우창 봉기'의 최초 기사들과 지면을 다투고 있었다.

하지만 베이징에서는 이 사태를 심각하게 받아들였다. 당시 섭정이었던 순친왕(醇親王)의 거처를 비롯해 다른 고위 관리들의 궁 주변에 경비대를 두 배로 늘렸으며 베이징 거리에 황궁 기병대가 순찰을 돌기 시작했다. 지방에서 만주족이 혁명 군중에게 색출되어 살해당하고 있다는 소식이 전해지면서, 수도 베이징에 거주하던 만주족 여인들은 만주 스타일의 화려한 머리 장식과 밑창이 높은 신발을 버리고 한족 스타일의 옷을 입고 다니기 시작했다.[8]

이런 일들이 벌어졌을 때 마오쩌둥은 후난성의 성도 창사에 있었다. 창사에는 샹샹현 출신 학생들이 다닐 수 있는 중등학교가 있었는데, 둥산학교의 어떤 교사가 마오가 이 중등학교에 다닐 수 있도록 마오의 아버지를 설득하고 추천서까지 써주었던 것이다. 그리하여 마오는 6개월 전 샹탄에서 배를 타고 창사에 도착했다.[9]

창사로 떠나기 전, 마오는 이 도시가 '엄청난 곳'이며 이곳에 '많은 사람과 많은 학교와 후난성 순무의 아문'이 있다는 이야기를 들었다. 하지만 그가 탄 작은 기선이 천천히 강을 내려가 도시에 접근했을 때 눈에 들어온 광경은 그의 상상을 훌쩍 뛰어넘었을 것이다.[10] 먼저 하늘을 향해 높이 솟아오른, 회색 벽돌을 쌓아 만든 거대하고 우아한 성벽이 눈에 띄었을 것이다. 성벽은 강을 따라 3킬로미터 넘게 이어져 있었고 성벽의 기초 부분은 두께가 15미터가 넘었다. 성벽 앞 강가에는 작은 정크 선들이 몰려 있어 언뜻 숲이 우거진 것처럼 보였다.[11] 성벽은 강에서부터 육지 안쪽으로 다시 약 13킬로미터 더 이어져 있었고 방어 성벽이 약 12미터 높이로 세워져 있었다. 그 위는 마차 세 대가 나란히 지나갈 수 있을 정도로 넓었다. 중세 유럽의 요새 도시처럼 창사는 거대한 성벽에 둘러싸여 있었다. 성벽 네 방위마다 큰 출입문이 두 개씩 있어 군인들이 경비를 섰다. 군인들은 짙푸른 모자를 쓰고 짧은 병사용 망토를 걸치고 있었다. 윗옷 소매는 넓어 헐렁했으며 목둘레 옷깃에는 붉은색 구름이 겹겹이 쌓인 무늬가 새겨졌고 소속과 계급을 나타내는 화려한 금실 장식을 달았다. 무명 바지는 종아리 부분을 단단히 동여맸다. 군인들이 소지한 무기는 다양했다. 창날 한 개짜리 단순한 모양의 장창부터 도끼를 겸할 수 있는 미늘창, 두 손으로 잡아야 하는 큰 장검, 영어로 머스킷이라 하는 구식 장총, 플린트록이라 불리는 부싯돌 점화식 총, 매치록이라 불리는 화승 점화식 총 같은 무기였다.

성벽 안쪽에는 잿빛 기와지붕들이 다닥다닥 붙어 있었고 "어두운 굴처럼 생긴 골목들이 성의 중심부를 향해 파고들었다." 화강암 돌판이 깔린 골목은 곳에 따라서는 너비가 2미터도 안 될 정도로 좁았으며 냄새가 고약했다. 한 외국인 거주자는 "수많은 물고기 알이 한 덩어리로 뭉쳐 있는 것처럼 너무 많은 사람이 살고 있어서 곳곳에 짐과 오물이 넘친다."라고 말하기도 했다. 하지만 도시 한편에는 밖에서 들여다볼 수 없게 높은 담장으로 둘러싸인 구역이 있었다. 담장 안쪽에는 고위 관리들이 사는 화려한 저택들이 있었는데, 그런 저택에는 "꽃으로 꾸며진 안뜰, 점잖은 느낌의 가구를 배치하고 그림이 그려진 비단 족자를 벽에 건 우아한 응접실"이 있었다. 또 아주 오래된 삼나무로 둘러싸인 불교 사원도 두 곳 있었다. 노란색 기와를 얹은 지붕은 멋진 곡선을 그렸고 거대한 기둥은 티크 나무로 만든 것이었다.

상업 구역에서는 아침마다 영업시간이 되면 상인들이 점두(店頭)를 가리는 나무 문짝을 떼어냈다. 가게 앞이 바로 골목이었다. 지붕과 지붕 사이에 장대를 세우고 얇은 대나무 발을 걸어 그늘을 만들었는데, 그러다 보니 도시의 한 부분이 마치 지붕 덮인 아케이드처럼 보였다. 가게에는 길쭉한 나무판으로 만든 간판을 내걸었는데, 검은 옻칠을 한 나무판 위에 황금색 글자를 써서 미래의 손님들을 환영하고 어떤 물건을 파는지 알려주었다.

당시 창사에는 자전거도, 자동차도, 인력거도 없었다.[12] 부자들은 가마를 타고 다녔다. 그 밖에는 사람이든 물건이든 허름한 수레가 주된 운송 수단이었다. 노동자들은 수레로 온갖 물건을 실어 날랐다. 석탄, 소금, 화약 원료, 아편, 불꽃놀이 기구, 옥양목과 무명천 같은 직물, 의약품 따위를 여기저기 나르고 강가에 있는 정크 선으로도 날랐다. 그리하여 창사 시내는 제대로 기름 치지 않은 바퀴 축에서 나는 삐걱대는 신경을 긁는 소리들로 종일 귀가 먹먹할 정도였다. 물도 사람이 날랐다. 남문 근처 '사춘천(沙春泉)'에서 길어 올린 물을 대나무 장대 양끝에 매단 물통에 담아 시내 여기저기로 날랐다. 행상들은 걸어 다니면서 크게 소리를 쳐서 상품을 알리거나, 나무 딸랑이나 종을 흔들어 자신의 존재를 알렸다. 달콤한 사탕과자를 파는 행상은 작은 징을 치며 걸쭉한 후난 사투리로 이런 노래를 부르며 다녔다.

> 요걸 먹기만 하면 귀머거리가 귀를 열고
> 앉은뱅이는 일어서고,
> 늙은 할머니는 이가 튼튼해진다오![13]

짙은 푸른색 옷을 입은 도사(道士)들과, 짙은 노란색 옷을 입은 불교 승려들은 열을 지어 지나가면서 병자들을 위한 기도문을 외웠다. 눈이 멀었거나 외모가 끔찍할 정도로 흉한 거지들은 길가에 앉아 구걸을 하거나, 혹은 정기적으로 주택가를 돌면서 돈을 뜯어냈다. 동냥을 주면 한 해 동안 나타나지 않을 테고 동냥을 주지 않으면 계속 찾아올 거라고 집주인들을 위협했다.

해가 지면 상인들은 가게 전면을 다시 나무 문짝으로 가렸다. 경건한 사람들은 허리를 숙여 세 번 절을 올렸다. 천지인(天地人)에 각각 올리는 절이었다. 그런 다음 가게 문 앞에 향불을 피웠다. 밤새 나쁜 혼령으로부터 자신을 보호하려는 것이었다. 해가 지면 어른 셋이 힘을 모아야 겨우 들 수 있을 정도로 무거운 빗장을 걸어 성벽의 문을 모두 닫았다. 전깃불이 들어오는 곳은 아문과 강 한가운데 섬에 있는 서양식 집들뿐이었다. 서양식 집에는 외국 영사들이 살았다. 이 밖에 어둠이 내린 뒤에 창사 시내에서 불빛이라고는 도로 관리를 맡은 조합에서 군데군데 밝힌 작은 기름 등불이 내는 희미한 불빛이 전부였다. 시간이 더 지나면 도시의 각 구역을 연결하는 문이 닫혀 구역들이 서로 분리되었다. 한밤중 시내에서는 순찰 도는 병졸이 밤새 거리를 걸어 다니며 긴 대나무 통을 때릴 때 나는 날카로운 소리만 들릴 뿐이었다.

마오는 처음에는 과연 자신이 이 도시에 머물 수 있을지 걱정스러웠다. "나는 대단히 들떠 있었다. 하지만 한편으론 입학을 거절당할까 봐 걱정스러운 마음도 있었다. 내가 그렇게 큰 학교에 들어갈 수 있다고 감히 생각할 수 없었다."[14] 하지만 놀랍게도 그는 별 어려움 없이 입학할 수 있었다. 마오는 이 학교를 6개월간 다녔는데 그 동안 공부보다는 정치 학습에서 더 많은 진전이 있었다.

지난해 식량 폭동 이후 창사에는 반(反)만주족 정서가 들끓었다. 비밀결사들은 수수께끼 같은 내용이 담긴 벽보를 붙였다. 한족의 봉기를 촉구하는 내용이었다. "모든 사람은 머리에 흰 두건을 두르고 칼을 들어야 한다. …… 이제 중국의 18개 성이 (전설적인 중국 황제) 신농(神農)의 후예에게 되돌려질 것이다."라든가, "봉기하여 만주족을 몰아내자."라는 구호가 여기저기 벽에 씌어 있곤 했다.[15]

마오쩌둥이 창사에 도착하고 얼마 지나지 않은 그해 봄, 광저우에서 반만주족 봉기가 일어났다는 소식이 전해졌다. 지도자는 후난 사람 황싱(黃興)이었고 72명의 급진파가 죽었다. 마오는 이 소식을 〈민립보(民立報)〉라는 신문에서 읽었다. 마오가 난생 처음으로 직접 읽은 신문이 바로 〈민립보〉였다. 훗날 그는 이 신문에 "자극적인 기사가 가득한 것"이 매우 인상적이었다고 말했다. 또 마오는 이 신문에서 쑨원이란 이름과 쑨원이 만든 '동맹회'도 처음 알았다. 당시 '동맹회'는 일본에 있었다. 흥분한 마오쩌둥은 학교에 벽보를 하나 써 붙였다. 중국에 새로운 정부를 세우자는 내용이었는데 쑨원을 대총통으로, 캉유웨이를 총리로, 량치차오를 외무장관으로 삼자고 주장했다. 마오가 훗날 스스로 인정하듯이, 이 벽보 내용은 '상당히 엉망'이었다.[16] 왜냐하면 캉유웨이와 량치차오는 입헌 군주제를 지지했으므로 공화제를 지지하는 쑨원과는 방향이 달랐기 때문이다. 하지만 마오가 이제 청나라를 공공연히 비난하게 되었고 처음으로 자신의 정치적 견해를 공적으로 표현하려고 노력한 것은 창사에서 보낸 몇 주가 그의 생각을 얼마나 크게 바꾸어놓았는지 보여주는 것이었다.

마오의 변화는 변발을 대하는 태도에서 극적으로 드러났다. 상상의 둥산학교에 다니던 시절에 마오는 변발을 자른 어떤 교사를 다른 학생들과 함께 심하게 조롱했다. 그 교사는 일본에 유학 가서 변발을 잘랐고 중국에 돌아와서는 가짜 변발을 머리에 붙이고 다녔는데 마오와 친구들은 그를 '가짜 양놈(假洋鬼子)'이라고 놀려댔다. 그랬던 마오가 창사에 와서 친구 한 명과 함께 변발을 잘라버렸다. 만주족 통치에 반대한다는 생각을 행동으로 보여준 것이었다. 다른 친구들은 변발을 자르겠다고 약속하고도 실행에 옮기지 못하고 있었다. "나는 내 친구와 함께 …… 그런 친구들에게 몰래 다가가서는 가위로 그들의 변발을 갑자기 잘라버렸다. 그렇게 우리한테 변발을 잘린 사람이 열 명이 넘었다."[17] 이와 비슷한 일이 그해 초부터 창사와 우창의 학교들에서 이어졌으며 학생들의 이런 행동에 전통주의자들은 큰 충격을 받았다. 전통주의자들이 보기에 부모님에게 받은 소중한 머리털을 자른다는 것은 곧 불효였다. 만주족 관리들과 전혀 다른 이유였지만, 여하튼 전통주의자들 역시 변발을 지키려 했다.[18]

4월에 다른 두 사건이 일어나면서 후난의 향신층은 혁명가들 편에 조금 더 가까워졌다. 청 조정이 내각을 발표했다. 내각 구성을 입헌제로 가는 중요한 한 걸음으로 본 중국의 엘리트들은 오래전부터 내각 구성을 요구해 왔다. 그런데 내각이 압도적으로 만주족 왕족으로 채워지면서 개혁론자들은 몹시 분노했다. 또 조정은 철도를 국유화하겠다고 발표했다. 철도를 건설하려면 외국 자본 도입이 필요했는

2장 신해혁명 한복판에서

데, 그러려면 철도 국유화를 먼저 실행해야 했던 것이다. 많은 사람들은 외자 도입을 열강에 중국 철도를 팔아먹는 일이라고 생각했다.

이 두 사건 때문에 학생들은 '점점 더 동요'하기 시작했으며 5월에 이르러 외자 도입이 확정되었다는 소식이 전해지자 대부분 학교가 동맹 휴업에 들어갔다.[19] 마오는 또래 소년들과 함께 성벽 밖에서 열린 공공 집회에 참가해 자신보다 나이 많은 학생들의 혁명 연설을 들었다. 마오는 나중에 그때 일을 이렇게 말했다. "나는 아직도 기억한다. 그때 어떤 학생이 연설을 하다가 자신의 장삼을 찢고 '어서 빨리 군사 훈련을 받고 싸울 준비를 합시다!'라고 외치는 장면을 말이다."[20] 격정적인 벽보가 나붙기 시작했고, 상황이 매우 위태롭다는 사실이 드러나면서 영국과 일본이 창사로 포함을 보냈다. 여름이 될 무렵에는 분위기가 약간 진정되었지만 옛 과거 시험장 자리에서 반만주족 집회가 연이어 열렸다. 개혁 성향의 향신들은 '문학회(文學會)' 모임을 가장해 집회를 열고 임박한 청나라의 붕괴에 관해 논의했다.[21] 한편 후난성과 가까운 쓰촨성에서는 대규모 폭동이 일어나기도 했다.

1911년 10월 13일 금요일, 중국 기선 한 척이 창사에 도착하면서 우창 봉기에 관한 다소 혼란스러운 첫 번째 소식이 전해졌다.[22] 승객들은 군부대들 사이에 전투가 벌어졌고, 군 주둔지에서 총성이 울렸으며, 병사들이 검은색 겨울 군복에서 붉은 장식 띠와 계급장을 떼어내고 그 대신에 흰색 완장을 찼다는 소식을 들었다고 전했다.[23] 하지만 누가 누구와 싸우는 것인지, 전투 결과가 어떻게 되었는지는 아무도 몰랐다. 그 당시 후난성 성도와 외부 세계를 잇는 통신 수단은 한커우로 연결된 전보 통신용 전선(電線)이 유일했는데 그 주말에는 전선이 고장나 작동 중지 상태였다.[24] 순무의 아문에 있는 관리들조차 지금 우창에서 무슨 일이 벌어지고 있는지 알아낼 도리가 없었다.

다음 월요일, 그러니까 16일에는 은행에서 예금 인출 사태가 벌어졌다. 순무가 완전 무장한 민병대 부대를 보내 은행 앞에 경비를 세우면서 혼란을 막았다. 학교는 대부분 수업을 하지 않았다.[25] 영국 영사 버트럼 자일스(Bertram Giles)는 베이징에 있는 영국 대사관에 경고를 보냈다. "정확한 소식은 거의 없고 근거 없는 소문만 무성하며 분위기가 격앙되어 있다."[26] 그날 저녁 한커우에서 출발한 일본 선적의 기선 한 척이 창사에 도착해 1천 명 정도의 승객을 내려주었다. 이들은 혁명가들이 어떤 성공을 거두고 있는지 자세한 소식을 알려주었다.[27] 이튿날 자일스는 "상황에 뚜렷한 변화가 있다."라고 알렸다.[28]

그 배에는 우창의 혁명파가 파견한 특사들도 타고 있었다. 창사에 주둔 중인 후난 수비대 내의 동료 급진주의자들에게 자체 반란 계획을 서두르도록 독려하기 위해 온 것이었다. 특사 한 명은 마오가 다니던 학교에 왔다.

교장의 허락을 받아 그 사람은 아주 열렬한 연설을 했다. 학생 일고여덟 명이 자리에서 일어나 만주족을 성토하는 구호를 외치며 연사를 지원했고 공화국을 세우기 위해 행동하자고 요청했다. 다른 학생들은 이들의 말에 온 신경을 집중했다. 혁명을 호소하는 연사의 목소리에 모든 사람이 귀를 기울이고 있었다. …… 학생들은 흥분한 상태였다.[29]

이 연설에 자극받은 마오는 며칠 뒤 다른 학교 친구와 함께 한커우로 가서 혁명군에 입대하기로 결심했다. 친구들은 마오 일행이 한커우로 가는 데 필요한 기선 여행비를 모금했다. 하지만 창사 상황이 급박하게 전개되는 바람에 이들은 예정대로 출발할 수 없었다.

창사의 혁명가들이 계획을 짜는 동안, 순무는 대책을 마련했다.[30] 순무는 급진주의자들이 침투해 있다고 알려진 제49연대와 제50연대를 창사에서 멀리 떨어진 곳으로 이동 배치했다. 이들은 창사 정규 수비대의 주력 부대였는데, 두 연대가 이동한 뒤에도 정규 수비대 6백여 명이 동문 밖 수비대 막사에 남아 있었다. 이들은 소지하고 있던 탄약을 반납하라는 명령을 받았다. 이들을 대신해 비교적 믿을 만하다고 평가받은 민병대의 전력이 보강되었다.

18일 수요일 밤이 되자 혁명파는 계략을 써서 도시를 점령하려 했다. 동문 밖 수비대 막사에 있던 병사들이 일부러 마구간에 불을 지른 다음, 동문을 열라고 요구했다. 불을 끄려면 소방 기구와 소방 마차가 동문을 통과해 빨리 와야 한다는 이유를 댔다. 성문을 지키던 민병대는 중립을 지킨다는 이유로 거부했다. 하지만 혼란스러운 와중에 수비대 병사들은 근처 무기고에 반납했던 자신들의 탄약을 거의 모두 되찾았다. 이들은 일요일 오전에 다시 공격을 시도했고 상황이 급변하기 시작했다. 훗날 마오쩌둥은 그날의 광경을 이렇게 묘사했다.

나는 도시 밖에 주둔 중인 부대에 친구를 만나러 가는 길이었다. 그 친구에게 (방수포로 된) 신발을 빌리려고 했다. 하지만 중간에 수비대 경비병에게 저지당했다. 그곳에는 활기가 넘쳤다. 병사들이 …… 거리로 쏟아져 나오고 있었다. 반란군이 성을 향해 진격했고 …… 전투가 시작되었다. 이와 동시에 창사 시내에서도 봉기가 일어났다. 중국인 노동자들이 성문을 향해 돌진했고 곧 이들은 성문을 장악했다. 나는 성문을 지나 다시 시내로 들어왔다. 높은 곳에 올라가

전투가 벌어지는 광경을 지켜보았다. 마침내 순무의 아문에 한족의 깃발이 오르는 것을 보았다.[31]

지금 보아도 정말 극적인 장면이다. 하지만 유감스럽게도 이 내용 가운데 사실에 부합하는 것은 거의 없다. 마오가 현장에 있었는지 의심스러울 정도다. 실제로는 반란군도 전투도 없었다. 봉기도 없었으며 성문 공격도 없었다. 영국 영사였던 자일스는 건조한 말투로 당시 상황을 이렇게 묘사했다.

(내가 파악한 바에 따르면) 오전 9시 30분 …… 일정한 수의 정규군이 성 안으로 들어갔고 그 안에서 혁명파 대표들과 합류한 다음, 순무의 아문으로 갔다. …… 민병대 병사들은 중립 원칙을 지켰고 따라서 성문을 폐쇄하기를 거부했다. 순무의 호위군 역시 이미 이쪽에 설득당했기 때문에 저항하지 않았다. 오후 2시가 되자 도시 전체가 혁명파의 손에 넘어 갔고 그 과정에서 총 한 방 발사되지 않았다. (반란군의 깃발인) 백색 깃발이 도시 곳곳에 내걸렸고 옷소매에 흰색 표식을 단 경비병들이 거리를 순찰하면서 질서를 유지하기 시작했다. 아침나절의 흥분은 일어났을 때만큼이나 빨리 가라앉았다.[32]

두 사람의 설명이 이토록 차이 나는 것을 보면, 목격자의 증언을 그대로 믿는 것이 위험할 수 있음을 상기하게 된다. 수십 년이 흐른 뒤에 나오는 증언은 더욱 그렇다.[33] 하지만 마오가 부풀려 묘사한 것도 어느 정도 이해할 만하다. 당시 그는 한창 들뜬 십대 소년으로서 중국 현대사의 결정적인 한 장면을 바로 그 자리에서 목격했던 것이다. 그리고 세월이 지난 뒤에 공산주의 지도자로서 그는 과거에 실제로 벌어진 일이 아니라 마땅히 그랬어야 했던 일을 회상했다.

순무와 그의 고위급 측근들은 대부분 탈출했다. 하지만 수비대 병사들의 무기를 몰수했다는 이유로 비난받은 민병대 사령관은 결국 동문 밖으로 끌려 나가 참수형을 당했다. 다른 관리 몇 명도 아문 근처에서 처형되었고 그들의 '처참한 머리와 몸통'은 길거리에 나뒹굴었다.[34]

쑨우의 폭탄 제조 장소가 수색당해 민간인 혁명 지도자들이 혼란에 빠졌던 우창이나, 민간인 혁명 지도자들의 계획이 순무의 대비책에 가로막혀 지연된 창사 두 곳 모두 급진 성향의 하사관과 일반 사병들이 봉기를 가능하게 한 원동력이었다. 따라서 일단 승리하기는 했으나 이제 새로운 혁명 질서를 누가 이끌 것인가를 두고 큰 혼란이 일어났다.

우창 주둔 군부대 지휘관 리위안훙(黎元洪)은 처음에는 봉기에 반대했지만 결국 마지못해 새로운 '후베이군정부'를 이끄는 도독(都督)* 자리에 올랐다.[35] 같은 날 그는 나라 이름을 '중화민국(中華民國)'이라고 바꾸는 포고령을 냈다. 그가 6개월 후면 베이징에서 부총통이 되며, 마침내 중화민국 대총통이 될 것이라고는 리위안훙 자신도 전혀 예상하지 못했다.

창사는 상황이 더 복잡했다. 봉기가 성공하고 불과 몇 시간 지나지 않아, 공진회 후난성 지부를 이끌던 활기차고 젊은 자오다펑(焦達峰, 1886~1911)이 '후난군정부'를 이끄는 도독의 자리에 올랐음이 선포되었다. 군사 지도자인 자오다펑에 상대되는 민정 지도자로는 창사의 개혁적 엘리트였던 탄옌카이(譚延闓, 1880~1930)가 임명되었다.[36] 호방한 성품의 자오다펑은 창사 거리를 말을 타고 행진하면

---

* 이 직위의 정식 명칭은 '후베이군정부대도독(湖北軍政府大都督)'이었다.

서 사람들의 환호와 갈채를 받았다. 그는 후난성의 비밀결사들과 긴밀하게 연결되어 있었다. 비밀결사 조직원들은 창사로 몰려들어 그가 권력을 다지는 일을 돕고 (또 승리의 전리품을 나누어 가지면서) 아문을, 당시 어떤 사람의 표현에 따르면, '비적 소굴'처럼 만들어버렸다.[37]

이런 상황은 창사의 개혁적 향신들이 바라던 바가 아니었다. 봉기 나흘 뒤 자일스 영사는 현지 지배 집단 내에서 긴장이 고조되어 사람들이 "권총을 뽑아 들고 대검을 꺼내 소총에 꽂아 두고" 있다고 보고했다.[38] 이때 자오다펑이 치명적인 실수를 저질렀다. 자신에게 충성스러운 부대를 우창으로 보내 그곳 혁명가들을 돕기로 했던 것이다. 10월 31일, 자오다펑의 부관이 북문(北門) 밖에서 매복 공격을 당해 살해당하고 말았다. 자일스 영사의 말에 따르면, 곧이어 "병사들은 부관의 잘린 머리를 들고 성내로 달려 들어가 아문에 있던 자오다펑을 죽여버렸다."[39] 25살이던 자오다펑이 도독에 오른 지 아흐레 만에 벌어진 일이었다.

마오는 두 사람의 시신이 길거리에 널브러진 것을 보았다. 세월이 지난 뒤에 마오는 그들의 죽음을 혁명 사업의 위험성에 관한 객관적 교훈으로 상기했다. "그들은 나쁜 사람들이 아니었으며 혁명적 의지도 어느 정도 있었다." 마오에 따르면, 그들이 살해당한 이유는 "그들이 가난했으며 피억압계급의 이익을 대변했기 때문이다. 결과적으로 지주와 상인들의 불만을 샀던 것이다."[40] 하지만 실상은 그리 단순하지 않았다. 자오다펑 정권은 너무 단명했기 때문에 그가 어떤 정책을 폈을지는 아무도 알 수 없다. 여하튼 현지 엘리트가 보기에 자오다펑은 위협적인 존재였음이 틀림없다. 한편, 그날 오후 곧바로 새로운 도독으로 취임한 탄옌카이는 부유한 가문 출신에 한림원 학사로서 자유주의 성향을 지닌 인물이었다.

창사와 양쯔강 유역 일대는 일촉즉발의 상황이었다. 당시 여섯 살이던 황제(선통제宣統帝)는 처량한 칙서를 발표했다.

나라 전체가 들끓고 있다. 백성의 마음이 불안해졌다. …… 이 모든 것은 짐의 잘못이다. 그러므로 짐은 개혁을 행하겠다고 세상에 고하는 바이다. …… 후베이와 후난의 …… 병사들과 백성들은 죄가 없다. 만일 그들이 충성하는 마음으로 돌아온다면 짐은 그들의 과거를 용서해줄 것이다. 신민을 이끄는 아주 미약한 사람으로서 짐은 선조로부터 물려받은 유산이 거의 사라졌음을 보고 있다. 짐은 짐의 잘못을 유감으로 생각하며 크게 후회한다.[41]

11월 초가 되자 홍콩에 충격적인 소문이 퍼졌다. 베이징이 함락되고 황제 가족이 포로로 잡혔으며 '엄청나게 광기 어린 장면들'이 펼쳐졌다는 소문이었다. 이 소문은 거짓이었다. 하지만 수도 주민들은 자신들이 '포위 상태'에 있으며 자금성 성벽 위에 대포가 설치되고 있다는 소식을 전했다. 뒤이어 황제가 만주로 도피했다는 소식이 전해졌다가 곧 거짓으로 밝혀졌다.[42] 한편 곳곳에서 청나라가 반격을 준비하는 조짐이 보였다. 사실 혁명 집단이 완전히 장악한 곳은 4개 성의 성도밖에 없었다.[43] 황실에 충성하던 군대들이 독일에서 제조된 소이탄으로 한커우를 공격했는데 중국인 거주 구역 대부분이 불탔다. 곧이어 황실 군대가 난징을 함락했다. 변발을 하지 않은 사람은 즉각 처형당했다. 그해 초에 마오처럼 변발을 잘라버린 학생들은 공포에 질려 숨어버렸다.[44]

앞날을 전혀 알 수 없는 불안정한 상황에서 마오는 예전에 세웠던 계획대로 혁명군에 들어갔다. 학도군(學徒軍)도 조직되어 있었지만 학도군의 역할이 분명하지 않다고 생각한 마오는 정규군에 입대하기로 했다.[45] 당시 많은 사람들이 혁명군에 들어갔다. 신해혁명이 일어나고 몇 주 동안 후난성에서 입대한 사람만 5만 명이 넘었다.[46] 그렇지만 당시의 불확실한 정세와 패배자에게 엄청난 폭력이 가해졌던 점을 고려하면 마오의 입대는 큰 용기가 필요한 일이었다. 새로 입대한 신참들 가운데 많은 수가 한커우로 파견되었다. 그곳에서 혁명파가 황실 군대에 맹공격을 받고 있었기 때문이다. 한커우에 거주하던 어떤 외국인은 이때 전투를 이렇게 묘사했다. "아마도 이제까지 벌어진 …… 전투 가운데 가장 끔찍한 전투일 것이다. 나흘 동안 밤낮없이 전투가 계속되었다. …… 양측 모두 엄청난 살육전을 벌이고 있다."[47] 입대한 마오와 마찬가지로 창사에 남아 있던 사람들도 군법의 통제를 받았으므로 삶이 녹록지 않았고 죽을 고비를 수없이 넘겼다. 자일스 영사의 보고에 따르면, "주먹다짐이 계속 일어났다. 때로는 병사들끼리 싸우고 때로는 병사와 민간인 사이에 싸움이 벌어졌다. …… 만주족 첩자로 몰린 어떤 사람은 거리에서 병사들의 칼에 죽었다. 또 어떤 사람은 나무로 만든 삼각대 같은 데 매달려 …… 총에 맞아 벌집 신세가 되어버렸다."[48]

군 내부에서도 반란이 일어났다. 한번은 반란군 수천 명이 성 안으로 쳐들어오려 했고 이를 막기 위해 마오가 속한 부대가 출동 명령을 받은 적도 있었다.[49] 어떤 상급 지휘관은 사병들의 규율이 엉망이라고 불만을 털어놓았다 "그들은 파괴를 가치 있는 일이라고 생각하며, 무질서를 올바른 처신이라고 생각한다. 오만불손한 태도가 곧 평등이고, 강요가 자유라고 생각한다."[50] 무정부 상태가 우려되자 베이징의 미국 대사관은 후난성에 거주하던 자국민들에게 질서가 회복될 때까지 그곳을 떠나 있으라고 주문했다.

마오가 속한 중대는 법원 내에 주둔했다. 이 법원 건물에는 한때 자의국(諮議局, 1909년 개혁 조치의 하나로 성省에 설치된 일종의 지방 의회)이 있었다. 신병들은 장교의 심부름을 하거나 남문 밖에 있는 사춘천에서 물을 길어 오는 일을 하면서 시간을 보냈다.[51] 많은 신병이 문맹이었으며, '가마꾼, 깡패, 거지' 출신이었다. 이들에게 군인이 된다는 것은, 당시 어떤 사람이 경멸적으로 표현했듯이, 전통 중국 가극에 나오는 군인 흉내를 내는 것이었다.[52] 마오는 그들을 위해 편지를 대신 써주고 인기를 얻었다. "나는 책을 좀 읽은 사람이었다. 사람들은 그런 나를 '박학'하다고 존경했다." 난생 처음 마오는 노동자를 직접 접했다. 그는 노동자 두 명과 친하게 지냈는데, 한 사람은 광산 노동자였고 한 사람은 철공 노동자였다.[53]

하지만 마오의 혁명적 열의에도 한계가 있었다. "나는 학생이었기 때문에 도저히 직접 물을 길어 올 수는 없었다."라고 그는 훗날 기록했다. 다른 병사들은 직접 물을 길어다 먹었지만 마오는 행상에게 돈을 주고 물을 길어 오라고 시켰다. 그 당시에는 마오도 훗날 자신이 심하게 비판하는 지식인의 엘리트주의에 빠져 있었던 것이다. "나는 이 세상에서 오직 지식인들만이 청결한 사람들이라고 생각했다. …… 다른 지식인이 입던 옷을 내가 입는 것은 상관이 없었다. …… 하지만 노동자나 농민이 입었던 옷은 도저히 입을 수 없었다. …… 그들은 너무 더러운 사람들이라고 믿었기 때문이다." 또 마오가 속한 연대의 일부 병사들은 혁명이 성공할 때까지 매달 받는 식대를 2은원으로 줄여 받기로 결의했지만,[54] 마오는 원래대로 7은원을 모두 받았다. 식사와 물 배달에 쓰고 남는 돈으로 마오는 신문을 사서 보았다. 이때 신문을 열심히 읽는 습관이 몸에 뱄는데 이 습관은 평생 지속되었다.

12월 초에 두 가지 사건이 일어나 청나라의 저항이 마지막에 이르렀음을 알려주었다. 첫째, 황실 군대가 남부 최후의 보루였던 난징을 포기하고 퇴각했다. 둘째, 직예총독*을 지낸 바 있으며 중국 북부

1912년 거리에서 군인에게 강제로 변발을 잘리는 남자.

의 중요한 권력 조정자였던 위안스카이(袁世凱, 1859~1916)가 황실의
초빙을 받아 당시 임시 총리대신을 맡고 있었는데, 그가 우창 지역의
휴전을 승인했다.

　이 소식이 창사에 전해지자 다시 한번 변발을 강제로 잘라버리는
소동이 벌어졌다. 이번에는 군대가 나서서 이 일을 했다. 이것을 본

직예총독(直隸總督) 청나라 지방 장관의 관직명으로 베이징을 둘러싼 지역인 직예성(直隸
省)과 허난성(河南省), 산둥성(山東省)의 군정과 민정을 총괄하는 직위. 지방 장관 가운데
최고위직이었으며 1870년 이후에는 중국 북부 지역의 외국 무역항도 관장하게 되어 '북양
통상대신(北洋通商大臣)' 직책을 겸했다. 증국번, 이홍장(李鴻章), 위안스카이가 이 직책을
지낸 유명 인물이다. '직예'란 황제가 직접 통치하는 지역이란 의미다.

자일스 영사는 무척 분개했다.

나는 당국에 …… 강력하게 항의했다. 정부의 중요한 직무 중 하나는 치안을 유지하는 일이다. 만일 정부가 군인이 폭행죄를 저지르고도 벌을 받지 않도록 허용한다면 더는 스스로 정부의 자격이 있다고 주장할 수 없을 것이며, 그저 무법적인 분파 조직에 불과할 뿐이라고 지적했다.[55]

좀 더 유머 감각이 있는 사람들은 당시 상황을 우스꽝스럽게 묘사하기도 했다.

농부들이 …… 성문 쪽으로 다가왔다. 이들은 쌀이나 채소를 메고 오거나 무거운 수레에 싣고 왔다. 병사들이 뛰어나가 이런 사람들을 모두 잡아 칼이나 큰 가위로 변발을 잘라버렸다. 많은 사람들에게 이것은 자신의 팔이 떨어져 나가는 것이나 마찬가지였다. 어린 시절부터 이들은 매우 정성스럽게 변발을 빗고 따고 했기 때문이다. 어떤 사람들은 병사들 앞에서 무릎을 꿇고 고개를 조아리며 빌었다. 또 어떤 사람들은 병사들과 싸웠고 무작정 도망치는 사람도 많았다. …… 하지만 한 주가 다 지나기 전에 모든 도시 거주자들과 화중(華中) 지역의 많은 농촌 주민들에게서 만주족 지배의 상징이 사라졌다.[56]

정치적 변화의 바람이 자주 방향을 트는 것을 보고 처음엔 많은 사람들이 가짜 변발을 마련해 두건 아래에 감추고 다녔다. 혹시 만주족이 다시 돌아오면 얼른 꺼내 늘어뜨릴 생각이었다. 하지만 그런 대비를 할 필요는 없었다. 1912년 1월 1일, 오랫동안 혁명 운동에 헌신해 온 쑨원이 난징에서 중화민국 임시 대총통에 오른 것이다. 이것을 기념하기 위해 창사 당국은 열병식을 거행했다. "나팔을 불고 깃발을 흔들고 악대는 연주하고 병사들은 힘차게 노래를 불렀다. ……모든 상점에는 화려한 색상의 깃발이 걸렸다. 깃발은 세 부분으로 나뉘어 있었는데 중앙에 노란색 띠를 중심으로 좌우에 붉은색 띠가 놓인 형태였다."[57] 베이징으로 원정군을 보내 베이양신군*과 위안스카이가 쑨원의 통치를 받아들이도록 만들어야 한다는 주장이 제기되었다. 얼마 뒤 위안스카이가 국가수반으로 지명되자 여기에 반대하는 군중집회가 여러 차례 열리기도 했다. 하지만 마오가 회고하듯, "후난 사람들이 행동을 취하려는 그 순간, 쑨원과 위안스카이가 합의를 이루었고 (이에 따라) 준비 중이던 전쟁은 취소되었다."[58] 1912년 2월 12일, 청나라 마지막 황제는 퇴위했고 이틀 뒤 쑨원 역시 위안스카이를 위해 대총통직을 사임했다.

마오는 봄까지 군대에 머물렀다. 얼마 안 있어, 지나치게 덩치가 커진 혁명군은 유지비를 감당하지 못하고 사병들을 대규모로 제대시키기 시작했다.[59] "혁명은 이제 끝났다고 생각했고 …… 나는 다시 책으로 돌아가기로 결심했다. 반년 동안 군 생활을 한 것이었다."라고 마오는 훗날 회고했다.[60]

베이양신군(北洋新軍) 청일전쟁(1894~1895)을 겪은 후, 청 조정은 1901년에 근대적 장비와 편제를 갖춘 군대를 창설했다. 새로운 군대는 신건육군(新建陸軍), 줄여서 신군(新軍)이라 불렸다. '베이양신군'은 위안스카이가 편성한 신군 6개 사단을 가리킨다.

3장

사범학교 시절

1912년~1918년 여름

"위대하고 강력한 인물들이 한 시대를 대표한다."

MAO
THE MAN
WHO
MADE
CHINA

청나라가 무너지고 난 뒤 영광스러운 몇 달간, 중국은 새로운 유행과 새로운 사상, 새로운 열정, 새로운 희망이 뒤섞인 혼란의 소용돌이에 빠졌다. 새로이 후난성 도독이 된 탄옌카이는 자유주의자를 자처했고, 열강의 제국주의뿐 아니라 베이징의 중앙집권화된 통제에도 반발했다. 그는 아편의 재배는 물론이고 수입도 금지했다. 독립적인 재판소가 후난성의 각 현에 새로 설치되었다. 또 잠시 동안 언론의 자유가 보장되었는데, 이 언론이 서구 열강에 적대적인 감정을 터뜨리자 영국 영사 자일스가 후난 정부에 강력하게 항의하기도 했다. 후난 정부는 지역 산업을 육성해 자본의 국외 유출을 막으려 하는 한편, 교육 예산을 종전의 세 배로 늘렸다. 교육 예산 증액의 일부를 충당하려고 후난성 정부는 친(親)만주족으로 판단되는 보수적 향신에게 징벌적 성격의 높은 토지세를 부과했다. "현대식 교육 기관이 우후죽순처럼 많이 생겨났다."라고 마오는 훗날 회고했다.[1] 학교뿐이 아니었다. 술집도, 극장도, 매음굴도 갑자기 많이 생겨났다.[2] 창사에 거주하던 외국인들도 시대 정신을 알아차렸다. 어느 외국인은 이렇게 평가했다. "새로운 지도자들은 진정으로 훌륭한 지도자가 되려고 노력했다. …… 그들은 대체로 꽤 잘해냈다."[3]

격변의 시기에 늘 그렇듯이, 처음 나타난 변화는 상징적이었다. 십대 소녀들이 머리칼을 단발로 자르고 보호자 없이 거리를 활보하기 시작했다. 그 소녀들의 어머니들은 외국인 의사를 조심스럽게 찾아가 전족 때문에 망가진 자신의 발을 고칠 방법이 없는지 문의했다.[4] 변발이 사라지면서 중국 남성들의 민머리를 위한 새로운 세계가 열렸다. 한 외국인 통신원은 어리둥절해하며 이렇게 전했다. "사람들은 영국인처럼 둥근 중산모를 쓰거나, 성당 신부들처럼 넓적한 모자를 쓰기도 했고, 푸른 벨벳으로 만든 기수 모자를 쓰는 등 머리에 얹을 수 있는 것이면 무엇이든 쓰고 다녔다. 과거에 그들은 머리 꼭대기에 둥근 단추 장식이 달린 붉은 천으로 된 모자를 썼는데 …… 둥근 단추 장식은 만주족의 지배를 존중한다는 표식이었으므로 혁명 정부는 이를 법으로 금지했다. …… 펠트로 만든 모자와 면 모자도 유행했지만, 제일 우스웠던 것은 어떤 중대장이 실크해트를 쓰고 부대를 지휘하는 모습이었다."[5]

괴상하기도 하고 혼란스럽기도 한 이런 광경은 공중의 분위기에 급격한 변화가 일어나고 있음을 보여주었다. 많은 중국인들이 난생처음 전통적 가치관과 관습에 의문을 품었다. 조금씩 중국에 흘러들어오던 서양 문물의 물줄기를 과거에는 황실과 보수적 향신층이 철저하게 통제했다. 하지만 이제 그 가늘었던 물줄기가 홍수가 되어 중국 사회에 쏟아져 들어오기 시작했다. 신해혁명 이후 10년 동안 서양 문물의 급속한 유입은 중국 역사상 전례 없는 지적 팽창을 불러왔다.

막 군대를 제대한 18살의 청년 마오쩌둥에게는 혼란과 불확실성의 시대이면서 무한한 가능성의 시대이기도 했다. 마오는 젊은이 특유의 천진난만한 낙관주의로 이 모든 것을 받아들였다.

나는 내가 무엇을 원하는지 정확하게 알지 못했다. 경찰 학교 광고
가 눈길을 끌어 입학시험을 보려고 등록했다. 하지만 시험을 치르기
전에 비누 제조 기술 학교 광고를 보게 되었다. 수업료도 없고 식사도
제공하며 심지어 월급도 조금 준다는 광고였다. 그 광고는 매력적이
었을 뿐 아니라 나에게 영감을 주었다. 광고문에는 비누 제작이 사회
적 효용이 크며 이 나라와 중국 대중을 얼마나 풍요롭게 해줄 수 있
는지 써 있었다. 나는 경찰 학교에 가려던 마음을 접고 비누 기술자가
되기로 했다. 비누 학교에 입학하기 위해 등록금으로 1은원을 냈다.

한편 그러는 사이 친구 하나가 법을 공부하는 학생이 되었는데, 나
에게도 법률 학교에 들어오라고 권유했다. 법률 학교 광고문을 읽었
는데, 온갖 훌륭한 것들을 약속하고 있었다. 학생들은 3년에 걸쳐 법
에 관한 모든 것을 배우게 될 것이며 졸업하자마자 고위직 관리가 될
수 있다는 내용이었다. …… 나는 고향의 가족에게 편지를 보내 그
광고에서 약속하는 많은 것들을 알리면서 등록금을 보내 달라고 했
다. ……

또 다른 친구는 나에게 지금 중국은 경제 전쟁 중에 있으며 이 나
라에 가장 필요한 인재는 국가 경제를 건설할 수 있는 경제 전문가라
고 말했다. 나는 그에게 설득당했고 다시 1은원을 들여 상업 중등 학
교에 등록했다. …… 나는 실제로 입학 허가까지 받았다. …… (그러
나 그때) 나는 또 다른 광고를 읽었다. 거기에는 고등 상업 공립 학교
의 장점이 써 있었다. …… 나는 그 학교에 다녀 상업 전문가가 되는
것이 더 낫겠다는 생각이 들어 다시 1은원을 들여 그 학교에 입학 신
청을 했다.[6]

그러나 고등 상업 학교는 완전한 실패였다. 아들이 드디어 제정신
을 차리고 큰 이득을 얻을 수 있는 직종을 택했다고 생각한 마오의

아버지는 재빨리 학교 등록금을 보내주었다. 하지만 유감스럽게도 아들은 학교 강의가 전부 영어로 진행된다는 사실을 뒤늦게 알았고 알파벳 정도만 알던 아들은 결국 입학 한 달 만에 학교를 그만두게 되었다.

이런 많은 시도를 마오는 훗날 '배움을 향한 모험'이라고 부르는데, 그다음에 찾은 곳은 '후난성립제1중학(湖南省立第一中學)'이었다. 규모도 크고 상당한 명성이 있던 이 학교에서는 중국 문학과 역사를 전문적으로 가르쳤다. 마오는 입학시험에서 1등을 했고 몇 달 동안 잘 다녔다. 드디어 자신이 찾던 것을 발견한 듯했다. 하지만 그는 몇 달 뒤 학교를 그만 두었다. "교과 과정에 한계가 있으며 …… 교칙이 마음에 들지 않는다."라는 이유였다. 마오는 1912년 가을과 겨울 동안 창사에 새로 문을 연 공공 도서관에서 혼자 공부했다. 그가 훗날 회고한 바에 따르면 '매우 규칙적이고 성실하게' 공부했다고 한다. 매일 아침 도서관이 문을 여는 시간에 맞추어 도착해 공부를 시작했고 점심으로 주먹밥 두 개를 사 먹을 동안만 잠깐 쉬었으며 도서관이 문을 닫는 시간까지 책을 읽었다고 한다. 나중에 마오쩌둥은 이때가 "매우 가치 있는 시간이었다."라고 말했다. 하지만 아버지의 평가는 달랐던 모양이다. 아버지는 6개월 뒤 아들에게 보내던 돈을 끊어 버렸다.

돈이 없으면 정신을 집중하게 마련이다. 마오 이전과 이후의 수많은 학생들과 마찬가지로 마오는 이제 "'직업'이라는 것에 대해 진지하게 생각"하지 않으면 안 되는 상황에 몰렸다. 그는 교사가 되기로 결심했고, 1913년 봄 '후난성립제4사범학교(湖南省立第四師範學校)'의 광고문을 보게 된다.

이 학교의 장점에 마음이 끌렸다. 수업료가 없었고 식비도 쌌고 기숙사비도 썼다. 친구 두 명이 같이 이 학교에 가자고 했다. 입학시험을 볼 때 작문을 해야 했는데 친구들은 내가 도와주기를 바랐다. 나는 고향의 가족에게 계획을 알렸고 동의를 받았다. 나는 두 친구에게 각각 작문을 써주었고 또 내 이름으로도 한 편 썼다. 세 명 모두 합격했다. 결국 나는 세 번 합격한 셈이다. …… (이후) 나는 …… 다른 광고의 매력적인 호소에 더는 눈을 돌리지 않을 수 있었다.

만주족의 지배가 몇 달 남지 않은 시점에 창사에 도착했던 마오는 1918년 이 학교를 졸업한다.* 이렇게 마오가 창사에서 보낸 몇 년간 중국과 세계에서 모두 엄청난 격변이 벌어졌다. 유럽의 여러 나라들은 전쟁(제1차 세계대전)을 벌여 서로 파괴했다. 러시아에서는 황제가 밀을 수출하는 동안 3천만 명의 농민이 굶어 죽었다. 결국 볼셰비키혁명이 일어나 세계 최초로 공산주의 정권이 세워졌다. 파나마 운하가 개통했고 대서양을 건너던 타이타닉호가 빙산에 부딪혀 침몰했다. 무용수 마타하리가 첩자라는 이유로 형장의 이슬로 사라졌다.

10년 동안 마오는 지적 발전의 기반을 닦았다.

상상에서 둥산학교에 다닐 때 이미 그의 지적 수평선이 넓어지기 시작했다. 그곳에서 처음으로 마오는 세계의 역사와 지리를 배웠다. 마오는 학교 친구에게 《세계영걸전(世界英傑傳)》이란 책을 빌렸는데, 거기서 미국의 초대 대통령 조지 워싱턴과 독립전쟁에 대해 알게 되었다. 유럽에서 벌어진 나폴레옹전쟁, 링컨과 노예 해방 투쟁, 루소와 몽테스키외, 영국 총리 윌리엄 글래드스턴, 러시아의 예카테리나 여제와 표트르 대제 등을 이 책에서 처음 접했다.[7] 공공 도서관에서 혼자 공부하던 시기에는 중국어로 번역된 루소의 《사회계약론》과 몽

* 마오쩌둥이 졸업할 때는 '후난성립제1사범학교'였다. 그가 입학하고 얼마 안 지나 '제1사범학교'와 통합되면서 이름이 바뀌었다.

테스키외의 《법의 정신》을 읽었다. 이 책들에서 마오는 인민 주권, 지배자와 피지배자 사이의 사회 계약, 개인의 자유와 평등 같은 서구의 정치적 개념들을 알게 되었다. 또 마오는 애덤 스미스의 《국부론》을 접했고 찰스 다윈, 토머스 헉슬리, 존 스튜어트 밀, 허버트 스펜서 같은 19세기 저명한 자유주의자들의 저작을 읽었다.[8] 그는 이런 식으로 6개월간 "자본주의를 공부"했다고 한다.[9] 이 시기에 그는 외국의 시와 소설, 고대 그리스 신화도 읽었고, 이 도서관에서 처음으로 세계 지도라는 것을 보았다.

사범학교에서는 한 교사가 마오에게 송(宋)나라 시대 사마광(司馬光)이 저술한 《자치통감(資治通鑑)》을 읽으라고 권했다. 이 책은 수세대에 걸쳐 중국의 학자들에 의해 걸작으로 여겨졌으며, 쓰인 지 거의 1천 년이 지난 마오의 시대에도 여전히 정치사를 공부하는 데 가장 탁월한 교재로 꼽혔다.[10] 이 책은 기원전 4세기에서 시작하여 약 1360년의 역사를 훑으면서 여러 왕조의 흥망성쇠를 한 편의 파노라마처럼 독자에게 제시한다. 《자치통감》을 관통하는 주제는 마오가 좋아하는 소설인 《삼국지연의》의 첫 행에서 제시하는 주제와 같다. "천하의 대세는 나뉜 지 오래되면 반드시 합쳐지고, 합친 지 오래되면 반드시 나뉜다(天下大勢 分久必合 合久必分)." 18세기 프랑스의 어느 예수회 학자는 이 책을 이렇게 평가했다. "저자는 저명한 인물들을 역사라는 무대 위에 올려놓고, 그 인물들을 특징짓는 행동, 그의 탁월함, 관심사, 세계관, 결점, 미덕을 하나씩 눈앞에 펼쳐 보여준다. …… 저자는 독자의 눈앞에 사건들이 어떻게 연결되어 진행되는지 명확하게 보여준다. 우선 한 측면을 보여주고 나서 또 다른 측면을 보여주어, 그런 사건들이 어떻게 오랜 시간이 흐른 뒤 믿기 어려운 결과를 초래하는지 보여준다. 저자의 천재성 덕분에 우리는 역사의 장엄함을 그대로 느낄 수 있다. …… 저자는 역사에 철학적 설득

사범학교 재학 시절의 마오(1913년).

력을 부여해 그의 글을 읽게 되면 가장 나태한 영혼이라도 깊이 숙고하지 않을 수 없다."[11] 사마광은 세계를 끊임없이 변화하는 대상으로 묘사했으며, 역사는 단절 없는 연속체이고 과거는 현재를 다스리는 열쇠를 제공한다고 보았다. 이런 점 때문에 《자치통감》은 마오의 삶에 큰 영향을 끼친 책들 중 하나가 되었다. 마오는 평생 동안 이 책을 읽고 또 읽었다.

창사에 사는 동안 마오는 당대의 정치 사상들을 알게 되었다. 1912년 그는 〈상강일보(湘江日報)〉에서 처음으로 '사회주의'라는 용어를 접했다. 또 장캉후(江亢虎, 1883~1954)라는 사람이 쓴 소책자 몇 편을 읽었다.[12] 장캉후는 진보적 사상을 지닌 인물이었는데, 파리에 근거지를 둔 중국인 무정부주의자들에게서 영향을 받았다. 신해혁명이 일어나고 얼마 뒤 장캉후는 '중국사회당'을 만들었다. 이 정당의 강령은 다음과 같은 구호로 표현되었다. "정부도 없애고, 가족도 없애고, 종교도 없앤다. 모든 사람은 능력에 따라 생산하고 필요에 따라 먹는다."[13] 마오는 강력한 구호에 감명받아 몇몇 학우들에게 이 강령에 대해 열정적으로 편지를 썼다. 하지만 그의 회고에 따르면, 긍정적인 답장을 보내온 친구는 한 명뿐이었다고 한다.

창사에 거주하는 동안 마오에게 더 중요했던 일은 교사가 되기 위해 5년간 교육을 받은 것이었다. 이때 받은 교육이 대학 교육에 가장 가까운 것이었다. 훗날 마오는 이 기간을 돌아보면서 이때 자신의 정치 사상이 구체화되기 시작했다고 말했다.[14] 그는 19살 생일이 막 지난 1913년 봄부터 제4사범학교의 예비 수업을 듣기 시작했다. 1년 뒤이 학교는 제1사범학교에 통합되었다. 제1사범학교는 창사 남문 밖에 있던 12세기에 지어진 전통 서원(書院) 자리에 세워졌다. 넓은 교정에는 여러 편의 시설이 잘 갖추어져 있었고 학교 건물은 창사에서 최신 서양식 건물이었다.

마오의 사상이 형성되는 데 특별한 영향을 준 교사가 두 사람 있었다.[15] 위안지류(袁吉六)라는 교사는 '털보 위안(袁大胡子)'으로 불렸는데 국어와 문학을 가르쳤다. 철학부 주임이던 양창지(楊昌濟)라는 교사는 학생들 사이에서 '공자(老夫子)'라는 감히 붙이기 힘든 별명으로 불렸다. 양창지는 영국 에버딘, 독일 베를린, 일본 도쿄에서 10년간 공부하고 최근에 중국에 돌아온 사람이었다. 1930년대에 에드거 스노와 대화를 나누면서 창사 이야기가 시작되자 마오가 제일 처음 언급한 것이 바로 이 두 교사였다. 다음은 마오의 회고다.

'털보 위안' 선생은 내 문장을 보고 기자가 쓴 문장 같다고 놀렸다. …… 나는 문체를 바꾸어야 했다. 한유(韓愈, 당나라의 대문장가)의 글을 읽고 고전 문체를 완전히 내 것으로 습득했다. 털보 위안 선생 덕분에 나는 필요한 경우에는 그런대로 괜찮은 고전 문장을 쓸 수있게 되었다. 하지만 나에게 가장 강렬한 인상을 준 사람은 양창지 선생이었다. …… 그는 이상주의자였으며 훌륭한 품성을 지닌 분이었다. 그는 자신의 윤리학을 굳게 믿었으며, 학생들에게 정의롭고 도덕적이며 덕을 갖춘 사람이 되어 사회에 유익한 존재가 되어야 한다는 열망을 품게 하려고 애썼다. 그의 영향을 받아 나는 (독일의 신칸트주의 철학자 프리드리히 파울젠이 썼고) 차이위안페이(蔡元培)가 번역한 윤리학 책*을 읽었다. …… 그 책에서 얻은 배움을 바탕으로 삼아 나는 〈정신의 힘(心之力)〉이라는 글을 썼다. 그때 나는 유심론자(唯心論者)였다. 그 글은 양창지 선생에게 큰 칭찬을 받았다. …… 그는 내 글에 100점을 주었다.[16]

마오가 쓴 〈정신의 힘〉은 지금 찾을 수 없지만, 파울젠의 책을 번역한 《윤리학 원리》를 읽으면서 마오가 깨알 같은 글씨로 책장 여백에 빼곡히 쓴 1만 2천 자의 메모가 남아 있다.[17] 읽을 수 없는 부분도 있지만 메모의 내용을 분석해보면 대략 세 가지 핵심 견해를 확인할 수 있는데, 이 세 가지는 정치 경력 내내 그의 머릿속을 떠나지 않는다. 첫째, 중앙집권화된 정치 권력을 보유한 강력한 국가가 필요하고, 둘째, 개인의 의지가 가장 중요하며, 셋째, 중국과 서양의 지적 전통 간에 때로 서로 충돌하고 때로는 서로 보완하는 관계가 존재한다는 생각이었다.

가부장적 권위를 지닌 현명한 통치자가 다스리는 강력한 국가라는 개념은 사실 마오가 어린 시절 공부했던 유가 경전에 사상적 뿌리를 둔 것이었다. 후난성립제1중학에서 공부하던 시기에 마오는 기원전 4세기 법가 사상의 창시자이자 진나라 재상이었던 상앙(商鞅)에 대해 글을 한 편 썼는데** 그 글의 주제가 바로 '강력한 국가'였다.

---

* 여기서 마오가 말한 윤리학 책은, 파울젠이 1889년에 쓴 《윤리학 체계(System der Ethik)》로 저명한 철학자이자 교육자였던 차이위안페이가 중국어로 번역해 《윤리학 원리》로 출간한 것이다.(저자 주)

그 글에서 마오는 법(法)이 "행복을 획득하는 데 필요한 도구"라고 선언했다. 하지만 현명한 통치자의 입법 시도는 이따금 백성들의 "어리석음과 …… 무지 그리고 고집" 때문에 좌절되곤 한다. 이렇게 백성들이 변화에 저항했기 때문에 "중국은 파멸 직전에 이르렀다"고 그는 썼다. 변화에 대한 중국 인민의 저항은 "(좀 더) 문명화된 사람들이 보면 배를 잡고 한참을 웃어야 할 정도"라고도 했다.[18] 당시 마오의 교사는 이 글을 높이 평가하면서 다른 급우들에게도 돌려보도록 했다고 한다.

중국의 후진성과 이를 반드시 극복해야 한다는 주장은 이 무렵 마오가 쓴 여러 글에 거듭 나타난다. 그는 중국이 미래에 겪을 어려움은 "과거의 난관보다 백배는 더 클 것"이며, 그런 난관을 극복하려면 비범한 인재가 필요할 것이라고 친구에게 말하기도 했다.[19] 중국인은 "노예 근성이 있으며 편협하다."라고도 했다.[20] 5천 년 역사를 지나오면서 중국인은 "바람직하지 않은 관습들을 쌓았으며 사고방식은 무척이나 고루하고 도덕성은 형편없으며 …… (이런 나쁜 점들은) 엄청난 힘을 쏟지 않고는 없애거나 바로잡을 수 없다."라고 마오는 썼다.[21]

그의 이런 비관주의는 중국 정부가 계속 열강의 압력에 비굴하게 굴복하는 모습을 보임에 따라 더 분명해졌다. 1915년 5월 7일, 일본은 이른바 '21개조 요구'를 위안스카이에게 제시했다. 일본이 앞으로 사실상 중국의 보호국에 해당하는 역할을 수행할 것이고, 산둥 지방에서 독일이 누리던 특권적 지위를 일본이 배타적으로 향유할 것이며, 만주에서는 러시아와 나란히 영향력을 행사할 것이라는 내용이었다. 마오는 이날을 '엄청난 수치'를 당한 날이라고 썼다.[22] 마오는

** 이 글의 제목은 '商鞅徙木立信論'이다.

동료 학생들에게 정부에 항의하자고 설득하려 했으며[23] 며칠 뒤 친구의 죽음을 추모하는 자리에서 다음과 같은 시를 써서 심정을 토로했다.

> 저 야만인들은 계속해서 속임수를 쓰는구나
> 천리 먼 곳으로부터 그들은 용의 산을 넘어오는구나 ······
> 우리는 무엇 때문에 생과 사를 걱정하는가
> 백년 동안 전쟁을 할 수도 있는데 ······
> 동쪽 바다 섬에는 야만인들이 살고 있고
> 북쪽 산맥 너머에는 우리에 대한 증오를 불태우는 적들뿐이구나.*[24]

이 시에서 "섬에 살고 있는 야만인들"은 일본인을 가리키며, "증오를 불태우는 적들"은 러시아인을 가리킨다. 둘 중 일본인이 더 강한 적이었다. 1년 뒤 마오는 다시 이렇게 쓴다. "전쟁을 하지 않는다면 우리는 20년 안에 흔적도 없이 사라지고 말 것이다. 하지만 중국인들은 여전히 잠을 자고 있으며 동방에 대해 아무런 관심도 기울이지 않고 있다. 우리 세대 중국인에게는 이보다 중요한 과업은 없다고 나는 생각한다. ······ 우리는 일본과 싸우겠다는 결의를 더 강하게 다져야 할 것이다."[25]

마오가 스스로 중국의 결함이라고 인식한 문제에 대해 최초로 내놓은 해결책들은 매우 실제적이었다. 마오는 1917년 초 〈신청년(新青

---

* 이 시의 원문은 이렇다. "胡虜多反復 千里度龍山······ 生死安足論 百年會有役······ 東海有島夷 北山盡仇怨" 이 책의 중국어 번역본에는 해당 시에 대해 다음과 같은 번역자 주석이 달려 있다. "앞의 두 구절은 5월 23일에 쓴 추모시다. 추모의 대상이 된 친구는 이융치(易咏畦)이다. 이 친구의 이름은 이창타오(易昌陶)라고도 불렸다. 마지막 구절은 그 친구를 위해 마오가 쓴 또 다른 추모시에서 따온 것이다."

年))이란 잡지에 체육 교육에 관한 글을 실었다. 이 잡지는 당시 중국에서 가장 앞서가는 진보적 성격의 정기 간행물이었는데 급진적 학자인 천두슈(陳獨秀, 1879~1942)가 편집장으로 있었다. 마오가 기고한 글의 첫 부분을 인용해본다.

국력이 쇠약해졌고 무(武)를 존중하는 기풍도 약해졌다. 우리 민족의 신체 상태는 나날이 악화되고 있다. …… 만일 우리의 신체가 강하지 않다면 우리는 (적의) 병사들이 눈에 띄기만 해도 두려움에 떨게 될 것이다. 이런 상태라면 과연 우리의 목표를 어떻게 달성할 수 있을 것이며 어떻게 큰 영향력을 발휘할 수 있겠는가?[26]

사실 이것은 마오의 독창적인 생각은 아니었다. 철학을 가르치는 양창지 선생이 이미 3년 전에 이와 매우 비슷한 내용을 마오의 학급에서 강의한 적이 있었다. '의화단 봉기'가 실패한 이후 청 조정은 일련의 개혁을 시행했는데 그중에는 운동이라든가 다른 신체 활동을 학교 교육에 도입하려는 시도도 있었다.

문제는, 마오가 이 글에 썼듯이, 이러한 개혁 시도가 그다지 열성적으로 진행되지 않았다는 것이다. 중국의 전통은 문학적 성취를 강조했고 신체 단련이라는 생각을 거부했다. 이 때문에 학생들도 교사들도 체육 교육을 경시했다.

학생들은 운동하는 것을 수치스럽게 생각한다. …… 장삼을 점잖게 내려뜨리고 천천히 걸으며 진중하고 고요한 표정을 짓는 것, 이것이 훌륭한 몸가짐이며 사회에서 존경받는 태도이다. 갑자기 팔을 앞으로 뻗는다든지 다리를 밖으로 드러낸다든지, 몸을 구부리고 펴고 할 이유가 무엇인가?

군자의 몸가짐은 점잖고 온화해야 한다. 하지만 운동의 경우는 그렇지 않다. 신체 단련은 야만스럽고 거칠어야 한다. 칼과 칼이 부딪치는 전장에서 말을 달려 승리를 거두려면 함성으로 산을 뒤흔들고 분노의 울부짖음으로 하늘을 물들이려면 그러해야 할 것이다. …… 이 모든 것은 다 야만스럽고 거칠며, 섬세함과는 거리가 멀다. 신체 단련에서 진전을 이루기 원한다면 야만스럽게 행동해야 한다. …… (그렇게 할 때에 비로소) 우리는 기력이 당당해지고 근육과 뼈가 튼튼해질 것이다.[27]

동포들의 유약함에 마지막 쐐기를 박듯이, 마지막으로 마오는 운동할 때에는 알몸으로 해야 한다고 주장했다.

마오가 〈신청년〉에 기고한 글은 1917년 4월호에 실렸다. 이 글은 중국의 미래에 관한 전국적인 논의에 그로서는 처음으로 작은 기여를 했다는 점에서 중요할 뿐 아니라, 이 시기에 그의 머릿속에서 싹트고 있던 세 가지 핵심 견해 중 두 번째 견해의 배아를 담고 있었다는 점에서도 매우 중요하다. 그것은 바로 개인의 의지가 중요하다는 생각이었다.

마오는 이렇게 썼다. "만일 우리가 행동을 취하려는 의지를 갖고 있지 않다면, 외적인 혹은 객관적인 조건이 아무리 완벽하더라도 그런 조건으로부터 아무런 이득도 얻을 수 없다. 그러므로 …… 우리는 개인의 자발성에서 출발해야 한다. …… 의지는 모든 인생 사업의 선구다."[28] 그해 가을 마오쩌둥은 다른 글에서 의지의 개념을 좀 더 다듬으려고 노력했다. "의지란 이 우주에서 우리가 감지해내는 진리"라고 그는 주장한다. "(하지만) 진정으로 자신의 뜻을 세우는 것은 그렇게 간단한 일은 아니다." 사람은 각자 자신만의 진리를 찾아야 하며 "그 진리에 따라 행동해야 한다. 다른 사람이 정해준 옳고 그름을 맹목적으로 따라서는 안 된다."[29] 몇 달 뒤 마오는 친구에게 이런 말을 했다. "사람이 자신의 정신의 힘과 육체의 힘을 한곳에 집중한다면 …… 어떤 어려운 일도 해낼 수 있을 거야."[30] 이것은 그가 어린 시절 배웠던 《삼자경》의 내용을 연상케 하는 말이다.

이러한 중국의 전통적 관념에, 마오는 개인의 자기 이익이라는 서구의 개념을 연결했다.

> 결국 개인이 가장 먼저다. …… 개인이 모여 사회가 만들어지는 것이지, 사회가 개인을 만들어내는 것이 아니다. …… 상호 협력의 기초는 개인의 자기 실현이다. …… 자기 이익은 참으로 인간에게 가장 주요한 것이다. …… 개인보다 더 중요한 가치는 없다. …… 그러므로 개인을 억압하는 것보다 더 큰 범죄는 없다. …… 인간의 삶에서 모든 행동은 개인의 실현이라는 목적을 위해 행해지는 것이며, 모든 도덕은 (그 목적에) 봉사한다.[31]

마오는 이렇게 '의지력과 정신력'을 강조했으며 이것은 그의 역사관과 결합되었다.[32] 그는 오랫동안 꾸준히 《삼국지연의》 같은 소설에 나오는 전설적인 영웅들을 좋아했다. 그 인물들을 보며 마오는 이렇게 생각했다. "위대하고 강력한 인물들이 한 시대를 대표한다. …… 모든 시대는 이러한 대표자들의 부속물에 불과하다."[33]

> 진정으로 위대한 인물은 …… 자신이 본래 타고난 능력들 가운데 가장 훌륭하고 가장 큰 능력을 더 발전시키고 확장한다. …… 그의 본성에 내재하는 원동력에 의해 모든 제한과 억제가 제거된다. …… 영웅의 위대한 행동은 모두 그 자신의 것이며, 그가 지닌 원동력, 고결함, 정결함의 표현이다. 그는 어떠한 선례에도 의지하지 않는다. 그

의 힘은 깊은 골짜기에서 불어오는 강풍과 같으며 사랑하는 이를 향한 억누를 수 없는 성적 욕망과도 같아서, 멈출 수도 없고 멈추어지지도 않는다. 모든 장애물이 그의 앞에서 저절로 무너지고 만다. 나는, 고대로부터 전선(戰線)에서 용감한 장수가 1만의 결연한 적들에 맞서 싸운 일들을 보아 왔다. 죽음을 두려워하지 않는 한 명이 백 명을 이긴다는 말도 있다. …… 그를 멈추게 하거나 제거할 수 없기에 그는 가장 강하고 가장 큰 힘을 발휘한다. 이런 사실은 (장수뿐이 아니라) 위인이나 성인(聖人)의 경우에도 마찬가지다.[34]

마오가 파악한 세계상에 따르면, 영웅은 질서가 끊임없이 혼돈으로 퇴락하는 세계에서 새로운 질서가 탄생할 수 있도록 싸워야 한다. 그는 이렇게 말하기도 했다. "하늘이건 땅이건 존재하는 것은 변화뿐"[35]이며, "시대를 막론하고 언제나 서로 다른 학파들 사이에 다툼이 있었다."[36] 한 인상적인 구절에서, 마오는 사람들이 평화를 동경하면서 한편으로 지겨워한다고 주장했다.

평화로운 시간이 오래 지속되어 어떤 종류의 무질서도 없는 순수한 평화가 이어진다면 참기 힘들 것이다. …… 평화가 파란으로 이어지는 것은 피할 수 없는 일이다. …… 대동(大同)의 시대에 들어선다 해도 결국 경쟁과 마찰의 물결이 일어나 대동을 파괴하고 말 것이다. …… 사람들은 언제나 혼돈을 싫어하고 질서를 바란다. 혼돈도 역사 과정의 일부이며 나름대로 가치가 있다는 사실을 사람들은 종종 망각한다. 사람들은, 상황이 계속 변하고 수많은 재능 있는 사람들이 등장하는 시대를 다룬 책을 좋아한다. 하지만 그 책의 내용이 평화의 시대에 다다르면 …… 사람들은 책을 곁으로 치워버린다.[37]

이러한 "학문적인 문제이자 국가 대사"[38]에 관한 마오의 견해는, 그가 친구에게 말했듯이, 어린 시절에 받아들였던 중국 전통과 새롭게 접한 서양 사상 사이의 긴장을 점차 알아차리게 되면서 형성된 생각이었다.

먼저 마오는 의식적으로 캉유웨이를 비롯한 19세기 중국 개혁가들의 견해를 따라갔다. 그는 1915년 6월에 "나는 학문의 길은 …… 중국이 우선이고 서구가 나중이며, 보편적인 것이 먼저이고 특수한 것이 그다음이라는 결론에 이르렀다."라고 썼다.[39] 3개월 뒤 마오는 생각의 폭을 다시 넓혔다.

우리는 우선 중국과 서구를 비교하는 데 집중해야 한다. 그리고 우리에게 이로운 것을 외국에서 선택해야 한다. …… (한 친구가) 나에게 (허버트 스펜서의) 《사회학의 원칙(Principles of Sociology)》이라는 책을 소개해주었고 나는 그 책을 다 읽었다. 책의 마지막 장을 덮으면서 나는 혼자 탄성을 질렀다. "여기에 학문의 길이 있구나." …… (이책은) 대단히 적절하며 …… 무척 중요한 내용을 (많이 담고 있다.) …… 그러나 더 중요한 것은 …… 중국의 학문이다. …… 중국 학문은 범위가 넓고 매우 중요하다. …… 우리에게 결정적으로 필요한 것은 중국 학문의 상식이다.[40]

마오는 일생에 걸쳐 쓴 거의 모든 글에서 서구보다 중국의 경험을 중요하게 여겼다. 서구 문물이 중국에 이식된 경우인 체육 교육 같은 주제를 다룰 때조차 마오는 중국의 예를 먼저 들었다. 명나라 시대 학자들부터 언급했던 것이다. 그런 뒤에야 미국의 시어도어 루스벨트(Theodore D. Roosevelt)와 유도의 창시자인 일본의 가노 지고로(嘉納治五郎) 같은 "(외국의) 체육 교육의 유명한 옹호자들"을 언급했다.

중국 현실에 입각해 외국 사상을 살펴봄으로써 둘의 관련성을 확증하는 것이 마오가 평생 지킨 기본 원칙이었다.

하지만 1917년이 되자 마오는 중국의 전통 사상이 정말로 우월한지 처음으로 의문을 품게 되었다. 그해 여름에 그는 고대로부터 내려온 중국의 학문은 '혼란스럽고 비체계적'이라고 썼다. "이것이 우리가 수천 년 역사에도 불구하고 진보하지 못한 이유다. …… 서양의 학문은 …… 아주 다르다. …… 분류가 아주 잘 되어 있어서 절벽 아래로 떨어지는 폭포수같이 시원하고 확실한 느낌을 준다."[41] 하지만 몇 주 뒤 그는 다시 생각이 바뀐다. "내 생각에 서양 사상 역시 항상 올바른 것은 아니다. 동양 사상도 많이 바뀌어야 하지만 서양 사상의 많은 부분 역시 바뀌어야 한다."[42]

마오는 파울젠의 책에서 잠정적인 해답을 찾았다. 파울젠에 따르면 "모든 민족은 노화의 단계를 거쳐 결국에는 쇠망하기에 이른다. 시간이 흐르면서 전통은 혁신의 힘을 가로막는 장애물이 되고 과거가 현재를 억압한다."[43] 마오는 바로 이것이 현재 중국이 처한 상황이라는 답을 얻었던 것이다. 그는 친구에게 말했다. "당송(唐宋) 시대 이후에 나온 문집과 시집을 모두 불태워버려야 해. …… 혁명은 군대와 무기를 사용하는 것을 뜻하지 않아. 옛것을 새것으로 교체하는 것이 바로 혁명이야."[44]

하지만 그는 중국 고전들을 없애버려야 한다고 주장하지는 않았다. 중국 문화의 기초는 순수하고 올바르기 때문이었다. 엉망이 된 상부 구조만 걷어버리면, 중국의 독창성과 위대함은 다시 꽃피게 될 것이었다.

1910년대가 끝나 가면서 중국이 혁신될 수 있다는 전망은 점점 더 어두워졌다. 1911년의 혁명은 '신해혁명(辛亥革命)'이라고 불렸다. 60년

주기로 돌아가는 해의 순환(육십갑자)에서 '신해년'에 혁명이 일어났기 때문이다.[45] 신해혁명은 기대에 전혀 부응하지 못했다. 신해혁명의 성취가 있다면 오로지 만주족 황실을 무너뜨렸다는 파괴적 의미의 성취뿐이었다.

후난성의 개혁가들은 처음부터 위안스카이 정권이 청나라의 복제품이 될 것을 우려해 경계심을 늦추지 않았다. 탄옌카이가 이끄는 후난성 정부는 쑨원이 세운 국민당을 지지했다. 국민당은 1912년 겨울철에 치른 의회 선거에서 압도적인 승리를 거두었다. 개혁가들이 우려한 대로 위안스카이는 철저하게 비양심적으로 행동했다. 위안스카이에게 권력을 양보했던 쑨원은 뒤늦게 그의 권력에 제동을 걸기 위해 군사 원정을 시작하려 했다. 장시성을 비롯한 남부 중국의 다섯 개 성이 지지 의사를 밝혔다. 하지만 이른바 '제2혁명'*이라 불리는 군사 봉기는 제대로 불붙지 못했다. 1913년 8월 말이 되자 남부 연합군은 큰 패배를 당하고 지도자들은 외국으로 망명을 떠나는 신세가 되었다. 쑨원의 군대와 느슨하게 연합했던 광둥성, 광시성, 구이저우성, 윈난성(雲南省)의 군사 지도자들은 자신들의 세력권을 그대로 보존할 수 있었다. 그러나 후난성의 경우에는 위안스카이가 베이징 정부의 지배를 다시 강제할 수 있었다. 그리하여 자유주의자인 탄옌카이가 물러나고 보수적이며 베이징 정부에 충성하는 탕샹밍(湯薌銘, 1885~1975)이 후임이 되었다. 이후 얼마 지나지 않아 총통령에 따라 국민당은 중국 전 지역에서 금지되었다. "정치적 분란을 야기"하는 단체라는 이유였다.

얼마 전에 왕조의 몰락을 목격한 19살 난 마오의 눈에 이러한 움

제2혁명 위안스카이 독재를 타도하기 위해 쑨원과 천치메이 등 국민당 세력이 주도해 1913년 7월에 군사 봉기를 일으켰으나 별다른 성과를 내지 못하고 9월에 완전히 진압되었다. 곧이어 1913년 10월에 위안스카이는 정식으로 대총통에 취임했다.

중국 혁명의 선도자 쑨원(왼쪽)과 그의 뒤를 이어 중화민국 대총통에 오른 위안스카이.

직임들은 엘리트계급의 정치 책략으로 보였으며 자신과 동떨어진 일로 느껴졌다. 따라서 그는 별로 관심을 두지 않았다. 이 시기에 겪은 일 가운데 마오의 뇌리에 박힌 일은 그해 여름 창사의 무기고에서 일어난 큰 폭발 사고였다. 그 사고의 정치적 배경보다 사고 덕분에 볼 수 있었던 광경이 잊히지 않았다. "엄청나게 큰불이 났고 우리 학생들은 아주 재미있어했다. …… 총탄과 포탄이 몇 톤이나 터졌고 화약이 탈 때는 엄청난 불길이 솟았다. 불꽃놀이보다 더 재미있었다."[46] 사실 이 화재는 후난 사람들이 무기를 보유하지 못하게 하려고 위안스카이 지지자 두 명이 일부러 무기고에 불을 놓아 일어난 것이었다. 마오는 이 점은 전혀 언급하지 않았다.

　다음 5년간 대부분의 시간 동안 마오에겐 공부가 가장 중요했다. 공화제 정치는 공부보다 훨씬 덜 중요한, 두 번째 관심사였다. 그것도 중국의 모든 젊은이에게 중요한 문제일 때에만 마오의 관심을 끌었다. 그런 문제가 1915년 봄에 일어났다. 위안스카이가 일본의 '21 개조 요구'에 굴복한 것이다.[47] 그 뒤 또다시 마오의 관심을 끈 큰 문제는 이어진 겨울에 위안스카이가 왕정복고를 꾸민 일이었다. 그해 마오쩌둥은 '선산학사(船山學社)'*에 들어갔다.[48] 선산학사는 명나라 때 만주족에 맞서 싸웠던 후난 출신의 학자 왕부지(王夫之)를 기리고 그의 사상을 연구하는 학회였다. 학회는 1주일에 한 번씩 정기적으로 모였는데, 실제로는 개혁 성향의 학자들이 위안스카이의 야심에 맞서는 세력을 규합하려는 노력을 감추기 위한 위장 모임이었다. 또 마오는 캉유웨이와 량치차오가 저술한 반(反)군주제 성격의 글을 모아 《시국통언(時局痛言)》이라는 책자를 만드는 사업에 참가했다. 이 책자를 본 당국은 분노하여 마오가 다니던 학교로 경찰을 보내 조사했다.[49]

1915년 12월 위안스카이는 자신을 황제라 칭하고 연호를 홍헌(洪憲)이라 했다. 윈난성 도독은 즉시 봉기할 것을 선언했고 광둥성, 저장성(浙江省), 장시성 역시 동조했다. 해가 바뀌자 위안스카이는 마음을 바꾸고 다시 대총통으로 돌아가겠다고 밝혔다. 하지만 때는 이미 늦었다. 남부 연합군이 이미 북쪽을 향해 진군하는 중이었고 피비린내가 감돌았다. 후난성에서는 여러 비밀결사가 폭동을 일으키면서 군부대 내에서 반란이 촉발되었는데 반란 지도자는 도독 탕샹밍의 부관 가운데 한 명이었다. 군대 폭동은 실패로 끝났다. 하지만 이런 사건들은 이제까지 위안스카이의 야심을 실현하려고 노력해 온 탕샹밍에게 앞으로는 과거의 보호자였던 위안스카이와 거리를 두는 것이 현명한 일임을 갑자기 깨닫게 하는 계기가 되었다. 그해 5월 말, 탕샹밍은 남쪽 세력과 북쪽 세력 모두로부터 후난성의 독립을

* '선산'은 왕부지의 별칭이며 '학사'는 학회를 뜻한다.

선언했다.

바야흐로 중국 전체가 내전에 휩싸일 것 같은 분위기가 감돌던 1916년 6월 4일 갑자기 위안스카이가 뇌출혈로 사망했다. 그러자 북방 군대를 이끌던 장군들은 위안스카이의 후계자 결정을 위해 부대를 이끌고 황급히 퇴각해 베이징으로 돌아갔다. 그들이 떠나자 탕샹밍의 권력을 지탱해주던 미묘한 힘의 균형이 무너졌다. 한 달 뒤 농부로 가장한 탕샹밍은 최측근 몇 명과 함께 아문의 뒷문으로 탈출하여 영국 소속 기선을 타고 한커우로 달아났다. 이때 그는 후난성 재정부 금고에서 70만 은원도 챙겨 갔다.

탕샹밍이 권좌에서 물러난 이후 2주간 창사와 주변 지역에서는 피비린내 나는 싸움이 벌어졌으며 그 와중에 적어도 1천 명이 사망했다. 이후에는 도독 자리를 놓고 반대파들 간에 경쟁이 시작되어 상당 기간 정치적 혼란 상태가 지속되었다.[50]

마오는 고향 사오산으로 걸어서 돌아갔다. 그는 친구인 샤오위(蕭瑜, 1894~1976)에게 편지를 썼다(샤오위는 샤오싼의 형이었다). 편지에서 마오는 남부 연합 군대의 병사들이 "거친 자들이고 …… 산속에 사는 야만인이며 새떼처럼 시끄럽게 떠들고 짐승 같은 몰골을 하고 있으며" 어깨를 으쓱거리며 돌아다니다가 시비를 걸고 무전취식하며 거리 곳곳에서 도박을 한다고 썼다. 또한 그는 한탄하며 말했다. "혼란은 극에 달하고 …… 무질서가 지나쳐. …… 아, 정말 프랑스혁명의 공포 정치 같아!"[51]

그런데 이 편지에서 마오가 병사들에게 경멸을 퍼부은 것보다 더 인상적인 부분은 당시 거의 모든 사람이 증오하던 탕샹밍 전(前) 도독을 옹호한 구절이다.

후난에서 정말 공포 정치를 실행에 옮긴 사람이 있다면 그것은 바로 '백정' 탕샹밍이었다. 탕샹밍은 취임 후 곧 '백정 탕'이라는 별명을 얻었다. 그는 취임할 때부터 국민당의 영향을 제거한다는 목적이 분명했으며 첫날부터 확고한 태도로 작업을 시작했다. 당시 선교사이자 의사인 어떤 미국인이 창사에 살고 있었는데 그는 탕샹밍 도독과 몇몇 내각 관료를 초대하여 취임 축하 점심 식사를 대접했다.

다음 날 우리는 전날 우리 집에 점심 식사를 하러 왔던 손님 가운데 세 명에게 좋지 않은 일이 벌어졌다는 소식을 들었다. 정오에 아문 근처 광장에서 성의 재정장관이 공개적으로 총살당했으며, 두 명의 고위 각료는 일반 범죄자를 수감하는 감옥에 보내졌는데 이틀 안에 처형될 것이라는 소식이었다. 긴장이 감돌았다. 주요한 향신들과 시내 각 학교의 학생들은 다른 어느 때보다도 흥분한 상태였다. 경비병들이 …… 학교 정문에 배치되어 학생들이 연합 집회에 참가하지 못하도록 막았다. 도독의 포고령은 다음과 같은 내용이었다. "학생들의 정치 집회를 허용하는 학교의 교장은 해임될 것이다." 우리는 두 시간마다 한 번씩 중앙 광장에 가서 사람들에게 상황을 물었다. …… 새벽부터 끊이지 않고 계속 처형이 진행되고 있다고 구경꾼들이 말해주었다.[52]

탄옌카이 정부에서 일한 관리 중 16명이 체포되어 총살당했다. 장소는 운동 경기를 하던 원형 경기장이었다.[53] 탕샹밍은 3년 동안 집권했는데 그사이 정치범으로 처형당한 사람이 최소한 5천 명에 달했으며 그 밖에 일반 범죄로 처형당한 사람의 수는 지금도 알 수 없다.[54] 중국인의 평가든 외국인의 평가든 탕샹밍의 통치는 '철권통치'로 평가되었으며, 20세기 초 중국에서 철권통치라고 하면 단순히 비유적 표현이 아니었다.[55] 17살짜리 한 명이 끼어 있던 절도범 세 명을 어떻게 처리했는지 한 외국인 선교사가 이렇게 묘사했다.

절도범들이 공범을 자백하지 않자, (현령縣令은) 그들을 부서진 기와 조각 위에 꿇어앉혔다. 그들의 장딴지 위에 나무 판을 올려놓고 그 위에서 두 명의 남자가 계속 뛰었다. 누르는 힘을 배가하기 위해서였다. 현령은 굵은 향을 꺼냈다. 사람 손가락만큼이나 굵고 나무토막처럼 단단한 향이었다. 여기에 불을 붙인 다음, 빨갛게 불타는 향으로 죄인들의 눈과 콧구멍을 찌르도록 했다. 그런 다음에 현령은 향불로 그들의 벗은 등과 팔다리에 글씨를 쓰고 그림을 그리게 했다. 이어 그들의 몸을 시뻘겋게 달군 인두로 지졌다. 마지막으로 범죄자들의 손과 팔을 나무 기둥에 단단히 묶은 채 땅바닥에 눕히고 몸 위에 타고 있는 향을 올리고 향이 다 탈 때까지 그대로 있었다. 세 사람 모두 정신을 잃었다. 법정에서 끌려 나갈 때 그들의 몰골은 이미 사람의 모습이 아니었다.[56]

당시 중국에서는 대체로 이런 식으로 범죄자를 다루었는데, '백정탕'은 이보다 훨씬 심했다고 한다. 당시 후난성 군사법정의 책임자는 너무 잔인하게 고문을 해서 '살아 있는 염라대왕'이라는 이름을 얻었다. 국민당 지지자를 색출하기 위해 특별 경찰 부대가 창설되었다. 많은 학교가 폐교되었으며 교육 예산이 대폭 삭감되었고 남은 학교들은 철저한 감시를 받았다. 탕 도독의 정책에 의문을 제기하는 신문은 폐간되었고, 1916년에는 언론 사전 검열 제도가 도입되어 신문 지면 일부가 백지 상태로 나오는 경우도 많았다. 어느 중국인 기자는 이렇게 썼다. "경찰이 곳곳에 배치되었고 사람들은 겨울철 매미처럼 조용해졌다. 서로 상대를 경계하느라 사람들은 시사에 대해 감히 말하지 못했다."[57]

마오쩌둥도 이 같은 일을 모두 알고 있었다. 그가 다니던 학교 역시 탕샹밍이 처음 통치를 시작할 무렵 많은 사람들이 처형되자 잠시 휴교령을 내렸던 적이 있었다.[58] 하지만 마오는 샤오위에게 보낸 편지에서 탕샹밍의 행동을 고집스럽게 옹호했다.

나는 아직도 탕 도독을 그렇게 쫓아내서는 안 되었다고 생각해. 그를 축출한 것은 부당한 일이었고, 지금 상황은 점점 더 혼란스러워지고 있어. 어째서 부당한 일이냐고? 탕은 3년간 그 자리에 있으면서 엄격한 법률을 강력하게 시행했지. 그는 …… 안정되고 원만한 환경을 (만들었어.) 질서가 회복되었고 과거의 평화로웠던 시대가 다시 돌아온 거지. 탕 도독은 군대를 엄하게 다스렸고 군기를 확립했어. …… 창사 사람들은 정직해져서 거리에서 분실물을 보아도 집어 가지 않게 되었지. 닭이나 개도 사람을 무서워하지 않게 되었어. …… (지금은 후난의 옛 군대 출신과 정치 엘리트들로 이루어진) 깡패들이 …… 어디에나 있어. 사람들을 마구 조사하고 체포하고 그렇게 체포한 사람들을 처형하고 있어. …… 정부 관리가 강도를 당한다든지 (현의) 지방관이 사람들의 저항에 부딪힌다든지 하는 이야기를 지금은 어디서든 들을 수 있어. …… 후난에서 벌어지는 일은 정말로 이상하고 괴이해![59]

이 편지에서 22살의 마오쩌둥이 어떤 생각을 하고 있었는지 엿볼 수 있다. 1911년 혁명군에 입대했을 당시에 마오는 그저 또래 젊은이들이 하는 대로 했을 뿐이었다. 그랬던 그가 이제 다수의 의견을 거부하고 매우 인기 없고 정치적으로 위험한 명분을 옹호하고 있었다. 마오는 편지에 이렇게 썼다. "이러다가 내가 곤란한 지경에 빠질지도 몰라. 이 편지를 다른 누구에게도 보여주지 말도록. 읽은 다음 태워버리는 게 제일 좋을 거야."

'백정 탕'에 대한 마오의 견해는 훗날 바뀐다. 하지만 마오가 자신이 문제의 주요한 측면이라고 여기는 것(이 경우에는 법과 질서 유지)에 집중하고 부차적인 것(이 경우에는 탕 도독의 잔인성)은 무시하는 방식은 이후 평생 동안 그가 정치 문제를 다루는 기본 태도가 된다. 그리고 여기서 그가 권위주의를 옹호한 것은 미래에 그가 드러낼 무자비함을 소름 끼치게 암시하는 것이었다.

탕 도독이 1만 명이 넘는 사람을 죽인 것은 그의 정책에 따른 불가피한 결과였어. 탕 도독이 과연 (베이양군 사령관이던) 펑궈장(馮國章, 1859~1919)이 난징에서 죽인 사람보다 더 많이 죽였나? …… 그가 여론을 조작했고 위안스카이에게 아부했고 또 착한 사람을 욕보였다고 사람들은 말하지. 하지만 이런 일은 (다른 곳에서도) 일어나고 있지 않나? …… 그런 행동을 전혀 하지 않고 나라를 지킨다는 것은 결코 이룰 수 없는 목표야. 이런 행동을 범죄라고 생각하는 사람은 전체 그림을 이해하지 못하는 거지.[60]

이런 생각은 이미 4년 전에 살짝 드러난 적이 있었다. 법가 정치인 상앙을 다룬 글에서 마오는 "법령을 공포하여 사악한 자와 반란자들을 벌한 것"을 두고 그를 칭송한 바 있다.[61] 하지만 지금 마오는 그때보다 훨씬 더 나아가 정적들을 살해하는 행위는 정당화될 수 있을 뿐 아니라 불가피한 일이라고 말하고 있었다.

마오는 탕 도독이 통치 기간에 강력한 지도력을 보여주었다고 지지했고, 후난의 진보적 엘리트들을 심하게 비난했다. 이것은 그가 지역 정치인들의 끊임없는 내분에 역겨움을 느꼈음을 보여준다.[62] 마오는 위안스카이에 대해서도 유사한 논리로 그의 장점을 찾아냈다.

다른 사람들이 이 황제 지망자를 공화국을 배신하고 증오스러운 일본에 고개를 조아린 변절자라고 혹평한 것과 달리, 마오는 위안스카이를 쑨원, 캉유웨이와 더불어 동시대의 뛰어난 인물 3인 중 한 사람으로 여겼다.[63] 이 같은 생각은 18개월이 지난 1917년 겨울에 이르러서야 바뀐다. 그때 후난성은 다시 한번 내전의 고통을 겪게 되었다. 중국 전역에 걸쳐 각 성의 군사 지도자(독군*)들이 '군벌'로 변질되기 시작했다. 그제야 마오는 위안스카이와 탕샹밍이 결국에는 자신의 권력에만 매달린 폭군이었음을 인정했다.[64]

한편, 제1사범학교에서 보낸 몇 년은 마오에게 새로운 성격 형성의 시기이기도 했다. 1913년 처음 입학했을 때 마오는 두려움과 자기 의심을 허세 어린 행동 뒤에 감춘, 고집 센 소년이었다. 하지만 학교를 다니면서 그는 친구들에게 사랑받고 주위 환경에 잘 적응하는 청년이 되었고, 교사들과 친구들은 그가 훌륭한 학생이며 장차 일류 교사가 될 것이라고 생각했다.[65]

변화는 더디게 일어났다. 둥산학교 시절 새로운 환경에 적응하는 데 1년 이상 걸렸던 것처럼 여기서도 그만큼 시간이 걸렸다. 사범학교에서 만난 샤오위는 마오가 사귄 친구들 가운데 가장 먼저, 가장 가까운 친구가 되었다. 샤오위의 회고에 따르면, 마오는 1914년 여름에 머뭇거리면서 처음 그에게 다가왔다고 한다.

당시 내가 그보다 선배였기 때문에 그는 나에게 감히 먼저 말을 걸지 못했다. …… (하지만) 학교 게시판에 붙은 상대의 글을 읽고 나서 우리는 서로 생각과 의견을 알게 되었으며 우리 둘 사이에는 공감대가 생겼다. …… 다시 몇 달이 지난 뒤 …… 어느 날 아침 우리는 복

독군(督軍) 중국 신해혁명 후에 각 성에 설치된 지방관. 본래 군사 부문 책임자였으나, 대개 성장(省長)을 겸하여 행정과 군사의 권한을 장악했다. 나중에 독판(督辦)이라고 명칭을 고쳤다가 1928년에 아예 없어졌다.

도에서 우연히 마주쳤다. 마오는 미소를 지으며 내 앞에 섰다. "미스터 샤오." 당시 우리는 모두 학교에서 동료 학생들을 이런 식으로 불렀다. "미스터 마오." 하고 내가 답했다. …… 마오가 무슨 말을 할지 조금 궁금했다. …… "어느 교실이지요?" 그가 물었다. …… 물론 그는 다 알고 있었는데 대화를 시작하려고 이런 질문을 던진 것이었다. "오늘 오후 수업이 끝난 뒤 미스터 샤오의 교실로 가서 글을 좀 보고 싶군요. 괜찮다면요."

수업은 오후 4시에 끝났고 마오는 잠시 후 나의 교실에 왔다. …… 그날 첫 대화를 나누며 우리는 즐거운 시간을 보냈다. 대화가 끝날 무렵 그는 말했다. "내일 또 와서 미스터 샤오의 가르침을 받고 싶네요." 그는 내 글 두 편을 손에 들고 나에게 깍듯하게 고개를 숙여 인사한 다음 떠났다. 그는 매우 정중했다. 나를 만나러 올 때마다 그렇게 인사했다.[66]

마오는 자신과 생각이 같은 동료를 찾으려고 상당히 애썼다. 1915년에 그는 이렇게 썼다. "성인(聖人)을 제외하면 사람은 고립된 상태에서는 성공할 수 없다. 친구를 잘 선택하는 것은 매우 중요한 일이다."[67] 1915년 가을에 마오는 창사의 여러 학교를 돌아다니면서 광고문을 붙였다.[68] "애국적 사업에 흥미가 있는 젊은이"는 연락하라는 내용이었다. 그는 좀 더 자세하게 자격 요건을 썼다. "성격이 강인하고 결심이 굳으며 …… 나라를 위해 희생할 준비가 되어 있어야 함." 그러고는 마지막에 '28획 학생(二十八劃生)'이라고 서명했다. 마오쩌둥이란 이름을 한자로 쓰는 데 28획이 필요하다는 데서 착안한 가명이었다.

성립(省立)여자보통사범학교에서는 여자 친구를 구하려는 광고가 아닌지 의심해서 조사하기도 했다.[69] 하지만 마오는 전혀 그럴 생각이 없었다. 그는 샤오위에게 "새가 우짖어 벗을 찾는 것"과 같은 행동이라고 《시경(詩經)》의 한 구절을 인용해 자신의 심정을 설명했다.[70] 마오는 또 "현대에는 친구가 적으면 자신의 생각이 넓어질 수 없다."라고 덧붙였다.

20년 뒤 마오는 에드거 스노에게 '세 명 반의 답변'이 왔다고 말했다.[71] 이 가운데 세 명의 젊은이는 훗날 '배신자' 혹은 '극단적 반동주의자'가 된다. '절반의 답변'을 보내온 사람은 "분명하게 자신의 의사를 밝히지 않은 리리싼이라는 15살 난 소년"이었다. 리리싼(李立三, 1899~1967)은 훗날 공산당 지도부의 일원이 되며 한동안 마오의 극렬한 반대자로 활동한다.[72] 결국은 모두 여섯 명의 젊은이가 응답했으며[73] 이들은 느슨하게 연결된 학습 모임을 구성했다. 훗날 마오는 에드거 스노에게 이렇게 말했다.

(그것은) 진지한 태도를 지닌 사람들의 작은 모임이었습니다. 우리는 사소한 일을 이야기할 시간이 없었습니다. 우리가 하는 말이나 행동에는 모두 어떤 목적이 있어야 했습니다. 사랑이나 '연애' 같은 데 허비할 시간도 없었습니다. 우리는 시대가 위급하다고 생각했고, 또 지식 습득의 욕구가 절박했기 때문에 여자 문제나 사적인 일을 논의할 시간은 없었습니다. …… 그 시절에 젊은 남자들은 여성의 매력 같은 주제를 즐겨 이야기하곤 했습니다. 하지만 그건 우리의 논의와는 거리가 멀었습니다. 심지어 우리는 일상에서 겪은 일을 이야기하는 것조차 거부했습니다. …… (우리는) 오직 큰 문제만 이야기했습니다. 인간의 본성, 인간 사회, 중국, 세계, 우주, 이런 것이 우리의 대화 주제였습니다.[74]

일본 유학 시절부터 운동에 빠진 양창지 선생의 영향을 받아서,

그리고 마오가 1917년에 〈신청년〉에 실은 글에서 밝힌 원칙에 따라서 모임은 엄격한 신체 단련을 실천했다. 매일 아침마다 그들은 우물가로 가서 옷을 벗고 서로 찬물을 끼얹었다.[75] 휴일이면 그들은 멀리까지 걷기 운동을 했다.

우리는 들판을 가로질렀습니다. 산을 오르내리고 성벽을 따라 걷기도 하고 개울과 강을 건너기도 했습니다. 비가 올 때면 옷을 벗고 빗물로 목욕을 했습니다. 햇볕이 뜨거울 때면 옷을 벗고 태양욕을 했습니다. 봄바람을 맞을 때면 우리는 이것이 '풍욕'이라는 새로운 스포츠라고 큰 소리로 외쳤습니다. 서리가 내린 뒤에도 우리는 야외에서 잤으며 11월에도 차가운 강물에 뛰어들어 수영을 했습니다.[76]

양창지 선생을 향한 마오의 존경심은 끝이 없었다. 한번은 친구에게 "그분의 위대함을 생각하면 나는 절대 그분을 따라갈 수 없을 것 같다."고 고백한 적도 있었다.[77] 양창지도 마오를 마찬가지로 높이 평가했다. 그의 일기에 이런 구절이 있다. "(마오처럼) 똑똑하고 잘생긴 사람을 발견하기란 정말 어려운 일이다."[78] 마오를 포함한 몇몇 청년들은 저녁 때 양창지의 집을 찾아가 당시 상황을 두고 토론했다. 양창지는 개인의 의지와 주관을 강조하는 생(生)의 철학을 지니고 있었다. 이 철학에 따르면 개인의 덕, 의지력, 끈기와 인내를 개발하는 것이 무척 중요했다. 이 철학은 마오에게 일생 동안 영향을 끼친다. 몇 년 뒤 양창지가 암으로 사망했을 때, 베이징대학의 학생 신문은 그에 관한 기사를 내면서 생전에 그가 아꼈던 제자로 마오쩌둥과 그의 친구 차이허썬(蔡和森, 1895~1931)을 들었다.[79]

하지만 20대 초반의 마오는 주위 사람들을 이따금 애먹이곤 했다. 사오산에서 살 때 좌절감에 상처받고 반항적인 십대 소년이던 그는 여전히 마음속에 고통과 고민이 많은 젊은이였다. 똑똑하지만 다루기 힘들었고 지독한 자기 의심과 우울에 휩싸이곤 했다.

"지금까지 나는 좋은 선생이나 친구를 만난 적이 한 번도 없다."고 자책하는 순간이 있는가 하면, 또 다음 순간에는 샤오위에게 친근하게 속마음을 털어놓기도 했다. "너무나 많은 무거운 생각들이 …… 구름같이 피어올라 나를 짓누르고 있어. …… 너에게 그런 이야기를 해서 마음의 짐을 덜고 싶은데 괜찮을까?"[80] 마오의 고집은 유명했다. 심지어 자신이 좋아하고 존경하는 사람에게도 그랬다. 한번은 '털보 위안' 선생과 논쟁이 붙었는데 선생이 마오에게 글 제목을 바꾸라고 하자 마오가 거절하여 큰 다툼이 일어났다. 또 한번은 교장과 논쟁을 벌였는데 '털보 위안' 선생과 양창지 선생을 비롯해 다른 몇몇 교사들이 도와주어 겨우 퇴학을 면했다.[81] 하지만 남들이 보지 않는 일기장에서 마오는 자신을 비난했다.

> 너는 평정을 유지하는 능력이 없구나. 변덕스럽고 쉽게 흥분한다. 스스로 뽐내는 여인처럼 너는 부끄러움을 모르는구나. 겉으로는 강해 보이지만 너의 내면은 정말 텅 비어 있구나. 명예와 돈을 구하는 야망은 도저히 억누를 수 없고 성욕은 날로 커져만 가는구나. 너는 소문과 험담을 즐기면서 자신의 정신을 어지럽히고 시간을 허비하고 있다. 그저 잘난 척할 뿐이지. 너는 항상 (푸른 꽃받침과 붉은 꽃만 아름답게 뽐내는) 작약처럼 열매를 맺지 못하는구나. 그러면서도 "나는 (화려한 꽃은 없지만 열매는 생산하는) (겸손한) 조롱박처럼 되고 싶다."라고 말하며 자신을 기만하고 있구나. 얼마나 거짓된 삶인가?[82]

마오는 검소했다. 샤오위의 회고에 따르면 처음 만났을 때 마오는 "키가 크고 행동이 어색했으며 옷은 더러웠고 (무명천으로 만든) 신발을 신었는데 다 떨어져서 수선할 때가 한참 지난 것이었다."[83] 다른 또래 젊은이들은 새로운 서양식 옷을 시험 삼아 입어보았지만 마오는 푸른색 교복밖에 없었다. 무명천으로 누빈 윗옷을 입고 그 위에 회색 장삼을 걸쳤다. 바지는 펑퍼짐한 흰색 자루 모양이었다. 그는 음식에도 별로 신경쓰지 않았다. 어느 정도는 돈이 없어서이기도 했다. 1년에 아버지가 보내주는 용돈이 25은원 정도였다. 하지만 교사인 쉬터리(徐特立)에게 영향을 받은 것이기도 했다. 쉬터리는 관행을 거부하는 성향으로서 매우 소박한 생활을 했다. 다른 교사들처럼 인력거나 가마를 타지 않고 언제나 걸어서 학교에 왔다.[84]

마오는 신문과 잡지를 사느라 돈을 많이 써서 더욱 쪼들렸다. 훗날 그는 당시에 용돈의 거의 절반 정도를 그런 데 지출했다고 회고했다.[85] 동급생들은 마오가 학교 도서관에 앉아 작은 종잇조각에 깨알 같은 글씨로 무언가 쓰는 모습을 자주 보았다고 한다. 그 종잇조각은 책의 여백을 잘라낸 것이었는데 마오는 거기에 세계 여러 나라와 정치 지도자들에 관하여 기록하고 암기했다.

그는 학교 수업에 성실했지만 자신이 관심 있는 과목만 그랬다.[86] 새롭게 무엇인가를 배우면 무척 기뻐했지만 자신의 결점을 발견하면 깊이 낙담했다. 지겨운 과목을 반드시 들어야 한다는 교칙에 대해 그는 불만이 컸다. 그는 다음과 같이 회고했다. "나는 자연과학에는 별다른 관심이 없었다. 그래서 나는 공부를 안 했고 낮은 점수를 받았다. 특히 정물화 그리기가 필수라는 점이 정말 싫었다. 나는 그것을 멍청한 짓이라고 생각했다. 그래서 가능한 한 가장 단순한 사물을 골라 정물화를 얼른 끝내버리고 제출한 다음 교실을 떠났다." 마오는 한번은 종이에다 가로로 직선을 긋고 그 위에 반원을 하나 그렸다. 그러고는 이 그림이 이백(李白)의 시 〈꿈에 톈무산을 노닌 것을 기억하며 읊다(夢遊天姥吟留別)〉의 한 장면이라고 우겼다. 이 시에 묘사된 태양이 바다 위로 떠오르는 장면을 그린 것이라는 이야기였다. 학년 말 실기 시험에서 마오는 타원형 모양을 하나 그려놓고 달걀이라고 우겼다. 미술 교사는 그에게 낙제점을 주었다.[87]

마오는 주기적으로 자신을 제어하려고 노력했다. 1915년에 그는 이렇게 인정했다. "과거에 나는 그릇된 생각을 품고 있었다. 이제 나는 좀 더 성숙해졌다. …… 오늘부터 새롭게 출발하겠다."[88] 하지만 몇 달이 지나면 그는 다시 절망에 빠졌다. 그는 옛 스승에게 화가 난 듯이 편지를 썼다. "여기는 정말로 공부할 곳이 못 됩니다. 여기서는 무엇이든 자신의 의지대로 할 수 없고 학습 수준이 너무 낮으며 동료들은 모두 나쁜 놈들뿐입니다. 저의 튼튼한 육체와 소중한 시간을 쓸데없는 고민과 기다림으로 낭비하고 있다는 것은 정말로 우울한 일입니다. …… 이런 종류의 학교는 정말 어둡고도 어두운 계곡과 같습니다."[89] 하지만 시간이 흐르면 마오는 다시 열정에 불타올랐다.

아침 일찍 영어를 공부하겠다. 오전 8시부터 오후 3시까지 학교 수업. 4시부터 저녁 먹는 시간까지는 문학을 공부한다. 전등불이 켜질 때부터 꺼질 때까지는 모든 수업의 숙제를 한다. 불이 꺼진 뒤에는 한 시간 동안 운동을 한다.[90]

이후 반년에 걸쳐 마오는 이런 과정을 반복했다. 한번은 "새롭게 시작한다. …… 아침부터 저녁까지 쉬지 않고 공부한다."라고 결심했다가 다시 또 좌절감에 빠졌다.[91] 마오는 불행감에 사로잡혀 이렇게 썼다. "전진을 바라지 않는 이가 어디 있는가? 하지만 야망이 번번이 좌절되고 수많은 혼란과 변화 속에 길을 잃고 헤매다 보면, 그가 느끼는 괴로움은 말로 표현할 수 없을 정도다. 젊은이에게 이 모든 것은 고통으로 가득 찬 세상을 보여줄 뿐이다."[92]

하지만 마오는 서서히 자신감을 회복했고 이렇게 절망감을 드러내는 횟수도 줄어들었다. 그가 23살이던 1917년 늦은 봄, 학우들은 그를 '올해의 우수 학생'으로 뽑았다.[93] 이 일이 있기 몇 주 전에는 마오가 쓴 체육 교육에 관한 글이 〈신청년〉에 실렸다. 후난 출신 학생의 글이 이 잡지에 실린 것은 처음이었다. 다른 방면에서도 마오는 점점 더 자신감을 얻었다. 샤오위와 친분을 맺은 뒤 초기에 쓴 편지들에서 마오는 선배에게 경의를 드러냈다. 하지만 시간이 지나 둘의 관계가 평등하게 변하면서 마오가 주도적인 목소리를 내는 경우가 자주 있었다. 1917년 여름에 샤오위가 교사용 지침서를 하나 썼는데, 마오는 샤오위에게 "보석은 남기되 찌꺼기는 버릴 것"이라고 비평하면서 다시 쓰라고 권했다.[94] 그 직후에 마오와 샤오위는 관례를 무시하고 여름 방학에 한 달간 도보 여행을 하며 시간을 보냈다. 사범학교 교사들이 보기에 실망스러운 행동이었다. 두 사람은 여러 현(縣)을 지나면서 음식을 구걸해 먹었고 불교 사찰이나 친절한 향신들에게서 잠자리를 제공받았다.[95]

그해 마오는 자신을 '붕(鵬)'에 비유하는 시를 썼다. '붕'은 남쪽 바다를 날 때 날개로 수면을 한 번 치면 그 흔적이 3천 리(약 1,200킬로미터)에 걸쳐 남는다는 전설의 큰 새이다.[96] 그가 소년 시절에 영웅으로 꼽던 인물 가운데 이제 증국번 한 사람만 남았다. 량치차오와 캉유웨이는 부족해 보였다.[97]

〈신청년〉에 글을 실은 마오는 새 중국 건설에 이바지할 수 있는 다른 길을 모색하기 시작했다. 새로운 조국 건설은 그와 친구들이 뜨겁게 열망하는 바였다. 마오는 엘리트는 자신보다 불행한 처지에 있는 사람들을 도울 도덕적 책무가 있다는 글을 썼다.

군자는 이미 높은 지혜와 도덕을 지니고 있다. …… 하지만 소인은 가엾은 사람들이다. 만일 군자가 오직 자신만을 돌본다면 이는 군중을 떠나 홀로 은자 생활을 하는 것과 같다. 고대 역사를 보면 그렇게 한 사람도 있다. …… (그러나) 그가 어진 마음(善心)이 있다면 소인들이 …… 같은 우주의 한 부분이라는 것을 (알아차릴 것이다.) 우리만 앞으로 나아가면 그들은 점점 더 낮은 곳으로 떨어질 것이다. 그들에게 도움의 손을 내밀어 그들의 지혜가 열리고 덕이 자랄 수 있도록 하는 것이 우리에게도 더 나을 것이다.[98]

이런 생각을 실천에 옮길 기회가 1917년 10월에 왔다. 그때 마오는 '제1사범 학우회'의 책임자로 선출되었는데, 여러 가지 교외 활동을 조직하는 모임이었다.[99] 학우회는 몇 가지 사업을 시행하기로 결정했는데 그중 하나가 지역 노동자를 위한 무료 야간학교 개설이었다. 이미 6개월 전 같은 성격의 야간학교 사업이 시작되었지만 중단된 상태였다.[100] 마오는 대다수 중국 인민이 전혀 교육을 받지 못하는 상황에서 그런 사업은 "결정적으로 중요하다"라고 썼다. "풀들과 나무들도, 새들과 짐승들도, 모두 자신과 같은 부류를 보살피고 관심을 기울인다. 인간도 그리해야 하지 않겠는가?" '소인'들은 "본성이 악한 것"이 아니며 "원래 열등한 것"도 아니다. 그들은 단지 불운한 것뿐이며 따라서 "어진 사람(仁者)은 반드시 (그들에게) 동정심을 보여야 한다." 유럽이나 아메리카의 선진국들에서도 야간학교가 유익한 것으로 인정받고 있다고 그는 덧붙였다. 나아가 이를 통해 학생들은 교사로서 경험을 쌓을 수 있다. 특히 야간학교가 인민 대중과 교육받은 엘리트 사이에 연대감을 쌓는 데 도움이 될 것이라는 점이 중요하다고 마오는 주장했다.

학교와 사회는 거대한 간극을 사이에 두고 분리되어 있는 두 개의 극(極)이다. 학교에 들어가면 학생들은 마치 하늘에라도 오른 듯 행동하며 사회를 낮추어 본다. 또 사회는 학교를 무언가 성스럽고 가까이 할 수 없는 것으로 생각한다. 이렇게 서로 멀리하고 의심하는 것은 세 가지 해악을 낳는다. 첫째, 학생은 사회에서 일자리를 구할 수 없다. …… 둘째, 사회는 더는 자녀들을 학교에 보내지 않는다. …… 셋째, (사회가 학교에 품은 증오심 때문에) 학교가 불태워지고 자금줄이 막힌다. 이 세 가지 해악을 없앨 수 있다면 사회인은 학생을 자신의 눈과 귀로 여기고 그들의 인도에 따라 번영과 발전에 이를 수 있을 것이다. 학생은 사회인을 자신의 손과 발로 여기고 그들의 도움을 받아 자신이 세운 목표를 이룰 수 있을 것이다. (결국에는) 모든 사람이 (이런저런) 학교를 다니는 날이 올 것이다. 그때가 되면 모든 사람이 일정 기간 학교 교육을 받을 것이며, 사회 전체가 한 사람이 평생 다니는 더 넓은 의미의 학교가 될 것이다.[101]

마오는 이렇게 반(反)엘리트주의적이고 개방적인 교육 체제라는 생각에 책을 숭배하는 문화에 대한 혐오를 더했다. 그는 1915년에 이런 글을 쓰기도 했다. "지난 몇 년간 나는 작은 진보를 이루었지만 책을 통해 성취한 것은 그중 아주 작은 부분에 불과하다. 더 큰 부분은 (실제적인) 어려움에 대해 의문을 제기하고 해결책을 찾는 과정에서 얻었다."[102] 독일 철학자 칸트는 "우리의 인식은 반드시 경험적 사실로부터 온다."고 주장했는데,[103] 마오는 이 말을 긍정적으로 논하면서 중국 전통 교육 방식의 형식주의를 맹비난했다.

우리의 교육 체계에서 필수 과목은 소 몸통에 빽빽이 자란 소털만큼 많다. 신체 건강한 어른이라도 버텨낼 도리가 없다. 하물며 아직 성인기에 이르지 못한 아이들은 어떠하겠는가. …… 교육자들의 의도를 추측하다 보면 학생들을 소진시키고 그들의 몸을 짓밟고 그들의 삶을 망칠 속셈으로 그렇게 엄청난 규모의 교과 과정을 만든 게 아니었을까 하는 의심까지 든다. …… 만일 학생이 평균보다 지능이 조금 높다 싶으면 교사들은 그에게 온갖 종류의 보충 독서 과제를 부과한다. …… 얼마나 어리석은 일인가![104]

여기서 마오가 열정적으로 드러낸 견해는 이후 평생 동안 교육을 대하는 기본 태도로 유지된다. 하지만 동시에 마오의 관점은 지금 우리가 생각하는 것처럼 급진적이지는 않았다. 당시 중국 교육은 철저하게 암기 위주였으며 교과의 양이 실제로 과중했다. 1917년에는 마오의 동료 학생 가운데 일곱 명이 병을 앓다가 죽었다. 당시 학우들과 일부 교사들은 이런 죽음이 지나치게 오랜 시간 쉬지 않고 공부하여 체력이 고갈된 탓이라고 생각했다.[105]

1917년 11월에 시작된 야간학교에는 60여 명의 창사 노동자가 등록했는데[106] 앞서 언급한 교육 원칙을 이 학교의 교육 과정에 적용했다. 고전 중국어가 아니라 일상에서 쓰는 중국어를 중시했으며 일상의 필요에 맞춘 교육 과정을 만들었다. "여러분이 항상 필요로 하는 편지 쓰기나 비용 계산하기 등"을 교육 과정에 넣었다고 마오는 학교 안내서에 썼다.[107] 그리고 예를 들어 외국 상품 대신 국산품 구매를 권하여 노동자들에게 '애국 정신'을 불어넣으려고 시도했다.[108]

하지만 야간학교가 미처 문을 열기도 전에 베이징의 군사 실력자들 간에 충돌이 일어나면서 후난성이 또다시 내전에 휩쓸렸다. 이번 싸움은 마오가 이전에 목격했던 어떤 경우보다 더 큰 규모로 후난을 파괴했다.

1916년 7월 탕샹밍이 창사에서 탈출한 이후 약간의 혼란이 지속되다가 탄옌카이가 새로운 도독으로 취임했다. 향신 출신 지도자로서 탕샹밍의 전임이었던 바로 그 사람이다.

잠시 모든 일이 잘 풀렸다. 탄옌카이는 후난 행정부를 조직했고 상당한 독립성을 확보해 후난 엘리트들의 지지를 받았다. 그가 1911년부터 1913년까지 도독을 지낼 때 상황과 비슷했다. 베이징에서는 위안스카이의 부하였던 돤치루이*가 새로운 국무총리로 취임해 실권을 장악했다.* 당시에 그는 북부 중국에 세력권이 있는 다른 경쟁자들을 상대하며 자신의 지위를 강화하느라 후난성에 신경쓸 틈이 없었다.

하지만 다음 해 여름이 되자 상황이 바뀌었다. 수도 베이징에서 진행되던 권력 다툼은 우스꽝스러운 대단원으로 치달았다. 신해혁명을 부인해 온 보수적 군사 지도자(장쉰張勳)가 만주족 마지막 황제의 복위를 주장하고 나선 것이다. 그러자 여기에 반대하여 다른 모든 북방 군벌들이 신속하게 뜻을 모았다. 하지만 북방 군벌들은 곧 다시 두 편으로 나뉘었다. 한편은 돤치루이가 이끄는 안후이파(安徽派) 혹은 안푸파(安福派)로 뭉쳤으며, 다른 한편은 새로 대총통이 된 펑궈장이 이끄는 즈리파(直隸派)로 뭉쳤다. 펑궈장은, 마오가 1년 전에 쓴 글에서 후난성의 탕샹밍이 저지른 잔학 행위의 선례로 언급했던 바로 그 사람이다. 군벌 안후이파와 즈리파의 경쟁은 곧 피비린내 나는 무력 충돌로 이어져 이후 거의 10년간 중국 중부와 동부 지역에서 간헐적으로 맹위를 떨친다. 하지만 중간에 잠시 휴전이 이루어진 틈에

돤치루이(段祺瑞, 1865~1936) 중국의 군벌, 정치가. 1916년부터 1920년까지 중화민국의 최고 권력자였다.
* 당시에 대총통은 리위안훙이었는데, 국무총리 돤치루이가 점점 더 세력을 키우면서 두 사람은 충돌하게 된다. 부총통은 펑궈장이었다.

돤치루이는 베이징 중앙 정부의 말을 잘 안 듣는 후난성으로 관심을 돌릴 수 있었다.

1917년 8월 돤치루이는 탄옌카이 대신 푸량쭤(傅良佐)를 새로 후난성 독군, 즉 성장으로 임명했다. 푸량쭤는 돤치루이와 혼인 관계로 맺어진 인척이었으며 육군부 차관을 지낸 인물이었다. 탄옌카이와 마찬가지로 푸량쭤 역시 후난 사람이었다. 하지만 그는 생애 대부분을 북방에서 보냈기에 후난 사람들은 그를 외부인으로 간주했다.[109] 취임 사흘 뒤 푸량쭤는 충성심이 의심스러운 고위 장교 두 명을 해임하려 했다.[110] 그러자 두 사람이 지휘하던 군부대가 반란을 일으켰고 곧 연쇄 작용이 일어났다. 10월 초가 되면 결국 후난성 군사력의 거의 절반에 이르는 부대들이 공공연히 반란을 일으키는 지경에 이른다. 이 반란 부대들을 진압하기 위해 북방 군벌 휘하의 2개 사단이 급히 후난성으로 파견되었다. 하지만 이런 조치는 후난성 남쪽에 위치한 광시성과 광둥성을 자극했다. 독립적으로 두 성을 통치하던 독군들은 자신들의 세력권을 위협하는 북방 군대를 막기 위해 후난성으로 군대를 보냈다. 녹색 옷을 입은 광시성 보병 수천 명이 맥심기관총과 산악포로 무장한 포병 부대까지 동반하고 후난성으로 쏟아져 들어왔다. 북방 군대가 후난성 남부까지 진출하는 것을 저지하기 위해 투입된 것이었다.

후난성은 벌써 두 차례나 남방 군대와 북방 군대의 전장이 될 뻔했다. 1913년에 이른바 '제2혁명'이 두어 달 만에 흐지부지 끝났을 때, 그리고 스스로 황제라 칭한 위안스카이에 맞선 전투가 시작되려다가(1916년) 위안스카이가 급사하는 바람에 전쟁이 일어나지 않은 때였다. 두 번 다 운 좋게 전쟁터가 되는 것을 피할 수 있었지만 이번에는 그렇게 될 것 같지 않았다. 창사에 계엄령이 선포되었고, 남부와 북부의 군대는 후난성 남부 도시 헝저우(衡州)에서 전초전을 벌였으나 승패는 명확하게 갈리지 않았다.[111] 하지만 양측 부대가 고려하지 못한 것이 있었으니 바로 베이징 정치인들의 음모였다. 11월 중순 돤치루이가 국무총리에서 물러나면서 그가 임명했던 후난성 성장 푸량쭤 역시 도망쳤고 북방 부대는 철수했다. "다음 날 아침 9시가 되자 창사는 초긴장 상태가 되어 시내 곳곳에 각종 깃발을 내걸고" 불안에 떨며 승자의 입성을 기다렸다. 승리를 거둔 남방 부대가 도착했다. 한 목격자에 따르면 남방 부대 병사들은 "온몸을 탄띠로 휘감고" 입성했으며 여자와 아이들은 적십자 피난소로 몸을 피했다. 하지만 약탈은 거의 벌어지지 않았고, 창사 주민들은 다시 한번 난리를 피하게 되었음을 자축했다.[112]

이 불안한 시기에 마오를 비롯해 '제1사범 학우회' 회원 몇 명은 학생 의용 부대를 만들어 목총(木銃)을 들고 순찰을 돌며 침입자를 막으려 했다.[113] 마오의 학우가 회고한 바에 따르면, 마오는 친구들에게 대나무 막대기 끝을 날카롭게 다듬는 방법을 알려주었다고 한다. 학교 담을 넘어 들어오려고 하는 성급한 병사가 있을 때 그의 눈을 찌르기 위한 용도였다. 마오, 그리고 그와 가장 친한 샤오위와 차이허썬은 스스로 '3인의 영웅'이라 불렀고[114] 육체적 강인함과 투쟁 정신을 길렀다. 치고받고 싸우는 병사들을 피해 화장실에 몸을 숨겼던 십대 시절[115]에 비하면 마오는 꽤 성숙해졌지만 아무래도 이 젊은 영웅들의 용기에는 한계가 있었다. 교내 잡지인 〈제1사범교지(一師校誌)〉는 이 의용 부대가 '매우 효과적으로' 활동했다고 기록했다.[116] 하지만 이듬해 3월이 되어 진짜 심각한 상황이 벌어졌을 때, 젊은 영웅들은 어디에서도 보이지 않았다.[117] 베이징에 있던 돤치루이와 그의 정치적 경쟁자들은 일단 후난성을 확실하게 붙잡아 두자는 데 합의했다. 그러자 이번엔 광시성 군대가 싸움도 하지 않고 퇴각해버렸다.

(외국인 거주자의 기록이다.) 밤이 되자 창사에는 깊은 정적이 흘렀다. 그러다가 (8시부터) 계속 총소리가 들렸고 유리창 깨지는 소리, 나무 널빤지 부서지는 소리 따위가 남쪽과 서쪽 상가 방향에서 들리기 시작해 새벽까지 이어졌다. 나는 무슨 일이 벌어지고 있는지 궁금해서 직접 가보았다. …… 남쪽으로 가는 병사들의 행렬이 줄줄이 이어지고 있었다. 한쪽에서는 십여 명의 병사가 …… 약탈을 하고 있었다. 그들은 우선 은(銀)장식 가게부터 털었다. …… 여덟아홉 명의 병사가 가게 문과 창문으로 다가갔다. …… 장총 개머리판으로 나무 널빤지 문짝을 부수고 병사들이 안으로 들어갔다. …… 대부분의 가게가 이렇게 약탈당했다.[118]

아침이 되자 "창사는 책임자가 없었고 모든 시민은 겁에 질려 있었다." 북부 군대가 성에 들어온 것은 24시간 뒤였다. 다시 총리에 취임한 돤치루이는 측근 장징야오(張敬堯, 1881~1933)를 후난성 독군에 앉혔다. 그 자리는 4개월 전 푸량쭤가 도주한 이후 공석이었다.

후난성은 이 결정 때문에 큰 피해를 입게 된다. 앞으로 '독한 장(張毒)'이라고 불릴 새 독군은 "잔인하고, 가학을 즐기는 독재자"였다.[119] 그가 쓴 방법은 '백정 탕'과 비슷했지만 규모가 훨씬 더 컸다. 창사의 가난한 교외 지역에 살던 서양 선교사들은 "여자의 정조나 돈으로 바꿀 수 있는 소유물 같은 것은 무엇이든 모두 빼앗겼다."라고 기록했다.[120] 창사 교외의 한 구역에서 새 독군의 부하들이 4월 초 며칠간 저지른 범죄에 대해 다음과 같은 기록이 남아 있다.

S부인, 20살, 오전 11시에 병사 세 명에게 습격당하고 폭행당해 현재까지 걷지 못함. …… L씨는 자택에서 포박당한 다음 대검에 찔렸고 군인들은 그 상처에 촛불을 갖다 댔다. …… H씨는 여덟 살 된 딸

을 보호하려고 뛰어나왔으나 딸도 자신도 총에 맞아 사망. …… 14살
난 어느 소녀는 두 남자에게 성폭행을 당하고 이때 입은 부상으로 사
망. …… 어떤 시아버지가 임신 6개월인 며느리를 보호하려고 며느리
를 데리고 산속으로 도망갔으나 병사들이 쫓아와 시아버지에게 부상
을 입히고 며느리는 성폭행했음. …… 이런 끔찍한 이야기가 곳곳에
서 들린다.[121]

창사로부터 북동쪽에 있는 핑장(平江)에 이르는 주요 도로를 따라
서 "가축이 모두 죽임을 당했고, 볍씨 한 알까지 모두 강탈당했으며,
모든 주민이 공포에 질려 도망갔다."[122] 창사에서 남쪽으로 약 96킬
로미터 떨어진 곳에 위치한 리링현(醴陵縣)은 더 큰 피해를 입었다. 5
월에 한 미국 선교사가 리링의 한 도시에 도착했을 때, 살아남은 사
람은 오직 세 명뿐이었고 건물은 모두 불타고 파괴되어 이곳저곳에
벽 일부만 서 있었다. 리링현은 인구가 모두 58만 명이었는데 이 가
운데 2만 1천 명이 살해당했으며 4만 8천 호의 가옥이 불탔다.[123]

상하이 조계 내에서 발행되는 신문들은 안전했기 때문에 당시 상
황에 관해 분노에 찬 사설을 실을 수 있었다. 사설들은 "중국에서 손
꼽히게 아름다운 성(省)을 일상적인 파괴와 비탄의 장소로 바꾸어놓
았다."면서 '이기적이고 탐욕스러운 장군들'을 비난했다.[124] 아이러
니하게도 7개월 전에 반란이 처음 시작된 후난성 남부 지역이 피해
를 가장 덜 입었다. 북부 군대의 선봉에 서서 진격해 온 사람은 우페
이푸(吳佩孚) 장군이었는데 그는 헝저우를 점령한 다음 남부 군대와
휴전 협약을 맺었다. 이것은 광둥성까지 밀고 내려가 압박하라는 돤
치루이의 요구를 무시한 행동이었으며, 이로써 후난성 최남단 지역
은 남부 군대의 관리 아래 남았다. 이런 일이 벌어진 것은 다시 한번
베이징의 정치 상황 때문이었다. 즈리파였던 우페이푸는 경쟁 집단

인 돤치루이와 안후이파가 원하는 일을 계속 추진하는 것이 자기 파벌에 이로운 일이 아니라고 판단했던 것이다. 후난성에 북방 출신 독군이 임명된 것으로 이미 충분했다.[125]

4월 이후 제1사범학교는 장징야오 독군의 부대 가운데 한 연대가 교실에서 숙영하도록 허용할 수밖에 없었다. 5년 전 '백정 탕'이 한 일을 본뜬 것인지 새로운 독군 역시 교육 예산 집행을 중지했다. 교사들은 월급을 받지 못했고 학생들은 대부분 학교를 떠났다. 학교에 남은 학생들의 식사는 교장이 사비를 들여 준비해야 했다.[126] 탕샹밍이 그랬던 것처럼 '독한 장' 역시 주민들을 위협하려고 밀고자와 특별 요원으로 이루어진 조직망을 만들었다. '첩자' 혐의가 제기된 사람을 잡으면 상당한 보상금을 지급했다. "온갖 음침한 구석마다 흉물스러운 시체가 뒹굴고 있었다."라는 기록이 남아 있다. "시내 한복판에도 군용 도로에도 어디에나 시체들이 있었다. 혐의를 받은 자들이 어떤 재판을 받았는지는 전혀 알 수 없다. 사람이 사라지면 심지어 그 가족조차 그 사람이 어떻게 되었는지 소식을 알아내기가 무척 힘들었다."[127] 결과적으로 "상당히 비밀스러운 공포와 공개적으로 말하기 어려운 분위기"만 남았다.[128]

1918년 6월 초, 마오는 사범학교 졸업장을 받았다.[129] 하지만 여전히 마오는 무슨 일을 하며 살아갈지 정하지 못한 상태였다. 마오는 옛 스승에게 이렇게 썼다. "저는 아직도 모든 것이 혼란스럽습니다. 처음부터 혼란스러운 것은 그 결과 역시 혼란스러울 것입니다." 마오는 사숙(私塾)을 하나 만들어서 "우선 중국 학문의 정수를 가르치고 그런 다음에 학생들이 외국에 가서 …… 서양 사상의 정수를 배워 오는……" 그런 방향의 일을 염두에 두었다.[130] 하지만 그런 일을 하기에 그리 좋은 시대가 아니었고, 또 마오에게는 그런 모험을 벌이

신민학회 회원들. 맨 윗줄 왼쪽에서 네 번째 흰옷을 입은 사람이 마오쩌둥이다.

는 데 필요한 자금도 없었다.

졸업 후 몇 주간 마오는 친구 몇 명과 함께 샹강 너머 산속에 있는 옛 서원에서 생활했다. 버려진 옛 서원에서 그들은 땔감을 주위에서 구하고 샘에서 물을 길어 생활했다.[131] 친구들은 모두 마오가 3년 전에 만든 비공식 학습 모임의 회원들이었다. 그 모임은 이제 '신민학회(新民學會)'로 이름을 바꾸었다.[132] 중국에서는 큰일을 도모할 때 사적인 관계가 없어서는 안 될 발판이 되는데, 그런 점에서 마오도 이 모임을 매우 중시하게 된다. 신민학회는 1918년 4월에 정식으로 창립 모임을 열었다. 서기는 샤오위가 맡고 마오는 부서기를 맡았다. 창립 멤버는 모두 13명이었는데 그중 샤오위를 포함한 일부는 훗날 마오와 다른 길을 걷게 된다. 하지만 대부분은 마오 곁에서 유혈과 격변의 시간을 함께 보내는데, 그 과정에서 목숨을 희생하는 이도 많다.

신민학회는 당시 중국에 생겨난 수많은 진보적 학생 단체 가운데 하나였다. 베이징에는 '부흥사(復興社)', 톈진에는 저우언라이가 주도

한 '각오사(覺悟社)'가 있었다. 애국 청년들은 군벌들의 파괴 행위와 제국주의 열강의 압력에 어떻게 대응해야 할지 해답을 찾으려 했다. 마오의 학교 친구인 뤄쉐짠(羅學瓚)은 그해 여름 부모에게 이런 편지를 썼다.

외국인들이 중국의 땅을 빼앗으려 한다는 걸 아셔야 합니다. 그들은 중국의 돈을 빼앗고 중국 인민을 해치고 싶어 합니다. …… 저는 그런 전망을 그냥 받아들이고 두 손 놓은 채 살아갈 수 없습니다. 그래서 우리는 협회를 하나 만들려고 합니다. 그 협회는 중국을 강하게 만들고, 그래서 중국 인민이 새로운 길을 찾도록 도울 것입니다. 우리의 목표는 중국 부흥의 날을 준비하는 것입니다.[133]

'신민학회'라는 이름 자체가 전환기를 지나던 당시 중국의 상황을 반영하고 있었다. '신민(新民)'은 '새로운 인민', '인민을 새롭게 함'이라는 두 가지 의미로 풀이할 수 있다. 두 의미 모두 급진적이고 거의 혁명적인 울림을 준다. '신민'이라는 말은 이미 15년 전에 량치차오가 자신이 주도하는 개혁 성향 잡지의 이름('신민총보新民叢報')으로 쓴 적이 있었다. 하지만 이 말은 유학 고전에서도 찾아볼 수 있다.[134] '백성(民)을 새롭게 함'은 유학을 공부하는 학자의 책무이기도 했다.

고전이라는 유산에 대한 양가감정은 이 시대의 특징이었다.

마오가 설립에 참여한 야간학교에서 수업을 듣던 사람들은 매일 공자의 초상 앞에서 세 번 머리 숙여 절했다.[135] 하지만 마오를 비롯해 그의 세대는 점점 더 전통적인 유가 덕목들을 비판적으로 보게 되었다.[136] 마오는 1917년 여름에 "삼강은 사라져야 한다."라고 썼다.[137] 삼강은 유학 윤리에서 핵심적인 세 가지 관계, 즉 군왕과 신하의 관계, 아버지와 아들의 관계, 남편과 아내의 관계를 가리킨다. 또 마오는 '교회, 자본가, 왕조, 국가'를 '세계 4대 악'으로 규정했으며[138] 중국 인민의 태도에 '근본적 변화'가 필요하다고 썼다.[139]

하지만 다른 사람들이 단순히 과거를 부정하는 데서 끝나는 것과 달리 마오는 통합을 지향했다. 중국 전통 사상에서 발견되는 변증법적 사고를 서양의 급진주의와 연결했던 것이다. 이런 그의 시야는 지금 보면 놀랍도록 현대적인 느낌을 준다.

세상의 모든 현상은 끊임없는 변화의 연속이다. …… 이것의 탄생은 저것의 죽음이며 저것의 죽음은 다시 필연적으로 이것의 탄생이다. 따라서 탄생은 탄생이 아니며 죽음은 파멸이 아니다. ……

나는 중국이 파멸할 것을 걱정해 왔다. 하지만 이제 그렇게 되지는 않을 것이라고 생각하게 되었다. …… 새로운 정치 체제가 확립되고 국민성에 변화가 생기면서 독일의 여러 나라들은 독일제국이 되었다. …… 이제 남은 유일한 질문은 어떻게 변화를 수행할 것인가이다. 나는 완전한 변혁이 필요하다고 믿는다. 마치 완전한 파괴 뒤에 비로소 물질이 형태를 갖추게 되는 것과 같다. 혹은 어머니의 자궁에서 나올 때만 아이가 생을 시작할 수 있는 것과 같다. …… 세계의 모든 역사에서 많은 민족들이 여러 종류의 위대한 혁명에 착수했다. 그 과정에서 그들은 주기적으로 옛것을 없애거나 혹은 옛것이 새것에 스며들게 했다. 이 모든 활동은 거대한 변혁이었으며 삶과 죽음, 생성과 소멸을 모두 아울렀다. 우주의 소멸 역시 마찬가지다. …… 나는 우주가 완전히 파괴되기를 바란다. 낡은 우주가 소멸하면 거기에서부터 새로운 우주가 태어날 것이기 때문이다. 이 새로운 우주가 낡은 우주보다 낫지 않겠는가? ……

나는 말한다. 관념은 실제이며, 유한은 무한이다. 한순간의 감각은 영원의 감각이고, 상상은 사상이며, 형태는 물질이다. 나는 곧 우주이

며, 생명은 죽음이고, 죽음은 생명이다. 현재는 과거와 미래이며, 과거
와 미래는 현재이다. 작은 것은 큰 것이고, 양은 음이며, 위는 아래다.
더러움은 깨끗함이며, 남성은 여성이고, 두터움은 얇음이다. 핵심에서
모든 것은 하나이며, 변화는 영원하다.

나는 가장 고귀한 사람인 동시에 가장 무가치한 사람이다.[140]

마오가 24살에 쓴 이 글은 조금 무서운 느낌을 준다. 마치 50년 뒤
를 예고하는 듯하기 때문이다. 50년이 흐른 뒤 권력의 정점에 서 있
을 때, 그는 세계 인구의 4분의 1에 해당하는 사람들을 자기 한 사람
의 뜻을 따르게 하려고 고통과 격변의 혁명을 끊임없이 진행했다. 그
때는 정말 불안정함 자체가 영원한 것이 되었으며 조화 자체가 투쟁
이 되었다.

중국을 '완전히 변화'시키는 것과, 완전한 변화를 위해 반드시 필
요한 변증법적 추진력을 유지하는 것이 앞으로 마오의 일생에 가장
큰 목표가 될 터였다. 마오는 젊은 시절에 이미 이런 변화가 조금씩
쌓여서 이루어지는 것이 아님을, 하나의 사상이 지도적 위치를 차지
해야 한다는 것을 알았다.

세상을 움직이고자 하는 자는 세상 사람들의 마음과 정신을 움직
여야 한다. …… 사람들의 마음을 움직이려면, 반드시 원대한 궁극적
원리를 제시해야 한다. 오늘날 중국의 개혁은 의회, 헌법, 총통제, 내
각, 군사 문제, 상업, 교육 같은 사소한 작은 일들에서 출발하고 있다.
하지만 이런 것들은 모두 부차적인 문제다. …… 궁극적 원리가 없다
면 이런 세부 사항들은 아무 쓸모가 없다. …… 궁극적 원리란 우주
의 진리다. …… 오늘날 우리가 만약 궁극적 원리에 기반을 두고 천
하 모든 사람들의 마음에 호소한다면 그 마음이 어찌 움직이지 않겠

는가? 만일 그렇게 이 나라의 모든 사람의 마음이 움직인다면, 이루지 못할 일이 무엇이 있겠는가?[141]

어떤 사상을 택해 궁극적 원리로 삼을 것인가는 또 다른 문제였다. 하지만 마오와 그의 이상주의적인 동료들이 보기에, 장징야오의 무지몽매한 통치를 고려할 때, 창사에서 그런 원리를 찾을 수 없으리라는 것은 자명했다. 5월 초에 뤄장룽(羅章龍)이 일본으로 떠났다.[142] 그는 마오가 최초로 만든 학습 모임의 창립 멤버 6인 가운데 한 사람이었다. 마오의 옛 스승인 양창지 선생은 그때 베이징에 있었는데 중국 학생들을 프랑스로 보내는 프로그램('근공검학')이 있다는 소식을 전해 왔다. 1918년 6월, 신민학회 회원들은 차이허썬을 베이징에 보내 좀 더 많은 것을 알아오게 하자고 결정한다.[143] 다시 두 달 뒤 마오를 비롯한 20명이 베이징으로 떠났다. 출발하기 전에 마오는 샹샹현으로 어머니를 찾아갔다. 그때 그는 "관광이 이번 여행의 유일한 목적이에요. 다른 일은 없습니다."라고 거짓말을 하여 어머니를 안심시켰다.[144]

4장

베이징의 무정부주의자

1918년 여름~1921년 가을

"막다른 골목에서 새롭게 찾은 길이 러시아 방식이다."

MAO
THE MAN
WHO
MADE
CHINA

마오는 이렇게 썼다. "베이징은 거대한 용광로 같았다. 그 안에 있으면 누구라도 바뀌지 않을 수 없었다."[1] 마오가 탄 기차는 천천히 회색빛의 베이징 성벽을 지나고 있었다. 총안(銃眼)이 설치된 흉벽(胸壁)이 보였다. 베이징 성벽은 지나간 시절 중국의 힘과 영광을 상징했다. 이윽고 기차가 멈추었다. 서양식으로 지은 베이징 기차역은 외국의 기술과 사고방식이 오늘의 중국에 시급하게 필요한 이유를 보여주는 듯했다. 남쪽에서 온 젊은 학생은 이렇게 정치적, 사상적 용광로 속으로 들어왔다. 7개월이 흐른 뒤 그는 중국을 어떻게 구원할 것인가에 대해 과거와는 전혀 다른 생각을 지닌 채 이곳 베이징을 떠나게 된다.

창사를 출발하기 전부터 마오는 자신이 정말 다른 사람들과 함께 프랑스에 가고 싶은 것인지 고민했다. 우선 돈 문제가 있었다. 그가 친구에게 말한 바로는, 프랑스까지 가는 뱃삯 200위안(元)은 어떻게든 마련할 수 있겠지만 프랑스어를 배우는 데 필요한 100위안은 도저히 구할 수 없었다. 사실 어학이 문제의 핵심이 아니었나 싶다. 마오는 평생 동안 영어를 완전히 익히려고 많이 노력했다. 결국 사전의 도움을 받아 영어책을 읽을 정도는 되었지만 회화는 도저히 안 되었다. 마오는 프랑스어가 영어보다 더 어려우리라 생각했을 것이다. 그는 어학에는 소질이 없었다. 심지어 표준 중국어(베이징어)를 익히는 것조차 엄청나게 어려워서 마오는 죽는 날까지 후난 지방의 억센 사투리를 고치지 못했다. 고향 사람들은 마오가 말하는 것을 들으면 그가 샹탄 사투리를 쓰고 있음을 바로 알아차렸다. 어학 외에 또 다른 고려 사항도 있었다. 마오는 여전히 자신의 미래가 교직에 있다고 생각했다. "물론 어학도 중요하지만 …… 교육에 종사하는 것이 더 유익하다. …… 교육이 본질적으로 훨씬 더 중요하다." 또한 마오는 신민학회의 지도자들이 모두 동시에 중국을 떠나는 것은 당시 상황에서 바람직하지 않다고 확신했다. 만일 차이허썬과 샤오위가 프랑스행을 결정한다면, 자신은 뒤에 남아 중국 사회를 개혁하는 데 계속 힘써야 한다고 생각했다. 하지만 만일 어학 문제가 극복하기 어려운 난관이 아니었다면 다른 고려 사항은 그렇게 중요하지 않았을 것으로 보인다.[2]

훗날 에드거 스노에게 당시 상황을 이야기하면서 마오쩌둥은 한 가지 이유를 더 댔다. "나는 조국에 대해 내가 충분히 알지 못한다고 생각했습니다. 그래서 중국에 있는 편이 더 유익할 것이라고 생각했죠. 내겐 다른 계획이 있었습니다."[3]

마오쩌둥과 샤오위는 베이징에 도착한 뒤 당분간 양창지 선생의 집에 머물렀다. 양창지는 마오를 위해 당시 베이징대학 도서관장이던 리다자오(李大釗, 1889~1927)에게 마오를 조수로 써보라는 추천장을 써주었다.[4] 리다자오는 마오보다 다섯 살 많을 뿐이었지만 지적인 면에서나 전국적인 명성에서 마오보다 한 세대 앞선 인물이었다. 단단한 몸매에 점잖은 풍모, 날카로운 눈매와 검은 콧수염, 가는 철테 안경을 쓴 리다자오는 러시아 혁명가 바쿠닌(Mikhail Bakunin)을 연상시켰다. 마오가 애독해 온 〈신청년〉 편집장은 앞서 언급한 대로 천두슈였는데, 리다자오가 천두슈와 함께 〈신청년〉의 공동 편집장을 맡은 지 얼마 안 된 때였다. 그런 리다자오의 사무실에 이웃한 방에서 마오가 일하게 되었던 것이다. 자금성에서 멀지 않은 베이징대학 구(舊)도서관의 동남쪽 부속 건물에서 일하게 된 마오쩌둥은 자신이 원하던 모든 일이 한꺼번에 다 이루어진 듯한 감격을 느꼈을 것이다. 마오는 가족에게 "베이징대학교의 직원 …… 직책"을 얻었다고 자랑스럽게 소식을 전했다.[5] 근사한 일처럼 들린다. 하지만 현실은 거의 처참할 정도로 실망스러웠다.

내 직위가 너무 낮아서 사람들이 나를 상대하기 꺼릴 정도였다. 내가 하는 일 중에는 도서관에 신문 보러 오는 사람들의 명단을 기록하는 일이 있었는데 그 사람들은 대부분 내게 아무 관심을 보이지 않았다. 신문을 읽으러 오는 사람들 중에서 나는 '신문화운동'의 유명한 이름들을 발견했다. …… 나는 그들에게 정말 관심이 많았다. 그래서 그들과 정치적, 문화적 주제를 놓고 대화를 해보려고 시도했지만 그들은 무척 바빴다. 그들은 남방 사투리를 쓰는 도서관 조수의 이야기를 들어줄 시간이 없었다.[6]

1918년 겨울, 마오는 다시 한번 큰 연못에 사는 아주 작은 물고기 신세가 되었다. 거의 20년이 지난 뒤 마오는 이 시절을 회고하는데, 그 말투에서 20년 전에 느꼈던 분노가 여전히 조금 남아 있음을 알아차릴 수 있다. 한번은 마오가 후스(胡適, 1891~1962) 교수의 강연을 들은 뒤 질문을 하려고 했다. 후스는 문학에서 구어체를 쓰자는 선구적 입장을 취한 사람이었으며, 당시에는 대작인 《중국철학대강》을 완성하는 중이었다. 후스는 질문자가 정식 학생이 아니고 도서관 조수라는 사실을 알고는 마오를 무시했다.[7] 그때 후스는 대단한 인물이었지만, 나이는 마오보다 두 살 위였을 뿐이다. 나이가 어린 학생 운동 지도자였던 푸쓰녠(傅斯年) 역시 마오를 멀리했다. 푸쓰녠은 곧 베이징대학 내 개혁 세력들 가운데 가장 큰 영향력을 행사하는 '신조사(新潮社)'라는 조직을 만든다.[8]

어려움은 또 있었다. 수도 베이징은 물가가 무척 비쌌으며 마오가 한 달에 받는 급여 8은원은 인력거꾼 벌이의 절반밖에 되지 않았다. 그야말로 먹고 살기에 빠듯했다. 마오는 샤오위와 다른 여섯 명의 후난 학생들과 방을 하나 얻어 살았다. 그가 살던 곳은 자금성 서쪽에 있는 혼잡한 상업 지구인 시단(西單)의 산옌징(三眼井) 거리였다. 그 집은 베이징대학에서 3킬로미터 떨어져 있었고, 작은 안뜰을 중심으로 네 방향에 방이 배치된 베이징 전통 주택인 '사합원' 양식의 가옥이었다. 수도도 없었고 전깃불도 들어오지 않았다. 여덟 명의 젊은이들은 두터운 외투 한 벌로 겨울을 나야 했다. 기온이 영하 10도 아래로 떨어지는 추운 날에는 한 번에 한 명씩 번갈아 그 외투를 입고 외출할 수밖에 없었다. 배가 불룩한 작은 요리용 난로가 있었지만 그들은 루메이(爐煤, 분탄과 점토를 이겨서 만든 조개탄 비슷한 연료)를 살 돈이 없었다. 루메이는 캉(炕)을 데우는 데도 필요했다. 중국의 전통적인 가옥 난방 장치인 캉은 황하(黃河) 이북에서 썼는데, 방 한쪽에 벽돌을 쌓아서 긴 침대 모양으로 만든 것이었다. 밤이 되면 여덟 명의 젊은이들은 옹기종기 모여 서로의 온기로 추위를 이겨내는 수밖에 없었다. 마오는 그런 밤을 이렇게 회고했다. "우리는 캉 위에서 서로 몸을 꼭 붙이고 잠을 잤다. 너무 붙어서 숨도 제대로 쉴 수 없을 지경이다. …… 몸을 조금 돌려 눕고 싶으면 양편에 있는 친구에게 미리 양해를 구해야 할 정도였다."[9]

하지만 시간이 지나면서 마오도 조금씩 자신의 길을 찾아가기 시작했다. 후난 젊은이들을 격려한 사람들 중에 사오퍄오핑(邵飄萍)이란 인물이 있었다. 그는 '신문학연구회'라는 모임의 지도자였다. 훗날 마오가 기억하기로는 사오퍄오핑은 "자유주의자였으며 열렬한 이상주의와 고상한 인격의 소유자"였다.[10] 리다자오는 '마르크스연구회' 설립을 논의하는 준비 모임에 마오를 데리고 갔다. 그리고 마오는 '청년중국'이라는 애국협회에 가입하는데[11] 거기에서 천두슈를 실제로 만날 수 있었다. 천두슈는 중국의 현대화를 위해서는 전통 중국 문화의 완전한 변화가 필수 선결 과제라고 주장했는데, 마오는 훗날 "나는 다른 어떤 사람보다도 천두슈의 영향을 가장 크게 받았다."라고 말했다.[12] 마오 세대의 젊은이들은 천두슈가 중국에서 하는 역할을 톨스토이가 러시아에서 한 역할에 비유했다.[13] 마오는 훗날 이렇게 썼다. "우리는 천두슈 선생을 사상계의 빛나는 별로 여겼다. 어느 정도 생각이 올바른 사람이라면 누구나 그의 의견에 동의했다."[14] 마오는 또 '철학연구회'라는 모임에 자주 출석했다. 그해 겨울과 다음 해 봄에 걸쳐 베이징대학에서는 토론 모임과 잡지 발간이 활발했는데, 마오와 친구들은 이런 모임과 잡지에서 언급되는 '가장 최근의 새로운 이론들'을 깊이 연구하고 공부할 수 있었다.[15]

당시 교육받은 다른 젊은 중국인들과 마찬가지로 마오는 여전히 '길을 찾고' 있었다.[16] 때로 서로 강화하고 때로 서로 반박하는 중국 사상과 서구 사상의 보고 속에서 마오는 당황하기도 하고 매혹되기도 했다. 나중에 그는 이렇게 회상했다. "나의 정신은 자유주의, 민주적 개량주의, 공상적 사회주의가 뒤섞인 기이한 혼합물이었다. 나는 '19세기 민주주의'와 유토피아주의, 구식 자유주의에 다소 모호한 열정을 품고 있었다. 한편 나는 분명히 반제국주의자이고 반군국주의자였다."[17]

마오는 장캉후를 통해 유토피아주의를 접했다. 중국사회당 지도자였던 장캉후는 무정부주의의 영향을 받은 사람이었다. 마오는

1911년 창사에서 군대에 있을 때 처음 그의 글을 읽었다. 또 마오는 캉유웨이에게서도 유토피아주의를 배웠다. 캉유웨이는 유클리드 기하학의 유물론적 보편성과 전통적인 중국의 이상주의를 결합한 대동(大同) 세상을 꿈꾸었다. 그 세상에서는 가족과 국가가 소멸하고 세계 시민들이 모두 인종이나 성별의 차별 없이 자치적 경제 공동체에서 살아간다.[18] 한때 마오는 캉유웨이의 사상에 심취했다. 마오는 "하늘 아래 모든 사람이 성현이 되며 …… 모든 속세의 법을 파괴하고 조화의 숨을 쉬며 수정같이 맑은 바다의 파도를 마시게 될 날이 올 것"이라고 상상의 나래를 펴기도 했다.[19] 몇 달 후 마오는 자신을 제지했다. "우리가 그런 세상에 들어서면, 얼마 지나지 않아 틀림없이 경쟁과 마찰이 일어날 것"이라고 그는 썼다.[20] 하지만 그의 내면에 존재하는 이상주의자는 캉유웨이의 낭만적 유토피아의 꿈을 완전히 버리지 못했다. 항상 마오의 마음 한구석에는 성군(聖君)이 되어, "하늘이 창조한 이 세상을 자유롭게 배회하며 그가 이룩한 신성한 변화를 모든 살아 있는 존재와 공유하고" 싶다는 생각이 자리 잡게 된다.[21]

마오가 량치차오의 저술로부터 끌어낸 것은, 옛 질서를 완전히 파괴하지 않고는 절대로 새로운 질서를 만들 수 없다는 확신이었다. 또 마오는 애덤 스미스, 헉슬리, 스펜서 등에게서 그가 '구식 자유주의'라고 표현하는 사상을 공급받았다. 명나라 철학자이자 군사 전략가인 왕양명(王陽明)에게서는 개인과 사회, 이론과 실천, 지식과 의지력, 생각과 행동이 서로 단단히 연결되어야 한다는 것을 배웠다. 후난 출신으로 명나라의 애국자였던 왕부지에게서는 끊임없이 변화하는 세계의 상(像)을 가져왔다. 물질 세계에 엄연히 존재하는 변증법적 여러 모순이 원동력이 되어 사물의 변화 가능성이 존재하며, 이것이 역사를 앞으로 나아가게 하는 기본 원리라는 것이 왕부지가 생각

초창기 중국공산당의 정신적 지주였던 리다자오(왼쪽)와 천두슈. 베이징대학 교수였던 리다자오는 천두슈가 만든 진보적 잡지 《신청년》을 통해 중국에 볼셰비키혁명을 소개했다.

하는 세상의 모습이었다.[22]

마오쩌둥이 이런 여러 인물들의 견해를 무비판적으로 받아들인 것은 아니었다. 어떤 주장을 받아들이거나 거부하기 전에 신중히 검토했고, 한번 받아들인 의견을 몇 달 후에 폐기하는 경우도 있었다.[23] 이러한 과정을 통해 그는 정치에 대한 접근법을 찾으려 했다. 마오 자신의 표현에 따르면, 그 접근법은 "깊은 내적 성찰에 기반을 둔 논리적 명료함과 …… 외부 세계 관찰에 기반을 둔 풍부한 지식이 결합"된 것이어야 했다.[24]

마오의 목표는 본질적으로 서로 다른 여러 요소들을 혼연일체로 단단히 결합할 수 있는 통합된 사상을 찾는 것이었다.

그러한 사상으로 마오가 처음에 택한 것은 마르크스주의가 아니었다. 1918년 당시에 마르크스나 레닌의 저작 중에 중국어로 번역된 것은 없었다. 그해 봄, 볼셰비키혁명을 설명하는 글이 상하이의 한 무정부주의 잡지에 실렸다.[25] 하지만 그 잡지는 워낙 규모가 작고 배급망이 제한되어 있었다. 11월이 되어 리다자오가 〈신청년〉에 중국에서는 처음으로 볼셰비키혁명을 제대로 다룬 글을 실었다. 이 주제가 중국인들에게 얼마나 낯선 것이었는지는 원고 한곳에 들어간 '볼셰비즘(Bolshevism)'의 음역자가 인쇄 과정에서 '호헨촐레른(Hohenzollern)'의 음역자로 바뀌어 출간된 데서도 알 수 있다. 여하튼 리다자오는 "내일의 세계는 …… 반드시 붉은 깃발의 세계가 될 것"이라고 열렬히 주장했지만, 새로운 볼셰비키당이 실제로 무엇을 의미하는지 확실히 알지는 못했던 것 같다. 리다자오는 "이것은 어떤 종류의 이념인가?" 하고 스스로 물은 뒤 "한 문장으로 분명하게 설명하기가 매우 어렵다."라고 답하고 있다. 그렇지만 리다자오는 볼셰비키가 '독일 경제학자 마르크스'의 신조를 따르는 혁명적 사회주의자들이며, 이들은 국가의 경계를 없애고 자본주의적 생산 체제를 무너뜨린다는 목표를 갖고 있음은 분명하다고 설명했다.[26]

마오는 분명히 이 글을 읽었을 텐데 별다른 인상을 받지 못했는지 한 번도 이 글에 대해 언급하지 않는다. 한편 그는 무정부주의에 끌렸다. 당시 무정부주의를 강력하게 선전하던 중국인들은 파리와 도쿄에 있던 중국인 망명자 집단이었다. 무정부주의의 매력은 권위에 대한 단호한 거부에 있었다. 이것은 유가적 가족 제도라는 숨 막힐 듯 답답한 전통에서 해방되려고 노력하던 '젊은 중국'의 시도를 떠올리게 했다. 또한 평화와 조화의 새 시대를 불러오는 사회 변혁에 대한 전망을 상기시켰다. 마오와 신민학회 회원들이 참여하려 했던, 중국 젊은이들을 프랑스로 파견하는 '근공검학' 프로그램을 주도한 것이 바로 이 중국인 무정부주의자들이었다. 당시 교육받은 중국인이 '사회 혁명(social revolution)'을 언급할 때면 이는 마르크스주의가 아니라 보통 무정부주의를 가리켰다.[27] 리다자오는 볼셰비즘이 새벽을 앞당기는 '누구도 거스를 수 없는 흐름'이라면서 천년왕국설 신봉

자처럼 열렬히 말했지만, 막상 볼셰비즘을 설명하면서 무정부주의의 언어를 빌려 쓰고 있었다. 그는 이렇게 썼다. "의회도, 총리도, 내각도, 입법부도, 지배자도 없을 것이다. 오직 노동계급 소비에트의 연합체만 존재할 것이다. …… (그리고 그것이) 전 세계 프롤레타리아를 단결시키고 세계 평화를 이룩할 것이다. …… 이것이 20세기 혁명의 새로운 교의다."[28] 1920년대 초까지 중국의 마르크스주의자들과 무정부주의자들은 서로 같은 사회주의 가족의 형제들이라고 보았으며, 같은 전투를 치르는 전우로서 서로 다른 무기를 쓰는 것뿐이라고 생각했다.

급진 성향의 차이위안페이가 총장으로 있던 베이징대학은 그의 영향 아래 무정부주의 활동의 중심지가 되었다.[29] 국가 간 경계를 없애자는 무정부주의자들이 선택한 국제 공용어 에스페란토어로 진행하는 강의도 개설되었다. 학생들은 무정부주의자 류스푸(劉師復)가 쓴 〈복호지(伏虎誌)〉를 은밀히 돌려보았다('복호'는 호랑이를 굴복시킨다는 뜻이다). 류스푸는 '회명학사(晦鳴學舍)'('회명'은 어둠 속에서 닭이 운다는 뜻이다)라는 예스러운 이름의 단체를 만들었는데, 그 단체는 "공산주의, 반군사주의, 생디칼리슴, 반종교, 반가족, 채식주의, 국제 공용어와 세계 평화"를 옹호했다.[30]

마오에게 무정부주의는 계시 같았다. 몇 년 후 그는 자신이 "무정부주의가 내세우는 여러 제안들을 지지"했으며 중국에 무정부주의를 어떻게 적용할지를 두고 오랜 시간 다른 사람들과 토론을 벌였노라고 인정했다.[31] 1919년 여름에 마오가 쓴 글에 이러한 그의 생각이 매우 분명하게 드러나 있다.

극도로 폭력적인 당파가 있다. 이 당파는 "그들이 너를 대하는 대로 너도 그들을 대하라"는 방식을 택해, 귀족과 자본가를 상대로 끝까지 치열하게 투쟁한다. 당파 지도자는 마르크스라는 사람으로 독일 태생이다. 마르크스의 정당보다 좀 더 온건한 당파가 있다. 이 당파는 신속한 결과를 기대하지 않으며 보통 사람에 대한 이해를 출발점으로 삼는다. 인간은 상호부조의 도덕률을 지켜야 하며 자발적으로 일해야 한다는 것이다. 귀족이나 자본가들에 대해 이 당파는 그들이 자신의 잘못을 뉘우치고 선한 쪽으로 돌아서서 이제까지 자신들이 해친 사람들에게 도움을 주는 일을 하면 충분하다고 주장한다. 그들을 죽일 필요는 없다고 한다. 이 당파의 계획은 더 넓고 원대하다. 그들은 전 세계를 하나의 나라로 통일시키고자 하며, 인류 전체를 하나의 가족으로 통일시키려고 하며, 모두 함께 평화와 행복과 우정 속에 …… 번영의 시대에 도달하는 것을 목표로 삼고 있다. 당파 지도자는 크로폿킨(Pyotr Kropotkin)이며 러시아 태생이다.[32]

이 글은 두 가지를 알려준다. 우선, 당시에 마오쩌둥은 마르크스주의뿐 아니라 마르크스주의의 러시아 사도들에 대해서도 무지했다. 레닌은 아예 언급조차 하지 않았다. 또 마오가 혁명적 폭력을 단호하게 거부한 것을 알 수 있다. 3년 전 '백정 탕'의 폭정을 열렬히 옹호하던 때와 비교하면, 그사이에 마오의 생각이 많이 성숙해진 것이다. 과거에 그는 탕샹밍의 강력한 독재가 안정과 질서를 불러왔기 때문에 정당화할 수 있다고 주장했다. 이제 25살이 된 마오는 목적뿐 아니라 수단에 대해서도 깊이 생각하는 사람이 되었으며, 어떤 수단을 쓰는가에 따라 어떤 종류의 사회가 이루어지는지를 생각하는 모습을 보여주었다. 무정부주의는 교육과 개인의 의지와 자기 수양을 강조했기 때문에 마오가 캉유웨이에게서 흡수한 세계 유토피아주의와 공통점이 많았다. 또 무정부주의는 모범적 행동과 덕을 중요시하는 전통적인 중국 학자의 신념과도 공통점이 많았다. 베이징을 떠날 때 마오는 완전한 무정부주의자는 아니었는지 모른다. 하지만 이후 1년간 무정부주의는 그가 하는 모든 정치적 행동의 기준이 된다. 물론 이때 무정부주의는 당시 중국에서 폭넓은 의미로 이해된 그 무정부주의였다.

마오가 베이징에서 보낸 겨울은 또 다른 측면에서도 그에게 영향을 주었다. 1918년의 베이징은 중국이 겪는 변화, 때로 고통스럽고 때로는 환희에 찬, 때로는 영광스럽고 때로는 일상적인 변화를 은유하는 듯했다.[33] 자금성의 붉은 성벽은 색이 바래고 있었지만 그 너머에는 퇴위한 젊은 황제가 1천 명이 넘는 내시들에게 둘러싸인 채 살고 있었다. 만주족 지배층인 '기인(旗人)'은 가족과 시종들을 거느리고 살았고 여전히 베이징 인구 1백만 명 가운데 3분의 1을 차지했다. 만리장성 너머 멀리 북방으로부터 낙타를 탄 대상(隊商) 행렬이 내려오곤 했다. 또 수놓은 고급 비단 예복을 차려입은 고관들은 구식 유리창을 끼운 마차를 타고 다녔다. 마차 앞에는 호위병들이 털이 덥수룩한 조랑말을 타고 달리면서 행인들을 쫓았다.

명나라 때 만들어진 대로(大路)는 기본적인 포장 처리로 자갈이 깔려 있었는데, 봄철이면 북풍이 몰고 오는 사막의 짙은 모래 먼지에 뒤덮였다. 도로에는 군벌 장군이나 부패한 정치인, 또 그들의 정부(情夫)와 경호원들이 탄 자동차가 달리면서 그들보다 낮은 지위의 사람들이 탄 푸른 휘장의 수레들을 이리저리 쫓았다. 창사에서는 보기 드문 인력거가 베이징 거리에는 1918년에 2만 대가 있었다. 3년이 지나면 인력거 수는 두 배가 된다. 외국 공사관 구역 앞쪽 넓은 운동장에서는 외국인 병사들이 훈련을 받았다.

부유한 가족들은 왕궁 연못에서 썰매를 타면서 즐거운 시간을 보냈다. 하인들은 헝겊 신발에 철로 된 꺾쇠를 끼고 얼음판 위로 썰매를 끌었다. 좁은 흙길 골목에는 가난한 아이들이 "병들고 성장이 저해되어, 작은 팔 다리가 나무 막대기처럼 말라비틀어진" 상태로 끔찍한 빈곤 속에서 간신히 살아가고 있었다. 한 방문객에 따르면, "대부분 아이들은 피부에 곪은 상처나 혹은 그로 인한 흉터가 있었다." 또 "많은 아이들이 지나치게 머리통이 크거나 장님이거나 입이 비뚤어지거나 코가 없거나 혹은 다른 식으로 불구가 되거나 다친 모습이었다."[34]

그러나 훗날 쓴 글에서 마오는 당시 베이징에서 벌어진 옛것과 새것의 충돌, 고대의 웅장함과 서구적 현대성의 충돌, 누추함과 화려함의 충돌에 관해서는 아무 말도 하지 않았다. 이런 베이징의 모습을 어느 서양인 거주자는 "불협화음, 온갖 혼란, 유럽에서는 찾아볼 수 없는 것"이라고 했다.[35] 하지만 젊은 마오가 보고 기억한 것은 오로지 베이징의 영원한 아름다움뿐이었다.

나는 공원과 옛 궁궐에서 북쪽의 이른 봄을 보았다. 얼음이 채 녹지 않은 베이하이(北海) 호숫가에 흰 매화꽃이 피어 있는 것을 보았다. 버드나무에는 가지마다 수정 같은 얼음이 하얗게 빛나고 있었다. 당나라 시인 잠참(岑参)이 이 같은 풍경을 보고 "천 그루 만 그루 배꽃이 피었구나(千樹萬樹梨花開)"라고 묘사한 시가 떠올랐다. …… 베이징의 수많은 나무들은 내게 호기심과 감탄을 불러일으켰다.[36]

낭만적 청년 마오의 모습은 3년 전 광시성 군대의 횡포를 피해 창사를 떠났을 때 친구 샤오위와 함께 길을 걷다가 에메랄드 빛 논을 보고 감탄한 데서도 찾아볼 수 있다. 푸른 벼가 가득한 논을 바라보며 그는 이렇게 읊었다. "하늘에는 짙은 연기가 끼어 있고, 산에는 서서히 안개가 내려오네. 풍만한 구름이 서로 섞이고, 눈이 닿는 데까지 보이는 것은 그저 한 폭의 그림이네."*37) 제1사범학교에 다니던 시절, 마오는 공책에 〈이소(離騷)〉를 베껴 적어놓았다. 기원전 3세기 비운의 정치가였던 굴원(屈原)의 시였다(전통 명절인 단오절에 중국인들은 이 옛 시인을 위정자가 갖추어야 할 덕의 화신으로 기린다).38) 둥산학교 시절에 불붙은 시에 대한 사랑은 이후 격동의 세월을 보내는 동안 내내 그와 함께한다. 시는 전쟁의 참화와 대조되는 아름다운 선율을 느끼게 해주었고, 혁명 투쟁의 메마른 논리에서 잠시 벗어날 수 있게 해주었다.

1919년 3월, 마오는 어머니 병환이 더욱 심해졌다는 연락을 받았다. 그때 마오는 막 베이징에서 상하이로 출발하려던 참이었다. 신민학회의 첫 번째 그룹이 상하이에서 배를 타고 프랑스로 떠나는 것을 배웅하기 위해서였다. 그는 일단 상하이에 먼저 가기로 했다. 상하이에서 3주를 보낸 뒤 창사에 도착했을 때 마오는 어머니가 이미 (마오의) 두 남동생과 함께 창사에 와서 의료 시술을 받았음을 알았다.39) 결과는 좋지 않았고 어머니는 몇 달 뒤인 10월에 사망한다. 오늘날이라면 쉽게 치료할 수 있는 림프선 염증이 원인이었다. 그의 아버지역시 몇 개월 뒤 장티푸스로 아내의 뒤를 따랐다.40)

마오는 심한 죄책감을 느꼈다. 어머니가 임종할 때 멀리 있었기 때문만은 아니었다. 지난가을 어머니를 창사에 모시고 가서 치료를 받게 하겠다고 다짐했지만 그렇게 하지 못했기 때문이었다.41) 마오는 숙부들에게 편지를 쓰면서 이렇게 변명했다. "어머니 병환이 위독해졌다는 소식을 듣고, 저는 고향에 달려가 어머니를 돌보았습니다."42) 하지만 마오 자신도 잘 알았듯이, 이것은 사실이 아니었다. 어머니

---

* "暖氣上蒸 嵐朶舒發 雲霞掩映 極目遐邇 有如畫圖"

가 사망한 뒤, 마오는 친구에게 편지를 쓰면서 좀 더 솔직하게 말했다. 그 친구 역시 최근에 어머니를 잃은 사람이었다. "항상 집에서 멀리 떨어져 있는 우리 같은 사람들은 부모님을 잘 돌볼 수가 없지 않나. 그래서 이런 일이 일어나면 더 애통한 법이지."[43] 오랜 세월이 지난 뒤에도 마오는 자신이 자식으로서 도리를 다하지 못한 것이 마음에 걸렸던 모양이다. 그는 바오안에서 에드거 스노와 이야기를 하던 중에 자신이 베이징으로 떠나기 전 학생이었을 때 어머니가 돌아가셨다고 말했다. 자신이 어머니 곁에 없었던 사실을 그런 식으로 감추려 했던 것으로 보인다.[44]

1919년 봄, 창사에 돌아온 뒤 마오는 스스로 생계를 꾸리기 위해 한 소학교에서 역사를 가르치는 시간제 교사직을 얻었다.[45] 하지만 곧 후난성을 비롯해 중국 전역이 새로운 정치적 폭풍에 휩싸이게 된다.[46]

제1차 세계대전 초기부터 일본은 산둥성의 독일 조차지를 차지하려고 했다. 1919년 1월에 시작된 베르사유 평화 회담에서 중국 정부의 입장은, 자신들은 연합국 편에 섰으므로 미국 대통령 윌슨(Thomas Woodrow Wilson)이 주창하는 민족 자결주의 원칙에 따라 과거에 빼앗겼던 자국 영토를 회복해야 한다는 것이었다. 하지만 1919년 4월이 되자 새로운 사실이 알려졌다. 지난해 가을, 일본으로부터 새로 차관을 제공받는 조건으로 돤치루이 총리가 일본에 산둥성의 관할권을 넘겨준다는 비밀 협약을 맺었다는 것이었다. 현재의 중국 정부는 이 비밀 협약을 취소하려 했지만 아무런 성과가 없었다. 윌슨 대통령은 원래 중국의 입장을 지지했지만 비밀 협약을 맺은 사실이 알려지자 몹시 실망했다. 결국 1919년 4월 30일, 윌슨 대통령은 영국 총리 로이드 조지와 프랑스 총리 클레망소와 함께—당시 '성삼위일체'라는 별명으로 불리던 이 세 사람이 회담을 주도했다.—독일이 산둥성에서 보유했던 여러 권한을 일본이 넘겨받는 데 동의했다.

5월 3일 토요일, 그 소식이 중국에 전해지면서 유례없이 강력한 분노와 실망과 수치의 감정이 폭발했다. 일본만이 분노의 대상이 아니었다. 미국을 필두로 하는 모든 제국주의 열강과, 특히 베르사유 평화 회담이 시작되기 전에 자국의 이익을 일본에 팔아넘긴 중국 정부에 대한 분노가 폭발했다. 상하이의 어느 학생 단체는 비통한 심정을 담아 이런 글을 발표했다. "우드로 윌슨 대통령이 약소국에게 힘을 주고 압박받는 민족에게 용기를 주는 말을 했을 때, 전 세계 사람들은 마치 예언자의 말을 듣는 것처럼 그의 말에 귀를 기울였다. 중국인 역시 그의 말을 경청했다. …… 비밀 협약이라든가 강압적 조약은 인정하지 않을 것이라는 말을 중국인들은 분명히 들었다. 중국인들은 새로운 시대가 열릴 것을 기대했다. 하지만 중국을 위한 태양은 결국 떠오르지 않았다. 중국 문명의 요람인 산둥 지역까지 도둑맞은 것이다."[47]

5월 4일 일요일 오후, 3천 명의 젊은이들이 톈안먼 앞에 모여들었다. 교육부와 경찰국에서 나온 고위 관리들이 해산하라고 권유했지만 소용없었다. 선언문이 채택되었다. 베이징대학의 '신조사'를 이끌던 뤄자룬(羅家倫)이 초안을 잡은 선언문이었다. 그는 중국이 절멸의 위기에 직면해 있다고 썼다. "오늘 우리는 모든 동포 앞에 두 가지 엄숙한 맹세를 한다. 첫째, 중국의 영토는 비록 정복당할지 몰라도 포기해서는 안 된다. 둘째, 중국 인민은 학살당할지 몰라도 굴복하지는 않는다." 군중은 완전히 흥분했고 세 명을 잡아 죽여야 한다고 소리치기 시작했다. 군벌 내각의 주요 인물인 교통총장 차오루린(曹汝霖)과, 차오루린의 주요 지지자들인 도쿄 주재 중국 대사 장쭝샹(章宗祥)과 루쭝위(陸宗與)가 그들이었다. 장쭝샹과 루쭝위는 문제의 일본 차관을 주선한 이들로 지목되었다. 시위 지도자들은 다음과 같은 글을 발표하여 전 중국이 저항에 나서자고 촉구했다.

　　지금 우리의 조국이 종속될 위기의 순간에 다가가고 있다. …… 조
국을 구하기 위해 마지막으로 분연히 단결해야 하는 시점에 그렇게
하지 못한다면 그 민족은 정말로 20세기의 쓸모없는 민족이며, 인간
으로 여겨질 수도 없을 것이다. …… 조국을 자발적으로 배신하여 적
국에 팔아넘긴 자들을 우리는 이제 권총과 폭탄으로 처치하려 한다.
나라는 지금 절체절명의 위기에 빠져 있다. 조국의 운명이 경각에 달
려 있다! 우리의 투쟁에 동참해줄 것을 이제 여러분에게 호소한다!⁴⁸⁾

　　톈안먼 앞에서 집회를 끝내고 군중은 베이징 공사관 구역으로 행
진하기 시작했다. 어린아이까지 있었다. 학생들은 "매국노를 타도하
라!", "우리 영토를 수호하라!"라는 글귀가 쓰인 흰 천을 들고 있었
다.⁴⁹⁾ 시위대 선두에는 다섯 가지 색이 들어간 커다란 국기 두 개가
휘날렸고, 장례 행렬 때 드는 만장(挽章)처럼 보이는 두루마리에는
아래와 같은 글이 적혀 있었다.

　　차오루린, 루쭝위, 장쭝샹의 썩는 냄새가 천 년 동안 나리라.
　　베이징의 학생들은 그들을 쓰디쓴 눈물로 장사 지낸다.⁵⁰⁾

　　군중 대표들이 미국, 영국, 프랑스, 이탈리아 대사관에 호소문을
제출했다.⁵¹⁾ 그런 다음 "배신자의 집으로 가자!"라는 함성이 터져 나
왔다. 군중은 외무부 바로 옆 골목에 있는 차오루린의 집을 향해 몰
려갔다. 군인과 경찰들이 이미 그 집을 철통같이 지키고 있었다. 경
찰이 시위 군중을 쫓아내려고 하는 사이, 무정부주의자 학생 쾅후성
(匡互生)을 선두로 하여 다섯 명의 젊은이가 담장을 넘어 차오루린

집의 창문을 깨고 집 안으로 들어갔다. 그들이 안에서 대문을 열자 밖에 있던 학생들이 집 안으로 뛰어 들어갔다. 당시 상황을 목격한 사람의 이야기다.

순진하게만 보였던 학생들의 행렬이 급격히 변화하는 모습은 참으로 놀라웠다. …… 학생 3천 명이 좁은 골목으로 밀려들어 갔고 …… 경찰들과 대문을 뚫고 들어가서는 차오루린의 저택을 완전히 폐허로 만들었다. 하지만 막상 차오루린은 찾지 못했다. 그는 놀랍도록 민첩하게 움직여 뒤쪽 창문으로 빠져나가 뒷담을 넘어 다른 쪽 골목으로 뛰어내렸던 것이다. 이때 다리를 다쳤지만 여하튼 다른 사람의 도움을 받아 외국인 호텔로 피신하는 데 성공했다. 차오를 놓친 학생들은 다른 희생물을 발견했으니 바로 장쯍샹이었다(그는 중국인 관료 한 명과 일본인 기자 한 명과 함께 이 집에 숨어 있었다). …… 군중은 모든 분노를 이 사람에게 퍼부었다. 모두들 이 작자를 한 대씩 때려야겠다고 했다. 그는 거리로 끌려 나가 먼지 구덩이 속에서 엄청나게 맞았다. 너무 많이 맞아서 나중에는 그가 누구인지 알아볼 수 없을 정도였다.

쾅후성을 비롯한 무정부주의자 학생들이 저택에 불을 질렀다. 혼란을 틈타 일본인 기자가 경찰들의 도움을 얻어 장쯍샹을 끌어내 인근 가게에 숨겨놓았지만, 학생들은 다시 그를 찾아냈고 장쯍샹은 다시 얻어맞아 의식을 잃었다. 결국 경찰 지원 부대가 도착해 학생들과 몸싸움을 벌였다. 이 충돌로 많은 학생들이 부상을 당했는데, 그중 한 명은 얼마 뒤 사망했다. 체포된 학생 32명이 수감되기 위해 호송관에 이끌려 거리를 걸어갈 때 "도중에 마주친 외국인과 중국인들은 모두 그들에게 뜨거운 박수갈채를 보냈다"고 한다. 그 당시에 얼마나 많은 사람들이 군벌 정부의 비겁함을 경멸했는지 보여주는 일

1919년 5월 4일·베이징 톈안먼 앞에 모여든 시위자들. 베르사유에서 열린 제1차 세계대전 강화 회담에서 패전국 독일의 중국 조차지 관할권을 일본에 넘겨준다는 결정이 내려지자, 이에 분노한 중국 청년들이 시위에 나섰다.

화다.

학생들은 차오루린의 늙은 아버지, 아들, 젊은 첩이 집을 떠날 수 있게 해주었다. 차오루린의 가족은 호위병과 함께 자동차를 타고 공사관 구역으로 향했다. 공사관 구역 경찰이 그들이 탄 차의 운전사를 과속 운전으로 체포한 것이 그들이 겪은 마지막 모욕이었다.

이 일련의 사건은 곧 '5·4운동'이라는 이름으로 불리게 된다. 이 운동으로 중국 전역에서 국가 부흥 운동이 폭넓게 펼쳐지며 문화적, 정치적, 사회적 변화의 큰 물결이 일어나게 된다. 이 운동은 중국 현대사에서 결정적 변화의 계기가 되는 몇 사건 가운데 하나로 인식되고 있다.

후난성의 성장 장징야오는 시위 행동을 금지하는 포고령을 발표했다.[52] 몇몇 학생들이 저항을 촉구하는 전단을 뿌렸다. 하지만 행동에 나선 학생들의 수가 다른 성의 성도에 모인 학생들에 비해 매우 적은 편이어서,[53] 장징야오는 경찰들을 보내 간단하게 학생들을 해산할 수 있었다. 하지만 경제적 보이콧을 저지하는 일은 그렇게 간단치 않았다. 일본인이 소유한 은행에서는 예금 인출 사태가 벌어졌다. 중국인 고객들은 종이로 된 지폐의 수령을 거부하고 은(銀)을 내달라고 요구했다. 중국인 소유 신문은 일본인의 광고를 거절했다. 상인들은 일본 제품 거래를 거부했다. '동방의 난쟁이들'에게 굴욕을 당하는 중국의 모습을 서툴게 그린 포스터가 창사 여기저기에 나붙었고, 어떤 중국인 밀매상이 창사에 일본산 비단을 들여왔다가 중국인에게 발각되어 비단이 공개적으로 불태워지기도 했다.[54] 하지만 경제적 보이콧에서도 후난성은 다른 성들에 비해 덜 활발했으며 시기 역시 늦은 편이었다. 한편 장징야오는 보이콧을 '국가적 수치'라고 비난했는데 그 비난이 먹혀들었다. 창사에서는 상인들이 직접 파업을 벌이는 일도 없었으며 일본인 상점이 약탈당하는 일도 없었다. 장징야오가 "다른 곳과 비교해볼 때 후난성은 모범적"이라고 만족스럽게 언급할 정도였다.[55]

운동의 초기 단계에서 마오는 별다른 역할을 하지 않았다.

5월 말 마오는 허수헝(何叔衡, 1876~1935)과 덩중샤(鄧中夏, 1894~1933)가 '후난학생연합회'를 결성하는 것을 도왔다. 허수헝은 마오와 1913년 제4사범학교 입학 동기이자 '신민학회' 창립 멤버였으며, 덩중샤는 마오가 베이징에 머물 때 '청년중국' 모임에서 만난 학생이었다. 이때 덩중샤는 수도 베이징의 상황을 전하기 위해 창사에 와 있었다. 이 새로운 단체의 목적은 "국가의 주권을 회복하고 조국의 배신자를 처벌"하는 것이었다.[56] 마오는 전국 차원의 강력한 저항 운동을 벌일 것을 촉구하는 '열렬한 호소문'을 작성했다고 한다.[57] 학생연합회는 여러 상인 조합들과 협력하여 일본 제품 불매 운동이 제대로 이루어지고 있는지 확인하기 위한 조사반을 조직해 파견했다.

하지만 마오쩌둥은 이러한 노력들이 정작 가장 중요한 과제와 비교해보면 부수적인 일에 불과함을 곧 깨달았다. 천두슈나 리다자오와 마찬가지로 마오쩌둥도 일본의 산둥 반환 거부나 그로 인해 촉발된 일본 상품 불매 운동은 중국이 앓아 온 고질병이 겉으로 드러난 것일 뿐이라고 생각했다. 이 병의 원인과 치료법은 더 깊이 파고 들어가 찾아야 했다.[58] 산둥 문제나 일본 상품 불매 운동은 대중의 감정을 뭉치게 하는 수단으로서는 쓸모가 있다. 하지만 영속적인 변화를 원한다면, 근본적인 정치 개혁으로 민족적 분노의 방향을 돌릴 필요가 있었다. 5·4운동은 단지 촉매일 뿐이었다. 이 사건이 계기가 되어 분출한 대중의 에너지는 오랫동안 희망해 온 중국의 부흥을 촉발하는 데 쓰여야 했다. 차오루린과 그의 두 측근을 공직에서 물러나게 하는 일처럼 그저 작은 위안이 될 뿐인 일에 낭비할 게 아니었다. 6월 초에 베이징 정부는 자화자찬의 선전을 늘어놓으면서 세 사람을 해임한다고 발표했다. 또 6월 말에는 파리 강화 회의에서 서명을 거부한다는 상징적인 차원의 대처 방안을 내놓았다.

마오는 위와 같은 생각으로 후난학생연합회 회장인 펑황(彭璜)의 지지를 받아—펑황은 '신민학회' 소속이었다.—1주일에 한 번씩 학생연합회 기관지를 내기로 했다. 주간지 〈상강평론(湘江評論)〉의 목적은 철저한 개혁을 촉구하는 것이었다.[59] 1919년 7월 14일에 창간호가 나왔는데, 편집인이었던 마오는 제1면에 실은 사설에서 자신의 생각을 명확하게 밝혔다.

오늘 우리는 우리의 낡은 태도를 바꾸어야 한다. …… 의심할 바 없이 명백한 것을 의심해야 한다. 감히 생각지도 못했던 것을 행해야 한다. …… 종교적 압제, 문학적 압제, 정치적 압제, 사회적 압제, 교육적 압제, 경제적 압제, 지식적 압제, 국제적 압제는 이제 이 세상에 존재해서는 안 된다. 이 모든 것은 민주주의의 거대한 함성 아래 타도되어야 한다.

이제 때가 왔다. …… 큰물을 막고 있던 수문이 …… 활짝 열렸다! 새로운 사상의 거친 물결이 이미 힘차게 흐르고 있다. 샹강의 양쪽 강둑으로 넘쳐흐르려 한다! 이 흐름을 타고 가는 자는 살아남을 것이요, 거스르는 자는 죽을 것이다. 우리는 이 물결을 어떻게 맞을 것인가? 어떻게 이 물결의 의미를 선전할 것인가? 어떻게 학습할 것인가? 어떻게 실행에 옮길 것인가? 우리 모든 후난인들에게 이것이야말로 가장 시급하며 가장 중요한 과업이다.[60]

마오는 자신이 던진 질문에 대한 답변으로 '민중 대연합'이라는 제목의 긴 글을 썼다. 이 글은 7월 말부터 8월 초까지 세 번에 걸쳐 〈상강평론〉에 연재되었다.[61] 그는 이 글에서 개혁을 시도하기에 가장 좋은 때는 언제인지를 이야기하면서 "국가의 쇠퇴가 극에 달하고 인류의 고통이 극에 달하고 사회의 어두움이 극에 달할 때"가 바로 그때라고 썼다. 그렇게 주어지는 기회를 잡으려면 사회의 모든 진보 세력을 묶는 '대연합'이 필요하다고 주장했다. 마오에 따르면, 대연합은 '많은 소연합들'로 구성될 것이었다. 그러니까 노동자, 농민, 학생, 교사를 각각 대표하는 소연합, 그리고 여성과 인력거꾼 같은 사회적 약자(여성과 인력거꾼은 5·4운동 동안 종종 중국의 착취를 상징하는 존재로 여겨졌다)를 대표하는 여러 소연합들이 모여서 대연합을 만들어야 한다는 주장이었다. 이들이 모두 힘을 합쳐 투쟁한다면 어떤 세력도 이들을 이길 수 없다고 마오는 썼다.

이런 시도가 정말로 성공할 수 있을까? "의심하는 사람도 충분히 있을 법하다. 지금까지 경험으로 보면 …… 이런 큰 규모의 조직 사업은 우리 중국인은 도저히 할 수 없었던 일이라고 말할 수 있겠다."

마오는 어려움을 인정하면서도 지금은 다르다고 강하게 주장했다. 중국 인민의 의식 수준이 높아졌으며, 청 황실이 무너졌고, '민주주의'라고 하는 '위대한 반란자'가 대기하고 있기 때문이었다.

우리는 깨어났다! 이 세계는 우리의 세계다. 이 나라는 우리의 나라다. 이 사회는 우리의 사회다. 우리가 말하지 않는다면 누가 말할 것인가? 우리가 행동하지 않는다면 누가 행동하겠는가? …… 이념의 해방, 정치의 해방, 남녀의 해방, 교육의 해방은 깊은 지옥에 갇혀 있었지만 이제 푸른 하늘을 향해 고개를 쳐들고 있다. 우리 중국 인민은 본래 대단한 역량을 타고났다! 억압이 심할수록 반작용도 거센 법이다. 너무 오래 눌려 왔기에 더욱 빨리 폭발할 것이다. 나는 감히 한 가지 주장을 하고 싶다. 앞으로 언젠가 우리 중국인의 개혁은 다른 어느 민족의 개혁보다 더 철저하게 진행될 것이다. 또 중국인의 사회는 다른 어떤 사회보다 더 큰 빛을 발할 것이다. …… 세계의 다른 어떤 민족이나 어떤 장소에서보다 우리의 개혁이 더 빨리 완수될 것이다. 여러분! 여러분! 우리는 힘써 나아가야 한다! 우리는 온 힘을 다해 앞으로 나아가야 한다! 우리의 황금시대, 영광스럽고 장엄한 시대가 지금 바로 우리 앞에 있다!

이 글은 글 자체의 명료함과 강렬함, 그 내용에 담긴 미래에 대한 당당한 자신감과 은연중에 변화의 주요 동력으로 청년층을 띄웠다는 점에서 주목할 만했다. 그러나 그뿐만이 아니었다. 이 글은 변화를 달성하는 데 필요한 논리적이고 실질적인 방안을 제시했다는 점에서도 매우 탁월했다. 당시 중국에는 학생들이 발간하는 간행물이 약 4백 여 종에 이르렀고[62] 창사만 해도 15종이 있었지만, 그중에서도 마오의 이 글은 특출나게 눈에 띄었다. 이 글로 마오와 그가 발행하는 〈상강평론〉은 말 그대로 하루아침에 전국적인 명성을 얻었다. 자유주의 철학자 후스는 비록 9개월 전 도서관 조수 마오쩌둥의 질문을 무시했지만 이 글을 보고는 '(진정으로) 중요한 논문 가운데 하나'라고 말했으며 이 글의 저자를 두고는 "지극히 원대한 전망을 품고 있으며 효과적이면서 적절한 논지를 펴고 있다."라고 찬사를 보냈다.[63] 리다자오는 자신이 주필로 있던, 베이징에서 발행하는 〈매주평론(每週評論)〉에 마오의 글을 옮겨 실었다. 뤄자룬 역시 예전에 베이징대학에서 마오의 대화 요청을 거절했던 사람인데, 이 글을 읽고는 학생 운동 목표의 핵심을 잘 전달하고 있다고 말했다.[64]

마오쩌둥의 성장을 장기적 관점에서 봤을 때, 이 논문은 특히 그가 조직을 새로이 강조하기 시작했다는 점에서 중요하다. 조직에 대한 생각은 결국 마오를 마르크스주의로 이끌게 된다. 하지만 그때 마오는 레닌그라드로부터 아시아로 중단 없이 전진해 가던 세계혁명을 여전히 기본적으로 무정부주의의 관점에서 이해하고 있었다. 이무렵 마오가 쓴 글들은 교육 정책, 여성의 권리를 위한 투쟁, 그리고 "국가, 가족, 결혼 제도를 유지해야 하는가? 소유는 사적 소유가 되어야 하는가, 공적 소유가 되어야 하는가?" 같은 무정부주의의 전형적인 주제들을 다루고 있었다. 마르크스주의의 계급투쟁 개념을 제대로 알지도 못했지만, 여하튼 자신이 이해하는 범위 내에서 마오는 이 개념이 전혀 타당성이 없다고 생각했다. "(만일) 우리가 억압을 무너뜨리기 위해 억압을 사용한다면 결국 우리는 여전히 억압 속에 남게 될 것이다. 이것은 자기 모순일 뿐 아니라 완전히 무익한 일이다." 따라서 "폭탄과 …… 유혈을 수단 삼는 혁명"을 시도하는 것보다 억압자들에게 자신들의 잘못을 깨닫게 하는 편이 낫다고 그는 생각했다. 마오는 '계급'이란 용어 자체를 거의 쓰지 않았고 설사 쓴다 하더라도 마르크스주의와는 다른 맥락에서 사용했다. 예를 들면 '지혜로운 계급과 우매한 계급'이라든가 '강대한 계급과 허약한 계급' 같은 구절에서 '계급'이라는 말을 썼다.[65]

더 넓은 독자층을 대상으로 글을 쓰게 되면서, 마오는 자신이 학생 시절에 개발했던 접근법을 당대 정치 현실에 적용할 기회를 처음으로 얻었다. 〈민중 대연합〉에서 그는 억압과 억압에 대한 반작용을 설명하면서 둘 사이에 변증법적 관계가 있다고 주장했다.[66] 그것은 독일 철학자 파울젠의 《윤리학 체계》에서 얻은 생각이었다. 또 마오는 유동하는 역사라는 측면에서 독일제국이 제1차 세계대전에서 겪은 패배를 평가했다. "원인과 결과라는 관점에서 역사를 보면, 기쁨과 고통은 종종 서로 매우 가깝게 얽혀 있으며 분리할 수 없다. 한쪽의 기쁨이 극한에 이르면 불가피하게 다른 쪽의 고통이 극한에 이르게 된다." 그러니까 1792년 오스트리아-프로이센 동맹군이 프랑스를 침공했을 때 이미 그 안에 나폴레옹의 등장을 내포한 씨앗이 들어 있었고, 1815년 나폴레옹이 프로이센을 굴복시켰을 때 이미 훗날 프랑스-프로이센전쟁(1870년)에서 프랑스가 패배하는 여러 조건이 만들어졌으며, 이는 다시 1918년 독일제국이 제1차 세계대전에서 패배하는 역사적 변화의 길로 연결되었다고 마오는 썼다. 여기서 끝이 아니었다. 베르사유 평화 회담에서 연합국들이 지나치게 가혹한 조건을 패전국에 강요함으로써 불가피하게 또 다른 충돌의 순환기가 만들어졌다. 그리하여 마오는 이렇게 예언했다. "나는 보증한다. 10년이나 20년 안에 그대들 프랑스인들은 다시 한번 심한 두통을 느끼게 될 것이다. 내 말을 명심하라!"[67]

당시에 교육받은 중국인들 다수가 그랬듯이, 마오도 독일을 동정했다. 그것은 독일을 유럽에서 가장 강력한 국가로 만들어준 독일의 '비범한 힘'과 '위대한 정신'에 대한 경탄에서 비롯된 감정이었다. 하지만 여기서 또 마오는 특유의 역사 감각을 바탕으로 하여 당시 다른 사람들은 거의 갖추지 못했던 예지를 내놓았다. 다음은 마오가 7월 말에 쓴 글이다.

일본과 독일이 한 쌍의 수캐와 암캐라는 사실을 우리는 깨달아야 한다. 이 개들은 여러 차례 짝짓기를 시도했지만 아직 성공하지 못했다. 하지만 서로에 대한 열망은 절대로 사그라지지 않을 것이다. 만일 권위주의적인 일본 정부의 군국주의 모험이 박멸되지 않는다면, 만일 독일 …… 정부가 혁명으로 타도되지 않는다면, 만일 이 욕정에 찬 두 마리 개를 서로 떼어놓지 못한다면, 그때는 엄청나게 큰 위험이 덮칠 것이다.[68]

이 글을 썼을 때, 마오는 겨우 25살이었다.

1919년 8월 초에 이르러 중국은 불안한 평온을 되찾았다. 베이징 정부는 상징적인 배상 조치를 취했고, 시위와 파업이 끝났다.

하지만 유독 후난성에서만 충돌이 계속되었다. 후난성 독군 장징야오는 학생 대표들을 만났다. 그 자리에는 호위병이 네 명 있었는데 이들의 부추김을 받은 장징야오는 화를 내며 이렇게 호통쳤다. "너희는 거리에서 행진을 하거나 집회를 여는 걸 허가받을 수 없을 거야. …… 너희는 오로지 공부하고 가르치는 데만 열중해야 해. 만약 말을 듣지 않는다면 머리를 잘라버리겠어!"[69] 얼마 지나지 않아 학생연합회는 금지되었고 회장인 펑황은 상하이로 피신하지 않을 수 없었다.[70]

하지만 마오는 조금도 위축되지 않았다. 8월 4일 〈상강평론〉에는 장징야오에게 보내는 조롱 섞인 호소문이 실렸다. 이 글은 마오가 쓴 것이었으며, 당시 정간 처분을 받은 창사의 주요 신문 〈대공보(大

公報))를 다시 간행할 수 있도록 해 달라는 내용이었다.

　　우리 학생들은 오래전부터 독군 각하를 걱정하고 있습니다. ⋯⋯ 〈대공보〉가 ⋯⋯ (장징야오의 지지자들이 주도한) 불법 선거에 반대 의사를 밝히는 ⋯⋯ 선언문 하나를 실었다는 이유만으로 정간 처분을 당하고 편집인이 체포되리라고는 전혀 예상하지 못했습니다. ⋯⋯ 우리는 독군께서 모두의 이익을 위해 올바른 결정을 내리셔서 (편집인을 석방해주실 것을) 희망합니다. 그렇게 하신다면 후난 사람들은 독군의 훌륭한 행동을 영원히 기억할 것입니다. ⋯⋯ 만일 그렇게 하지 않으신다면 ⋯⋯ 무지한 외부인들은 아마도 독군 각하의 정부가 언론의 자유를 말살하려 한다고 비난할 것입니다. 홍수로 강물이 넘치는 것보다 우리가 더 경계해야 할 것은 그런 악독한 혀들입니다. ⋯⋯ 독군께서는 지혜롭고 현명하시니, 저희 의견에 찬동하지 않으실 리 없겠지요.[71]

　　장징야오의 반응은 예상대로였다. 마오는 〈상강평론〉이 오직 사회 문제와 학술 문제를 다루고 있다고 주장했지만,[72] 잡지는 다음 호부터 압수당했으며 폐간 명령을 받았다.[73] 다시 며칠 후 장징야오의 양아들이 이끄는 한 무리의 병사들이 두 사람의 젊은 급진주의자를 칼로 살해하는 사건이 일어났다.[74] 두 젊은이는 후난 학생들이 일본 제품 불매 운동을 조직하는 것을 도우려고 상하이에서 온 사람들이었다. 9월 초에 마오는 '샹야의과대학'*이 발간하는 주간지 〈신호남(新湖南))의 편집장이 된다. 창사에 있던 이 의과대학은 미국인과 중국인

---

* '샹야(湘雅)의과대학'에서 '샹(湘)'은 후난성을 가리키며 '야(雅)'는 미국의 예일대학을 중국식으로 지칭하는 '야리(雅禮)'의 첫 글자이다. 예일대 졸업생들이 주축인 한 단체가 선교와 중국의 발전을 위해 설립한 대학이었다.

이 협력하여 세웠는데, 진료와 교육을 겸하고 있었다. 창간호에서 마오는 도전적으로 다음과 같이 썼다. "우리는 일이 순조롭게 진행될지 아닐지 걱정하지 않을 것이다. 또 우리는 어떤 권위에도 전혀 신경 쓰지 않을 것이다." 10월에 이 잡지 역시 발행 금지 처분을 받았다.[75]

바로 그달에 어머니가 세상을 떠났고 마오는 이후 몇 주 동안 글을 한 편도 쓰지 않았다. 그사이 장징야오는 〈대공보〉를 다시 발행할 수 있도록 허가했다. 몇 주 만에 〈대공보〉에 다시 글을 쓰면서 마오는 특별히 중국 여성들이 겪는 고난과 유가적 가부장제의 속박에 문제를 제기한다.

지난여름에 마오는 〈민중 대연합〉에서 여성 평등의 대변자 역할을 자임하기도 했다.

여러분! 우리는 여자입니다. …… 우리도 인간입니다. …… (그러나) 우리는 대문을 나서는 것조차 허락되지 않습니다. 부끄러움을 모르는 남자들, 악한 남자들이 우리를 자기들의 장난감으로 만들었습니다. …… '순결'이라고 하는 것은 우리 여자들에게만 해당됩니다! '열녀사당'은 사방에 널려 있습니다. 하지만 순결한 남자들을 기리는 탑은 어디에 있습니까? …… 사람들은 하루 종일 이른바 '현모양처'에 대해 떠들어댑니다. 한 남자에게 끝도 없이 그저 창녀같이 행동하라는 것이 아니면 무엇입니까? …… 아, 괴롭습니다. 괴롭습니다. 자유의 정신, 그대는 어디에 있습니까? …… 우리를 강간하고 우리의 정신과 신체의 자유를 파괴한 저 악당들을 모두 쓸어 없애고 싶습니다.[76]

1919년에 중국의 진보적인 젊은이들 사이에는 이런 견해가 널리 퍼져 있었다. 그들은 많은 중국 여성들이 극한의 고통을 인내할 것을 일상적으로 요구받는 현실에 분노했다.

그해 가을 창사에서 끔찍한 일이 벌어졌다. 어느 젊은 여성이 부모의 명령에 따라 늙은 상인의 둘째 부인이 되어야 했다. 그날, 23살의 자오우전(趙五貞)은 붉은 비단으로 지은 신부 옷을 입고 가마를 타고 신랑 집으로 떠났다. 가마가 신랑 집에 도착한 뒤, 사람들은 가마 안에서 면도칼로 목을 그어 자살한 젊은 여성의 시체를 발견했다.

마오는 이 사건과 관련해 스스로 토론장에 뛰어들어 2주 동안 십여 편의 글을 써서 〈대공보〉에 실었다. 마오에게도 중매결혼에 대한 쓰디쓴 기억이 있었고, 게다가 그는 어머니의 죽음을 애도하는 중이었다. 그가 보기에 어머니는 자오우전의 경우와 마찬가지로 애정 없는 결혼 생활이라는 올가미에 걸린 사람이었다. 자신이 쓴 글에서 마오는 우선 자오우전의 집안에 책임이 있음을 인정했다. 사랑 없는 결혼으로 딸을 내몰았기 때문이다. 하지만 비극의 뿌리는 바로 '사회 제도의 암흑'에 있다고 주장했다. 이것 때문에 이 여성에게는 죽음이 유일한 출구였다는 주장이었다. "부서진 옥이 될지언정 하찮게 완전한 기와 따위가 되지는 않으리라(寧爲玉碎 不爲瓦全)."는 좋아하는 옛 글귀를 인용하면서 마오는 이 여성이 '진정으로 용기 있는 행동'을 했다고 주장했다. 당시 펑황 같은 이들은 이 여성이 운명과 싸우기 위해 다른 길을 찾을 수도 있었다고 주장했지만, 마오는 생각이 달랐다.[77]

펑황 선생은 어째서 자오 여인이 그저 멀리 도망가는 방법을 택하지 않았는지 의문을 제기했습니다. …… 우선 몇 가지 질문을 던지겠습니다. 그런 다음에 제 의견을 펼치겠습니다.

1) 창사에는 40명 이상의 행상이 있습니다(이들은 집집마다 다니면서 집안 깊숙한 곳에 살고 있는 여인들에게 각종 직물을 팝니다). ……
어째서 그렇죠?

2) 창사에 있는 공중 화장실은 모두 남성 전용입니다. 여성 전용은 없습니다. 어째서 그렇죠?

3) 이발소에 여성이 들어가는 일은 없습니다. 어째서 그렇죠?

4) 여성 혼자서 여관에 들어가는 일도 없습니다. 어째서 그렇죠?

5) 여성들이 차관에 가서 차를 마시는 모습을 본 적이 없습니다. 어째서 그렇죠?

6) (큰 상점에) 손님들은 …… 모두 남자들뿐이고 여자는 없습니다. 어째서 그렇죠?

7) 창사에 있는 수레꾼은 모두 남자입니다. 여자는 없습니다. 어째서 그렇죠?

이 질문들에 대한 답을 아는 사람이라면 당연히 어째서 자오 여인이 도망갈 수 없었는지 이해할 수 있을 것입니다. …… 설령 그 여인이 도망가려 했다 하더라도 도대체 어디로 갈 수 있었겠습니까?[78]

마오는 사회적 요인과 직접 관찰을 중시하게 되었고, 이에 따라 자신의 정치적 목표를 재검토하게 되었다. 그리하여 그는 이런 결론에 이르렀다. 중국을 변화시키려면 먼저 사회를 변화시켜야 한다. 사회를 변화시키려면 반드시 먼저 제도를 변화시켜야 한다. 그리고 제도를 변화시키는 것은 권력의 자리에 있는 자들을 바꾸는 데서 시작해야 한다.

신민학회 동료 일부는 마오의 생각에 동의하지 않았다. 학자의 역할은 "작은 문제나 사소한 일에 관여"하는 것이 아니라 좋은 의견을 제시하는 것이라는 반론이었다. 마오는 이렇게 답했다. 어느 정도는 그 말이 맞다. 하지만 더 원대한 목표를 망각하지 않는 한, 실제적이고 정치적인 변화를 추구하는 것은 현 상황에 영향을 주고 근본적인 개혁을 일으키는 데 '가장 경제적이고 가장 효과적인 수단'이다.[79]

그해 겨울 일본 제품 불매 운동이 다시 일어나 또다시 장징야오와 대결하는 상황이 왔을 때, 창사 학생들은 마오의 영향을 받아 좀 더 실제적인 접근법을 택했다.

12월 5일, 5천여 명의 학생과 창사 상공회의소 대표들, 국산품 구매 촉진 협회의 회원들, 공장 노동자, 점원 등이 예전에 과거 시험을 치르던 장소에서 집회를 열었다. 밀수한 일본산 직물 14상자도 불태울 예정이었다. 집회가 막바지에 이르렀을 때 갑자기 집회 장소를 둘러싼 모든 거리에서 병사들이 몰려들기 시작했다. 장징야오의 동생 장징탕(張敬塘)이 이끄는 군대였다. 이들은 집회에 참가한 시위대를 둘러싸고 소총을 들어 겨냥했다. "도대체 너희들은 어떤 부류의 인간이기에 이런 소동을 피우는가?" 하고 장징탕이 군중을 향해 소리쳤다. "너희들에게 공부하라고 돈을 대주는 사람이 바로 우리 장씨 형제라는 걸 알아야 해!" 말에 박차를 가하여 앞으로 나온 뒤 장징탕은 계속 소리쳤다. "나도 너희들처럼 물건에 어떻게 불을 지르는지 알아. …… 또 나는 군인이기 때문에 어떻게 사람을 죽이는지도 잘 알지. 만일 너희가 계속 이런 식으로 행동하면 몇 명은 내 손에 죽을 거야." 그때 어떤 학생이 앞으로 나서서 이것은 애국적 집회일 뿐이라고 말했다. 그러자 장징탕은 칼의 넓적한 몸체 부분으로 그 학생을 마구 때렸고 병사들이 시위대 쪽으로 전진하기 시작했다. "너희 후난 놈들은 죄다 비적이야!" 그는 소리쳤다. "후난 놈들은 여자들도 마찬가지지." 병사들은 집회 주동자들을 잡아서 바닥에 무릎을 꿇렸고 장징탕은 그들의 뺨을 후려쳤다. 결국 여러 사

람이 체포되었다.[80]

이 사건은 그 자체로는 그리 큰 일이 아니었지만 후난 사람들에게
는 최후의 결정타가 되었다. 장징탕에게 모욕을 당한 집회 참석자들
이 창사 엘리트층의 자녀들이었기 때문이다. 이미 그해 가을에 창사
의 지도층인 한 은행가가 안면 있는 외국인에게 이렇게 말하기도 했
다. "이번에는 힘없는 민중들로부터 소란이 시작되는 것이 아닙니다.
어느 정도 사회적 지위가 있는 사람들 사이에서 시작됩니다. …… 지
금 같은 상태로 계속 지낼 수는 없습니다. 설사 약탈을 당하더라도
이번 기회에 장징야오를 제거하는 것이 창사를 위해 좋습니다."[81] 북
쪽에서 온 중국인이 통치한 18개월 동안 후난의 경제는 완전히 엉망
이 되었다.[82] 후난성의 많은 지역에서 병사들이 급료를 받지 못했다.
그렇게 되자 장징야오는 다른 지역의 군벌들이 그랬듯이 농민들에게
다시 아편을 재배하도록 하는 비밀 명령을 내렸다. 열강과 맺은 조약
에 따라, 그리고 베이징 정부 총통의 명령에 따라 아편 재배는 금지
되어 있었다. 하지만 아편을 재배하면 많은 세금을 거두어들일 수 있
었다.[83] 후난의 향신층은 '독한 장'이 더는 성장 자리에 있어서는 안
된다고 결정했다.

창사에서 시위대와 군대가 대치하는 일이 벌어지고 2주 후에 후난
성 대표단이 비밀리에 베이징으로 향했다. 장징야오의 해임을 요청
하기 위해서였다.[84] 마오쩌둥도 이 대표단의 일원이었는데 그는 〈인
민의 소식〉을 만들어 반(反)장징야오 운동에 관련된 소식을 다른 중
국 신문사에 알리는 일을 맡았다.[85] 12월 24일 〈인민의 소식〉은 특종
이라고 할 수 있는 소식을 전했다. 우한 학생들이 기차역의 화물 창
고에서 90킬로그램에 달하는 아편 씨앗이 든 포대를 45개나 찾아낸
것이었다. 이 화물은 창사로 가는 것이었는데 수신자는 다름 아닌
장(징야오) 성장이었다.[86] 이후 두 달 동안 후난성 대표단은 수많은

1920년 1월, 베이징에서 후난성 대표단과 함께 찍은 사진. 당시 마오쩌둥(왼쪽에서 네 번째)은 후난성 성장 장징야오의 해임을 청원하기 위해 꾸려진 대표단의 일원으로 베이징을 찾았다.

호소문을 발표해 장징야오의 '끝없는 욕심'과 '잔혹한 통치'를 비판
했다.[87] 후난성 대표단은 국무원 관리와 회담을 하기도 했다. 이 자
리에는 마오도 참석했다. 또 후난성 출신 국회 의원들은 만일 이 문
제가 제대로 해결되지 않는다면 의원직을 사퇴하겠다고 공언했다.[88]
하지만 장징야오는 해임되지 않았다. 2월 말이 되자 대표단은 이제
더는 할 일이 없다고 판단했다.[89]

결국 장징야오는 그로부터 4개월 뒤에 물러나는데, 이것은 후난
사람들의 항의 때문이 아니라 군벌 내부의 정치 때문이었다. 1920년
5월 우페이푸는 자신이 이끄는 즈리파와 안후이파 정부(돤치루이)의
대결이 마침내 파국에 이르렀음을 감지하고 탄옌카이가 이끄는 남부
세력이 후난성을 되찾는 것을 돕기로 결심했다. 우페이푸 자신은 병
력을 이끌고 베이징을 향해 출발했다. 돤치루이와 전투를 벌이기 위

해서였다. 6월 11일 장징야오가 창사에서 도망쳤다. 장징야오는 마지막으로 총탄과 포탄 창고를 폭파시켰으며 역시 그답게 현지 상인들로부터 1백만 은원을 약탈해 갔다. 돈을 주지 않으면 창사 전체를 불태워버릴 것이며 창사의 지도급 인사들을 다 죽이겠다고 위협했던 것이다. 다음 날 오후 남부 군대가 도착하자 그날은 어떤 주민이 썼듯이 '이제까지 창사에서 가장 기쁜 날'이 되었다. 기쁨에 넘친 주민들이 거리를 행진했고 밤늦게까지 불꽃이 터졌다. 한 달 조금 뒤에는 돤치루이의 군대가 우페이푸를 비롯한 다른 즈리파 장군들에게 격파당했고, 이렇게 하여 지난 3년 동안 북부 중국을 통치했던 안후이파는 완전히 해체되었다.[90]

마오가 후난성 대표단의 일원으로 베이징에 갔던 일은 현실 정치 활동의 측면에서는 실패였을지 몰라도, 베이징 체류는 그가 결국 마르크스주의로 사상적 전환을 하는 계기가 된다. 이미 전해 가을, 장징야오의 학생 탄압이 최고조에 이르고 〈상강평론〉이 폐간되었을 때 마오는 '문제연구회(問題硏究會)'라는 모임을 결성했다. 이 모임의 목적 가운데 하나는 '민중 대연합'을 어떻게 촉진할 수 있을지 연구하는 것이었다. 연구회는 "사회주의는 성취될 수 있는가 아닌가?"부터 "베링해, 영국해협, 지브롤터해협 아래로 터널을 뚫는 법" 같은 난해한 문제에 이르기까지 광범위한 분야에 걸쳐 1백여 개가 넘는 사안을 다루려고 했다. 5·4운동이 열어젖힌 무한한 가능성의 세계에서 다양한 탐색이 이루어졌음을 보여주는 사례다.[91]

이 연구회는 그해 후스와 리다자오가 벌인 유명한 논쟁에서 영감을 받아 만들어진 것이었다. 후스는 중국이 "문제를 더 많이 연구해야 하며, 주의(主義)에 대해서는 말을 덜 하는 것이 좋다(多硏究問題 少談論主義)."라는 주장을 폈다. 리다자오는 '주의' 없이는 문제들을 이해할 수 없다고 주장했다. 1919년 9월에 마오쩌둥은 이 두 사람의 주장을 다 포용하는 모임을 만들려 했던 것이다.

한편 볼셰비키혁명에 대해 더 많은 정보가 들어왔다. 그해 봄에 베이징의 신문 〈신보(晨報)〉는 마르크스주의를 다룬 일본어 문건들을 번역해 싣기 시작했다. 여름이 되자 리다자오는 〈신청년〉에 '나의 마르크스주의관(我的馬克思主義觀)'이라는 제목의 긴 글을 실었는데, 이 글은 다시 중국 전역의 여러 잡지에 실렸다. 이 글 두 번째 부분에서 리다자오는 마르크스의 경제 이론을 논했다. 이 글을 읽은 뒤, 마오의 어휘가 급격히 변했다. 처음으로 그는 자신이 변화시키고 싶은 제도가 본질적으로 경제적 성격을 지니고 있음을 깨닫기 시작했다.[92] 그는 전통 결혼에서 "핵심 관계는 …… 경제적 관계이며 따라서 자본주의에 의해 관리된다."라고 선언하기도 했다. 따라서 결혼 제도가 변하려면 우선 여성이 경제적 자립을 획득해야 한다. 사회가 변하려면 낡은 경제 관계들이 사라지고 그 자리에 새로운 경제 체제가 들어서야 한다.[93] 한 달 뒤 마오는 신민학회 동료들을 '동지(同志)'라고 부르고 노동자들을 '수고인(受苦人)'이라고 부르기 시작했다.[94]

1920년 봄, 러시아는 자국이 체결했던 불평등 조약들을 폐기한다고 선언했다. 이 선언의 효과 가운데 하나는 러시아가 다른 열강과 마찬가지로 중국 내에서 누리던 치외법권을 포기한 것이다. 그러자 중국 인민들 사이에서 볼셰비키 정권에 감사하는 마음이 샘솟았으며 중국의 급진주의자들은 볼셰비키 정권의 통치 원칙에 지대한 관심을 쏟게 되었다.[95]

마오는 이런 변화 과정을 주의 깊게 관찰했으며 모스크바의 새 정부에 대해 무엇이라도 알고자 했다. 그는 '러시아는 세계에서 제일가는 문명국'이라고 친구에게 말하기도 했다.

마오는 정말 간절히 러시아에 가고 싶어졌다. 그곳에서 공산주의를 직접 보고 싶었다. 그래서 그는 프랑스로 중국 청년들을 보낸 근공검학 프로그램처럼 모스크바로 젊은이들을 보내는 일이 가능할지 리다자오에게 의논하기도 했다. 마오는 심지어 러시아어를 배우겠다고 공공연히 말하기도 했다. 하지만 그의 마음 깊은 곳에서는 외국 여행에서 얻는 이득을 두고 두 가지 생각이 엇갈렸다. 그는 "너무 많은 사람들이 유학에 지나치게 매료되어 있다."라고 쓴 적이 있다. 하지만 몇 줄 뒤에 그는 다시 유학을 동경하는 마음을 드러냈다. "올바른 해결책은 하나밖에 없는데, 그것은 우리 모두 한 번씩 외국에 다녀와서 갈증을 해소하는 것"이다. 결국 그는 '당분간' 중국에 남아 공부를 하겠다고 마음먹고 유학 결정을 보류했다.[96]

하지만 러시아의 경험을 배우는 것은 중국의 수도 베이징에서도 쉽지 않았다.

1920년 8월이 되어서야 비로소 《공산당 선언》 전문이 중국어로 번역되어 책의 형태로 출판되었다.[97] 이때는 마오가 상하이로 가려고 하던 때였다. 레닌의 저작은 1920년 말이 되어서야 처음으로 번역된다. 여하튼 마오는 최선을 다해 조사하고 공부했다. 특히 《공산당 선언》에서 큰 영향을 받았다. 카를 카우츠키(Karl Kautsky)의 저서 《계급투쟁》 역시 그랬다. 이 책은 비폭력 혁명을 옹호하는 내용이었다. 천두슈가 그랬듯이 리다자오도 공산주의를 받아들이기로 결정함으로써 마오에게 강한 영향을 주었다. "그 일은 내 인생에서 결정적 시기였던 그때 깊은 감명을 주었다."라고 마오는 훗날 회고했다.[98]

하지만 마오가 마르크스주의를 정치적 신조로 받아들이려면 시간이 더 필요했다. 6월 초에 천두슈가 이미 상하이에서 '공산주의 소조(小組)'를 결성하는 단계에 이르렀던 데 비해,[99] 마오는 일본에서 시작된 '새로운 마을 운동'*을 열정적으로 추진하고 있었다. 이 운동은 상호 부조, 자원 공유, 노동과 학습에 바탕을 둔 크로폿킨식의 코뮌 설립을 꾀했다. 코뮌은 계급 없는 무정부주의적 사회를 평화롭게 이룩하기 위한 첫걸음이었다. 육체노동은 필수였다. 또 도시와 농촌, 학생과 사회 사이의 거리를 좁히기 위해 러시아의 청년들이 농촌에서 볼셰비즘을 퍼뜨렸듯이 코뮌 구성원들은 농민들 속으로 들어가 근대적 사상을 전파해야 했다.[100]

그해 여름, 베이징과 그 밖의 다른 곳에서도 코뮌을 세우려던 계획이 모두 실패하자, 마오는 코뮌은 현실성이 없음을 인정했다.[101] 그렇지만 얼마 뒤 마오가 창사에 스스로 공부한다는 뜻의 '쯔슈대학(自修大學)'을 세운 것을 보면, 그가 '새로운 마을' 개념을 완전히 포기한 것은 아니었음을 알 수 있다. '쯔슈대학'은 코뮌식 생활 방식을 원칙으로 삼았으며, 구성원들은 서로 가르치고 공부할 것과 '공산주의 실천'을 맹세했다. 그리고 1920년 7월에 마오는 5·4운동 뒤 쏟아진 새로운 서적들을 후난성에 보급하려는 목적에서 서점 '문화서사(文化書社)'를 만들었다.[102] 이 사업에서 다시 한번 마오에게 아직 마르크스주의가 큰 비중을 차지하지 않았음이 확인된다. 문화서사는 카우츠키나 마르크스에 관한 책보다 크로폿킨, 후스, 존 듀이에 관한 책을 더 많이 팔았다. 마오는 "교육은 곧 생활이며, 학교는 곧 사회다."라고 말한 듀이를 버트런드 러셀, 앙리 베르그송과 함께 '동시대 위대한 철학자 3인'으로 꼽았다.[103]

많은 세월이 지난 뒤 바오안에서 마오는 에드거 스노에게 1920년 여름에 자신을 마르크스주의자로 여겼다고 말했다.[104] 하지만 이 말은 사실이 아니다. 1920년에 마오는 친구에게 아직도 무엇을 믿어야 할지 모르겠다고 고백한 적이 있었다.[105] 사실 그때 마오에게 마르

새로운 마을(新しき村) 운동 소설가이자 철학자였던 무샤노코지 사네아쓰(武者小路 実篤, 1885~1976)를 중심으로 하여 1918년에 시작된 지역 공동체 운동을 가리킨다. 이들은 계급투쟁 없는 이상향을 지향했다.

크스주의는 길을 제시해주는 사상이기는커녕, 자신을 혼란에 빠뜨리는 여러 요인 가운데 하나일 뿐이었다. 당시 그는 자신이 좀 더 계획적으로 살지 못하고 있다며 자책했다. 그는 옛 스승에게 이런 편지를 쓰기도 했다. "저는 너무 감정적이고 또 격정에 빠지는 약점이 있습니다. …… 저는 마음을 차분히 가라앉히지 못합니다. 그리고 참을성도 없습니다. 저 자신을 바꾸는 것도 무척 힘이 듭니다. 정말로 한심한 상태입니다!" 마오는 계속해서 자신이 엑스레이 광선과 같은 시력을 갖고 더 넓은 방면의 독서를 했으면 좋겠다는 말도 했다. "철학, 언어학, 불교를 정말 공부하고 싶습니다. 하지만 책도 없고 시간적 여유도 없습니다. 그러다 보니 모든 것에 게을러지기만 하고 있습니다. …… 규칙적인 생활을 하는 게 어렵습니다."[106]

마오처럼 급진적인 신념을 지닌 사람이 불교를 공부하고 싶다고 한 것이 이상하게 들릴지 모른다. 하지만 1920년의 마오에게 중국 문화는 여전히 새로 건설되어야 할 모든 것의 기반이었으며, 이러한 생각은 이후 평생 동안 유지된다. 한편 이런 태도가 당시에는 그리 유별난 것도 아니었다.[107] 마오와 같은 세대 중국인 가운데에는 묵자나 맹자의 가르침을 바탕으로 삼아 그 위에 서구 사회주의 사상을 정립하려고 노력한 사람들도 있었다. 오랫동안 중국인의 관심에서 멀어져 있었던 기원전 4세기 인물인 묵자는 만민 평등과 차별 없는 사랑(겸애兼愛)을 주장했다. 역시 고대의 인물인 맹자는 경작지를 공유하는 체제(정전제井田制)를 주장했다.

마오는 젊은 시절에 품었던 생각들을 결코 완전히 버리지 않았다. 그의 사상은 여러 요소가 쌓이면서 발전했다. 마오는 파울젠과 칸트로부터 흡수한 이상주의를 듀이의 실용주의에 더했다. 존 스튜어트 밀의 자유주의 사상은 사회 다원주의에 더했다. 애덤 스미스의 사상은 T. H. 헉슬리의 사상에 더했다. 량치차오의 입헌주의는 장캉후와 쑨원의 사회주의에 자리를 내주었다. 캉유웨이의 유토피아주의는 무정부주의와 마르크스주의로 가는 길을 열어주었다. 그리고 이 모든 '근대적 지식'은 명나라의 왕양명, 송나라의 신유학자 주희, 당나라의 대문장가 한유, 전국 시대의 굴원 등이 남긴 고전 유산에 의해 강화되었다. 이 유산들은 그 자체로 불교, 유교, 도교가 혼합되어 만들어진 기반에 단단히 뿌리를 내린 것이었으며, 마오는 사오산에서 보낸 어린 시절부터 이러한 유산을 흡수해 왔던 것이다. 새로 얻은 지식은 기존 지식에 포함되었다. 마오는 어떤 것도 버리지 않았다.

이런 과정을 거쳐 마오는 은유와 수평적 사고라는 놀라운 능력을 갖추게 되었다. 나이가 들수록 이 능력은 더욱 뚜렷이 드러난다. 하지만 더 중요한 점은, 마침내 마르크스주의를 받아들인 뒤에도 마오가 마르크스주의를 이해하는 방식은 항상 다른 여러 지적 전통의 영향을 받았다는 사실이다.

문화서사에서 판매한 책들을 보면 무정부주의 관련 도서들과 나란히, 구두점 표기를 새롭게 정비한*《수호지》 같은 중국 고전에 속하는 책도 다수 있었다.[108] 1920년 봄, 마오가 2년 전에 말했던 관광을 실행에 옮겼을 때 첫 목적지로 삼은 곳은 바로 중국 고대 문명의 발상지였다.

나는 취푸(曲阜)에서 기차에서 내려 공자의 묘를 보러 갔습니다. 공자의 제자들이 발을 씻었다는 작은 개울에도 가보았습니다. 성인이 유년기를 보낸 작은 마을에도 가보았습니다. 공자를 모시는 사당 옆에 그가 심었다고 전해지는 나무가 서 있는 것도 보았습니다. 공자의

---

* 원래 고전 한문에는 마침표나 쉼표 등 구두점이 없다. 따라서 고전 연구의 진전 및 해석의 변화에 따라 구두점이나 문장 부호를 변경하여 새로운 판본을 내는 작업이 지속적으로 필요하다.

유명한 제자 안회(顔回)가 살았다는 강변에도 가보았습니다. 맹자의 출생지도 보았습니다. 그 여행 중에 나는 산둥의 신묘한 산인 타이산(泰山)에도 올랐습니다. 펑위샹* 장군이 이 산에 들어가 은거하면서 애국적 시를 지었다고 합니다. …… 나는 둥팅호(洞庭湖) 주위를 걸었고 바오딩(保定)의 성벽 주위도 걸었습니다. 베이하이만(北海灣)의 얼음 위도 걸었습니다. 《삼국지연의》에 나오는 유명한 서주(西州)의 성벽 주위도 걸었으며 남경(南京)의 성벽 주위도 걸었습니다. 이 성벽 역시 역사적으로 유명합니다. …… 당시 나는 이런 것들이 다른 탐색과 마찬가지로 중요한 가치가 있다고 생각했습니다.[109]

16년이 지난 뒤에 마오는 에드거 스노에게 위와 같이 말했다. 이 말은 마오에게 중국의 과거를 탐색하는 일이 중국의 미래를 열 열쇠를 쥔 서구의 새로운 '주의(主義)'를 탐색하는 일만큼 나름대로 중요한 성취였음을 알려준다.

장징야오가 후난성 성장 자리에서 쫓겨나기 훨씬 전부터 그가 사라진 뒤에 후난이 어떻게 통치되어야 할지를 두고 열띤 토론이 벌어졌다. 쑨원이 세운 '중화민국'은 실패한 것으로 널리 받아들여졌다. 1913년 이후 후난성은 각각 '백정 탕', '폭군 푸', '독한 장'이라 불린 세 명의 북방 군벌이 통치했는데, 뒷사람이 앞사람보다 조금씩 더 악독했다. 후난 사람 수만 명이 무의미한 내전 때문에 사망했고 수십만이 집을 잃었다. 특히 지난 2년간 야만의 시간을 거치면서, 후난의 엘리트층은 보수주의자와 진보주의자를 막론하고 모두 후난은 후난 사람이 통치하는 편이 훨씬 나을 것이라고 확신하게 되었다. 이것은

펑위샹(馮玉祥, 1882~1948) 청나라 말의 군사 지도자이자 개혁 성향의 군벌.

후난성이 처음엔 베이징 정부로부터, 그다음엔 중국의 다른 지역으로부터 실질적인 독립을 선언하는 길로 나아가는 작은 한 걸음이었다. 1920년의 새로운 표어는 '후난 자치'와 '자치 정부'였다. "후난 사람이 후난을 통치하자!"라는 구호가 울려 퍼졌다. 19세기 여행자들이 언급했던 유서 깊은 '독립 왕국' 정신이 극적으로 되살아나고 있었다.

처음에 마오는 회의적이었다. 마오는 그해 3월 다음과 같은 글을 썼다. "도대체 어떻게 그렇게 할 수 있다는 것인지 나는 도저히 이해할 수가 없다. 후난은 중국의 한 성이기 때문에 독립한다는 것은 쉽지 않다. 앞으로 전체 상황이 달라져서 후난이 미국이나 독일의 주(州)와 같은 지위가 된다면 모를까."[110]

하지만 3주가 채 지나기 전에 마오는 후난 독립의 논리에 설득당하여 펑황과 함께 '후난개조촉성회(湖南改造促成會)'를 만드는 데 참여했다. 이 단체는 상하이에 본부를 두었으며 부유한 후난 상공인에게 자금을 지원받았다. 마오는 장징야오를 타도한 것이 자칫 용두사미의 결과를 불러올 수 있다고 경고했다. '사악한 제도' 자체를 바꾸어야지, 그러지 않으면 또 다른 군벌이 장징야오의 자리를 차지할 수 있기 때문이다. 하지만 중국 전체의 제도를 바꾸는 것은 불가능하다. 그러므로 최선의 방법은 우선 한 지역, 이 경우에는 후난에서 자결(自決)의 원칙을 따르기 시작하는 것이다. 후난이 다른 성들의 모범이 되기를 바라며 말이다. 그렇게 된다면 결국 "모든 사람이 힘을 합쳐 온 나라의 문제에 대해 보편적 해결 방안을 제시"할 수 있게 되리라는 생각이었다.[111]

1920년 6월, 마오가 쓴 서신이 장징야오가 물러난 지 열흘째 되는 날에 상하이 신문 〈신보(申報)〉에 실렸다. 앞서 언급한 후난성 독립에 관해 한 걸음 더 나아간 생각을 담은 글이었다.

이제부터 우리가 반드시 해야 할 과업은 …… 독군 제도를 폐지하고 군사 규모를 줄이고 …… 민치(民治)를 세우는 것이다. 앞으로 20년 안에 중국 전역에 민치를 확립할 가능성은 전혀 없다. (그러므로) 그때까지 후난성은 성의 경계를 지키면서 자치를 시행하는 것이 제일 낫다. …… 다른 성이나 중앙 정부에 대해서는 걱정할 필요 없다. …… 그리하여 후난성은 …… 1백 년 전 미국의 주와 같이 되는 것이다. …… 후난인의 정신을 십분 발휘하여 후난의 영역 안에서 후난의 문명을 창조하는 것이다 …… 지난 4천 년 동안 중국 정치는 언제나 원대한 방법을 동원하여 거창한 계획을 세웠다. 그 결과 나라는 외면으로는 강하지만 내면으로는 약했다. 위는 단단하지만 바닥은 텅 비어 있었다. 표면적으로는 고상한 언어를 구사하지만 그 아래는 썩어 있었다. 민국 설립 이후 유명한 사람과 위대한 인물들은 저마다 헌법이라든가, 의회라든가, 총통제라든가, 내각제라든가 하는 것을 요란스럽게 떠들어댔다. 하지만 그들이 더 큰 소리로 떠들수록 이 나라는 더 엉망이 되었다. 왜인가? 그들은 모래 위에 건물을 지으려 했기 때문이다. 그래서 건물이 완성되기도 전에 무너진 것이다. 우리는 이제 범위를 좁히려 한다. 이제 후난의 자치와 자치 정부에 대해 이야기하자.[112)]

다음 두 달 동안 후난 사람들은 계층을 막론하고 정치를 깊이 생각할 겨를이 없었다. 불타버린 마을의 농민부터 도시의 상인들까지 모두 장징야오의 군대가 저지른 파괴로 인해 망가진 삶의 터전을 보수하느라 너무 바빴다. 7월에 마오는 사오산으로 돌아가서 몇 주 동안 머물며 장남으로서 자신이 이끌어야 할 가족의 대소사를 동생들과 의논하여 정리했다.[113)] 창사에서는 이제 자신의 경력에서 세 번째로 후난성을 통치하게 된 탄옌카이가 성의 행정을 재건하기 시작했다. 탄옌카이는 우선 모두가 싫어하는 이름인 '독군'을 버렸다. 그는 도시를 해방시킨 군대를 지휘하는 '총사령관'으로 불리기 원했다.

이리하여 후난은 명목상으로나 실제적으로 베이징의 통제에서 벗어났다. 하지만 후난성에 들어설 정부의 형태는 아직 결정되지 않은 상태였다. 8월 말에 이 문제에 대해 슝시링(熊希齡)이 의견을 냈다. 후난 출신 학자인 그는 민국 초기에 국무총리를 지낸 이력이 있었다. 슝시링은 지방 의회 의원들과 교육계 인사, 상공회 회원들로 선거인단을 꾸리고 그 선거인단이 새 성장을 선출해야 한다고 제안했다.[114] 그와 생각이 다른 사람들이 속속 새로운 의견을 내놓았으며 마오가 창사에 돌아온 9월 초에는 이 문제를 놓고 열띤 토론이 진행 중이었다. 마오는 곧 자신의 의견을 제시하는 글을 썼고 그 글이 〈대공보〉에 실렸다. "전 세계에 변화의 풍운이 감돌고 있다. 민족 자결을 요구하는 목소리가 하늘까지 울리고 있다." 후난성은 '아무런 기초가 없는 거대한 중국'에서 독립할 '27개의 작은 중국'*의 선두에 서야 한다. 이로써 변화의 과정이 시작되고 이 과정을 통해 새로운 진보 세력이 주도하는 '철저한 총혁명(總革命)'이 일어날 것이다.[115]

탄옌카이는 망설였다. 자치 운동을 받아들이면 그는 광범위한 정당성을 부여받게 되며 따라서 이 지역의 다른 군사 지도자들이 품은 야심에 맞서 우월한 위치에 설 수 있을 것이다. 하지만 탄옌카이는 자치에 관한 숙의가 확실히 자신의 통제 아래 진행되기를 바랐다.

탄옌카이는 9월 중순 향신층과 관리들로 구성된 협의회를 소집하여 새로운 후난 헌법의 기초를 세우기 시작했다. 협의회 구성이 너무 제한적이라는 비판이 일자 탄옌카이는 성 의회에서 이 일을 맡도록 했다. 하지만 마오나 펑황, 또 그들의 협력자였던 〈대공보〉 편집

---

* 여기서 '27개'는 당시 중국의 행정 구역이 22개의 성(省), 3개의 특구(特區), 2개의 번지(藩地)로 나뉘어 있던 것을 모두 합한 수이다.

장 룽젠궁(龍兼公)은 이 조치도 받아들일 수 없었다. 룽젠궁은 이렇게 썼다. "만일 우리가 자치를 원한다면, 이렇게 특정한 계층 출신의 소수에게 기댈 수는 없다. …… 우리는 우리 자신의 힘으로 방법을 찾아야 한다! …… 우리는 위로부터의 통치라고 하는 이 덫을 벗어던져야 한다!" 그들이 제안한 것은 제헌회의였다. 18세 이상의 모든 후난 사람이 참여하는 보통선거로 제헌회의를 구성해서 후난 헌법을 만들어야 한다는 것이었다(마오의 초기 제안은 15살 이상 모든 사람에게 투표권을 주자는 것이었다).[116]

이런 요지의 호소문이 10월 8일에 열린 공공 집회에서 채택되었다. 집회는 마오쩌둥이 주재했는데 그는 시민들에게 이런 자치 운동이 주는 기회를 놓쳐서는 안 된다고 말했다.

창사 시민들이여! …… 여러분이 성공하면 후난의 3천만 명이 이득을 얻을 것이요, 실패하면 3천만이 고통을 받을 것입니다. 여러분의 책임이 가볍지 않다는 것을 잘 알아야 할 것입니다. 서양 여러 나라의 정치, 사회 개혁은 모두 시민들의 운동에서 시작되었습니다. 러시아에서 최근 일어난 거대한 변혁만 그랬던 것이 아닙니다. …… 근래 들어 세계를 놀라게 한 다른 나라들 역시 모두 그 원천은 시민들이었습니다. 이뿐만이 아닙니다. 중세 시대에 귀족들에게서 '자유인'의 지위를 빼앗아낸 것도 바로 시민들이었습니다. …… 시민들이여! 일어나십시오! 후난의 황금시대를 창조하는 것은 바로 지금 이 순간 시작될 것입니다.[117]

집회 이틀 뒤인 10월 10일은 중화민국 국경절이었다. 이날 비가 심하게 내리는 가운데, 많은 사람이 참여한 시위대가 창사 구시가지의 좁은 골목을 돌아 행진했다. 깃발이 날리고 악단은 흥겨운 가락을 연주했다. 시위대는 아문까지 행진하여 탄옌카이에게 청원서를 전달했다.[118] 상하이의 영자 신문 〈노스차이나헤럴드(North China Herald)〉는 이날의 광경을 "중국의 지방 자치 – 각 성은 이제 자신의 주인"이라는 제목을 달아 이렇게 보도했다.

이 문건은 세 명이 작성한 것이다. 〈대공보〉 편집장 룽젠궁, 제1보통학교 교사 마오쩌둥, 책 판매상 펑황이 그들이다. …… 430명의 서명자 가운데에는 …… 30명이 (창사) 시의 언론계와 연관이 있다고 알려졌으며, 교사나 학자가 200명, 상인이 150명, 노동자가 50명이라고 한다. 노동자들이 서명자로 초대된 것만 해도 흥미로운데, 이날 성장에게 직접 호소문을 전달한 대표자 15명에 노동자들이 시에서 가장 교양 있는 문화인들과 함께 참여했다는 사실이 더욱 흥미롭다. …… 지금 중국의 모든 시선이 후난성에 집중되어 있다는 것은 의심할 여지 없는 사실이다. 후난은 지금 다른 성들이 얻지 못한 기회를 잡았다. …… 만일 후난이 행동을 개시한다면 후난 사례는 널리 퍼져 나갈 것이다.[119]

하지만 청원서가 전달되던 그 순간, 탄옌카이는 이미 다른 생각을 하고 있었다. 자치 운동은 본격적으로 진행되면서 점점 더 급진적으로 변했다. 청원자들은 '민주주의와 사회주의'에 기반을 둔 정치 제도를 원했으며 그것을 얻지 못할 경우에는 '유혈 혁명'이 일어날 것이라고 암시했다. 마오는 〈대공보〉에 실린 글에서 분명하게 진술했다. 자신들의 목표는 '한 명의 후난인' 즉 탄옌카이가 후난을 통치하는 것이 아니다. "(만일 한 사람이 통치하게 되면) 통치자는 주인이 되고, 그가 통치하는 사람들은 노예가 될 것이다." 그들은 '인민에 의한 지배'를 목표로 삼았다.

사실 이 주장은 대부분 과장된 것이었다. 마오 자신도 인정했듯이, 인구의 90퍼센트가 문맹인 나라에서 "반동적 당파들을 일소하고 상층계급과 중간계급을 쓸어내는, 대중을 기반으로 하는 레닌주의식 혁명"은 불가능했다. 이런 상황에서 바랄 수 있는 최선의 길은 교육받은 엘리트층의 운동을 일으켜 외부로부터 "상황을 밀어붙이는 방법"이었다.[120]

하지만 이렇게 전제 조건을 달았는데도 보수주의자들은 불안해했다. '후난 문명'까지는 괜찮지만 '인민에 의한 지배'는 전혀 다른 문제였다.

국경절 행진에서 일부 시위대가, 무질서한 행동을 하지 말라는 조직가들의 경고에도 불구하고, 성 의회 건물 지붕으로 기어 올라갔다. 이 건물은 소수 엘리트 통치의 상징이었다. 지붕에 오른 사람들은 아래에 있는 시위자들의 박수와 야유에 힘을 얻어 성 의회 깃발을 찢어버렸다.[121] 다음 날 탄옌카이는 이 사건을 들어 급진주의자들이 원하는 인민 자치는 작동 불가능한 것이며 따라서 자신의 지지를 철회한다고 발표했다.

자치 운동은 붕괴했다. 당시 중국 방문 중이던 존 듀이와 버트런드 러셀이 11월 1일 창사에 와서 집회에 참석해 헌법 문제에 관해 연설했다. 마오쩌둥도 그 자리에 참석했다. 하지만 어떤 결론에도 이르지 못했다. 몇 주 뒤 탄옌카이는 지역의 군사 지도자인 자오헝티(趙恒惕, 1880~1971)에 의해 축출됨으로써 자신의 소심함에 대가를 치르게 된다. 일찍이 탄옌카이는 바로 이러한 상황이 일어날 것을 우려해 대중의 신임을 받고 싶어 했던 것이다.[122]

새로운 권력자 자오헝티의 지시에 따라 새로 만든 후난 헌법 초안이 이듬해 4월에 발표되고, 결국 1922년 1월에 선포되었다. 그것은 마오와 동지들이 추진했던 '전면적 자치'와 겉보기에 약간 비슷했지만 내용상으로는 완전히 동떨어진 것이었다.[123] 자오헝티는 얼마간 광저우의 남부 정부와 우호적인 관계를 유지했으며 연방제를 지지하는 주요 인물로 인식되었다. 하지만 실제로는 마오가 우려한 대로 그저 군벌 한 명이 새로 등장한 것일 뿐이었다. 자오헝티는 1926년에 다시 다른 장교가 반란을 일으켜 축출된다.

마오는 후난 자치 운동의 실패로 지독한 실망감을 맛보았다. 지난 1년간 쏟은 모든 노력이 "완전히 수포로 돌아갔다"고 그는 친구들에게 말했다. 마오에 따르면, 후난 사람들은 스스로 자신들이 "아둔하고, 이상도 없고 미래에 대한 계획도 없음을 보여주었다. 정치 측면에서 후난 사람들은 무기력하고 심하게 부패했다. 따라서 후난에서 정치 개혁이 이루어질 희망은 전혀 없다고 말할 수 있다." 마오는 이제 다시 처음부터 시작하여 "새로운 길을 열어 나가야" 할 때라고 썼다.[124]

이렇게 좌절을 겪을 때면 항상 그렇듯이, 마오는 또 한 차례 격렬한 자기 반성과 회의에 빠져들었다. 그는 성격상 단점에서부터 공부가 부진한 것까지 자신의 잘못을 샅샅이 찾아내 스스로 질책했다.[125] 하지만 본능적으로 그는 신민학회를 통해 새로운 길을 열어야 한다고 느꼈다. 신민학회는 독군 장징야오에 맞서는 운동 이후 침체되어 있었다. 학회가 앞으로 어떤 역할을 하고 어떤 활동을 할지를 두고 격렬한 논쟁이 시작되었다.

마오가 생각하기에 지금 필요한 것은 '헌신적인 동지들'이었다. 공동의 목표를 지니고, 철저한 개혁을 위한 공동의 전략을 세우는 데 자신의 지적 자원을 결합할 수 있는 동지들이 필요했다. 동지들은 앞에 드러나지 않고 조용히 뒤에서 움직여야 했다. "헛된 명예를 구하거나 다른 사람의 이목을 끌려고" 해서는 안 된다. 그리고 "지배권을 움켜잡으려고 정치 무대에 급하게 올라서는 안 된다." 두 번째로 마오가 생각한 것은 "낡은 질서를 무너뜨리고 완전히 쓸어버리"려면 "단순히 몇몇 관료들이나 정치인들, 군인들뿐만이 아니라 나라 전체의 인민"을 움직여야 한다는 것이었다. 하나의 '주의'를 실행에 옮기려면 그 '주의'가 어떤 것이든 운동이 필요하다. 그리고 그런 운동에는 넓은 대중적 기반이 필요하다.[126] 1920년 11월에 마오는 친구 뤄장룽에게 편지를 썼다.

우리는 정말로 강력한 새로운 분위기를 조성해야 하네. …… 그러려면 당연히 열성적으로 일할 수 있고 결심이 굳은 한 무리의 사람들이 필요하지. 하지만 더 중요한 것이 있다네. 모든 사람을 하나로 묶을 수 있는 '주의'가 있어야만 하지. '주의'가 없이는 새로운 분위기를 조성할 수 없어. 나는 우리 학회가 단순히 정서적으로 하나가 된 사람들의 모임으로 끝나서는 안 된다고 생각해. 우리 학회는 반드시 하나의 '주의'로 묶여야만 하네. '주의'는 깃발과 같지. 깃발을 올려야 비로소 사람들은 바라는 바가 생기고 어느 방향으로 나아가야 할지 알게 되지.[127]

하지만 어떤 '주의'를 선택할 것인가 하는 문제가 있었다. 프랑스에 머물고 있던 16명의 신민학회 구성원들 사이에서도 7월에 이미 날카로운 의견 대립이 있었다. 그들은 파리에서 남쪽으로 100킬로미터 정도 떨어진 몽타르지에서 프랑스어를 배우고 있었다. 7월에 열린 모임에서 차이허썬은 지금 중국에 필요한 것은 러시아식 혁명이라고 주장했다. 샤오위는 반대했다. 그는 교육과 상호 부조 정신에 바탕을 둔 온건한 무정부주의적 개혁 프로그램이 더 바람직하다고 주장했다. 샤오위의 견해는 마오가 1년 전에 〈상강평론〉에서 주장한 것과

마오쩌둥의 사범학교 친구이자 혁명 동지였
던 차이허썬. 마오가 무정부주의에서 마르크
스주의로 사상적 전환을 하는 데 영향을 주
었다.

유사했다. 여기서 드러난 차이점들은, "중국과 세계를 개혁"하는 것
을 학회의 지도 원리로 삼는다는 타협안을 통해 은폐되었다.[128] 하지
만 그 뒤에 샤오위와 차이허썬은 각각 마오에게 편지를 써서 자신들
의 서로 다른 의견을 제시했다. 차이허썬은 사회주의의 주된 사명은
'무산계급(프롤레타리아) 독재'라는 무기로 자본주의 경제 제도를 파
괴하는 것이라고 주장했다.

　　나는 무정부주의 운동이 지금의 이 세계에서 작동하리라고 생각하
지 않네. 이 세계에는 두 개의 적대적 계급이 분명하게 존재하기 때문
이지. 자산계급(부르주아) 독재를 타도하는 과정에서 반동적 계급들
을 누르는 데는 무산계급 독재 외에 다른 방법이 없네. 러시아가 명
백한 사례일세. 따라서 장차 중국을 개혁하는 데 …… 먼저 공산당을
조직해야 한다고 생각하네. 왜냐하면 공산당이야말로 혁명 운동의 발
동자(發動者)이자 선전자(宣傳者)이고, 선봉대이자 작전부이기 때문이

지.[129]

이런 결론을 내린 것은 차이허썬만이 아니었다. 1920년 여름, 천두슈는 〈신청년〉에 실은 글에서 "노동계급의 국가를 건설하는 데 쓸 수 있는 혁명적 수단"을 요구했다.[130]

9월에 창사에서는 마오와 펑황이 후난성 정부 내의 부유한 동조자에게 후원을 받아 '러시아연구회'를 세웠다.[131] 이 연구회는 이후 3개월 동안 십여 명의 후난 젊은이들을 모았다. 그중에는 훗날 공산당에서 유명 인사가 되는 런비스(任弼時, 1904~1950), 펑수즈(彭述之, 1895~1983) 같은 인물들이 있었다. 이들은 러시아에 새로 세워진 '동방노력자공산대학'에 유학해 공부하게 된다.[132] '러시아연구회'는 천두슈의 친구 허민판(賀民範)이 이끌었다. '선산중학(船山中學)' 교장인 허민판은 흰 수염을 길게 기르고 항상 점잖은 긴 비단 장삼을 입고 다니는 옛 스타일의 학자였는데, 조금 어울리지 않지만 사회주의에 강한 호기심을 품고 있었다.[133] 마오는 연구회의 서기로 이름을 올렸는데, 사실상 배후에서 연구회를 움직였다.

한 달 뒤에 허민판은 '마르크스주의학설연구회'를 설립했다. 이것은 리다자오와 천두슈가 베이징과 상하이에서 이미 설립한 조직(공산주의 소조)을 모델로 하여 만들어졌다. 허민판과 마오쩌둥 외에 펑황, 허수형, 그리고 또 다른 교사 한 명까지 3명의 창립 멤버가 더 있었다. 이들은 곧 '사회주의청년단' 후난 지부를 만들 것을 논의하기 시작했다.[134]

하지만 마오는 처음부터 그렇게 열성적인 마르크스주의자는 아니었다. 그 점에서 차이허썬과는 달랐다. 차이허썬은 매우 신속하게 볼셰비즘이 중국 문제의 해답이라고 확신하고 열정적인 태도로 볼셰비즘을 받아들였다. 하지만 마오는 그렇지 않았다. "차이허썬은 이론가이며, 마오쩌둥은 현실주의자"라고 친구들이 말하곤 했다. 결국 마오를 그 자신이 러시아의 '폭력 전술(terrorist tactics)'이라고 불렀던 볼셰비즘으로 이끈 것은 그의 현실주의였다. 마오는 차이허썬에게 '더 나은 다른 수단'이 실패했기 때문에 '최후의 수단'으로서 볼셰비즘을 받아들인다고 썼다. 여기서 '더 나은 다른 수단'이란 자치 운동이나 무정부주의적인 '새로운 마을' 운동을 뜻했다. 마오가 보기에 '러시아식 혁명'이 실제 효과를 낼 수 있는 유일한 방법이었다.[135]

다른 모든 길이 막다른 골목에 이른 지금, 새롭게 찾은 길이 바로 러시아 방식이다. 다른 변혁 방식과 비교할 때 이 방식이 더 많은 잠재력을 갖고 있다. …… 사회 정책은 더는 방도가 아니다. 왜냐하면 그것은 오로지 미봉책에 그칠 뿐이기 때문이다. 사회민주주의는 변혁의 수단으로 의회를 선택한다. 하지만 의회가 통과시키는 법률들은 모두 자산계급을 보호하는 법률들이다. 무정부주의는 모든 권위를 부정한다. 하지만 나는 그런 교의는 절대 실현될 수 없다고 본다. 온건한 유형의 공산주의, 예를 들어 버트런드 러셀이 주장하는 극도의 자유를 허용하는 유형의 공산주의는 자본가들이 마음대로 활동할 수 있게 내버려둘 것이며 그렇게 되면 아무것도 이루어지지 않을 것이다. 급진적 유형의 공산주의, 즉 노동자와 농민의 이데올로기는 계급 독재의 방식을 택하며, 이는 결과를 낼 수 있을 것으로 기대된다. 따라서 이것이 가장 유용한 방식이다.[136]

샤오위는 대안으로 자산계급이 자신들의 과오를 깨닫도록 '교육이라는 방식'을 택해야 한다고 주장했다. 그러면 "자유를 제한하거나 혹은 전쟁이나 유혈 혁명에 기대지 않는 것"이 가능해진다는 것이었다. 12월에 마오는 샤오위가 말한 방법이 이론상 최선이기는 하지만 실제로는 불가능한 이야기라고 썼다. "역사적으로 볼 때 어떤 폭군도, 제국주의자도, 군국주의자도 스스로 물러난 적이 없다. 오로지 사람들이 그들을 타도하려 할 때만 물러났다."

교육에는 (1)돈, (2)사람, (3)기관이 필요하다. 오늘날 세계에서 돈은 완전히 자본가들의 손에 들어가 있다. 그래서 교육을 담당한 자들은 스스로 자본가이거나 아니면 자본가의 노예들이다. …… 아이들에게 자본주의를 가르치면 그 아이들이 자라서 다시 다음 세대 아이들에게 자본주의를 가르칠 것이다. 교육은 이렇게 자본가의 손아귀에 들어가 있다. 자본가들은 이미 의회를 장악하고 있으며 그 의회에서 무산계급에게 불리하고 자산계급에게 유리한 법률을 통과시킨다. 또 자본가들은 '정부'를 갖고 있다. 정부는 법률들을 실행에 옮겨 그 법에 담긴 혜택과 금지 사항들이 효력을 발휘하게 한다. 자본가들은 '군대'와 '경찰'을 갖고 있다. 이 기관들은 자본가들의 안전과 행복을 소극적으로 보장하는 한편, 자산계급의 주장을 적극적으로 억압한다. 또 자본가들은 '은행'이 있어 이를 금고로 사용하여 자신들의 부가 제대로 순환되도록 한다. 그들은 공장을 소유하고 재화 생산을 독점하는 도구로 쓴다. 따라서 공산주의자들이 정치 권력을 장악하지 않는다면 …… 어떻게 공산주의자들이 교육을 장악할 수 있겠는가? 이상이 내가 교육이라는 방식은 적절하지 않다고 믿는 이유다.[137]

마오는 샤오위의 논지가 허약하다고 결론지었고 "차이허썬의 견해에 깊이 찬동한다"는 뜻을 밝혔다. 1921년 1월 1일, 신민학회 회원 18명은 눈보라를 뚫고 '문화서사' 건물에 모였다. 이틀간 토론을 거친 끝에 이들은 투표를 했고 찬성 12명, 반대 3명, 기권 3명으로 볼셰비즘을 학회의 공동 목표로 삼기로 결정했다.[138] 이로써 '마르크스주의학설연구회'는 맹아적 단계의 공산주의 소조로 바뀌었다.[139) 1월 13일에는 사회주의청년단 후난 지부가 창립 모임을 열었다. 구성원은 대부분 학생들과 신민학회 회원들이었다. 마오는 상하이에서 발행된 지하 잡지 〈공산당〉을 받아 보았다. 이것은 볼셰비키혁명 기념일인 11월 7일에 천두슈의 그룹이 발행하기 시작한 잡지였다. 또 마오는 '중국공산당 선언'의 초안을 받았다. 이 초안 역시 지난 11월에 발표된 것이었다. 선언문은 생산수단 공유, 국가 폐지, 계급 없는 사회 건설을 주장했으며 다음과 같이 선언했다.

자본주의를 타도할 수단은 계급투쟁이다. …… 과제는 이 계급투쟁을 조직하고 그 힘을 하나로 모으는 것이며 자본주의에 반대하는 세력을 강하게 만드는 것이다. …… 목표는 대규모 산업 조합을 조직하는 것이며 …… 혁명적인 무산계급 정당, 즉 공산당을 조직하는 일이다. 공산당은 혁명적 무산계급을 자본가에 맞서 투쟁하고 그들에게서 정권을 빼앗도록 이끈다. …… 1917년 러시아공산당이 한 것처럼 권력은 노동자와 농민의 손에 있게 될 것이다.[140)

사회주의청년단 후난 지부의 창립 모임이 있고 며칠 뒤, 마오는 차이허썬에게 편지를 썼다. 이 편지에서 그는 실천할 수 있는 정치 교의로 무정부주의를 명시적으로 거부했으며 마르크스의 '유물론적 역사관'을 자신들이 지금 만들려는 정당의 철학적 기반으로 완전히 받아들인다고 썼다.[141) 이로써 마오의 사상적 변화는 완결되었다.

이후에도 마오의 마르크스주의에는 언제까지나 무정부주의의 흔적이 남는다. 하지만 '주의(主義)'를 찾는 그의 오랜 탐색은 이로써 끝이 났다.

마르크스주의자가 된 것이 1920년 마오의 삶에 일어난 유일한 변화는 아니었다. 그의 개인적 상황 역시 크게 변했다. 마오는 학창 시절부터 가난하기로 유명했다. 졸업한 뒤에도 마찬가지였다. 대부분의 시간 동안 그는 돈을 빌려서 그럭저럭 생계를 꾸렸다. 그것은 돈이 있는 친구가 없는 친구를 돕는다는 상호 부조의 유가적 전통에 기댄 것이었다(언젠가 형편이 뒤바뀌면 도움을 받았던 사람이 거꾸로 도움을 준다는 전제가 있었다). 여하튼 생존이 위태로운 나날이었다. 마오는 세월이 지난 뒤, 그해(1920년) 봄에 관광 여행에 나섰다가 베이징을 떠난 지 얼마 안 되어 경비가 바닥나는 바람에 여행이 완전히 재앙으로 끝날 뻔했던 일을 회고했다.

나는 어떻게 해야 여행을 계속할 수 있을지 몰랐다. 하지만 중국 속담에 "하늘은 길 가는 자를 멈추게 하지 않는다(天無絶人之路)"는 말이 있다. 운 좋게도 동료 학생이 10위안을 빌려주었다. …… 그래서 나는 상하이 근처인 푸커우(浦口)까지 가는 기차표를 살 수 있었다. …… 도중에 고대 유적지도 보았다. …… 하지만 푸커우에 도착했을 때 또다시 돈이 한 푼도 없는 신세가 되었다. 돈을 빌려줄 사람도 없었다. 어떻게 해야 그 도시를 벗어날 수 있을지 알 수 없었다. 그런데 더 끔찍한 일이 벌어졌다. 도둑이 한 켤레밖에 없는 신발을 훔쳐 달아났던 것이다! 아, 어떻게 해야 하지? 하지만 다시 한번 "하늘은 길 가는 자를 멈추게 하지 않았다." 기차역 앞에서 우연히 후난에서 알고 지냈던 옛 친구와 마주쳤는데, 그가 내게 '선한 천사'가 되어주었다. 그 친구가 신발 한 켤레를 사고 상하이까지 가는 기차표를 살 수 있는 돈을 빌려주었다.[142]

상하이에서 마오는 후난 출신 학생 세 명과 함께 방을 썼는데 방세를 내기 위해 세탁소 일을 하게 되었다. 그는 친구들에게 일 자체는 별로 힘들지 않으나 세탁물을 수거하고 배달할 때 드는 전차 삯 때문에 번 돈을 거의 다 쓴다고 말했다.[143]

그런데 상하이에서 창사로 돌아온 뒤 마오의 운이 극적으로 좋아졌다. 1920년 9월에 그는 제1사범학교 부속 소학교 교장으로 임용되었다. 난생 처음 정규직을 얻은 것이었으며 보수도 많았다. 당시 후난 정치에서 중요한 역할을 하던 그에게 어울리는 지위였다. 이 일로 마오는 자기 인생에서 두 번째로 큰 변화를 꾀할 수 있었다. 겨울이 되자 마오는 20살의 양카이후이(楊開慧)와 결혼했다. 양카이후이는 제1사범학교 시절 스승인 양창지의 딸이었다. 양창지는 그 전해 1월에 베이징에서 병으로 세상을 떠났다.[144]

마오가 주로 활동하던 자유주의적 그룹에서 남녀 관계의 의미는 20세기 초, 즉 동시대 유럽이나 미국과 별로 다르지 않았다. 다른 중국 도시와 마찬가지로 창사에도 유흥가가 있었다. 사람들이 '버드나무 거리 구역(柳巷區)'이라고 부르는 곳이었다. 부자들에게는 노래 부르는 여인이 즐거움을 주었고 가난한 자들에게는 창기들이 즐거움을 주었다. 20세기 초 영국의 '에드워드 시대'*나 프랑스의 '벨 에포크(Belle epoque)'**와 마찬가지로, 중국에서도 이런 유흥가에서 성을 사는 것은 사회적 오명을 쓸 일이 전혀 아니었다. 오히려 그런 관행이 너무 보편적이었기 때문에, 중국의 미래를 고민하기 위해 만들어진 급진적 모임들은 모두 가입을 원하는 사람들에게 사창가 방문을 삼감으로써 개혁적 이상에 대한 윤리적 헌신을 보이라는 조건을 내걸

---

* 영국사에서 에드워드 7세의 치세인 1901년에서 1910년까지, 또는 1901년부터 제1차 세계대전 발발 직전인 1914년까지를 가리킨다.
** 프랑스어로 '좋은 시대'라는 뜻. 19세기 말부터 20세기 초 제1차 세계대전이 발발하기 이전 시기를 가리킨다.

었다. 예를 들면 차이위안페이가 1912년에 설립한 '육불회(六不會)'라든가 마오쩌둥이 세운 신민학회가 그랬다.[145]

1915년 마오가 21살 때 학교 친구의 죽음을 애도하면서 쓴 시에서 그가 실제로 성 문제를 어떻게 생각했는지 가늠해볼 수 있다. "우리는 함께 다른 사람의 난잡함을 비난했다. 하지만 우리 속에 있는 악을 우리가 어떻게 없애버릴 수 있겠는가?" 다시 2년 뒤 마오는 위대한 인물의 영웅적 충동을 "사랑하는 이를 향한 멈출 수 없는 욕망"에 비유했는데, 마오는 이 힘을 "스스로 멈출 줄도 모르고 다른 어떤 것에 의해 멈추어지지도 않는다."라고 썼다. 그는 성과 음식 두 가지를 인간의 원초적 본능으로 여겼다.[146]

마오 자신의 말에 따르면 그는 1918년 겨울 베이징대학에서 도서관 조수로 일할 때 양카이후이를 사랑하기 시작했다고 한다.[147] 그러나 당시 마오는 자신의 감정을 고백할 기회가 없었던 것으로 보이며, 설사 그런 기회가 있었다 하더라도 너무 수줍어서 고백하지 못했을 것으로 보인다. 훗날 샤오위는 양창지 선생의 집에서 식사를 할 때면 모두 철저히 침묵을 지켰다고 회고했다.[148] 그처럼 자유로운 분위기의 가정에서조차 젊은 남녀가 단 둘이 있는 것은 전혀 용납되지 않았다. 여하튼 그때 즈음부터 마오의 글에는 좀 더 낭만적인 느낌이 드러나기 시작했다. "사랑에 대한 욕구는 다른 어떤 것보다 강하다. 만약 사랑이라는 자연스러운 힘에 따르지 않는다면, 그런 사람들은 …… (사랑 없는 결혼 이후) 시끄러운 부부 싸움을 시작하거나, 부부의 침실을 상호간 증오의 전쟁터로 만들거나, '복수 강가 뽕나무 숲 사이(桑間濮上)'*에 있는 비밀스런 정사의 세계에 가 있는 자신을 발견하게 될 것이다."[149]

하지만 이 사랑 이야기는 원만하게 진행되지 않았다. 1년 뒤 베이징을 떠나 창사로 돌아온 마오는 타오이(陶毅)라는 젊은 여성의 매력에 사로잡혔다. 그녀는 마오가 진지하게 사귄 첫 번째 여자 친구가 되었다.[150] 타오이는 신민학회의 초기 멤버였으며 두 사람 관계는 1920년 봄에서 여름까지 이어졌다. 그때는 그들이 후난성 자치 운동과 문화서사 일에 열중하던 때였다. 이후 두 사람은 멀어졌고, 가을이 되자 마오는 다시 양카이후이를 찾았다.[151] 마오는 양카이후이에게 러시아와 공산주의라는 멋진 사상을 이야기했고 그녀를 설득해 사회주의청년단에 가입시켰다. 마오의 열정이 두 사람의 수줍음을 이겨냈던 것이다. 양카이후이는 훗날 이렇게 기록했다. "나는 그의 마음을 보았고, 그는 나의 마음을 보았다."[152]

한편 차이허썬과 그의 여자 친구 샹징위(向警予, 1895~1928)가 파리에서 편지를 보내왔는데, 두 사람은 전통 관습을 거부하여 정식 결혼을 하지 않고 '사랑에 기초한 동거'를 하기로 결정했다고 써 있었다. 마오쩌둥은 이들의 결정에 깊이 감동했다.

나는 우리가 샹 양과 차이 군을 지도자로 삼아 '결혼 거부 동맹'을 만들어야 한다고 생각한다. 혼인 약정서를 작성한 남녀라면 그것을 폐기해야 한다. …… 혼인 제도 안에 사는 모든 남자와 여자를 나는 '강간단(强奸團)'이라고 생각한다. 안에 전부터 나는 그런 강간단에 들어가지 않겠다고 밝힌 바 있다.[153]

하지만 이 글을 쓴 뒤 채 3개월이 지나지 않아 마오는 정식 결혼을 했다. 의심할 바 없이 양카이후이의 집안이 정식 결혼을 강하게 요

---

* 오래전부터 중국에서는 이 구절이 사회 통념에 어긋나는 남녀 관계, 즉 혼인을 하지 않은 남녀의 애정 관계를 비유하는 표현으로 쓰였다. 유학 경전의 하나인 《예기(禮記)》에 나오는 구절로, 위나라가 망한 뒤 복수(濮水) 주변에서 벌어진 부도덕한 남녀 관계를 표현한 것이다.(저자 주)

마오쩌둥의 아내 양카이후이와 두 아들 안잉
(3살), 안칭(6개월). 사진은 1925년에 찍은 것
이다.

구했을 것이다. 교수의 딸이 농민의 아들과 결혼하는 것 자체가 이
미 충분히 사회적 모험이었다. 마오처럼 뛰어난 인물이라 해도 그랬
다. 그런데 만일 두 사람이 정식 결혼을 하지 않고 동거를 한다면 그
것은 도저히 감당할 수 없는 부담이었을 것이다. 게다가 여기는 프랑
스가 아니고 중국이었다. 여하튼 마오가 반대한 것은 중매결혼이었
다. 그에게 결혼의 조건은 "남자와 여자가 서로 진심으로 상대에게
깊은 애정이 있을 것"이었다.[154] 그가 보기에 행복의 열쇠는 자유로
운 선택에 있었다.

1921년 가을, 마오와 양카이후이는 창사의 칭수이탕(淸水塘)이라
는 연못 근처에 작은 집을 얻어 같이 살기 시작했다.[155] 이후 몇 해
동안 마오쩌둥은 진정으로 행복한 가정생활을 누렸다. 일생 동안 마

오는 다시는 이런 순수한 기쁨을 맛보지 못한다. 첫째 아들 안잉(岸英)이 1922년 10월에 태어났고, 둘째 아들 안칭(岸靑)이 1923년 11월에 태어났으며, 막내아들 안룽(岸龍)이 1927년에 태어났다. 놀라울 정도로 전통적 분위기의 가정이었다. 양카이후이의 어머니가 집에 들어와 같이 살았으며, 양카이후이는 아이들을 키우면서 살림을 했다. 마오는 밖으로 아주 멀리 자유롭게 돌아다녔다. 그는 부부가 공유하는 대의명분을 위해 그렇게 밖으로 돌아다녔다. 하지만 시간이 흐르면서 대의명분이 더 앞서게 되었고 가정은 점차 뒷전으로 밀려났다.

5장

중국공산당 창당과 국공합작

"중국의 해방은 오직 대중 속에서만 찾을 수 있을 것이다."

MAO
THE MAN
WHO
MADE
CHINA

1921년 6월 3일 금요일, 이탈리아 해운 회사 로이드 트리에스티노 소속 기선 '아킬라(Aquila)'호가 상하이 항에 도착했다. 베네치아에서 출발하여 6주간의 항해를 끝낸 참이었다. 이날 하선한 승객들 가운데 건장한 몸집과 짧게 깎은 검은 머리, 짙은 콧수염이 인상적인 30대 후반의 남자가 있었다. 그의 외모는 프로이센 장교를 연상시켰다.[1] 남자는 말썽 많은 여행을 방금 마쳤다. 배를 타기 전부터 중국 입국 비자를 받으려고 오스트리아 빈에 갔다가 경찰에 체포되는 일을 겪었다. 얼마 지나지 않아 석방되었지만 오스트리아 경찰은 중국으로 향하는 도중에 들르는 모든 항구에 남자의 신원을 통보했다. 스리랑카의 콜롬보, 말레이반도의 페낭과 싱가포르, 홍콩 등지에 잠시 정박했지만 항구마다 영국 경찰이 배 앞에 지키고 서서 남자가 뭍에 내리지 못하게 막았다. 베이징의 네덜란드 공사관은 중국 정부에 이 남자의 입국을 불허해 달라고 요청했다. 하지만 아무 답도 듣지 못했다.[2] 당시 상하이에는 베이징 정부의 힘이 미치지 못했기 때문이다. 상하이는 중국이라는 동물의 거대한 아가리 같은 곳이었다. 자국에서 추방당한 외국인, 야심가, 범죄자 등 항구에 들어오는 사람들을 모두 삼켜버렸다. 러시아혁명을 피해 탈출한 벨로루시 사람들,

혁명 사상을 품은 모험가, 일본의 첩자, 국적 불명의 지식인, 온갖 종류의 악당들이 상하이로 들어왔다. 또한 상하이는 이상주의에 불타는 중국의 젊은이들이 도쿄와 파리 등지로 새로운 문물을 찾아 출발하는 장소이기도 했다. 상하이를 중국인들은 '모험가의 낙원'이라 불렀고 서양인들은 '동양의 창녀'라고 불렀다. 심미주의자로 유명했던 해럴드 액튼 경(Sir Harold Acton)은 상하이가 "사람들이 자기 자신이 얼마나 특이한지 의식하지 못하는 곳이며, 특별함이 평범함이 되고 별난 것이 아주 흔한 곳"이라고 말했다. 영국의 에드워드 8세와 결혼한 미국인 윌리스 심프슨(Wallis Simpson)이 젊은 시절 상하이에 와서 구명정 하나만 허리에 걸친 채 이 지역 사진사 앞에서 나체로 사진을 찍었다는 소문도 있었다.

영국의 극작가 유진 오닐(Eugene O'Neil)은 스웨덴 여자 안마사와 함께 여기까지 왔다가 신경쇠약으로 쓰러졌다고 한다. 올더스 헉슬리(Aldous Huxley)는 이 도시에 대해 "밀집되어 있고 부패했으며 심하게 응고된 삶 …… 이보다 치열한 삶을 상상할 수 없다."라고 썼다. 중국의 극작가 샤옌(賀衍, 1900~1995)은 상하이에서 "24층 지옥 위에 세워진, 48층 마천루가 즐비한 도시"를 보았다.[3]

스스로 '안드레센'이라고 밝힌 네덜란드 남자는 황푸강(黃浦江)의 외탄(外灘) 부두에 늘어선 거대한 영국 자본주의의 성채들을 하나씩 쳐다보며 걸었다. '홍콩상하이은행', '세관'(이 건물 로비 천장에는 양쯔강의 범선들을 그린 모자이크 그림이 있었다), 영국의 동인도회사를 모태로 한 무역 회사 '자딘 앤드 매터슨', 덴마크의 해운 회사인 '동아시아회사' 같은 건물이 당당하게 서 있었다. 그는 조금 더 걸어서 "중국인과 개는 출입 금지"라는 이상한 표지가 붙어 있는 공원을 지났고,[4] 호텔 '해원여사(海員旅社)'와 쑤저우허(蘇州河)를 지나 목적지인 '오리엔탈 호텔'에 들어가 객실을 잡았다.[5]

레닌과 코민테른이 중국에 파견한 네덜란드 출신의 혁명가 스니블리트.

거리에는 각양각색의 사람들이 넘쳐났다. 긴 장삼을 입고 파나마 모자를 쓰고 걸어가는 중국인들도 있었고, 말쑥하게 양복을 차려입은 채 운전사가 모는 자동차를 타고 가는 대반(大班, 중국에서 활동하던 외국계 회사의 책임자)들도 보였다. 나이트클럽에서는 유럽과 아시아 각지에서 온 직업 댄서들이 젊은 외국인 망명자들과 밤새 유흥을 즐겼다. 누더기 같은 옷을 입고 땀을 흘리며 무거운 짐을 옮기는 짐꾼들도 있었다. 여자와 어린아이들이 하루에 14시간 일하는 방직 공장도 있었고, 황푸강 건너편 빈민촌에는 당시 새롭게 형성되던 무산계급에 속한 사람들이 살았다. 이런 온갖 사람들을 보면서 이 남자는 어쩌면 마음속에 선교사의 열정이 갑자기 불타올랐을지도 모른다. 사실 이 남자도 일종의 선교사라고 할 수 있었다. 본명이 헨드리쿠스 스니블리트(Hendricus Sneevliet)였지만, 그는 마르틴 이바노비치 베르그만(Martin Ivanovich Bergman)이라든가 상토(Monsieur

Sentot), 요 반 손(Joh van Son)이라고 불렸고, 중국 이름으로 마린(馬林)이라고도 불렸다. 그 밖에도 이름이 여러 개 더 있었다. 그는 레닌의 결정에 따라 코민테른, 즉 공산주의 인터내셔널에서 중국인 동지들을 돕기 위해 처음으로 파견한 사람이었다. 중국인 동지들은 그의 도움을 받아 우선 공산당을 조직할 것이고, 그 당은 '메카(Mekka)'에 있는—그는 모스크바를 '메카'라고 불렀다.—볼셰비키 지도자들을 형제애로 도울 것이며, 또 세계 혁명 확산을 돕도록 예정되어 있었다.[6]

　러시아가 중국에 보낸 사절은 스니블리트가 처음은 아니었다. 최초의 접촉은 1920년 1월이었고 4월이 되자 코민테른의 승인 아래 그리고리 보이틴스키(Grigorii Voitinskii)가 중국 실정을 파악하기 위해 파견되었다. 그를 파견한 기관은 볼셰비키당 극동국의 블라디보스토크 지부였다. 볼셰비키당 극동국 본부는 치타(Chita)에 있었다. 치타는 당시 '소비에트극동공화국(Soviet Far Eastern Republic)'의 수도였다. 이 공화국은 명목상으로만 모스크바로부터 독립된 공화국이었는데, 영토는 남부 시베리아에서 중국 국경에 이르는 넓은 지역이었다. 볼셰비키당 극동국은 여러 기관과 관할권 다툼을 벌이고 있었다. '극동공화국' 외무부, 이르쿠츠크에 자리 잡은 러시아 볼셰비키당 시베리아국 동방민족부, 그리고 마치 경쟁 상대가 더 있어도 상관이 없다는 듯, 심지어 코민테른과도 관할권 다툼을 벌였다. 이런 혼란 때문에 그해 중국에서는 십여 명의 러시아 요원이 활동했으며 그들은 종종 서로 활동을 방해했다. 그뿐 아니라 조선의 공산주의자 상당수가 중국에서 활동했는데 그중 몇몇은 자신이 코민테른의 지시를 받아 움직인다고 주장했으며 이들 역시 내부적으로 분열되어 있었다. 중국의 공산주의자들도 분열되어 있었다. 여러 중국인이 보이틴스키 앞에 번갈아 나타나서는 자신이야말로 소비에트의 지지를 받는 사람이라고 주장했다. 이런 중국인들은 대부분 무정부주의자들이었으며 자금 조달이나 확고한 명성을 얻는 데 코민테른이 도움이 될 수 있다고 생각했던 것이다. 그런 집단 가운데 '대동당(大同黨)'이 있었다. 블라디보스토크의 극동국은 한동안 이 조직을 진정한 '사회주의, 공산주의' 조직이라고 인정했다. 그 밖에 짧은 기간이었지만 '러시아공산당 중국 지부'의 자격으로 존재했던 다른 중국인 조직도 있었다. 이렇게 복잡한 상황에서 스니블리트가 중국에 도착하고 나서야 비로소 천두슈 그룹이 중국에서 정통성이 있는 유일한 공산주의 세력으로 인정받게 되었다. 당시 중국 내에는 천두슈 그룹 외에 네 개의 독자적인 공산주의 조직이 있었는데 이들은 공식 인정을 거절당했다. 이 결정은 1921년 6월에 모스크바에서 열린 코민테른 제3차 대회에서 채택된 것이었다. 이때쯤이면 러시아 역시 조직 정리 작업을 완수한다. 치타와 블라디보스토크의 조직이 코민테른 극동 서기처로 통합되고, 이 서기처가 이르쿠츠크에 있던 '동방민족부'도 대신한다.[7]

보이틴스키는 적절한 시기에 중국에 도착했다. 마침 소비에트 러시아가 중국의 일부 영토에 대한 치외법권을 포기하겠다고 선언하면서 중국 내에서 러시아에 대한 호의적 열광이 일어나던 때였다. 보이틴스키는 매우 점잖고 친절한 사람이었다. 그를 만난 중국인들은 혁명 동지가 갖추어야 할 모든 자질의 표본을 보는 듯한 기분을 느꼈다. 보이틴스키는 9개월 동안 중국에 머물면서 천두슈가 상하이에 '공산주의 소조'를 조직하는 것을 도왔으며, '사회주의청년단'을 만들고 잡지 〈공산당〉을 발간하는 것, 당의 선언문을 기초하는 것까지 도와주었다. 마오쩌둥과 다른 사람들이 그해(1920년) 겨울에 받아 본 선언문 초안이 그것이었다. 이 선언문은 여러 지역의 조직들을 합쳐서 제대로 된 공산당을 구성하는 창당 대회를 위한 준비 작업의 일환이었다.

헨드리퀴스 스니블리트는 보이틴스키와는 전혀 다른 유형의 사람이었다. 그는 코민테른 집행위원회 위원이었으며, 네덜란드령 인도네시아의 공산당 고문으로서 5년간 아시아에서 일한 경험이 있었다. 스니블리트는 완고하고 오만한 분위기를 물씬 풍겼다. 그는 어떤 중국인 동지보다 자신이 더 많이 안다는 것뿐 아니라, 중국 동지들을 순응하게 만드는 것이 자신이 반드시 완수해야 할 의무임을 드러냈다. 장궈타오(張國燾, 1898~1979)는 이 네덜란드인이 중국에 도착하고 얼마 되지 않아 처음 만났을 때 인상을 다음과 같이 회고했다(장궈타오는 베이징대학을 졸업하고 리다자오를 도와 북부 중국에서 '공산주의 소조'를 만든 인물이다).

그 외국인(洋鬼子)은 오만해서 상대하기가 어려웠다. 그의 태도는 보이틴스키와 사뭇 달랐다. …… 어떤 사람들은 그가 동인도제도에서 식민 지배자로 살아온 네덜란드인의 태도와 버릇을 지니고 있다는 인상을 받았다. 그는 자신이 코민테른에서 동방 문제에 관한 한 최고 권위자라고 믿는 듯했으며, 그 믿음이야말로 그가 지닌 자부심의 가장 큰 원천이었다. …… 그는 자신을 아시아인들을 해방시켜주려고 찾아온 천사로 여겼다. 하지만 우리는 자존을 지키면서 스스로 해방의 길을 찾아왔고, 그런 우리가 보기에 그는 백인종의 사회적 우월감을 지닌 것 같았다.[8]

1921년 6월 말, 마오쩌둥과 허수형은 증기선을 타고 극비리에 창사를 출발했다.[9] 보이틴스키가 중국에 있을 때 준비에 들어갔던 중국공산당 창당 대회(중국공산당 제1차 전국대표대회)에 참가하기 위해서였다. 베이징, 광저우, 지난(濟南), 상하이, 도쿄, 우한에서 온 11명의 대표자들도 마오쩌둥 일행과 함께 대회에 참석할 예정이었다. 창당 대회는 7월 23일 토요일 프랑스 조계에 있는 어느 여학교에서 열렸다. 여름방학이어서 수업이 없었다. 일부 대표들이 늦게 도착하는 바람에 대회는 원래 계획보다 3일 늦게 열렸다. 천두슈와 리다자오는 참석하지 않았다. 대회가 너무 급하게 소집되는 바람에 두 사람은 먼저 약속된 다른 공무를 처리해야 했던 것으로 보인다. 이들이 없었기 때문에 장궈타오가 회의를 주재했다. 장궈타오와 마오쩌둥은 2년 반 전 베이징에서 마오가 도서관 조수로 일할 때 만난 적이 있었다. 스니블리트와 그의 동료 니콜스키(Nikolskii)가 행사의 초기 진행을 맡았다. 니콜스키는 최근 이르쿠츠크에 새로 자리를 잡은 코민테른 극동 서기처에서 파견한 사람이었다. 그러나 창당 대회는 곧 이틀간 휴회에 들어갔다. 초안 작성 위원회가 당 강령, 당규, 당 정책 선언문을 준비할 시간을 주기 위한 조치였다.

창당 대회는 수요일에 속개되었고 토론은 다음 세 가지 쟁점을 중심으로 하여 진행되었다. 첫째, 어떤 유형의 당을 건설할 것인가? 둘째, 이 당은 자산계급의 기관들, 특히 국회와 광저우 정부와 베이징 정부에 어떤 태도를 취할 것인가? 셋째, 코민테른과 어떤 관계를 맺을 것인가?

스니블리트는 개회 연설을 통해 이 대회의 참석자들이 모두 학생이거나 교사라는 점을 지적하면서 노동자계급과 강력하고 긴밀한 관계를 맺는 것이 중요하다고 강조했다. 상하이 소조 대표로 참석한 마르크스주의 학자 리한쥔(李漢俊)이 즉각 반론을 제기했다. 리한쥔의 견해에 따르면, 중국의 노동자들은 마르크스주의에 대해 아는 바가 없으며 그들을 조직하려면 긴 시간 교육과 선전 활동이 필요했다. 그리고 그런 준비를 하는 동안 중국의 마르크스주의자들은 러시아의 볼셰비즘과 독일식 사회민주주의 가운데 어느 쪽을 추진하는 것이 목적 달성에 더 도움이 될지 결정해야 했다. 지금 당장 무산계급 독재를 목표로 하는 노동계급 정당의 건설을 서두르는 것은 중대한 실수가 될 가능성이 컸다. 스니블리트는 몹시 당황스럽고 불쾌했다. 첫 번째 쟁점에서는 스니블리트가 결국 승리를 거두었다. 새롭게 탄생한 중국공산당은 첫 번째 공식 성명에서 고전적인 볼셰비키 방식으로 다음과 같이 선언했다.

우리 당의 강령은 다음과 같다. 혁명 군대는 반드시 무산계급과 함께 자본가계급의 정권을 전복하고, 노동자계급의 국가를 건설하여 사회 계급 구분이 완전히 없어질 때까지 노동자계급을 원조한다. ……(계급투쟁이 끝날 때까지, 즉 사회 계급 구분이 사라질 때까지) 무산계급 독재를 승인한다. …… 자본가의 사유 재산제를 폐지하고, 기계와 토지, 공장, 반제품 등 생산수단을 몰수하여 …… 사회가 공유한다. …… 우리 당은 소비에트 관리 제도를 승인하며, 노동자, 농민, 병사를 조직하고 사회 혁명을 정책의 중요 목적으로 삼는다. 중국공산당은 자산계급의 황색 지식 분자 및 그와 유사한 기타 당파와 어떠한 관계도 철저히 차단한다.[10]

러시아 입장에서 보면 나머지 두 가지 쟁점에서는 첫 번째 쟁점에서만큼 만족스러운 결과가 나오지 않았다. 이는 대회가 마무리될 때 상황에도 일부 원인이 있었다. 7월 29일, 여전히 심각한 의견 불일치가 있음이 분명해지자 스니블리트는 자신이 새로운 의견을 제안하고 싶다고 말했다. 그리고 다음 회의는 학교가 아니라 역시 프랑스 조계 안에 있는 리한쥔의 집에서 열자고 요청했다. 7월 30일 저녁, 회의가 시작되고 얼마 되지 않아 낯선 남자가 문 안을 기웃거리더니 집을 잘못 찾았다고 중얼거리면서 황급히 자리를 떴다. 스니블리트는 상황을 눈치채고 즉시 해산을 명했다. 몇 분 뒤 프랑스 장교가 지휘하는 한 무리의 중국인 경찰들이 몰려왔다. 그들은 무려 네 시간 동안 샅샅이 수색했지만 아무것도 찾지 못했다. 이 일이 있은 뒤 상하이에서 회의를 속개하는 것은 너무 위험하다고 판단해 장소를 옮기기로 했다. 참석자들은 상하이에서 남쪽 항저우(杭州) 방향으로 약 100킬로미터 지점에 있는 자싱(嘉興)이라는 작은 도시에서 모이기로 결정했다. 그리하여 수색 사건이 있고 며칠 뒤, 갈대가 우거진 난호(南湖)라는 호수에 띄운 유람선에서 마지막 회의가 열렸다. 그러나 이 회의에서 스니블리트는 발언할 수 없었다. 외국인이 눈에 띄면 의심을 살 것을 우려해 스니블리트와 니콜스키는 참석하지 않았기 때문이다. 해질녘 유람선 여행이 끝나고 대표자들은 함께 큰 소리로 외쳤다. "(중국)공산당 만세! 코민테른 만세! 인류의 해방자, 공산주의 만세!" 이날 결정된 사항에 대해 한 참석자는 '거칠고 급진적인 결정들'이었다고 평가했는데, 그중 일부는 코민테른의 방침에 어긋나는 것들이었다.[11]

예를 들어, 그들은 중국공산당이 다른 정당에 대해 '독립적이고, 공격적이고, 배타적인 태도'를 유지할 것과 당원은 다른 비공산주의 조직과 모든 관계를 끊을 것을 결의했다.[12] 이러한 분파주의적 태도는 쑨원의 국민당과 전략적 연합을 염두에 두고 있던 스니블리트와 뜻이 맞지 않는 것이었다. 스니블리트는 국민당을 그 당시 중국에서 가장 강력한 혁명 세력으로 보았는데 그의 평가는 정확했다. 또한 중국공산당의 태도는 1년 전 모스크바에서 열린 코민테른 제2차 대회에서 채택된 레닌의 주장과도 배치되었다. 레닌은 '후진적인 국가들'에서 공산당은 존재를 유지할 수 있는 한도 내에서 민족적-혁명적 자산계급의 민주주의 운동과 긴밀하게 협력해야 한다고 주장했다.[13]

창당 대회가 원래 계획대로 8월 5일까지 계속되었다면, 스니블리트는 분명 중국의 현실에 더 잘 맞는 강령을 채택하도록 대회 참석자들을 설득할 수 있었을 것이다. 대회 참석자들은 초안 작성 위원회가 제시한 문건을 사실상 그대로 채택했다. 문제는 초안 작성에 스니블리트가 참여할 수 없었다는 것이다. 초안 작성 위원회는 미국 공산당의 당 강령과 선언문 — 번역문이 이미 12월에 〈공산당〉에 게재되었다. — 그리고 영국공산당의 각종 공식 문건을 모델로 삼아서 초안을 잡았다.[14]

또 다른 심각한 문제는 이 창당 대회의 참가자들이 베이징 정부와 광저우 정부가 각각 지닌 장점에 대해 아무런 합의를 보지 못했다는 점이었다. 하지만 천두슈와 마찬가지로 스니블리트도 쑨원이 이끄는 광저우의 남방 정부가 훨씬 더 진보적이라고 평가했다.

스니블리트가 보기에 더욱 유감스러웠던 점은 대표자들이 모스크바의 우위를 인정하지 않은 것이었다. 당 강령에 "코민테른과 단결"이라는 구절이 들어 있긴 했지만, 중국공산당은 스스로 코민테른에 종속된 존재가 아니라 동등한 상대로 여겼다.[15] 러시아는 이런 상황이 탐탁지 않았다. 이르쿠츠크에서 니콜스키의 상관인 유리 스무르기스(Yurii Smurgis)는 중국공산당 창당 대회를 "공산주의자로 자처하는 중국인들"의 대회라고 경멸조로 말했다.[16]

이런 상황이었기 때문에, 공산주의 '메카'와 중국공산당의 긴장 관계는 계속될 수밖에 없었다.

9월이 되어 천두슈가 중국공산당 중앙집행위원회 임시 서기의 책임을 맡았다. 하지만 천두슈는 곧 스니블리트가 코민테른 대표로서 독단적으로 당원들에게 지령을 내릴 뿐 아니라, 자신에게 직접 주간 업무 보고서를 제출받을 것을 기대하고 있음을 알았다.[17]

몇 주 동안 천두슈는 네덜란드인과 어떤 일도 같이 하지 않았다.

천두슈는 상하이 소조원들에게 중국공산당은 이제 건설 초기에 있다고 말했다. 중국 혁명은 독자적인 특성이 있으며, 코민테른의 도움은 필요 없었다. 하지만 결국 타협이 이루어졌다. 중국공산당이 생존하는 데 필요한 자금으로 (중국 돈으로) 1년에 최고 1만 5천 위안(元)을—천두슈는 이런 지원금에 대해 아는 바 없다고 말했지만—코민테른이 제공했던 것이다.[18] 그러나 불쾌한 감정은 여전히 사라지지 않았다. 스니블리트 개인의 권위주의적 태도 때문만은 아니었다. 그의 뒤를 잇는 수많은 러시아 측 고문들도 계속해서 중국인의 감정을 상하게 했다. 이것은 두 나라의 문화적, 인종적 차이가 반영된 문제였다. 공산주의 운동의 국제주의 원칙에 따라 처음에는 어느 정도 이런 차이가 무마되었지만 40년이 지난 뒤에 결국 이 문제가 심각한 문제를 일으키게 된다.

마오쩌둥은 제1차 당 대회에서 별다른 역할을 하지 못했다. 그는 후난성의 공산주의 소조에 관해 보고서를 제출했다(이 보고서는 현재 분실된 상태다).[19] 7월까지 후난성 소조는 10명이 전부였는데, 당시 중국 전체 공산주의 소조원의 수는 53명이었다.[20] 저우푸하이(周佛海)라는 이름의 후난 출신 학생은 회원이 두 명인 도쿄 소조의 대표였는데, 마오쩌둥과 함께 공식 회의 기록자로 지명되었다.[21] 장궈타오는 당시에 자신이 본 마오쩌둥을 "얼굴빛은 창백하지만 성격은 비교적 활발한 젊은이였고, 국산 옷감으로 만든 장포(長袍)를 입은 모습이 마치 시골 마을에서 온 도사 같았다."라고 회고했다. 장궈타오에 따르면, 마오쩌둥은 '후난 사람 특유의 거친 태도'를 보였으며, 일반적인 교양 지식은 수준이 높았지만 마르크스주의에 대해서는 그리 많이 알지 못했다.[22] 회의 참석자들은 마오가 토론에서 이렇다 할 활약을 하지는 못한 것으로 기억했다.[23] 마오는 분명 자신보다 세련된 동료들에게 압도되었을 것이다. 샤오위는 마침 그 당시 상하이에서 마오를 만났는데, 그때 마오는 친구에게 다른 회의 참석자들이 "대단히 교양 있고 …… 일본어나 영어를 읽을 줄 안다."고 말했다고 한다.[24] 마오는 또다시 자신이 외국어에 취약하다는 사실을 뼈저리게 느꼈고 창사에 돌아오자마자 다시 한번 영어 공부에 몰두했다.[25] 두 달 뒤인 10월 10일 중국공산당 후난성 지부가 만들어진다. 마오가 서기를 맡았고, 신해혁명 10주년을 기념하는 상징적 의미에서 이날을 지부 창립일로 택했다.[26]

다음 몇 달 동안 마오는 후난성 지부의 규모를 키우기 위해 온 힘을 쏟았다. 11월이 되어 임시 당 중앙은 각 지부에 1922년 여름까지 최소한 당원 30명씩 확보하라는 지시를 내렸다.[27] 결국 세 지부가 이 목표를 이루었는데 광저우, 상하이, 그리고 마오가 담당한 후난성 지부였다.[28] 이 지시가 내려온 11월에 마오는 볼셰비키혁명을 축하하는 행진을 조직했다. 이는 연례행사로 자리 잡게 되는데, 상하이에서 발행되는 〈민국일보(民國日報)〉에 이 행사와 관련해 다음과 같은 기사가 실렸다.

교육협회 건물 앞 광장 깃발 게양대에 거대한 붉은 기가 휘날렸다. 양쪽 옆에는 작은 하얀 깃발 두 개가 펄럭였다. 하나에는 "전 세계의 무산계급이여, 일어나라!", 다른 하나에는 "러시아 만세! 중국 만세!"라고 씌어 있었다. 이윽고 많은 사람들이 손에 작은 붉은 기를 들고 모여들었다. 그 깃발에는 "소비에트 러시아를 승인하라!" …… "사회주의 만세!" "노동자에게 빵을!" 같은 구호가 적혀 있었다. 군중들에게 전단을 나누어주었다. 이제 막 연설을 시작하려는데 경찰 부대가 나타났다. 경찰 지휘관이 성장의 명령에 따라 집회를 즉각 해산해야 한다고 말하자 군중이 항의했다. 헌법 12조에 따르면 시민들에겐 자유로운 집회의 권리가 있다는 것이었다. …… 하지만 경찰 지휘관은 군중과 헌법에 관해 논쟁할 생각이 없었고 성장의 명령에 복종해야 한다고만 말했다. 군중이 분노하여 "성장을 타도하라!"고 외치기 시작했다. 경찰은 즉각 공무를 집행하기 시작했다. 모든 깃발이 찢겼으며 시위대는 강제로 해산당했다. 시간은 오후 3시였다. 폭우가 내리기 시작하면서 더 격렬한 충돌을 막아주었다.[29]

이렇게 자오헝티 성장과 긴장 관계에 있었지만 마오쩌둥은 후난성 엘리트층 협조자들의 도움을 받아 그가 1년 전에 언급했던 '쯔슈대학'을 세우는 데 성공했다.[30] 학교의 재정은 자오헝티 정부로부터 1년에 2천 위안에 이르는 지원금을 받아 충당했다. 당시로서는 꽤 큰 액수였다.

쯔슈대학의 공식 목표는 "사회 개혁을 준비"하며 "지식 계층과 노동 계층이 서로 가까워"지도록 만드는 것이었다.[31] 하지만 실제로 이 학교는 미래의 공산당 활동가를 훈련하는 곳이었다. 학생 수는 가장 많을 때 20여 명에 이르렀다. 이 학교는 선산학사(왕부지학회)에서 주도했고 선산학사 건물을 썼기 때문에 학교의 정치적 목적이 무엇인지 사람들은 별달리 관심을 두지 않았다. 하지만 점차 시간이 가면서 마오의 본래 의도가 드러나기 시작했다. 교사와 학생들이 "공산주의적 생활을 실천하는" 학문적 코뮌을 세우려 했던 것이다. 마오는 이 학교의 책임자로 일하기 위해 제1사범 부속 소학교 교장을 그만두었다(그는 그곳에서 국어를 가르쳤다).[32] 처음에는 허민판이 쯔슈대학 학장을 맡았다. 하지만 마오가 건강과 체력 단련에 대해 전통에 어긋나는 견해를 지닌 것이 분명해지면서 둘 사이가 멀어졌고 허민판은 자리를 내놓았다. 찌는 듯 더운 어느 여름날, 마오는 학생들에게 강의를 들을 때 옷을 벗도록 했다. 당시 기준으로 볼 때 몹시 충격적인 행동이었다. 좀 더 보수적인 이전 세대에 속했던 허민판은 크게 언짢아했고 이 밖에 몇 가지 의견차로 인해 두 사람은 서로 불쾌한 감정을 지닌 채 다른 길을 걷게 되었다.[33]

하지만 향후 2년간 마오쩌둥은 노동조합 조직가로서 활동에 주력했다. 볼셰비키의 정통적 신념에 따르면 혁명은 반드시 무산계급의 손으로 완수해야 했다. 이에 따라 중국공산당 제1차 대회에서 이미 당의 '주된 목적'이 산업 부문의 노동조합을 건설하는 데 있음을 분명히 규정했다.[34] 당시 중국에는 약 150만 명의 산업 노동자가 있었다.[35] 농민은 2억 5천만 명에 달했다. 중국의 공장 노동자들은 19세기 영국 소설가 찰스 디킨스가 묘사한 것 같은 처참한 상황에 놓여 있었다. 미국의 선교사이자 교육자였던 셔우드 에디(Sherwood Eddy)는 YMCA의 요청에 따라 중국의 노동 실태를 조사한 후 이렇게 보고했다.

베이징의 한 성냥 공장에는 1천1백 명의 노동자가 있다. 9살에서 15살까지 소년들이 다수를 차지한다. 작업은 오전 4시에 시작해서 오후 6시 30분에 끝나며, 그사이에는 낮 12시에 몇 분간 휴식이 있을 뿐이다. …… 1주일에 7일 일한다. …… 통풍 시설은 열악하며 성냥 원료로 쓰이는 싸구려 인(燐)에서 해로운 증기가 나와 폐를 손상시킨다. 그곳에 30분 있자 목이 타는 듯 아파 왔다. 직공들은 하루 종일 해로운 증기를 들이마신다. …… 하루 평균 80명이 병이 난다고 한다. (내가 또 방문한 곳은) 베이징의 어느 직물 공장이었다. 1만 5천 명의 젊은 노동자가 일하고 있었다. 이들은 1주일에 7일, 하루 18시간 노동에 한 달 급여가 9은원이었다. 절반은 견습공이었는데 이들은 기술 훈련도 받지 못하고 급여도 받지 못한 채 그저 식사만 제공받으며 일했다.

······ 견습공들의 부모는 자식을 먹일 수 없을 만큼 가난했기 때문에 기꺼이 자식을 공장에 넘겨주었던 것이다.

직공들이 잠을 자는 기숙사에 가보았다. 가로세로 2미터 남짓한 방에서 열 명이 잠을 잔다고 했다. 이중 절반은 주간 작업조이고 절반은 야간 작업조이다. 기숙사 건물에는 조리용 난로나 가구, 난방용 난로도 없었고 화장실도 없었다. ······ 근처에 이 공장 주인이 소유한 동굴 같은 곳이 있었다. 창문도 없고 그저 문만 하나 있었다. 거기에서는 10살에서 15살 정도의 여자아이들이 낮에 잔다고 했다. 밤에는 공장에서 일하는데 한 번 근무에 30전(錢)을 번다고 한다. 그들은 헝겊을 몇 장 깐 나무판 위에서 잤다. 공장 사이렌을 듣지 못하면 어쩌나 하는 것이 그들에게 가장 큰 걱정거리였다. 공장에 늦게 도착하면 해고당하기 때문이다. 이 사람들은 삶을 사는 것이 아니다. 그저 생존할 뿐이다.[36]

후난성의 경우는 중국 해안 지역과 비교해볼 때 여성과 어린이 노동자가 그렇게 많지 않았지만 전반적인 상황은 다른 지역과 마찬가지였다. 중세 이래로 중국의 노동자와 장인(匠人)들은 과거 유럽의 길드(guild)와 같은 전통적인 '동업자 조합'에 의해 조직되었다. 그런데 1920년 11월 두 명의 젊은 무정부주의자 황아이(黃愛)와 팡런취안(龐人銓)이 '후난노공회(湖南勞工會)'라는 독립적인 노동자 기구를 만들었다. 1921년 8월에 중국공산당은 스니블리트의 조언에 따라 '노동조합 서기부'를 만들었는데 장궈타오가 책임을 맡았으며 본부는 상하이에 두었다. 그러나 이때쯤이면 '후난노공회'는 이미 회원이 2천여 명에 이르렀으며, 창사의 후난 제1 방직 공장에서 성공적인 파업을 수행할 정도가 되었다.[37]

팡런취안은 마오의 고향인 사오산에서 15킬로미터쯤 떨어진 마을 샹탄 출신이었다. 1921년 9월에 마오는 팡런취안과 함께 안위안(安源) 탄광을 방문한 적이 있었다. 이 탄광은 후난성과 장시성의 경계 부근에 있었으며 중국인이 소유한 거대한 산업 단지의 일부였다. 마오는 그곳에서 노동자들을 조직할 가능성이 있는지 살펴보았다.

마오는 먼 친척뻘 되는 마오쯔윈이란 사람의 집에 머물렀다. 마오쯔윈은 탄광에서 감독관으로 일하고 있었다. 처음에 노동자들은 마오쩌둥의 겉모습을 보고 당혹해했다. 그는 전통적인 학자의 의상인 푸른색 장삼을 입고 지우산을 들고 다녔다. 5·4운동이 일어난 지 상당한 시간이 흘렀지만 정신노동과 육체노동의 간극은 여전했다. 하지만 마오쩌둥이 그들과 똑같은 사투리를 쓰는 시골 출신이라는 사실 덕분에 노동자들은 조금씩 마음을 열기 시작했다. 마오는 장삼을 벗고 편한 옷으로 갈아입고는 탄광 갱도로 직접 내려가 보았다. 그곳에서 그는 12시간씩 교대로 작업하는 노동자들을 보았다. 온도는 섭씨 38도까지 올라갔다. 노동자들은 옷을 다 벗은 상태였으며 수건으로 머리만 감싸고 있었다. 머리 부상을 막기 위한 일종의 안전장치였는데, 다른 안전장치는 아무것도 없었다. 가스 폭발 사고가 자주 일어나서 매년 이 탄광에서만 평균 30명의 노동자가 사망했다. 십이지장충에 의한 질병과 진폐증 가운데 하나 또는 둘 다를 앓는 노동자가 전체의 90퍼센트였다.[38]

이 첫 번째 여행에서 마오는 아직 확실한 결론에 이르지 못했다. 마오는 12월에 한 번 더 안위안 탄광을 찾았다. 곧이어 마오는 리리싼과 논의한 끝에 리리싼이 그곳에 장기적으로 머물면서 노동자들과 그들의 자녀들을 위한 학교를 운영하기로 했다. 6년 전 마오쩌둥이 '신민학회' 회원을 모집할 때 '절반의 대답'을 주었던 리리싼은 프랑스에 유학을 다녀온 후 상하이에서 공산당에 가입했다. 마오의 기억 속에서 리리싼은 미적지근한 태도를 지닌 어린 학생이었지만, 이제 그는 성장하여 대담하고 종종 지나친 열정을 보이는 당 투사가 되어 있었다. 마오는 그에게 일을 신중하게 추진하라고 조언했다. 리리싼이 나중에 기록한 내용에 따르면, 마오는 그에게 먼저 "대중 교육이라는 기치를 걸고" 교사로서 노동자들에게 신뢰를 얻고, 그런 다음에 그들을 정치적으로 조직하고 공산당 지부 건설을 시도하라고 말했다.[39]

한편 마오는 처음으로 안위안 탄광을 둘러보고 창사에 돌아온 뒤 11월에 '후난노공회'에서 발간하는 〈노공주간(勞工週刊)〉에 글을 하나 실었다. 여기서 그는 이렇게 말했다. "노동조합의 목적은 단순히 파업이라는 수단을 통해 노동자들을 규합해 노동자들이 더 많은 임금을 받게 하고 노동 시간을 줄이려는 것이 아니다. 노동조합은 계급의식을 고취해 모든 계급을 단결시키고 모든 계급의 근본 이익을 도모하는 데 목적이 있다. 나는 후난노공회의 모든 구성원들이 이 점에 관심을 기울이기를 바란다."[40] 머지않아 황아이와 팡런취안이 마오쩌둥의 권유를 받아들여 비밀리에 사회주의청년단에 가입했다. 12월이 되어 약 1만 명의 참가자를 끌어모은 대규모 집회가 열렸다. 열강의 경제적 이권 침탈에 항의하는 집회였는데 황아이와 팡런취안은 이 집회를 조직하는 데 힘을 보탰다.[41] 무정부주의자들을 끌어들여 이들의 관심을 서서히 마르크스주의 의제로 돌린다는 마오의 전략이 성공한 듯 보였다.

그러던 중 1922년 1월 큰 사건이 일어났다. 새해 연휴가 끝난 직후 후난 제1 방직 공장의 경영진은 해마다 지급하던 상여금을 주지 않겠다고 발표했고 이에 2천 명의 노동자는 파업을 시작했다. 각종 기구가 파괴되었으며 회사 측 경비원들과 싸움이 벌어져 노동자 세 명이 사망했다. 후난성 성장인 자오형티 역시 이 공장의 대주주였는데, 그는 1월 14일 이 파업을 '반정부 행위'라고 규정하고 군 병력을 보냈다. 병사들은 노동자들에게 무차별 폭력을 가했고, 기관총을 들이대며 노동자들에게 일을 시작하도록 강요했다. 다음 날인 1월 15일, 도움을 요청하는 호소문이 공장 밖으로 전해졌다. '후난노공회'는 당장 행동에 들어갔다. 곧 후난 성장으로부터 협상을 하자는 연락이 왔고, 이에 젊은 조직가 두 명이 후난 제1 방직 공장으로 갔다. 1월 16일 저녁 두 사람은 방직 공장에 도착한 뒤 곧 억류당했고 창사의 후난성 아문으로 끌려갔다. 자오헝티는 그들을 오랜 시간 신문했다. 그 결과 노동자들은 상여금을 받게 되었지만 황아이와 팡런취안은 류양먼(瀏陽門) 밖 처형장으로 끌려가 참수당했으며 '후난노공회'에는 해산 명령이 떨어졌다.[42]

자오헝티 성장은 이 사건이 있기 3주 전에 표면상 자유주의적 성향을 띤 후난성 헌법을 선포했다. 이 헌법은 후난성 자치의 원칙을 수용한 것이었다. 이런 상태에서 자오 성장이 두 사람을 처형한 사건은 중국 전체에 큰 충격을 주었다. 쑨원은 자오 성장이 처벌받아야 한다고 주장했다. 베이징대학의 차이위안페이를 비롯해 중국의 저명한 지식인들이 항의의 전보를 보냈다.[43] 마오쩌둥은 3월과 4월 대부분의 시간을 상하이에 머물면서 그곳 중국어 매체를 통해 반(反)자오헝티 운동을 계속 선동했다.[44] 심지어 〈노스차이나헤럴드〉는 자오 성장의 행동이 "변명의 여지가 없다"고 선언했다.[45]

4월 1일 자오헝티 성장은 극단적으로 자기 방어적인 긴 성명서를 발표해 자신의 행동을 정당화하려 했다.

유감스럽게도 일반 대중은 이 처형의 정확한 이유를 잘 모르는 것 같다. 그래서 이 처형 사건을 '후난노공회' 사안과 혼동하여 이해하고 있으며 내가 이 노공회를 해치려 한다고 비난하고 있다. …… 황과 팡 이 두 범죄자는 …… 일부 도둑들과 (연계하여) …… 무기와 탄약을 탈취하려는 음모를 꾸몄다. …… 그들의 계획은 음력 정월을 기점으로 난동을 일으켜 정부를 전복하고 자신들의 혁명 사상을 널리 퍼뜨리려는 것이었다. …… 나는 3천만 후난인의 정부를 책임져야 한다. 나는 두 사람에게 자비를 보임으로써 우리 후난성 전체를 위험에 빠뜨릴 수 없었다. 내가 이런 행동을 취하지 않았다면 아마도 큰 재난을 피할 수 없었을 것이다. …… 처음부터 나는 노동자의 이익을 보호해 왔다. …… 나는 후난성 노동자들의 번영과 번성을 바란다.[46]

이 성명서의 내용을 믿는 사람은 아무도 없었다. 하지만 이 성명서에서 이번 처형이 '후난노공회'의 활동과 아무 관계가 없으며, 또 노동자들의 이익 추구가 정당한 것임을 분명하게 확인해주었기 때문에 자오 성장은 노동 운동이 재개될 수 있는 길을 열어준 셈이었다.

이 무렵 리리싼이 안위안에서 운영하는 야학은 확고하게 자리를 잡았다. 리리싼은 일급 노동 운동 조직가였다. 5월에 그는 안위안 지역의 행정관을 설득하여 '철도와 광산 노동자 클럽'을 세우는 데 성공했다. 자체 도서관도 있고 교실도 있었으며 휴식 공간도 있었다. 9월에는 회원 수가 무려 7천 명에 이르렀으며 협동조합 방식의 상점도 문을 열었다. 클럽은 싼 이율로 대출을 해주었으며 노동자들에게 필요한 생필품을 어떤 현지 상인보다도 훨씬 더 싼 가격에 판매했다.[47]

1922년 봄부터 여름까지 내내 마오쩌둥은 후난과 장시 서부 지역에 있는 여러 공장과 철도 작업장을 찾아 여행을 다녔다. 첫째 아이를 임신하고 있던 양카이후이도 때때로 동행했다. 후난과 장시 서부 지역은 당시 중국공산당에 의해 새롭게 구성된 '샹취(湘區, 후난 지구) 집행위원회'의 관할 아래 있었으며 마오쩌둥은 바로 이 위원회의 서기로 임명된 상태였다.[48] 이런 여행을 통해 마오는 더 많은 학교와 노동자 클럽을 설립할 수 있는 가능성을 살폈다. 얼마 전, 상하이에 있는 당 중앙은 철도 노동자들에 대한 선전 작업에 최우선으로 관심을 두라는 지시를 내렸다. 철도 노동자 클럽이 창사에 만들어졌고 그다음 8월에는 웨저우(岳州)에도 만들어졌다.[49] 웨저우는 창사에서 북쪽에 있는 한커우로 향하는 간선 철도 노선에 있는 도시다.

바로 이 웨저우에서 사건이 일어났다.[50]

1922년 9월 9일 토요일, 한 무리의 노동자들이 보수 인상과 처우 개선을 요구하며 철로를 점거하고 철도 운행을 중단시켰다. 진압 병력이 투입되어 노동자들을 해산하는 과정에서 여섯 명의 노동자가 죽고 많은 사람이 다쳤다. 다친 사람들 중에는 남자들을 응원하기 위해 나온 부인들과 아이들도 있었다. 이 소식이 창사에 전해지자 마오는 다른 노동자 단체에 지지를 요청하는 격정적인 전보를 보냈다.

모든 노동 단체의 동료 노동자들이여! 이렇게 무섭고 폭군적이며 잔인한 탄압은 오로지 우리 노동계급의 머리 위에만 떨어진다. 우리는 얼마나 분노해야 하는가? 얼마나 증오해야 하는가? 얼마나 강력하게 일어서야 하는가? 복수하자! 전국의 노동자 동지들이여, 적에 맞서 투쟁하자![51]

자오헝티 성장은 자신은 중립을 지키겠노라고 선언했다. 웨저우에는 베이징의 즈리파 우두머리 우페이푸에게 충성을 바치는 북방 군대가 주둔하고 있었다. 당시 자오헝티는 우페이푸와 적대하고 있었다. 따라서 북쪽으로 가는 철도에 문제가 생긴다면 그것은 자오헝티에게 이로운 일이었다.[52]

이런 정황이 안위안에 알려진 것은 월요일 늦은 밤이었다.[53] 얼마 전부터 안위안에서도 심각한 일이 벌어지려 하고 있었다. 광산 회사가 체불 임금 지불을 거절했기 때문이었다. 마오는 이제 안위안 노동자들이 파업을 일으킬 때가 왔다고 주장했다. 마오는 도가의 고전한 구절을 인용해 투쟁의 지침을 제시했다. "정당한 분노를 통해 사람들을 움직이게 하라." 리리싼은 노동자 측의 요구 조건 목록을 만들었고 이를 광산 회사 측에 제시한 다음, 48시간 뒤인 9월 13일 자정, 광산 갱도 내에 전기 공급이 끊어지도록 조치했다. 광산 출입구는 재목을 쌓아 차단했고 그 앞에는 삼각 깃발을 세워놓았다. 깃발에는 "지금까지 우리는 무거운 짐을 끄는 짐승이었다. 이제부터 우리는 사람이다!"라는 도전적인 글귀를 썼다.

노동자들은 발전기 두 개는 끄지 않고 두었다. 광산 내에 물이 차오르는 것을 막는 최소한의 조치였다. 하지만 다음 주말이 되어도 협상에 아무런 진전이 없자 두 개의 발전기도 꺼버려야 한다는 말이 나오기 시작했다. 그러자 마침내 광산 경영자 측이 굴복했다. 50퍼센트의 일괄 임금 인상, 노동조합 인정, 휴무일과 상여금 조건의 개선, 체불 임금 청산이 받아들여졌다. 중개인들이 노동자 임금의 절반을 떼어 가던 전통적인 노동 계약 방식도 철폐되었다. 며칠 뒤 전국 네 개 주요 철도망의 노동자 대표들이 1천 명 이상 한커우에 집결했다. 이들은 즉각 임금을 인상하지 않으면 전국 파업을 벌이겠다고 위협했다. 이들의 요구 역시 받아들여졌다.[54]

철도 노동자와 광산 노동자의 이번 파업에서 마오쩌둥은 간접적인 역할을 했을 뿐이었다. 중국공산당 후난성 지부 서기로서 그는 파업에 조언을 주었고 정치적 대변자 역할을 했을 뿐, 적극적으로 참여한 것은 아니었다. 하지만 얼마 뒤 후난성의 성도인 창사에서 미장공과 목공의 동업자 조합에서 분쟁이 일어나자, 마오쩌둥은 좀 더 깊숙이 관여하게 된다.[55]

여름 내내 노반(魯班) 사당에 자리 잡은 동업자 조합 내에서 긴장이 높아졌다(노반은 장인과 건축 노동자들의 수호신이다). 미장공과 목공의 수입이 인플레이션 때문에 갈수록 줄어들고 있었다. 결국 7월에 그들은 동업자 조합 간부진에게 지사(知事)를 설득해 공임 인상을 허가하도록 해 달라고 요청했다.[56] 하지만 시장 경제의 압력 때문에 동업자 조합의 결속은 이미 무너진 상태였다. 게다가 간부진은 조합의 전통과 달리 협상에 필요한 자금 3천 은원을 회원들이 기부해야 한다고 주장했다.

동업자 조합 회원 한 명은 이렇게 말했다. "간부들은 둥팅춘(洞庭春), 다후난(大湖南), 취위안(曲園) 같은 근사한 식당에서 호화로운 연회를 열곤 한다. 이 나쁜 놈들은 자기들 배는 음식과 술로 가득 채우면서 우리를 위해서는 한푼도 안 쓰려고 했다."

교착 상태를 깬 것은 런수더(任樹德)라는 자였다. 가난한 농민의 아들이었던 그는 부모가 사망한 뒤 13살의 어린 나이에 목수의 견습공이 되어 동업자 조합에 가입했다. 그것이 20년 전이었다. 1921년 가을에 런수더는 선산학사의 일을 맡았고 쯔슈대학이 새롭게 출범하면서 그 시설을 정비하는 일을 했다. 이 과정에서 그는 마오쩌둥과 친구가 되었고, 1922년 봄에 공산당에 입당했다. 런수더는 노동자로서 창사의 공산당원이 된 초기 인물 중 한 명이다.

런수더는 동료 공인(工人)들에게 노반 사당으로 직접 가서 설명을 요구하자고 제안했다. 약 8백 명의 공인들이 몰려가자 이를 본 간부진의 협상가들은 사당 내부 밀실로 도망쳤다. 밀실은 오화당(五和堂)이라고 하는 성스러운 곳으로 공인들은 감히 들어가지 못하는 곳이었다. 런수더는 동료 몇 명에게 노동자 야학 운동에 참여하고 있는 교사라며 마오를 소개했다. 마오는 그들에게 독립 조직을 구성하라고 조언했다. '10인단' 혹은 '세포'라고 할 수 있는 체제를 만들라는 이야기였다. 이것은 당시 철도와 광산 노조에서 사용하던 조직 구성 방식이었다. 3주 뒤 9월 5일, 런수더는 자신이 의장이 되어 '창사 미장공 목공 노동조합(長沙泥瓦工與木工工會)' 창립 대회를 열었다. 최초 회원 수가 1천1백 명에 달했다. 이 노조의 헌장은 마오쩌둥이 직접 초안을 잡았다. 또 마오는 동료 공산당원 한 명을 노조 서기로 활동하도록 조치했다.[57]

광산과 철도 파업이 한 달간 안위안과 웨저우에서 벌어지던 때에 런수더와 동료들은 치밀하게 투쟁 계획을 짰다. 활동가들은 비밀리에 소책자를 배포했다. 그들은 병사들에게 노동자의 입장을 알리기 위해 깊은 밤 장교들이 잠든 사이에 군대 막사 부근에 잠입해 전단지를 매단 화살을 막사 안으로 쏘아 보내기도 했다. 마오는 후난의 엘리트 자유주의자들이 노동자들에게 공감하고 그들을 지지하게 하려고 애썼다. 특히 〈대공보〉 편집인 룽젠궁은 정부가 직접 급료를 통제한다는 원칙 자체를 격렬하게 비난하는 글을 썼다. 그는 지주가 소작료를 인상할 때 정부가 아무런 통제를 가하지 않는다고 지적했다. "후난성 헌법에는 인민의 자유로운 경제 활동이 보장되어 있다. 노동자가 요구하는 임금이 너무 높다는 생각이 들면 고용주는 그 노동자를 고용하지 않으면 된다. 어째서 당신들은 공임 인상을 강제로 막으려 하는가?"

10월 4일, 지사는 공임 인상 요구를 거절한다고 선언했다.[58] 다음 날은 지역의 공휴일이었는데 조합의 몇몇 지도자들이 칭수이탕에 있는 마오쩌둥의 집에 모였다. 여기서 이들은 공임 인상과 자유로운 단체교섭권 보장을 목표로 하는 파업을 결의했다. 이 내용은 마오가 쓴 파업 선언문에서 강조되었다. 선언문은 창사 곳곳에 벽보로 붙였다.

우리 미장공과 목공들은 생계를 위해 약간의 공임 인상을 요구하고 있음을 여러분에게 알립니다. …… 우리 같은 노동자들은 힘든 일에 종사하고 있으며, 하루의 삶과 힘을 동전 몇 푼으로 바꾸어 식구들을 먹여 살리고 있습니다. 우리는 일하지 않고 살고자 하는 게으른 자들과 다릅니다. 상인들을 보십시오! 이틀이 멀다 하고 그들은 계속 상품 가격을 올리지 않습니까? 어째서 그런 행위를 막는 사람은 아무도 없습니까? 어째서 우리처럼 몇 푼 벌려고 하루 종일 일하고 땀 흘리는 사람들은 이렇게 짓밟히면서 고난을 겪어야 합니까? …… 다른 권리는 누리지 못하더라도 최소한 자신의 업무를 수행할 자유와 일할 자유는 있어야 하지 않을까요? 이 점에 관해 우리는 분명한 주장을 할 것입니다. 그리고 죽기를 각오할 것입니다. 우리는 이 권리를 양보하지 않겠습니다.[59]

이튿날이 되자 도시 전역에서 모든 건축 관련 작업이 중단되었다. 동업자 조합 간부진의 지지를 받고 있던 지사는 특별한 해결책을 내놓지 않아도 시간이 지나면 상황이 해결될 것이라고 생각했다. 하지만 겨울이 다가오고 있었다. 관계 당국은 파업을 빨리 해결해 달라는 대중의 압력에 직면했다. 추운 겨울이 오기 전에 사람들은 집을 수리해야 했다. 10월 17일, 지사는 중재위원회를 구성하면서 한편으로 파업 참가자들에게 빨리 합의하라고 요구했다. 그는 이렇게 경고했다. "말을 따르지 않는다면 고통을 자초하게 될 것이다. 심사숙고해야 한다. 너무 늦으면 후회해도 소용없다." 중재위원회가 내놓은 제안은 일단 과거에 나왔던 제안보다 한결 너그러운 측면이 있었다. 나이 든 노동자와 청년 노동자 사이에 전통적으로 존재해 온 공임 격차를 해소해주겠다는 내용도 있었다. 하지만 노조는 이 제안을 거절하면서 돌아오는 월요일인 10월 23일에 노동자들이 집단으로 아문으로 행진해 청원서를 제출하겠다고 발표했다. 그 즉시 행진이 금지당하자 노조 지도자들 사이에 주저하는 분위기가 생겼다. 행진 금지 명령에서 노조 지도자들을 '폭력 선동자'라고 지목했기 때문이다. 이것은 지난 1월 황아이와 팡런취안을 처형할 때 쓴 말이었다. 주말까지도 시위가 과연 실행될지 불투명했다.

마오는 일요일 밤 내내 런수더와 다른 노조 집행위원회 위원들과 대화를 나누었다. 마오는 현재 상황이 지난 1월과 완전히 다르다고 주장했다. 지금은 중국 여러 지역에서 노동자 파업이 진행 중이며, 특히 이번 경우에 미장공과 목공들이 대중의 지지를 폭넓게 받고 있다는 것이었다. 또 후난 성장 자오헝티는 이번 사안과 관련해서는 자신이 주주였던 후난 제1 방직 공장 파업 때와 달리 직접적인 이해관계가 없었다. 게다가 지금 그는 남방의 쑨원, 북방의 우페이푸와 모두 긴밀한 관계가 아니어서 정치적으로 고립된 상태였다.

이튿날 아침, 창사의 거의 모든 미장공과 목공이 시위에 참가했는데, 거의 4천 명에 달했다. 이들은 우선 옛 과거 시험장 근처 광장에 집결한 후 질서정연하게 대오를 이루어 창사현 아문으로 행진했다. 아문에 도착하니 입구에 커다란 탁자가 놓여 있었고 탁자 위에는 두 개의 의자가 올려 있었다. 한 의자에는 화려한 장식의 화살이 하나 얹혀 있었다. 군대가 즉결 처형의 권리를 지니고 있음을 상징하는 물건이었다. 다른 의자에는 중재위원회의 마지막 제안이라고 하는 문서가 놓여 있었다.[60]

이때 마오는 노동자 복장을 하고 행진 대열 안에 있었다. 노조 대표단이 아문 안으로 들어갔다가 몇 시간 뒤에 나와서 지사가 어떠한 양보도 거절한다는 소식을 전했다. 다시 두 번째 노조 대표단이 구성되어 안으로 들어갔다. 마오는 밖에 있었다. 해질녘이 되자 아문 수비대 병력을 보충하기 위한 증원 부대가 도착했고 마오는 노동자

들의 사기를 북돋으려고 구호를 반복하여 외치도록 지도했다. 어둠
이 내렸지만 여전히 양측은 합의에 이르지 못했다. 지지자들이 등불
을 가져왔고 시위대는 밤을 샐 준비를 하기 시작했다.

수천 명의 성난 군중이 창사 한가운데에서 밤을 샌다는 것은 자오
헝티에게 그리 달가운 일이 아니었다. 그는 참모장교 한 명을 보내
군중을 해산하도록 설득해보려고 했다. 이 광경을 마침 어떤 외국인
선교사가 목격했다. 그는 임시 통신원으로 〈노스차이나헤럴드〉에 이
따금 기사를 보내고 있었다.

밤 10시쯤 나는 아문이 있는 구역을 어슬렁거리다가 거기서 마침
진행되고 있던 흥미로운 대담을 직접 목격하게 되었다. …… 참모
장교는 …… 10명의 노동자 대표단과 잘 어울리는 대담 상대였다.
…… 양측 모두 완벽하게 예의를 갖추었다. 참모장교는 노동자 대표
한 명 한 명에게 모두 '선생'이라는 칭호를 붙여 불렀으며, 존대어를
썼을 뿐 아니라 신사들 간에 주고받는 대화 방식을 사용했다. 노동자
대표들도 평이한 언어로 유려한 말솜씨를 보이며 깍듯하게 예의를
지켰다.

참모장교가 탁자 위에 올라가서 …… 군중을 향해 각자 집으로 돌
아가는 것이 좋겠다고 호소했다. …… 그 후 '10명의 대표자' 가운데
한 노동자가 말했다. 그는 대표단에서 '인정받은 지도자'는 아니었다.
그는 참모장교가 호소한 것을 표결에 부치면 어떻겠는가 하고 제안
했다. "집에 가고 싶습니까? 그러고 싶은 사람은 손을 드시오." 한 사
람도 손을 들지 않았다. "여기에 그대로 남겠다는 사람은 손을 드시
오." 모두 손을 들었다. "이제 답을 얻으셨겠죠?" 그 노동자 대표는
이 말 한마디만 했다.

참모장교는 …… (노동자와 사용자) 양측의 동의가 없는 상태에서

지사든 후난 성장이든 누구도 포고령을 통해 공임의 높고 낮음을 정할 권한은 없다고 공개적으로 인정했다. …… 가끔 한 번씩 노동자들 사이에서 소란이 일었지만 그들은 대표단이 지시하면 곧 질서와 침묵을 지켰다. 내가 들은 것 중에 가장 조리 있는 토론을 한 시간 정도 흥미롭게 경청하고 나서 나는 그 자리를 떠났다. 새벽 2시가 되어 노동자들은 피곤하고 굶주림에 지쳐(병사들이 음식이나 옷을 가져오는 지지자들을 막았다) 노동자들은 자신들의 본부로 돌아가기로 합의했다.[61]

선교사가 감탄할 정도로 세련된 토론 기술을 발휘한, '인정받은 지도자'는 마오쩌둥이었다. 표결에 부쳐보자고 한 사람은 아마도 런수더였을 것이다. 그날 시위대가 물러나기 전 그들은 성장의 참모장교에게서 약속을 하나 받아냈다. 다음 날 아침 후난성 아문에서 회담을 계속하자는 약속이었다. 다음 날부터 이틀 동안 마오를 포함한 노조 지도자들은 자오헝티 성장을 대신해 나온 우징홍(吳景鴻) 후난성 내무국장과 협상을 계속했다. 그 자리에서 마오는 이렇게 말했다. 어떤 상품이 더는 수익성이 없다면 사업가는 그 상품의 판매를 중단할 수 있지 않은가? 그렇다면 어째서 노동자는 노동력 제공을 그만두면 안 되는가? 또 만약 상인이 상품 가격을 인상할 수 있다면, 어째서 노동자는 자신이 제공하는 노동의 대가를 인상하면 안 되는가? 그리고 청원권은 후난성 헌법에 명시되어 있는 것이다. "그렇다면 과연 우리가 어떤 법을 어기고 있는 것입니까? 부디 알려주십시오. 존경하는 국장님!" 자오헝티는 군사력을 동원하지 않기로 결정했다. 그는 이 시위가 시민 소요를 불러올까 봐 우려했다. 따라서 더는 노동자들의 요구를 묵살할 수 없었다. 우징홍과 마오쩌둥, 그리고 런수더를 비롯한 십여 명의 노조 대표들이 서명한 합의문에 관인

이 엄숙하게 찍혔다. 합의문은 다음과 같이 명시했다. "모든 임금 인상은 노동자와 사용자 사이에 자유로운 계약 관계의 문제다."

이로써 5백 년 전 명나라 때부터 거의 변함없이 존속해 온 동업자 조합의 힘이 창사에서 사실상 완전히 무너졌다. 미장공과 목공의 하루 임금은 20은전(銀錢)에서 34은전으로 인상되었다. 이 금액은 여전히 "어른 둘과 어린아이 둘로 이루어진 가정의 생계를 잇기조차 어려운, 정확히 최저 생활임금 정도"였다고 그 선교사는 전했다.[62] 하지만 마오쩌둥에게나 중국공산당에게 또 창사의 모든 노동자들 입장에서 볼 때 이것은 커다란 승리였다. 다음 날, 2만 명에 이르는 노동자들이 폭죽을 터뜨리며 후난성 아문까지 축하 행진을 벌였다. 〈노스차이나헤럴드〉는 "조직된 노동자의 승리"라는 제목의 기사를 실었다.

정부는 시위대 대표들이 내놓은 요구에 완전히 굴복했다. …… 이것은 노동조합과 정부 간에 진행된 새로운 방식의 만남이었다. …… 노동자들은 바라는 모든 것을 얻은 반면, 관리들은 타협하려고 시도했으나 아무것도 얻지 못했다. 노동자들의 요구가 본래 온건한 것이었음을 고려하면 이는 무조건 환영할 일이다. 하지만 이번 일을 계기로 앞으로 노동자들이 엄청난 영향력을 발휘하게 될 것이다.[63]

한편 이 승리가 그 한 주 동안 마오가 유일하게 올린 개가는 아니었다. 10월 24일 마오가 후난성 아문에서 우징훙 내무국장을 상대로 협상을 벌이고 있을 때, 아내 양카이후이는 창사 교외에 있는 친정에서 아들을 낳았다.[64]

파업의 폭풍은 다른 직종으로 급속하게 번졌다. 봉제공들은 9월에 두 차례나 파업했다. 이발사, 인력거꾼, 염색공, 직조공, 피혁공, 인쇄 조판공, 붓 제조공들의 파업이 뒤를 이었다.[65] 11월 초, '후난성노동조직연합회(湖南省工團聯合會)'가 설립되었다. 마오쩌둥이 총서기를 맡았다. 이때쯤이면 노동조합 수가 15개에 달했다. 한편, 중국 최초로 여러 성을 포괄하는 노동 단체가 만들어졌다. 창사 중앙역에 본부를 둔 '광저우-한커우철도총노동조합(粵漢鐵路總工會)'이 그것이었다. 다음 해 여름까지 노동조합의 수는 22개로 늘었으며 조합원은 모두 3만 명에 이르렀다. 마오는 이 가운데 8개 조합에서 명목상 지도자로 활동했다.[66]

1922년 12월, 마오는 '후난성노동조직연합회' 총서기 자격으로 각 노조 대표자들과 연합 대표단을 구성하여 자오헝티 성장, 창사 경찰 청장 등 후난성의 고위 관료들과 회의를 열었다. 이 회의는 노동자들의 늘어나는 요구를 정부가 어떻게 인식하고 있는지 토론하는 자리였다. 마오가 작성하여 곧 〈대공보〉에 보도된 그날 회의 기록에 따르면, 자오 성장은 파업권을 보호하는 후난성 헌법 조항은 존중될 것이며 정부는 "파업을 탄압할 의사가 전혀 없다."라고 말했다. 마오는 성장의 발언에 답하여, 노동조합들이 진정으로 원하는 것은 사회주의지만 "현재 중국에서 그것을 달성하기가 어려우므로" 노조의 요구는 급여와 노동 조건에 한정될 것이라고 말했다. 자오 성장 역시 "앞으로 사회주의가 실현될지 모르겠으나 오늘날 그것을 실행에 옮기기는 어려울 것"이라고 동의했다고 한다.

노조 연합 대표단은 원하는 바를 모두 얻지는 못했다. 후난성 정부는 앞으로 노사 분쟁이 일어날 경우에 절대로 관여하지 않겠다고 약속하기를 거부했다. 또 '후난성노동조직연합회'를 합법 단체로 공식 등록하는 것도 거부했다. 하지만 양측은 "서로 오해를 피하기 위해" 정기적으로 접촉한다는 데 합의했다.[67]

이때, 즉 1922년 12월은 후난성에서 노동 운동이 최고조에 이른 시기였으며 동시에 마오 개인의 삶에서도 가장 즐거운 시기였다. 그는 후난성의 공산당 집행위원회 서기였고, 매우 성공적인 노동조합 조직가로서 자오헝티 성장조차 그의 이야기를 경청해야 했다. 그리고 그는 두 달 된 아들을 둔 가장이기도 했다. 그해에 마오가 지도한 대규모 파업의 물결에서 마지막을 장식한 것은 헝양(衡陽) 부근 수이커우산(水口山)의 아연 및 주석 광산에서 일어난 파업이었다. 이 파업이 성공적으로 끝난 날이 바로 마오가 정확하게 29살이 되는 날이었다.[68]

하지만 노동 운동이 성공적으로 진행되던 중에 경고 신호도 나타났다. 당시 중국 최대 산업 중심지였던 상하이는 서양 자본가들과 중국 자본가들, 외국 경찰과 삼합회의 노동자 알선 조직이 결탁해 아주 엄격하게 통제되고 있었다. 따라서 중국공산당 노동조합 서기부는 상하이에서 활동이 불가능하다고 판단하고 가을에 베이징으로 근거지를 옮겼다.[69] 심지어 노동 운동이 가장 활발하게 진행되던 후난성에서도 성의 엘리트들 가운데 중요한 동조자들이 노동 운동이 도를 넘은 게 아닌지 스스로 의문을 품기 시작했다.[70]

결국 노동 운동에 치명타를 날린 곳은 베이징이었다. 애초에 당의 노동조합 서기부를 베이징으로 이전한 까닭은 당시 북방의 정치 지도자 우페이푸가 비교적 자유주의 성향이라고 판단했기 때문이었다. 우페이푸는 1922년 초 만주 군벌 장쭤린(張作霖, 1875~1928)을 격파하여 북부 중국 지도자로서 위치를 다졌다. 그는 친일 정책으로 사람들에게 미움을 샀던 안후이파 정부와 자기 정부의 차이점을 즐겨 강조하곤 했다. 또 노동자 보호는 자신이 우선시하는 문제라고 공언했다.[71] 중국공산당은 우페이푸의 새로운 입장에 큰 관심을 보였다. 1922년 여름, 노동조합 서기부와 각 지방 대표들은(마오도 포함되어 있었다) 베이징 의회에 청원서를 제출했다. 여덟 시간 노동과 유급 휴가, 여성의 출산 휴가, 아동 노동 금지를 규정하는 노동 관련 법규를 제정해 달라는 청원이었다.[72) 이와 별개로 추진된 일도 있었다. 리다자오와 우페이푸의 관리들이 합의한 바에 따라, 공산당원 여섯 명이 베이징-한커우 철도에서 '비밀 감찰관(秘密檢察員)'으로 활동하게 된 것이다. 이 철도는 북방과 남방 사이에 군 병력을 움직일 때 주요 이동 수단이었다. 우페이푸는 철도 노동자들의 노동 조직에서 장쭤린 지지자들을 제거하려는 속셈이었다. 하지만 결과적으로 연말이 되자, 철도 노동자 대부분은 공산주의자들이 주도하는 '노동자 클럽' 형태로 재조직되었다.

한편 소비에트 러시아는 아돌프 요페(Adolph Joffe)를 새로운 사절로 중국에 파견했다. 그는 까다로운 안건이었던 외교적 승인 문제와 관련해 새로운 협상을 개시했다. 러시아 외교관들은 우페이푸와 쑨원의 연합이라는 꿈을 꾸기 시작했다. 그렇게 되면 북방의 힘과 남방의 혁명성이 결합하는 것이었기 때문이다. 하지만 베이징 정부는 러시아가 관리하던 만주의 동청철도를 반환하고 몽골에서 중국의 이권을 인정해줄 것을 요구했고, 요페는 그들이 원하는 것을 줄 수 없었다. 그러자 우페이푸는 러시아와 러시아를 따르는 중국인들에 대한 관심이 사그라들었다.[73)

이런 상황에서 베이징-한커우 철도선의 (공산주의자들이 주도한) 철도 노동자 클럽들은 통합된 노동조합을 만들고자 했다. 그들은 1923년 2월 1일 정저우(鄭州)에서 '베이징-한커우철도총노동조합(京漢鐵路總工會)' 창립 대회를 열겠다고 발표했다. 이 노동조합은 마오가 1922년 가을에 후난에서 세운 조직과 흡사한 것이었다. 하지만 설립 대회 며칠 전, 우페이푸는 대회 개최를 금지하는 명령을 내렸다. 이 명령을 무시하고 각지의 노동자 대표단이 정저우로 모여들자 군대가 노조 회의장을 점령했다. 이에 노조 측은 전국 규모의 철도 파업을 결의하여 발표했다. 우페이푸를 비롯한 다른 군벌 지도자들은 1923년

2월 7일을 기해 베이징과 정저우와 한커우에서 동시에 무력 진압을 개시했다. 적어도 40명이 죽임을 당했으며 그중에는 한커우 지부 서기도 있었다. 그는 역의 플랫폼에서 다른 동료들이 보는 가운데 참수당했다. 부상당한 사람도 2백 명이 넘었다.[74]

이것이 이른바 '2·7학살'이라 불리는 사건이다. 이 사건으로 노동 운동을 정치적 변혁의 원동력으로 삼으려던 공산주의자들의 야심에 커다란 구멍이 뚫렸다. 노동자들의 조업 중단이 절반으로 줄었고, 그러한 파업이 일어난다고 해도 즉시 잔인하게 진압당했다. 여기에 중국의 제조업이 외국과 경쟁에 직면해 축소되면서 실업률이 증가했고 그에 따라 노동 운동은 더욱 퇴조했다.[75]

후난성의 경우에는 자오헝티 성장이 남방 정부, 북방 정부 모두와 거리를 두어 왔으며 노동 탄압이 그리 심하지 않았다. 마오가 지도하는 '후난성노동조직연합회'는 우페이푸와 그의 명목상 동맹자 차오쿤(趙錕, 1862~1938)이 이끄는 '극악한 군벌들'을 맹비난하는 분노에 찬 전보들을 날렸다. 생생한 묘사를 곁들인 무시무시한 경고가 담겨 있었다. "이런 매국노들을 본 동포는 …… 그들의 살을 씹어 먹지 못함을 한스러워하며, 그들의 껍데기를 벗겨 침대로 삼지 못함을 한스러워한다."[76] 새로운 노동조합이 속속 등록되었으며 마오쩌둥은 1923년 3월에 동생인 마오쩌민과 마오쩌탄을 각각 안위안과 수이커우산에 파견하여 그곳의 노동자 클럽 운영을 돕도록 했다. 그 직후 리리싼은 안위안을 떠나 우한으로 가게 되었다. 리리싼의 자리를 이어받은 사람은 류사오치(劉少奇, 1898~1969)였다. 무뚝뚝한 성격의 정통파 레닌주의자였던 이 젊은이는 카리스마가 넘치던 전임자의 역할을 이어받아 처음에는 힘겨워했다. 하지만 마오가 이전에 정해놓은 신중한 개혁 정책들을 추진하기에 적합한 인물이었다. 그때쯤이면 이제 안위안 지역은 '작은 모스크바'라는 별명을 얻었으며 당 중앙은 이 지역을 당이 보유한 '무산계급의 위대한 성채'라고 묘사했다. '2·7학살'이 발생하자 마오는 다시 한번 자제력을 발휘할 필요가 있다고 강조했다. 그는 당나라 시인 한유가 쓴 시구를 인용했다. "당긴 활시위는 잠시 기다렸다 놓아야 한다."[77] 그는 4월 들어 다시 한번 탄광을 방문했으며, 그다음에는 일본에 뤼순(旅順)과 다롄(大連)을 중국으로 반환하라는 운동이 중국 전역에서 벌어진 데 호응하여 창사 시내에서 6만 명이 행진하는 엄청난 규모의 시위를 조직했다.[78] 하지만 이것이 마지막 불꽃이었다. 2개월 후, 일본 포함 소속 해병들에게 시위자 두 명이 죽임을 당하는 일이 벌어지자 여기에 항의하는 총파업이 일어났다. 자오헝티는 계엄령을 선언하고 창사 시내 곳곳에 군대를 투입했다. 그리고 노조 지도자들에게 체포령을 내렸다.[79]

하지만 그때 이미 마오는 후난성을 떠난 뒤였다. 앞서 1월에 천두슈가 마오에게 상하이에 와서 당 중앙위원회를 위해 일해 달라고 요청했기 때문이다. 후임 후난성 당 서기 자리는 리웨이한(李維漢, 1896~1984)이 맡기로 했다. 그는 마오보다 세 살 적었으며 제1사범학교를 다녔고 신민학회 초기 멤버였다. 후난성노동조직연합회는 꿔량(郭亮)이 맡았다. 그는 공산주의자들이 주도하는 철도 노조 지도자였다. 후난성 사회주의청년단의 서기 자리는 샤시(夏曦, 1901~1928)가 맡기로 했다. 그는 22살이었고 역시 신민학회 회원이었다. 마오로서는 상당한 승진이었다. 하지만 그는 서두르려 하지 않았다. 마오는 4월 중순에 양카이후이와 어린 아들에게 작별을 고한 다음 기선을 타고 양쯔강을 내려가 상하이로 향했다.[80]

중국공산당과 모스크바의 관계를 두고 천두슈와 스니블리트 사이에서 벌어진 분란은 어느 정도 감추어졌다. 하지만 중국공산당과 쑨원이 이끄는 국민당의 관계를 두고 더 심각한 분쟁이 일어났다. 이 일의 시작은 1921년 겨울로 거슬러 올라간다. 스니블리트는 그때 구이린(桂林)에서 쑨원을 만났다. 나이 든 혁명가는 "마르크스주의에는 새로운 것이 하나도 없소. 2천 년 전 중국의 고전을 보면 이미 그 내용이 다 나와 있소."라고 말해 스니블리트를 몹시 당황하게 만들었다. 그러나 스니블리트는 쑨원의 혁명 경력을 높이 샀고, 또 국민당이 홍콩 선원들의 파업*을 효과적으로 지원하는 것을 광저우에서 직접 봤기 때문에 공산당과 국민당의 연합이 바람직하다고 확신했다.[81]

하지만 스니블리트의 중국 동지들은 강하게 반대했다. 그들이 보기에 국민당은 베이징 정부에 비해 덜 반동적이기는 하지만 분명 가부장적이며 전근대적인 정당이었다. 국민당은 비밀결사, 반청반만(反淸反滿) 투쟁, 교양 있는 엘리트층에 의해 동원된 지식계와 문학계 파벌에 뿌리를 두고 있었다. 따라서 국민당은 확고한 중심이 없는, 믿을 수 없는 집단이었다. 지도자라는 뜻의 '영수(領袖)'라고 불리는 쑨원은 국민당을 마치 개인 영지 다루듯 하며, 추종자들은 그에게 충

* 1922년 1월 13일부터 3월 8일까지 영국령 홍콩에서 56일간 중국인 선원들을 중심으로 하여 진행된 파업을 말한다. 아편전쟁 이후 영국의 식민지가 된 홍콩에서는 중국인 선원들이 백인 선원에 비해 5분의 1밖에 안 되는 급료를 받으며 인종 차별과 노동 착취에 시달렸다. 그 무렵 중국인 선원들은 세계 곳곳을 다니면서 노동 운동의 영향을 받고 빠르게 계급의식을 각성했다. 그리하여 1921년 3월 6일 홍콩에서 중국 선원들이 만든 최초의 노동조합인 '중화선원공업연합총회'(선원공회)가 설립되었다. 선원공회는 1921년 9월에 정식으로 자본가에게 노임 인상 등을 요구했지만 거절당했다. 이후 몇 차례에 걸쳐 같은 요구를 했지만 거듭 거절당했고 결국 더는 참지 못하고 1923년 1월에 파업을 단행했다. 3월 초에 이르자 파업자 수가 10만 명을 넘었고 파업의 영향으로 홍콩 전역에서 물가 폭등, 상점 폐업, 생산 중단 사태가 일어났다. 영국 식민 당국은 군사력을 동원해 파업을 제압하려 했으나 오히려 대중의 분노만 더 커졌다. 결국 3월 8일에 홍콩·영국 당국은 파업자들의 요구를 받아들였다. 홍콩 파업 당시 중국공산당은 파업을 적극 지지한다는 뜻을 널리 알리고 파업 선원들에게 응원 기금을 전달하는 등 지원을 했다. 이때 쑨원의 광저우 정부도 홍콩 파업에 지지 의사를 밝히고 자금을 지원했다.

성 맹세를 해야 했다. 국민당은 심각하게 부패했다. 핵심 지지 세력은 광둥성과 중국 남부의 몇몇 성으로 한정되어 있었다. 국민당은 대중 정당이 아니었고 그렇게 되려는 야심도 없었다. 군벌들과 제국주의자들에 맞서 싸우려면 중국의 노동자와 농민, 상인과 기업가들을 하나로 결집할 수 있는 대중 정당이 필요했다. 게다가 공산당이 보기에 쑨원은 군벌들을 적이라기보다 미래에 거래를 할 수 있는 잠재적 파트너로 생각하고 있었다.

1922년 3월, 장궈타오는 소련 지도자 레닌과 면담한 내용을 보고했다. 그는 마오의 후난성 동지인 허수헝과 함께 2월에 모스크바에서 열린 '제1차 극동노동자대회(The First Congress of Toilers of the Far East)'에 참석했다가 막 중국에 돌아온 참이었다. 장궈타오의 보고에 따르면, 레닌은 공산당과 국민당이 반드시 힘을 합쳐야 한다고 '강조'했다고 한다.[82] 이에 천두슈는 단호하게 대응했다. 그는 4월 초에 마오쩌둥, 장궈타오, 그리고 당시 우연히 상하이에 와 있던 다른 세 개 성의 공산당 지부 당원들을 소집했다. 이 모임에서 이들은 어떠한 연합에도 "전면 반대한다는 결의문을 만장일치로 통과"시켰다. 천두슈는 당시 코민테른 극동 책임자인 보이틴스키에게 분노에 찬 편지를 보내 이 의결 내용을 통보하면서, 국민당의 정책은 "공산주의와는 전혀 양립할 수 없다"는 것과, 광둥성 이외 지역에서는 국민당이 '권력과 이익을 추구하는 정당'으로 인식되고 있다는 것, 그리고 쑨원이 어떤 말을 하든지 간에 실제로 그가 이끄는 운동에서는 공산주의 사상이 용인되지 않을 것이라고 분명히 말했다. 이러한 여러 요인들 때문에 국민당과는 어떤 협조도 불가능하다는 것이 천두슈가 내린 결론이었다.[83]

마오를 포함한 서명자들은 각자 자신의 성으로 돌아가면서 이제 이 문제는 완전히 정리되었다고 생각했다. 하지만 레닌의 지지를 등에 업은 스니블리트는 쉽게 포기하지 않았다. 다음 몇 달 동안 상하이의 공산당 지도자들은 코민테른, 소련 정부, 국민당 좌파, 공산당 내의 국민당 동조자, 군벌들 간에 벌어지는 온갖 경쟁에서 비롯된 압력을 받았다. 초여름이 되어 쑨원은 측근에 두었던 군사 지도자가 쿠데타를 일으키는 바람에 광저우에서 쫓겨나는 신세가 되었다. 이렇게 되자 쑨원은 소련과 중국 내 소련 지지 세력과 협력한다는 구상에 대해 과거보다 훨씬 수용적인 태도를 보였다. 한편 중국공산당 역시 만약 국민당이 '우유부단한 정책'을 버리고 '혁명 투쟁의 길'을 택한다면, 내키지는 않지만 통일전선이라는 구상을 받아들일 수 있다는 태도를 보였다.[84]

1922년 7월에 열린 중국공산당 제2차 당 대회에서 정책 전환이 승인되었다. "공동의 적을 타도하기 위해 …… 민주 세력과 일시적인 연합"이 필요함을 인정한다는 내용의 결의안이 통과된 것이다.

하지만 국민당이 직접 언급되지는 않았으며 결의안은 '어떠한 상황에서도' 무산계급이 종속적 위치에 놓여서는 안 된다고 못박았다. 만일 공산주의자들이 통일전선에 참여한다면, 그것은 다른 누구도 아닌 그들 자신의 이익을 위한 것이어야 했다.[85] 이 메시지는 새로운 당장(黨章, 당헌)에 의해 더 강조되었다. 당헌에는 당이 코민테른에 따른다는 내용과 함께 당원은 당 중앙위원회의 명백한 허가 없이는 다른 정당에 가입할 수 없다는 내용이 들어갔다.[86] 제1차 당 대회 때 언급된 '배척과 공격'이라는 말에 비하면 다소 덜 과격한 문구였지만, 국민당의 5만 당원들에게 공동의 목적을 위해 단결하자는 초대의 말로 보기는 힘들었다. 당시에 전 중국을 통틀어 당비를 내는 사람이 195명밖에 없던 미미한 정치 세력에서 나온 말임을 감안하면, 놀랍도록 뻔뻔한 문구였다.[87]

마오쩌둥은 제2차 당 대회에 참석하지 않았다. 훗날 그는 그때 상하이에 도착하기는 했으나 "개최 장소를 잊어버렸으며 다른 동지를 한 사람도 만나지 못해 당 대회에 참석하지 못했다."라고 설명했다. 하지만 당시에 만들어지고 있던 타협안에 동의할 수 없으므로 일부러 당 대회에 참석하지 않은 것이라고 보는 것이 더 개연성 있는 설명이다.[88] 만일 마오가 그런 이유로 불참했다면 그는 혼자가 아니었다. 광저우의 당 위원회 위원들 역시 쑨원과 협력 관계를 맺는 데 반감이 있어 당 대회에 불참했다.[89]

8월이 되자 스니블리트가 국민당을 혁명적 정당으로 간주해야 한다는 코민테른의 지령으로 무장한 채 모스크바에서 돌아왔다. 2주 뒤 항저우에서 당 중앙위원회 모임이 열렸다. 모임에 참석한 중국인들이 모두 강력하게 반대했지만 스니블리트는 코민테른의 지령임을 내세워 '당내 합작(黨內合作)'이라는 새로운 전략을 통과시켰다. '당내 합작'이란 중국공산당 당원들이 개인 자격으로 국민당에 입당하고, 공산당은 이렇게 형성된 합작 관계를 무산계급의 대의를 추진하는 수단으로 삼는다는 것이었다. 얼마 지나지 않아, 천두슈와 리다자오를 포함한 몇몇 공산당 관료들이 쑨원이 직접 주재하는 행사를 통해 국민당에 입당했다. 이 합작 관계를 강화하고 국민당이 좀 더 혁명적인 경로로 들어서도록 촉진하기 위해, 공산당은 〈향도주보(向導週報)〉라는 새로운 주간지를 창간했다. 마오쩌둥의 오랜 친구 차이허썬이 편집인을 맡았다. 1923년 1월에 쑨원은 상하이에서 아돌프 요폐와 만남으로써 앞으로 모스크바와 더 긴밀한 관계를 맺을 것임을 주변에 알렸으며—국민당 우파가 이견을 보였지만—국민당이 결국에는 레닌주의 노선에 맞추어 재구성될 것이라는 가정 아래 몇 가지 기본적인 조직 변경을 실시했다.[90]

하지만 여전히 많은 공산당원들에게 '당내 합작' 전략은 저주의 대상이었으며 격렬한 반대가 계속되었다.[91]

1923년 봄에 공산당 지도부가 낙심한 데는 다른 이유도 있었다. 공산당의 큰 승리라고 여겼던 노동 운동이 완전히 분쇄되었던 것이다. 공산당은 이제 존립할 법적 근거가 없어졌으므로 어쩔 수 없이 지하에서 활동할 수밖에 없었다. 당내 분열이 극에 달하여 천두슈가 사임하겠다고 위협한 적도 있었다.[92] 스니블리트도 중국공산당은 인위적 창작품이며, 너무 조급하게 "탄생한, 아니 더 정확하게는, 제작된" 창작품이라고 말하기도 했다. 한편 요페는 "중국에 소비에트 체제를 도입한다는 것은 불가능하다. 왜냐하면 여기에는 공산주의의 성공적인 확립을 위한 조건들이 마련되어 있지 않기 때문"이라는 발언을 공개적으로 했다.[93]

스니블리트에 따르면, 후난성에서 펼친 활약으로 특별한 찬사를 받은 마오쩌둥조차[94] "이제 노동 조직에서도 막다른 골목에 다다랐으며, 너무 비관적인 상태가 되어 러시아가 개입하는 것만이 중국이 구원받을 유일한 길"이라고 생각할 정도였다. 또 마오는 스니블리트에게 중국의 미래는 대중 조직(그 조직이 민족주의 성향이든 공산주의 성향이든 상관없이)이 아니라 무력에 의해 결정될 것이라고 우울하게 말했다고 한다.[95]

이렇게 침울한 분위기에서 전체 공산당원 420명을 대표하는 40명의 대표가 참석한 가운데 광저우에서 중국공산당 제3차 전국대표대회가 열렸다. 420명이라는 당원 수는 전년도에 비해 두 배나 는 것이었다.[96] 제3차 당 대회에서 다시 한번 국민당과의 관계가 주요 쟁점으로 떠올랐다. 이번 논쟁의 핵심은 모든 공산당원은 자동적으로 국민당에 가입해야 한다는 스니블리트의 주장이었다. 마오, 차이허썬, 그리고 다른 후난성 대표들은 스니블리트의 제안에 집단으로 반대표를 던졌다.[97]

하지만 장궈타오가 국민당과의 합작이 원칙적으로 잘못된 것이라고 주장한 데 비해, 마오쩌둥은 실용적인 차원에서 평가했다. 지난 2월 정저우에서 '2·7학살' 사건을 겪은 뒤로 마오는 합작 문제를 달리 생각하게 되었다. 그는 "국민당이 혁명적 민주 세력의 몸통"이며 따라서 공산주의자는 국민당에 가입하는 것을 두려워해서는 안 된다고 결론을 내렸다. 하지만 앞으로 중국 경제가 발전하면 무산계급도 더 강해질 것이기 때문에 공산당은 반드시 독립성을 지켜야 하고, 그리하여 마침내 때가 왔을 때 지도적 위치를 되찾아야 할 것이라고 역설했다. 마오는 자산계급이 국민 혁명을 주도하는 것은 불가능한 일이라고 주장하면서 코민테른의 낙관적 생각은 잘못이라고 말했다.

공산당은 일시적으로 당의 가장 급진적 주장을 포기했다. 이것은 다소 급진적인 국민당과 협력하기 위함이다. …… 공동의 적을 타도하기 위함이다. …… 그 결과는 …… (우리의) 승리가 될 것이다. …… 그러나 가까운 미래에 중국은 여전히 군벌들의 영역으로 남아 있을 것이다. 정치는 더 암울해질 것이고, 재정 상황은 더 혼란스러워질 것이며, 군대가 급증할 것이고 …… 인민을 탄압하는 방법은 더욱 끔찍해질 것이다. …… 이런 상황이 8년에서 10년 정도 지속될 것이다. …… 하지만 만일 정치가 더 반동적이고 혼란스러워진다면, 그런 상황은 불가피하게 전국의 시민들 사이에서 혁명 사상을 불러일으킬 것이다. 그리고 시민들의 조직적 역량은 날마다 커질 것이다. …… 이런 상황은 …… 혁명을 낳는 어머니와 같은 상황이며, 민주주의와 독립을 가져오는 특효약이다. 모든 이들은 이것을 반드시 알아야 한다.[98]

군벌 통치가 앞으로 10년 더 지속될 것이라는 마오의 말은, 비록 그가 대립물의 통일이라는 주장으로 다소 낙관적인 빛을 띠게는 했지만, 대부분 동료들에게 너무 암울한 그림이었다. 스니블리트는 자신이 마오의 비관주의를 공유하지 않는다는 말까지 해야 했다.[99]

표결에 부친 결과 코민테른의 노선이 가까스로 승인되었다. 하지만 당 지도부의 대다수 성원과 마찬가지로 일반 당원들 역시 매우 부정적인 견해를 견지하고 있었으며, 당 대회 결의문을 살펴보면 새로운 정책 노선에 갈등의 요인이 여전히 잠재되어 있음을 쉽게 알 수 있었다. 대표들이 채택한 한 문건에는, 국민당이 "국민 혁명의 중심 세력이며 그 지도 역할을 맡을 것"이라고 씌어 있다. 하지만 동시에 공산당은 노동자와 농민을 집결하는 '특별한 과업'을 맡을 것이며 '진정으로 계급을 의식하고 혁명적인 사람들'을 국민당 좌파에서 흡수할 것이라고 되어 있다. 원래 정책적 측면에서 본다면 공산당의 목표는 국민당을 소련에 가까이 가도록 압박하는 것이었는데, 국민당 좌파를 흡수할 것이라는 말은 곧 동맹인 국민당을 희생시켜 공산당의 지평을 넓히겠다는 뜻이었다.[100]

만일 공산주의자들이 국민당 내에서 소수 급진파로 행동하겠다고 결심한다면, 국민당 입장에서는 이런 소수가 다수를 뒤흔들지 못하도록 만전을 기하는 것이 당연한 일이다. 그리하여 처음에는 의지의 투쟁, 그다음에는 무력 투쟁이 펼쳐질 '국공합작'이라는 무대가 마련되었다. 이때부터 상당한 세월이 흐르는 동안, 이 무대는 공산당이 전략을 수립하는 데 가장 중요한 요인이 된다.

제3차 당 대회가 끝나면서 마오쩌둥은 당 중앙위원회 아홉 명의 위원 중 한 명으로 선출되었으며 더 중요하게는 신설된 '중앙국' 비서*로 임명되었다.** 중앙국은 당의 일상적 업무를 수행하는 조직이

---

* 현재 중국공산당에서는 '비서'라는 표현을 쓰지 않고 '서기'라는 표현을 쓰지만, 당시 이 직책에는 '비서'라는 표현을 썼다.

었으며, 국원으로는 마오, 총서기인 천두슈, 그리고 세 명이 더 있었다. 그 세 명은 차이허썬, 뤄장룽, 탄핑산(譚平山, 1886~1956)이었다. 차이허썬과 뤄장룽은 모두 후난 출신에 신민학회 회원들이었고, 탄핑산은 곧 왕허보(王荷波, 1882~1927)로 교체되었다. 상하이의 철도 노동자 출신인 왕허보는 노조 조직가였다. 마오는 인사 책임자가 되었다. 이는 핵심 직책이었다. 형식상 마오는 이제 공산당 일인자인 천두슈 바로 다음 자리를 차지한 것이었다.[101]

조직 차원에서만 보자면 공산당은 이번 시련을 거치면서 지난 2년에 비해 더 강해지고 더 중앙집권적이 되었으며 더 레닌주의적이 되었다. 지난해 가을 천두슈는 당내 분열 때문에 사임하겠다고 경고한 적이 있었다. 당내 분열을 극복하려고 노력한 결과, 당 지도부는 좀 더 유연한 태도를 지니게 되었다. 이번 당 대회에서 공산당원들은 코민테른의 지시를 받아들이고 다수의 의지에 복종하도록 강요받았으며, 이를 통해 중국공산당은 볼셰비키 정당이라면 당연히 따라야 할 '민주집중제'* 원칙을 처음으로 경험하게 되었다. 제1차 당 대회 때 느슨한 성격의 비(非)중앙집권적인 당을 만들어야 한다고 주장했던 리한쥔을 비롯한 몇몇 사람은 이번 일에 크게 실망해서 대표직에서 사

** 첫 번째 당 중앙위원회와 두 번째 당 중앙위원회는 각각 세 명과 다섯 명으로 구성되었으며 '중앙국'은 없었다. 제2차 당 대회에서는 '중앙집권제와 강철 같은 기율'을 확립하여 개인주의와 무정부주의적 공산주의를 방지하자고 하면서 세분화된 조직 규정을 제정한 바 있다. 하지만 그 규칙들은 실제로는 명목상 존재할 뿐이었다. 제3차 당 대회에서 중앙위원회를 아홉 명의 정위원과 다섯 명의 후보위원으로 구성하면서 비로소 조직 규정이 실효를 내게 된다.(저자 주)
민주집중제(民主集中制, democratic centralism) '민주적 중앙집권주의'라고도 한다. 마르크스와 엥겔스가 처음으로 제기했고 레닌에 의해 계승, 발전된 공산주의 국가와 조직의 운용 원리이다. 마르크스-레닌주의적 민주집중제의 구체적 내용을 당 조직 차원에서 살피면 다음과 같다. ① 당의 모든 영도 기관은 상향식 선거로 이루어지고, ② 당의 하부 기관은 상부 기관에 정기적으로 보고를 하며, ③ 소수는 다수에 복종하고, ④ 하부 조직은 상부 조직에 복종하도록 되어 있다.

퇴했다. 이로써 정통적 당 구조가 확립되었다. 천두슈는 "중앙위원회가 내부적으로 조직화되지 않았으며 …… (중앙위원회의) 지식이 충분하지 않고 …… (중앙위원회의) 정치적 견해가 무엇인지 충분하게 명확하지 않다."라고 불만을 털어놓은 적이 있었는데, 이제 그런 불만을 말할 수 없게 되었다.[102] 새로 구성된 당 지도부가 지난 당 지도부와 비교해 마르크스주의 이론을 더 잘 이해한다고 말할 수는 없었다. 하지만 이제 당의 활동을 이끌고 당을 결속할 공통의 이념이라는 기반을 갖추게 되었다는 것만은 확실했다.[103]

마오에게 1923년 늦봄부터 여름에 이르는 몇 달은 중요한 전환점이었다. 후난에 있을 때 그는 노동 운동 지도자로서, 그리고 자유주의 성향의 기득권층과 가까운 관계에 있는 진보적 지식인으로서 성내에서 벌어지는 일들에 영향력을 행사했다. 극소수 초기 당원들을 제외하면 그가 공산당에서 맡은 역할은 비밀에 부쳐졌다. 그러나 이제 그는 전업 관료가 되었고, 여전히 은밀하게 활동하긴 했지만 전국 차원의 당 지도부에서도 지도적 위치에 올랐다. 이로써 자유주의 엘리트들이나 노동계급과 맺었던 유대 관계는 끊어지게 되었다.

마오에게 이 시기는 지적인 차원에서도 새로운 가능성을 탐색하는 시기였다. '2·7학살'을 겪으면서 마오는 노동계급 단독으로는 권력으로 가는 길을 열 수 없다는 교훈을 얻었다. 이런 인식을 토대로 하여 그는 처음으로 다른 선택지를 생각하기 시작했다. 우선은 군사적 경로였다. 7월에 마오는 스니블리트와 이 문제를 두고 토론했으며 다시 몇 주 뒤에 쑨원에게 편지를 쓰면서 '중앙집권화된 국민 혁명군(國民革命軍)'을 창설해야 한다고 촉구했다.[104] 마오가 혁명을 위한 또 다른 경로로 생각한 것은 바로 농민이었다. 중국의 엄청난 인구에서도 가장 수가 많고 가장 큰 억압을 받아 온 농민을 동원해야 한다고 생각하기 시작했던 것이다.

하지만 공산당이 이미 '통일전선'을 당의 노선으로 채택했기 때문에 그런 생각들은 당분간 사변에 그쳤다. 제3차 당 대회가 끝난 직후 마오쩌둥은 국민당에 가입했다.[105] 그는 이후 1년 반 동안 통일전선의 성공을 위해 노력했다.

통일전선의 초기 몇 주 동안 두 당은 상대를 이해하느라 힘든 시간을 보냈다. 쑨원은 공산주의자들이 내놓은 제안들을 사실상 모두 거부했다. 7월 중순에 천두슈와 마오, 그 밖에 다른 공산당 중앙국원들이 모인 회의에서 이런 말이 나왔다. "쑨원이 정당에 대한 생각을 바꾸지 않는 한, 공산당원에게 일을 맡기려 하지 않는 태도를 바꾸지 않는 한 …… 국민당의 근대화는 전혀 기대할 수 없다." 통일전선 전략의 설계자인 스니블리트가 특히 낙담했다. 스니블리트는 요페에게 쑨원을 돕는 것은 마치 "돈을 그냥 내다 버리는 것"과 같다고 말했다.[106]

한편 공산당 지도자들은 국민당이 이끄는 국민 혁명에 미래로 가는 길이 놓여 있다는 코민테른의 주장을 결국 받아들이고 나서 통일전선 전략이 성공하도록 최선을 다하기 시작했다. 마오는 몇 주 전까지만 하더라도 자산계급이 주도적인 역할을 담당할 수 있다는 견해에 조롱 섞인 태도를 보였다. 하지만 이제 그는 상하이 상업계 인사들이 반군국주의 입장을 지지하는 데 찬사를 보냈다.

이 혁명은 전체 인민의 책무입니다. …… 그러나 …… 상인들이 국민 혁명에서 짊어진 과업은 다른 사람들이 맡은 과업보다 더 긴급하고 중요합니다. …… 상하이의 상인들은 이미 일어섰으며 행동을 개시했습니다. …… 상인들의 단결의 폭이 넓어질수록, 영향력이 더 커질수록, 전체 국민을 인도할 수 있는 그들의 힘은 더 커질 것이며 혁명의 성공 역시 더 빨리 다가올 것입니다.[107]

아마 마오는 이런 말을 어느 정도 마지못해 했을 것이다. 여기서 마오는 모든 중국인 가운데 상인들이 군벌과 제국주의자의 탄압에 '가장 날카롭게, 가장 절박하게' 고통받았다고 주장했는데, 이 말이 진심이었다고 믿기는 힘들다. 또 그는 상인들이 새롭게 품은 혁명 정신이 오래 지속되리라고 자신하지도 않았을 것이다. 그러나 지금 당장은 군벌이 주적이었기 때문에 자산계급을 동맹으로 삼아야 했다. 따라서 다른 공산당 지도자들과 마찬가지로 마오도 일단 미심쩍은 점을 미루어 두고 자산계급을 믿어주기로 했다.

그러나 핵심 문제는 여전히 풀리지 않고 있었다. 그것은 어떻게 국민당의 전통적이며 엘리트주의적인 태도를 변화시켜 진정한 대중 기반을 갖춘 근대적 정당으로 만들 것인가 하는 문제였다.

1923년 7월 말, 상하이로 돌아온 공산당 중앙국은 이제 일종의 '트로이 목마' 전술을 쓰기로 결정했다. 당시 중국 북부와 중부 지역에는 국민당 조직이 아예 없는 상황이었다. 이 지역에서 공산당 활동가들이 국민당 조직을 건설하면, 공산당이 주도하는 신설 지부들은 국민당 전체를 왼쪽으로 움직이도록 힘을 가하는 압력 단체가 될 수 있었다.[108] 북부는 리다자오, 중부는 마오가 맡기로 결정되었다. 마오는 비밀리에 창사로 갔다.[109]

후난성은 다시 한번 내전의 불길에 휩싸인 상태였다. 과거에 후난성 성장이었던 탄옌카이가 남쪽에서 때를 기다리면서 쑨원과 연결고리를 만들어 두고 있었다. 그해 여름 자오헝티 성장의 부하 한 명이 반란을 일으켰다. 이 기회를 틈타 탄옌카이는 '비적 토벌 부대'를 이끌고 자오헝티를 타도하기 위해 후난성으로 진격해 들어왔다. 8월 말, 탄옌카이가 창사를 점령했고 자오헝티는 목숨을 건지기 위해 도망쳤다. 바로 이런 상황을 보고 천두슈가 마오를 창사로 보낸 것이었다. 마오는 잠시 중앙국 비서 직무에서 물러났고 뤄장룽이 대신 그 직무를 수행하게 되었다. 마오는 무척 기뻐했던 것 같다. 그는 비서가 해야 하는 건조한 행정 업무를 그리 즐기지 못했다. 또 제국주의자들과 자본가들이 세운 상하이라는 도시에 영 마음을 붙일 수 없었다. 창사에는 마오가 4월 이래 얼굴을 보지 못한 아내 양카이후이가 두 번째 아이를 임신한 채 있었다. 하지만 마오가 배를 타고 양쯔강을 거슬러 올라가는 사이에 전쟁의 양상이 다시 한번 뒤집혔고 그가 창사에 도착했을 때는 이미 자오헝티가 다시 창사를 점령한 상태였다.[110]

다음 달에 창사는 포위당한 상태가 되었으며 시내에는 간간이 포격이 쏟아졌다. 탄옌카이 연합군은 샹강 서쪽 강변에 진을 쳤고 자오헝티의 군대는 동쪽 강변에 진을 치고 있었다. 자국 공사관 안에 안전하게 머물던 외국인들 입장에서는 한동안 아무 일 없이 지루한 나날을 보내다가 이따금 전투가 벌어지는 것이 마치 희가극을 보는 듯했다. 하지만 중국인들에게는 상황이 전혀 달랐다.

성 안의 큰 상점들은 밤이 되어도 문을 걸어 잠그지 못했다. 부자들은 도망치거나 숨어버렸다. 관리들은 생사여탈권을 상징하는 붉은 팻말을 들고 걷거나 말을 타고 와서는 양곡과 재물을 빼앗아 갔다. 모두 이들을 두려워했다. 어느 누구도 감히 이들의 요구를 거절하지 못했다. …… 거절하는 사람은 세관 인근 공터로 끌려갈 위험을 각오해야 했다. 공터에는 큰 칼을 든 처형 집행인이 목을 벨 준비를 하고 기다리고 있었다.[111]

창사 교외의 마을들은 과거 장징야오가 군림하던 최악의 시절을 떠올리게 만드는 마구잡이식 강간, 강도, 방화에 시달렸다.[112] 마오는 여전히 탄옌카이가 승리할 것이라고 보고 광저우에 있는 국민당 사무국에 결국 자오헝티 성장이 버티지 못할 것이라는 편지를 보냈다.[113] 햇빛이 빛나던 아침, 먼 곳에서부터 대포 소리가 들리기 시작했다. 우페이푸가 자오헝티를 돕기 위해 병력을 보냈고 결국 탄옌카이 군대는 패주하고 말았다. 외국인들은 망원경을 들고 승리한 군대가 창사로 들어오는 광경을 구경했다. "짐꾼들은 가마 위에 기관총을 올려놓고 환자를 옮기듯 들고 왔다. 병사들은 등불과 짚신을 흔들면서 걸어왔고, 장교들은 지우산으로 햇빛을 가리고 있었다."[114]

자오헝티는 승리했지만 대가를 치러야 했다. 남방과 북방 사이에서 후난성이 맡았던 완충 지대의 역할이 끝났다. 창사는 다시 한번 북방 군대의 군홧발 아래 놓였다. 탄옌카이와 손잡았던 자유주의 성향의 엘리트들은 힘을 잃고 뿔뿔이 흩어졌다. 마오의 보호막이 되어주던 사람들이 사라진 것이다. 자오 성장의 명령으로 쯔슈대학이 해체되고 후난성노동조직연합회와 학생연합회가 모두 금지되었다. 마오에게 체포 영장이 발부되었다. 마오는 두 달 전 자오 성장의 죄상을 일일이 나열하는 긴 글을 쓰면서 자오를 "놀라울 정도로, 그리고 도저히 용서할 수 없을 정도로 사악한 인간"이라고 묘사했다. 이때부터 마오는 마오스산(毛石山)이란 가명을 쓰기 시작한다.[115]

이런 상황에서 자오헝티에게 이미 격파당한 세력과 손을 잡고 국민당 조직을 새로 만든다는 것은 대단히 힘든 일이었다. 하지만 마오는 사회주의청년단 지도자인 샤시와 함께 후난성 국민당 임시 당부(黨部)를 세우는 데 성공했다. 샤시는 이미 마오의 추천으로 후난성 당부의 예비 지도자로 임명되어 있었다. 후난성 국민당 조직은 창사와 닝샹(寧鄕)과 안위안 탄광에 비밀 지부를 두었다. 닝샹은 허수형이 책임을 맡았고, 안위안은 여전히 류사오치가 맡고 있었다. 하지만 이들 지부는 모두 알맹이 없이 빈껍데기만 남은 상태였으며 완전히 비밀리에 활동하고 있었다.[116] 마오는 12월 하순까지 후난에 머물렀으며 30살 생일을 아내 양카이후이, 맏아들 마오안잉, 그리고 6주 전에 태어난 둘째 아들 마오안칭과 함께 보냈다.[117] 그가 이렇게 오래 후난에 머문 것은 정치적 이유보다는 가족 때문이었던 것 같다. 이것은 그가 후난을 떠난 직후에 아내에게 보낸 연시를 보면 알 수 있다. 한편으로 아내와 헤어질 즈음 두 사람 사이에 다툼이 있었던 것 같다.

손을 흔들며 작별 인사를 하는 시간이 왔네
작별보다 더 힘든 것은
처량하게 서로를 바라보는 것
원망의 마음이 또다시 떠오르고
분노가 그대의 눈과 얼굴에 떠오르네
차오르는 눈물을 그대는 억누르고 있군요
우리의 오해들은 지난 편지에서 비롯된 것*
이제 구름처럼 바람처럼 오해는 사라지리
이 세상에 우리 두 사람보다 가까운 사람들이 어디에 있을까,
하늘이 인간의 슬픔을 어찌 알까?
동문으로 가는 길에
두껍게 내린 아침 서리
지는 달은 연못을 비추고
하늘의 반을 비추네
춥고 쓸쓸하구나!
외마디 기선의 고동은 내 가슴을 찢어놓고

---

* 여기서 언급되는 편지가 무엇인지는 알려지지 않았고 그 편지에서 어떤 다툼이 비롯되었는지도 알 수 없다. 하지만 원래 시에서 '오해'와 '원망'이 단수가 아니라 복수로 되어 있어 아내가 쉽게 용서할 수 없는 종류의 문제였던 것으로 보인다.(저자 주)

나는 이제 또 세상 끝까지 홀로 헤매야 하네

슬픔과 분노의 한 가닥까지 모두 잘라버리자

이제 우리 저 높은 곤륜산의 절벽이 모두 무너져내린 양 하자

천지를 휘몰아 달려가는 저 태풍처럼

우리 다시 서로의 곁을 나는 한 쌍의 새가 되자

솟아오르자, 저 구름까지.*[118]

　마오가 이렇게 1923년의 가을과 초겨울을 후난에서 보내는 동안 국민당과 소련의 관계에 큰 변화가 있었다. 소련 지도부는 현재 소련이 국제적으로 고립되어 있는 상황을 고려할 때 비록 자산계급 정당이 이끌고 있더라도 중국의 진보적 정권과 연합하는 것이 중요하다고 판단했다. 소련 정부는 레닌, 스탈린과 함께 일했던 저명한 혁명가 미하일 보로딘(Mikhail Borodin)을 쑨원에게 보내는 특사로 임명했다. 국민당은 참모장 장제스를 모스크바로 파견했다. 30대 중반에 마르고 얼굴이 창백했던 장제스는 모스크바에서 '적군(赤軍)'에 대해 공부했으며 융숭한 대접을 받았다. 쑨원은 소련 군대가 북쪽에서부터 베이징을 공격하면 어떻겠냐는 엉뚱한 제안을 했다. 이에 소비에트 군사혁명위원회는 "실패할 운명이 예정된 모험"이라며 단호하게 거절했다. 하지만 러시아인들은 군사 훈련 학교에 재정 지원을 하는 데 동의했으며, 11월에 열린 회의에서는 트로츠키가 직접 "무기와 경제 지원의 형태로 적극적인 원조"를 하겠다고 약속했다.

　한편 광저우에서는 '바오 고문', 즉 보로딘이 국민당, 공산당, 소

---

* "揮手從玆去 更那堪淒然相向 苦情重訴 眼角眉梢都似恨 熱淚欲零還住 知誤會前番書語 過眼滔滔雲共霧 算人間知己吾和汝 人有病 天知否 今朝霜重東門路 照橫塘半天殘月 淒淸如許 汽笛一聲腸已斷 從此天涯孤旅 憑割斷愁絲恨縷 要似崑崙崩絶壁 又恰像颶風掃寰宇 重比翼 和雲翥"

소련의 혁명가 미하일 보로딘. 소련 지도부는 소련과 중국공산당, 국민당의 3각 연합을 위해 보로딘을 중국에 특사로 파견했다.

련의 3각 연합을 위해 중국의 두 정당을 오가며 숙련된 솜씨로 자신의 활동 반경을 넓히고 있었다. 소련은 이 3각 연합을 반드시 이루고자 했다.

사려 깊고 인내심 많은 보로딘은 나이가 마흔에 가까웠는데, 고압적인 태도를 보였던 스니블리트와 많은 점에서 다른 인물이었다. 그는 쑨원의 신뢰를 얻었으며, 국민당과 공산당이 새롭게 형성할 관계를 통해 두 당 모두 큰 이익을 볼 것이라고 설득했다. 10월에 지방 군벌들이 다시 쑨원을 몰아내려고 시도했다. 보로딘은 쑨원을 도와 이런 시도를 물리칠 준비를 하는 한편, 모스크바에 있던 장제스에게 "이제 누가 우리의 친구이고 누가 우리의 적인지 완전히 분명해졌다."고 전보를 보냈다.[119)

이러한 정치적 상황에서 국민당은 1924년 1월 20일에 처음으로 광저우에서 전국 규모의 당 대회(중국국민당 제1차 전국대표대회)를 열었다. 마오는 상하이를 거쳐 2주 전에 광저우에 도착한 상태였다. 그는 아직은 명목상으로만 존재하는 후난성 국민당 조직의 대표 여섯 명을 이끌고 왔다. 대표단에는 샤시와 후난성 공산당 지도자인 리웨이한도 있었다.[120]

당 대회에서 새로운 국민당 당헌이 채택되었다. 보로딘이 레닌주의 노선에 따라 작성한 새 당헌에는 당 규율과 중앙집권화를 강조하고 대중의 지지를 이끌어내려면 혁명적 간부들을 양성해야 한다는 내용이 담겼다.[121] 또한 당 대회는 제국주의를 중국이 겪는 고난의 가장 깊은 원인으로 지목하는, 과거보다 과격한 성격의 정치 강령을 채택했다. 그리고 혁명을 추진하기 위해 노동자·농민 운동을 전개할 것을 처음으로 촉구했다. 당 대회에 참석한 20여 명의 공산당원들은 대부분 젊은이들로서 국민당의 노장들보다 훨씬 의욕적이었으며 대회 참석자들에게 강한 인상을 남겼다. 어떤 회의에서는 마오쩌둥과 리리싼이 회의 진행에서 압도적인 역할을 했다. 그러자 나이 든 사람들은 "서로 곁눈질로 쳐다보면서 '도대체 저 낯선 두 젊은이는 어디서 온 거야?' 하고 물어보는 듯했다." 동맹회 초기부터 쑨원의 동료였던 급진적 지도자 왕징웨이(汪精衛, 1883~1944)는 대회가 끝난 뒤 이렇게 말했다. "5·4운동 세대의 젊은이들은 결코 무시할 수 없는 존재들이다. 저들이 말할 때 열정과 활기 넘치는 태도를 보라."[122]

새롭게 구성된 국민당 중앙집행위원회의 위원은 쑨원이 어떤 인물을 제안하면 박수로 선출되는 방식이었다. 그렇게 선출된 정위원 23명 가운데 세 명이 공산당원이었다. 그 세 명은 리다자오, 베이징 대표 위수더(于樹德), 광저우의 공산당 지도자 탄핑산이었다. 탄핑산은 조직부 부장으로도 지명되었는데 이는 국민당에서 무척 힘 있는 자리였다. 그는 또한 조직부장 직위에 따르는 당연직으로 중앙집행위원회 상무위원회 구성원이 되었다. 상무위원회는 세 명으로 이루어졌다. 다른 두 명은 당 재정부장이자 국민당 좌파를 대표하는 랴오중카이(廖仲愷, 1877~1925)와, 국민당 우파를 대표하는 다이지타오(戴季陶, 1891~1949)였다. 중앙집행위원회 후보위원(투표권 미보유)은 17명이었는데, 그 가운데 일곱 명이 공산당원이었으며 마오도 포함되었다. 일곱 명 가운데에는 린보취(林伯渠, 1886~1960), 취추바이(瞿秋白, 1899~1935), 장궈타오가 있었다. 린보취는 마오와 같은 후난 출신인데, 이번에 국민당 농민부 부장으로도 임명되었다. 취추바이는 유망주로 떠오른 젊은 작가였는데 한때 베이징의 진보적 신문 〈신보(晨報)〉의 모스크바 특파원으로 활약했으며 현재는 보로딘의 보좌역으로 광저우에 와 있었다. 장궈타오는 종전까지 두 정당의 부자연스러운 연합을 반대했던 의견은 일단 한쪽으로 치워 둔 것으로 보였다.*[123]

2월 중순이 되자 마오는 상하이로 돌아와서 자리를 잡았다. 그는 뤄장룽, 차이허썬, 차이허썬의 여자 친구 샹징위와 함께 같은 집에서 살기 시작했다.[124] 집은 공공 조계* 북부 자베이구(閘北區)에 있었는데, 웨이하이웨이로(威海衛路)에서 멀지 않은 곳이었다. 그해 연말까지 마오는 두 가지 역할을 겸하여 활동했다. 우선은 중국공산

---

* 중앙집행위원회는 전체 40명으로 구성되었는데 공산당원이 열 명이었으니 공산당이 매우 높은 비중을 차지했다고 할 수 있다. 당시에 국민당은 10만 명 이상의 당원이 있었으며 공산당은 5백 명 정도밖에 없었기 때문이다. 쑨원은 이를 소련의 도움을 얻기 위한 방편으로 생각했다. 이 위원회에서는 정위원들만 투표권이 있었는데 그중 몇 명은 과거 쑨원의 동료였던 공산당원들이다. 탄핑산은 동맹회의 옛 동료였으며, 린보취는 처음에는 후보위원이었다가 나중에 정위원이 되었다. 린보취는 쑨원이 국민당을 만들기 전에 만들었던, 국민당의 전신인 '혁명당'에 속했던 인물이다.(저자 주)

공공 조계(公共租界) 상하이에 있던 영국과 미국의 공동 조계 구역. 1차 아편전쟁 이후 상하이는 열강들의 조차지가 되었다. 1843년에는 영국이, 1848년에는 미국이, 1849년에는 프랑스가 무력을 앞세워 각각 상하이의 일부를 조차했다. 1854년 영국, 미국, 프랑스가 공동의 조계를 확립했으나 1861년 프랑스가 단독으로 '프랑스 조계'를 설정했고, 1863년 나머지 영국과 미국이 자신들의 관할 구역을 통합하여 '공공 조계'를 정했다. 이곳에는 이들 나라 말고도 일본, 포르투갈 등의 다양하고 많은 외국인 자본가들이 들어와 사업을 벌이며 이득을 취했다.

당 중앙국 비서 역할이었다. 마오의 거처가 바로 중앙국이었는데, 표면적으로는 '관세 신고 사무소' 간판을 달고 있었다. 중국인 소유 사업체가 외국인이 통제하는 세관 당국과 거래를 해야 하는 경우에 관련 사무 서비스를 제공한다는, 이름뿐인 회사였다.[125] 마오의 또 다른 책무는 국민당의 상하이 집행위원회 업무였다. 마오는 거기에서도 공산당 중앙국 업무와 비슷한 종류의 업무를 수행했는데 사무실이 상하이 프랑스 조계에 있었다. 이 사무실은 상하이를 비롯하여 안후이성(安徽省), 장시성, 장쑤성(江蘇省), 저장성에 있는 국민당 지부들의 업무를 총괄했다.[126]

이것은 쉬운 일이 아니었다. 보로딘은 광저우에서, 보이틴스키는 상하이에서(그는 스니블리트를 대신해 코민테른 대표로 중국에 다시 돌아왔다) 통일전선 유지를 위해 최선을 다해 노력하고 있었지만 두 당의 마찰은 점점 더 심해졌다. 국민당 보수파는 공산당을 '제5열'로 간주했는데, 여기에는 그럴 만한 이유가 있었다. 1924년 4월 말 혹은 5월 초에 국민당 보수파는 공산당 중앙위원회의 비밀 결의문 복사본을 하나 입수했다. 국민당 내부에 있는 공산당원들에게 긴밀한 '당내 분파' 체제를 세우라는 내용이었다. 이것은 공산당의 지령을 전파하고 실행하기 위함이며, 공산당이 국민당을 결국 접수할 때를 대비하기 위한 것이었다. 우파 성향이던 국민당 중앙감찰위원회는 공산당 지도부를 공식적으로 탄핵하기 위한 절차를 밟기 시작했다.[127] 마오쩌둥과 차이허썬, 천두슈는 국민당과 합작이 실패했으며 통일전선을 폐기해야 한다고 주장했다. 하지만 보이틴스키는 그런 주장은 모스크바로서는 받아들일 수 없다고 답했다. 코민테른은 그 비밀 결의문을 취소하라고 지시했다. 결국 쑨원이 현 상황을 그대로 유지하는 쪽으로 결정을 내렸다. 하지만 이제는 보로딘마저 점차 우려하는 마음이 커지기 시작했다. 국민당 내에 반공산주의 연합이 형성되고 있으며, 이 연합 세력이 구체적인 행동에 나서지 않는 것은 오로지 소련의 원조가 끊어지지 않을까 하는 우려 때문이라고 그는 판단했다.[128]

1924년 7월, 천두슈와 마오쩌둥은 중앙위원회 비밀 통지문을 발송했다. 이 통지문은 1년 전 중국공산당 제3차 당 대회에서 결정된 '당내 합작' 전략을 재확인하는 내용이었으나, 동시에 이 전략을 이행하는 것이 "극도로 어렵다"는 사실이 드러나고 있다는 언급도 있었다.

> 우리에게 쏟아지는 공개적 공격 혹은 은폐된 공격과, 우리를 밖으로 몰아내려는 시도 등은 이미 대부분 국민당원들에게 일상적인 과업이 되고 있다. …… 쑨원이나 랴오중카이 같은 소수의 국민당 지도자들만이 아직 우리와 결별하겠다는 마음을 확실하게 먹지 않았다. 하지만 그들 역시 국민당 내 우파를 불쾌하게 만들고 싶어 하지 않는다. …… 혁명 세력을 결집하기 위해 우리는 어떤 분열주의적 언사나 행동이 우리 쪽에서 나오지 않도록 확실히 해야 한다. 그리고 우리는 그들을 포용하고 그들과 협력하기 위해 반드시 최선을 다해야 한다. (동시에) …… 우리는 비혁명적인 우파적 정책은 용인할 수 없으며 반드시 교정하도록 해야 한다.[129]

이런 태도가 이때부터 향후 3년간 공산당 전술의 기본 방향을 결정했다. 코민테른이 통일전선 전략을 유지하는 한 중국공산당은 이를 거부할 수 없었다. 오히려 코민테른의 지시에 따라 공산당은 국민당에 맞추기 위해 다소 무리한 일까지 해야 했다. 하지만 국민당원 모두를 포용한 것은 아니었다. 1924년 여름에 내린 가장 중요한 결정은 국민당을 분열된 정당으로 여겨야 한다는 것이었다. 국민당 좌파는 공산당과 연합할 수 있지만, 국민당 우파는 공산당이 도저히 설득할 수 없고 따라서 모든 수단을 동원하여 투쟁해야 할 대상이라는 뜻이었다.

마오는 이러한 접근 방식의 문제점을 고사성어인 '첩상가옥(疊床架屋)'이라는 말로 간결하게 표현했다. '침대 위에 침대를 놓고, 집 위에 집을 얹는다'는 뜻으로 쓸데없이 반복하는 상황을 비유하는 말이다.[130] 달리 표현하면, 마오의 말은 만일 통일전선이 공산당이 친공산주의 성향의 국민당 좌파, 즉 생각과 목표를 공산당과 공유하는 국민당 좌파와 연합하기 위한 전술이라면, 공산당과 국민당 좌파 둘 중 하나는 존재할 필요가 없다는 이야기였다. 문제는 어느 편이 사라져야 하는가였다.

당시에 중국공산당은 아무런 성과를 거두지 못하는 듯 보였다. 새로 가입하는 당원이 거의 없었고, 노동 운동 역시 정체 상태였다. 코민테른은 무산계급이 공산주의적 정책을 갈망하고 있다고 열심히 선전했지만, 사실 노동자들은 정치에 거의 관심을 보이지 않았으며 공산당의 에너지는 그저 생존을 위한 세력 다툼에 소모되고 있었다. 일부 저명한 공산당원들은 1924년 여름 자신이 속한 당이야말로 불필요한 침대라고 판단하고 국민당 안에서 살 길을 찾기로 결심했다. 마오는 결코 그런 결정을 내리지는 않았다. 하지만 1924년이 지나는 동안 그는 점점 더 낙심했다. 후난의 젊은 공산당원인 펑수즈가 3년간 모스크바에서 유학한 뒤 상하이를 방문했는데, 그때 만난 마오쩌둥은 음울하고 지친 모습이었다고 한다.

그는 매우 안 좋아 보였다. 너무 말라서 키가 실제보다 더 커 보였다. 안색은 창백하다 못해 검푸른 빛이 약간 비칠 정도였다. 나는 그가 결핵을 앓고 있는 게 아닌지 걱정했다. 당시 동지들 중에는 결핵에 걸린 사람이 많았다.[131]

가을 동안, 마오의 입장에서 보면 상황은 점점 더 악화되었다. 국민당 본부의 자금 지원이 끊어졌고 상하이 지부의 작업을 모두 중단할 수밖에 없었다.[132] 마오는 신경쇠약으로 고통받았다. 그는 일종의 우울증을 앓았는데, 만성적 불면증, 두통, 어지러움, 고혈압이 뒤따랐다. 그는 평생 이 증상들에 시달린다.[133] 마오와 중국공산당 지도부의 관계는 처음부터 쉽지 않았지만 이때 더 악화되었다.[134] 마오가 준비하던 중국공산당 제4차 당 대회는 보이틴스키가 모스크바에 가는 바람에 이듬해 1월로 미뤄졌다.[135] 게다가 10월에는 베이징에서 다시 한번 정치 변동이 일어나서 독립적 군벌인 펑위샹이 권력을 잡았다. 그는 불을 끄는 소화전 호스로 병사들에게 세례를 주고 기독교인으로 만들었다 하여 '기독교인 장군'이라고 불렸다. 펑위샹은 안후이파의 지도자인 돤치루이를 정부 수반으로 임명하고, 국가적 화해 문제를 논의하자며 쑨원을 베이징으로 초청했다.

쑨원이 이 초청을 수락한 것이 마오에게는 결정타가 되었다. 지난 2년 동안 마오는 노동 운동이 붕괴하는 것을 지켜봤고, 자유주의적이며 진보적인 엘리트가 침묵을 강요당하는 것을 보았으며, 중국공산당이 성공 가능성이 없는 정책에 휘말려 마비 상태에 빠지는 상황을 보았다. 그리고 공산당 중앙위원회의 표현에 따르면 이제 국민당은 과거에 그토록 자주 실패했던 "군국주의 정치라는 예전 그 수법"으로 되돌아가고 있었다.

12월 말이 되어 중국공산당 제4차 당 대회가 채 2주도 채 남지 않은 시점에서 마오는 상하이를 떠났다. 그는 아내 양카이후이와 장모, 두 아들과 함께 창사로 향했다. 이들은 지난여름 상하이에 와서 마오와 함께 지내고 있었다.[136] 공식적으로 마오는 건강 문제로 휴가를 얻은 것이었다. 하지만 주치의인 리즈쑤이(李志綏)가 오랜 세월이 지난 뒤에 언급했듯이 마오의 신경쇠약은 언제나 정치적 성격을 띠었다. "그 증세는 중요한 정치 투쟁이 시작될 무렵에 아주 심각해지곤 했다."[137] 다만 이번 투쟁은 성격이 달랐다. 이때 그는 자신의 신념과 관련해 위기를 겪고 있었다.

1925년 초, 마오의 이전 동지들이 994명의 당원을 자랑하는 정당의 미래를 계획하기 위해 만나고 있을 때, 마오는 양카이후이 부모의 옛집에서 설을 축하하고 있었다. 그 집은 10년 전 마오가 제1사범학교 학생으로서 존경하던 양창지 선생, 즉 아내인 양카이후이의 아버지에게서 가르침을 받던 곳이었다. 운명의 수레바퀴가 한 바퀴 돌아 처음 출발한 그 자리로 돌아온 듯했다. 창사에서 마오는 옛 친구들을 전혀 만나지 않았으며 공산당이나 국민당 사람들과도 접촉하지 않았다. 제4차 당 대회가 열렸을 때 마오는 당 중앙위원회 위원으로 재선되지 못했다. 또 그는 후난성 당 위원회에서도 아무런 역할을 맡지 않았다. 사실상 그는 정치에서 완전히 물러난 것처럼 보였다. 2월이 되자 그는 가족을 데리고 고향 사오산으로 갔다. 책도 몇 상자 가지고 갔다. 양카이후이는 이웃들에게 마오가 아프다고 말했다. 마오는 석 달간 가족과 마을 사람들 외에는 아무도 만나지 않았다.[138] 출발점으로의 회귀였다. 그가 젊고 야심 찬 지식인으로서 탈출하고자 했던 바로 그 농민이라는 뿌리로 되돌아온 것이었다. 마오는 바로 이곳에서 어린 시절 친구들에 둘러싸여, 새롭고 더 희망찬 길이 앞에 열려 있음을 어렴풋하게나마 다시 발견하게 된다.

1920년대 전반기에 중국 공산주의자들에게 농민은 관심 밖에 있었다. 과거 수백 년 동안 그래왔듯이, 농민들은 중국적 삶에서 배경의 일부일 뿐이었다. 중국 역사라는 끝없는 화폭 위에 거대한 사건과 위대한 인물들이 묘사될 때, 농민들은 언제나 변함없이 그 그림 아래에 깔리는 노란색 배경과 같았다.

1920년 제2차 코민테른 총회에서 레닌은 만일 후진국의 무산계급 정당이 농민층과 강력한 연대를 맺지 않고 권력을 획득하려 한다면 그것은 유토피아적 생각이라고 조롱했다.[139] 훗날 중국공산당 지도부를 구성하는 중국의 도시 출신 지식인들은 레닌의 이런 말에 전혀 반응을 보이지 않았다. 2년 뒤 코민테른의 권고에 따라 중국공산당 제2차 당 대회에서는 중국의 3억 농민이 '혁명 운동에서 가장 중요한 요소'임을 인정했다. 하지만 동시에 공산당은 농민을 이끌 생각이 전혀 없다는 것도 분명히 했다. 공산당의 임무는 노동자를 조직하는 것이었고, 농민은 스스로 해방되어야 한다는 논리였다.[140] 공산당 총서기 천두슈는 1922년 11월 모스크바를 방문했을 때, 농민이 잠재적으로는 "중국공산당이 절대로 무시해서는 안 될 …… 우호적 집단"이라는 점을 설득당했다.[141] 그다음 해 여름에 열린 제3차 당 대회에서 공산당의 견해는 상당한 진전을 보여, '노동자와 농민'은 중국공산당이 그 이익을 항상 지지해야 할 두 계급이라고 같은 범주로 묶어 표현했다.[142]

제3차 당 대회가 열리기 전, 부유한 지주의 아들인 펑파이(彭湃)가 광둥성 동부의 하이루펑(海陸豊)이라는 곳에서 농민을 이끌어 권력을 잡는 데 성공했다. 온갖 관계 당국이 그를 압박하려 했지만 이후 5년 동안 그는 농민 권력을 유지했다.[143] 하지만 펑파이는 공산당원이 아니었고 오로지 혼자 힘으로 이 모든 일을 해냈다.[144] 중국공산당 당 대회가 열리는 장소에서 불과 240킬로미터밖에 떨어지지 않은 곳에서 일어난 일이었지만, 펑파이가 주동이 되어 일어난 이 운동은 단 한 번도 제3차 당 대회 석상에서 언급되지 않았다.[145]

마오는 이보다 더 일찍 농민의 역할에 관심을 보였다. 1921년 4월에 마오는 〈공산당〉에 '중국 농민에게 보내는 공개 서한'이라는 제목의 글을 실었다. 이 글에서 마오는 전해 가을에 안위안 탄광 주변 지역에서 일어난 봉기를 묘사했다. 지주의 집에 쳐들어간 농민들은 맛있는 음식을 찾아내 배불리 먹고 곡식을 빼앗았다. 어떤 경우에는 나중에 집에 불을 지르기도 했다. "이것이야말로 깜깜한 밤이 지나 동쪽으로부터 첫 햇살이 비추는 것"이라고 마오는 선언했다. 만일 중국 전역의 농민들이 이 사례를 따르면 "공산주의는 모든 고통으로부터 여러분을 해방시켜줄 것이며, 여러분은 지금껏 몰랐던 행복을 맛보게 될 것이다."[146] 이로부터 2년이 지난 1923년 봄, 그는 수이커우산 광산에 있던 공산주의자 두 명을 그들의 고향 마을로 돌려보내 후난성에서 농민협회의 가능성을 조사하도록 했다.* 장궈타오의 회고에 따르면, 마오는 제3차 당 대회에서 다음과 같이 발언했다. 후난에는 "노동자 수가 적고, 국민당원과 공산당원 수는 그보다 더 적은 반면에 농민은 산과 들에 차고 넘칠 정도로 많습니다."[147] 또한 마오는 농민들이 일으킨 반란과 폭동의 역사를 생각해보면 농민은 국민혁명에서 강력한 동맹이 될 수 있다고 주장했다. 천두슈도 동의했다. "군벌에 반대하고 부패한 관료와 각 지역의 압제자들을 타도하기 위해 …… 소작농과 농촌 노동자들을" 단결시키도록 노력하자는 당의 결정이 내려졌다.[148] 하지만 이 결의 사항을 실행에 옮기려는 구체적 조치는 전혀 없었다.

중국공산당이 농민 문제에 이렇게 무신경하게 행동하자 코민테른

---

* 이들이 노력한 결과, 1923년 9월에 '위베이(岳北)농민노동자협회'가 설립되었다. 이런 종류의 단체로는 후난성에 처음 등장한 단체였다. 마침 그때 과거 후난성 성장이었던 탄옌카이가 남쪽에서부터 군대를 이끌고 진격해 오고 있었다. 이 단체는 회원 수가 1천 명을 넘었으며, 곡물 가격 인하와 소작료 인하를 요구했다. 지주들이 농민들에게 턱없이 높은 이자를 받는 것을 중지해 달라는 요구 사항도 있었다. 지주들이 압박했지만 탄옌카이가 있었기에 농민들은 어느 정도 보호받을 수 있었다. 하지만 이 지역은 자오헝티 성장의 고향이었다. 결국 11월 말에 탄옌카이의 군대가 패퇴하면서, 자오헝티의 군대가 들어와 협회의 본부 건물과 지지자들의 집을 불태웠다. 최소한 네 명의 농민이 살해되었으며 수십 명이 체포되었고, 결국 운동은 붕괴했다.(저자 주)

은 크게 실망했고 그런 실망감은 당 대회가 끝난 직후 코민테른이 상하이에 보내온 지령에 생생하게 드러났다.

중국의 국민 혁명은 …… 반드시 농민층의 농촌 혁명을 동반해야 할 것이다. …… 중국 인구 가운데 기본인 소농의 참여를 이끌어낼 때 비로소 이 혁명은 성공한다. 따라서 모든 정책의 중심은 명확하게 '농민 문제'에 있다. 어떠한 이유가 되었든 이 근본 원칙을 무시하는 것은, 성공적인 투쟁을 수행할 수 있는 …… 이 유일한 사회경제적 기반의 중요성을 전혀 이해하지 못했음을 의미한다.[149]

이 지령 역시 중국공산당의 관심을 끌지 못했다. 이후에도 여러 차례의 지령이 왔으나 마찬가지였다.

중국공산당이 이렇게 완고한 데는 이유가 있었다. 당 지도부를 구성한, 대부분 자산계급 지식인 출신인 젊은이들이 보기에 공업은 아무리 원시적인 수준이더라도 개념상 근대를 의미했다. 착취당하고 짓밟히고 있으나 그래도 도시에 거주하는 새로운 노동자계급이야말로 근대 세계가 탄생시킨 새 사회를 열어 나가기에 딱 알맞은 존재였다. 반면 농민은 중국의 모든 후진적이고 우매한 것들을 상징했다. 자신도 농촌 출신이었지만 마오 역시 젊은 시절에 농민을 '어리석고 혐오스러운 사람들'로 인식했음을 고백했다. 원(元)나라 말기나 명나라 말기에 일어난 농민 반란은 성공한 경우라도 새 황제를 탄생시키는 데 그쳤지 새로운 체제를 만들지는 못했다. 1923년에 작성된 한 보고서를 보면, 당 일꾼들은 "농촌 지역을 싫어했다. 그들은 농촌으로 돌아가느니 차라리 굶어 죽을 것이다."라고 기록되어 있다.[150] 농민층은 미래의 대세이기는커녕 앞으로 혁명이 쓸어버려야 할 유교 제국의 어두운 유산 중에서도 그 형태가 뚜렷하지 않은 핵심이었다.

변화는 사오산에서 시작되었다.

마오는 처음에는 기력이 없어서인지 그저 책을 읽거나 이웃 사람이 찾아오면 이야기를 나누기만 했다. '가족 문제와 지역 문제'가 대화 주제였다. 하지만 몇 주가 지나자 그는 친척 젊은이인 마오푸쉬안(毛福軒)을 내세워 일부 빈농들을 설득하여 농민 단체를 하나 결성하도록 했다. 양카이후이는 농민 야간학교를 만들었다. 제1사범학교에 다니던 시절에 마오가 조직했던 노동자 야간학교의 축소판이라 할 수 있었다. 야간학교에서는 읽기와 산수, 정치, 시사를 가르쳤다.[151] 그로부터 3개월 뒤, 두 번째 농민 단체가 만들어졌다. 안위안에서 탄광 노동자로 일했던 왕시엔쫑이란 사람이 근처 마을에서 결성한 것이었다.[152]

만일 이때 1천 킬로미터 떨어진 상하이에서 영국인 지휘관이 이끄는 공공 조계 경찰이 행동에 나서지 않았다면, 마오의 소규모 풀뿌리 실험은 별다른 성과 없이 계속되었을지도 모른다.[153]

1925년 5월 30일, 상하이에서 일어난 한 사건 때문에 전국적으로 엄청난 민족주의 감정이 분출했다. 6년 전 5·4운동 이후 최대 사건이었다. 사건의 발단은 2주 전으로 거슬러 올라간다. 직물 공장에서 파업이 일어나자 일본인 공장 감독관들이 파업 중인 노동자들에게 총을 쏘았는데, 그로 인해 파업을 조직한 공산당원 한 명이 사망했다. 이 사건에 항의하는 움직임이 일어났고 그 와중에 학생 여섯 명이 체포되었으며 다시 이 학생들의 석방을 요구하며 더 많은 시위와 집회가 열리기 시작했다. 영국인 경찰 지휘관은 시위가 확대되면 통제할 수 없다고 판단하고 시위를 중지시키라고 명령했다. 더 많은 사람들이 체포되었다. 시간이 지날수록 시위대는 더 불어났고 분위기도 더 험악해졌다. 그러던 중 후덥지근한 토요일 오후 3시를 조금 지났을 무렵, 상하이 번화가인 난징로에서 시위대와 대치하던 중앙경찰서 책임자는 경찰이 시위대에 제압당할 위기를 맞자 중국인과 시크교도로 구성된 경찰들에게 발포를 명령했다. 총알 세례를 받은 시위대에서 네 명의 사망자와 50명에 가까운 부상자가 발생했으며, 부상자 가운데 여덟 명은 얼마 뒤 사망했다. 이 일로 폭동이 일어났으며, 그 와중에 중국인 여덟 명이 사망했고 상하이 시 전역에서 파업이 개시되었다.

반영국, 반일본을 외치는 항의 운동이 중국 전역에서 일어났다. 광저우에서는 조계 경찰이 시위대를 향해 기관총을 발사하여 50명 이상 사망했다. 이 사건으로 분노와 증오의 소용돌이는 더욱 급속하게 커졌고 홍콩에서는 영국 식민 당국에 맞서는 파업이 시작되어 16개월이나 지속되었다. 그 결과 홍콩의 무역업은 큰 손실을 입었다.

이러한 소식이 주말에 창사에 전해지자, 노동자와 학생들이 거리로 쏟아져 나왔고 반외세 구호를 외치기 시작했다. 〈대공보〉는 특별판을 발행했다. 화요일에는 2만 명이 집회를 열었고 거기서 '전후난설치회(全湖南雪恥會)'가 결성되었다. '설치회'는 치욕을 되갚는 모임이라는 뜻이다. 집회에서는 영국산과 일본산 제품 불매도 선언했다. 사흘 뒤, 10만 명에 이르는 사람들이 창사 전역에서 시위에 참여했다. 이들은 시내 곳곳에 많은 벽보를 붙였다. 벽보를 통해 시위자들은 제국주의자들 추방, 불평등 조약 철폐, 후난성 통치자들에게 가장 불편한 요구 사항인 군벌 통치 종식을 요구했다. 이것은 창사 역사상 가장 규모가 큰 시위였다. 자오헝티 성장은 늘 해오던 대로 대응했다. 실탄을 장전한 총기로 무장한 군대를 보내 각 학교를 봉쇄하고 24시간 통행금지 명령을 내렸으며 '평화를 교란하는 자'는 총살할 것이라는 포고문을 거리 곳곳에 붙였다. 하지만 '설치회'는 활동을 멈추지 않았고, 얼마 후 여름방학이 시작되자 학생들은 창사를 떠나 각자 고향에서 운동을 계속했다.[154]

이 사건을 접한 마오는 마치 전기 충격이라도 받은 듯 곧바로 정치 활동을 개시했다.

6월 중순, 마오는 사오산에 중국공산당 지부를 만들고 자신의 친척 마오푸쉬안을 지부 서기로 삼았다. 뒤이어 사회주의청년단과 국민당 지부도 설치되었다. 농민 야간학교 역시 빠른 속도로 확산되었다. 농민들로 구성된 '설치회' 지부도 여럿 만들어졌다. 국민당 후난성 당부 소속인 허얼캉(賀爾康, 1905~1928)이 창사에서 와서 마오를 돕기 시작했다. 그는 마오가 예전에 세운 쯔슈대학 부설 예비학교 학생이었으며 많은 국민당 활동가가 그러했듯이 공산당원이었다. 7월 10일 사오산에서 '샹탄현 제2 서부 구역 설치회'라는 거창한 이름이 붙은 설치회 지부 창설 총회가 열렸다. 총회에서 마오쩌둥은 영국과 일본의 제국주의를 비난하는 연설을 했고, 총회는 모든 외국 제품에 대한 불매 운동을 결의했다. 공식적으로는 67명의 대의원이 참석했지만 그 밖에 사오산과 몇몇 이웃 마을의 거의 모든 성인이—모두 4백 명에 달했다.—이 총회에 참관인으로 참석했다.

이런 착실한 준비 작업이 실효를 거둔 것은 8월 초였다. 가뭄이 시작되었고 항상 그랬듯이 지주들은 식량 부족 사태를 부추기기 위해 창고에 쌀을 쟁여 두기 시작했다. 사오산 농민협회는 마오의 집에서 회의를 한 뒤 지역 유지의 집에 사람을 보내 곳간을 열고 쌀을 팔아 달라고 호소했다. 지주는 농민협회의 호소를 거절하면서 쌀을 도시로 가져가서 더 비싸게 팔 예정이라는 말까지 했다. 바로 마오의 아버지가 하던 방식이었다. 마오의 지시에 따라 마오푸쉬안과 또 다른 공산당원 한 명이 수백 명의 농민을 이끌고 행동에 나섰다. 그들은 곡괭이와 대나무 장대를 들고 지주의 집으로 쳐들어갔고 결국 지주는 공정한 가격에 쌀을 판매하지 않을 수 없었다.[155]

중국 혁명의 거대한 규모에 비하면 이것은 아주 작은 사건이고 별로 중요해 보이지 않을 수도 있다. 하지만 이 사건은 2년 전 위베이 (岳北)농민노동자협회가 분쇄된 이후 처음으로 발생한 사건이었으며 며칠 지나지 않아 이와 비슷한 사건들이 다른 마을에서 연쇄적으로 일어났다. 그리고 한 달이 채 지나기 전에 샹탄현과 주변 지역에는 20개가 넘는 농민협회가 만들어졌다.[156] 그때 마오의 행동이 자오형티 성장의 귀에 들어갔다. 그는 샹탄현 당국에 간략한 전보를 보냈다. "즉시 마오쩌둥을 체포하여 현장에서 처형할 것." 다행히 이 전보를 마오 가족과 친분이 있는 어떤 직원이 보게 되었고 그는 이 사실을 즉시 마오에게 알렸다. 이로써 농민 운동 조직가로서 마오의 활동은 갑자기 막을 내리게 되었다. 마오는 바로 그날 오후 창사를 향해 출발했다. 가마를 타고 문을 꼭 잠근 다음, 의사라고 속인 채 곧바로 사오산을 빠져나왔던 것이다.[157]

이제 마오는 코민테른이 옳았다고 확신하게 되었다. 중국 농민은 민족주의 운동에서 절대로 간과해서는 안 될 큰 힘이라고 코민테른이 줄곧 말하지 않았던가? 마오는 이렇게 결론 내렸다. 자신들을 억압하는 계급에 대한 농민의 불만이라는, 아직 아무도 손대지 않은 거대한 힘을 동원할 수 있을 때 비로소 혁명은 성공할 것이라고.

9월 초, 창사에 은거해 있는 동안 마오가 쓴 시에는 자기 앞에 놓인 과업의 중요성을 깊이 생각하는 모습이 담겨 있다.

> 1백 척의 배가 강의 흐름에 맞서 싸우고 있다
> 독수리들은 끝없는 허공을 공격하고 있다
> 물고기들은 얕은 물속에서 헤엄치며 돌아다니고 있다
> 모든 존재는 서리 어린 하늘 아래 자유를 쫓아가고 있다
> 이 거대한 움직임에 당황한 나는
> 창망하게 펼쳐진 이 대지를 향해 묻는다

떠오르고 가라앉음을 주관하는 자는 과연 누구인가?[*158]

눈에 띄게 향수에 젖은 구절에서, 마오는 자신을 비롯해 학창 시절 친구들이 "학자의 이상주의적 열정을 품고, 강직하고 두려움 없는 태도로 거리낌 없이 큰 소리로 발언하고, 우리 시대의 지위 높은 자와 힘 있는 자를 모두 똥이나 먼지처럼 취급하던" 그런 '영광스러운 시절'이 이제 다 지나가버렸음을 슬퍼했다. 그 시절에는 모두 자신이 중국의 모든 문제에 대한 해답을 갖고 있다고 자신했다. 젊은이의 철없는 자신감은 이제 31살이 된 마오에게서 사라지고 없었다.

마오가 사오산에 머물던 7개월 사이에 중국의 정치 상황은 극적으로 변화했다. 1925년 3월, 쑨원이 지병으로 사망했다. 유언에서 그는 자신의 추종자들에게 국민당 제1차 당 대회 결정 사항, 즉 통일전선과 소련과의 연합을 지지하기로 한 방침을 계속 따르라고 말했다. 국민당 좌파를 이끌던 왕징웨이가 쑨원의 후계자로 유력했다. 왕징웨이가 앞에 나서자 보수파가 반격했고 결국 1925년이 다 가기 전에 '시산회의파(西山會議派)'라고 하는 우파 그룹이 왕징웨이의 지도자 자격에 도전했다가 실패한다. '5·30사건'으로 뜨거운 반제국주의 물결이 전국에서 일어났으며, 이에 따라 젊은 급진파들이 국민당과 공산당에 모여들었다. 이것은 곧 왕징웨이의 지지 세력이 확대되는 결과로 이어졌다. 얼마 지나지 않아 왕징웨이의 최고 경쟁자인 후한민(胡漢民, 1879~1936)이 국민당 노장 급진파 인사인 랴오중카이 암살에 연루되었다는 의혹을 받고 모스크바로 쫓겨 갔다. 한편 최근 광저우 위수 부대의 부대장이 된 장제스는 새로이 창설된 '국민 혁명

---

* "百舸爭流 鷹擊長空 魚翔淺底 萬類霜天竟自由 悵寥廓 問蒼茫大地 誰主沉浮"

1925년 3월 쑨원 사망 후 잠시 국민당을 이끌었던 국민당 '좌파' 지도자 왕징웨이.

군' 내에 자신의 지지 기반을 만들기 시작했다. 이 모든 상황을 종합해볼 때 결국 국민당은 그해 초와 비교하여 훨씬 더 강력해졌을 뿐만 아니라 급격하게 왼쪽으로 이동하는 모습을 보였다.[159]

이 정도 상황만 고려하더라도 마오가 국민당에 호감을 보일 이유가 충분했다. 그는 창사에 숨어 살면서 앞으로 어떻게 할 것인지 샤시를 비롯한 후배들과 의논했다.[160] 하지만 마오를 국민당 쪽으로 미는 다른 요인들도 있었다. 사오산에서 지내는 동안 그는 자신이 1년 전에 했던 정치적 판단이 옳았음을 확신하게 되었다. 중국은 궁극적으로 계급투쟁을 통해 구원받을 것이다. 그리고 중국의 노동자와 농민들이 자신들을 착취하는 압제자들을 폭력적으로 전복하는 그 투쟁은 공산당이 이끌 것이다. 하지만 그날이 오기까지는 혁명을 진전시키는 데 국민당이 공산당보다 유리하다. 국민당은 공산당이 합법적으로 활동할 수 없는 곳에서 활동할 수 있고, 소련이 자금을 대고 훈련까지 해준 국민당만의 군대가 있었다. 그리고 광둥에 안전한 지역 기반도 갖고 있었다. 따라서 마오가 세운 농민 야간학교에서는 마르크스주의가 아니라 쑨원의 삼민주의, 즉 민족주의, 민주주의, 사회주의를 가르쳤다. 이런 이유로 6월 들어 정치 활동을 개시한 이후 마오의 당 건설 작업은 공산당이나 청년단 쪽보다 국민당을 돕는 데 방향이 맞추어졌다.[161] 이러한 새로운 정치적 신념은 얼마 뒤 마오가 쓴 자기 소개서에 잘 나타나 있다.

> 나는 공산주의를 믿고 무산계급의 사회 혁명을 지지합니다. 하지만 현재 국내적, 국제적 압제는 한 계급의 힘만으로는 타도할 수 없습니다. 따라서 나는 무산계급과 소자산계급(즉 농민)과 좌익 중간계급이 협력하는 국민 혁명을 지지하며, 국민당의 삼민주의를 실천하여 제국주의와 군벌을 타도하고 매판 및 (매판과 연합한) 지주계급을 타도하여 …… (이 세 혁명적 계급의) 연합 통치 …… 즉 혁명 민중의 통치를 실현하고자 합니다.[162]

한편 마오는 자신의 개인적 상황도 고려했을 것이다. 그는 여전히 국민당의 중앙집행위원회 후보위원이었다. 하지만 공산당 내에서는 공식 직책이 없었다. 게다가 본래 여러 종류의 비밀결사와 반청반만 투쟁에 뿌리를 두고 있던 국민당은 도시에 기반한 공산당에 비해 출발 당시부터 농민에게 많은 관심을 기울였다. 1925년 가을이면 국민당은 이미 '농민부'를 만들었고 또 농촌 지역의 조직가들을 위해 '농민운동강습소'를 만들어놓은 상태였다.[163] 공산당은 아무것도 하지 않았다.

간단히 말해, 이제는 상하이가 아니라 광저우가 혁명 투쟁의 중심이 되고 있었다. 그래서 마오는 9월 첫째 주말에 창사를 빠져나오면서 남쪽으로 방향을 잡았던 것이다. 그러나 그는 자신이 어떻게 받아들여질지 확신이 없었던 것 같다. 당시 이 여행에 동행했던 사람의 회고에 따르면, 마오는 갑자기 공포를 느꼈는지 자신이 갖고 있던 기록물을 다 불태워버렸다고 한다. 후난 성장 자오헝티의 순찰 부대에 발각될까 봐 두렵다는 이유였다. 그는 신경쇠약증이 도졌고 결국 광저우에 도착한 뒤 며칠간 병원에 입원했다.[164]

여하튼 마오의 광저우행은 나중에 정확한 판단이었던 것으로 밝혀진다. 수년 뒤 그는 "도시 전체에 엄청나게 낙관적인 분위기가 가득했다."라고 회고했다. 국민당 본부에 도착한 마오는 왕징웨이와 면담 약속을 잡을 수 있었다. 왕징웨이는 당시 새로 수립된 '국민정부'의 수반이었으며, 당내에서 가장 강력한 인물로 자신의 위치를 굳히는 중이었다. 그는 1924년 국민당 제1차 당 대회 때 젊은 마오의 열정에 감명받은 사람들 가운데 한 명이었다. 마오를 만난 자리에서 왕징웨이는 선전부장 대리를 맡아 달라고 제안했다. 자신의 업무량을 줄이려는 생각이었다. 이 대리 직책 임명은 2주 뒤 정식으로 확정되었다.[165]

국민당 고위 관리가 됨으로써 마오는 이제 중요한 인물이 되었다. 아내 양카이후이와 장모와 두 아들이 창사에서 광저우로 옮겨 왔다. 마오는 나무가 많고 쾌적한 환경에 둘러싸인 둥산(東山) 지역에 가족의 거처를 마련했다. 이 지역에는 러시아 군사 고문들과 국민당 지도자들이 많이 살았는데 장제스의 집도 이곳에 있었다.

이후 18개월 동안 마오는 혁명의 성공을 위해 가장 중요하다고 생각하는 두 가지 사안에 온 힘을 쏟았다. 첫째는 국민당 좌파를 강화하는 일이었고, 둘째는 농민을 조직하는 일이었다. 그해 겨울 그가 처음으로 실현한 사업은 새로운 당 기관지 〈정치주보(政治週報)〉를 창간하는 일이었다. 이 잡지를 통해 마오는 통일전선을 공격하는 '시산회의파'(국민당 우파)에 반격을 가하려 했으며, "혁명적 확신이 흔들리는" 사람들의 의지를 다지려고 했다.[166] 〈정치주보〉 첫 호는 다음과 같이 선언했다.

러시아와 연합하고 공산주의자들을 포용하는 것은 혁명의 성공이라는 목표를 달성하기 위한 우리 당의 중요한 전술이다. 돌아가신 대총통(쑨원)이 그런 전략을 결정한 첫 번째 인물이었으며 …… 이 전술은 제1차 당 대회에서 채택되었다. …… 오늘의 혁명은 전 세계를 무대로 하여 혁명 세력과 반혁명 세력이 벌이는 최후의 결정적 투쟁의 일부이다. …… 만일 우리 당이 소비에트 러시아와 연합하는 데서 출발하지 않는다면, 또는 만일 우리가 농민과 노동자의 이익을 옹호하는 공산주의자들을 받아들이지 않는다면, 혁명 세력은 고립될 것이며 혁명은 성공할 수 없을 것이다. …… 혁명의 편에 서지 않는 자는 반혁명의 편에 서는 자다. 중립 지대란 결코 없다.[167]

마오의 주장에 따르면, 국민당 우파가 촉구하는 '서구식, 중간계급 혁명'과 '모든 혁명 세력'의 연합 통치로 이어질 광범위한 좌파 연합을 만드는 것, 이 둘 중 하나를 택해야 했다. '중립이라는 회색 가면'을 쓰려 하는 자는 곧 어느 편에 설지 반드시 선택해야 하는 때가 올 것이다.[168]

마오는 '정확히 어떤 세력을 혁명 세력으로 볼 수 있는가'라는 문제를 〈중국 사회 각 계급의 분석(中國社會各階級的分析)〉이라는 글에서 다루었다. 1925년 12월 1일에 발표한 이 글은 새로이 창설된 국민혁명군이 발행하는 잡지 〈혁명(革命)〉에 실렸다. 마오는 이 글에서 사오산에서 몇 달간 숙고한 결과를 자신감 넘치는 필치로 선보였다.

우리의 적은 누구인가? 우리의 친구는 누구인가? 적과 친구를 구분하지 못하는 사람은 결코 혁명가가 될 수 없다. 하지만 이 구분은 쉽지 않다. 중국 혁명이 지금까지 성취한 바가 …… 미미한 것은 …… 진정한 적을 공격하기 위해 진정한 친구와 단결하지 못한 전략적 실책에 원인이 있다.[169)

마오는 이 글에서 20개나 되는 중국의 사회 계층을 열거하고, 이를 다시 다섯 개의 주요 계급으로 나누었다. 첫 번째 계급은 '불구대천의 적(死敵)'인 대자산계급과 그의 우파 동맹자들이었다. 두 번째 계급은 중자산계급의 좌익이었다. 이들은 "제국주의를 추종하는 것은 절대적으로 거부"하지만 "붉은 성향을 만나면 종종 공포에 사로잡힌다." 세 번째 계급은 소자산계급이었다. 이 계급은 부농, 상인, 수공업자, 전문직 종사자의 세 범주로 구성된다. 이들의 혁명 의식은 빈곤 정도와 정비례한다. 네 번째 계급은 반(半)무산계급이었다. 이 계급에는 여섯 범주가 들어가는데 주된 범주로는 빈농, 중농, 점원, 행상이 있다. 다섯 번째 계급은 도시-농촌-룸펜 무산계급이었다. 여기에는 네 범주가 들어가는데, 그 가운데 도시 노동자와 하층 육체 노동자가 혁명의 '주된 역량'으로 간주된다. 농촌 무산계급, 빈농, 행상은 "혁명적 선전에 지극히 수용적인 태도"를 보이며 "용감하게 투쟁"한다. 마지막으로 룸펜 무산계급에는 비적, 일반 병사, 강도, 도둑, 창녀 등이 포함되는데, "그들을 지도할 방법을 찾아낸다면" 그들은 "매우 용감하게 투쟁"할 것이라는 내용이었다.

이렇게 보면 결국 중국의 4억 인구 가운데 1백만 명은 도저히 어떻게 할 수 없이 적대적인 사람들이고, 4백만 명은 기본적으로 적대적이지만 우리 편으로 끌어올 수 있는 사람들이며, 나머지 3억 9천5백만 명은 혁명적이거나 최소한 우호적인 중립자라는 것이 마오가 내린 결론이었다.

혁명을 위한 객관적 조건은 모두 갖추어져 있으며 단 한 가지 빠진 것은 바로 군중을 움직이는 방법이라고 마오는 확신했다. 그리고 그는 이 확신을 일생 동안 흔들림 없이 지켜 나간다. 모든 희망이 사라진 가장 어두운 순간에도, 이 확신이 있었기에 마오는 버틸 수 있었다. 하지만 마오의 이런 분석은 국민당 중도파에게는 별로 달가운 소식이 아니었다. 이들이 바로 국민당 내에서 "동요하는 중간 자산 계급"을 대표하는 사람들이었으며, 그해 겨울 내내 마오에게 훈계를 들은 사람들이었다. 이들을 압박할 선택의 순간은 누구도 예상하지 못한 속도로 빨리 다가왔다.

1925년 말이 되자 장제스가 왕징웨이 다음으로 국민당에서 가장 힘 있는 지도자 위치에 올라섰다.[170] 국민 혁명군 제1군 사령관으로서 장제스는 1925년 가을 일련의 군사 작전을 성공적으로 수행하여 광둥의 국민당 정부를 지역 군벌의 공격으로부터 효과적으로 보호할 수 있었다. 또 그는 광저우 위수 사령관과 황푸군관학교 교장도 맡고 있었다. 황푸군관학교는 훗날 장제스의 근거지가 된다. 그의 충성심은 의심할 여지가 없는 것으로 보였다. 1924년 11월에 시산 회의파가 왕징웨이의 영도권에 도전장을 냈을 때, 장제스는 주저 없이 곧장 왕징웨이를 지지한다고 선언했다. 하지만 1926년 1월 국민당 제2차 당 대회가 진행되는 동안 장제스는 점차 불안해지기 시작했다. 당 대회 기간 국민당이 급격하게 왼쪽으로 기울었기 때문이다. 우선 중앙집행위원회 상무위원회 구성을 볼 때 중도파는 장제스 자신을 포함하여 세 명밖에 없었다. 총 아홉 명의 상무위원 가운데 나머지 여섯 명은 국민당 좌파 세 명과 공산당원 세 명이었다. 그리고 대회가 진행되는 동안 어느 때보다도 급진적인 정책 노선이 채택되었다. 마오쩌둥이 기초한 '선전에 관한 결의안'을 보면 다음과 같이 엄중하게 경고하고 있다. "중국 농민의 해방 운동에 찬동하는 자만이 충실한 혁명당원이다. 그렇지 않은 자는 반혁명 분자다." 혁명에서 농민 운동이 중심이 된다는 것은 국민당 중도파 대부분이 받아들인 생각이었다.[171] 하지만 농촌의 사회 혁명을 의미하는 '해방'이라는 단어를 쓰는 것은 용인할 수 없었다. 국민당은 여전히 자산계급 정당이었으며 당의 지지 세력은 직접적이든 간접적이든 상당 부분 지주의 가족이었다. 개혁이라면 지지할 수 있었다. 하지만 기존 농촌 질서를 무력으로 타도하는 것은 도저히 지지할 수 없는 문제였다.[172]

새로 등장한 급진주의는 다른 많은 사람에게도 그랬지만 장제스에게도 상당히 부담스러웠다.[173] 게다가 장제스 자신의 입지도 갑자기 흔들리기 시작했다. 당시 소련에서는 레닌 사후 새롭게 형성된 집단 지도 체제에서 스탈린이 가장 강력한 인물로 떠오르고 있었다. 그 스탈린이 중국공산당의 의견에 동조하고 나섰던 것이다. 국민당 내부에서부터 국민당을 장악해야 한다는 것이 중국공산당의 의견이었다. 1년 전 중국공산당이 코민테른에 제안했다가 거절당한 바로 그 견해였다. 두 달 전에 소련 군사 고문단의 새로운 수석으로 쿠이비셰프(Nikolai Kuibyshev) 장군이 부임해 왔다. 그는 '작은 고양이'라는 별난 가명을 썼는데, 오만하고 고집이 셌으며 중국의 군사 지도자들, 특히 장제스를 경멸했을 뿐 아니라 국민 혁명군을 소련의 엄격한 통제 아래 두겠다는 결심이 확고했다. 얼마 지나지 않아 장제스는 쿠이비셰프를 증오하게 되었으며 결국 1926년 1월 15일에 그는 몹시 불쾌한 심정으로 제1군 사령관에서 물러났다. 불화의 주된 원인은 오랫동안 기다려 온 북방 정벌 즉 북벌(北伐) 개시 시점을 둘러싼 논란이었다. 북벌은 국민당 정부가 주도하여 중국을 통일한다는 쑨원의 오랜 꿈을 실행하는 것이었으며, 군벌들과 그들의 제국주의 연합 세력을 격파하는 것이었다. 쿠이비셰프는 스탈린이 내린 지침에 따라 훨씬 더 많은 준비가 필요하다고 주장했다(상하이에 있는 중국공산당 지도자들 역시 같은 의견이었다). 장제스는 북벌을 강행하기를 바랐다. 사실 스탈린은 공산당원들과 국민당 좌파가 이제 막 국민당의 통제권을 손에 넣으려는 시점에 ― 어쩌면 이것은 스탈린의 희망 사항이었을지 모르지만 ― 북벌을 시작하면 국민당 내 보수파의 입지가 강화되는 결과로 이어지지 않을까 우려했다. 그래서 북벌에 반대했던 것이다. 2월이 되자, 국민당은 코민테른 가입을 정식으로 신청했다. 그 직후에 왕징웨이가 북벌 연기를 요구하는 편에 가담하자 전선이 명확해졌다.[174] 당시 소련 측 통역사였던 베라 비시냐코바-아키모바(Vera Vishnyakova-Akimova)는 그때 상황을 이렇게 간결하게 정리했다. "왕징웨이와 장제스 사이에서 권력을 둘러싼 암투가 진행되고 있음을 모두가 알았다. 한편에는 정치적 명망이 있었고, 다른 한편에는 군사력이 있었다."[175]

하지만 장제스가 1926년 3월 20일 새벽에 공세를 취한 방식은 누구도 예상하지 못한 것이었다.[176] 장제스는 계엄령을 선포하고 광저우 위수 부대에 있는 모든 공산당원 장교와 정치 일꾼들을 체포하라고 명령했다. 또 포함 '중산호' 사령관이 수상쩍게 행동한다는 이유로 체포령을 내렸고, 소련 군사 고문단 거처에 군대를 보내 포위하고 호위병들을 무장해제했다. 훗날 장제스는 왕징웨이가 쿠이비셰프의 지원을 받아 자신을 공산당원이 지휘하는 해군 부대로 납치해 모스크바로 추방하려 했다는 증거가 있다고 주장했다. 이 주장은 사실이었을지도 모른다. 하지만 설사 사실이 아니었다 해도 양측의 충돌은 이미 불가피한 상황이었다.

나중에 '쿠데타'라고 불린 이날 장제스가 벌인 일은 시작되기가 무섭게 곧 끝났다. 이 과정에서 부상당한 사람은 없었으며 사망자는 더군다나 없었다. 이튿날이 되자 장제스는 벌써 사과하기 시작했다.

부하들이 자신들이 받은 명령을 넘어서는 행동을 했다는 것이었다. 하지만 그런 말이 겉치레에 불과하다는 것은 누구나 알 수 있었다. 장제스는 자신은 소련이나 공산당에 반대하는 것이 아니라 '몇몇 개인'이 권한을 남용하는 데 문제를 제기했을 뿐이라고 설명했다. 72시간 뒤 쿠이비셰프와 두 명의 고위급 소련 군사 고문이 배를 타고 블라디보스토크로 출발했다. 왕징웨이는 '병가'를 받아서 조용히 유럽으로 떠났다. 소련 측은 사태를 대충 무마하기를 원했다. 코민테른 측의 촉구는 없었던 것 같지만 상하이의 중국공산당 지도부 역시 소련 뜻대로 하는 수밖에 다른 대안이 없다고 판단했다.

종종 그랬듯이, 이 사안을 두고도 마오쩌둥은 공산당 지도부와 의견이 달랐다. 당시 국민당 군대에서 직책이 가장 높은 공산당원은 28살의 저우언라이, 그리고 리푸춘(李富春, 1900~1975)이었다. 리푸춘은 후난 출신이며 신민학회 회원이었고 차이허썬의 여동생과 결혼한 사람이었다. 저우언라이와 리푸춘은 프랑스에서 유학한 뒤 1924년에 귀국하여 광저우로 왔다. 저우언라이는 황푸군관학교 정치부 주임이자 장제스의 제1군 부사령관이었고, 리푸춘은 탄옌카이가 사령관인 제2군의 부사령관이었다. 장제스가 쿠데타를 일으키고 몇 시간 뒤 마오쩌둥은 리푸춘의 집에서 저우언라이와 만났다. 저우언라이의 회고에 따르면, 이때 마오는 장제스가 고립된 상태이며, 5개 군단 가운데 4개 군단이 장제스에게 적대적이고, 제1군과 황푸군관학교에 공산당원들이 대부분 주요 직책을 맡고 있다고 말했다. 따라서 만일 국민당 좌파가 단호하게 행동하면 장제스의 지지 기반은 쉽게 무너질 것이라는 주장이었다.[177] 광저우 현지의 중국공산당 지도자들도 마오쩌둥과 비슷한 결론에 이르렀다고 알려졌다. 하지만 저우언라이가 쿠이비셰프에게 이런 내용을 보고했을 때, 쿠이비셰프는 장제스의 세력이 너무 강력하다는 이유를 들어 그 의견을 거부했다고 한다.[178]

이렇게 되자 공산당원들 사이에 상호 비난이 오갔다. 주로 마오와 다른 사람들이 저우언라이의 행동을 비난했다. 저우언라이는 광저우 당 위원회에서 군사 문제를 책임지고 있었는데 장제스의 제1군단과 황푸군관학교에서 자신의 영향력을 키우는 데 너무 많은 시간을 투자한 나머지 국민 혁명군의 다른 부문에 공산당 요원들을 배치하는 일을 게을리했다는 비난이었다.[179] 하지만 이 시점에서 그런 논란은 탁상공론일 뿐이었다. 중요한 것은, 장제스가 너무 쉽게 승리를 거두었으며, 국민당에 반드시 필요한 지도자로서 입지를 굳히는 상황이 되었다는 것이었다. 그는 이후 49년간, 공식 직책이 있든 없든, 국민당 지도자로서 역할을 계속한다.

마오쩌둥은 이제 미묘한 입장에 놓였다. 그에게 왕징웨이는 가장 주요한 후견인이었다. 국민당 제2차 당 대회 이후 왕징웨이 덕분에 마오는 선전부장 대리에 다시 임명되었으며 2월과 3월에 다른 중요한 직책들도 맡을 수 있었다.[180] 한편 공산당과 관계에서도 문제가 많았다. 1925년 10월에 마오가 국민당 선전부장 대리를 맡았을 때 공산당 지도부가 어떻게 반응했는지는 기록이 남아 있지 않다. 사실 1924년 봄 이후 공산당은 이 중요한 직책을 공산당 쪽 인물이 맡아야 한다고 주장해 왔다.[181] 이 직책을 두고 당시 공산당 지도부가 염두에 둔 후보가 여러 명이었다면, 아마 마오는 우선순위가 가장 낮은 후보자였을 것이다. 마오는 다루기 힘든 사람이었고, 정통을 벗어난 견해를 지녔으며, 공산당 내에 직책이 없었다. 그리고 그는 거의 1년 동안 당 중앙과 접촉을 끊고 있었다.[182]

스스로 판단하고 생각하려는 마오의 결심은 그해 겨울 그가 쓴 글에서 다시 한번 드러났다. 그는 '중국의 조건 아래 생산된 사상 체계'가 필요하며, 대중이 가장 중요하다고 강조했다.

학술적 견해는 …… 사회적, 경제적 해방을 향한 대중의 요구에 봉사하지 않는 한 쓰레기일 뿐이다. …… 인텔리겐치아를 위한 슬로건은 "대중 속으로 들어가자"가 되어야 한다. 중국의 해방은 오로지 대중 속에서 찾을 수 있을 것이다. …… 대중으로부터 자신을 분리하는 사람이 있다면 그는 자신의 사회적 기반을 잃게 될 것이다.[183]

코민테른의 정통파적 견해라는 구속복에 갇혀 있던 중국공산당 중앙위원회의 입장에서 볼 때, '중국의 조건 아래 생산된' 사상 체계라는 생각은 완전히 이단적이었다. 중국의 구원은 형태도 개념도 불분명한 '대중'으로부터 비롯되는 것이 아니라, 대중을 지도할 사명을 띤 도시 무산계급에게서 비롯된다고 당시 공산당 지도부는 굳게 믿고 있었다.

이런 견해차는 1925년 12월에 마오가 공산당 잡지 〈향도주보〉에 자신이 쓴 〈중국 사회 각 계급의 분석〉을 게재해 달라고 원고를 제출하면서 뚜렷이 드러났다. 이 논문은 마오가 후난 체류 경험에서 얻은 교훈을 요약한 것이었다. 천두슈는 마오가 농민의 역할을 지나치게 강조했다는 이유로 논문 게재를 불허했다. 하지만 바로 그 이유 때문에 이 논문은 국민당 기관지 〈혁명〉에 실렸다.[184]

만일 당시 공산당 중앙이 단결된 상태였다면, 상하이 당 지도부와 불편한 관계에 놓인 것이 마오에게 훨씬 더 큰 손해를 끼쳤을 것이다. 하지만 1926년 초 중국공산당은 내부 다툼으로 분열된 상태였다. 정책 사안에 대한 비판은 항상 사적인 인신공격과 맞물려 일어났다. 펑수즈와 천두슈가 한편이었다면, 취추바이가 다른 한편이었다. 차이허썬은 펑수즈를 싫어했다. 펑수즈가 자기 아내를 유혹하려 했다는 것이 이유였다. 한편 장궈타오는 중간 지대를 계속 맴돌았다. 이런 심각한 분열상으로도 부족했던지, 상하이의 당 중앙과 광저우 당 위원회는 각각 완전히 다른 방향의 정책을 추진하곤 했다. 훗날 보로딘은 이 두 조직이 서로 다른 정당처럼 행동했다고 인정했다. 이런 상황에서 당 중앙위원회 위원도 아닌 마오 한 사람이 일으키는 분란은 그렇게 중요하지 않았다. 사실 공산당 지도자들에게 마오쩌둥은 그가 이런저런 수단을 동원하여 국민당 요직을 상당수 확보하고 있다는 점에서만 중요한 인물이었다.[185]

1926년 4월, 공산당은 장제스의 다음 행보를 불안한 마음으로 숨죽인 채 지켜보고 있었다. 이 시기에 마오쩌둥은 일부러 모습을 드러내지 않고 조용히 처신했다. 상하이의 당 중앙위원회는 전권위원 자격으로 장궈타오를 광저우에 파견했다. 훗날 장궈타오는 "처음부터 끝까지 마오는 논란에서 비켜서 있었으며, 구경꾼 자리에 머물렀다."라고 회고했다. 장궈타오는 날카롭게 한마디 덧붙였다. "그러면서 마오는 상당한 경험을 얻은 것으로 보인다."[186]

한 달 동안 장제스와 보로딘 사이에 팽팽하고 냉혹한 협상이 진행되었다. 장제스는 러시아인들과 완전히 결별하는 것을 최후의 방안으로 남겨두고 있었고, 보로딘은 장제스가 꼭 필요로 하는 소련제 무기 공급을 통제하고 있었다. 결국 장제스에게 크게 유리한 타협안이 나왔다. 5월 15일 국민당 중앙집행위원회는 전원회의를 열어 일련의 결의안을 통과시켰다. 국민당 각 부의 부장은 공산당원이 맡을 수 없다는 것, 국민당의 몇몇 고위급 위원회에서 공산당원이 3분의 1 이상의 직책을 맡을 수 없다는 것, 국민당 조직 내에서 공산당이 실질적 파벌을 조직할 수 없다는 것, 앞으로 국민당 당원은 공산당에 가입할 수 없다는 것, 중국공산당은 현재 국민당에 가입한 공산당원의 전체 명단을 제출할 것 등이 결의안의 주요 내용이었다. 그 대가로 장제스는 국민당 우파를 축출하겠다고 약속했다. 많은 국민당 우파 인사가 이때 체포되거나 외국으로 추방당했다(이 조치는 공산당뿐 아니라 사실 장제스에게도 이로운 것이었다). 또 장제스는 국민당과 중국공산당의 관계를 지금까지와 마찬가지로 유지하겠다고 약속했다. 소련은 여전히 북벌에 반대했지만 북쪽을 향한, 즉 후난성을 향한 최초의 진격 작전에는 마지못해 동의했다. 이 작전의 목표는 광둥 지역을 방어하기 위한 방패를 만드는 것이었다. 하지만 소련은 한 가지 단서를 붙였다. "부대는 이 성의 경계선을 넘어 배치되지 않는다."[187]

이런 상황이 되자 중국공산당 지도부는 오랜만에 단결하여 이 결정에 반대 의사를 밝혔다. 천두슈는 다시 한번 '당내 합작' 전략을 끝내자고 주장했으며 공산당의 독립성을 강화하자고 제안했다. 하지만 장제스와 한 거래는 반드시 실천에 옮겨야 한다는 것이 스탈린의 생각이었다.[188] 보로딘의 냉소적 표현처럼, 이 시점부터 "중국공산당은 중국 혁명에서 짐꾼 역할을 수행하도록 운명 지워진 것"이었다. 당시에는 그렇게 인식되지 않았지만 장제스의 쿠데타 발발이 계기가 되어 중국공산당과 소련의 관계는 하나의 전환점을 지나게 된다. 1926년 3월까지만 하더라도 코민테른이 중국공산당에 하는 조언은 대체로 선의에서 나왔으며 충분한 근거가 있었다. 그래서 상하이에 있는 경험 없는 공산당 지도부보다 코민테른의 견해가 더 현실적인 경우가 종종 있었다. 하지만 국민당의 쿠데타 이후 소련의 대(對)중국 정책은 크렘린 정치의 포로 신세가 되었다. 당시 스탈린은 트로츠키와 권력 투쟁 중이었다. 트로츠키가 중국공산당이 국민당과 결별해야 한다고 주장했기 때문에 스탈린은 자신이 추진한 중국공산당과 국민당의 연합이 잘못되었다고 결코 인정할 수 없었다. 이때부터 2년간 스탈린은 자신의 입장을 고수했다. 즉 '통일전선' 전략은 정당하며, 설사 공산주의자들이 국민당 우파에 일시적으로 양보를 한다 해도 최우선 목표는 모든 '혁명 세력들'이 북방의 군벌 및 그 군벌들과 손잡은 제국주의 세력에 맞서 단결을 유지해야 한다는 것이다. 그리하여 결국에는 중국공산당이 국민당을 변화시켜 '진정한 인민의 정당'으로 만들고 이 '진정한 인민의 정당'이 혁명 정권을 세우리라는 입장이었다.[189]

이런 과정을 거치면서 마오 스스로 자신이 몹시 곤란한 상황에 빠질 것이라고 예상했는지 모르지만 현실은 달랐다. 다른 공산당 출신 국민당 간부들과 함께 마오는 5월 28일 선전부장 대리를 사임했다. 하지만 다른 주요 직책들은 그대로 유지할 수 있었다. 그는 당시 규모나 중요도 측면에서 빠르게 성장하고 있던 '농민운동강습소'의 소장직과 농민 정책 문제를 다루는 국민당의 '농민운동위원회' 위원직에서는 물러나지 않았다.[190]

마오가 이렇게 자신의 자리를 어느 정도 지킬 수 있었던 것은, 장제스가 이제 막 시작하려는 북벌에서 농민의 역할이 중요하다는 것을 인식했기 때문이었다. 소련의 반대에도 불구하고 장제스는 북벌을 반드시 추진하겠다고 결심했다.[191] 마오는 1926년 상황에서 국민당이 농민 문제와 관련해 도움을 요청할 수 있는 몇 안 되는 관계자 가운데 한 사람이었다. 마오는 농민 문제에 대해 강연 경험이 많았다. 자신이 소장으로 있는 농민운동강습소에서는 말할 것도 없고, 국민 혁명군의 제2군(후난성 군단) 산하 군관학교에서, 국민당 산하 광둥청년간부훈련소에서, 광둥대학 부설 중등학교 등에서 마오는 농민 문제와 관련해 많은 강연을 했다.[192] 게다가 이번 북벌을 진행하는 중에 장제스 군대가 반드시 통과해야 할 중국 중앙부의 여러 성들은 마오가 특히 잘 아는 지역이었다. 북벌 개시가 기정사실이 되자 장제스에게 조언하던 소련 군사 고문조차 북벌 과정에서 통과하는 지역의 농민들에게 지지를 받지 않고는 북벌이 성공할 수 없다는 데 동의했다. 마오도 같은 의견이었다. 그는 3월부터 국민당 농민운동위원회에 "혁명군이 통과하는 지역에 특별한 관심을 기울일 것"을

촉구했다.[193]

국민당 중앙집행위원회 전원회의가 5월에 열렸고, 이후 2개월이
채 지나지 않은 1926년 7월 9일 드디어 북벌이 시작되었다. 7만 5천
명의 병력이 오랫동안 기다려 온 원정을 시작한 것이다. 군벌들을 격
파하고 국민당의 깃발 아래 전 중국을 통일하기 위한 싸움이 시작되
었다.[194]

이렇게 서둘러 북벌에 착수한 데는 후난에서 벌어진 사태를 이
용하려는 계산이 있었다. 후난성 군 사령관이던 탕성즈(唐生智,
1890~1970)가 반란을 일으켜 성공한 뒤에 남방 정부를 지지한다고
발표했던 것이다. 이에 북방 정부의 우페이푸가 후난성을 북쪽에서
부터 공격하고 나섰다. 탕성즈를 지원한다는 결정은 (최소한 단기적
관점에서 봤을 때에는) 상당히 합리적인 것이었으며, 7월 말 남방 정부
는 후난성을 손에 넣었다. 장제스는 북벌군 총사령관으로서 밝은 회
색 군용 망토를 걸치고 새로운 직책과 권한을 보유한 채 창사에 의
기양양하게 입성하여 자리를 잡았다.[195] 소련의 군사 고문들도 장제
스와 함께 창사에 들어왔다. 원래 소련 군사 고문단장이던 바실리
블류헤르(Vasilii Blyukher)가 다시 중국에 돌아와서 쿠이비셰프를 대
신했다. 블류헤르와 장제스는 좋은 관계를 유지했다. 군사적 경륜에
한계가 있었던 장제스 '총통'이 현명하게도 경험 많은 블류헤르에게
군사 전술을 맡긴 덕분이었다.

마오쩌둥은 중앙집행위원회의 다른 위원들과 함께 북벌군 출정을
환송하는 행사장에 나갔지만 그 밖에 국민당의 내부 정치에는 전혀
관여하지 않았다.[196]

그 대신 마오는 농민 관련 사업에 온 힘을 쏟았다(그가 예상한 대로
농민들은 남방 부대가 진격하는 과정에서 매우 중요한 역할을 수행했다).
국민 혁명군이 샹탄을 통과한 뒤 마오는 농민운동강습소 학생 50명

1926년 7월 북방 정벌에 나선 국민당 지도자 장제스.

을 사오산으로 파견하여 농민협회들이 행동을 개시하도록 조치를
취했다.[197] 한 달 뒤 그는 국민당 농민부 기관지인 〈농민 운동〉에 글
을 한 편 실었다. 그는 이 글에서 처음으로 지주를 혁명적 변화를 가
로막는 주된 장애물로, 농민은 지주를 타도할 주된 도구로 확실하게
지목했다.

지금 이 순간까지도 여전히 많은 사람들이, 심지어 혁명적 정당 내
에서도, …… 경제적으로 후진적인 반(牛)식민지에서 혁명의 가장 큰
적은 농촌의 가부장적 봉건계급(지주계급)이라는 사실을 이해하지 못
하고 있다. …… (이) 계급은 국내의 지배계급과 국외의 제국주의가

보유한 유일하게 견고한 기반이다. 이 기반을 흔들지 못한다면 그 위에 구축된 상부 구조를 흔드는 것은 불가능하다. 중국의 군벌은 이 농촌 봉건계급의 우두머리에 불과하다. 당신이 만일 군벌들을 타도하기를 바란다고 말하면서 농촌의 봉건계급은 타도하고 싶지 않다고 말한다면 이것은 사소한 것과 중요한 것을 구분하지 못하는 것이며 부차적인 것과 핵심적인 것을 구분하지 못하는 것이다.[198]

혁명이 성공하려면 농민은 반드시 해방되어야 하며 지주 권력은 반드시 격파되어야 한다고 마오쩌둥은 주장했다.

이것은 곧 농민을 제외하고 무산계급을 비롯해 다른 모든 것이 부차적이라는 뜻을 함축하고 있었다. 그런 속내를 감추기는커녕 마오는 강력하게 자신의 뜻을 변호했다. 농민의 계급투쟁은 "본질적으로 도시의 노동 운동과 다르다."라고 그는 썼다. 현 단계에서 도시의 노동 운동은 자산계급의 정치적 입지를 파괴하는 것이 아니라 단순히 노동조합의 권리를 획득하는 것을 목표로 삼고 있다. 반면 농민들은 근본적인 생존 투쟁에 발목이 잡혀 있다.

따라서 도시에 있는 노동자와 학생과 중소 상인이 궐기하여 매판계급을 강력하게 공격하고 제국주의에 직접 저항해야 함을 우리 모두 잘 알지만, 또 이들 가운데에서도 진보적 노동계급이 다른 모든 혁명적 계급들의 영도가 되어야 함을 우리 모두 잘 알지만, 만약 농촌에서 농민들이 궐기하여 가부장적 봉건계급의 특권을 타도하지 않는다면 군벌과 제국주의의 권력은 결코 완전하게 뿌리 뽑히지 않을 것이다.

이런 관점은 마오가 오랜 기간에 걸쳐 조금씩 발전시킨 것이다. 마오 자신의 표현대로 농민이야말로 '국민 혁명의 중심'이라는 생각은 1925년 12월까지 거슬러 올라간다.[199] 1926년 1월이 되면 마오는 대지주계급을 "제국주의와 군벌의 실제 기반이며, 봉건적이며 가부장적인 사회를 보호하는 확실한 방어벽이고, 모든 반혁명 세력을 출현시킨 궁극 원인"이라고 지목한다.[200] 바로 이 구절에 보로딘이 주목했고, 한 달 뒤 소련 고위급 사절단이 중국을 방문했을 때 보로딘은 자신의 보고서에 이 구절을 썼다.[201]

중국 농촌의 봉건주의가 변화의 가장 큰 걸림돌임을 인식한 사람은 마오쩌둥만이 아니었지만, 이런 인식에서 출발해 논리적 추론을 거쳐 새로운 결론을 끌어낸 것은 그가 처음이었다. 그러나 이 새로운 결론은 중국공산당은 이념 차원에서 받아들일 수 없는 것이었으며, 국민당은 현실 차원에서 받아들일 수 없었다.

1940년대와 1950년대에 마오의 글이 공식적으로 편찬되기 시작했을 때 〈농민 운동〉 논문은 계속 누락되었다. 내용이 지나치게 정통파 관점에서 벗어나 있었기 때문이다. 이후 이념적 정확성을 내세워 포장하게 되지만, 여하튼 이 글을 쓰고 20년 뒤 공산당은 마오가 묘사했던 대로 농민을 동원해서 승리한다. 그것은 도시 무산계급을 동원하여 얻은 승리가 아니었다.

마오가 자신의 미래 전략을 뒷받침할 지적 토대를 쌓는 데 몰두하는 동안, 그의 강습소에서 훈련받은 농민 조직가들은—이들은 대부분 표면적으로는 국민당원이었지만 실제로는 공산당원이었다.—농촌으로 파견되어 퍼져 나가면서 농촌 폭동을 선동했다. 그들은 많은 곳에서 이미 토대가 잘 마련되어 있음을 발견했다. 1년 전 안위안 탄광의 소유주들은 리리싼과 류사오치가 건설해놓은 노동 운동에 대해 인내심을 완전히 잃어버렸다. 그들은 기관총으로 무장한 1천5백 명의 지역 수비대 병사들에게 '노동자 클럽'을 공격하라고 명령했다.

상당수의 탄광 노동자가 사망했으며 노동자들의 지도자는 처형당했고 그 밖의 노동자들은 대부분 해고되어 각자 고향으로 돌아갈 수밖에 없었다. 귀향한 노동자들 가운데 약 3백 명의 공산당원이 있었다. 이는 당시 중국공산당 전국 당원수의 거의 3분의 1에 해당했다. 이들은 각자 고향에 돌아가서 농민 단체를 결성했다. 후난과 후베이 그리고 장시성에서 이 단체들은 국민당 군대의 진격로를 여는 데 결정적인 역할을 한다.

전쟁터에서도 상황은 빠르게 진행되었다.[202] 1926년 8월 12일 장제스는 창사에서 군사 회의를 열었다. 이 회의에서 탕성즈가 자신의 부대와 장제스의 부대를 합한 연합 부대를 이끌고 북벌 작전의 다음 목표인 우한을 공격하기로 결정했다. 이미 탕성즈는 후난성의 국민당 주석으로 임명된 뒤였다. 북방 정부의 우페이푸는 직접 군사를 지휘했지만 남방 군대의 적수가 되지 못했고 탕성즈는 9월 6일과 7일에 각각 한커우와 한양(漢陽)을 점령했다. '우한삼진(武漢三鎭)'의 마지막 남은 도시 우창은 10월 10일까지 버텼지만, 결국 장제스의 부하가 수비대 사령관 한 명을 매수함으로써 함락시켰다. 그다음 2주간 남방 군대는 공격에서 진척을 보지 못했다. 시간이 초조하게 흘러갔다. 그러다 11월이 되어서야 난창(南昌)을 함락하면서 남방 군대와 그들의 동맹군은 후난, 후베이, 장시를 완전히 장악했다. 광시성은 이미 국민당에 합류했으며 7월에는 구이저우성이 북방 정부 대신 남방 정부 편에 섰다. 광둥성에 인접한 성 가운데 오직 푸젠성 북쪽 절반만이 적의 손에 들어갔는데 12월 들어서 그마저도 남방 군대가 점령했다.

이렇게 상황이 변하는 동안 내내 중국공산당 지도부는 아주 확실하게 주변부로 밀려났다. 9월, 광저우의 공산당 당 위원회는 북벌 성공이 국민당의 진짜 힘이 보수파에게 있음을 보여준다고 주장하면서 국민당 좌파와 연합한다는 당 지도부의 정책을 재평가해야 한다고 문제를 제기했다. 그들은 (훗날 상황 전개에 따라 정확한 판단으로 평가되었는데) 국민당 좌파 지도부라는 것이 실제로는 아무 원칙도 없는 패거리일 뿐이며 이념적 통일성도 없고, 도저히 "(국민당의) 중도파나 우파와 협력할 수 없기 때문에" 자신들의 이익을 지키기 위해 서로 단결하고 있을 뿐이라고 비판했다.[203] 천두슈는 다시 한번 자신이 개인적으로는 싫어하지만 코민테른의 지시에 따라 반드시 유지해야 하는 통일전선 전술을 변호하는, 인기 없는 역할을 맡아야 했다.[204]

마오는 광저우 당 위원회와 같은 생각이었다. 그들과 마찬가지로 마오는 국민당 좌파가 얼마나 줏대 없고 이기적인 사람들인지를 직접 경험하여 알게 되었으며 북벌이 혁명적 대의를 향한 큰 걸음이라고 평가했다.[205] 10월에 국민당은 국민당 정부의 수도를 광저우에서 한커우로 이전하는 문제를 논의하는 회의를 소집했다. 이 회의에 참석한 마오는 사람들의 위선에 크게 실망했다. 내년 이후로는 소작료 착취를 끝낼 것이라고 엄숙하게 약속한 사람이, 다음 순간이 되자 바로 올해만큼은 예외적으로 당의 자금이 모자라기 때문에 소작료 징수를 그대로 집행할 것이라고 말했던 것이다.[206] 이때 이미 마오는 광저우에서 더는 자신의 미래를 모색할 수 없다고 결론을 내린 상태였다. 진작 농민운동강습소 소장을 그만둔 마오는 이제 특별히 할 일이 없었다.

다시 한번 농민들이 마오쩌둥을 구원해주었다.

북벌 이후 농민 운동이 폭발적으로 전개되면서 중국공산당 지도부는 농민 운동이 중요하다는 사실과 함께 이 농민 운동이 현재 완전히 국민당 주도로 진행되고 있다는 사실을 싫어도 인정하지 않을 수 없었다. 11월 4일 천두슈는 당 중앙국에 농촌 공작 프로그램을 만들자고 제안했다. 단, 이 프로그램은 우선은 농민들의 요구에 호응하되 농민 문제와 관련하여 공산당과 국민당 좌파 사이에 '너무 큰 의견 차이'가 벌어지지 않도록 해야 한다고 천두슈는 덧붙였다. 그런 의견 차이가 두 정파의 '너무 이른 결별'로 이어질 위험이 있었기 때문이다.[207] 이제 문제는, 6개월 전 장제스도 그랬던 것처럼, 과연 어떤 인물에게 이 일을 맡길 것인가 하는 것이었다. (《농민 운동》에 실린) 지주를 상대로 계급투쟁을 벌여야 한다고 주장한 마오쩌둥의 논문은 9월 취추바이의 눈길을 끌었다. 논문 내용이 정통 레닌주의와 상당히 거리가 있었지만 그래도 취추바이는 긍정적으로 마오쩌둥의 글을 읽었다.[208] 취추바이는 보이틴스키와 가까운 사이였으며 상하이의 당 지도부에서 가장 영향력 있는 사람 가운데 하나였다. 분명히 그는 마오쩌둥이 쓸모 있는 동맹자가 될 것이라고 결론지었던 것 같다.

며칠 뒤 마오쩌둥은 상하이로 가는 배에 올랐다. 당시 셋째 아이를 임신한 아내 양카이후이는 후난의 친정 식구에게 돌아갔다. 1926년 11월 15일 당 중앙국은 중국공산당 중앙위원회 농민운동위원회 서기로 마오쩌둥이 임명되었음을 발표했다.[209]

이로써 마오가 스스로 결정했던 정치적 망명이 23개월 만에 끝났다. 그 기간에 마오는 풍요로운 성과를 거두었다. 그는 이제 농민의 혁명 역량을 확신하게 되었다. 또 그는 거대하고 복잡한 당 조직의 최고 지도부에서 어떻게 움직이면 되는지 아주 중요한 기술들을 습득했다. 위원회들을 조종하는 법, 당 결의안의 세세한 항목들을 두고 협상하는 법을 배웠다. 국민당 좌파의 나약하지만 특이한 매력에 끌려 상당 기간 방황한 그에게, 다시 공산당의 품으로 돌아와 비록 작은 지위지만 몸담을 수 있는 작은 틈새를 발견했다는 것은 큰 위안이 되었을 것이다. 이제 그가 충성을 바치는 대상은 단순히 추상적인 차원의 '공산주의'가 아니었다. 수많은 망설임과 좌절에도 불구하고 공산주의를 세상에 내놓으려고 애쓰는 중국의 남자들과 여자들이었다. 이들의 수는 점차 늘어나고 있었다. 이들이 이제 마오쩌둥이 충성을 바치는 대상이 되었다.

농민운동위원회 서기로 임명되고 열흘 뒤 마오는 우한을 향해 출발했다. 국민당 좌파는 보로딘의 조언에 따라 우한을 국민당의 새로운 임시 수도로 정했다. 공산당의 농민운동위원회 역시 우한에 자리를 잡는 것으로 결정되었다. 마오는 도중에 난창을 방문했다. 장제스가 근거지로 삼은 그곳에서 마오는 장차 장제스와 국민당 좌파 사이에서 벌어질 당권과 당 전략을 둘러싼 충돌의 분위기가 점점 뚜렷하게 형성되고 있음을 직접 목격했다.[210]

가을이 지나는 사이 총사령관 장제스의 지위에 탕성즈가 도전하기 시작했다. 탕성즈는 후난과 한커우, 한양(漢陽)에서 성공을 거두면서 이름을 날렸다. 12월 초가 되자 탕성즈의 도전은 점차 사그라들었다. 하지만 장제스는 국민당 좌파와 새로운 임시 타협안에 동의할 수밖에 없었다. 장제스의 군사 지도권은 보장되지만 그의 정치적 역할은 제한되었고, 정부 수반은 왕징웨이에게 다시 맡아 달라고 요청했다.[211]

공산당 지도부는—대부분 지도부 사람들은 국민당과의 연합이 공산당의 대의를 강화해준다는 사실을 탐탁해하지 않으면서도 이제는 받아들인 상태였다.—난창(장제스)과 우한(국민당 좌파) 사이에 이러한 균열이 발생하는 것을 보고 이를 국민당 좌파에 더 가까이 접근할 수 있는 기회라고 생각했다. 12월 중순에 한커우에서 공산당 중앙위원회 전원회의가 열렸다. 여기서 천두슈는 국민당 좌파가 공산당과 국민당 우파의 직접 충돌을 막는 필수적인 완충 지대 역할을 하고 있다고 주장했다. 그는 국민당 좌파가 종종 "나약하고 우유부단하고 일관성 없는 모습"을 보인다는 점은 인정했다. 하지만 좌파의 가치를 부정하고 그저 운 좋게 갑자기 더 좋은 일이 생기기를 바라는 것은 마치 "다음 주에 고기와 생선을 먹게 될지 모르니까 지금 당장 앞에 있는 두부와 채소를 먹기를 거부하는" 것처럼 어리석은 행동이라고 말했다. 천두슈는 공산당의 전략이 정확하다고 주장했다. 공산당원은 보이지 않는 배후에서 은밀하게 국민당 좌파에 대한 지지를 강화해야 하며 그렇게 함으로써 지금 장제스가 우두머리로 활동하는 '신(新)우파'(과거의 국민당 중도파)에 맞설 수 있도록 해야 한다는 것이었다. 그리고 공산당원은 코민테른이 주장한 대로 국민당 좌파와 연합을 해칠 위험이 있는 급진적 조치를—예를 들어 토지를 강제로 농민에게 재분배하는 조치—취하지 말아야 했다. 전원회의는 최종 결의안에서 이렇게 선언했다. "(국민당) 좌파의 존재는 우리와 국민당의 협력에서 핵심이다."[212]

공산당 지도부가 다소 신중하긴 해도 기본적으로 낙관적인 견해를 밝힌 배경에는 최근 2년간 당원 수가 엄청나게 불어났다는 사실이 있었다. 1925년 1월에 열린 공산당 제4차 당 대회 때 1천 명이 채 안 되던 당원이 1년 뒤 (5·30사건의 영향으로) 7천5백 명으로 껑충 뛰었고 1926년 12월에는 3만 명에 이르렀는데 이것은 주로 북벌 덕분이었다. 한편 일반 당원 수의 증가만큼이나 중요했던 것은, 국민 혁명군에서 각급 지휘관과 정치 일꾼과 참모장교 역할을 맡은 공산당원 수가 1천 명에 이르렀다는 사실이었다. 이들을 대상으로 하여, 당시 저우언라이가 지휘하던 군사위원회는 각 연대에 '핵(核)', 즉 비밀 당 세포를 만드는 중이었다.[213]

하지만 이 전략에는 중요한 문제가 있었다. 코민테른의 지시에 따라 천두슈가 옹호한 이 전략은 보로딘의 표현에 따르면 공산당이 '짐꾼 역할'을 하는 것이었으며, 비판자들의 표현에 따르면 '우경 투항주의'라고 볼 수 있었다. 그런데 이 전략은, 국민당 좌파가 비록 보유한 군대가 없고 기껏해야 탕성즈 장군의 명목적인 지원밖에 없지만 여하튼 장제스를 통제할 능력이 있다는 가정을 바탕에 깔고 있었다. 마오는 이 회의에 농민위원회 서기 자격으로 참석했지만 당 중앙위원회 정위원이 아니어서 투표 권한은 없었다. 하지만 이때 한 발언을 보면 마오가 이 중대한 문제를 감지하고 있었음을 알 수 있다. "국민당 우파는 병력을 갖고 있습니다. 좌파는 하나도 없습니다. 1개 소대 병력만 있어도 우파는 좌파를 물리칠 수 있습니다." 마오는 이 발언 때문에 천두슈에게 신랄하게 비판당했다. 천두슈는 마오의 발언을 '터무니없는 이야기'라고 했지만 구체적 반론은 제시하지 않았다.[214]

몇 주가 흐르면서 국민당 내부 분열의 성격이 점점 더 분명해졌고, 공산당 지도부는 국민당 좌파의 부활이라는 자신들의 희망이 실현될 수 없으리라는 점, 그리고 국민당 우파가 "갈수록 더 강력해지고" 있음을 인정하게 되었다.[215] 그러나 공산당 지도부는 공산당이 충실하고 무해한 동맹 세력임을 국민당, 특히 국민당 좌파에게 납득시키려는 노력을 강화하라는 방안밖에 다른 대안을 제시하지 못했다.

마오쩌둥도 겉으로는 매우 조심스럽고 타협적인 당 노선을 충실하게 따르는 듯 보였다. 1926년 12월 당 중앙위원회 전원회의 직후 그는 한커우를 출발해 창사에 가서 후난성 제1차 농민노동자대표대회에 참가했다. 대회에서 그는 "지주를 타도할 시기는 아직 도래하지 않았다"고 연설했다. 소작료 삭감, 이자율 상한 설정, 농촌 노동자들의 임금 인상 등은 정당한 요구라고 주장했지만 이런 것들 외의 사안에서는 '국민 혁명'을 우선해야 하며 농민들이 지주들에게 일정한 양보를 해야 할 것이라고 말했다.[216]

그러나 채 두 달이 지나지 않아, 마오는 자신의 견해를 완전히 바꾸었다.

마오는 구세주 같은 말투로 농민 운동은 중국의 얼굴을 바꿀 '거대한 사건'이라고 말했다. 따라서 공산당은 정책을 완전히 변화시켜야 하며 그러지 않을 경우에는 당이 완전히 아무 의미 없는 존재가 될 것이라고 주장했다.

아주 짧은 시간 안에 중국의 중부, 남부, 북부의 여러 성에서 수억 명의 농민들이 거센 바람처럼 폭풍처럼 떨쳐 일어날 것이다. 그 기세는 어떤 힘으로도 멈출 수 없을 만큼 거세고 힘차다. 농민들은 자신을 묶고 있던 모든 쇠사슬을 끊어버리고 해방의 길로 돌진할 것이다. 그들은 모든 제국주의자들, 군벌들, 부패 관료들, 악질 토호들과 악질 지주들을 무덤 속으로 보내버릴 것이다. 모든 혁명 당파와 혁명적 동지들은 농민 앞에 서서 그들의 검열을 받고 그들의 선택을 받거나 버려질 것이다. 농민 앞에 서서 그들을 이끌 것인가? 농민 뒤에 서서 그들을 비난만 할 것인가? 아니면 농민의 앞을 가로막고 서서 그들을 반대할 것인가? 모든 중국인은 세 가지 중 한 가지 길을 자유로이 선택할 수 있다. (하지만 현재의 시국은) 어느 쪽이든 빨리 선택하라고 강요한다.[217]

(다소 과장된 평가라 해도) 마오가 그린 그림은 그때까지 어떤 당 간부가 말한 것과도 완전히 달랐다. 이렇게 마오의 견해가 급격하게 달라진 것은 그가 1927년 1월부터 2월 초까지 샹탄현과 다른 4개 현(샹샹, 헝산衡山, 리링, 창사)을 한 달간 여행한 결과였다.

이 여행에서 마오는 놀라운 발견을 했다. 그는 귀환하여 농촌 운동의 현실은 "우리가 이제까지 한커우와 창사에서 보고 들었던 것과 전혀 다른 양상"이었다고 당 중앙위원회에 보고했다.[218] 그는 자신이 내린 결론을 정리하여 논문을 썼는데 이것이 그 유명한 〈후난성 농민 운동 시찰 보고서〉이다. 거의 2만 자(字)에 이르는 이 글은 마오의 지적 능력이 유감없이 발휘된 역작이며, 훗날 1930년대 초에 장시성에 관해 글을 쓸 때와 마찬가지로 매우 정성스럽고 꼼꼼한 현장 조사에 기반을 두었다. 마오는 보고서에 다음과 같이 썼다. "나는 각 마을과 읍에서 조사회를 열었다. 여기에는 경험 많은 농민들과 농민 운동을 조직하는 동지들이 참석했다. …… 나는 그들의 말을 주의 깊게 들었고 …… 엄청나게 많은 자료를 모았다."[219]

북벌 공격이 개시된 이후인 1926년 가을과 겨울에 걸쳐 농촌 지역은 폭동의 거대한 물결에 휩싸였다. 여름에 40만 명이었던 농민협회의 회원 수는 2백만 명으로 껑충 뛰었다.[220] 후난성의 중앙부 지역 일대에서 전통적 봉건 제도가 무너졌다.

그들의 주 공격 대상은 악질 토호, 악질 유지, 무법적 지주였지만 그 과정에서 그들은 가부장적 사상과 제도를 모두 공격하게 되었다. …… 이 공격의 기세는 한마디로 거센 폭풍우와 같았다. 순종하는 자는 살 수 있지만 저항하는 자는 멸하게 되었다. 그 결과 수천 년 동안 봉건 지주들이 누리던 특권은 산산이 부서져버렸다. …… 지금은 농민협회가 유일한 권력 기관이다. …… 남편과 아내의 말다툼같이 아주 사소한 일도 이제는 농민협회에 가서 해결한다. …… 심지어 농민협회 사람이 방귀를 뀌는 것까지도 의미심장한 일로 여기는 상황이다. …… 문자 그대로 "말하면 곧 실행된다."[221]

국민당 좌파와 심지어 공산당까지 농민 운동이 지나치게 극단적으로 흐르고 너무 '엉망진창'이어서 제한을 가해야 한다고 주장하는 데 맞서서 마오는 농민 운동을 옹호했다.

사실은 광범한 농민 대중이 떨쳐 일어나 자신들의 역사적 사명을 완수하고 있는 것이다. …… 그야말로 참 잘된 일이다. 엉망진창인 것은 하나도 없다. 엉망진창이라는 것은 말도 안 된다. …… 인정해야 마땅한 것은 확실하게 인정해야 한다. 만약 우리가 민주주의 혁명 완수를 10이라고 본다면, 10 가운데 도시 주민과 군대의 성과는 3에 불과하며 나머지 7은 농민들의 성과라고 봐야 한다. …… 그렇다. 농민들은 어떤 의미에서는 '난폭'하다. …… 농민들은 악질 토호와 악질 지주에게 벌금을 부과하고 자신들에게 돈을 기부할 것을 요구하며 그들의 가마를 때려 부순다. 만일 농민협회에 반대하는 사람이 있으면 농민들은 그 사람 집으로 몰려가서 돼지를 잡아 죽이고 곡식을 빼앗는다. 또 그들은 악질 토호나 악질 지주 집에 들어가 젊은 여인네들이 쓰는 상아로 조각된 침상에 뛰어 올라가 뒹굴기도 한다. 농민들은 조금이라도 자극을 받으면 사람들을 체포하기도 하고 그들에게 높은 종이 고깔을 씌워 온 마을로 끌고 다니기도 한다. …… 농민들은 농촌에서 일종의 공포 분위기를 조성한다.

이런 것을 두고 보통 사람들은 '지나치게 행동한다'라거나 또는 '잘못을 바로 잡는다고 하면서 도를 지나쳤다'라든가 혹은 '정말 너무하다'라는 표현을 써서 비난한다. 이런 비난이 언뜻 그럴듯해 보이지만 사실은 옳지 않다.

혁명은 사교 모임의 만찬이 아니다. 글을 쓰거나, 그림을 그리거나, 수를 놓는 일도 아니다. 혁명은 그렇게 우아한 것도, 여유로운 것도, 점잖은 것도 아니며 '온순하면서 겸손하게 할 수 있는 일'도 아니다. 혁명은 폭동이다. 한 계급이 다른 계급의 권력을 뒤엎는 폭력적 행동이다. …… 만일 농민들이 그렇게 큰 힘을 쏟지 않는다면 수천 년 동안 이어져 온 지주의 뿌리 깊은 권력을 타도할 수 없을 것이다. …… 위에서 말한 이른바 '지나친' 행동들은 지금 매우 필수적인 것이다.

…… 조금 거칠게 말하면, 모든 농촌 지역에 당분간 공포 분위기를 조성할 필요가 있다. …… 잘못을 바로잡으려면 도를 지나치지 않을 수 없고, 그러지 않고서는 잘못을 바로잡을 수 없다.

마오는 이 '공포 분위기'가 구체적으로 무엇을 말하는지 보고서 마지막 부분에서 서술했다. 지주의 권력과 위세를 분쇄하는 것이 농민 투쟁의 중심 과제라고 선언하면서 마오는 아홉 가지 방법을 열거했다. 공개적 비판과 벌금, 감금과 사형까지 망라되어 있었다. "악질 대토호와 악질 대지주 가운데 한 명만 처형해도 …… 현 전체에 소문이 퍼져 봉건 잔재를 뿌리 뽑기가 무척 쉬워진다."라고 그는 주장했다. "각 현마다 죄가 극악한 자들 중 최소 몇 명씩 처형하는 것이 반동파를 진압하는 효과적인 방법이다. …… 그들의 세력이 컸던 시절에 그들은 눈 하나 깜짝 하지 않고 농민들을 죽였다. …… (그런데) 지금 농민들이 떨쳐 일어나 한두 명 총살에 처하는 것이 안 된다고 하는 것은 도대체 무슨 이유에서인가?"

농민 반란의 목표는 여러 가지였다. 소작료와 이자율을 경감하는 것, 곡식의 매점매석을 금지하여 식량 가격을 안정시키는 것, 지주의 개인적인 무장력을 해체하고 농민 창 부대(槍隊)를 만들어 농민의 무장력을 확보하는 것 등이었다. 이 창은 "긴 나무자루에 끝이 뾰족하고 양쪽 날이 날카로운 칼을 박아, …… 보기만 해도 악질 토호들과 악질 지주는 벌벌 떨게" 해야 했다. 또 다른 목표는 마을 회의체에 기반을 둔 새로운 농촌 행정 제도를 수립하는 것이었는데, 마오와 각 농촌 지역의 공산당 지도자들은 마을 단위의 회의체가 장차 농민협회와 국민당 사이에 통일전선이 결성될 때 통일전선의 구성 요소가 되어주기를 바랐다. 이러한 경제적, 정치적 목표들 외에 사회적 목표도 있었다. 마오는 긍정적 어조로 농민협회가 아편 흡입과 도박에 반대하고 있으며 가문과 종교 권력 역시 반대한다는 점을 언급했다.

　중국에서 남자들은 보통 세 가지 계통의 권력으로부터 지배를 받는다. (1)국가 계통(정치적 권력政權) …… (2)종족 계통(가문의 권력家權) …… (3)초자연적 계통(종교적 권력神權) …… 여자의 경우는 이상 세 가지 권력의 지배를 받는 것에 더하여 남자의 지배(남편의 권력夫權)를 받는다. 이 네 권력은 봉건적, 가부장제적 사상과 제도의 전부를 대표한다. 또 이 네 권력은 중국인들, 특히 농민들을 얽어매는 네 개의 굵은 밧줄이다. …… 지주의 정치 권력이 모든 다른 권력의 기반이다. 그것을 타도하면 가문의 권력, 종교의 권력, 남편의 권력이 모두 흔들리기 시작한다. …… 종족주의, 미신, 남녀 간의 불합리한 관계 등을 타파하는 것은 정치 투쟁과 경제 투쟁에서 승리해야만 자연스럽게 따라오게 된다. …… 불상(佛像)을 세운 것은 농민 자신이다. 때가 되면 농민들 스스로 그것을 던져버릴 것이니, 다른 사람이 서둘러 그들 대신 그것을 부술 필요는 없다.

　후난에서 몇 주간 지내면서 한 경험이 너무도 강렬해서 마오는 일생 동안 이때 얻은 교훈을 잊지 않았다. 이제 그는 혁명은 결코 세세한 부분까지 관리할 수 없는 것임을 이해했다. 어떤 혁명적 시도에도 항상 지나친 점이 있게 마련이며, 그것은 항상 뒤처지는 사람이 있게 마련인 것과 마찬가지다. 마오는 맹자의 말을 인용했다. "군자는 활시위를 힘껏 당기기만 하고 쏘지는 않으면서 곧 쏠 듯한 자세를 취해야 한다(君子引而不發躍如也)." 지도자는 방향을 제시할 수 있을 뿐이고, 혁명을 진전시키는 것은 인민에게 달린 일이다. 오직 재난이 닥치려고 할 때에만(끝판에는 항상 이런 일이 벌어진다) 지도자들은 급하게 정지 명령을 내릴 수 있다.

한편 이 논문에서 이에 못지않게 중요하고 표면상 더 극적인 느낌을 주는 부분은 마오가 공개적으로 폭력을 옹호하기 시작했다는 것이다. 1925년 여름 사오산에서 농민협회를 만들 때만 해도 마오는 여전히 조심스럽고 개혁 지향적인 방식으로 변화를 이룰 수 있다고 믿었다. 그가 안위안 탄광에서 택한 것이 바로 그런 방식이었다. 그러나 가을에 탄광 노동조합이 격파되면서 이런 전략은 이제 완전히 파산 상태에 이르렀음이 명백해졌다. 1926년 1월에 마오는 이런 말을 했다. "가장 반동적이고 악질적인 토호와 지주를 만나는 특별한 상황에서 …… 우리는 그들을 완전히 타도해야 한다." 하지만 이 말이 구체적으로 무엇을 뜻하는지는 밝히지 않았다. 다시 6개월 뒤 마오는 반혁명 분자들에게 대응할 다른 방법이 없는 경우에 '잔혹한 방법'을 쓰는 수밖에 없다고 처음으로 말했다.[222] 그리고 1927년 초 몇 달 사이에 마지막으로 남아 있던 모호한 부분이 제거되었다. 마오는 만일 지주가 혁명에 주된 장애물이며 이 장애물을 치울 주된 수단이 농민이라면, 이때 적합한 방법은 혁명적 폭력밖에 없다고 결론지었다. 이 혁명적 폭력은 바로 7년 전 그가 더 젊고 이상주의적이었던 시절에 마르크스와 크로폿킨을 비교하면서 거부했던 것과 같은 폭력이었다. 마오에 따르면, 혁명적 폭력은 영토와 권력을 두고 싸우는 전쟁에서 행해지는 폭력과 질적으로 다르다. 혁명적 폭력이 겨냥하는 적은 그들이 한 행동 때문이 아니라 그들의 존재 자체 때문에 적이 된다. 혁명적 폭력은 볼셰비키가 러시아 자산계급을 타도하기 위해 건드렸던 것과 똑같은 계급 증오의 깊은 우물에서 나온다. 그리고 그 결과 역시 비슷할 것이다.

마오의 보고서는 매우 선동적이었다. 그래서 보고서를 1927년 2월에 당 지도부에 제출했을 때 이 글을 과연 공개적으로 발표할 것인

농민 운동 조직가이자 이론가로 활약하던 시기의 마오쩌둥(1927년).

가를 두고 치열한 논쟁이 벌어졌다. 취추바이는 강하게 찬성했다. 천두슈와 펑수즈는 보류하자고 했다. 마오 자신도 농민협회를 비롯한 모든 형태의 지방 권력이 농민 운동의 거센 힘에 압도당하고 있으며 농촌은 지금 '무정부 상태'에 있다고 인정했다. 국민당은 좌파와 우파를 막론하고 이런 '맹목적인 적색 테러'가 통제 불능 상태로 확산되는 데 경악하면서 공산당원들에게 책임을 물었다. 게다가 농촌에서 살상 행위는 마오의 주장처럼 그렇게 드문 일이 아니었고 본보기삼아 행해지는 것도 아니라는 사실이 곧 분명해졌다. 한번은 이런 보고가 올라와 당 지도자들에게 충격을 주었다. 당시 공산당 중앙위원회 위원이던 리리싼의 연로한 아버지가 마을 사람들에게 즉결 처형을 당했다는 소식이었다. 그것도 리리싼이 지역 농민협회에 서신을 보냈는데도 말이다. 이 보고는 훨씬 나중에 사실이 아니었음이 밝혀졌다.[223]

한편 모스크바로부터 예상치 못한 새로운 지령이 도착했다. 이제까지 코민테른 노선은(스탈린이 정한 것이었다) 농민 운동을 저지하라는 것이었다. 농민 운동이 자칫 국민당과의 통일전선에 해를 끼칠까 우려했기 때문이었다. 그런데 이제 소련 지도자가 이것을 '중대한 착오'였다고 선언한 것이다.[224] 코민테른 제7차 전원회의에서 나온 결의문은 12월 중순에 모스크바에서 승인되었고, 마오가 보고서를 제출하기 직전에 상하이에 도착했다. 결의문은 과거의 노선과 정반대 방향을 주장했다. "농촌 지역에서 계급투쟁을 격화하면 반제국주의 전선이 약화될 것이라는 우려는 근거가 없다. …… 일부 자산계급이 제공하는 믿을 수 없고 우유부단한 협조를 잃을까 두려워 …… 토지 혁명(의 추진)을 거부하는 것은 잘못이다."[225] 결의문은 통일전선을 반드시 유지해야 한다고 분명히 밝혔지만(스탈린은 다시 한번 자신이 원하는 모든 것을 가지려 했다), 그 강조점은 이제 더 공격적인 방향으로 분명하게 흐르고 있었다. 결국 중국공산당 지도부는 어떻게 반응해야 할지 모르는 상황이 되고 말았다.[226]

마오의 보고서를 두고 결국 이상한 타협안이 나왔다. 마오가 작성한 보고서의 첫 번째와 두 번째 부분은 3월에 〈향도주보〉에 실리게 되었다. (이 글은 다시 코민테른에 의해 널리 퍼졌다. 코민테른은 중국공산당 지도부와 달리 혁명적 폭력에 대한 우려 따위는 전혀 없었기 때문이다.) 하지만 보고서 마지막 부분은 빼버렸다. 여기에서 마오는 처형 집회의 모습이라든가 농민이 지주를 때려죽이는 모습을 묘사했으며 국민당 좌파가 "매일같이 대중을 자극하는 말을 떠벌이면서 막상 대중이 떨쳐 일어나면 혼비백산하여 도망"가고 만다는 조롱의 말을 썼다. 그다음 달에 마오는 보고서 전체를 소책자 형태로 우한에서 출판할 수 있었고 이때 취추바이가 이 글에 대한 열렬한 찬사를 담은 서문을 써주었다. 이 일을 거치면서 마오는 취추바이와 정치적으로 단단하게 묶였으며 천두슈와는 관계가 더 멀어졌다. 10년 뒤 마오는 에드거 스노에게 이렇게 말했다. "만일 그때 농민 운동이 지주에 맞서는 계급투쟁을 위해 좀 더 철저하게 조직되고 무장되었더라면, (공산주의 근거지가) 전 중국에 걸쳐 좀 더 일찍 그리고 좀 더 강력하게 발전했을 것입니다. 하지만 천두슈는 격렬하게 반대했습니다. 그는 혁명에서 농민의 역할을 이해하지 못했으며 농민의 가능성을 지나치게 과소평가했습니다."[227]

사실 천두슈와 당 중앙국은 좀 더 급박한 문제에 부딪혀 있었다. 1927년 2월 17일, 국민당 군대가 저장성 성도인 항저우를 점령했고 이튿날 선봉 부대가 상하이에서 불과 40킬로미터밖에 떨어지지 않은 쑹장(松江)까지 진격해 왔다. 공산당의 지원을 받던 상하이 노동조합은 상하이 함락이 임박했다고 믿고 총파업을 개시했다. 하지만 국민당 군대는 더 진격하지 않았다. 상하이 위수 부대 사령관인 리바오장(李寶章)은 시내로 처형단을 보내 노조 활동가들을 색출하기 시작했다. 당시 한 미국인 기자가 이 처형단이 활동하는 모습을 관찰할 수 있었다. 상하이 시내 번화가에서 몇 분만 걸어가면 도착하는 중심가에서 벌어진 일이었다.

큰 칼을 든 사형 집행자들은 한 무리의 병사들을 대동하고, 많은 이들이 구경할 수 있는 장소로 체포한 사람들을 끌고 갔다. 거기서 파업 지도자들은 고개를 숙이고 꿇어앉은 채 목이 잘려 나갔다. 병사들은 잘린 머리를 날카로운 대나무 장대에 꽂아 높이 들고 다음 처형 장소로 이동한다. 그 광경을 본 수많은 사람들은 공포에 질려 도망쳤다.[228]

이즈음 공산당 중앙국과 소련 고문들은 장제스와 타협하는 것은 더는 불가능한 일이며 중국공산당과 국민당 좌파는 서로 협력하여 장제스를 권좌에서 몰아낼 방법을 찾아야 한다고 결론을 내린 상황이었다. 당시 국민당 좌파는 탕성즈가 보유한 군사력의 도움을 받고 있었고 러시아인들도 이제 탕성즈를 지지하고 있었다. 그리하여 장제스 축출이 실현 가능한 일처럼 보였다. 장제스를 지지하던 사람들도 흔들리기 시작했다. 국민당 내에서 장제스에게 결정적으로 중요한 중도파가 지지를 철회했다. 여기에는 장제스의 허영과 개인적인 야심, '나폴레옹 콤플렉스', 그가 소련 고문 보로딘에게 보이는 적대감 같은 몇 가지 원인이 있었다. 가장 치명적이었던 것은, 장제스가 왕징웨이의 귀국을 방해하고 있다는 이야기를 많은 사람들이 믿게 되었다는 점이었다. 국제 여론을 보아도 혁명의 중심이 난창에서 우한으로 옮겨지는 중이며 장제스가 이런 변화를 막을 방법은 전혀 없다는 의견이 지배적이었다.[229]

1927년 3월 6일 상황을 보면 대세는 완전히 기운 것처럼 보였다. 난창에 있던 국민당 중앙집행위원회 위원 여덟 명 가운데 다섯 명이 기선을 타고 우한으로 와버린 것이다. 나흘 뒤 국민당은 많은 사람들이 오랫동안 기다리던 제3차 중앙집행위원회 전원회의를 한커우에서 열었다. 회의는 국민당 좌파와 공산당이 압도했다.

장제스 자신과 국민당 중앙집행위원회 상무위원회 주석을 맡고 있던 장징장(張靜江)은 참석을 거부했다. 이들이 결석한 상태에서 좌파가 장악한 새로운 국민당 정치위원회가 당의 최고 기관으로 설립되었으며 군대를 민간 정부 통제 아래 두기 위한 새로운 조치들이 발표되었다. 이제 국민당 좌파와 공산당의 연합은 진정한 연합의 형태를 갖추게 되었다. 보로딘이 (모스크바와 더불어) 그해 초부터 국민당에 촉구해 온 대로, 공산당원이 국민당 정부에서 장관급 직위를 맡게 되었다. 탄핑산과 쑤자오정(蘇兆征)이 그들이었다. 선원들의 지도자였던 쑤자오정은 홍콩-광저우 파업을 조직하는 데 힘을 보탠 사람이었다. 북벌이 다시 진행되었다. 상하이는 거의 총 한 방 쏘지 않고 점령되었고 장제스는 3월 26일 자신의 본부를 난창에서 상하이로 옮겼다. 그리고 유럽에 망명 중이던 왕징웨이가 돌아왔다. 1년 전 장제스의 쿠데타로 무너졌던 체제, 이 두 사람이 각각 군정과 민정을 담당하는 양두 지배 체제가 다시 시작되리라는 기대감이 널리 퍼지기 시작했다.[230]

마오는 국민당의 제3차 중앙집행위원회 전원회의에서 상당히 길게 발언했다. 전원회의는 (마오 자신의 당보다 더 쉽게) 그가 후난성 농촌 조사를 통해 얻은 여러 가지 의견을 승인했다. 농민 자위대가 보호하는 농촌 정부를 세우자는 의견, 악질 지주에게 사형이나 종신형을 내리자는 의견 등이 승인을 받았으며, 또 사상 처음으로 "부패 관리, 악덕 토호, 악질 지주, 반혁명 분자가 소유한" 토지를 압수하여 재분배하자는 의견도 이때 승인을 받았다.

전원회의는 토지 문제가 혁명의 추동 세력인 빈농에게 '핵심 문제'이며 국민당은 "토지 문제가 완전히 해결될 때까지" 그들의 투쟁을 지지할 것이라고 선포했다.[231] 이것은 실제 내용보다 급진적으로 들렸다. 토지 문제를 구체적으로 어떤 방식으로 다룰 것인가 하는 결정적 문제는 언급되지 않았다. 하지만 이제 토지 문제가 중요한 의제가 된 것은 사실이었으며, 이후 마오는 온 힘을 다하여 '전중국농민협회연합'과 국민당 토지위원회 등 새로운 관련 정책들을 실행에 옮길 기구들을 설립하기 위해 노력했다.[232]

이 무렵 양카이후이와 아이들이 마오와 함께 살기 시작했다. 가족은 우창에 집을 빌렸다. 농민운동강습소가 마오를 소장으로 하여 우창에서 다시 문을 열었기 때문이었다. 4월 초 셋째 아이가 태어났다. 마오는 새로 얻은 아들에게 안룽이란 이름을 지어주었다.[233] 마침내 평범한 삶을 되찾은 것처럼 보였다.

셋째 아들이 태어난 바로 그날, 1927년 4월 4일 왕징웨이와 천두슈가 상하이에서 공동 성명을 발표했다. 두 사람의 공동 목표를 확인하고 강조하는 성명이었다. 장궈타오가 훗날 회고한 바에 따르면, 이 성명서는 공산당과 국민당이 과거에 나누었던 우애에 관한 따스한 향수를 불러일으키는 '약간의 최면 효과'가 있었다고 한다.[234] 하지만 실제로 당시 중국에는 여러 가지 불길한 소문이 퍼지고 있었다. 중국의 여러 조약항에서 발행되는 외국어 신문에는 장제스를 목표로 삼아 공산당이 쿠데타를 일으킬 것이라든가 아니면 반대로 장제스가 공산당을 목표로 삼아 쿠데타를 일으킬 것이라는 기사들이 실렸다.[235] 왕징웨이와 천두슈는 공동 성명서에서 이런 소문은 모두 날조된 것이라고 잘라 말했다.[236]

부하린(Nikolai Bukharin)은 〈프라우다〉에 중국의 정파들 간에 차이점이 존재하는 것은 불가피하지만 그렇다고 "비관주의에 빠질 필요는 없다"고 썼으며, 스탈린은 모스크바에서 연 비공개 회의에서 장제스는 혁명을 지지하는 수밖에 다른 도리가 없을 것이라고 말했다. 일단 장제스가 자신의 역할을 맡으면 그는 "레몬처럼 쥐어짜내질 것이고 (역할을 다 마친) 그런 다음에는 내팽개쳐질 것"이라고도 했다. 그날이 올 때까지는 소련과 중국의 공산주의자들은 일단 그를 믿어주어야 했다. 스탈린은 이렇게 말했다. "농부들은 다 늙어 빠진 말이라 해도 그 말이 걸을 수 있을 때까지는 버리지 않는다. 우리도 그렇게 한다."*[237]

---

* 스탈린의 이 말은 영어 원서와 중국어 번역본에서는 '늙은 아내'를 버리지 않는다는 뜻으로 옮겼으나, 러시아어 번역본과 프랑스어 번역본에서는 '늙어 빠진 말'을 버리지 않는다는 뜻으로 되어 있다. 스탈린이 한 말이라는 점에서, 러시아어 번역본의 해석이 올바른 것으로 간주했다.

6장

국공합작 붕괴

1927년 봄~1927년 여름

"노동자와 농민이 우선인가, 계급 연합이 우선인가?"

MAO
THE MAN
WHO
MADE
CHINA

1927년 4월 12일 화요일, 새벽 4시가 조금 지나서였다. 황푸강 위
한 증기선에서 울린 음울한 기적 소리가 상하이 서쪽 지역에 울려 퍼
졌다.[1] 기적 소리는 국민당군에 보내는 신호였다. 수천 명의 '노동자
규찰대' 대원들이 국민당군을 보조했다. 규찰대 대원들은 청색 유니
폼을 입고 팔에는 흰색 완장을 둘렀는데, 완장에는 '공(工)'이라는 글
자가 쓰여 있었다. 이들은 소리를 죽인 채 노동자들이 많이 거주하는
난스구(南市區)와 자베이구의 공산당 근거지로 이동했다. 이미 상하
이 공공 조계 공부국*이 국민당군 사령관 바이충시(白崇禧)의 병력이
조계지를 자유로이 통과할 수 있도록 허가한 상태였기 때문에 이들
은 수월하게 이동할 수 있었다.

　　해가 뜨는 시점에 맞춰 일제히 강력한 공격이 시작되었다. '노동자
규찰대'는 사실 청방(靑幇)으로 불린 상하이의 조직 폭력배들이었다.
국민당의 공격을 전혀 예상하지 못했던 공산당원들은 총싸움도 몸

상하이 공공 조계 공부국(上海公共租界工部局) 1863년부터 1943년까지 상하이에서 미국과 영
국의 공동 조계를 관할한 최고 행정 기관. 공공 조계 지역은 치외법권을 인정받았기 때문
에, 공부국은 행정권, 사법권, 조세징수권을 독자적으로 행사할 수 있었다. 실질적으로 상
하이 공공 조계의 정부 역할을 담당했다.

싸움도 당해낼 수 없었다. 다만 총노동조합 본부와 상무출판사 사무실에 무기가 보관되어 있던 터라, 노동자들은 공산당의 지휘 아래 방어벽을 치고 만만찮은 저항 태세를 갖출 수 있었다. 하지만 정오가 가까워질 무렵, 국민당군이 기관총과 야포까지 갖추게 되자 결국 그들의 저항은 진압되었다. 〈더 타임스〉 통신원은 다음과 같이 보도했다. "공산당의 힘이 완전히 분쇄되었다고 말하는 것은 아마도 과장된 표현이겠지만, 분명 엄청난 타격을 입었다." 경찰 당국의 추산에 따르면, 이날 약 4백 명의 공산당원이 죽었으며 훨씬 더 많은 인원이 다치거나 체포되었다.

당시 상하이의 공산당 최고위급 인사였던 저우언라이는 다음 날 총파업을 명령했고, 상하이의 대부분이 마비되었다. 방직 공장에서 일하는 여자와 어린아이를 포함하여 약 1천 명의 노동자들이 탄원서를 제출하기 위해 군 사령부로 행진했다. 이다음에 일어난 상황은 〈노스차이나헤럴드〉에 실린 기사 제목으로 간략하게 전달할 수 있을 것 같다. '자베이구의 끔찍한 전투: 공산당의 여자들과 아이들이 제일선에 섰으나…… 군대가 발포하다' 기사에 따르면 노동자들은 아무런 무기도 없었지만 군인들은 겨우 10여 미터 앞에 있던 군중을 향해 일제 사격을 퍼부었다. 20명이 현장에서 즉사했고, 최대 2백 명이 도망가다 총에 맞고 쓰러졌다. 목격자들의 말에 의하면 대형 트럭들이 노동자들의 시체를 싣고 시 밖으로 나가 집단 매장했다고 한다.[2] 이날 이후 누구도 시위를 하지 않았다. 장제스와 동맹자들이 시를 완전히 장악한 것이다.*

도대체 왜 공산당과 국민당 좌파가 장제스의 급습을 예상하지 못했는지 이해하기는 쉽지 않다. 일부 원인은 스탈린에게 있었다. 어떤 대가를 치르더라도 통일전선을 유지해야 한다고 고집했기 때문이다.

스탈린은 공산당보다는 국민당이 중국을 통일하고 모스크바의 적인 제국주의 세력을 약화시킬 가능성이 훨씬 더 크다고 생각했다. 따라서 소련과 국민당의 연합이 굳건하게 유지되어야 했다. 당시 중국에 관한 스탈린의 정책 목표는 혁명이 아니라 '현실 정치(realpolitik)'였던 셈이다. 결국 소련의 입장 탓에 코민테른의 시야가 좁아졌고, 중국공산당도 상황 판단을 제대로 하지 못했다.

하지만 이것이 이야기의 전부라 할 수는 없다. 설사 코민테른의 지시를 엄격하게 따를 수밖에 없었다 하더라도 중국공산당 지도부가 그렇게 방심하고 있었다는 사실은 참으로 이상하다. 상하이에서 기습을 받기 전 한 달 동안, 당 지도부는 마치 일부러 눈을 꽉 감고 장제스가 공산당에 적대적이라는 수많은 명백한 증거를 보지 않은 듯하다.[3] 3월 중순 국민당 중앙집행위원회 제3차 전원회의에서 국민당 좌파와 공산당의 연합이 확인된 이후(이는 당 조직 내에서 장제스와 국민당 우파를 무력화하겠다는 신호였다) 장제스가 장악한 지역 전반에서 좌파를 겨냥한 조직적인 폭력 행사가 시작되었다. 당시 쓰촨성에 속했던 충칭에서부터 남중국해 연안의 샤먼까지 폭력의 방식은 다 똑같았다. (보통 청방과 관련된) 비밀결사 조직의 깡패들이 필요하다면

---

* 저우언라이는 이렇게 파업을 진두지휘했던 일 때문에 개인적으로 큰 대가를 치렀다. 저우언라이가 상하이로 올 때 아내 덩잉차오(鄧穎超)는 첫 아이를 임신한 터라 광저우에 남았는데, 분만 도중 아이가 사망했다. 얼마 지나지 않아 덩잉차오는 국민당 요원의 검색을 피해 비밀리에 남편이 있는 상하이로 향했다. 덩잉차오는 이동 도중 심하게 아팠는데, 상하이에서 그녀를 검진한 의사들은 덩잉차오가 신체 내부에 심한 손상을 입었다고 진단했다. 출산 직후 여행을 하면서 너무 심한 스트레스를 겪었기 때문이었다. 이로 인해 덩잉차오는 더는 임신할 수 없는 몸이 되었다. 10년이 지난 뒤 저우언라이 부부는 옌안에서 쑨웨이스(孫維世)라는 여자아이를 입양했다. 그 아이는 1927년에 처형된 저우언라이의 동지가 남긴 딸이었다. 저우언라이 부부는 조카딸인 저우빙더(周秉德) 그리고 저우빙더의 어린 남동생과 여동생을 키워주는 양부모 역할을 했다. (저우빙더, 저자와 인터뷰, 2004년 12월 7일. 다음의 책도 참고하라. Gao Wenqian, *Zhou Enlai, The Last Perfect Revolutionary*, Public Affairs, New York, 2007, pp. 47−48.)(저자 주)

군대의 도움도 받아, 좌파의 대중 조직을 분쇄하고 그 자리에 새로운 '온건한' 단체를 서둘러 만들었다.[4]

　다른 요인도 작용했다. 국민당 좌파가 장악한 한커우의 경제가 최악의 상태에 빠진 것이다. 노동자들의 투쟁 때문에 수십 개의 중국 은행이 문을 닫았다. 상업 및 무역 활동이 완전히 멈추어버렸다. '붉은 수도' 한커우에서 벌어지는 일은 상하이에서 불안한 눈길로 바라보던 은행가들과 산업가들이 피하고 싶은 바로 그런 상황이었다.[5] 마치 한커우로는 충분하지 않다는 듯이 3월에는 상하이에서 노동자 봉기가 일어났다. 공산당이 조직한 감시대*는 비밀결사의 깡패들에게 도움을 받아 노동자들을 무자비하게 통제했다. 〈더 타임스〉는 이 공산당 감시대를 "검은 가운을 입은 총잡이"라고 불렀다. 만일 공산당 정부가 들어서면 일어날지도 모를 걱정스러운 상황을 미리 맛 보여 주는 사건이었다.[6]

　국제 사회에서는 '볼셰비키의 위협'을 열강이 나서서 저지해야 한다는 여론이 거세졌다. 중국에서 끔찍한 일이 벌어지고 있다는 생생한 보도에 사람들의 관심이 쏠렸다. 외국에서는 이미 공산당원의 '공처(共妻)' 이야기가 유명했으며, 널리 퍼진 또 다른 소문으로는 공산당이 "눈같이 흰 살결에 가슴이 완벽한" 여자들을 선발하여 한커우 거리에서 "나체로 행진"을 하게 했다는 것이었다. 과대망상에 사로잡힌 이들도 있었다. 어느 미국인 선교사는 "만약 볼셰비즘이라는 미친개를 통제하지 않고 …… 그 개가 태평양을 건너 우리의 사랑스러운 조국인 미국에까지 뛰어가도록 내버려 둔다면" 얼마나 끔찍한 일이 벌어질지 상상하며 온몸을 벌벌 떨었다.[7] 중국에 거주하던 또 다른 외국인은 이렇게 말했다. "우리는 지금 공포를 느끼고 있다. 우

감시대 노동 쟁의 때 조합원들의 이탈을 방지하는 사람. 노동조합이 내건 약속을 어기거나 파업에 동조하지 않는 자들을 막는 역할을 한다.

리는 모두 우리 하인들에게 살해당할 것만 같다. 앞으로 닥칠 일을 경고하듯, 사환이나 짐꾼이나 유모가 자꾸 이런 말을 반복한다. '말썽이 많을 거예요. 일본으로 가는 게 좋겠어요.'"[8]

3월 24일 이러한 공포스러운 분위기를 한층 더 고조하는 사건이 난징에서 발생했다. 국민 혁명군이 난징을 점령한 이후 병사들이 미국, 영국, 일본 등의 영사관을 약탈하고 안전한 곳으로 피할 준비를 하던 외국인들에게 총을 발사한 것이다. 영국 영사가 부상을 입었고, 영국인 두 명, 미국인 한 명, 프랑스인 한 명, 이탈리아 신부 한 명, 일본 수병 한 명이 사망했다. '난징 사건'은 서방 국가가 행동에 나설 때가 되었다는 확신을 주었다.[9]

4월 초가 되면 서구 열강과 상하이의 자본가들은 중국이 무질서하고 혼란스러운 상태로 빠져드는 것을 바로잡기 위해 방법을 강구하기 시작한다. 모든 외국인들이 궁금해한 것은 '국민 혁명군의 총사령관이자 공산당이 지향하는 목표에 우려를 보이는 장제스가 과연 그들의 요구에 부응할 것인가'였다. 〈노스차이나헤럴드〉 일간판*은 이렇게 보도했다. "장제스는 지금 갈림길에 서 있다. …… 공산당이 양쯔강 이남 지역을 삼키는 것을 막을 수 있는 유일한 사람이 바로 그다. …… 하지만 만일 장제스가 자신의 동포를 공산당으로부터 구하려 한다면 신속하고 강력하게 행동해야 한다. 과연 그가 결단력 있게 행동할 수 있는 자임을 우리에게 증명할 수 있을까? …… 아니면 그 역시 중국이라는 나라 전체와 함께 붉은 홍수에 쓸려 가버릴 것인가?"[10]

장제스는 서서히 그러나 교묘하게 은폐한 채로 자신의 답을 드러냈다. 상하이의 사업가 집단은 장제스에게 3백만 달러가 넘는 돈을

* 〈노스차이나헤럴드〉는 원래 주간지이며 일간판은 〈노스차이나데일리뉴스(North China Daily News)〉라는 제호를 썼다.

주었다. 이는 형식상 '대여금'이었는데, 이렇게 지급된 총 금액이 소식통에 따라 1천만 달러에서 2천5백만 달러 사이로 전해진다. 명목상 빌려주는 돈이었지만 사실상 장제스가 공산당을 막아주는 대가임을 양측 모두 분명하게 이해하고 있었다. 4월 6일에 베이징에 주재하던 서구 열강의 외교 사절들은 북방 정부에게 권한을 부여하여, 중국 경찰이 베이징 공관 지역으로 들어가 소련 공관 일부를 수색하도록 했다. 당시 북방 정부는 철저하게 반공산주의적인 만주의 군벌 장쭤린이 지배하고 있었다. 소련 공관은 리다자오를 비롯해 다수의 지역 공산당 간부들이 피신한 곳이었다. 톈진에 있는 소련이 소유한 건물도 수색당했다. 상하이에서는 소련 영사관 출입구에 경비병들이 보초를 서서 오직 소련의 관리들만 출입할 수 있도록 통제했다. '황금보'라 불린 황진룽(黃金榮)은 10년 전 장제스가 젊은 장교로 상하이에 있을 때 친하게 지낸 자였다. 그는 청방의 두목 두웨성(杜月笙)을 키웠는데, 그 두웨성이 장차 다가올 충돌을 대비해 '중화공진회(中華共進會)'라는 단체를 만들어 이른바 '노동자 규찰대'를 공급하는 역할을 했다. 그사이 푸저우(福州)에서 난징까지 상하이의 주변 도시들에서는 공산주의 탄압을 주장하는 목소리가 계속해서 울려 퍼졌다.[11]

사태가 이러한데도 어떤 이의 말마따나, 목에 도끼가 떨어지는 순간까지 "혁명의 수호자들은 공격을 전혀 예상하지 못하고 있었다."[12] 아무런 방어 조치도 취하지 않았을 뿐 아니라 심지어 당시 상하이 노동자운동위원회(職工運動委員會) 서기이자 총노동조합 위원장이었던 왕서우화(汪壽華)는—상하이에서 가장 중요한 공산당 지도자의 한 명이었다.—4월 11일 밤 두웨성의 저녁 식사 초대에 아무런 의심 없이 응했다. 왕서우화는 저녁 약속 장소에 도착하자마자 목이 졸려 죽었으며 그의 시체는 시 외곽 황무지에 가매장되었다.[13]

상황 분석을 못해서가 아니었다. 이미 1월에 공산당 중앙국은 "외

1927년 4월, 상하이에서 장제스가 이끄는 국민당군이 공산당원과 노동자들을 급습해 체포하고 학살하는 사건이 벌어졌다. 사진은 당시 국민당군에게 체포당한 공산당원들의 모습이다.

국의 제국주의자와 국민당 우파 혹은 온건파 사이에 연합"이 형성될 경우 '극히 위험한 상황'이 발생할 수 있다고 경고했다.[14] 하지만 장제스는 완벽하게 자신의 행동을 위장했고, 최측근만 빼고는 그의 진의를 아무도 알아차리지 못했다. 외국인들도 공산당원들도 모두 완전히 속아 넘어갔다. 4월 초 〈노스차이나헤럴드〉 일간판 기사는 장제스가 '명확한 반공산주의적' 입장을 취하기를 거부하고 있다고 개탄하기도 했다.[15] 당시 공산당 중앙국은 지방의 공산당 조직에 가해진 공격들이 단지 단편적인 사건에 불과할 뿐, 전면적 대결의 전주곡이라고는 전혀 생각하지 않았다.[16] 결론적으로 말하자면, 1927년의 공산당은 자산계급과 연합하는 데 완전히 사로잡혀 있던 탓에 연합이 없는 혁명은 아예 생각조차 할 수 없었다.[17]

4월 12일 그날, 마오는 한커우에 있었다. 그는 새로 설립된 국민당 토지위원회 회의에 참석했다. 위원회는 농민의 요구를 만족시키면서 동시에 국민당의 지지 세력인 지주계급이 크게 불만을 품지 않을 토지 재분배 정책을 고안하고 있었다. 마오는 여전히 후난성의 경험에서 비롯된 낙관주의로 가득 차 있었다. 그래서 그는 급진적인 방법을 촉구했다. 우선 농민들이 직접 소작료 지불을 거부하도록 내버려 둔 다음, 나중에 합법화하자는 방안이었다. 마오는 그달 말에 개최될 제5차 당 대회에서도 이와 유사한 제안을 하려고 취추바이와 함께 준비하고 있었다. 모스크바에서 도착한 코민테른의 새로운 대표자 마나벤드라 로이(Manabendra Nath Roy)는 보로딘보다 훨씬 더 토지 혁명에 동조적이었다. 왕징웨이도 한커우에 와 있었고, 천두슈는 오는 중이었다.[18]

그날 오후 상하이의 소식이 라디오를 통해 급보로 알려지자, 이 모든 세심하고 희망찬 계획은 한순간에 산산조각 났다.

엿새 동안 공산당 중앙국은 거의 쉬지 않고 계속 회의를 열었다. 모스크바에서 온 두 고문은 서로 전혀 다른 조언을 했다.[19] 천두슈가 지지한 보로딘은 우한 정부가 장악한 지역에서 농민 운동과 노동 운동을 엄격하게 제한하는 한편, 탕성즈의 지휘 아래 북벌 작전을 즉각 재개하는 '전략적 후퇴'를 제안했다. 구체적으로는 우선 탕성즈가 북쪽으로 진격하여 허난성에 있는 '기독교인 장군' 펑위샹과(펑위샹은 소련에서 상당한 자금을 지원받고 있었다) 합세한 뒤, 두 사람이 힘을 합쳐 장쭤린의 북방 군대에 연합 공격 작전을 개시하는 전략이었다. 일단 장쭤린을 격파한 다음에는 충분한 시간을 두고서 장제스 문제를 처리하고 일시적으로 중단한 혁명 운동을 다시 시작하자고 보로딘은 말했다.[20] 이에 로이는 "농민과 무산계급과 …… 대중에 대한 배신행위"라고 비난하며, 중국 혁명은 "토지 혁명을 통해 이루거나 이루지 못할 것"이라고 잘라 말했다. 로이가 생각하기에 북쪽으로 간다는 것은 "발걸음마다 혁명을 배신한 바로 그 반동 세력과 한통속이 되는 것"이기 때문에, 보로딘의 조언은 '매우 위험'하며 따라서

중국공산당은 이를 거부해야 한다고 권고했다.[21)]

보로딘과 로이의 논쟁은 스탈린의 중국 정책이 안고 있는 근본적 모순을 드러냈다. 노동자와 농민이 우선인가? 아니면 자산계급과의 연합이 우선인가?

논쟁이 격화되는 중에 저우언라이를 비롯한 상하이 공산당 지도부가 보낸 전보가 도착했다. 상하이 지도자들은 장제스의 군사적 입지가 겉으로 보이는 것보다 훨씬 더 약하다고 전함으로써 당 중앙에 제3의 선택을 촉구했다. 만일 탕성즈가 난징으로 군대를 이끌고 가서 '강력한 응징'에 나선다면 장제스 세력은 패퇴하겠지만, 지금처럼 계속 주저한다면 장제스는 자신의 입지를 강화할 수 있을 것이라고 말했다. 취추바이는 상하이 지도부의 의견을 지지했다. 한편 천두슈는 예전에 쑨원이 제안한 북서부로 진격하자고 제의하며, 그곳이 제국주의 세력이 가장 약하다는 이유를 댔다. 탄핑산과 장궈타오는 남쪽으로 내려가서 국민당의 옛 근거지인 광둥성을 탈환하고 싶어 했다.[22)]

그러나 그다음 주가 되자 이날의 토론이 쓸모가 없었을 뿐 아니라 공산당이 무능력하다는 것이 아주 극명하게 드러났다. 당 중앙국이 결국 로이의 견해에 동의하고 현재로서는 북벌이 '혁명에 유해'하다는 결의문을 발표했지만, 바로 다음 날 왕징웨이가 보로딘의 건의에 따라 즉시 북벌에 나서겠다고 선언했기 때문이다.[23)]

마오는 회의에 참석하지 못했다. 마오의 지위가 무척 낮은 이유도 있었지만(심지어 당시 그는 당 중앙위원회 위원도 아니었다), 그의 후난성 보고서가 논란을 일으킨 이후부터 천두슈가 마오를 전혀 상대하려 하지 않은 탓도 있었다. 여하튼 당시 마오는 로이와 의견을 같이했다.[24)]

4월 내내 마오는 국민당 토지위원회에서 다양한 연령층의 좌파들과 보수적인 국민당 관료들과 함께 일하며 모든 사람의 이해관계를 어느 정도 만족시킬 수 있는 토지 재분배 안건을 만들기 위해 많은 노력을 기울였다. 핵심 쟁점은 '어느 범위까지 토지 재분배를 실시해야 하는가'였다. 마오의 최초 제안대로 모든 개인 소유의 토지를 몰수하여 재분배할 것인가? 아니면 마오의 아버지가 소유했던 것보다 약간 더 넓은 30무(약 6천 평)를 초과하는 소유분만 대상으로 삼을 것인가? 아니면 나이 많은 대표자들이 요구하는 대로 50무 혹은 100무 이상의 토지를 대상으로 할 것인가? 하지만 이 모든 노력도 결국 헛수고였다. 마오가 다른 사람들과 논의한 끝에 작성한 토지 개혁안은 재분배 토지 범위를 상당히 제한했는데도 국민당 정치위원회에서 유보 처리되었다. 이유는 지주계급 출신의 많은 국민당군 장교들을 불쾌하게 할 우려가 있기 때문이었다.[25]

마오의 노력은 공산당 내부에서도 별로 인정받지 못했다. 1927년 4월 27일에 열린 중국공산당 제5차 전국대표대회 때, 마오는 모든 토지를 몰수하자고 촉구하는 결의안 초안을 제출했지만 토론에 회부되지도 못하고 보류되었다. 다들 입으로는 '토지 국유화' 원칙에 동의했다. 그러나 이는 공허한 말에 지나지 않았다. 공산당 역시 국민당과 마찬가지로 '소지주'의 토지는 몰수 대상이 아니라는 입장이었고, 소지주가 누구인지는 일부러 정의하지 않고 넘어갔다.[26]

사태가 이 정도에 이르자 마오는 또다시 "당의 정책에 대해 무척 불만스러워했다."[27] 당 중앙도 마오에게 똑같은 심정이었다. 새로이 당 중앙위원회가 선출되었을 때 마오는 서열 30위였으며 겨우 후보위원에 들었다.[28] 1주일 뒤 당 중앙위원회 농민위원회가 '재구성'되었을 때 마오는 서기 자리를 박탈당했고 취추바이가 그 자리를 대신했다. 취추바이는 새롭게 설립된 정치국(중앙국의 새 이름이다) 상무위원회 위원에 올랐다.[29] 마오는 여전히 농민위원회 위원이었고 '중화전국농민협회' 일을 맡았다.[30] 하지만 그가 후난성 보고서에서 밝힌 바 있는, 중국 전역에서 "어떤 힘도 …… 탄압할 수 없을 정도로 매우 신속하고 매우 격렬한 농민 운동"을 펼치겠다는 꿈은 점점 더 요원해지고 있었다.

한편 나쁜 소식은 다른 성에서도 계속 들려왔다.

광저우에서는 국민당 우파 진영의 광둥성 정부 주석이 계엄령을 선포했다. 이로 인해 공산당원으로 의심받은 2천 명이 체포되었고 수십 명이 처형되었다. 상하이에서 희생된 사망자 수는 확실하게 밝혀지지는 않았지만 수천 명에 달하는 것으로 알려졌다. 장제스가 장악한 모든 지역에서 '숙청 운동'이 벌어졌고 공산당원을 축출하기 시작했다. 베이징에서는 소련 대사관 수색 때 체포된 리다자오를 비롯하여 19명이 장쭤린의 지시에 의해 목이 잘려 죽었다.[31]

5월 초가 되면 후베이성과 후난성 그리고 왕징웨이의 오랜 동지인 주페이더(朱培德)가 정부 주석으로 있던 장시성만 우한 정부의 통제 아래 있었다.

더 심각한 문제는 경제 위기였다. 노동 운동이 격화됨에 따라 각 도시는 무정부 상태에 빠져들었다. 한커우, 한양, 우창에서만 실직자가 30만 명에 달했다. 외국인 주민의 수는 4천5백 명에서 1천3백 명으로 줄었으며, 〈더 타임스〉는 남아 있는 사람들의 곤경을 '한커우의 붉은 테러'라는 제목으로 다음과 같이 보도했다.

이제 정부는 완전히 공산당 천하가 되었다. 경제 활동은 불가능하며 노동조합과 노동자 규찰대가 도시를 지배하고 있다. 사병들은 거칠게 행동하고 있고, 영국 국민들이 거리를 돌아다니는 것은 안전하지 못한 일이 되었다. 회사 사장들은 군중 폭력의 주요 대상이며, 일부는 총검으로 위협하는 사람들 때문에 밖에 나오지 못하고 있다.

장제스의 명령에 따라 광저우와 상하이의 중국 은행들이 우한 정부와 거래를 끊어버리자 상황은 더욱 악화되었다. 세금 징수가 중단되었으며 우한 정부는 세금 수입이 없는 상태에서 그저 돈을 찍어냈다. 일용품이 상점에서 사라졌다. 4월 말 후난성의 혁명 당국이 물가를 안정시키기 위해 성 밖으로 식량을 판매하는 것을 금지하자 식량 부족에 대한 공포가 엄습했다.[32)

국민당 정치위원회는 미승인 파업 금지령을 내렸으며, 노동 운동에 대해 '혁명적 규율'을 가하고 화폐를 안정시키며 가격을 통제하고 실업자를 구제하는 여러 조치를 시행하겠다고 발표했다. 이는 보로딘의 입김이 작용한 것이었다.[33)

군사적 균형에도 변화가 일어나기 시작했다. 탕성즈의 군대는 허난성에 있는 펑위샹의 '신국민군(新國民軍)'과 연합하기 위해 북쪽으로 이동했다. 이로써 후베이성을 지키는 위수 부대는 뼈대만 남았다. 장제스에게는 우한 정부의 수비 태세를 시험해볼 수 있는 좋은 기회였다. 5월 중순, 이창(宜昌)의—우한에서 양쯔강 상류로 약 320킬로미터 떨어진 거리에 있다.—국민당 지휘관 샤더우인(夏斗寅) 장군이 장제스 편에 서겠다고 선언하고는 병력 2천 명을 이끌고 한커우로 진격했다. 그러자 명목상으로나마 우한 정부에 충성을 바치던 다른 장군들 역시 장제스의 지지를 받으며 샤더우인 군대 후위에 자신들의 병력을 배치했다. 5월 18일 샤더우인 장군의 선봉 부대가 우창에서 그리 멀지 않은 곳까지 접근했다는 소식이 전해졌다. 상인들은 점포 문을 걸어 잠갔고 양쯔강을 건너는 나룻배는 운행을 멈췄다. 당시 공산당원 예팅(葉挺)은 국민혁명군 사단장으로서 우창의 경비를 책임지고 있었다. 예팅은 수백 명의 장교 후보생과 훈련병을 모아 전투 준비를 서둘렀다. 마오쩌둥도 명령을 받고 농민운동강습소의 학생 4백 명을 동원했다. 이들은 구식 장총을 한 자루씩 지급받고 초보적인 군사 훈련을 받은 뒤 도시 순찰 임무를 수행했다.

다음 날 아침 예팅의 지휘 아래 급조된 부대가 성 밖으로 진군했고, 샤더우인 부대는 도주했다.[34] 하지만 샤더우인이 댕긴 불길은 쉽게 꺼지지 않았다.

창사에는 우한이 함락되고 왕징웨이가 도주했으며 보로딘이 처형당했다는 소문이 돌기 시작했다. 창사는 이미 그해 봄 좌파와 온건파 사이의 분파 투쟁이 너무도 치열해서 누구도 통제할 수 없는 상태였다. 4월에는 우파에 속하거나 외국인과 연결된 몇몇 유명한 인물이 체포되어 총살당했다. 그 가운데에는 나이가 많고 철저하게 보수적인 학자 예더후이(葉德輝)도 있었는데, 그는 마오가 어린 시절에 깊은 인상을 받았던 '1910년 식량 폭동'을 일으키는 데 도움을 주었던 자였다. 급기야 병사들과 농민협회 활동가들 사이에 충돌이 일어났고, 5월 19일에는 탕성즈의 부하 허젠(何鍵)의 장인이 공산당 시위대에게 구타당하는 사건이 발생했다.[35]

이틀 뒤 1927년 5월 21일은 음력으로 말의 날(馬日)이었다. 창사의 위수 부대 부대장 쉬커샹(許克祥)은 결단을 내렸다. 허젠의 지지를 확실하게 보장받은 뒤였다.[36]

후난성의 공산당 지도부는 상하이의 동지들과 달리, 곧 참사가 닥칠 것이라는 정보를 6주 전에 미리 입수했다.[37] 하지만 그들이 지휘하는 3천 명의 노동자 규찰대는 무기라고는 고작 나무 작대기와 창뿐이었으며, 무력 저항에 필요한 아무런 비상 계획도 없었다. 5월 21일 오후 당 지도자들에게 비상 자금이 배분되었고 여자와 아이들은 안전한 곳으로 피신했다. 총성은 밤 11시에 시작되었고 다음 날 새벽까지 이어졌다.[38] 훗날 어느 공산당 지도자의 아내는 이렇게 썼다. "불길이 밤하늘을 밝게 비추었다. (농민협회 본부에서) 총소리가 들렸다. 기관총 소리와 소총 소리 …… 집안사람들은 모두 일어나 다락

방으로 올라가 숨을 죽이고 앉아 있었다. 모두 공포에 질렸다. 6개월 된 아들이 품 안에서 젖을 빨았지만 젖은 나오지 않았다. 아이는 계속 울어댔다."[39]

쉬커샹은 훗날 자랑삼아 이렇게 이야기했다. "새벽이 가까워질 무렵, 내가 숨을 한번 휙 내쉬자 창사 시를 오랫동안 휘감고 있던 붉은 안개가 완전히 걷혔다."[40]

그날 이후 3주 동안 창사와 인근 지역에서 죽은 사람만 1만 명에 이르렀다. 새벽이나 황혼 녘에 공산당원으로 의심되는 한 무리의 사람들이 서문 밖 처형장으로 끌려갔다.[41] 농민 자위대가 폭동을 감행했지만 제대로 실행되지 못해 몰살당하는 일도 벌어졌다. 원래 후난성 공산당 위원회는 5월 31일을 기해 일제히 농민 자위대가 들고 일어나기로 결정했다. 그런데 마지막 순간 한커우에서 봉기 계획을 취소하라는 지령이 내려왔고, 이를 제때 전달받지 못한 농민 자위대 두 조직이 예정대로 창사 시와 샹탄현을 공격했다가 전멸한 것이다.[42]

보수파의 폭압은 후난성에서 후베이성으로 번졌다. 후베이성에서는 얼마 전 패퇴한 샤더우인 장군 휘하의 사병들이 사람을 마구 죽여 수천 명의 농민이 희생당했다. 장시성 역시 농민협회가 해산당하고 지주가 지원하는 무서운 복수의 폭풍이 불어닥쳤다.[43] 중국 중부 전역에서 적색 테러가 물러나고 그 자리에 백색 테러가 휘몰아쳤다. 감히 지주에 대적하여 일어났던 농부들에 대해, 지주가 결성한 민병대 '민단(民團)'이 무서운 보복을 가했다. 6월 중순 마오쩌둥이 '중화전국농민협회'에 제출하기 위해 작성한 보고서의 한 구절이 이를 잘 설명해주고 있다.

후난성에서 …… 그들은 샹탄현의 총노동조합 위원장을 참수했고 그의 머리를 발로 차고 돌아다녔으며 그의 배 속에 등유를 집어넣고 불을 질렀다. …… 후베이성에서는 …… 악질 지주들이 혁명을 지지한 농민들에게 잔인한 형벌을 가했다. 그 형벌에는 눈알을 파내고, 혀를 뽑아버리고, 배를 가르고 목을 자르고, 칼로 상처를 낸 다음 모래로 문지르고, 등유로 화상을 입히고 달구어진 쇠로 몸을 지지는 것이 포함되었다. 여자들의 경우에는 (철사로) 가슴을 뚫기도 하고 나체로 거리를 행진하게 하거나 그저 칼로 토막 내어 …… 죽여버리기도 했다.[44]

대학살이 끝났을 때 후난성 리링에서만 죽은 사람이 8만 명에 달했다. 차링(茶陵), 레이양(未陽), 류양(瀏陽), 핑장의 네 개 현을 합하면 거의 30만 명이 죽었다.[45] 이는 10년 전 장징야오의 군대가 후난성을 휩쓸었을 때보다 훨씬 더 잔인하고, 1850년대 태평천국운동 때 중국이 경험한 대학살 이래로 가장 많은 희생자가 발생한 사건이었다.

'마일사변'과 그 끔찍한 여파는 공산당에 전환점이 되었다. 장궈타오는 훗날 이렇게 썼다. "이 유혈이 낭자했던 경험으로부터 중국공산당은 '오로지 무장 군대만이 무장 군대와 싸울 수 있다'는 교훈을 얻었다."[46]

하지만 이는 뒤늦은 깨달음이었다. 사건이 일어났을 당시 공산당의 대응은 무척 굼떴고 대단히 혼란스러웠다. 창사에서 벌어지고 있는 대학살 소식이 우한에 전해지자, 공산당 지도부는 아직도 샤더우인이 감행했다가 실패한 반란의 의미를 확실하게 깨닫지 못한 채, 그저 농민 운동을 통제하여 앞으로는 이러한 일이 재발하지 않도록 해야 한다는 구태의연한 결론을 내렸다.[47] 심지어 당 정치국이 첫 반응을 보인 5월 25일자 기록을 살펴보면, 이번 사태가 농민들이 지나친 행동으로 자초한 일이라는 언급을 볼 수 있다.[48] 다음 날에는 왕징웨이의 승인 아래 공산당과 국민당이 연합하여 조사위원회를 꾸리고 보로딘이 단장이 되어 실제로 무슨 일이 발생했는지 확인하기 위해 창사로 출발했다.[49] 조사위원회가 출발함에 따라 마오쩌둥은 '중화전국농민협회' 이름으로 후난성 지도부에 서신을 보냈다. "더 많은 충돌을 방지하기 위해, 인내심을 발휘하여 정부 관료들이 오는 것을 기다릴 것."[50] 하지만 조사위원회는 창사에 가지 못했다. 후난성으로 들어가는 경계 지역에서 저지당해 더 가지 못하고 돌아온 것이다(쉬커샹이 조사위원회가 후난성으로 계속 더 들어오면 모두 살해할 것이라고 경고했다는 이야기가 있다).[51] 그제야 비로소 공산당 중앙위원회는 국민당 지도부에 쉬커샹의 폭동 조직을 해산하고, 탕성즈가 이끄는 토벌대를 창사에 파견하며, 농민들이 자신을 보호할 수 있도록 무기를 공급하라고 요구했다. 그러나 어떤 요구도 받아들여지지 않았다.[52]

5월 말 마오는 정치국에 자신을 후난성에 파견해 달라고 요청했다. 그곳의 당 조직을 재건하기 위해서였다. 열흘 뒤 마오는 샹탄으로 가서 당 서기로서 새로운 후난성 당 위원회를 조직하라는 지령을 받았다. 지령은 내려오기가 무섭게 급히 취소되지만, 여하튼 6월 초부터 마오는 후난성에서 매일 벌어지는 일에 대해 사실상 책임자 역할을 수행했다. 이후 몇 주 동안 마오는 성명을 발표하거나 지령을 내림으로써 당 중앙과 농민의 입장을 조정하고자 했고 어느 정도는 성공을 거두기도 했다. 당 중앙의 입장은 농민들을 좀 더 확실하게 통제해야 한다는 것이었으며, 농민들의 생각은 마오의 표현에 따르자면 정당한 '저항을 위한 폭력 수단'을 확보해야 한다는 것이었다.[53]

당 중앙이 헤매고 있는 사이 공산당은 다시 한번 전혀 예상치 못한 타격을 받았다.

4월 장제스의 쿠데타 이후 스탈린은 중국에서 발생한 대재앙의 책임 문제를 두고 트로츠키와 치열한 공방전을 벌였고,[54] 그 덕분에 중국인들은 잠시 독자적인 판단으로 일을 처리할 수 있었다. 그러던 중 1927년 6월 1일 한커우에 전보가 하나 도착했다. 소련공산당이 크렘린에서 전례 없이 비밀스러운 코민테른 집행위원회 확대전원회의를 개최한 이후에 보낸 것이었다. 전보에는 중국공산당 중앙위원회가 훨씬 더 강경한 노선을 취하라는 스탈린의 메시지가 담겨 있었다. 구체적으로는 중앙위원회가 "가능한 모든 방법을 사용하여" 토지 혁명을 추진하고, 과오가 있다면 농민협회 스스로 문제를 처리하며, 국민당은 혁명 법정을 설립하여 고위급 장교들이 장제스와 관계를 유지하기 위해 혹은 대중을 통제하기 위해 군대를 동원하는 일을 엄하게 처벌하라는 지시였다. 스탈린은 이렇게 말했다. "설득으로는 충분하지 않다. 이제는 행동해야 할 때이며 나쁜 놈들은 반드시 처벌해야 한다." 또한 그는 "후난성과 후베이성의 약 2만 명의 공산당원과 5만 명의 혁명을 따르는 노동자와 농민을" 동원하여, 신뢰할 수 있는 새로운 군대를 "너무 늦기 전에" 창설하고, 그리하여 "신뢰할 수 없는 장군들에게 의존하는 상황을 청산하라고" 했다. 국민당 중앙집행위원회는 새로운 피를 수혈받아야 하며, 농민 및 노동자 계급에서 새로운 지도자들을 선발하여 "동요하거나 타협에 응하고자 하는 나이 많은 지도자들"의 의지를 강화시키거나 아니면 완전히 내쫓아버리라는 지시도 있었다.[55]

장궈타오의 말에 따르면, 전보를 본 정치국 사람들은 "울어야 할지 웃어야 할지 몰랐다." 천두슈는 훗날 이때를 회고하면서 "마치 분뇨 속에서 목욕하는" 느낌이었다고 말했다. 심지어 보로딘과 보이틴스키조차 전보 내용을 당장 실행에 옮기기는 불가능하다는 데 동의했다.[56]

스탈린의 생각 자체가 잘못된 것은 아니었다. 1년 전 중국공산당은 광둥성에 독립적인 농민 군대를 무장하기 위해 모스크바에 5천 자루의 소총을 요청한 적이 있었다(이 요청은 국민당군 내부에 불신감을 조성할 수 있다는 우려 때문에 거절당했다).[57] 또한 마오와 차이허썬은 오래전부터 농민들의 지나친 행동은 외부의 힘이 아니라 농민협회 내에서 다루어야 한다고 주장했다.[58] 문제는 다른 곳에 있었다. 우선 스탈린의 새로운 지령은 이미 때가 늦었을 뿐 아니라, 중국 내 힘의 균형에 관한 평가가 마치 다른 행성에서 내려온 것처럼 현실과 너무나도 동떨어졌던 것이다. 당시는 중국공산당은 말할 것도 없고 심지어 국민당 좌파조차 "신뢰할 수 없는 장군들"을 제재할 아무런 힘이 없었다. 공산당이 국민당의 중앙집행위원회를 재구성할 힘도 전혀 없었고, 중앙집행위원회가 너무 급속하게 우파 쪽으로 기울고 있어서, 그저 공산당은 국민당과 합작 자체를 유지하는 데 온 힘을 써도 모자랄 판이었다.

이때 로이는 스탈린의 전보에 중국공산당이 크게 자극을 받아 농민 운동을 더욱 강력하게 지원하리라 기대한 나머지, 스스로 문제를 해결하려고 했다.

로이는 보로딘이나 중국공산당 지도자 누구와도 의논하지 않고, 스탈린의 전보를 왕징웨이에게 보여주었다. 도대체 왜 로이가 그런 행동을 했는지 명확히 설명하기는 어렵지만, 여하튼 그가 스탈린과 마찬가지로 힘의 균형을 완전히 잘못 판단하고 있었다는 점은 사실인 것 같다. 그는 모스크바가 국민당에 불만이 있다는 증거를 왕징웨이에게 보여주면, 공산당의 지지가 중요하기 때문에 필시 국민당이 좀 더 급진적인 정책 노선을 택할 것이라고 예상했다. 하지만 결과는 정반대였다. 전보를 본 왕징웨이는 이제 중국공산당과 국민당의 합작은 끝장났다고 판단했다. 그다음 날 6월 6일 왕징웨이는 국민당 좌파 대표단을 이끌고 펑위샹 장군이 점령한 허난성 정저우를 향해 출발했다. 표면상으로는 장제스에 대항하는 국민당 좌파와 펑위샹 장군의 동맹을 논의하는 것이었지만, 사실은 난징에 있는 국민당 우파와 화해하기 위해 평화의 메시지를 보내려 한 것이었다.[59]

로이의 어처구니없는 실수 탓에 상황이 빠르게 전개되었지만, 어차피 벌어질 일이기는 했다. 중국공산당이 몰던 두 마리 말은—농민 반란과 자산계급 혁명—벌써 몇 개월째 다른 방향으로 뛰어가고 있었다. 로이가 잘못 처신하지 않았다 하더라도, '마일사변'은 두 말이 이제는 각자의 길을 가야 한다는 것을 알려주는 신호였다.

6월 15일 천두슈는 스탈린에게 중국공산당 정치국의 답변서를 보냈다. 서신은 곧 다가올 종말에 대한 불길한 느낌을 드러내는 한편, 소련 지도자 스탈린의 일 처리 방식에 대해 노골적으로 불만을 표하고 있었다. 마치 어린아이에게 설명하듯 천두슈는 다음과 같이 썼다.

> 농민 운동은 후난성에서 현저히 빠르게 발전하고 있습니다만, 국민 혁명군의 90퍼센트가 후난성 출신이고 전체적으로 농민 운동의 과격 행위에 적대적입니다. …… 이러한 상황에서는 국민당뿐 아니라 공산당까지도 유화 정책을 택해야 합니다. …… 그러지 않는다면 …… 국민당과 분열이 발생할 것입니다. …… (사실상) 가까운 장래에는 (분열을 방지하는 일이) 불가능할 것 같습니다. …… 귀하의 지침은 정확하며 중요합니다. 우리는 완전히 동의합니다. …… 하지만 이 지령을 짧은 시간 안에 실행하는 것은 가능하지 않습니다. …… 우리가 이 과제들을 실행할 수 있는 위치에 갈 때까지 일단은 (국민당 좌파 및 국민 혁명군과) 좋은 관계를 유지하는 것이 필요합니다.[60]

천두슈는 스탈린의 지시 가운데 단 하나, "신뢰할 수 있는 공산당 자체의 군대"를 설립하라는 지시에만 즉답을 피했다. 답을 하지 않은 것은 우연이 아니었다. 스탈린의 전보가 도착하기 1주일 전인 5월 26일까지만 하더라도 당 정치국은 무장 충돌을 피해야 한다는 입장을 고수하고 있었다.[61] 5월 31일로 예정된 창사의 봉기가 취소된 까닭도 이러한 고집 탓이었다. 하지만 이제는 달랐다. 뒤늦은 감이 없지는 않지만, 비로소 독립적인 공산당 군대 문제를 진지하게 논의하기 시작했던 것이다.

스탈린의 전보가 일으킨 즉각적인 논란은 사람들에게 곧 잊혔다. 그러나 이때 스탈린이 뿌린 씨앗에서 몇 개월 뒤 중국의 홍군이 자라났다는 사실을 고려하면, 이 전보가 대단히 중요하다고 평가하더라도 무리는 아닐 것이다.[62]

천두슈가 답장을 보낼 즈음이면, 이미 당 중앙위원회 내 비밀 위원회가 구성되어서 후난성에 1백 명 이상의 공산당 요원을 침투시켜 농민들의 무장 봉기를 조직하는 세부 계획을 세우고 있었다. 이 비밀 위원회의 장은 당시 군사위원회 서기 저우언라이였다. 마오쩌둥은 후난성에 공산당 요원들을 파견하기 직전에 열린 회의에서 투입 요원들에게 그들의 임무가 고향으로 돌아가 "무력으로 혁명 투쟁을 견지하는 것"이라고 설명했다. 만약 무장 봉기가 성공하면 공산당이 이끄는 농민 군대는 바로 스탈린이 요구한 "신뢰할 수 있는 군대"의 핵심이 될 터였다.

6월 24일 마오는 2주 전에 취소된 후난성 당 서기로 재임명되었고, 그 즉시 창사로 떠났다. 계속된 폭압 속에도 구해낼 만한 것이 있는지 살펴보기 위해서였다. 며칠 뒤 마오는 살아남은 당 간부들과 청년단 간부들을 헝산에서 만났고, 그들에게 이제 망설임의 시간은 끝났으며, 이제부터 "총에는 총으로 대항"해야 한다고 지시했다.

하지만 마오쩌둥이 이렇게 말하고 있던 순간에도 중국공산당의

입지는 발밑에서부터 허물어지고 있었다.[63]

왕징웨이와 소련의 공식적인 균열이 임박했다. 소련 고문들은 불길한 징조를 직접 확인하고는 말없이 짐을 꾸려 떠날 채비를 했다. 왕징웨이가 동요하고 있었을 뿐 아니라 그 외에도 모스크바의 보호를 받던 펑위샹마저 장제스에게 한 달에 2백만 달러를 받는 대가로 장제스 편이 되었다.[64]

짙은 비관주의가 중국공산당 정치국을 감쌌다. "(우리는 모두) 어떻게 해야 할지 몰라 우왕좌왕했다. 모두들 어두운 표정이었다. …… 어떤 문제도 …… 확실하고 분명하게 입장을 정할 수 없었다." 차이허썬의 회고이다.[65]

자포자기의 조짐도 보였다. 6월 23일 당 중앙국은 "국민당과 즉시 갈라서는 것은 우리 당의 즉각적 해체를 의미한다."라는 극히 비관적인 내용의 문건을 발표하면서, "현재의 위기에서 벗어나기 위해" 1925년 중국 전체에 불을 지폈던 '5·30운동'을 다시 일으키자고 제안했다. 로이가 이러한 무모한 제안을 제지했다. 그는 공산당 지도부에 경고했다. "국민당과 합작해야 한다는 생각이 실제적인 집착이 되어, 이제는 이를 위해 모든 것을 희생해야 한다는 데까지 가고 있다."[66] 하지만 로이의 경고는 무시되었다. 6월 30일 정치국은 국공합작이 붕괴되는 것을 막기 위한 마지막 시도로 소심하기 짝이 없는 결의문을 채택했다. 결의문에는 국민당이 "국민 혁명에서 지도적 지위"에 있다는 것을 재확인하며, 노동자 및 농민의 조직을—심지어 농민 자위대까지—국민당의 통제 아래 두고, 노동자 규찰대의 역할과 파업도 제한한다는 내용이 들어 있었다.[67]

거의 같은 시기에 마오는 후난성 봉기 계획을 중지하고 급히 우한으로 귀환하라는 지령을 받았다. 보로딘이 미약하게나마 유지되고 있는 국공합작을 위태롭게 할 수 있는 어떤 일도 하지 않는 것이 좋

겠다고 결론지었기 때문이다.[68]

7월 4일 월요일 마오는 우창에서 열린 중국공산당 정치국 상무위원회 확대회의에 참석했다. 이제는 금지 단체가 된 후난성 농민협회의 지도자 류즈쉰(柳直荀)도 참석했다. 회의의 목적은 장차 어떻게 할지를 결정하는 것이었는데, 남아 있는 회의록을 보면 당 지도부가 지푸라기라도 잡고 싶은 심정이었음을 알 수 있다.[69] 논의의 대부분은 탕성즈 장군과 부하 지휘관 허젠 장군의 관계에 관한 것이었다. 당시 허젠 장군은 공공연하게 반공산당 입장을 표명했으며, 탕성즈 장군은 처음에는 우한 정부에 호의적이었으나 급속히 우측으로 기울고 있었다. 상황이 그런데도, 마오의 묘사에 따르면 회의 참석자들은 마치 "탕 장군과 허 장군 사이에 불화를 조장하여 탕 장군을 우리 편으로 끌어오는 것"이 가능하다고 억지로라도 믿고 싶어 했다. 이는 말 그대로 꿈같은 이야기였다. 1927년 7월이 되면 공산당 지도부는 아무런 정치적 영향력을 행사할 수 없었으며, 공산당 지도부도 속으로는 자신들의 처지를 너무나 잘 알았다.

공산당 지도부가 당면한 가장 핵심적인 문제는 '과연 각 지역의 농민 자위대에 어떤 조치를 내릴 것인가'였다. 농민 자위대는 농민 봉기를 위해 결성되었는데 농민 봉기 자체가 취소되었으니 문제였다. 차이허썬은 농민 자위대가 '산으로 올라가' 저항해야 한다고 주장했다. 리웨이한은 그렇게 되면 농민 자위대가 비적이 될 뿐이라며 반대했고, 각 지방의 치안 유지 부대가 되어 공식적으로 인정받아야 한다고 주장했다. 만일 그것이 여의치 않으면 자위대는 일단 무기를 감추고 대기해야 한다고 덧붙였다. 천두슈는 농민들이 (국민당이 이끄는) 국민 혁명군의 훈련을 받은 뒤에야 비로소 동원 가능한 무장 병력이 될 것이라고 주장했다. 마오는 다음과 같이 정리했다.

(합법적으로 치안 유지 부대를 설립하는 것은 실제로 매우 실현하기 어려운 대안이므로) 이를 제외한다면 두 가지 방법이 있다. …… 하나는 산으로 올라가는 것이며, 다른 하나는 군대로 편입되는 것이다. 농민 부대가 산으로 올라간다면 우리는 실제적인 군사 근거지를 마련하는 것이다. …… 만일 우리가 그러한 병력을 갖추지 않는다면 장차 비상사태가 발생했을 때 우리는 무력해질 것이다.

토론은 계속되었지만 결론이 나지 않았다. 하지만 분명 마오쩌둥과 차이허썬의 마음속에는, 앞으로 어떤 전략을 세워야 할지에 관한 기본적인 생각의 틀이 잡혀 가기 시작했다.[70]

공산당 지도부가 논의하는 동안, 실제 상황은 하나의 결론에 도달하고 있었다.

천두슈가 보낸 6월 15일자 서신을 읽은 스탈린은 기분이 좋지 않았다. 스탈린은 외무장관 뱌체슬라프 몰로토프(Vyacheslav Molotov)에게 서한을 보내, 중국공산당 지도부가 '엄청난 결점'이 있다고 불평하며, 중국공산당 조직의 모든 지위에 소련의 조언자들을 배치할 것을 제안했다. 스탈린은 다음과 같이 말했다. "현 단계에서는 이런 '유모들'이 반드시 필요하다. 왜냐하면 현재 (중국공산당) 중앙위원회는 허약하고, 무질서하고, 정치적으로 모호하고, 자격이 부족하기 때문이다." 실제로 소련의 조언자들은 파견되지 않았지만, 스탈린의 제안은 그가 천두슈와 그 동료들을 무시하고 있음을 드러냈다. 이때부터 중국 혁명의 과정 중에 비극적 사건이 벌어질 때마다 모스크바가 내놓는 설명은, 〈프라우다〉와 내부 자료에 반영되어 있는 바와 같이, 소련의 정책은 완전히 올바르지만 중국공산당이 제대로 이해하지 못하거나 실천에 옮기지 못했다는 것이었다.[71] 천두슈는 이제 물러나야 할 때가 되었다.

로이와 보이틴스키 둘 다 모스크바로 소환되었다. 여드레 뒤 천두슈는 자신의 큰아들이 상하이에서 국민당에 의해 처형되었다는 사실을 알게 되었다. 천두슈는 사임서를 제출했다. 장궈타오, 리웨이한, 저우언라이, 리리싼, 장타이레이(張太雷) 이렇게 다섯 명으로 구성된 중국공산당 '임시 상무위원회'가 당의 일상 업무를 관장했다. 한편 보로딘과 천두슈의 후임으로 내정된 취추바이는 루산(廬山)으로 가서 당이 선택할 수 있는 길을 논의했다.

다음 날, 새로 구성된 당 중앙은 국민당 좌파 지도부가 "근로 대중을 배반했다고" 비난하는 선언문을 채택했다. 7월 14일과 15일 국민당 좌파 지도부도 비공개 회의를 열어 공산당의 역할을 더욱더 제한하는 결정을 의결했다. 마침내 7월 16일 양측은 각각의 의결 사항을 외부에 공개했다.

국공합작이 완전히 끝난 것은 아니었다. 모스크바의 지시에 따라, 중국공산당은 '국민당 좌파의 진보적인 인사들'과 여전히 통일전선을 이루고 있다는 허구적인 주장을 계속 폈다. 하지만 실제로 통일전선은 종말에 이르렀다. 7월 16일 공산당과 국민당 좌파가 각각의 의결 사항을 공개하고 몇 시간이 채 지나지 않아 허젠 장군의 군대는 노동조합을 장악했고 공산당원으로 의심되는 사람들을 대규모로 체포했다. 마오를 비롯한 당 지도부는 모두 은신처로 도피했다. 천두슈는 변장을 하고 상하이로 향하는 배에 올랐다.[72] 남아 있던 소련 고문관들도 떠났다. 보로딘은 이들보다 훨씬 뒤늦게 떠났는데, 그가 한커우 기차역에서 출발하는 날 왕징웨이를 비롯한 국민당 유력 인사들이 나와 환송식을 해주었다. 그는 자동차에 몸을 실어 고비사막을 건넜고 10월 초 시베리아에 도착했다.[73] 스탈린은 중국에서 모스크바의 영향력을 확보하기 위해 수백만 황금 루블을 쏟아부었지만 이제 그 노력은 허사가 되었다.

1927년 말 국민당 좌파 역시 붕괴하고 왕징웨이는 유럽으로 피신한다. 그리고 1920년대 말이면 장제스는 베이징까지 함락하고 드디어 중국의 새로운 지도자가 된다.

하지만 이는 앞으로 일어날 일이다. 1927년 엄청나게 더운 7월 말 폭염 속에 양카이후이는 아들 셋을 데리고 다시 창사로 돌아갔다.[74] 이것이 양카이후이의 마지막 창사 여행이었다. 통일전선은 끝났다. 이제 공산 혁명이 시작되려는 순간이었다.

7장

혁명군 지도자

1927년 여름~1931년 가을

"권력은 총구에서 나온다."

MAO
THE MAN
WHO
MADE
CHINA

베소 로미나제*는 중국공산당 지도부와 사이가 그리 좋지 않았다. 그는 젊고 경험이 부족했으며 소련 너머의 세계에 대해서는 아는 것이 별로 없는 데다, 몰라도 전혀 상관없다는 태도를 보였다. 장궈타오는 1927년 7월 23일 로미나제가 우한에 도착한 날을 이렇게 회고한다. "내가 기억하는 가장 불쾌한 대화였다. …… 그의 성격은 10월혁명 뒤에 나타난 사기꾼 같았고, 태도는 차르의 감찰관 같았다. …… 그는 중국공산당의 지식인들을 …… 농노처럼 취급했다."[1]

베소 로미나제는 스탈린의 사람이었다. 당시 로미나제는 코민테른의 새로운 정책 노선을 중국공산당 지도부에 강제하고, 최근 벌어진 엄청난 좌절이 스탈린 때문이 아니라 중국공산당 지도부의 잘못이라는 점을 확실하게 인식시키기 위해 파견되었다. 로미나제에게 모스크바는 모든 지혜의 원천이었다. 장궈타오의 말대로 그는 '칙령'을 들고 온 것이었다. 그 내용은 다음과 같았다. 우유부단하고 소자산계급의 태도를 버리지 못하는 중국공산당 지도부가 해야 할 일은 그저 소련의 경험과 코민테른의 지침을 정확하게 적용하는 일뿐이

베소 로미나제(Besso Lominadze, 1897~1935) 그루지야 출신의 볼셰비키이자 코민테른 요원. 1927년 7월 중국 주재 코민테른 대표 자격으로 우한에 왔다.

며, 그렇게 한다면 소련과 소련의 통치자들 덕에 혁명이 성공하리라는 것이었다. 보로딘은 외국에서 은밀하게 혁명을 추진하기 위해 일생을 바친 자였고, 로이는 토지 문제를 놓고 레닌과 논쟁을 벌인 인물이었다. 그러나 이들과 달리 로미나제와 그와 함께 중국에 온 거만하고 의지할 수 없는 젊은이들은, 단지 스탈린의 개인 권력을 위해 움직이는 허수아비였다.[2] 1927년 후반에 크렘린의 최고 권력자 스탈린은 어떻게 하면 트로츠키의 견해가 그르고 자신의 견해가 옳다는 것을 다른 사람들에게 보여줄 수 있을지에만 온통 신경을 쓰고 있었다. 중국 혁명의 미래에 관해서는 관심이 거의 없었다.

로미나제가 우한에 도착했을 때는 중국공산당이 천두슈의 강제 사임과 국공합작 와해의 충격에서 막 벗어나던 시기였다.[3] 공산당 간부들 대학살은 3월 장시성에서 시작되어 4월 상하이에서 격화되었으며 5월 후난성에서 절정을 이루었다. 이제 대학살의 실상은 명백했다. 자기방어 수단은커녕 의지조차 없는 기생 정당이 숙주의 적대적 태도에 직면하면 어떤 사태가 발생하는지 보여준 것이다. 7월 15일 국민당과 결별한 중국공산당 임시 지도부는 공산당이 이끄는 농민군을 만들라는 스탈린의 지시에 따라 독자적 전략을 모색하기 시작했다.

7월 20일 농민 운동 방법에 관한 비밀 지령이 내려왔다(마오가 초안을 작성한 것이 거의 분명하다). 비밀 지령은 "혁명적 무장 병력을 갖추어야만 비로소 농민협회가 정치 권력 투쟁에서 승리할 수 있다."라고 주장하며, "이 문제에 120퍼센트 관심을" 쏟아 달라고 농민협회 간부들에게 호소했다. 또한 무장 병력을 구축할 수 있는 여러 방법을 설명했는데, 가령 지주의 민병대에서 무기를 탈취하거나, "농민협회의 용감하고 잘 훈련된 자"를 군벌 군대에 침투시켜 분열을 책동하거나, 비밀결사 구성원들과 협조 관계를 구축하거나, 농민 자위대를 비밀리에 훈련시키거나, 만약 모든 것이 실패할 경우 2주 전 마오 쩌둥과 차이허썬이 제안했던 것처럼, "산으로 올라가는" 방법이 제시되었다.[4]

이와 동시에 정치국 상무위원회는 후난성, 후베이성, 장시성, 광둥성에 걸쳐 대대적인 농민 봉기를 준비했다. 봉기는 9월 중순 추수 기간에 벌이기로 했다. 이때가 소작료를 납부하는 시기여서 농민과 지주 간에 긴장이 가장 높기 때문이었다.[5] 그리고 장시성의 성도인 난창에서도 봉기를 일으킬 준비를 했는데, 난창에는 국민 혁명군 소속 공산당 장교들이 지휘하는 몇몇 부대가 주둔하고 있었다.[6]

봉기 계획을 안 로미나제는 공산당이 또다시 실패할 경우 자신이 책임을 떠안고 싶지 않아서 모스크바에 자문을 구했다. 모스크바는 이 계획에 대해 아무것도 아는 것이 없었으며, "만약 봉기가 성공할 희망이 없다면, 아예 시작하지 않는 편이 더 나을 것"이라는 애매한 대답을 내놓았다.[7] 이때쯤이면 중국공산당 지도부도 이미 코민테른이 책임을 회피하기 위해 모호한 지침을 내린다는 것을 파악하고 있었다. 그들은 보로딘과 천두슈 밑에서 오랫동안 치욕스러운 후퇴와 좌절을 겪은 뒤라 이제는 어떤 대가를 치르더라도 행동을 하기로 결정했다. 당시 특별히 구성된 전선위원회* 서기 저우언라이는 모스크바의 우려를 무시했고, 8월 1일 새벽에 봉기를 일으키도록 명령했다. 난창은 거의 총 한 발 쏘지 않고 무너졌으며 나흘 동안 공산당의 수중에 있었다. 이 소식을 접한 스탈린은 매우 기뻐했다. 트로츠키를

---

* 중국공산당 전선위원회(前線委員會)는 관할 군사 단위를 전반적으로 지휘할 수 있는 공산당 최고 기관이었다. '전선위원회'는 군의 전략과 전술을 책임진 군사위원회와 군사 작전이 시행되는 각 지역(즉 현이나 특구) 당 위원회의 상위 기관이었다. 하지만 각 성의 당 위원회보다는 하위에 있었다. 따라서 난창의 전선위원회는 (최소한 원칙적으로는) 장시성 당 위원회의 하위에 있었다. 광저우 전선위원회 역시 광둥성 당 위원회의 하위에 속했다.(저자 주)

1927년 8월 1일 난창 봉기를 그린 유화(1957년 작).

위시한 당내 반대파 세력에게 맘껏 자랑할 수 있는 승리였기 때문이
다.[8]

난창 봉기에 참여한 사람들의 면면을 살펴보면 마치 중국 혁명의
〈고타 연감〉*을 보는 듯하다. 훗날 홍군의 총사령관이 되는 주더는 당
시 난창의 공안국 국장이었다. 중화인민공화국 원수에 오르는 쓰촨
성 출신 허룽(賀龍, 1896~1969)은—멋진 콧수염과 비밀결사에서 쌓
은 화려한 경력으로 유명했다.—난창 봉기 때 주력 봉기군(제20군)
을 지휘했다. 당시 사단장이었던 예팅 장군은 뒷날 중일전쟁에서 공
산당 신4군(新四軍)의 사령관이 되고, 예팅 장군 휘하의 정치위원 녜
룽전(聶榮臻, 1899~1992)과 참모장 예젠잉(葉劍英, 1897~1986)은 모두
중화인민공화국 원수 자리를 차지한다. 난창 봉기 때 젊은 장교였
고, 훗날 원수에 오르는 인물이 한 명 더 있다. 바로 깡마르고 다소

〈고타 연감(Almanach de Gotha)〉 독일의 고타 지역에서 유럽의 왕족과 귀족의 계보 등을 기
재한 연감.

부끄러움을 타던 황푸군관학교 출신 린뱌오(林彪, 1907~1971)이다. 당시 그는 막 20살이 되었다.*

약 2만 명의 공산당 병력은 8월 5일 난창을 떠나 남쪽으로 향했다. 공산당의 선언문을 보면, 그들의 목표는 광둥성에서 "기존 군벌과 신흥 군벌의 세력이 미치지 않는 …… 새로운 근거지"를 세우는 것이었다.[9]

이러한 상황이 전개되는 동안 마오는 우한에 남아 있었다. 그는 거기서 코민테른의 지령에 따라 취추바이와 로미나제와 함께 비상 당 대회를 개최하기 위해 준비했다. 비상 당 대회의 목적은 "(당의) 군대를 재조직하고, 과거의 실책을 바로잡고, 새로운 길을 찾기 위한 것"이었다. 당시 이들을 돕던 덩시셴(鄧希賢)이라는 당 사무국의 한 젊은 직원이 있었다. 그는 본명보다 가명이 더 유명한데, 바로 덩샤오핑이다.[10]

이틀 뒤 공산당원 22명이─모두 남자였다.─한커우의 영사관 구역 내 커다란 유럽식 저택 2층에 집결했다. 그곳은 러시아인 경제 고문이 거주하는 곳이었다. 당에서는 이들에게 불필요한 주목을 받지 않도록 당 대회가 완전히 끝나기 전까지 그곳을 떠나지 말라는 지시를 내렸다. 또한 누구라도 그곳에 찾아오면, 어느 회사의 주주 모임 중이라고 답하도록 지시했다.[11] 이날 취추바이는 상황과 어울리지 않는 화려한 색의 셔츠를 입고 있었다. 그는 결핵을 앓았고 8월 무더위 속에 얼굴에는 부푼 혈관이 튀어나와 있었다.[12] 비상 당 대회는 급하게 그리고 비밀리에 소집되기도 했고 많은 당 지도자가 난창에 있었기 때문에, 참석 인원수가 당 중앙위원회의 3분의 1에 달하지 못했다. 공산당 규정에 의하면 정족수 미달이었다. 하지만 로미나제는

---

* 1955년 인민해방군의 원수로 임명된 열 명 가운데 일곱 명이 난창 봉기에 참여했으며, 난창 봉기일(8월 1일)이 훗날 인민해방군의 창설 기념일이 되었다.(저자 주)

현재 당이 직면해 있는 비상 상황을 고려할 때, 우선 이 대회에서 임시 결정을 내린 다음 6개월 뒤에 정식으로 당 대회를 열어 추인하자고 제안했다.[13]

8월 7일 당 대회가 채택한 새로운 전략은 스탈린이 지난겨울과 봄에 내린 지시의 내용을 따르는 것이었다. 지주에 대항하는 계급투쟁과 군벌 정권에 대항하는 국민 혁명 사이에는 모순이 존재하지 않는다는 것이 핵심이었다. 로미나제는 혁명의 무게 중심이 노동조합과 농민협회로 이동해야 하며, 농민과 노동자는 당의 지도부에서 좀 더 큰 역할을 수행하고, 노동자와 농민의 무장 봉기를 위해 조직화된 전략을 개발해야 한다고 주장했다. 그는 이러한 측면에서 난창 봉기가 '분명한 전환점'이라고 말했다. 이미 물러난 천두슈의 지도 아래 이행된 타협과 양보의 우유부단한 옛 정책은 이제 완전히 폐기된 것이다.

또한 로미나제는 모스크바가 전한 두 가지 지침을 주입했다. 하나는 언제나 코민테른의 지시에 복종해야 한다는 것이었다. 지난 6월 중국공산당 지도부가 코민테른의 지시를 거부한 것은 단순히 규율을 어긴 것이 아니라 '범죄 행위'라는 의미였다. 다른 하나는 중국공산당이 이제 국민당이 지배하는 곳에서조차 공개적으로 활동할 수 없으므로 "단결되고 투쟁적인 비밀 조직"을 갖춘 전투적이고 비밀스러운 집단으로 재구성되어야 한다는 것이었다.[14]

당의 생각을 통일한다는 대의명분뿐만 아니라 스탈린의 체면을 살리려는 의도에서, 8월 7일 당 대회는 '전체 당원에게 보내는 편지'를 채택한다. 편지에는 중국공산당 지도부에 대한 자아비판이 길게 쓰였는데 이를 면한 당 지도자는 거의 없었다. 로미나제가 (이전에 로이가 그랬듯이) 멘셰비키*의 사고방식을 지녔다고 비난한 천두슈는 "혁명을 거꾸로 뒤집어버렸으며", 농민 운동과 노동 운동을 지나치게 제한하고 국민당에 지나치게 굴종적 태도를 취해 공산당의 독립성을 포기했다는 비판을 받았다. 탄핑산은 국민당 정부의 농정부(農政部) 부장 때 일로 맹비난을 받았다. 그가 "투쟁을 포기"하고 "수치스럽게도 …… 농촌 혁명을 지지하지 않았다."는 이유였다. 리웨이한은 이름이 거론되지는 않았지만 5월 말 농민들의 창사 공격을 반대했다는 이유로 비판받았다. 저우언라이를 향한 비판은 6월에 우한에서 노동자 규찰대 무장해제를 승인했다는 것이었다. 실명이 거론되지는 않았으나 마오쩌둥도 국민당이 토지 재분배 시행을 거부했을 때 강력하게 항의하지 않았고, '중화전국농민협회'를 위해 지침서를 작성할 때 급진적인 노선을 택하지 않았다는 비판을 받았다.[15)]

그렇지만 마오는 로미나제와 취추바이가 과거의 보로딘과 천두슈보다 훨씬 마음에 들었다. 새로운 지도부가 계급투쟁을 명백히 강조하고, 농민과 노동자를 봉기의 주요 동력으로 인정하며, 무력 사용을 강조하는 것은 마오에게 반가운 소식이었다. 또한 로미나제가 외국의 제국주의와 중국의 봉건주의의 관련성을 인정한 것도 긍정적인 요소였다.[16)]

로미나제 역시 마오를 '능력 있는 동지'로 인정했고, 따라서 새로운 임시 지도부가 결성되었을 때 마오는 당 정치국 후보위원이 되었다(1925년 1월 사오산에 들어간 이후 처음으로 최고 지도 기관에 복귀한 것이다).[17)] 정치국 위원은 아홉 명이었는데 그 가운데 네 명이 노동계급 출신의 새로운 인물이었다. 특히 쑤자오정은 취추바이와 리웨이한과 함께 상무위원회에도 임명되었다. 이는 노동자가 더 큰 역할을

---

* (어원적으로 '소수파'를 의미하는) 멘셰비키는 1903년 계급 폭력 문제를 두고 논쟁을 벌인 끝에 볼셰비키(다수파)와 갈라졌다. 이후 소련공산당에서는 우익 성향의 당내 반대파나 조금이라도 계급 화해를 옹호하는 인물을 비난하는 데 '멘셰비즘'이라는 말을 사용했다.(저자 주)

수행해야 한다는 로미나제의 고집 때문이었다. 난창 봉기에 참여한 펑파이는 농민 운동을 대표하고 런비스는 공산주의청년단을 대표하여 정치국 위원이 되었다. 장궈타오와 차이허썬은 온건파로 분류되어 당 정치국에서 밀려났다. 장궈타오는 몇 개월간 후보위원 자격을 부여받았지만 차이허썬은 1922년부터 최고 지도부에 속한 탓에 당 중앙에서 밀려나 중국공산당 북방국 서기를 맡을 수밖에 없었다.[18]

어째서 마오쩌둥이 농민 운동을 대표하는 위원으로 뽑히지 않고 펑파이가 뽑혔을까? 한 가지 요인은 아마도 당 지도부가 펑파이의 고향인 광둥성에 강력한 근거지를 마련하고자 희망했기 때문일 것이다. 하지만 마오의 성격 탓도 있었다. 그는 편한 인물이 아니었다. 천두슈가 퇴출된 직후, 저우언라이는 성공하지는 못했지만 마오를 쓰촨성으로 보내 그의 권력 기반인 후난성에서 떨어뜨려 놓으려 했다.[19] 취추바이는 그해 초부터 마오와 농민위원회에서 일을 같이 하면서 그가 얼마나 고집이 세고 신념이 강한지 충분히 겪었다. 마오는 내 편이면 좋은 사람이었지만, 경쟁자이거나 혹은 상급자이면 불편한 자였다.[20]

로미나제가 중국에 도착하기 얼마 전에 마오쩌둥은 후난성의 추수 봉기를 계획하는 임무를 맡았고, 8월 1일 상무위원회에 첫 번째 제안서를 제출하여 승인받았다. 마오는 이 제안서에서 농민군 창설을 구상했는데, 난창의 정규군으로 1개 연대를 구성하고 동부 후난과 남부 후난에서 각각 1천 명의 농민 자위대로 2개 연대를 만드는 계획이었다. 농민군은 후난성 남부의 대여섯 개 현을 점령하고 토지 혁명을 추진하며 각 지역마다 혁명 정부를 세우는 역할을 할 예정이었다. 이를 통해 우선 탕성즈의 통치를 흔들고, 나아가 탕성즈를 타도하기 위한 후난성 전체 농민 봉기가 일어날 때 후난성 남부를 '혁명 세력의 중심지'로 만들려는 생각이었다.[21]

8월 3일 상무위원회는 마오쩌둥의 계획을 네 개 성을 포괄하는 대규모 추수 봉기 계획에 포함했으며, '반(反)소작료, 반(反)조세' 봉기라는 새로운 이름을 붙였다. 그들은 대규모 봉기가 결국에는 후난성과 광둥성을 포괄하는 새로운 혁명 정부 수립으로 이어지기를 희망했다.[22]

하지만 난창 봉기가 성공하자 취추바이와 로미나제는 한껏 고무되어 후난성 농민 봉기를 후난성 남부에서만이 아니라 후난성 전역에서 진행하는 것이 좋겠다고 여겼다. 이틀 뒤 후난성 당 위원회는 봉기 계획을 다소 수정하여 당 중앙의 승인을 요청했다.

당 중앙이 수정안에 불만족스러워한 것은 분명하다. 로미나제는 자신과 함께 모스크바에서 온 '마이어(Mayer)'라는 가명의 블라디미르 쿠추모프(Vladimir Kuchumov)와 상의했다. 그는 (코민테른 요원이자) 새로운 소련 영사였다. 로미나제는 쿠추모프의 조언을 받아, 8월 9일 후난성 당 위원회가 제대로 역할을 수행하지 못하므로 재구성하겠다고 선언했다.[23] 당시 후난성 당 위원회 서기는 마오의 오랜 친구이자 과거 신민학회 회원이었던 이리룽(易禮容)이었다. 재구성 문제가 당 정치국에 회부되자 마오는 이리룽과 그 동료들이 "(마일사변) 이후 후난성의 비극적 상황을 수습하는 데" 용감하게 노력했다고 변호했다. 신의를 지키기 위한 일이었지만 소용이 없었다. 로미나제는 후난성 출신의 당 정치국 후보위원 펑궁다(彭公達)를 신임 후난성 당 서기로 지명했다.[24]

8월 12일 마오는 중국공산당 중앙위원회 후난 특별위원으로 임명되어 농민 봉기를 준비하기 위해 창사로 출발했다.[25] 이로부터 1주일 뒤에는 (로미나제의 지침에 따라) '노동자 및 농민 출신 동지들이 과반수를 차지'하도록 '재구성된' 새로운 후난성 당 위원회가 첫 번째 회의를 개최했다. 장소는 창사 인근 농촌의 어느 주택이었다. 이 첫 번째 회의에는 쿠추모프가 참석했으며, 농민 봉기 계획이 논의되었다.

중요한 쟁점은 세 가지였다. 첫 번째는 상대적으로 사소했다. 쿠추모프는 회의 자리에서 한커우에서 전달받은 스탈린의 최근 메시지를 알렸다. 드디어 스탈린이 중국 각 지역의 권력 조직을 통해 소련식 '노동자-농민 소비에트'를 구성하라고 지시했다는 것이었다. 마오는 한커우에서 창사로 가던 중에 메시지를 전달받고는 대단히 기뻐하며 즉시 당 중앙위원회에 편지를 썼다. (하지만 얼마 뒤 쿠추모프나 마오쩌둥 혹은 둘 다 메시지 내용을 잘못 이해했다는 것이 밝혀진다.)

저는 소식을 듣고 뛸 듯이 기뻤습니다. 객관적으로 말하자면 중국은 벌써 오래전에 (러시아의) 1917년 상황에 도달했습니다. 하지만 모든 사람이 중국은 아직 (러시아의) 1905년과 같다고 여겼습니다. 이는 잘못된 생각입니다. 노동자, 농민, 병사로 구성되는 소비에트는 중국의 객관적 상황에 전적으로 부합합니다. …… (소비에트) 권력이 (후난, 후베이, 장시, 광둥에) 확립된다면 (소비에트는) 중국 전역에서 빠르게 승리를 거둘 것입니다.[26]

이어서 마오는 공산당이 국민당의 진보적 계파와 혁명적 동맹을 맺고 있다고 더는 가장하지 말고 이제 독자적으로 행동해야 할 때라고 주장했다. 마오는 이렇게 썼다. "국민당의 깃발은 이제 군벌의 깃발이 되었습니다. 그 깃발은 이제 검은 깃발일 뿐입니다. 우리는 이제 즉시 그리고 결연히 붉은 깃발을 올려야 합니다."

후난성 농민들은 푸른 바탕에 흰 태양이 그려진 국민당 깃발을 얼마 전 쉬커샹이 자행한 끔찍한 대학살과 연결 짓고 있었으므로, 마오의 주장은 상식적이었다.[27] 하지만 이 문제는 당시 소련에서 진행

중이던 스탈린과 트로츠키의 논쟁과 얽혀 있었기 때문에 정치적으로 대단히 민감한 주제였다. 결과적으로는 마오가 한 달 앞을 예견한 것이었다. 한 달 뒤, 소비에트 설립과 국민당 깃발 사용 중지가 공식적으로 승인되었다. 마오가 주장한 대로 스탈린은 중국 상황이 러시아의 1917년과 같다고 판단한 것이다. 하지만 중국의 상황은 1917년 10월이 아니라 4월이었다.[28]

두 번째 쟁점은 영원한 과제인 토지 몰수 문제였다. 8월 7일 당 대회에서는 토지 몰수 문제를 논의하지 않고 회피했다.[29] 마오는 창사로 돌아온 이후 며칠 동안 여러 곳을 돌아다니며 농민들의 생각을 들었다. 그는 당의 정책인 '토지 국유화'와 토지에 대한 농민의 갈망을 조화하는 원대한 제안을 내놓았다. 마오는 후난성 당 위원회에 다음과 같이 말했다. "소지주와 자영농의 토지를 포함하여 모든 토지는 …… 공적 소유 대상이 (되며)" 이후 각 가정의 노동력과 식구수를 기준으로 삼아 '공정하게' 재분배해야 한다(이 때문에 훗날 엄청난 잉크와 피가 소모되었다). 또한 (대지주를 제외한) 소지주와 그들의 피부양인도 토지를 재분배받아야 하는데, 그 이유는 "그렇게 해야만 인민들이 안심할 수 있기 때문"이었다.[30]

개념을 정의하는 문제는 일시적인 관심사가 아니었다. 이는 중국 공산 혁명의 가장 핵심인 토지 개혁 문제에서 지속적으로 논의된 주제였으며, 1949년 승리를 앞둔 전날까지도 논의가 이어졌다.

그러나 1927년 8월 당시에 마오의 제안은 취추바이의 당 정치국이 받아들이기 힘든 급진적인 것이었다. 당 중앙은 마오에게 8월 23일 상세한 답변서를 보낸다. 내용은 원칙적으로 마오가 잘못한 것은 아니지만 이 문제에서—소비에트 형성이나 국민당 깃발 사용 중지 문제와 마찬가지로—너무 성급하다는 것이었다. 소지주의 토지를 몰수하는 것은 언젠가 해야 할 일이지만, 당장 구호로 내거는 것은 전

술적으로 현명하지 못한 처신이라고 당 중앙은 지적했다.[31]

창사 회의에서 거론된 세 번째 쟁점은 훨씬 근본적이고 쉽게 해결하기 어려운 문제였다. 왜냐하면 당시 취추바이와 동료들이 공산당 부흥을 위해 중요한 수단으로 간주한 무장 봉기와 관련되었기 때문이다. 6월 스탈린의 전보 이후 당내에는 혁명을 진전시키기 위해 무장 병력이 필요하다는 데 공통된 인식이 생겨났다. 하지만 논의는 더 나아가지 못했다. 예를 들어 무장 병력의 형태, 수행해야 할 역할, 농민과 노동자가 주축인 대중 운동과의 관계, 당의 정치적 힘을 키우기 위해 활용하는 방식 등등에 대해서는 전혀 논의가 없었다. 마오는 8월 7일 한커우 회의에서 이 쟁점을 간결하게 제기했다.

우리는 쑨원이 오로지 군사 운동에만 집중한다고 비난했지만, 정반대로 우리는 군사 운동은 전혀 하지 않고 대중 운동만 하고 있습니다. 장제스와 탕성즈는 둘 다 무기를 손에 넣은 탓에 세력이 커졌습니다. 그러나 우리 공산당만은 그러지 못했습니다. 지금 우리는 이 문제에 관해 약간의 관심을 기울이고 있으나, 아직 확고한 개념이 없는 상태입니다. 예를 들어 추수 봉기는 군사력 없이는 전혀 불가능합니다. …… 이제부터 우리는 군사 문제에 최대의 관심을 기울여야 합니다. 우리는 정치 권력이 총구에서 나온다는 사실을 알아야 합니다.[32]

당시 이 인상적인 공식 발언에 반대하는 사람은 아무도 없었다. 로미나제는 난창 봉기로 공산당이 이용할 수 있는 군대를 보유하게 되었고 이 군대가 가을 추수 봉기의 "성공을 보장해줄 것"이라고 인정하기도 했다.[33] 하지만 얼마 지나지 않아 당 중앙의 의견은 바뀌었고, 후난의 지도자들이 "일의 순서를 혼동"하고 있다고 경고했다. 정치국의 입장은 민중 봉기가 우선이고, 그다음에 군사력을 증강해야 한다는 것이었다. 마오가 정치 권력에 대해 언급한 "총구에서 나온다"는 말도 회의적인 평가를 받았다. 열흘 뒤, 상무위원회는 마오의 주장이 당 중앙의 의견과 "완전히 일치하지는 않는다"고 결론을 내렸다. 민중이 혁명의 핵심이요, 무장 부대는 기껏해야 보조 역할에 지나지 않기 때문이었다.[34]

이러한 생각은 1920년대 중국의 젊은 혁명가들에게 절대로 추상적인 논의가 아니었다. 지난 10년 동안 중국을 황폐하게 만든 군벌들이 바로 총구를 앞세워 정치 권력을 비롯한 다른 모든 권력을 잡은 자들이었다. 공산당의 관심은 '어떻게 해야 정치력이 군사력을 통제할 수 있는가'였고, 최근 국민당의 민간 지도부가 당내 군부 세력을 전혀 통제하지 못하는 모습을 보이자 이 논의는 더욱 격화되었다. 여기에 또 하나 중요한 변수는 1917년 러시아혁명의 민중 봉기 신화였다. 이에 따르면, 민중 봉기는 군사 정복보다 더 '혁명적'이고, 군사력은 단지 혁명적 쟁취물을 수호하는 데만 사용될 수 있으며, 혁명의 최초 불꽃은 농민과 노동자가 자신을 묶고 있는 쇠사슬을 벗어던짐으로써 타오른다는 것이었다. 취추바이는 바로 이것이야말로 공산당이 농민에게 기대하는 바라고 말하며, 당은 그저 "도화선에 불을 붙이는" 역할을 할 뿐이지만, 결과적으로 누구도 막을 수 없는 농민 혁명이 중국 남부 전역에서 폭발할 것이라고 주장했다.[35]

하지만 농민 봉기를 직접 실행해야 할 책임을 맡은 각 지역의 공산당 지도부는 현실을 더 잘 알고 있었다. 후베이성의 지방 당 간부들은 농민의 사기가 저하되었다는 실망스러운 보고서를 당 중앙에 계속해서 올렸다. 후난성 당 위원회의 한 위원은 지금 농민들은 싸울 용기를 잃었으며 그들이 원하는 것은 정치 성향이 어떻든, 좋은 정부의 통치를 받는 것이라고 단정적으로 말했다. 마오도 이 주장에 동의했다. 만약 공산당이 봄철에 과감한 행동을 취했다면 상황은 달라졌겠지만, 지난 3개월 동안 공산당의 연락망은 지하로 숨거나 완전히 해체되었으며 농민들은 엄청나게 잔혹한 유혈 사태를 경험한 이후 굴종 상태에 빠졌기 때문에, 군사적 지원 없이 봉기를 시도하는 것은 대재앙을 자초하는 일이라 생각했다. 마오는 이렇게 경고했다. "1개나 2개의 연대 병력의 도움이 있다면 봉기를 일으킬 수 있다. 그렇지 않다면 봉기는 반드시 실패할 것이다. …… (그렇지 않다고 생각하는 것은) 철저한 자기기만일 뿐이다."[36]

양측의 의견이 너무나 달랐다는 사실을 고려하면, 마오가 8월 22일에 우한 상무위원회에 제출한 수정된 봉기 계획이 당 중앙의 기대와 큰 괴리가 있었다는 것은 전혀 놀라운 일이 아닐 것이다.

마오는 농민 봉기 계획안에서 자신의 속내를 감추고자 했다. 그는 당 정치국 동료들에게 이 봉기가 정규 부대 2개 연대에 의해 '점화'될 필요가 있지만 봉기의 '주된 세력'은 노동자와 농민이 될 것이며, 봉기의 '시작점'은 창사이나 "후난 남부와 서부가 동시에 봉기할 것"이고, "만에 하나 후난 남부를 모두 차지하는 것이 불가능하다고 판단될 경우에는" 남부의 세 개 현에서만 봉기를 일으키는 대비책이 마련되었음을 강조했다.[37] 당 정치국이 마오의 속내를 꿰뚫어보았거나 아니면 우한에 마오가 작성한 문서를 가져온 후난성 당 위원회의 젊은 위원에게서 낌새를 알아챘을지도 모른다. 그 젊은 위원은 정치국에 예정보다 열흘 빠른 8월 30일에 봉기를 시작하자는 제안을 구두로 전했다. 결과적으로 마오쩌둥의 계획은 승인되지 않았다. 당 상무위원회는 창사가 마땅히 출발점이 되어야 한다는 점은 인정했지만 다음과 같이 말했다.

첫째, 귀하의 서면 제안과 구두 제안은 모두 …… (주변) 현에서 농민 봉기의 준비가 매우 미흡하다는 것과 창사를 점령하는 데 외부 군사력에 의존하고 있다는 것을 드러낸다. 지나치게 군사력에만 의존하는 것은 귀하가 민중의 혁명 역량에 믿음이 없음을 보여준다. 이는 오로지 군사 모험주의로 귀결될 뿐이다. 둘째, 귀하는 창사의 일에 몰두한 나머지 다른 지역의 가을 추수 봉기를 경시했다. 후난 남부 지역에 대한 봉기 계획을 포기한 것을 예로 들 수 있다. …… 게다가 현재 상황에서 귀하의 뜻대로 (정규 부대) 2개 연대를 활용할 수 없을 것이다.[38]

당 정치국은 마오의 의중을 정확하게 읽어냈다. 그는 실제로 후난성 전역에서 봉기를 일으키는 것을 포기했다. 모든 활용 가능한 역량이 창사에 집중되지 않는 한, 봉기 계획 전체가 수포로 돌아갈 것이라 확신했기 때문이다.[39] 마오는 후난성 성도 창사를 공격하는 데 정규 부대를 활용할 수 없다는 소식을 들은 후, 창사에 모든 역량을 집중해야 한다는 생각을 더욱 굳혔다. 후베이성의 당 지도부 역시 유사한 딜레마에 봉착했지만 마지못해 당 중앙의 의견을 따랐다.[40] 그러나 마오는 생각이 달랐다. 지난봄 천두슈 지도부가 농민 운동에 대한 그의 견해를 받아들이지 않아 잘못을 범한 일을 겪은 뒤, 이번에는 취추바이의 잘못된 견해에 물러서지 않겠다고 결심했다. 이후 1주일 동안 마오는 주저하는 당 서기 펑궁다를 비롯해 후난성 당 위원회의 용기를 북돋는 데 노력했고, 마침내 펜을 들어 사실상 후난성은 자체적으로 판단해 일을 진행하겠다는 답변서를 작성했다. 그리고 이를 불운한 펑궁다가 당 중앙에 직접 제출하도록 보냈다.

서신에서 지적한 우리의 두 가지 과오에 대해 말하자면, 결코 사실에도 이치에도 맞지 않다. …… 창사 공격시 2개 연대를 배치하려 한 의도는 노동자-농민 부대의 부족함을 보충하기 위함이다. 정규 부대는 주된 세력이 아니다. 단지 봉기가 전개되는 동안 노동자-농민 부대를 보호하는 역할을 할 뿐이다. …… 우리가 군사 모험주의에 빠져 있다는 비판은 …… 이곳 사정을 전혀 이해하지 못함을 잘 보여주는 것이자, 일반 대중의 무장 봉기를 요구하면서도 군사적 문제에 전혀 관심을 기울이지 않는 모순된 정책을 드러내는 것이다.

또한 우리가 창사의 일에만 주의를 기울이고 다른 지역은 게을리 하고 있다고 말하고 있으나, 이는 전혀 사실이 아니다. …… (중요한 점은) 우리의 역량은 오직 후난성 중부 지역에서 봉기를 일으킬 때만 충분하다는 것이다. 만일 후난성의 모든 현에서 봉기를 일으킨다면 우리의 역량은 분산될 것이며 (그렇게 되면 창사의) 봉기마저 이행될 수 없을 것이다.[41]

펑궁다가 마오의 반항적인 서신을 들고 왔을 때, 당의 상무위원회가 어떤 토론을 했는지는 기록이 남아 있지 않다. 하지만 9월 5일 당 중앙은 분노에 찬 답변서를 통해 심한 불쾌감을 표출했다.

후난성 당 위원회는 …… 이미 여러 차례 농민 봉기를 추진할 기회를 놓쳤다. …… 당 위원회는 즉시 '중앙 계획'에 따라 단호하게 행동해야 하며 농민 스스로 봉기의 주력이 될 수 있도록 해야 한다. 망설임은 허용되지 않을 것이다. …… 현재의 급박한 투쟁 속에서, 당 중앙은 후난성 당 위원회에 당 중앙의 결의들을 전적으로 실행할 것을 지시한다. 어떠한 망설임도 허용되지 않을 것이다.[42]

하지만 당 중앙도 이 서신이 효력을 거두기에는 너무 늦었다는 것을 잘 알았다. 서신에서 언급한 '중앙 계획'은 취추바이가 전면적인 봉기를 위해 매우 정교하게 작성하여 며칠 전 창사로 보낸 것이었다.

이 중앙 계획에 따르면, '중국 혁명위원회 후난-후베이 분회'라는 조직이 주도하여 다수의 민중 봉기를 조직적으로 진행하는데, 우선 주요 현을 점령하고 다음으로 각 성도를 점령한 뒤 결국 중국 전체를 점령한다는 것이었다.[43] 마오가 보기에 이 계획은 현재 활용 가능한 자원의 실상과 전혀 부합하지 않았다. 그는 중앙 계획에 아무런 반응을 보이지 않고 그저 무시했다.[44]

펑궁다가 우한에 간 사이, 마오는 안위안으로 떠났다. 거기서 그는 전선위원회를 만들고 창사 공격을 위한 병력을 조직하기 시작했다. 이는 후난성 당 위원회가 승인한 제한된 범위의 봉기 계획에서 핵심이었다.[45]

병력에는 과거 국민 혁명군에 소속되어 있던 약 1천 명의 정규군이 포함되었다(마오는 이들에게 제1연대라는 새 이름을 붙였다). 이 병력은 장시성과 후베이성의 접경 지역이자 창사 북동쪽으로 약 200킬로미터 떨어진 슈수이(修水)에 주둔해 있었다. 무기를 제대로 갖추지 못한 농민 부대(제3연대)도 있었는데, 이들은 장시성과 후난성의 접경 지대 내 작은 산속 마을인 퉁구(銅鼓)에 머무르고 있었다. 안위안에는 (1925년 노동 운동이 분쇄됐을 때) 일터를 잃은 약 1천 명의 광부들과 '서부 장시성 농민 자위대'가 합쳐져 혼성 부대(제2연대)를 이루었다. 이 세 연대가 모여 이전에 당 정치국이 승인한 이름인 '제1노동자 농민혁명군' 제1사단으로 명명되었다.[46]

9월 8일이면 이미 각 부대에 봉기 계획이 하달되었다. (그리고 마오는 몰랐지만 창사에도 은밀하게 전달됐다.) 마오의 명령에 따라 국민당 깃발은 폐기되었다. 슈수이의 재봉사들은 밤을 지새워 중국공산당 군대가 최초로 사용할 깃발을 제작했다. 사병들은 이를 '도끼와 낫' 깃발이라고 불렀다. 다음 날 창사로 이어진 철도선은 노동자들의 방해 활동으로 이용이 중지되었고, 제1연대는 창사에서 북동쪽으로 약

1927년 후난성 추수 봉기

후베이성

후난성

웨양

핑장

샤닝

슈수이
제1연대

둥먼

퉁구
제3연대
(마오쩌둥)

장자창

닝샹

창사

류양

원자스

사오산

주저우

상탄

제2연대

리링

핑샹

안위안

장시성

헝산

롄화

형양

차링

싼완
마오핑
징강산

━━ '제1노동자농민혁명군 제1사단'의 경로

Ⓧ 전투

0   50마일

0   50 킬로미터

80킬로미터 떨어져 있는 도시 평장을 향해 출발했다.[47]

이때 추수 봉기의 진로뿐 아니라 중국의 미래를 바꿀 뻔한 사건이 일어났다. 마오와 그의 동료가 안위안을 떠나 퉁구로 이동하는 중에 장자창(張家場)의 산촌 부근에서 국민당 민병대에 붙잡힌 것이다. 이때를 마오는 다음과 같이 회고한다.

당시 국민당의 테러는 최고조에 달했고 수백 명이 공산당원이라는 혐의로 총살당했다. 나는 민병대 본부로 연행되었고, 거기서 총살당할 예정이었다. 나는 한 동지에게 돈을 빌려 나를 압송하던 사병들을 매수하려 했다. 일반 병사들은 돈을 받고 일하는 용병이라 나를 총살할 특별한 이유가 없었으므로 돈을 받는 조건으로 나를 풀어주는 데 응했다. 하지만 그들의 지휘관이 이를 거부했고, 그래서 나는 도망치는 수밖에 없다고 생각했으나 도저히 기회가 닿지 않았다. 민병대 본부에서 겨우 200미터 떨어진 지점에서야 틈이 났고 나는 들판으로 내달려 도주했다.

나는 어느 언덕에 이르렀는데, 아래에는 연못이 있고 그 주변에는 키가 큰 풀이 무성한 곳이었다. 나는 거기에 숨어 해질녘까지 기다리기로 했다. 병사들은 나를 쫓아왔고 주변에 있던 농부들에게 수색 작업을 명했다. 몇 번이나 그들은 내 바로 앞까지 접근했고, 거의 내 몸에 닿을 뻔한 적도 한두 번 있었다. 다시 잡힐 것 같아 몇 번이나 절망했지만 나는 끝내 발각되지 않았다. 결국 어둠이 밀려왔고 그들은 수색을 중지했다. 나는 곧 산으로 향했고 밤새도록 걸었다. 그때 나는 맨발이었기 때문에 발은 온통 상처투성이였다. 도중에 나는 한 친절한 농부를 만났는데, 그는 나에게 잘 곳을 마련해주었고 다음 동네까지 어떻게 하면 갈 수 있는지 가르쳐주었다. 나는 수중에 있는 돈으로 신발과 우산과 음식을 샀다. 마침내 안전하게 (퉁구에) 도착했을

때, 내 주머니에는 동원 두 개밖에 없었다.[48]

이때 마오는 자신의 운을 다 써버린 듯하다. 제1연대는 무기를
노린 지방 무장 병력의 매복 공격을 받아, 3개 대대 가운데 2개 대
대가 전멸했다. 그다음 날 9월 12일에는 제3연대가 후난성 안으로
약 15킬로미터 들어와 둥먼(東門)을 점령했지만 거기서 진격은 중
단되었다. 후난성 정부군이 반격해 오자 봉기군은 패퇴했고 장시
성 쪽으로 밀려났다. 그때 장시성에 있던 마오는 제1연대가 당했
다는 소식을 이틀 뒤에야 듣게 되었고, 그날 밤 후난성 당 위원회
에 연락해 9월 16일 아침으로 예정된 창사의 노동자 봉기 계획을 취
소하도록 권고했다.

다음 날 당 서기 펑궁다는 마오의 건의를 승인했고, 이로써 봉기
는 사실상 완전히 끝났다. 하지만 나쁜 소식이 아직 하나 더 남아 있
었다. 안위안에서 출발한 제2연대는 후난성 인근에 있는, 철도가 놓
인 작은 도시 리링을 점령한 다음, 계획대로 류양을 공격하기 위해
출발했고 마오의 부대가 나타나기를 기다렸다. 마오의 부대가 나타
나지 않자 제2연대는 단독으로 류양을 공격했지만 9월 16일 반격을
받고 후퇴했다. 그리고 다음 날 적군에게 포위되어 전원 몰살당했다.

이보다 완전한 패배는 없을 것이다.

여드레 만에 3천 명의 병력 중 절반만 살아남았다. 나머지는 도주
하거나 배신하거나 전투 중에 잃었다. 마오도 한 번 잡혔다가 겨우
도주하여 목숨을 건졌다. 봉기군은 후난성 인근의 작은 읍성 두어
개를 점령하는 데는 성공했지만 하루도 버티지 못했다. 물론 원래 공
격 목표인 창사는 전혀 위협하지 못했다.[49]

사흘에 걸쳐 그들은 어떻게 할지 토론했다. 제1연대 부연대장 위
싸두(余灑度)는 병력을 재편성하여 류양을 재공격하자고 제안했다.

하지만 마오뿐 아니라 경험이 가장 많은 장교인 루더밍(廬德銘)도 반대했다. 8월 초 취추바이의 새로운 당 정치국이 우한에서 첫 회의를 개최했을 때, 마오는 로미나제에게 만약 후난성에서 봉기가 실패하면 남은 병력은 "산으로 올라가야" 한다고 말한 바 있었다. 전선위원회는 원자스(文家市)에서 밤샘 회의 끝에 9월 19일 이 방침을 승인했다. 다음 날 마오는 병력 전체를 마을의 학교 앞마당에 집합시킨 뒤, 창사 공격은 포기되었으나* 투쟁은 아직 끝나지 않았다고 알렸다. 다만 현 단계에서는 투쟁의 장소로 도시가 적합하지 않으며, 적의 세력이 더 약한 농촌에서 새롭게 근거지를 마련할 필요가 있다고 강조했다. 9월 21일 전 병력은 남쪽을 향해 출발했다.[50]

후베이를 비롯한 다른 지역의 봉기도 모두 실패했다. 난창을 출발한 봉기군은 2주 만에 2만 1천 병력 가운데 1만 3천 명을 잃었다. 대부분이 탈영이었다. 남은 병력이 남중국해 해안 인근에 도달했을 때는 이미 사기가 완전히 꺾인 상태였다. 10월 초가 되면 대부분의 지도자들이 근처 어촌 마을로 가서 "배를 빌려 타고 홍콩으로 피신했다." 그때 이미 홍콩은 중국 본토에서 반란을 일으키다가 실패한 사람들이 피신하는 장소였으며, 허룽, 예팅, 장궈타오, 저우언라이의 경우가 그러했다(저우언라이는 몸이 너무 아파 들것에 실려 갔다).[51] 훗날 장궈타오는 당시 봉기 계획이 "정치적으로나 군사적으로 매우 유치했으며" 한심한 결과를 초래했다고 회고한다.[52] 그나마 온전한

---

* 괴상한 후일담이 하나 있다. 당시 후난성에는 탕성즈가 부재중이었고 대신 허젠이 국민당 사령관 대행으로 있었는데, 그가 후난 봉기 직후 병사들에게 사오산으로 가서 마오쩌둥 부모의 무덤을 훼손하라고 지시했다고 한다. 부모의 무덤이 훼손되면 마오는 효성스럽지 않은 아들이 되고, 그 아들이 벌이는 행동은 선조들에게 수치가 될 터이기 때문에, 결국 홍군은 패하리라는 믿음에서 비롯된 일이었다. 전해지는 이야기에 따르면, 한 농부가 국민당 병사들을 어느 지주의 부모의 무덤으로 안내했으며, 병사들은 마오쩌둥 부모의 무덤인 줄 알고 파헤쳤다고 한다.(저자 주)

병력은 2개의 작은 부대뿐이었다. 한 부대는 하이루펑의 펑파이 부대에 합류했다. 다른 부대는 주더 장군과 젊은 정치위원 천이(陳毅, 1901~1972)가 지휘하여 광둥성 북부로 이동했고, 지역 군벌과 합의를 이룬 끝에 그곳에 근거지를 마련했다.[53]

11월 당 정치국은 상하이에서 회의를 열어 전체 상황을 점검했다. 결론은 당의 '전체 노선'과 봉기 전략은 '완전히 옳다'는 것이었다. 지도부는 봉기가 실패한 이유가 '순전히 군사적 관점'에 기초했고, 대중을 동원하는 데 충분한 주의를 기울이지 않은 탓으로 돌렸다.

징계 사항도 발표되었다. 후난성 당 지도부는 "지방의 토비 및 잡다한 무리가 뒤섞인 소규모 군사 조직"에 지나치게 의존했다는 질책을 받았다. 마오쩌둥은 비록 당 중앙위원회 위원 직책은 유지했으나 당 정치국에서는 쫓겨났다. 로미나제가 강력하게 요청한 탓이었다. 창사의 코민테른 요원 쿠추모프는 펑궁다가 '비겁함과 기만성'을 드러냈다고 비난했다. 결국 펑궁다는 모든 직책을 박탈당했으며 당에서 축출되지는 않았지만 '근신 처분'을 받았다. 난창 봉기군이 완전히 붕괴한 책임은 장궈타오와 탄핑산에게 돌아갔다. 장궈타오는 당 정치국에서 축출되었고, 난창 혁명위원회를 이끈 탄핑산은 당에서 쫓겨났다. 저우언라이와 리리싼은 구두 질책이라는 가벼운 징계만 받았다.[54]

이때 처음으로 중국의 당 지도부는 스탈린식 볼셰비키 규율이 어떠한 것인지를 경험했다.

당 정책이 근본적으로는 옳다는 주장에 따라, 또 다른 봉기가 연속으로 계획되었지만 모두 실패했다. 이 가운데 12월 광저우에서 일어난 봉기가 가장 큰 규모였다. 국민당 훈련 부대 출신의 1천2백 명 장교 후보생들이 예젠잉의 봉기군을 도왔다. 그들은 거의 사흘 동안 버텼지만 결국은 실패했다. 곧바로 대학살로 이어졌고 수천 명의 당원과 동조자가 살해당했다. 국민당은 총알을 아끼기 위해 이들을 여러 명씩 밧줄로 묶은 다음 배를 태워 바다로 끌고 나가 바닷물에 빠뜨려 죽이기도 했다. 영사관에서 일한 소련 관료 다섯 명도 벽에 세워져 총살당했다. 이후 중국 내 모든 소련 영사관은 폐쇄되었다.[55]

하지만 당 정치국은 멈추지 않았다. 그해 공산당원의 수는 5월 5만 7천 명에서 12월 1만 명으로 감소했다. 그러나 그들에게는 걸림돌이 오히려 전투성과 혁명 열정의 불길을 더 활활 타오르게 했다. 로미나제, 창사의 쿠추모프, 광저우의 하인츠 노이만(Heinz Neumann)은 전형적인 스탈린주의자였으며, 이들은 활활 타오르는 불에 기름을 들이부었다. 하지만 중국공산당이 보인 광적인 행동의 가장 근본적인 이유는 국민당과의 합작이 실패로 돌아간 데 따른 좌절감이었다. 당 지도부나 일반 당원 모두 깊은 좌절감에 빠졌고, 점점 더 과격한 행동을 취하는 광적인 소용돌이에 휩싸였다.

그다음 해 봄, 오랫동안 억눌려 있던 혁명의 열정을 폭발시킨 중국공산당에 남은 것은 중국 땅에서 가장 가난하고 가장 접근하기 어려운 지역에 산개한 소규모 근거지뿐이었다. 대부분 두어 개의 성이 접하는 접경 지역이었고 행정 당국의 손길이 미치지 않아 몹시 궁벽한 곳이었다. 광둥성 북부 지역, 후난성과 장시성의 접경 지역, 장시성 동북부 지역, 후난성과 후베이성의 접경 지역, 후베이성과 허난성과 안후이성의 접경 지역, 남쪽의 하이난섬이 바로 그러한 지역이었다.[56]

향후 3년간 중국공산당의 정치는 모스크바, 상하이의 중국공산당 정치국, 각 성의 당 위원회, 현장에서 활동하는 공산당 군사 지휘관의 사각 경쟁 속에 이루어진다. 주요한 쟁점은 두 가지였다. 하나는 농촌 혁명과 도시 혁명의 관계였고, 다른 하나는 민중 봉기와 군사 작전의 관계였다.

마오는 이 논의에서 핵심 역할을 수행한다. 하지만 1927년 가을 그가 가장 관심을 쏟은 것은 바로 자신의 생존이었다.

윈자스에서 출발한 지 나흘째인 9월 25일, 마오가 이끄는 소규모 군대는 핑샹(萍鄉) 남쪽의 구릉 지대에서 적에게 공격당했다. 사단장 루더밍이 전사했고 제3연대가 완전히 분쇄되었으며 2백~3백 명의 농민군과 상당량의 군사 장비를 잃었다. 남은 병사들은 징강산(井岡山)에서 북쪽으로 약 40킬로미터 떨어진 산촌 마을 싼완(三灣)에 재집결했다.

싼완에서 마오는 남은 군대를 재편성했다. 사단 병력 전체를 1개 연대로 구성해 '제1노동자농민혁명군 제1사단 제1연대'라고 명명했다. 또한 정치위원을 임명했는데, 이는 원래 러시아군에 있던 정치장교로 소련의 블류헤르 장군의 군사 고문단이 국민당군을 지도할 때 발전시킨 것이었다. 마오는 각 소대에는 당 소조, 각 중대에는 당 지부, 각 대대에는 당 위원회를 설치했으며,[57] 이를 모두 자신이 서기를 맡은 전선위원회의 산하 조직으로 체계화했다.

그러나 싼완에서 시도된 변화 중 가장 특이할 만한 점은 따로 있었다. 이전까지 마오가 당에서 쌓은 경험들은 대부분 정치 이론가로서의 경력이었다. 그는 그저 창사에서 노동 운동을 조직하고 후난성의 농민 운동을 지켜보는 것으로 대중 투쟁을 경험했을 뿐이었다. 하지만 이제 처음으로 국민당 탈영병, 무장한 노동자와 농민, 부랑자와 토비로 구성된 무질서하며 허술한 장비밖에 없는 7백 명의 무리를 지도하고 격려하여, 어떻게든 규율 있는 혁명군으로 탈바꿈시켜서 훨씬 더 강력한 적군에 대항하여 싸울 수 있도록 만들어야 했다.

이러한 목적에 따라 마오는 두 가지 지침을 발표했다. 그리고 이 지침에 따라 마오의 군대는 당시 중국의 어떤 군사 조직에서도 찾아

볼 수 없는 독특한 면모를 갖추게 되었다. 첫 번째 지침은 군을 자원병으로만 구성한다는 것이었다. 떠나고 싶은 사람은 자유롭게 떠날 수 있을 뿐 아니라 이동 경비도 지급하겠다고 알렸다. 남는 자들을 위해서는 장교들의 구타를 금지하며 각 부대 단위마다 사병위원회를 결성하여 불만사항을 적절하게 처리하고 민주적 절차를 준수하겠다는 약속을 했다. 두 번째 지침은 군이 민간인을 함부로 대하지 않아야 한다는 것이었다. 마오는 말할 때는 예절을 지키고, 물건을 살 때에는 공정한 값을 치르며, 대중의 것은 '고구마 한 개'도 빼앗아서는 안 된다고 강조했다.[58]

중국에는 '좋은 철을 못으로 만들지 말며 좋은 사람을 군인으로 만들지 말라'는 속담이 있다. 오랫동안 이 나라에서는 필요한 것을 그저 빼앗는 정도면 '좋은 군대'였고, 습격하고 강탈하고 불태우고 강간하고 살인해야 '나쁜 군대'로 간주되었다. 게다가 장교는 규율을 세운다며 병사들에게 야만적으로 행동하기 일쑤였다. 그러므로 당시 마오쩌둥의 생각은 진정으로 혁명적이라 할 수 있었다.

그렇지만 마오의 군대가 장차 어디로 가야 하는가의 문제는 여전히 해결되지 않은 상태였다.

마침내 그들은 후난성과 장시성의 접경 지역에 도착했다. 그곳은 당나라와 송나라 때 저지대 골짜기에 터를 잡은 한족 정착민의 후손들과 수백 년 뒤 푸젠성과 광둥성에서 온 고지대에 사는 하카(客家) 사람들의 싸움으로 분열된 지역이었다.[59] 이러한 갈등 외에도 산적 문화, 정부와 민병대의 수탈, 지역 태수 및 그들의 추종자들 사이의 세력 다툼도 있었으며, 1920년대 초에는 지방 군벌 군대에서 탈영한 많은 병사가 정착하기도 했다. 이곳의 지주와 재력 있는 가문은 모두 무장한 사병들을 거느리고 자신의 재산을 보호했다. 1926년부터 이 지역의 공산주의자들은 농민협회를 설립하기 시작했으며, 유명한 산적 우두머리인 위안원차이(袁文才)와 왕쭤(王佐)를 끌어들이는 데 성공했고, 이들의 조직 '마도단(馬刀團)'을 농민 자위대로 재조직했다. 하지만 마오쩌둥이 도착했을 즈음에는 국공합작이 붕괴됨에 따라 '백색 테러'가 일어났고, 이로 인해 농민협회와 공산당 조직은 와해된 뒤였다.

결코 긍정적인 상황이 아니었다. 마오쩌둥은 싼완에 머물면서 전령을 시켜 위안원차이에게 서신을 하나 전달했다.[60] 마침 운이 좋게 위안원차이를 보좌하는 자들 중 한 명이 과거 마오가 국민당 농민운동강습소에서 만난 사람이었다. 그가 중간에서 다리를 잘 놓은 데다, 마오가 위안원차이의 전령들에게 여러 자루의 소총을 선물로 보낸 덕에 양측이 합의를 이루었고, 공산당군은 닝강현(寧岡縣)의 작은 마을 구청(古城)에 이를 수 있었다. 구청에서 이틀간 지역의 당 관리들과 위안원차이의 대리인들이 회담을 열었다. 처음에는 양측 모두 대단히 조심스러웠다. 마오 측 사람들은—마오는 그렇지 않았던 것 같지만—비적과 연합한다는 것을 꺼림칙하게 생각했다. 장시성 공산당원들은 마오의 군대가 도착하면 자신들의 힘이 약해질 것을 우려했고, 위안원차이와 그의 부하들은 결국에는 자신들이 자립성을 상실하고 마오의 좀 더 크고 잘 무장된 군대에 통합되어버리지나 않을까 하는 합리적인 의심을 품었다. 그런 상황에서도 두 지도자는 10월 6일 대면했고 타협안을 도출했다. 마오는 위안원차이에게 소총 1백 정을 주었으며 위안원차이는 식량과 돈을 제공했다. 그리고 새로 도착한 마오의 군대가 부상자를 치료하기 위한 병원과 지휘본부를 마오핑(茅坪)에 설립해도 좋다는 양해를 받았다. 마오핑은 강이 흐르는 골짜기에 사방이 낮은 구릉으로 둘러싸인 작은 도시였는데, 거기서 서쪽으로 겨우 한 사람만 걸을 수 있는 오솔길을 따라 숲을 지나 위로 1,500미터 더 오르면 징강산 정상이었다.

이후 열흘 동안 마오쩌둥은 고민했다. 하나의 선택은 남쪽으로 더 내려가 후난성과 광둥성 접경 지역으로 가서 주더와 허룽의 군대에 합류하는 것이었다. 이들의 군대는 난창에서 이쪽으로 이동하기로 되어 있었다. 마오는 우선 후난성 남부를 조사하기 위해 선발대를 보냈으나 다펀(大汾) 부근에서 참패했다. 그리고 10월 중순, 마오는 신문을 통해 허룽의 군대가 패배해 괴멸되었다는 소식을 접했다. 이제 선택의 여지가 없었다.

징강산은 군사적 측면에서 볼 때 적절한 방어 태세를 갖추기만 하면 거의 난공불락이었다. 후난성과 장시성 경계를 따라 남쪽으로 광둥성까지 뻗은 뤄샤오(羅宵)산맥이 중심인 징강산은 닝강, 융신(永新), 쑤이촨(遂川), 링(酃) 네 곳이 접경하는 지역에 넓게 자리 잡았다. 험준한 산들에 둘러싸여 있으며 주위에 구름이 자욱했고, 능선은 칼날처럼 날카롭고 낙엽송, 백송, 대나무 숲이 울창하게 우거져 있었으며, 폭포수는 가파른 절벽에서 떨어져 아득히 먼 아래쪽에서 가느다란 개울이 되어 흐르고 골짜기 위로는 맨숭맨숭한 바위가 높이 솟아 있고 그 아래 절벽은 아열대성 수풀이 빽빽하게 있었다. 시인의 탄성을 자아내는 멋진 광경이었지만 그곳 주민들은 가난에 허덕였다.

고원 지대로 오르면 산등성이를 개간하여 만든 아주 좁은 면적의 경작지가 있었다. 그곳에서 나는 곡물로 2천 명 정도의 주민이 겨우 연명하며 허름한 나무 움막과 창문이 없는 작은 오두막에서 살았다. 주민들은 징강산 지역의 가장 큰 마을인 츠핑(茨坪)을 비롯하여 주변의 다징(大井), 샤오징(小井), 중징(中井), 샤징(下井), 상징(上井)에 흩어져 거주했는데, 츠핑에는 대여섯 명의 상인이 점포를 열었고 1주일에 한 번씩 장이 섰다(우물 정井 자가 들어간 다섯 마을은 징강산井岡山에서 이름이 유래했다).[61] 주식은 재래종인 붉은색 쌀이었고 다람쥐와 오소리도 먹을거리였다. 군 병력을 먹이기 위한 식량은 평야 지대의 좀 더 풍요로운 현에 내려가야 구할 수 있었고, 그나마도 사람이 등에 짊어지고서 산 위로 운반해야만 했다.

마오핑은 마오의 주요 전진 기지가 되었다. 12개월 동안 마오는 군사적 상황이 안정적이라 판단되면, 이곳에 군 사령부를 전방 배치했다. 그는 병사들에게 세 가지 과업을 주었다. 첫째, 전투에 임하면 싸워서 승리를 거둘 것. 둘째, 승리를 거둔 뒤에는 지주의 땅을 몰수하여 농민들에게 나누어주거나 군자금을 조달하는 데 쓸 것. 셋째, 전투가 없을 때는 '대중', 즉 농민과 노동자와 소자산계급의 마음을 얻도록 노력할 것. 11월에 마오의 군대는 서쪽으로 50킬로미터 떨어진 마을 차링을 점령했고, 그곳에 '노동자, 농민, 병사 소비에트 정부'를 수립했다. 접경지대에 세운 중국 최초의 소비에트 정부였다. 비록 한 달 뒤 정부군이 쳐들어와 무너지긴 했으나, 뒤이어 다른 접경지대에서도 소비에트 정부가 들어섰다(1928년 1월에는 쑤이촨에 수립되었고 2월에는 닝강에 세워졌다). 물론 이러한 승리는 지극히 일시적이었으나 이 승리 덕에 당시 긴급하게 필요했던 각종 물자를 얻었을 뿐 아니라 상징적으로는 지역 주민에게 당시 권력 구조가 취약하며 충분히 바뀔 수도 있음을 보여주었다.*

마오쩌둥은 정부군의 압박이 크다고 판단되면 마오핑을 버리고 산속으로 들어갔다. 남쪽으로 20킬로미터 정도 올라가면 다징 마을이 있었는데 그곳에는 산으로 들어오는 고갯길을 쉽게 통제할 수 있는 왕쭤의 견고한 요새가 구축되어 있었다. 왕쭤는 옛날 지주가 살던

---

* 당시 공산당을 상대로 싸우던 군대와 민병대가 과연 누구에게 충성을 바쳤는가 하는 점은 이론의 여지가 있으며, 이들을 단순히 '민족주의'나 '국민당' 세력으로 치부하는 것은 잘못이다. 1920년대 말 그리고 일부 사례에서는 1930년대까지도 이러한 병력은 대부분 해당 지역이나 각 성의 군벌들의 명령을 따랐다. 지역 군벌들은 대체적으로 장제스를 지지했지만 상당히 독립적이었다. 따라서 그들은 장제스와 그의 국민당 지휘관들이 지시한 정책을 무시할 수 있었으며 때로는 정면으로 반대할 수도 있었다.(저자 주)

저택을 빼앗아 살았는데, 그 집은 이 궁핍한 지역에서는 가히 궁궐이라고 할 수 있을 정도였다. 외벽은 흰색 회칠을 했고 처마는 우아하게 하늘로 치켜 올라갔으며 지붕에는 회색빛 기와가 덮였고 지붕 등줄기는 돌로 따로 장식되었다. 열 개가 넘는 방은 고급 나무판으로 벽을 씌웠고 호화로운 식탁과 침대가 많았다. 저택 안에는 널찍한 정원이 세 개 있었는데 정원 가운데 작은 연못을 파놓고 지붕에서 떨어지는 빗물을 받았다. 마오는 위안원차이에게 접근했던 것처럼 왕쭤에게 다량의 장총을 선물로 주었고 공산당 교관들이 왕쭤의 병사들에게 군사 훈련을 해주겠다고 제안했다. 왕쭤는 처음에는 경계하는 눈치였지만 그를 괴롭히던 지주의 민병대와 벌인 전투에서 훈련 부대를 이끌던 허창궁(何長工)의 도움으로 승리하자, 그 뒤로는 마오에게 상당히 호의적인 태도를 보였다.

그해 겨울은 다소 한가하게 지낼 수 있었기 때문에 마오는 잠시 쉬면서 군사 기술을 새로 배웠다. 그는 모범을 보여 부하를 이끌고 강한 의지력을 드러내 지쳐버린 부하를 움직이게 하는 것이 중요함을 깨달았다. 대부분의 병사들이 글을 읽지 못했으므로 마오는 민담이나 재미난 이야기를 들려주는 방법을 활용하기 시작했다. '뇌신(雷神)이 두부(豆腐)를 친다'는 속담을 들어 어째서 적의 약점을 집중적으로 공격해야 하는지를 설명했고, 장제스는 커다란 항아리 같고 혁명군은 작은 조약돌 같지만 작은 돌이더라도 단단한 것을 골라 항아리를 계속 치면 결국 깨지게 마련이라고 이야기했다.

한가함은 오래가지 않았다. 2월 중순경, 위안원차이와 왕쭤의 병사들이 하나로 묶여 제2연대로 명명되었다. 제2연대 당 대표는 허창궁이 맡았으며 중대 수준까지 공산당 간부가 배치되었다. 열흘 뒤 장시성 군대가 신청(新城)을 점령하기 위해 1개 대대 병력을 파견했다는 소식이 전해졌다. 신청은 마오핑에서 북쪽으로 약 13킬로미터 떨어진 마을이었다. 2월 17일 밤, 마오쩌둥은 3개 대대 병력을 이끌고 이동하여 장시성 군대를 포위했다. 다음 날 새벽 국민당 병사들이 아침 운동을 할 때 마오는 공격 개시 명령을 내렸다.

전투는 몇 시간 동안 계속되었다. 전투가 끝났을 때 장시성 군대의 대대장과 부대대장이 죽었으며 1백 명 이상이 포로로 잡혔다. 마오쩌둥은 이들을 마오핑으로 호송한 뒤, 5개월 전 싼완에서 부하들에게 말했던 대로, 떠나고 싶은 자는 여비를 줄 테니 떠나라고 알렸다. 이에 포로들을 깜짝 놀랐다. 마오가 떠나지 않고 남는 자는 혁명군에 입대하도록 해주겠다고 하자, 많은 포로가 마오의 군대에 들어왔다. 이 방식은 상당한 효과를 거두었다. 나중에는 몇몇 국민당 지휘관들도 공산당군 포로를 자유롭게 석방하면서 마오와 비슷한 조치를 취하는 사람들이 등장하기도 했다.[62]

마오는 승리의 대가를 치러야 했다. 후난성과 장시성의 군 지휘관들이 서서히 자신들이 상대하는 적군의 성격을 파악했고, 징강산을 공격할 목적으로 병력의 규모를 늘리고 경제 봉쇄도 강화했기 때문이다. 이것은 마오에게 큰 걱정거리였지만, 곧 다른 종류의 더 큰 걱정거리가 생겼다.

1927년 10월 이후 마오쩌둥은 후난성 당 위원회와 연락하려고 애썼다. 그가 서기로 있던 전선위원회는 지휘 계통상 후난성 당 위원회가 직속 상위 조직이었기 때문이다. 마오쩌둥의 연락이 후난성 당 위원회에 일부 전달되었고, 마오의 활동을 충분히 알게 된 후난성 당 위원회는 당시 광둥성 북부 지역에 있던 주더에게 마오와 연합하라는 지시를 내렸다. 주더는 상하이의 당 중앙에 알리지 않은 채 이미 마오의 징강산 근거지에 사람을 보내 연락을 취한 상태였다. 주더가 파견한 사람은 난창에서부터 주더 부대와 동행한 마오의 동생 마오쩌탄이었다. 이후 마오와 주더는 간간이 서로 연락을 주고받았다. 한편 당 정치국에서는 마오의 활동에 관한 평가가 둘로 갈렸다. 취추바이는 마오의 독립적 태도를 인정하고 좋아했기 때문에 어느 정도까지는 그가 독자적으로 행동하는 것을 용인하려고 했다.[63] 하지만 군사 문제의 총책임자이자 취추바이의 가장 영향력 있는 동료가 된 저우언라이는 마오의 전술을 강하게 비판했다. 그는 마오의 군대가 '토비의 습성'을 지니고 있으며 "계속 이곳저곳 떠돌아다닌다"고 비난했다.[64] 1928년 1월 저우언라이는 당 중앙위원회의 통지문을 통해 후난성 추수 봉기 당시 마오의 지도 방식을 거론하며 다음과 같이 언급했다.

(그러한 지도자들은) 대중의 힘을 신뢰하지 않으며 군사 모험주의로 기운다. 그들은 군사력을 기준으로 계획을 세운다. 어떻게 군대와 농민 부대와 노동자-농민 연합 부대를 이동시킬지, 어떻게 토비 우두머리들과 손을 잡을지 …… 그리고 어떻게 하면 이러한 방식으로 '무장 봉기'를 일으킬 수 있을지 궁리하면서 계획이라고 이름 붙인다. 그런 식의 이른바 '무장 봉기'는 민중과 아무런 관련이 없다.[65]

1928년 1월 창사에서 내려온 당 중앙위원회 지령문 역시 저우언라이가 작성한 것이 거의 분명하다. 이 지령문은 마오가 '심각한 정치적 잘못'을 범하고 있다고 비판하면서, 후난성 당 위원회에 마오의 접경 지역 당 지도자 지위를 박탈하고 "정치적 필요에 상응하는" 새로운 군사 계획을 짜라고 지시했다.[66]

3월 초, 남부 후난 특별위원회 소속 하급위원 저우루(周魯)가 이 소식을 듣고 마오핑에 찾아왔다.* 저우루는 지나치게 열성적으로 자신의 임무에 임했다. 마오에게 그가 당 정치국과 후난성 당 위원회에서 축출되었을 뿐 아니라— 비록 6개월 전 당 중앙과 마찰이 있었다 하더라도 이러한 통보는 마오에게 마른하늘에 날벼락이었을 것이다. — 공산당원 자격을 박탈당했다고(거짓말이었다) 통보했다. 저우루가 단순히 실수를 한 것인지 아니면 마오의 권위를 무너뜨리려는 계산된 행동이었는지는 알 수 없다. 지난 몇 개월간 엄청난 고생 끝에 드디어 자신의 군대가 첫 승리를 거두고 근거지 일대에서 자리를 잡아 가던 때 이러한 조치를 당하자 마오는 엄청난 충격을 받았다. 훗날 마오는 이때 이러한 불공정한 처벌을 받고 정말로 견디기 힘들었다고 회고한다.[67]

마오는 이제 '당 외 인사'였으며 제2연대 소속 사단장이 되었다(2월 결성 당시에 공석이었던 자리였다). 전선위원회는 폐지되었고 저우루가 당 대표를 차지했다.[68]

이때 지역 당 위원회의 경쟁심이 중요한 변수로 작용했다. 각 성의 당 위원회는 자신의 지역에서 혁명을 진전시키는 것이 큰 관심사였다. 1927년 12월 주더의 부대는 광둥성의 근거지를 버리고 북쪽으로 행군하여 후난성 남동부로 향했다. 그는 접경 도시 이장(宜章)에서 농민 봉기가 일어나도록 도운 뒤, 좀 더 북쪽에 있는 천현(郴懸)과 레

---

* 1928년 1월 공산당의 후난성 당 위원회는 극심한 탄압을 받아 사실상 와해되었다. 다른 대안이 없었기에 '남부 후난 특별위원회'가 ("올바르지 못한 데다 비非무산계급의 정치 성향"을 지녔다고 비판받았는데도) 대신 활동했다. 당시에는 종종 각 성의 공산당 당 위원회가 당국의 탄압을 받아 완전히 사라지기도 했고, 자격을 갖춘 상급 관료의 수가 워낙 적었던 탓에 마오쩌둥 같은 고참 당원이 경험이 없고 무능하지만 지휘 계통상으로는 높은 상급자들 밑에서 일해야 하는 경우가 발생했다. 저우루는 직책(남부 후난 특별위원회 군사부장)이 거창하기는 했지만 실제로는 별 볼 일 없는 인물이었다. '특별위원회'는 당 사업(특히 농민 봉기)을 이끌기 위해 당시 중국 남부의 모든 성에 설치되었다. 각 성의 당 위원회가 (존재하기만 하다면) 특별위원회를 통제했지만 어느 정도는 자율적으로 활동할 수 있었다. 원칙상 후난성에는 1928년 초 남부와 동부에 특별위원회가 존재했고, 장시성에는 남서부와 동부와 북부에 각각 있었다. 이들 가운데 일부는 서류상으로만 존재했으며 간헐적으로 활동했다.(저자 주)

이양으로 가 '노동자, 농민, 병사 소비에트'를 설립했다.[69] 그러나 이 지역의 경제가 극도로 황폐했기 때문에 주더의 부대는 식량을 구하기 위해 아편 매매에 의존할 수밖에 없었다. 3월 초 전권을 쥔 저우루는 첫 번째 조치로서 마오에게 부대를 이끌고 후난성으로 이동하여 주더의 부대와 힘을 합쳐 후난 당 위원회 휘하의 군대를 강화하라고 지시했다. 마오는 명령에 복종했지만 느리게 행동했다. 2주가 지나도 마오의 사단은 장시성의 경계에서 몇 킬로미터밖에 벗어나지 못했다. 이때 주더의 부대가 후난성과 장시성의 정부군에게 공격받자 마오의 제2연대는 주더를 돕기 위해 전투 현장으로 서둘러 이동했다. 이즈음 마오는 저우루가 후난성 당 위원회를 이간질한 벌을 혹독하게 받은 탓에 곤경에서 벗어나게 되었다. 그가 적군에게 사로잡혀 처형당했던 것이다. 마오는 북쪽으로 행군하여 린현(臨縣)으로 갔고 거기까지 추격해 온 적군을 격퇴했다. 잠시 동안 지주의 민병대에 점령당한 근거지도 곧 탈환했다. 그리고 1928년 4월 말 린샨이나 닝강에서—사람들마다 기억이 다르다.—마오와 주더는 처음 대면했다.

당시 주더는 마오쩌둥보다 일곱 살 많은 41살이었다. 1930년대 주더와 몇 개월간 같이 지냈던 미국 작가 아그네스 스메들리는 "마오는 특이하고 진지한 성격이었고 항상 쉬지 않고 …… 중국 혁명 문제를 고민했으며" 기본적으로 지식인이었던 반면, 주더는 "실천가이자 군사 조직가"였다고 평했다. 그리고 덧붙여 주더에 관해 다음과 같이 말했다.

그는 키가 170센티미터쯤 되었다. 못생긴 것도 아니고 잘생긴 것도 아니었다. 무슨 영웅적인 풍채라든가 왕성한 혈기를 느낄 수 없었다. 얼굴이 둥글었으며 짧게 깎은 검은 머리에는 흰머리가 언뜻 비쳤다.

마오쩌둥과 주더(1938년 옌안). 1928년에 처음 대면한 두 사람은 이후 함께 중국 홍군을 창설한다.

이마는 넓고 다소 높았고 광대뼈가 튀어나왔다. 턱은 강인하고 단단한 느낌을 주었고 입이 컸으며, 웃을 때면 하얀 치아가 가지런하게 드러났다. …… 그는 너무도 평범하게 생겨서, 만약 군복을 입지 않았다면(군복은 너무나 오랫동안 입고 여러 번 빨아서 천은 다 닳았고 색이 다 빠졌다) 그저 중국 시골 마을의 평범한 농부로 보일 것이다.[70]

하지만 주더는 모순과 변화가 가득했던 세기말의 중국 땅에서 마오보다 훨씬 복잡한 인생을 살았다. 주더는 쓰촨성의 가난한 농부의 자식으로 태어났다. 그의 아버지는 먹일 것이 없어 자신의 아이를 다섯 명이나 직접 물속에 빠뜨려 죽였다고 한다. 주더는 정부 관리가 되기 위한 첫 번째 관문이었던 과거 시험에 합격해 수재라 불렸다. 하지만 그는 곧 별 볼 일 없는 군벌이 되었고 아편 중독자가 되었다. 1922년에는 상하이에서 아편 중독 치료를 받았고 이후 증기선을 타고 유럽으로 건너갔다. 유럽에서 저우언라이를 만났으며 그의 소개로 중국공산당에 들어갔다. 주더는 베를린에서 4년 동안 공부한 뒤 중국으로 돌아와 다시 군인이 되었는데 이번에는 공산당 소속이었다. 그는 스스로 '철군(鐵軍)'이라 부를 정도로 자부심이 컸던 국민당의 정예 부대인 제4군에서 근무하기도 했다.[71]

마오와 주더가 짝을 이루어 활동한 시기는 징강산 근거지의 전성기였다. 징강산 지역은 급속히 확장되었고, 그해 여름 7개 현에 걸쳐 모두 50만 명이 넘는 주민이 사는 지역을 포괄하며 크게 번창했다.

마오의 정치적 입지 역시 개선되었다. 4월에 마오는 주더에게서 출당 조치가 거짓이라는 사실을 들었다. 5월에는 장시성 당 지도부로부터 마오가 12월부터 요구한 '후난-장시 접경 지역 특별위원회' 설립을 승인한다는 소식을 전해 들었다. 마오는 이 특별위원회 서기를 맡게 되었다.[72]

마오의 군대와 주더의 군대는 하나로 합쳐져 '제4노동자농민혁명군'이 되었다(숫자 4가 붙은 이유는 주더를 비롯하여 주더의 장교들 대부분이 국민당 제4군 출신이었기 때문이다). 얼마 뒤 이 부대는 당 정치국의 동의를 얻어 '홍군(紅軍)'이라는 이름이 붙어 '홍4군(紅四軍)'으로 불렸다. 명칭의 변경은 대단히 중요한 의미가 있었다. 왜냐하면 오랫동안 군과 봉기한 민중의 역할을 두고 당내에서 비생산적인 토론을 많이 했기 때문이다. '홍군'은 의미상 봉기를 위한 군대이므로 더는 논란의 여지가 없었다.

'주-마오군(朱毛軍)'으로도 불린 홍4군은 4개 연대의 8천 명의 병사를 거느렸다. 주더가 난창에서부터 이끈 '철군' 병사가 주축을 이룬 연대는 제28연대라 칭했다. 제29연대는 이장에서 봉기에 참여한 후난인들이 중심이 되었다. 오랫동안 마오가 이끈 제1연대는 제31연대가 되었다. 종래의 제2연대는 제32연대가 되었으며 위안원차이와 왕쭤가 지휘했다. '주-마오군'은 소총이 2천 정밖에 없었지만 그래도 중국공산당 군대 조직 내에서 규모가 가장 컸다. 단결을 도모하기 위해 사단장 직책은 모두 폐지했고 주더가 홍군 총사령관을 맡고 마오는 당 대표를 맡았다. 주더 휘하의 정치위원 천이는 당 군사위원회 서기가 되었다.[73]

1928년 5월 20일, 6개 현의 당 위원회와 홍군을 대표하는 60명이 마오핑에 모여 '중국공산당 후난-장시 접경 지역 제1차 대표대회'를 개최했다. 장소는 어느 부유한 지주 가문의 사당이었다. 대표자들은 사흘 동안 벌인 토론 끝에 마오쩌둥을 '접경 지역 특별위원회'의 지도자이자 접경 지역의 '노동자, 농민, 병사 정부'의 주석에 임명하고 위안원차이를 부주석에 임명하기로 했다.[74]

이 시기 중국공산당은 주더와 연합을 이루었지만 분위기는 상당히 비관적이었다. 주더가 후난성에서 패배하고 공산당군이 떠나기 무섭게 지주의 병력이 공산당 근거지 일대를 쉽게 재점령하는 것을 보고서 많은 공산당원이 봉기 전략이 과연 올바른 것인가 하는 의구심을 품었다. 이러한 까닭에 마오는 대회 연설에서 "과연 붉은 기는 얼마나 오래 버틸 수 있는가?"라는 질문을 던졌다. 이는 그해 내내 마오가 이야기 주제로 삼은 것이기도 했다.

일찍이 세계 어느 나라에서도 백색 정권에 포위된 채로 홍색 정권이 한두 군데 작은 지역에서 장기간 존속하는 것을 보지 못했습니다.

이런 특이한 현상이 발생하는 데는 이유가 있습니다. …… 이는 제국
주의의 간접적인 통치를 받으며 …… 백색 정치 세력의 오랜 분열과
전쟁이 (벌어진) …… (반半식민지) 중국에서만 발생합니다. …… 후
난성과 장시성의 접경 지역에 세운 (우리의) 자립 정부는 이러한 작은
지역 가운데 하나입니다. 어렵고 위급한 시기가 오면, 우리 동지 중에
는 홍색 정권이 유지될 수 있을 것인가 의심하기 시작하고 부정적인
경향을 내보이는 자들이 있습니다. …… (하지만) 백색 정치 세력들의
분열과 전쟁이 끊임없이 계속되리라는 점을 안다면, 우리는 홍색 정
권이 생성되고 생존하며 나날이 성장할 것이라는 점을 확신할 수 있
을 것입니다.[75]

마오는 이 밖에도 붉은 기가 오래 버티기 위해서는 여러 조건이 필
요하다고 말했다. 그의 주장에 따르면, 홍색 정권은 후난성, 후베이
성, 장시성, 광둥성같이 북벌 기간 중에 강력한 대중 운동이 발달한
장소에서만 그리고 '국가 전체에 혁명적 상황이 계속 발전하는 경우'
에만(마오는 중국이 바로 이 사례에 해당한다고 주장했다) 존재할 수 있
으며, 홍군에 의해 수호되고 강력한 공산당의 지도를 받아야만 했
다. 하지만 홍색 정권이 어려워지는 때가 올 수도 있었다. 마오는 이
렇게 주장했다. "군벌들 사이의 전투는 하루도 빠짐없이 매일 진행
되는 것은 아닙니다. 하나 혹은 몇 개의 성에서 백색 정권이 일시적
으로 안정을 찾으면 …… 이 지배계급은 홍색 정권을 파괴하기 위해
온 힘을 다할 것임에 틀림없습니다." 하지만 그는 백색 정치 세력들
사이의 "모든 타협은 일시적이며 오늘의 일시적 타협은 내일의 더 큰
전쟁을 준비할 뿐"이라고 강조했다.

따라서 마오는 현 단계에서 올바른 노선은, 군대가 떠나면 곧장
무너져버릴 봉기를 일으키기 위해 이곳저곳을 뛰어다니는 것이 아

니라, 한 지역에서 혁명을 심화하는 데 힘을 집중하는 것이라고 주장했다.

대표대회가 끝날 무렵 마오의 정책은 승인되었다.

징강산은 끊임없이 적군의 압박을 받았다. 주더가 도착한 후 3주 동안 대규모 공격을 두 번이나 격퇴해야 했다. 이러한 상황에서 마오의 전략은 상당한 담력을 필요로 했다. 하지만 마오는 군 전략가로서 자신의 역할에 점차 자신감을 품게 되었다. 겨울 동안 왕쭤는 마오에게 '귀가 먼 주(朱) 노인'으로 불린 옛날 토비 우두머리에 관한 이야기를 들려주었다. 노인의 원칙은 이러했다. "우리는 싸울 필요가 없다. 우리가 해야 할 일은 주위를 둘러싸는 것뿐이다."[76] 마오는 병사들에게 '주 노인'의 이야기를 전하며, 적의 주력 부대에서 멀리 떨어져 있다가 그들을 에워싸고 적들이 당황하고 혼란에 빠질 때 가장 취약한 부분을 공격해야 한다고 설명했다.

이러한 전술은 간략한 문장으로 요약되어 홍군의 미래 전략을 핵심적으로 전달했다. 그 완성된 형태는 모두 16자로 마오와 주더에 의해 만들어졌으며, 5월 홍군 전체에 널리 퍼졌다.

> 적이 전진하면 우리는 물러나고
> 적이 머물면 우리는 교란하고
> 적이 지치면 우리는 공격하고
> 적이 물러나면 우리는 추격한다.*[77]

몇 개월 뒤, 두 가지 원칙이 덧붙었다.

---

* "敵進我退 敵駐我擾 敵疲我打 敵退我追"

첫째, 적에게 각개격파당하지 않도록 병력을 분산하지 않고 ……
힘을 집중하여 싸운다.

둘째, (우리가 통제하는) 지역을 확대하기 위해 무모하게 진격하는
정책보다 파도처럼 연이어 전진하는 정책을 택한다.[*78]

하지만 '주-마오군'을 구성하는 각각의 연대는 전투력에서 큰 차이
가 있었다. 주더의 제28연대와 마오의 제31연대는 군벌의 가장 훌륭
한 군대와 견주어도 대등한 전투력을 보였다. 이들 연대는 속도와 기
동성을 발휘하여 기만 작전으로 상대방을 속인 다음 후방이나 측면
에서 기습 공격을 감행하는 전술을 사용했다. 이 전술의 성공은 이
들 연대에 무시무시한 명성을 안겨주었으며, 적군의 일부 세력은 아
예 전투를 포기하고 철수해버리기도 했다. 한편 규율을 강화하려는
마오의 노력에도 병사들의 도박, 아편 흡입, 탈영, 약탈은 여전히 만
연했다. 그러나 적군에게서는 볼 수 없는 소속감과 단결력이 있었다.
위안원차이와 왕쭤의 토비들이 주축을 이룬 제32연대는 다소 비효율
적이기는 했지만 방어 임무는 수행할 수 있었다. 하지만 향수에 젖은
후난 농민들의 제29연대는 전혀 개선되지 않았다.[79]

1927년 9월 마오는 처음으로 홍군이 민간인을 상대로 취해야 할
행동 지침을 만들었다. 그리고 이것이 확대되어 '6대 주의 사항'으로
불렸는데, 그 내용은 다음과 같다. '병사들은 농민의 집에서 자고 나
면 깔고 잤던 지푸라기 요와 나무판을 치운다.' '빌린 것은 모두 돌
려준다.' '손상시킨 것은 모두 변상한다.' '예절을 지킨다.' '상거래는
공정하게 한다.' '포로를 인도적으로 대한다.' 이후 린뱌오가 두 가지
를 추가했다. '여자를 괴롭히지 않는다.'(초기 문구는 이랬다. '여자가

---

* "集中紅軍相機應付當前之敵 反對分兵 避免被敵人各個擊破 割據地區的擴大採取波浪式的
推進政策 反對冒進政策"

보이는 곳에서 씻지 않는다.') '대소변 보는 구멍은 집에서 멀리 떨어진 곳에 파고 떠날 때는 흙으로 덮는다.' 이와 동시에 '3대 규율'을 세웠다. '명령에 복종하라.' '대중의 것은 하나도 빼앗지 말라.'(처음에는 '고구마 한 개라도'라고 표현되었는데, 이것이 '바늘이나 실조차도'로 바뀌었다.) '악질 지주나 토호에게 약탈한 물건은 공적인 분배를 위해 보관하라.'[80]

마오쩌둥의 혁명 전략은 취추바이의 봉기 전략과 근본적으로 성격이 달랐다. 취추바이는 훈련을 받지 않았으나 원초적인 열정이 가득한 농민과 노동자가 스스로 권력을 얻기 위해 봉기를 일으킴으로써 구정권을 타도할 수 있다고 믿었다. 반면 마오는 농민을 동정과 지지의 원천으로 파악했다. 그는 훗날 농민을 '물고기(홍군)'가 헤엄쳐 다니는 '바다'로 비유하기도 했다. 징강산에서조차 지역 농민이 홍군에 지원하는 경우가 드물다는 사실을 마오는 냉철하게 주목했다. 지주를 타도하고 농토를 나눠 갖게 되면 농민은 그저 평화롭게 농사를 지으며 살고 싶어 했다. 같은 이유로 마오는 도시의 소자산계급과 장터에서 일하는 노점상 및 행상에게 온건한 태도를 보임으로써 그들이 혁명을 반대하지 않도록 처신하라고 강조했다. 물론 마오도 이따금 과격한 행동이 불가피할 뿐만 아니라 여론을 이끄는 데 유용한 수단이라는 것을 인정했다. 하지만 실제로 과격한 행동은 자주 역효과를 불러일으켰다. "사람을 죽이고 집을 불태우기 위해서는 반드시 대중의 지지가 있어야 한다. …… 군대가 자기 마음대로 불을 지르고 사람을 죽여서는 안 된다." 마오는 뚜렷한 목표가 있고 보복에도 저항할 수 있을 정도의 강력한 운동이 뒷받침할 때에야 비로소 혁명적 폭력이 유용하다고 주장했다.[81]

3월 저우루가 징강산에 왔을 때, 마오의 견해는 "너무나 오른쪽으로 기울어져 있다"고 심하게 비판받았다. 또한 그는 "사람을 죽이고 불태우는 일을 충분하게 수행하지 않으며, 소자산계급을 무산계급으로 만들어 그들이 혁명에 종사하도록 강제하는" 정책을 실행하지 않는다는 말을 듣기도 했다.[82] 하지만 당시 저우루는 몰랐겠지만(마오는 더더욱 모를 수밖에 없었다) 상하이의 당 중앙은 마오가 생각하는 쪽으로 정책 방향을 조금씩 옮기기 시작했다. 취추바이는 4월에 다음과 같은 글을 썼다.

나라 전체에서 일어나는 농민 운동을 보면, 마치 지주를 죽여야 할뿐 아니라 '반드시' 집들을 불태워야 한다고 믿고 있는 것 같다. ······ 후베이성에서는 많은 마을이 불타 잿더미가 되었다. 후난성 어느 지역의 지도자는 주요 마을을 완전히 불태워버리자고 제안했다. 그는 (등사판같이) 꼭 필요한 물건만 챙긴 뒤 혁명에 가담하지 않는 사람은 모두 죽여버리자고도 말했다. ······ 이것은 소자산계급적 성향이다. ······ 무산계급이 농민을 이끄는 것이 아니라, 농민이 무산계급을 이끄는 것이다.[83]

따라서 5월에 개최된 후난-장시 접경 지역 제1차 대표대회에서 마오가 온건한 정책을 제시한 것은 적절한 때에 적절한 행동을 한 셈이었다. 대회가 끝난 지 1주일이 지나기도 전에, 새로운 후난성 당 위원회*에서 통지가 왔다. 그해 봄 주더의 후난성 군사 작전이 실패하여 누그러진 탓인지 주더와 마오의 군대가 징강산에 그대로 주둔하는 데 동의한다는 내용이었다. 또한 통지문에는 "도시 전체를 불태우는 것"이 어리석은 행동임을 강하게 비판하는 내용이 담겨 있었다. 마오

---

* 3월 후난성 당 위원회가 재건되었고, 종전까지 남부 후난 특별위원회가 관할한 이쪽 접경지대에 대한 권리를 넘겨받았다. 그러나 불행히도 새로운 당 지도부가 과거보다 더 나이가 어리고 더 경험이 없다는 사실을 마오는 곧 알게 되었다.(저자 주)

는 당 위원회에 이렇게 답했다. "당 위원회는 도시를 불태우는 것이 잘못이라고 지적했다. 우리는 절대로 다시 그런 실책을 범하지 않겠다." 아마도 마오는 답변서를 쓰며 회심의 미소를 지었을 것이다.[84]

얼마 지나지 않아 당 중앙위원회 역시 마오의 전략을 승인하게 되었다. 6월 초 징강산 근거지에서 보낸 편지가 드디어 상하이에 도착했다(1927년 10월 근거지가 마련된 이후 처음으로 연락이 닿은 것이었다).[85] 당 지도부는 대부분 제6차 당 대회에 참석하기 위해 상하이를 떠나 모스크바로 출발한 뒤였다. 장제스의 백색 테러가 절정에 달한 탓에 코민테른은 제6차 당 대회를 중국에서 열지 않고 소련에서 열기로 결정했다(이는 소련이 중국공산당을 철저하게 통제하는 데도 도움이 되었다).[86] 상하이에 남은 당 중앙 간부는 마오의 신민학회 시절 친구 리웨이한이었다. 그가 징강산에서 온 편지에 대한 당 중앙위원회의 답변서를 작성했다. 내용은 마오의 지도력을 열렬하게 지지하고, 저우루가 폐지한 전선위원회를 부활시킬 것을 제안하며, 마오의 결정을—마오는 징강산 근거지를 발전시켜 그곳을 거점으로 삼아 후난성과 장시성에 혁명을 추진하는 데 주력하겠다는 뜻을 밝혔다.—승인한다는 것이었다(마오의 결정은 이후 개최된 제6차 당 대회의 특징인 현실주의적 태도와 다르지 않았다).[87]

2주 뒤 중국공산당 대표자 118명은 모스크바에서 남서쪽으로 60킬로미터쯤 떨어진 마을 즈베니고로드의 오래된 시골 저택에 모여 중국공산당 제6차 전국대표대회를 개최했다. 대표자들은 이 대회에서 중국이 '혁명의 최고조'에 이르지 않았을 뿐만 아니라 임박했다는 조짐도 보이지 않는다고 솔직하게 인정했다.

당 대회는 중국공산당이 농민과 노동자의 힘을 과대평가했으며 반동 세력의 힘을 과소평가했다고 선언했다. 또한 중국은 현재 '자산계급 민주 혁명'이 진행 중이라고 진단하며, 당의 주요 임무가 나라의 힘을 하나로 합쳐 제국주의자와 투쟁하고, 지주 제도를 폐지하기 위해 노력하고, 노동자, 농민, 병사 소비에트를 건설하여, "광대한 근로 대중을 정치적 통치에 참여하도록 유도하는" 일이라고 규정했다. 이로써 사회주의 혁명은 나중으로 미뤄졌다.[88]

사실 이러한 주장은 1927년에 개최된 코민테른 대회에서 언급된 바 있었다(당시 상하이의 중국공산당 지도부는 코민테른의 결의 사항에 거의 귀를 기울이지 않았다). 이때 강조되었던 것은 농촌 혁명과 도시 봉기를 잘 조화시켜야 한다는 점이었다.[89] 부하린은 스탈린을 대신해 제6차 당 대회에 참석하여 중요한 혁명의 조건을 제시했다. "(우리는) 봉기를 추진한다고 (하는 구호를) 예전과 마찬가지로 계속 주장(할 것입니다). …… (하지만 그렇더라도) 이것이 중국처럼 광대한 국가에서 …… 매우 짧은 시간 내 대중이 봉기를 급속히 일으키리라는 의미는 아닙니다. …… 그런 일은 일어날 수 없습니다." 한 지역에서 승리하더라도 그 승리는 다른 지역의 실패로 상쇄되기 때문에, 중국공산당 지도자들은 순탄하지 않고 오래 계속될 투쟁에 대비하여 단단히 각오를 해야 했다. 또한 순탄하지는 않더라도 하나의 성 전체에서 봉기가 일어날 수 있도록 장기간의 준비가 반드시 필요했다.[90]

이에 따라 제6차 당 대회는 국민당의 농촌 지역 통제를 약화시키고 각 지역에 소비에트를—설립 초기에는 '한 개의 현 혹은 몇 개의 마을'이라도 무방했다.—건설하기 위한 유격전 전략을 승인했다. 또한 군사력이 중국 혁명에서 "지극히 중요하며" 농촌 지역에서 홍군의 발전을 '중심 문제'로 인식해야 한다고 선언했다.[91] 이와 반대로 대중의 기반이 결여된 상태에서 소규모 광적인 조직의 주도 아래 실패할 수밖에 없는 영웅적 행동을, 특히 도시 지역에서 감행하는 것을 철저히 비판했다. 부하린은 다음과 같이 말했다.

당이 지휘한 봉기가 한 번, 두 번, 세 번, 네 번 더 나아가 열 번이나 열다섯 번쯤 실패하면 노동계급은 말할 것입니다. "당신들! 잘 들으시오! 당신들은 아마도 아주 훌륭한 사람들인 것 같지만, 여하튼 이제 제발 여기서 물러나주시오! 당신들은 우리의 지도자가 될 자격이 없소." …… 이런 식의 과도한 자기 과시는 아무리 혁명적이라 하더라도 당에는 아무런 도움이 되지 않습니다.[92]

도시 봉기를 명시적으로 배제한 것은 아니었다. 하지만 부하린의 연설과 당 대회 결의문을 살펴보면, 최소한 지금 단계에서는 "노동자가 아니라" 농민이 주요 혁명 세력이라는 것이 핵심이었다. 단, 이때 농민은 무산계급의 지도를 받아 그들의 무정부주의적이며 소자산계급적인 성향을 제한해야 한다는 한 가지 조건이 붙었다.[93]

훗날 마오는 제6차 당 대회의 결정이 홍군과 공산당의 근거지를 발전시키는 데 '올바른 이론적 기반'을 제공했다고 평했다.[94]

1928년 6월 초에 리웨이한이 작성한 당 중앙위원회 서신과 6월 하순에 끝난 중국공산당 제6차 전국대표대회 결과는 몇 개월이 지난 뒤에야 징강산에 전달되었다. 하지만 분위기로 많은 사람이 당의 노선에 변화가 생겼다는 것을 눈치챌 수는 있었다. 한편 그해 여름 마오쩌둥의 삶에 다른 종류의 변화가 찾아왔다. 그가 '혁명의 반려'를 만난 것이다.[95]

18살의 허쯔전(賀子珍, 1909~1984)이었다. 허쯔전은 활달하고 독립적인 성격에 마르고 소년 같은 체형이었으며 얼굴이 예뻤다. 광저우 출신 어머니를 빼닮은 미소가 매력적이었고, 학자였던 아버지와 마찬가지로 문학을 좋아했다. 허쯔전은 핀란드 출신 수녀들이 운영한 기독교 학교를 다녔는데, 그때 16살의 나이로 공산당에 입당했다.

마오쩌둥의 세 번째 아내이자 혁명 동
지였던 허쯔전.

당시 그녀는 이 지역의 첫 번째 여성 당원이었으며 오랜 기간 유일한
여성 당원이었다. 훗날 마오가 아픈 경험을 통해 알게 되지만, 그녀
는 대단히 강경하고 고집이 셌다. 허쯔전은 마을에서 제일 처음 머리
를 짧게 자른 젊은 여성이었다. 당시에 이러한 행동은 전통적 가치에
대한 추악한 모욕으로 여겨졌다. 그녀는 동료 학생들을 동원하여 지
역 사당에 모셔진 성황신을 불태워버렸다. 그리고 1926년 여름에는
위안원차이의 부대원들과 함께 지주의 민병대를 상대로 싸웠다. 이
전투에서 그녀는 '쌍권총 여장군'이란 별명을 얻었다.

위안원차이는 허쯔전의 오빠와 학교 동창이었고, 마오가 이곳에
도착한 직후 허쯔전을 마오에게 소개했다. 이듬해 봄부터 허쯔전은
마오의 비서로 일을 시작했다. 훗날 허쯔전이 남긴 기록에 따르면,
허쯔전은 마오에게 사랑을 느꼈지만 감정을 감추려고 애썼다고 한
다. 그러던 어느 날 마오는 자신을 바라보는 허쯔전의 애정 어린 눈

길을 보고는 그녀의 감정을 알아차렸다. 마오는 의자를 당겨 허쯔전을 앉힌 다음, 창사에 두고 온 양카이후이와 자식들 이야기를 했다. 그리고 얼마 지나지 않아 두 사람은 같이 살기 시작했다.[96] 마오는 오래전부터 전통적 결혼 관습에 비판적이었으며 징강산에서는 더욱 그러한 전통에 얽매일 필요를 느끼지 않은 것 같다. 왕쭤는 부인이 세 명이었다. 주더는 이미 6년 전 고향 쓰촨성에 아내와 어린 아들을 두고 떠난 뒤 자신보다 훨씬 젊은 여성과 동거하고 있었다.[97]

그래도 마오는 양카이후이에게 양심의 가책을 느꼈던 모양이다. 마오는 허쯔전에게 말하길, 여지껏 양카이후이에게 아무런 소식이 없는 것으로 봐서 필시 아내가 이미 처형당한 것 같다며 자신을 변호했다. 하지만 마오는 난창 봉기 이후 한 번도 창사의 가족에게 연락한 적이 없었다.[98] 마오가 젊은 여성을 반려로 삼은 것은 외부 세계와 자신을 묶고 있는 끈을 하나씩 끊어버리려는 의식적 행동으로 볼 수도 있다. 과거 마오에게 외부 세계는 '정상적인' 세계였지만, 일단 혁명의 대의에 몸 바친 이상 그 세계와 연을 끊어야 했기 때문이다.

1928년 겨울, 마오가 새로운 '아내'를 맞이했다는 소식이 양카이후이에게 전해졌다. 양카이후이는 무척 큰 충격을 받았다고 한다.* 결혼 초기 양카이후이는 마오의 옛 애인 타오이를 질투하며 고통을 겪었다. 마오가 옛 애인과 계속 만나고 있다고 — 이는 사실이 아닌 것 같다. — 의심했던 것이다. 양카이후이가 남긴 글을 보면, 당시 그녀는 마오가 자신을 완전히 버렸다고 고통스러워하며 자살까지 생각했으

---

* 1972년 양카이후이의 친척이 살던 창사의 옛집에서 숨겨 둔 문서가 발견되었다. 거기에는 1929년에 양카이후이가 마오의 배신을 알고 나서 쓴 편지가 있었다. 습기에 젖고 벌레가 먹어 일부가 손상된 편지 원본은 현재 공산당 중앙 문서고에 보관되어 있다. 하지만 양카이후이의 편지가 존재한다는 사실은 공식적으로 발표된 바 없다.(저자 주)

나 어린 자식들을 생각해서 그만두었다고 한다.

정치적 휴식기는 곧 끝이 났다. 다시 한번 각 성 사이의 경쟁심이 발동했던 것이다. 장시성 당 위원회는 마오에게 징강산 근거지에서 북동쪽으로 약 110킬로미터 떨어진 도시 지안(吉安)을 공격하라고 계속 채근했다. 한편 후난성 쪽에서는 계속해서 사절을 파견하여, '홍4군'의 주요 병력이 헝양 남쪽 지역을 공격하도록 요구했다. 지난해 3월 주더가 패배한 이 지역에서 봉기를 한 번 더 시도해야 한다는 이유였다.[99]

후난성의 요구가 불합리한 것은 아니었다. 헝양은 후난성 중부에서 남부를 연결하는 간선 도로가 나 있는 도시였다. 만약 헝양 남부에서 봉기가 성공한다면, 10년 전 탄옌카이가 자신의 남부 군대를 주둔시켰던 바로 그 지역에 근거지를 새롭게 세움으로써, 후난성과 광둥성을 연결하는 것이 — 즉 전통적으로 '가장 혁명적인' 두 개의 성을 연결하는 것이 — 가능했다. 하지만 바로 그러한 이유 때문에 헝양은 '홍4군'이 공격하기에는 방어 태세가 매우 강력했으며, 마오와 주더 역시 이 사실을 잘 알고 있었다.

후난성 당 위원회는 특별 파견관으로 23살 젊은이 양카이밍(楊開明)을 징강산으로 보내,* 앞으로 그가 접경 지역 특별위원회를 직접 지휘할 것이라고 통보했다. 통보문에는 "(우리의 지시를) 아무런 주저 없이 즉시 시행해야 할 것"이라는 명령조의 구절이 쓰여 있었다. 하지만 양카이밍이 도착하기 바로 전 6월 30일, 접경 지역 특별위원회와 홍4군 군사위원회는 의장 마오의 주재 아래 합동 회의를 열고 후

---

* 양카이밍은 양카이후이의 사촌이다. 1928년 겨울 그는 징강산에서 창사로 돌아갔고, 양카이후이에게 마오쩌둥과 허쯔전의 관계를 알렸다. 양카이밍은 다음 해 체포되었고 1930년 2월 처형되었다.(저자 주)

난성 침공 계획을 반대하는 투표를 끝마쳤다. 이 합동 회의에는 후난성 당 위원회가 파견한 20살의 두슈징(杜修經)이 참석하고 있었으나 별 소용이 없었다. 마오는 당시 안위안에 있던 후난성 당 지도부에게 서신을 보내, 만약 헝양 공격 계획을 실행에 옮긴다면 홍4군 전체를 잃을 것이라고 경고했다.[100] 징강산에 도착한 양카이밍은 마오의 확고한 결정을 뒤엎을 만한 힘이 자신에게 없다고 판단했다. 이후 2주간 양측은 팽팽한 긴장 관계에 놓였다.

그때 후난성과 장시성의 정부군 일부가 또다시 징강산을 공격할 준비를 하고 있다는 소식이 전해졌다. 주더의 제28연대와 제29연대는 후난성 쪽으로 넘어가 후난성 정부군의 후방을 공격하기로 했다. 마오의 제31연대와 제32연대는 주더의 부대가 징강산에 귀환할 때까지 장시성의 군대를 저지하기로 했다.

군사 작전의 첫 번째 국면은 예정대로 진행되었다. 하지만 주더가 원래 계획대로 징강산으로 귀환하여 마오쩌둥의 군대와 합류하려던 차에 문제가 터졌다. 주더의 병력과 동행한 두슈징이 당의 우월한 권한을 들먹이며 후난성 당 위원회의 본래 명령을 수행할 것을 요구한 것이다. 약간의 논쟁 끝에 주더는 헝양에서 남쪽으로 약 140킬로미터 떨어진 천저우(郴州)로 2개 연대를 보냈다. 결과는 마오가 예견했던 것과 정확하게 일치했다. 처음에는 주더의 군대가 승기를 잡았지만 곧 후난 정부군에 격파당했으며 병사들은 산속으로 황급하게 퇴각해야 했다. 홍군의 주력 부대가 퇴각하자 정부군은 닝강현과 이웃한 평야 지대의 두 현으로 진격해 들어왔다. 이러한 상황에서 후난성 당 위원회는 마오에게 다시 서신을 보내 남은 병력을 이끌고 남부 후난으로 달려가 주더를 도와주라고 강력하게 요청했다. '접경 지역 특별위원회'가 이 문제로 논의를 벌였는데, 논의 중에 전령이 도착해 주더 부대가 이미 참패했다는 소식을 전했다. 전령은 제29연대는 사실상 해체되었으며(후난의 농민 병사들이 탈영하여 고향 마을로 도망가 버렸기 때문이었다), 제28연대는 징강산으로 힘겹게 귀환하는 중이라 고 보고했다.[101]

홍4군의 고난은 여기서 끝나지 않았다. 마오는 병력을 이끌고 징 강산에서 남서쪽으로 이동하여 구이둥(桂東)에서 주더 부대와 합류 하려고 했으나, 정부군이 홍군의 혼란을 틈타 다시 한번 공격해 왔 다. 이때 홍군은 징강산 요새마저 정부군에 점령당할 뻔할 정도로 위 험에 처했다.

8월 30일 공산당의 젊은 장교 허팅잉(何挺穎)은 황양제(黃洋界) 고 개를 방어하는 데 성공했다. 황양제 고개는 닝강현의 고지를 방어하 는 군사 요충지였는데, 허팅잉은 대대 병력도 되지 않는 부대로 후난 성의 제8군 소속 3개 연대와 장시성 소속 1개 연대의 합동 공격을 물 리쳤다. 후난 정부군은 큰 피해를 입었으며 밤이 되자 사기가 완전히 꺾여 공격을 중단했다.[102] 마오는 이 승리에 크게 감동하여 기념하는 시를 지었다.

> 우리의 방어는 견고한 요새와 같고,
> 우리의 단결된 뜻은 더 강한 성벽을 이루네.
> 황양제 고개에서 총성이 울려 퍼지니,
> 적들은 밤중에 달아나버렸네.*[103]

당시 마오쩌둥의 직위는 분명하지 않았다. 양카이밍은 7월 중순 접경 지역 특별위원회 서기였다. 하지만 마오는 구이둥에서 접경 지 역 특별위원회에 필적하는 '행동위원회'를 구성하여 홍군을 대표하

---

* "早已森嚴壁壘 更加衆志成城 黃洋界上砲聲隆 報道敵軍宵遁"

게 했으며 자신이 서기를 맡았다.[104]

한편 후난 남부 군사 작전 이후 마오와 주더 사이에 긴장이 높아졌다. 지난 4월 주더가 징강산에 합류한 뒤로 두 사람 사이에 감돌던 긴장 관계가 표면적으로 불거진 것이었다. 주더는 마오의 지휘에서 벗어나 이전처럼 자유롭게 독립적인 군사 지휘관으로 돌아갈 기회가 왔다고 생각했다. 비록 후난 남부 공격이 실패로 끝나긴 했지만 잠시나마 마오에게서 벗어나 자유의 맛을 본 주더는 지난여름부터 지속된 마오의 우월한 지위를 더는 받아들이고 싶지 않았다.[105] 게다가 주더의 몇몇 부하들은—그리고 어쩌면 주더 역시—마오가 후난성 당 위원회의 당초 제안에 따라 제31연대와 제32연대를 주더 부대에 합류시키지 않고 거절한 탓에 주더 부대가 대패를 면치 못했다고 원망했다.[106]

10월 마오핑에서 '접경 지역 제2차 대표대회'가 개최되었고 이 자리에서 마오쩌둥과 양카이밍의 권한이 공식적으로 나뉘었다. 양카이밍은 '접경 지역 특별위원회' 서기 직책을 그대로 유지했다. (그러나 양카이밍의 건강이 갑자기 나빠져 중립적 인물인 탄전린譚震林이 대신 그의 업무를 수행했다. 탄전린은 과거 마오가 차링에 최초의 소비에트 정부를 세웠을 때 20대 중반의 젊은 나이로 주석을 맡은 인물이었다.) 마오는 행동위원회 서기를 계속 맡음으로써, 사실상 홍군의 정치위원 역할을 수행하게 되었다. 하지만 마오는 대의원들의 자율 투표로 결정된 위원회 내 순위에서는 최하위에 가까웠다. 이유가 당 대회의 정치 결의문에 명시되었다. "과거의 당 조직은 모두 개별 당원이나 당 서기가 독재했다. 집단 지도제라든가 민주적 정신은 어디에도 없었다." 결의문에는 마오가 이러한 잘못을 범한 주요 인물이라고 분명하게 서술되었다.[107]

마오쩌둥이 추진하는 정책은 여전히 존중되었다. 1927년 2월에 개최된 코민테른 결의 내용이 그해 가을 징강산에 전달되었고, 코민테른의 결의에 따라 '접경 지역 제2차 대표대회'는 마오쩌둥의 생각을 충실하게 반영한 정치적 전략을 승인했다. 하지만 마오의 동지들은 그의 지도 방식에 많은 문제가 있다는 점을 분명하게 지적했다.[108]

이러한 비정상적인 상황은 11월 초에 이르러 끝이 났다. 리웨이한이 지난 6월에 작성한 당 중앙위원회의 공식 문건이 5개월에 가까운 긴 여행 끝에 징강산에 드디어 도착한 것이다.[109]

마오는 기쁨을 감추지 못했다. 그는 이렇게 선언했다. 당 중앙의 공식 문건이 "대단히 훌륭하며 …… 우리의 많은 실책을 바로잡았고 이곳의 많은 문제를 해결해주었다." 전선위원회가 새로 구성되어 접경 지역의 '당 최고 기관'이 되었다. 물론 서기는 마오가 맡았다. 전선위원회의 또 다른 핵심적인 자리는 주더와 탄전린이 차지했다. 주더는 천이에게 군사위원회 서기 직책을 넘겨받았고, 마오의 제안에 따라 탄전린은 양카이밍을 대신하여 특별위원회의 실질적인 서기가 되었다.[110] 이러한 일련의 조치는 전선위원회가 해당 지역의 당 위원회보다 우위에 있는 전통적인 당 조직 체계를 회복하는 한편, 근거지보다 홍4군의 이해관계가 더 우선시되는 중요한 결과를 낳았다. 이는 다가오는 겨울 동안 매우 중요한 의미를 띠게 된다. 마오의 개인적 지위는 확고해졌지만 근거지의 미래는 불안해졌기 때문이다.

3주 뒤 마오는 당 중앙위원회에 자신이 당면한 여러 어려움을 자세하게 설명하는 보고서를 보냈다. 가장 핵심적인 문제는 접경 지역 당원들이 거의 대부분 농민이라는 사실이었다. 마오는 이들이 '소자산계급 의식'을 지닌 탓에 일관성이 없으며 무모한 용기와 공포에 물든 도피 사이에서 심하게 요동한다고 지적했다.

마오가 문제를 해소하기 위한 장기적 방안으로 제시한 것은, 당의 지도 조직에 노동자와 병사를 더 많이 참여시켜 '무산계급 의식'을 강화하는 것이었다. 이는 그저 상하이의 이론가들에게 잘 보이기 위해 마르크스주의 이론 앞에 무릎을 꿇은 것이 아니었다. 1927년 9월 싼완 지역에서 마오의 제3연대가 무너졌고, 다음 해 7월에는 주더의 제29연대가 천저우에서 무너졌다. 마오는 적군의 공격이 거세지면 농민군이 쉽사리 분쇄되는 것을 경험하며, 이제 '무산계급의 지도'가 혁명의 성공을 위한 필수 조건임을 깨달았다. 그러므로 마오의 주장은 단순히 당의 이론에 따르는 것이 아니라, 농민 봉기의 확고한 뼈대를 세우기 위함이었다. 한편 문제를 해소하기 위한 단기적 해법도 있었다. 이는 장기적 방안과 마찬가지로 공산당이 앞으로 발전해 가는 데 광범위하게 영향을 끼치게 된다. 바로 숙청의 방식이었다.[111]

1928년 5월과 6월은 접경 지역의 세력이 가장 크게 확장한 시기였다. 공산당이 이 지역을 확고하게 통제하자, 지역 주민 다수는 공산당 입당을 현명한 처신으로 인식했고, 그리하여 당원 수가 1만 명을 넘어섰다. 그런데 여름에 홍군의 세력이 크게 약화됨에 따라 대부분의 지주와 토호 그리고 많은 부농이 변절했다. 이로 인해 신뢰할 수 없다고 여겨진 사람들이 색출되었으며, '카드놀이, 도박, 약탈, 부정행위'를 범한 자들도 출당되었다. 그 결과 당은 규모가 작아졌지만 전투력이 향상되었다고 마오는 당 중앙위원회에 이를 자랑스럽게 보고했다.

하지만 접경 지역의 핵심은 정치 활동이 아니라 군사 활동이었다. 마오는 당 중앙위원회에 "전투가 우리의 일상생활이 되었다."라고 말했다. 난창 봉기와 추수 봉기 당시 공산당원이 된 직업 군인이 홍군의 주축이었지만 사망, 부상, 탈영으로 그 숫자가 3분의 1로 줄었다. 홍군은 결원을 채우기 위해 적군 포로나 '유랑자(토비, 거지, 좀도둑)'를 받아들였다. 마오는 이들이 불우한 배경을 지녔지만 '대단히 훌륭한 전투원'이며 홍군은 이들을 더 수용할 것이라고 밝혔으며, 대부분의 병사들이 계급 의식을 갖기 시작했다고 보고했다. 병사들은 이제 자신들이 무엇을 위해 싸우는지 이해하게 되었으며 어려운 조건에서도 불평 없이 인내한다는 것이었다.[112]

그러나 겨울이 다가오면서 상황이 심각해졌다. 그해 초부터 시작된 접경 지역에 대한 경제 봉쇄 때문이었다. 경제 봉쇄를 시행하기 위해 정부군과 민병대 수천 명이 동원되었다. 그리하여 약 30그램의 소금이 1은원에 거래되었다. 이는 노동자의 한 달 급료에 해당했다. 다른 생활필수품도 전혀 구할 수 없게 되었다. 겨울옷을 만들 천도 없었으며 병자들에게 줄 약도 없었다. 가을이 되자 사기 진작을 위해 한 달 동안 마오와 주더 등의 지도자들이 고된 노동에 참여했다. 어깨에 맨 대나무 장대에 곡식 따위의 보급품을 걸어 닝강에서 츠핑까지 좁은 산길을 이용해 날랐다. 나무통에 오줌을 받아 거기서 소금을 만드는 일도 했으며, 인근에서 나는 풀로 약을 만들기도 했다. 훗날 마오는 당시 '고갈과 패배의 분위기'가 지배적이었다고 인정했다. 주더는 이때를 회고하며 이렇게 말했다. "병사들이 굶주리기 시작했다."[113]

돈이 부족했기 때문에 월급 제도를 폐지하고 현물 공급제를 실시했다.[114] 그런데도 식품을 구입하려면 한 달에 5천 은원이 필요했다. 돈은 지주와 상인들에게 강제로 징수할 수밖에 없었다. 마오와 주더가 서명한 '공무 기금 조달을 위한 서신'은 다음과 같이 예절 바르게 돈을 요청했다.

> 홍군은 …… 상인들을 보호하기 위해 모든 노력을 다하고 있습니다. …… (그러나) 현재 식품 공급이 부족하기 때문에 우리를 위해 5천 다양* 을 모아주기를 요청하고자 이렇게 편지를 씁니다. 그리고 짚신 7천 켤레, 양말 7천 켤레, 흰 옷감 3백 필도 거두어주시기 바랍니다. …… 오

늘 저녁 8시까지 …… 돈과 물품을 우리에게 전달해야 합니다. ……
만일 여러분이 우리 요구를 무시한다면, 상인들이 반동 세력과 공
모하고 있다는 증거로 여길 것입니다. …… 그러한 경우 우리는 어
쩔 수 없이 (마을 내) 모든 반동적 상점들을 불태워버릴 수밖에 없
습니다. …… 우리가 사전에 경고하지 않았다는 말은 하지 마십시
오![115]

상인들은 요구에 응했다. 하지만 마오가 말한 대로, "한 지역에서
한 번만 강제 징수를 할 수 있었다. 징수한 뒤에는 취할 물건이 없었
기 때문이다." 군대가 근거지에 오래 머물수록 아직 금품을 빼앗지
않은 '악질 지주와 악덕 토호'를 색출하기 위해 더 멀리 나서야 했다.
그런데 종종 색출한 지주가 소유한 유일한 작물이 아편인 경우가 있
었으며, 그러면 병사들은 그것이라도 압수해 팔아야 했다.[116]

11월에 마오는 처음으로 징강산 근거지를 떠나야 할 수도 있음을
밝혔다. 그는 장시성 남부로 이동하는 비상 계획을 작성했지만, "우
리의 경제 상황이 너무도 악화되어 장시성 남부가 유일하게 우리가
생존할 수 있는 장소라고 판단될 때"만 비상 계획을 시행할 것이라
고 강조했다.[117]

한 달 뒤 징강산을 떠나야 할 필요성을 급격히 키운 두 사건이 발
생했다. 하나는 지난 7월 후난 북부의 핑장에서 반란 봉기를 일으
킨 약 8백 명의 병사들이—이들은 군벌 밑에서 복무한 자들이었
다.—징강산으로 찾아온 것이었다. 지휘관은 30살의 펑더화이였는
데 샹탄 출신으로 마오와 동향이었으며, 거칠고 거침없는 성격에 천
생 군인인 자였다. 스스로를 '홍5군'이라고 부른 펑더화이의 병사들

다양(大洋) 중국의 화폐 단위.

은 홍4군과 통합되었으며, 펑더화이는 주더의 부하 지휘관이 되었다. 다른 사건은 장시성과 후난성 정부가 또다시 징강산을 포위하기 위해 대규모 공격을 준비한다는 소식이었다.* 25개 연대로 구성된 3만 명의 병력이 마오의 숙적 허젠의 지휘 아래 징강산으로 접근할 수 있는 모든 경로(다섯 갈래의 길)로 진격할 예정이었다.[118]

이로써 장래를 위해 계획했던 일이 갑자기 현실로 다가왔다.

펑더화이 부대가 온 것이 확실히 결정적이었다. 이들의 합류로 사실상 겨울 식량 보급이 불가능해졌기 때문이다. 그러나 펑더화이 부대 덕분에 홍군이 적군의 포위 공격에 맞서 새로운 대안을 모색하는 것도 가능해졌다.

1929년 새해가 밝은 지 얼마 되지 않아 닝강에서 전선위원회 확대회의가 열렸고 정부군의 공격에 대응하는 작전이 수립되었다. 펑더화이, 왕쭤, 위안원차이 부대는 징강산에 남아 요새를 방어하고, 마오의 제31연대와 주더의 제28연대는 적군의 공격을 뚫은 뒤 징강산 동쪽에 있는 지안 혹은 간저우(贛州)를 포위하여 적의 후방을 공격하기로 했다.[119]

1월 14일 새벽 징강산의 주력 부대는 인적이 드문 길을 택해 징강산을 빠져나왔다. 길은 들쭉날쭉한 산모퉁이를 따라 남쪽 산기슭의 작은 언덕으로 이어졌다. 훗날 주더는 이때의 행군을 다음과 같이 설명했다. "사실상 길이 없었다. 사람이 지나간 흔적도 없었다. …… 능선의 돌이 매끈했다. …… 눈이 군데군데 깊숙하게 쌓여 있었다. …… 병사들은 세차게 후려치는 바람을 맞으며 거대한 바위에 매달

---

* 마오는 정부 신문에서 얻는 정보를 대단히 중요하게 여겼다. 아마도 학생 시절과 5·4운동 중 편집자로 일하던 시절, 신문을 읽던 습관에서 비롯된 것으로 보인다. 허쯔전의 회고에 따르면, 오로지 마오에게 신문을 구해주기 위해 홍군이 적군 진영에 침투하는 경우도 있었다고 한다. 1928년 겨울 징강산 근거지에서 경제 봉쇄를 당하던 중에도 마오는 행상들에게 상품의 포장지로 위장하여 신문을 가져와 달라고 요청하기도 했다.(저자 주)

렸고, 아득한 낭떠러지 아래로 떨어지지 않도록 서로를 꼭 붙들며 한 걸음 한 걸음 앞으로 겨우 전진했다." 그날 밤 홍군의 주력 부대는 징강산에서 남쪽으로 약 40킬로미터 떨어져 있는 다핑 인근에서 장시성 정부군 1개 대대를 무장해제했고, 적군이 마련해놓은 음식을 배불리 먹었다.[120] 하지만 그다음 날, 이들은 당초 계획대로 동쪽으로 이동하여 간저우를 공격하지 않고 남쪽으로 이동하여 장시성과 광둥성 경계에 있는 다위(大余)에 도착했다. 거기서 국민당의 1개 여단과 전투를 벌인 끝에 상당한 피해를 입고 광둥성 안쪽으로 급히 퇴각했다.[121]

마오는 펑더화이에게 약속한 우회 공격을 정말로 하려 했을까? 당시 펑더화이의 병력은 수백 명뿐이었고 포위 공격을 시도한 적군의 병력은 그보다 30배 더 많았다. 아니면 애당초 주력 부대만을 대피시키기 위한 냉혹한 계책이었을까? 펑더화이는 마오가 자신을 배신했다고 생각했다. 이 일은 40년이 지난 뒤에도 그의 가슴에 사무쳤다.[122]

펑더화이는 아무런 도움도 받지 못한 채 거의 3주를 버텼다. 징강산으로 들어오는 다섯 고개 중 세 개가 적군에게 점령당했다. 펑더화이는 남은 3개 중대 병력을 집결시켜 눈보라가 치는 날 적의 봉쇄망을 뚫겠다는 도저히 불가능한 탈출 작전을 개시했다. 또한 그는 마오와 주더의 주력 부대가 두고 간 병자와 부상자 수백 명도 같이 탈출하기로 계획했다. "하루 내내, 우리는 산염소가 다니는 길을 따라 끝없이 높은 절벽을 탔고 징강산 최고봉 주위를 돌아 행군했다." 펑더화이 부대는 운 좋게 적 포위망을 통과했다. 하지만 쑤이촨에 도달했을 때 그들의 행운은 끝이 났고 적의 매복에 걸려들고 말았다. 펑더화이가 이끄는 전투 부대는 겨우 포위망을 돌파했다. "하지만 적군은 신속하게 우리의 뒤를 끊었고, 뒤에 따라오던 부상자와 병자들은 적에게 포위당하고 말았다." 그들을 구할 길은 없었다. 며칠 뒤에 다시 한번 전투가 벌어졌다. 전투가 끝난 뒤 살아남은 병사는 후난성 핑장에서 펑더화이를 따라 나선 8백 명의 병사 중 283명뿐이었다.[123]

마오와 주더의 부대는 형편이 조금 나았다. 처음 한 달 동안 마오와 주더가 잃은 병사는 징강산에서 탈출한 3천5백 명 가운데 6백 명 정도였다. 참으로 암담한 시기였다. 마오는 이때가 홍군 역사상 가장 힘든 시절이었다고 기록하기도 했다.[124] 마오와 함께 이동한 허쯔전에게는 더욱 힘들었다. 당시 그녀는 첫아이를 임신한 지 5개월째였기 때문이다.[125] 주더에게도 '끔찍한 시기'였던 것은 마찬가지였다.[126] 그들은 장기적 근거지를 구축하겠다는 희망을 버릴 수밖에 없었다. 그 대신 이동하는 곳마다 비밀 소비에트 정부와 당 위원회를 구축하여, 홍군이 다른 곳으로 이동한 뒤에는 지하에서 활동할 수 있도록 했다. 이제 전쟁은 새로운 양상으로 바뀌었다. 고정된 장소를 지키는 것이 아니라 유연한 유격전이 시작된 것이다.[127]

당 중앙과의 연락은 징강산에 있을 때도 문제가 많았지만 떠나온 뒤에는 완전히 두절되었다. 1929년 처음 3개월 동안 마오의 부대는 상하이의 당 중앙뿐 아니라 당 위원회와도 소식이 끊겼다. 징강산을 떠나기 전에 마오는 비밀 연락망을 확보하기 위해 핑샹에 금 30돈을 보냈다. 또한 좀 더 확실한 연락망을 확보하기 위해 푸젠성에 다량의 아편을 보내 샤먼에 연락망을 두려 했다. 그러나 모두 소용이 없었다. 그해 마오가 쓴 여러 편지를 보면, 당 중앙이 아무런 지도를 하지 않는다는 것과 장시성 당 위원회가 문서 전달을 하는 데 무능력하다는 불평이 끊이지 않는다.[128]

이로운 점도 없지는 않았다. 마오와 주더는 이제 눈앞에 닥친 문제를 외부에서 지시하는 부적절한 전술에 구속될 필요 없이 자신들의 방식대로 해결할 수 있었다. 그해 겨울 마오가 당 중앙위원회에 보낸 편지에 썼듯이, 징강산 시절에 마오가 얻은 한 가지 교훈은 "상위 조직에서 군사 작전에 관해 지령을 내릴 때는 지나치게 엄격하면 안 된다."는 것이었다. 너무 엄격한 지령을 내리면 현장 지휘관들은 '참으로 어려운 처지'에 놓이며 "당 지령에 복종하지 않거나 패배"할 수밖에 없었다.[129] 당 중앙과 연락이 두절되니 그러한 곤란한 처지에 놓이지 않을 수 있었다. 하지만 몇 개월 동안이나 마오뿐 아니라 중국 남부와 중부의 소규모 홍군 근거지에서 활동한 공산당 지도자들은 서로가 어디에서 무엇을 하고 있는지 파악하지 못했으며 모스크바나 상하이의 정책 방향도 알지 못했다. 심지어 신문도 구할 수 없는 때가 많았다.[130]

연락의 어려움은 마오쩌둥과 당 중앙의 갈등을 야기했다. 이는 마오가 후난성 당 위원회와 의견 차이로 겪었던 어려움보다 훨씬 더 심각했다.

모스크바에서 열린 중국공산당 제6차 전국대표대회 결과가 징강산에 전해진 것은 1929년 초였다. 당 대회가 개최된 지 무려 6개월 만에 소식이 전달된 것이었다. 당 대회가 결의한 내용은 징강산 사람들에게 무척이나 기쁜 소식이었다. 마오는 상하이로 보낸 서신에 이렇게 썼다. "당 대회의 결의문은 …… 대단히 올바르며 우리는 이를 매우 기쁘게 받아들입니다."[131] 마오는 분명 당 중앙위원회에 다시 들어가게 되었다는 소식을 듣고 기뻤을 것이다. 그는 중앙위원회 전체 23명 가운데 서열상 12번째였다. 이는 홍군이 주목받고 있다는 증거였다. 하지만 마오가 몰랐던 것은—그리고 추측조차 할 수 없었던 것은—새로 총서기로 선출된 샹중파(向忠發)가 단지 명목상의 최고 지도자였다는 사실이었다. 당의 실권은 우한 지역의 부두 노동자이자 노동조합 지도자였던 샹중파가 아니라, 저우언라이와 리리싼에게 있었다. 두 사람은 모두 당 중앙위원회 공식 서열에서 마오보다 한참 뒤에 있었다.[132] 마오는 그해 말까지도 리리싼에게 그토록 강한 권력이 있다는 것을 알지 못했다.[133]

한편 당 중앙 역시 마오의 상황을 전혀 알지 못했다. 2월에야 상하이의 정치국은 마오의 부대가 징강산을 떠났다는 것을 알았지만, 그후로도 거의 9개월 동안 마오에게 아무런 소식도 듣지 못했다. 이러한 상황에서 저우언라이는 마오와 주더에게 서신을 하나 보냈다. 가능한 모든 수단을 써서 군사적 역량을 보존하라고 촉구하는 내용이었다. 저우언라이는 마오와 주더에게 병력을 여러 마을에 수십 명 혹은 수백 명 단위로 분산하여 배치하고, 이를 통해 "농민의 일상적 투쟁을 촉진하고" 당의 영향력을 확산시키며 장차 좀 더 혁명적인 분위기가 무르익을 때를 기다리라고 지시했다.[134]

마오는 이러한 원칙적인 방법을 싫어했다. 그는 전해 11월 당 중앙위원회에 제출한 보고서에서—당시 이 보고서는 아직 당 중앙에 도착하지 않은 상태였다.—다음과 같이 지적하기도 했다. "우리 경험으로 볼 때 (그러한 원칙적인 방법은) 거의 매번 실패로 끝났습니다."[135] 게다가 마오가 당 중앙에서 내려온 지시를 받아들일 수 없는 결정적인 이유가 있었다. 저우언라이가 서신 말미에 마오와 주더에게 상하이로 귀환할 것을 지시했기 때문이다.

저우언라이는 이미 1927년 7월에 마오쩌둥을 후난의 근거지로부터 떼어내려고 시도했다가 실패한 적이 있었다. 그래서인지 저우언라이는 이번 결정이 실행되기가 무척 어려울 것이라고 예상하고, 마오가 이를 받아들일 수 있도록 무척이나 애를 써 문구를 가다듬은 것처럼 보인다.

두 동지께서는 이미 1년 이상 군에서 복무하셨기 때문에 군을 떠나기가 꺼려질지도 모르겠습니다. 그러나 중앙위원회는 …… 주더 동지와 마오 동지의 이탈이 군에 어떠한 손실도 초래하지 않을 것이며, 오히려 병력을 분산하는 계획을 실행하는 데 도움이 되리라고 확신합니다. …… 주더 동지와 마오 동지가 중앙위원회로 오신다면 전국에 있는 우리 동지들에게 지난 1년 넘게 1만 명 이상의 무장 병력을 이끌고 적과 싸운 소중한 경험을 전해주실 수 있을 것입니다. 이는 혁명 전체에 (더) 큰 공헌이 될 것입니다.[136)]

저우언라이의 지시가 불합리한 것은 아니었다. 홍군을 분산하여 배치한다면 마오와 주더가 군에 남아 있을 이유가 없었기 때문이다. 만일 지령문이 작성된 2월에 마오쩌둥에게 전해졌다면, 그때는 홍군이 정신없이 퇴각하고 있었고 곧 국민당 군대에 완전히 격파될 것 같은 상황이었으므로, 홍군 전선위원회 위원 대부분이 지령을 받아들였을지도 모른다. 하지만 저우언라이의 서신이 상하이에서 동부 장시성까지 약 1천 킬로미터를 여행하며 2개월이나 허비했고, 마오와 주더 손에 전해졌을 때는 이미 상황이 완전히 변한 뒤였다.

마오와 주더 부대가 광둥성으로 허겁지겁 퇴각한 때는 1월 말이었다. 이후 그들은 푸젠성과 장시성의 접경 지역을 따라 북상했다. 그들 뒤를 장시성 정부군 1개 여단이 추격했다. 결국 2월 11일 마오와 주더는 다보디(大柏地)에서 전투를 벌이기로 결정했다. 다보디는 루이진(瑞金)에서 북쪽으로 25킬로미터쯤 떨어진 산간 지역이었다. 전투 결과는 홍군의 대승이었다. 린뱌오가 이끈 연대가 밤을 꼬박 새우는 강행군 끝에 적군의 후방으로 침투한 것이 결정적인 역할을 했다. 소총 2백 정과 기관총 6정을 노획했으며, 병사 약 1천 명을 포로로 사로잡았다. 이는 징강산을 떠난 지 4주 만에 얻은 첫 번째 승리였으며, 마오는 훗날 이 승리 덕에 "우리 군의 사기가 크게 올랐다."
고 보고했다. 한 달 뒤 마오와 주더의 부대는 푸젠성 경계 바로 안쪽
에 있는 도시 창팅(長汀)*을 함락했다. 창팅을 통치한 독재자이자 푸
젠성 제2여단의 지휘관이었던 궈펑밍(郭風鳴)이 처형당했으며 그의
시체는 사흘 동안 거리에 전시되었다.

마오쩌둥은 계속된 승리에 고무되어 상하이에 긴 편지를 보냈다.
앞으로 홍4군은 창팅과 루이진을 거점으로 삼아 20여 개 현이 자리
잡은 이 지역을 무대로 유격전을 벌일 계획이며, 대중이 충분히 동원
되면 푸젠성 서부와 장시성 남부에 장기적인 근거지를 새로 세우겠
다는 내용이었다.[137]

그런데 2주 뒤 군을 분산하여 배치하라는 저우언라이의 서신이 도
착한 것이다.[138]

마오는 전선위원회의 공식적인 승인과 마오 부대에 합류한 펑더화
이의 동의를 얻어 저우언라이에게 답장을 썼다. 여기에는 두 가지 특
징이 확연하게 눈에 띈다. 하나는 마오가 당 중앙의 새로운 지령을
너무도 분명하게 거절하고 있다는 것이며, 다른 하나는 상하이의 당
중앙에 대해 완전히 평등한 입장을 취하고 있다는 것이다. 마오는 당
의 지침에 따르지 않았을 뿐 아니라, 귀환 명령을 받은 당의 현장 간
부가 아니라 고위급 지도자로서 동료들에게 자신의 논지를 분명하
게 제시하는 태도를 보였다.

중앙위원회의 서신은 너무나 비관적인 평가를 내리고 있습니다.
…… 징강산에 대한 적군의 (1월) 군사 작전으로 인해 반혁명 물결이
최고조에 이른 것은 사실입니다. 하지만 이제 그들의 작전은 중단되

---

* 팅저우(汀州)로도 알려져 있는 푸젠성 서부의 도시이다.

었고 반혁명 물결도 약해졌으며 오히려 혁명의 물결이 점점 거세지고 있습니다. …… 현재의 혼란스러운 상황에서 대중을 이끌 수 있는 유일한 방법은 우리가 긍정적인 구호 아래 긍정적인 정신으로 무장하는 것뿐입니다.[139)

또한 마오는 군대를 분산한다는 것이 '비현실적 견해'이며 '청산주의'* 낌새를 풍긴다고 썼으며, 청산주의는 과거 취추바이가 추진한 모험주의만큼이나 심각한 잘못이라고 지적했다. 물론 꼭 필요하다면 자신과 주더는 당이 부여하는 새로운 과업을 받아들일 테지만, 그전에 '능력 있는 간부'가 새로 파견되어야 했다. 그때까지는 장시성과 푸젠성에서 계획대로 유격전을 계속 추진할 것이고, 유격전은 전망이 매우 밝아서 심지어 "(장시성의 성도) 난창까지 포위하는 형세를 조성"하는 것도 현실적으로 가능했다. 또한 현재 군벌들 사이에서 일어난 충돌과 분열은 국민당 통치가 와해되는 조짐으로 볼 수 있으므로, 홍군은 '1년 내' 장시성과 푸젠성 서부와 저장성이 만나는 지역에 독립적인 소비에트 정권을 세우는 것을 목표로 삼겠다고 마오는 말했다.

마오의 이러한 주장은 곧장 그가 '모험주의' 성향이 있다는 비난을 불러일으켰으며, 마오 스스로도 기한을 정한 것은 실책임을 인정했다.[140) 마오가 지나치게 낙관적인 전망을 제시한 것은 사실이지만 그의 분석이 근본적으로 잘못된 것은 아니었다. 중국에서 가장 큰 소비에트 정권이 실제로 장시성에 세워지기 때문이다. 물론 그것은 1년이 더 지난 뒤의 일이었다.

청산주의(淸算主義) 일종의 기회주의적 태도. 특히 혁명 운동 과정에서 위기에 당면할 때, 혁명 활동의 일면적인 불충분함을 전체에 확산시켜 이전까지의 모든 활동과 태도를 부정하고 완전히 새로운 생각을 도모하는 태도를 가리키는 말이다.

마오는 상하이의 당 지도부보다 자신이 정책을 더 잘 판단한다고 자신했다. 그가 저우언라이에게 보낸 서신에서 중요한 논점을 두고 반박하는 대목을 보면 그러한 자신감을 엿볼 수 있다. 저우언라이는 "당의 현재 주요 과제는 당의 무산계급적 기반을 …… 우선적으로 …… 산업 노동자 가운데 …… 구축하고 발전시키는 것"이라고 밝혔다.[141] 마오는 이에 동의하면서도 다음과 같이 반박했다.

농촌 투쟁의 발전, 소규모 소비에트의 건설, …… 그리고 홍군의 확대는 도시에서의 투쟁을 지원하고 혁명을 고조하기 위한 전제 조건입니다. 그러므로 도시 투쟁을 방기하고 농촌 유격전에만 빠진다면 그것은 큰 잘못을 저지르는 것입니다. 그러나 만일 농민 세력이 노동자의 지도력보다 커질까 봐 농민 세력이 발전하는 것을 두려워한다면 — 만일 당원 가운데 그런 의견을 품은 사람이 있다면 — 그것 역시 잘못이라고 생각합니다. …… 왜냐하면 반(半)식민지 상태에 있는 중국의 경우 혁명은 농민 투쟁이 노동자의 지도력을 잃을 경우에만 실패하기 때문입니다. 농민 투쟁이 발전하여 노동자 세력을 능가했다는 이유만으로는 혁명이 실패하지 않습니다. 제6차 당 대회는 이미 농민 혁명을 소홀히 하는 것이 잘못임을 지적한 바 있습니다.[142]

1년 뒤 농촌 혁명과 도시 혁명의 관계에 관한 논쟁은 다시 한번 마오와 당 지도부가 반목하는 원인이 된다. 하지만 이때 저우언라이는 이 문제를 더 건드리지 않고 넘어갔다. 또한 홍군이 새롭게 승리를 거두고 있다는 소식이 전해지자 당 정치국은 마오와 주더의 소환 명령을 취소했으며, 6월 마오의 서신이 도착한 뒤에는 군대 분산 계획이 잘못임을 인정했다.[143]

하지만 이것이 끝은 아니었다.

마오는 변증법이 역사의 원동력이며, 어둠이 가장 짙어지는 시간 이야말로 새벽에 가깝다는 사실을 믿었다. 그는 징강산 근거지를 포기한 뒤로 홍군이 몇 개월간 힘든 시간을 보내며 거의 몰락 직전까지 갔지만 결국은 다시 힘을 모아 더욱더 강력해지고, 더 나아가 우세해지는 것을 보면서, 변증법에 관한 신념이 더욱 강해졌다. 하지만 홍4군 내 모든 사람이 징강산 근거지를 상실한 것을 두고 마오처럼 쉽게 합리화하지는 않았다. 많은 사람이 혁명에 관한 당 중앙의 암울한 평가에 공감했고 따라서 홍군이 장기적인 근거지 설립보다 지난 1월부터 추구한 상황에 유연하게 대응하는 유격전을 벌여야 한다고 주장했다.

4월 중순 위두(于都)에서 군 간부 확대회의가 열렸다. 이 회의에서는 마오의 정책 노선이 펑더화이의 지지를 받아 채택되었다. 또한 홍4군은 푸젠성 서부에 자리 잡을 수 있도록 노력하며 펑더화이의 부대는 장시성 서부로 돌아가 징강산을 다시 점령한다는 데 합의를 이루었고, 1년 안에 장시성 내 독립 소비에트 정권을 세운다는 목표도 압도적 지지를 받아 승인되었다.[144]

하지만 단결된 모습은 허울뿐이었다. 이후 한 달 동안 마오쩌둥과 그의 지지자들과 주더를 지지하는 다수의 군 지휘관들 사이에 갈등의 골이 깊어져 갔다.

갈등의 일부 원인은 비록 두 세력이 1년 전 하나로 합쳐지기는 했지만 역사가 다르다는 데 있었다. 마오의 군대는 징강산 근거지를 건설하는 과정에서 군사적 기술을 갖추었다. 반면 주더의 군대는 항상 이동하는 부대였다. 그들은 난창에서 광둥성 동부의 산터우(汕頭)로 이동했고 광둥성 북부에 있다가 마침내 후난성 남부로 올라갔다. 두 세력은 역사가 다른 만큼 다른 형태의 전투를 선호했다. 물론 여기에는 마오의 굳은 신념이 작용한 것도 사실이다. 그는 징강산에서 처음으로 정치 연설을 했을 때부터 "붉은 기가 얼마나 오래 버틸 수 있는가?"라는 질문을 던지며, 홍군이 지배하는 근거지를 확보하는 것이 혁명이 전 지역으로 퍼질 수 있는 가장 현실적인 길이라고 확신했다.[145]

전략을 둘러싼 의견 차이는 근본적인 문제였다. 하지만 개인적인 다툼도 있었다. 허쯔전도 인정했듯이 마오쩌둥은 독단적 성격이었다.[146] 전해 가을 징강산 때와 마찬가지로, 마오는 '가부장적인 지배 방식', '서기직의 독재 권력', '지나친 권력 집중'에 관한 불평을 듣기 시작했다. 마오에게 불만을 품은 사람들은 이번에는 우회적 방법을 택해 마오를 직접 공격하기보다 군사 문제에 대한 당의 역할을 비판했다. 그들은 "당이 너무나 많은 일에 간섭한다."고 주장했으며, 1929년 3월 창팅 점령 이후 홍군이 크게 확장되었기 때문에 "전선위원회가 모든 것을 다 파악할 수는 없다."고 비판하기도 했다.[147]

사실 마오 스스로 논란을 자초한 측면이 있었다. 2월 초 홍군은 징강산 퇴거 이후 가장 암울한 시기를 보냈다. 이때 주더가 서기로 있던 군사위원회가 폐지되었고, 얼마 지나지 않아 마오가 제안한 대로 홍군은 연대 대신 종대(縱隊)로 재편되었다. 결과적으로 이러한 변화는 군 사령부의 권한을 현저하게 축소했다. 주더와 그의 동료들은 마오가 이끄는 정치 조직의 지휘를 받는 위치로 전락하고 싶지 않았다. 그래서 그들은 군사위원회가 부활되어야 한다고 강력하게 요구하기 시작했다.[148]

두 세력 사이에 정치적 긴장이 높아지던 중에 한 사람이 끼어들었다. 순진하면서도 자기주장이 지나칠 정도로 강한 젊은 공산당원 류안궁(劉安恭)이었다. 저우언라이는 류안궁을 홍4군에 연락관으로 파견하면서, 이 젊은이에게 적절한 직위를 주라고 요청했다. 당시 류안궁은 소련에서 돌아온 지 얼마 되지 않았기 때문에, 중국의 모든

문제가 레닌주의를 적절하게 활용하면 해결될 수 있다고 믿고 있었다.[149]

처음에 마오는 류안궁을 잠재적 동맹자나 최소한 적절하게 활용할 수 있는 인물로 여겼던 것 같다. 5월 말 푸젠성의 융딩(永定) 인근에서 열린 회의에서 마오는 동료들과 격한 논쟁을 벌인 뒤, 저우언라이에게 군사위원회를 부활시키고 류안궁에게 군사위원회 서기와 군의 정치부 주임을 맡기겠다고 통보했다. 이는 주더가 군사위원회 서기를 다시 맡는 것을 막기 위한 조치였다. 마오가 보기에 당 조직에 대한 논쟁은 사실상 주더와 자신의 정치적 싸움이었으며, 그래서 그는 주더가 '오랫동안 억누른 야망'을 감추고 있다고 사적으로 비난하기도 했다.[150]

하지만 솜씨 좋게 논란을 처리하려던 시도는 오히려 역효과를 가져왔다. 새로운 군사위원회의 서기가 된 류안궁은 군사위원회 역할을 확대하고 전선위원회 역할을 축소하는 조치를 가장 먼저 실시했다. 6월 8일 바이사(白沙)에서 지도부 회의가 다시 열릴 때가 되면, 이미 마오는 전면적인 충돌이 불가피하다고 결론지었다. 그는 회의에서 날카로운 어조로 전선위원회가 "살아 있는 것도 아니고 죽은 것도 아닌 상태"이며, 홍4군을 책임지는 조직이 실제로는 지휘 권한이 전혀 없다고 지적했다. 이어서 마오는 이러한 상황이라면 전선위원회 서기는 다른 사람이 맡아야 할 것이라고 언급하며 사임하겠다는 뜻을 내비쳤다.[151]

마오쩌둥의 엄포는 처음에는 효과를 발휘하는 듯싶었다. 바이사 회의에서는 36 대 6이란 표차로 불과 1주일 전에 부활시킨 군사위원회를 폐지하기로 결정되었기 때문이다. 하지만 더 중요한 사안인 전략 방향과 지도력 문제는 '중국공산당 홍군 제4군 대표대회'를 정식으로 개최하여 논의하기로 했다. 홍군 전체를 포괄하는 당 대회는 8

개월 만에 열리는 것이었다. 2주 뒤 지역 학교에서 개최된 당 대회의 의장은 마오가 아니라 천이가 맡았다.

마오는 '가부장적 성향'과 일 처리 방식 탓에 강하게 비판받았다. 주더가 받은 비판도 이와 비슷했다. 이에 마오는 군이 고정된 근거지를 확보하려 하지 않고 유격전을 고집함으로써 '유랑하는 토비의 사고방식'에 빠져버렸다고 반박했다. 하지만 이러한 마오의 주장은 '주요 쟁점'이 아니라고 다시 반박당했으며, 2개월 전에 그가 제안한 '1년 내' 장시성 전체를 점령하겠다는 계획 자체도 잘못이라고 비판받았다. 결국 전선위원회는 다시 새롭게 구성되었다. 마오와 주더는 위원으로 선출되었고, 마오는 당 대표를 맡고 주더는 군 총사령관을 맡았다. 하지만 가장 중요한 자리인 당 서기는 천이가 맡게 되었다. 이로써 마오는 또다시 정치적 퇴조를 경험한다. 1927년 9월 그가 징강산으로 들어간 이후 벌써 세 번째 시련이었다.[152]

정치적 투쟁이 극한에 이를 무렵, 당시 19살이던 허쯔전은 딸을 출산했다. 하지만 갓난아기를 키울 수 있는 상황이 아니었기 때문에 다른 홍군 여인들처럼 허쯔전도 아이를 출산한 지 30분 만에 어느 농민에게 15은원을 주고 아이를 보냈다. 훗날 허쯔전은 아이와 헤어지면서 울지 않았다는 글을 남겼다.[153]

이후 5개월 동안 마오쩌둥은 홍4군 지도부 일에서 멀리 떨어져 지냈다. 건강이 좋지 않다는 이유를 댔지만 신체적인 것보다는 심리적인 문제가 더 컸다. 허쯔전이 말한 대로, "그는 아팠다. 그리고 화가 나면 더 아팠다."[154] 마오가 그만두지 않은 일은 푸젠성 서부 지역 특별위원회와의 만남뿐이었다. 7월 내내 마오는 그들이 새로운 근거지를 세우는 일에 조언했다. 마오는 새로운 근거지가 형성되면, 그곳을 장시성 남부와 연결하여 마침내 장시성 전체를 포괄하는 소비에트 정부를 세우는 데 핵심으로 삼을 심산이었다. 이는 위두에서 그가 제시한 계획이기도 했다.[155] 하지만 마오는 전선위원회가 새로운 유격전을 전개하는 계획에는 전혀 관여하지 않았다. 이 때문에 천이와 큰 말싸움을 벌이기도 했다. 두 사람은 모두 얼굴이 빨개질 정도로 화를 냈고 서로에게 고함을 질렀다고 한다.[156]

마오쩌둥이 비협조적으로 굴자, 7월 말 전선위원회는 천이가 직접 상하이로 가서 당 중앙에 중재를 구하기로 했다. 천이가 없는 사이 주더가 당 서기 업무를 대신 담당하기로 했다.[157]

며칠 뒤 마오는 말라리아에 걸려 깊은 산속에 있는 외딴 마을로 들어가버렸다. 거기서 마오와 허쯔전은 대나무로 만든 작은 집을 얻어 생활하기 시작했다. 마오는 집을 학자의 은신처같이 꾸몄고, '책이 풍요롭게 많은 집(饒豊書房)'이라는 글귀를 나무판에 적어 문 위에 걸어 두었다.[158]

정치적 싸움에서 거리를 둔 마오의 결단은—이후에도 마오가 자주 사용한다.—효과가 빠르게 나타났다. 천이가 아직 상하이에 도착하기 전에 당 정치국은 '중국공산당 홍군 제4군 대표대회'에서 채택된 결의문들과 마오가 자신을 둘러싼 논란에 대해 의견을 밝힌 서신을 받아보았다. 이를 검토한 당 정치국은 당 대회 대표자들이 잘못된 행동을 취했다고 결론 내렸다. 8월 21일에 당 중앙의 지령문이 주더에게 보내졌다. 지령문은 당의 지도력을 중앙집권화하는 것이 중요하다고 강조했다. 이는 마오가 당 서기 역할을 확대하려 한 시도를 암묵적으로 승인한 것이었다. 지령문은 당 서기가 "절대로 가부장적 제도가 아님"을 분명히 밝히며, "홍군은 단순히 전투 조직이 아니라 선전 임무와 정치적 임무를 모두 맡고 있음"을 지적했다.[159]

불행히도 분쟁의 책임은 류안궁이 지게 되었다. 류안궁은 파벌주의를 조장했다는 비판을 받았으며 상하이로 귀환하도록 명령받

왔다. 하지만 그는 당의 명령을 수행하기도 전에 전투 중에 사망했다.[160]

9월 말 주더는 당 중앙이 보낸 지령문을 받고서 홍4군 대표대회를 다시 개최하는 한편, 마오쩌둥에게 회의에 출석하라는 전갈을 보냈다. 그러자 마오는 "아무 일도 없던 것처럼 그저 그렇게 돌아갈 수는 없다."라고 말하며 거절했다. 이번에는 당 대회에서 마오에게 서신을 보내 전선위원회 서기 자격으로 돌아와 달라고 공식적으로 요청했다. 그제야 그는 당 대회에 출석했으나 일할 상태가 아니라는 것을 보이기 위해 들것에 실려 왔다. (마오의 병환이 모스크바까지 전달되는 과정에서 오해가 생겨 코민테른이 마오쩌둥이 사망했다고 공식적으로 발표하는 일이 벌어지기도 했다.) 3주 뒤 상하이에 갔던 천이는 당 중앙위원회의 또 다른 지령문을 하나 들고 돌아왔다. 이는 천이 본인이 작성하여 저우언라이와 리리싼의 승인을 받은 것이었다. 지령문은 "혁명에서 중요한 것이 오로지 홍군이라고 생각하는 군인 동지들의 좁은 견해"를 비판했다. 그리고 마오가 주장한 계획, 즉 고정된 위치에 즉시 근거지를 설립하고 1년 내 장시성 전체를 장악하겠다는 계획 역시 잘못이라고 지적했다. 가장 핵심적인 문제였던 마오와 주더의 관계 설정에 관해서는 특별히 어느 편도 들지 않았으며, 두 사람 모두 "일 처리 방식이 잘못"되었다는 입장이었다. 구체적으로는 "대립적인 관계를 설정하여 서로 논쟁한 것", "상대방을 의심하면서 정치적 입장이 아닌 다른 입장에서 상대방을 평가한 것", "자신이 하는 일을 공개하지 않은 것"이 잘못된 방식으로 거론되었다. 한마디로 말해 어린아이들처럼 다투었다는 의미였다. 그런데도 당 중앙은 마오가 계속 전선위원회 서기를 맡고, 마오와 주더는 자신들의 잘못을 바로잡아 합리적으로 일하는 법을 배우도록 지시했다.[161]

당 중앙위원회의 서신이 도착했을 때 마오는 푸젠성 서부 지역에 있었다. 10월의 마지막 주가 되어서야 마오는 서신과 함께 온 짧은 메모를 전달받았다. 마오에게 즉시 일에 복귀하라는 메시지가 담겨 있었으나, 그는 이를 무시해버렸다.

말라리아 때문은 아니었다. 지역 당 위원회가 키니네를 구해주어 병은 나은 상태였다. 마오쩌둥은 정치적인 의사를 표현하고 있었다. 지난 2년 동안 세 번씩이나 동료들은 마오를 정치적 몰락의 구덩이로 떨어뜨렸다. 처음에는 당 중앙위원회였고, 그다음은 후난성의 당 위원회였으며, 이번에는 전선위원회였다. 마오쩌둥은 복귀하기 전에 과연 동료들이 정말로 자신을 원하는지 확실하게 매듭을 짓고자 했다. 한 달 동안 마오는 동네 농민들과 토지 개혁에 관해 토론하고, 밤이 면 평생을 두고 가끔씩 도전했던 영어 공부를 하며 시간을 보냈다.

11월에 홍군은 광둥성 전투에서 작전을 펼치다가 병력의 3분의 1을 잃는 대재앙을 겪었다. 11월 18일 주더와 천이는 마오에게 복귀해 달라는 두 번째 편지를 보냈다. 마오는 이번에도 아무런 답을 하지 않았다. 그러자 1주일 뒤, 전선위원회 전체 위원들 명의로 마오가 "부디 복귀하여 사업의 책임을 맡아주기를" 공식적으로 요청했다. 더불어 마오를 위한 작은 호위 부대도 보냈다. 그제야 그는 마음을 풀었고 11월 26일 당 서기 업무를 다시 맡았다.[162]

비록 마오는 홍4군을 "중앙위원회의 정확한 지도에 따라" 하나로 단결시키는 데 "결코 아무런 문제가 없을 것"이라고 당 중앙에 확언 했지만(이는 그가 군대 내의 여러 관점을 조화시키기 위해 노력하겠다는 뜻이었다)[163] 복귀와 동시에 가차 없이 자신의 입지를 강화하는 조치를 취했다. 그리고 당 중앙에서 내려온 문건들을 개인적 관점에서 해석했으며 마음에 들지 않는 부분은 무시해버렸다.

1929년 12월 마오는 푸젠성 서부의 구톈(古田)에서 회의를 소집했다. 이 회의는 훗날 마오가 자신의 생각대로 당 전체의 정신을 맞추려고 할 때 선호하는 수단이 되는 '정풍운동(整風運動)'의 원형으로 볼 수 있다. 열흘 동안 회의 참석자들은 작은 분회로 나뉘어 당 지부 서기들과 정치위원들의 지도를 받으며 "여러 가지 잘못된 사상의 근원을 파악하여, 잘못된 사상 탓에 발생한 해악이 무엇이고 어떻게 하면 이를 바로잡을 수 있는지"를 논의했다. 마오쩌둥은 서기로서 '잘못된' 사상과 '올바른' 사상이 무엇인지를 판단하는 역할을 했다. 당연히 주더와 그의 추종자들의 생각이 '잘못된' 사상의 범주에 속했다.[164]

마오는 회의 서두에 전체 분위기를 좌우하는 정치 보고를 했다. 제목은 '당내 잘못된 사상과 비(非)무산계급적 경향을 바로잡는 문제에 대하여'였다. 마오는 '순전히 군사적인 관점'을 비난했고, '극단적 민주화(極端民主化)의 해로운 뿌리'에서 '규율을 회피하려는 개인주의적' 현상이 자라난다고 지적했다. 또한 그는 당이 '군인 동지들'을 항상 이끌어야 하며 그들은 당에 항상 보고해야 한다고 강조했다.[165] 9년 뒤 마오는 이러한 원칙을 다음과 같이 간략하게 표현한다. "당이 총을 지휘한다. 총이 당을 지휘하는 것은 결코 용납하지 않는다."[166]

마오는 주더의 이름을 직접 언급하지는 않지만 많은 군사 지휘관이 아직도 봉건적 행동을 용인하고 있으며 "형편없이 부족한 군사 기술"에 머물러 있다고 혹평했다. 또한 그는 여전히 자행되는 체벌을 비난했으며, 특히 제2종대에서—제2종대는 주더의 과거 제28연대이다.—심하다고 지적했다. 제2종대에서는 체벌의 강도가 너무나 심해 자살한 사람이 세 명이나 되었고, 사병들의 말에 의하면 "장교들이 사병을 그냥 때리는 게 아니라 때려 죽여버릴" 정도였으며, 포로는 학대하고 탈영병은 총살하고 동료 병사가 병들거나 부상당해도 돌보지 않고 그냥 죽게 내버려두고 있다고 설명했다. 마오는 이러한 모든 행위가 당 규율을 명백하게 위반하는 사례라고 비판했다.[167]

당 중앙의 지령문 덕에 마오의 권위는 다른 사람이 도전할 수 없을 정도로 강해졌다. 하지만 당 중앙의 입장은 애당초 논란을 야기한 문제에 관해서는—격전을 벌일 것인가 아니면 고정된 혁명 근거지를 확보할 것인가.—마오의 생각을 변화시키는 데 전혀 영향을 주지 못했다. 마오는 며칠 뒤 린뱌오에게 개인적으로 서신을 보내는데, 그 내용을 살펴보면 마오의 견해가 조금도 바뀌지 않았다는 것을 알 수 있다. 그는 당 중앙위원회가 너무나 비관적인 태도를 취하고 있으며, 이는 1년 전 홍군을 해산하여 분산 배치하라고 할 때와 똑같은 태도라고 썼다. 또한 중국 사회 전반의 모순, 특히 군벌 간의 모순이 현재 극심해지고 있으므로 "불똥 하나만 튀어도 온 들판에 큰불"이 일 것이라고—그리고 이는 '곧' 일어날 일이라고—강조했다.

> 마르크스주의자는 점쟁이가 아닙니다. …… 내가 중국이 곧 혁명의 최고조에 이를 것이라고 말할 때, 그저 누군가처럼 '그럴 수도 있다'는 식으로, 공허하고 이룰 수 없으며 실제 행동과 전혀 관계없는 이야기를 하는 것이 아닙니다. 그것은 마치 높은 등대 위에서 저 멀리 수평선 끝에 떠 있는 배가 보이는 것과 같습니다. 마치 아침해가 직접 보이지는 않지만 저 높은 산봉우리 위로 새벽빛이 보이는 것과 같습니다. 마치 아기가 엄마 배 속에서 움직이다 이제 막 태어나려는 것과 같습니다.[168]

여기서 마오는 아직 중국이 혁명의 최고조에 이르지 않았다는 당의 입장과 완전히 배치되는 주장을 펴고 있다.[169] 마오에게 권위를 실어준 당 중앙의 지령문에는 전선위원회가 군벌 간의 모순에 너무 큰 의미를 부여하지 말라는 경고도 담겨 있었다. 그러나 마오는 몰랐겠지만, 지령문이 내려진 뒤 2개월 만에 당의 노선은 바뀌게 된다.

1929년 내내 중국과 소련은 만주에 있는 중동철도(中東鐵道)를 둘러싸고 갈등이 끊이지 않았다. 당시 중동철도는 소련과 중국이 공동으로 관리하고 있었는데, 장제스가 만주의 새로운 강자 장쉐량(張學良, 1901~2001)의 지지를 받고서 이러한 공동 관리 체제를 끝내고자 했다. 5월에 중국 경찰은 하얼빈(哈爾濱)과 치치하얼(齊齊哈爾)을 비롯한 만주 지역의 소련 영사관들을 급습했다(중국 본토에 있는 소련 영사관은 모두 폐쇄되었지만 만주 지역은 그렇지 않은 상태였다). 그리고 소련 영사관의 서류를 압수하여 조사한 결과 관리들이 공산주의 운동을 계속 추진해 왔던 것을 확인했다. 이에 7월 국민당 정부는 다수의 소련 관리들을 추방했으며, 그나마 유지되던 소련과의 영사 관계도 단절했다.

모스크바는 약간 망설였으나 중국에 본때를 보여주기로 결정했다. 10월 코민테른은 중국공산당에 서신을 써서 "유격전을 강화하고 확대하라"는 지시를 내렸다. 특히 만주와 마오쩌둥, 허룽이 활동 중인 장시성과 후난성 북서부를 지목하며, 중국의 접경지대에서 소련군이 보복 공격하는 것과 보조를 맞추어 유격전을 벌이라고 말했다.[170] 코민테른의 지시가 상하이에 도착한 것은 12월 초였는데, 그때는 이미 난징의 국민당 정부가 위협을 느낀 나머지 뒤로 물러서서 소련 정부에 화평을 청하기 시작한 시기였다. 하지만 코민테른 서신에 담긴 중국의 정치 상황에 관한 분석은 나름의 생명력을 지닌 채 작동하기 시작했다.

모스크바는 유격전을 벌이라는 지시를 정당화하기 위해 중국이

"심각한 민족적 위기에 들어섰다"고 설명했다. 그런데 민족적 위기의 특징이 바로 '혁명의 고조'와 '혁명의 최고조가 반드시 도래하리라는 객관적인 추정'이었다.[171] 모스크바의 표현은 모호한 측면이 있었지만 과거 코민테른의 발표문에 나타났던 소극성과는 현격하게 차이가 났으며, 이로써 당 중앙 지도부에서 주요 인물로 부상한 리리싼은 중국이 오랫동안 기다리던 혁명의 고조에 이르렀다고 마침내 주장할 수 있게 되었다.[172]

리리싼은 12월 8일 중앙위원회 지령문을 발표했다. 거기에는 농민의 자위대를 흡수하여 홍군을 급속히 확대하고, 여러 공산당 군대 간의 조직화를 개선하고, 분산이 아니라 집중을 지도 원칙으로 삼으며, 농촌 지역과 도시 지역을 위한 통일된 전략을 수립하라는 지시가 담겼다. 마지막 지시는 가장 놀랄 만한 정책 전환을 보여주었다.

과거의 전술은 주요 도시의 장악을 피했으나 이제 바꾸어야 한다. 승리의 가능성이 있고 대중 동원이 가능하다면, 주요 도시를 공격하는 것이 마땅하다. 주요 도시들을 신속하게 장악하는 것은 매우 큰 정치적 의미가 있다. 이 전술과 나라 전체에 걸친 노동자, 농민, 병사의 투쟁을 잘 조직화한다면 거대한 혁명의 고조를 이룰 것이다.[173]

1930년 1월 말 장시성에 도착한 리리싼의 문서를 본 마오는 중앙위원회의 혁명 전망에 대한 평가가 자신의 생각과 무척 가까워졌음을 발견하고 매우 흡족했다. 며칠 뒤 지안 인근의 피터우(陂頭)에서 전선위원회 확대회의가 개최되었다. 마오의 동료들은 한 사람씩 앞으로 나와 지난여름 마오가 내세운 견해가 정확했음을 인정하고 지안을 출발점으로 삼아 '장시성 전체의 해방'을 위해 힘쓸 것을 다짐했다. 마오에게는 참으로 흐뭇한 광경이었을 것이다.[174]

장시성 전체의 해방이라는 목적을 달성하기 위해 새로이 확대된 '총전선위원회'가 구성되었다. 총전선위원회는 마오가 서기를 맡았으며, 마오의 '홍군 제4군'과 펑더화이의 '홍군 제5군'(징강산 북쪽 지역에 근거한 3천 명에 달하는 부대), 새로 구성된 '홍군 제6군'(펑더화이의 동료 황궁뤠黃公略의 지휘 아래 간강贛江의 남쪽 지류 일대에서 활동한 부대)을 관할했고, 이 밖에도 장시성 남서부, 푸젠성 서부, 광둥성 북부 지역에 산재한 공산당 근거지를 지배했다.

피터우 회의에서는 마오가 초안을 작성한 최종 성명서가 발표되었다. 그야말로 혁명의 열기가 가득 찬 글이었다.

세계 혁명이 곧 최고조에 달할 것이다! 중국 혁명이 곧 최고조에 달할 것이다! 중국의 소비에트들은 소련의 계승자로 등장할 것이고 세계 소비에트 체제의 강력한 일부가 될 것이다. 우선 장시성 소비에트가 등장할 것이다. 왜냐하면 장시성의 조건이 다른 성에 비해 더욱 성숙하기 때문이다. …… (우리 투쟁의 최종 결과로서) 반드시 …… 중국 남부의 혁명 세력은 결국 온 나라의 혁명 세력과 합쳐져 지배계급을 완전히 매장해버릴 것이다.[175]

하지만 말과 현실은 달랐다. 계획들을 실행에 옮기는 단계에 이르자 마오는 극도로 조심스러운 태도를 보였다. 심지어 지안 공격조차 당초 계획대로 실행하지 못했다. 마오는 이렇게 썼다. "행동 지침은 전적으로 옳다. 하지만 첫 번째 단계는 도시를 직접 공격하는 것이 아니라 포위하는 것이다. 그리하여 도시 안에 사는 사람들의 삶을 힘들게 하고 공포심을 불러일으키는 것이다. …… 그 후에 (다음 단계로) 나아가야 한다." 하지만 국민당이 공세에 나서자 첫 번째 계획부터 좌절되었다. 그리고 결국 3월에는 지안 공격 계획 자체가 완전히 취소되었다. 이후 며칠 뒤에는 간저우를 공격해 점령하는 계획도 취소되었다. 그 대신 총전선위원회는 향후 3개월 동안 기존 농촌 근거지를 발전시키고 확대하는 데 힘을 기울이기로 결정했다. 견고하게 하지 않고 확대를 추진하는 것은 '심각한 기회주의'라는 이유로 내린 결정이었다.[176)]

마오쩌둥이 극도로 조심스럽게 행동하는 것을 상하이 당 중앙이 모를 리 없었다. 리리싼은 '혁명의 최고조'가 의미하는 바에 관해 양측이 근본적으로 견해의 차이가 있음을 곧 알아차렸다.

리리싼이 주장한 '혁명의 최고조'는 이론에 입각한 것이었다. 이는 원래 모스크바에서 소련의 국익을 위해 정립한 개념을 리리싼이 자신의 목적에 맞게 적당히 변형한 것이었다. 반면 마오가 생각한 '혁명의 최고조'는 실제 정치 활동과 관련되었다. 지난해부터 마오는 농촌 근거지를 구축하는 것만이 혁명의 유일한 길이라고 주장했기 때문이다. 그런데 당 중앙위원회는 9월 지령문을 통해 농촌 근거지를 구축하려면 '혁명의 고조'가 필요하다고 강조했다. 따라서 마오의 입장에서 볼 때, 이제 필요조건이 충족되었다는 리리싼의 주장은 마오가 추진하던 정책에 정당성을 부여하는 것이었다.

리리싼이 마오를 도와준 것처럼, 마오는 리리싼의 체면을 세워주기 위해 주요 도시를 장악하는 리리싼의 전략에 찬동하는 말을 보탤 수는 있었다. 하지만 거기까지였다. 마오는 홍군이 불필요한 위험에 노출되는 것을 절대 허용할 수 없었다. 사실 애당초 찬동하는 말도 적극적이지 않았다. 피터우 회의의 결의문을 보면, 분명 당의 '주된 과제'는 '소비에트 근거지 확대'일 뿐 도시 장악은 주요 정책으로 아예 언급조차 되지 않았다(지안을 장악하는 구체적인 계획과 완전히 달랐다).[177)] 실제로 불과 몇 주 전 마오는 구톈 회의에서 "큰 도시로 진군"하려는 사람들은 단지 그곳에서 여흥을 찾고 "맘껏 먹고 마시기"

위해서라고 조롱하기도 했다.[178]

한편 리리싼에게 도시 혁명은 근본적인 것이었다. 그는 노동자 조직 활동을 하며 경력의 대부분을 쌓은 인물이었다. 마오 밑에서 안위안 광부들을 조직하는 일을 배운 데서 시작하여 1925년 5·30운동 때 중국 전역에 이름을 날린 것까지 리리싼의 모든 활동은 노동자와 관련이 깊었다. 마오쩌둥이 중국의 미래를 향한 열쇠가 농촌 혁명에 있다고 강하게 믿었던 만큼, 리리싼은 무산계급이야말로 중국의 구세주라고 믿었다.

심오한 정치적 문제 외에도 개인적 문제도 있었다. 리리싼은 마오보다 여섯 살 아래였다. 두 사람이 안위안에서 함께 노동 운동을 할 때는 그런대로 잘 지냈지만 그렇다고 가까운 사이는 아니었다. 게다가 리리싼은 2년 전 후난에서 자행된 '적색 테러' 시기에 지주인 그의 아버지가 처형당했다는 소식을 듣고도 마오가 무관심했던 일에 화가 나 있었다. 1929년 10월 마오는 뒤늦게 리리싼이 당 지도부에서 승격한 것을 알고서 어색한 편지를 보냈다. 리리싼을 '리형(李兄)'이라고 부르며 '훌륭한 조언을 보내줄 것'을 청하는 내용이었는데, 그가 리리싼의 승격 소식을 듣고서 놀랐다는 것을 보여주는 증거라 할 수 있다.[179]

개인적 문제를 고려하지 않더라도 '혁명의 최고조'에 관해 마오와 당 중앙의 생각이 다르다는 것은 그리 오래 감출 수 없었다. 1930년 2월 말 저우언라이는 당 중앙위원회 통지문 제70번에서 당 지도부의 새로운 전략을 훨씬 더 풍부하고 자세하게 설명했다. 저우언라이는 마오와 주더의 이름을 직접 거명하며 "자신들의 병력을 계속 감추고 분산하고" 있다고 비판했다. 또한 당의 목적은 "하나 혹은 몇 개의 성에서 예비적 승리"를 거두는 데 있으며, 이를 위해 홍군의 모든 전술은 주요 교통로에 위치한 주요 도시를 장악하는 데 적합하도록 조정되어야 하며, 이 일은 각 지역의 봉기, 노동자의 정치적 파업, 민족주의적 성향의 위수 부대들이 일으키는 반란에 발맞추어 이루어져야 했다. 2주 뒤 3월 10일 당 정치국은 마오의 군대가 뚜렷한 목표 없이 "그저 빙빙 돌기만 한다"며 또다시 비판을 가했다. 또 다른 당 지령문은 마오가 "당에 대한 책무와 국가의 혁명적 상황에 반대되는" 행동을 한다고 탓했다.[180] 이후 저우언라이는 모스크바로 출발해 거기서 8월까지 머물렀으며, 그사이 리리싼이 혼자 당 중앙의 정책을 떠맡았다.[181]

1930년 봄부터 이른 여름까지 마오는 당의 지령을 거부했다.

마오의 군대는 장시성과 광둥성의 접경지대에서 꼼짝하지 않고 소규모의 정부군과 작은 전투를 계속 벌이며 군사적 역량만 축적했다. 리리싼이 '전국 소비에트 지역 대표회의'를 소집해 마오에게 참석하라고 지시했지만 마오는 가지 않았다. 결국 5월 중순 대표회의가 개최되었으나, 중국 소비에트 대표 가운데 가장 중요한 인물이 빠진 상태였다. 마오는 전선위원회 회의에서 잘못된 지령을 실천에 옮기는 것은 사실상 '일종의 태업 행위'이며 자신은 이를 전혀 실행하고 싶지 않다고 대수롭지 않은 듯 말했다.[182]

리리싼의 생각은—훗날 '리리싼 노선'으로 불린다.—3년 전 취추바이의 과격한 견해를 점차 닮아 갔다. 취추바이와 마찬가지로 리리싼은 홍군에만 의지하여 혁명을 추진하는 것은 잘못이며, 홍군은 반드시 노동자의 봉기와 동시에 움직여야 한다고 주장했다. 또한 취추바이처럼 "오로지 공격만 있을 뿐 후퇴는 없다."고도 말했다. 리리싼에 의하면 마오의 유연한 전투 전략은 "도시를 장악해야 하기 때문에 …… 더는 현대의 요구에 맞지 않으며" 따라서 주더와 마오는 "행동 양식을 바꾸어야" 하고 유격대의 사고방식에서 탈피해야 했다. 마오가 지안 공격을 계획하며 처음으로 구체적으로 표현한 "농촌이 도시를 포위한다"는 생각 역시 "극히 잘못된" 것이고, "농촌 사업이 첫 번째고 도시 사업은 두 번째"라는 마오의 견해도 심각한 오류였다.[183]

6월 들어 양측의 대립은 한층 더 격화되었다. 당 정치국은 마오에게 "제국주의를 두려워하며" 농민의 관점을 드러내고 "유랑하는 토비의 사고방식"에 젖어 있으며 당 중앙위원회의 지시를 계속 어긴다고 비난했다. 당 정치국이 통과시킨 결의안을 보면, 장시성 한 곳에만 혁명 정권을 세우겠다는 마오의 계획에 거부 의사를 분명하게 밝히면서 훨씬 더 대대적이고 거창한 전망을 제시하는 것을 알 수 있다.

중국은 세계 제국주의의 지배의 사슬에서 가장 약한 고리이다. 중국은 세계 혁명의 화산이 폭발할 가능성이 가장 큰 곳이다. …… 중국 혁명은 심지어 …… 세계 혁명을 촉발할 수도 있으며 전 세계에 걸친 최종적이고 결정적인 계급 전쟁을 일으킬 수도 있다. …… 따라서 공산당이 당면한 과제는 광대한 대중에게 청하여 …… 모든 혁명 세력이 일제히 봉기할 수 있도록 단호하게 준비하며 …… 이제부터 무장 봉기를 적극적으로 대비하는 것이다. …… 현재 우리는 새로운 혁명의 최고조에 이르고 있으므로, 우리의 일반적인 전술 정책은 하나 혹은 몇 개의 성에서 예비적 성공을 쟁취하여 전국적 규모의 혁명 정권을 설립할 준비를 하는 것이다.[184]

이러한 전망을 토대로 삼아 리리싼은 우선 마오의 부대가 주장(九江)과 난창을 공격하고 그다음 홍군이 일제히 우한을 공격하는 작전을 세웠다.[185]

리리싼은 공산당의 군대를 좀 더 확실하게 통제하기 위해 정치 및 군사 부문에 광범위한 조직 개편을 실시했다. 그는 각 지역에 비상

권력 조직인 '행동위원회'를 설립하여 당 중앙에 직접 보고하는 지휘
계통을 세웠다(당 중앙에 보고한다는 것은 사실상 리리싼에게 보고한다는
뜻이었다). 군사 부문에는 새로이 '중앙혁명군사위원회'가 구성되어
마찬가지로 리리싼에게 직접 보고하는 체계를 갖추었다. 기존의 군
사 조직은 중앙혁명군사위원회의 지휘 아래 4개 군단으로 재편성되
었다.[186] 열흘 뒤 당 중앙위원회의 특사 투전눙(途振農)이 마오가 머
물던 창팅에 도착했다. 투전눙은 마오와 주더에게 병력을 북쪽으로
이동하라는 지령문을 전달했다. 불쾌함이 덜하도록 마오에게는 중앙
혁명군사위원회의 주석을 맡겼고 주더는 총사령관으로 임명했다. 당
중앙의 명령에 복종하는 것 외에는 다른 선택지가 없었다.[187]

　당 중앙의 명령이 떨어진 뒤에 마오가 지은 시를 보면, 당시 그가
당 중앙의 작전을 수행하는 데 주저했음이 무심코 드러난다.

　　백만 노동자와 농민이 함께 분연히 일어나네
　　장시성을 석권한 다음 후난성과 후베이성을 치네
　　'인터내셔널가(歌)'의 가락이 처량하게 울려 퍼지고
　　하늘에서는 울부짖는 폭풍우가 우리를 향해 떨어지네*[188]

　마오의 깊은 의구심을 반영하듯 군대는 아주 천천히 이동했다. 창
팅을 출발한 것이 6월 28일이었는데, 열흘이 지난 뒤에도 아직 창팅
에서 서쪽으로 약 150킬로미터 떨어져 있는 싱궈(興國)에 도달하지
못했다. 2주가 더 지난 뒤에야 군은 싱궈에서 북쪽으로 100킬로미터
올라간 장주(樟樹)라는 곳에서 처음으로 적군과 교전했다. 첫 교전
이후 마오와 주더는 난창을 정면 공격하기에는 난창의 수비 태세가

---

* "百萬工農齊踊躍 席卷江西直搗湘和鄂 國際悲歌歌一曲 狂飆爲我從天落"

너무 강하므로 상징적인 행동만 해도 충분하리라고 판단했다. 그들은 8월 1일 난창 건너편 강둑에 있는 기차역에 1개 부대를 파견하여 3년 전 난창 봉기를 기념하는 의미로 공중에 총을 쏘게 했다.[189] 이후 마오는 당 중앙위원회에 간략하게 설명했다. "우리는 8월 1일 시위 행동을 통해 과업을 완수한 다음 (서쪽으로 약 80킬로미터 떨어져 있는 산악 지대의) 펑신(奉新) 부근에 산개하여 대중을 동원하고 자금을 모으고 선전 사업을 벌였다."[190]

신속하고 조직적으로 공격하여 우한을 탈취한다는 리리싼의 거창한 계획은 이렇게 끝이 났다. 이때쯤 리리싼에게는 다른 문제가 생겼다. 리리싼이 지나치게 봉기에 집착하는 것을 두고 모스크바가 경계심을 보인 것이다. 5월에 작성된 코민테른의 서신은 "(중국에서) 아직 전국적인 혁명의 최고조가 나타나지 않았다."라고 하며 다음과 같이 말했다. 혁명 운동의 힘이 "아직 국민당과 제국주의자들의 지배를 타도하기에 충분하지 않다. …… (하지만) 혁명 운동이 중국을 장악할 수는 없더라도 여러 주요 성을 장악할 수는 있다."[191] 이는 리리싼이 발전시킨 정책 노선과 상당한 차이가 있었다. 리리싼은 오로지 전국적 규모의 봉기가 일어나야만 각 성의 독립적 정권이든지 장기적 근거지든지 살아남을 수 있다고 끊임없이 주장하면서, 마오의 주장처럼 개별 지역 정권이 수립된 다음에 전국적 봉기를 시도하는 노선은 '지극히 잘못된' 것이라고 비판했기 때문이다.[192] 하지만 모스크바는 리리싼에게 마오의 노선을 따르라고 지시한 것이다.

모스크바의 서신은 7월 23일 상하이에 도착했다. 리리싼은 자신이 계획한 공격이 모스크바의 지지를 얻지 못하므로 취소해야 한다는 사실을 분명히 알았다. 하지만 그는 승리야말로 가장 강력한 정당화라고 확신하고서, 모스크바의 서신을 당 정치국에 숨겼다.[193]

이틀 뒤 펑더화이는 창사를 기습적으로 공격했다. 그리고 7월 27

일 펑더화이는 자신의 병력보다 네 배나 많은 허젠의 국민당군을 물리치고 창사를 점령했다. 이후 아흐레 동안 펑더화이 부대는 창사에 머무른 후—유럽 전역에 온 신문마다 이 놀라운 소식이 보도되었고 유럽 사람들은 엄청난 공포를 느꼈다.—철수했다.[194] 결국 후퇴했지만 여하튼 리리싼은 이 일에 몹시 열광했고, 마오도 어쩌면 후난에서 권력을 쟁취하는 것이 정말로 가능할지도 모른다고 생각했다.[195] 8월 중순 펑더화이 부대와 마오 부대는 연합했고 8월 23일 류양 인근에서 회의를 열었다. 마오와 펑더화이의 부대는 하나로 합쳐 '홍군 제1방면군'으로 재편되었으며, 총사령관은 주더가 맡고 정치위원 및 총전선위원회 서기는 마오가 맡기로 결정되었다. 또한 전투 지역의 최고 권력 기관으로 마오가 주석을 맡은 '노동자농민혁명위원회'가 구성되었다. 노동자농민혁명위원회는 전선위원회와 각 지역의 당 권력 조직을 총괄적으로 통제하는 권한을 지녔다.

류양 회의에서는 많은 논쟁 끝에 다시 한번 창사를 쟁취하는 시도를 감행하기로 결정했다. 이번에는 점령 뒤에 계속 버텨볼 작정이었다.[196]

마오는 마음이 복잡했던 것 같다. 허젠의 국민당군은 심각한 타격을 입었으며 홍군의 사기는 높았다. 하지만 이제 홍군은 기습 작전을 활용할 수 없었다. 회의 다음 날 마오가 보낸 서신을 보면 그의 복잡한 마음을 읽을 수 있다. 마오는 장시성에서 보충 병력을 대규모로 파견하는 것이 '극히 중요하다'고 말하며, '2주 내에 1만 명, 한 달 내에 2만 명'을 보충해야 한다고 강조했다. 또한 마오는 창사를 점령하는 것이 "가능하기는 하지만 …… 아주 치열한 전투"를 치러야 할 것이라고 하며 신중함을 보였다.[197]

마오쩌둥의 우려는 정확히 들어맞았다. 국민당 군대는 강하게 저항했으며 홍군의 공격은 창사에서 남동쪽으로 얼마 멀지 않은 지점에서 멈추어야만 했다. 그리고 9월 12일 국민당의 새로운 군대가 홍군을 포위하기 위해 접근하자 마오는 철수 명령을 내릴 수밖에 없었다.[198]

하루 뒤 이제 장시성으로 귀환하라는 지시가 홍군에게 내려졌다. "우한에서 최초의 승리를 거둔 후에 전체 정권을 탈취한다."는 호언장담은 여전히 계속 병사들에게 전달되었지만, 사실 다음 공격 목표는 훨씬 더 작았다. 3주 동안 홍군은 휴식을 취하고 장비를 정비하고서 지안을 공격했다. 지안은 장시성에서 세 번째로 큰 도시로 주민은 4만 명이었다. 홍군은 이제까지 지안을 여덟 번이나 공격했지만 번번이 실패했다.[199]

그런데 10월 4일 지안의 위수 부대는 싸움을 포기하고 퇴각해버렸다. 마오는 다음과 같이 선언했다. "수년간의 전투 끝에 홍군과 민중은 (장시성에서) 최초로 주요 도시를 점령했고, …… 이제 장시성 전체의 승리가 시작되었다."[200] 다소 과장된 표현이었다. 실제로 홍군이 지안을 점령한 기간은 6주였기 때문이다. 하지만 이는 지안 점령으로 공산당 지도부와 당원들이 얼마나 흥분했는지를 단적으로 보여주는 것이었다. 과장된 각종 선언들이 줄을 이었다. 홍군을 1백만 명까지 증대해야 한다거나 소련 및 전 세계 무산계급과 영원히 단결해야 한다거나 현재의 "세계적 혁명 상황"에서 소비에트 권력이 중국과 전 세계에 "폭발적으로 확산될 것은 의심할 바 없다"는 식의 말들이 쏟아졌다.[201]

마오는 지안 한가운데 있는 지주의 안락한 벽돌집을 지휘 본부로 삼았다. 마오와 허쯔전은 저택의 정원 뒤에 있는 내실에 거주했으며 주더와 젊은 반려 캉커칭(康克淸)은 바깥채에 거주했다. 마오는 구톈 회의에서 도시 생활의 덫에 대해 경고한 바 있었지만 마오를 포함한 홍군 모두는 잠시 맛보는 휴식과 안락함을 맘껏 즐겼다.

한편 상하이의 리리싼은 큰 곤경에 빠졌다.

7월 소련 군사 고문은 중국공산당 중앙위원회와 모스크바 사이의 원활한 의사소통을 위해 당 중앙에 비밀 무선 송신기를 설치해주었다. 종래의 서신 교환은 몇 개월이 걸렸기 때문에 리리싼은 자유롭게 행동할 수 있었지만, 이제는 행동의 자유가 사라져버린 것이다. 7월 28일 무선 송신기를 통해 모스크바가 전한 첫 메시지는 리리싼의 도시 봉기 계획에 강력하게 반대한다는 것이었다.[202] 이번에도 리리싼은 코민테른의 메시지를 자신만 보고 다른 사람들에게 숨겼다. 하지만 한 달 뒤 모스크바는 리리싼의 계획을 '모험주의'라고 비난하며, "대도시를 탈취할 수 있는 가능성은 전혀 없다."고 잘라 말했다. 그러자 리리싼은 버티지 못하고 우한과 상하이에 내렸던 봉기 지시를 취소할 수밖에 없었다.[203]

이때쯤 저우언라이와 취추바이가 모스크바에서 돌아왔기 때문에, 리리싼은 더는 모스크바의 견해를 적당히 감출 수가 없었다.[204] 그런데도 리리싼은 창사를 다시 장악하라는 지령을 취소하기를 거부했으며, 9월 중국공산당 중앙위원회 제6기 제3차 전원회의가 열렸을 때도 자신은 항상 코민테른의 지도를 충실하게 따랐을 뿐이라고 강력하게 주장했다.[205]

리리싼의 주장은 잠시 동안은 효과가 있었다. '중앙위원회 제3차 전원회의'에서는 지나친 낙관주의에서 발생한 '모호함과 착오'가 있었지만 "정치국의 (일반적) 노선은 정확하다."는 결론을 내렸다. 하지만 리리싼은 곧 제재를 받게 된다. 10월에 모스크바가 리리싼의 문제적 발언을—여러 가지가 있었지만, 특히 만주에서 봉기를 일으키면 소련과 일본 사이에 전쟁이 일어날 것이라거나 러시아인들이 중국 사정을 제대로 알지 못한다고 말한 것을 들 수 있다.—알게 되었기 때문이다.[206]

스탈린의 인내심은 한계에 도달했다.

11월 중순 코민테른은 상하이에 리리싼을 강력하게 비난하는 서신을 보냈다. 리리싼이 반(反)마르크스주의적, 반(反)코민테른적, 반(反)볼셰비키적, 반(反)레닌주의적 노선을 추진했다는 내용이었다. 며칠 뒤 리리싼은 모스크바로 소환되어 자신의 오류를 공개적으로 인정해야 했다. 공개 석상에서 비참하게 자신의 잘못을 인정한 리리싼은 이때부터 공식적인 활동을 멈추었다. 그가 다시 등장하는 것은 15년이 지난 뒤였다.

당시에 마오쩌둥이 어떤 생각을 품고 있었는지 정확하게 알 수는 없다. 분명한 것은 중국 내에서나 해외에서나 혁명이 확실히 발전하고 있다고 생각했으리라는 점이다. 마오 같은 공산당원들은 분명 신문을 읽었을 것이고, 그때는 미국의 대공황, 유럽의 갑작스러운 산업계 불황, 아시아와 라틴아메리카 지역에서 일어난 반제국주의 투쟁에 관한 기사를 신문에서 볼 수 있었다. 마오는 그해 가을 공개적으로 "전 중국 내에 혁명의 물결이 매일 더 높아지고 있다."고 주장했다.[207] 하지만 실제 행동은 무척 신중했다. 지안을 점령한 이후, 동료들은 리리싼의 전략이 옳다고 여기고 난창을 우선 공격한 뒤에 우한을 압박하자고 주장하며 홍군의 행동을 촉구했지만 마오는 이들을 계속 저지했다.[208] 마오의 입장은 홍군의 첫 번째 과제는 여전히 하나의 성, 즉 장시성을 장악하는 것이며 나머지 일은 그 이후에 추진해야 한다는 것이었다.[209]

이때 리리싼이 꿈꾼 중국 전체 장악에 관한 논의가 갑작스럽게 끝날 수밖에 없는 상황이 발생했다. 장제스가 향후 6개월 동안 10만 병력을 동원하여 장시성의 '붉은 위협'을 완전히 끝장내겠다는 계획을 발표한 것이다. 이는 이제까지 국민당이 공산당을 공격하기 위해 집결한 병력 가운데 가장 큰 규모였다. 하지만 이번에 장제스가 상대하는 공산당군은 1928년 징강산에서 격퇴한 굶주린 유격대가 아니었다. 그때는 마오와 펑더화이 군대를 다 합해도 병사가 4천 명이 되지 않았고 그중 총을 소지한 인원은 절반도 되지 않았다. 나머지 인원은 창, 곡괭이, 몽둥이 따위로 무장했다. 그런데 이제 홍군 제1방면군의 병력이 4만 명에 달했고 대부분 현대식 소총으로 무장하고 있었다.[210]

물론 현대적 기준으로 보면 홍군은 부족한 점이 많았다. 병사들 대부분이 농민 출신의 문맹이었으며, '아무데나 함부로 변을 보지 말 것!', '포로를 몰아놓고 총을 쏘지 말 것!' 같은 경고를 그려놓고 통제해야 했다.[211] 그렇지만 구톈 회의 이후 홍군의 정치 일꾼들은 이러한 원시적인 수준의 병력을 꽤 높은 목적의식과 전투 기술을 보유한 군대로 바꾸어놓았다.

문맹 퇴치 운동, 규율 강화, 장교단 평가, 진급 체계가 도입되었다. 신병 모집에도 조건이 붙었는데, "16살에서 30살 사이, 키는 최소 150센티미터, 심각한 질병이 없고 건강한 상태"여야 했다.[212] 마오의 설명을 보면 당시의 어려움을 짐작할 만하다.

(이러한 필수 조건을 제시하는) 이유는 우선 눈병에 걸린 사람은 총을 제대로 조준하고 발사할 수 없기 때문이다. 귀가 먹은 사람은 명령을 확실하게 알아들을 수 없다. 코가 납작하게 내려앉은 사람은 유전적으로 매독에 걸린 경우가 많다. 말을 더듬는 사람은 군인으로서 의사소통을 제대로 할 수 없다. 또한 질병에 걸린 사람들은 허약한 신체 때문에 전투 임무를 수행할 수 없을 뿐 아니라 병을 다른 사람에게 전염시킬 위험까지 있다.[213]

전투 현장에는 응급 의료 시설을 세웠으며 시체를 매장하는 보조 부대도 편성했다. 보급 부대와 수송 부대도 편성하여 병참 물자를 수송하고 야전 취사를 담당했다. 정찰, 지도 읽기, 정보 수집, 방첩을 담당하는 분대도 있었다.

1930년 6월 이후 주더와 마오는 하루에 한 번 이상 자세한 군사 지령문을 발송했다. 지령문에는 전투 순서, 행군 계획, 초병 배치 지침, 도하 작전 계획 등등 20개 연대를 통솔하는 데 필요한 온갖 잡다한 내용이 포함되어 있었다. 일부 고위급 장교는 일선 부대의 지휘 업무를 그만두고 참모장교로 총지휘부에 배치되었다. 야전 전화가 도입되면서 이제까지 전투 현장에서 의사소통을 담당한 전령과 깃발 신호병은 점차 사라졌다.[214]

홍군이 국민당군에 비해 유일하게 절망적일 정도로 열악했던 것은 군사 과학 기술이었다. 창사 공격이 실패로 돌아간 이후, 마오는 적군의 무전 장비를 탈취하라는 명령을 내리며 이는 별도의 취소 명령이 있을 때까지 유효하다고 덧붙였다(적군의 무전병 역시 생포하여 홍군의 통신병을 교육할 수 있도록 하라고 명령했다). 적군에게 탈취한 장비로 기관총 분대와 박격포 분대도 새로 창설했다. 하지만 코민테른이 지적한 것처럼, 홍군은 여전히 "무장 수준이 열악했고 군수품 공급이 극히 취약했으며 특히 병기나 대포가 몹시 부족했다."[215]

1930년 들어 홍군의 전술은 유격전에서 기동전으로 변화하기 시작했는데, 어느 정도는 '리리싼 노선'의 영향 덕도 있었다. 하지만 장제스가 발표한 포위 섬멸 작전에 대비하여 새로운 전술이 필요했던 이유가 컸다. 10월 30일 난창에서 남서쪽 방향 약 120킬로미터 지점에 위치한 뤄팡(羅坊)에서 전선위원회 확대회의가 개최되었다. 거기서 마오는 처음으로 유적심입(誘敵深入), 즉 '적을 유인하여 깊이 들어오게 한다'는 전투 원칙을 제시했다. 심오한 사상이 종종 그러하듯이, 이 전투 원칙의 핵심은 극히 단순하다. 기본적으로 마오가 징 강산 시절에 만든 '적이 전진하면 우리는 물러나고, 적이 지치면 우리가 공격한다'는 전술을 약간 변형하여, '홍군 지역으로 적을 유인하여 깊이 들어오게 한 다음 그들이 지칠 때까지 기다려 섬멸한다'는 전략이었다.[216] 훗날 마오가 지적한 것처럼 이 전투 원칙을 고수함으로써 일어난 필연적 결과는 '지구전(持久戰)'이었다.

적은 단기전을 원하지만, 우리는 이를 절대로 용인하지 않을 것이다. 적은 내부에 갈등이 있다. 적은 우리를 빨리 패배시킨 다음 돌아가서 내부적으로 전투를 치르려 한다. …… 우리는 적을 초조하고 안달나게 만들 것이며, 그러다가 적의 내부 문제가 첨예하게 되었을 때 강력한 일격을 가할 것이다.[217]

마오의 원칙에 반대하는 자들도 있었다. 그의 원칙이 리리싼이 옹호한 공세적 정책에 반대된다는 주장이었다(사실이 그랬다). 또한 마오가 계속 주장한 '혁명의 고조'와 맞지 않을 뿐만 아니라 주요 도시를 공격하라는 당 중앙의 지령과도 부합하지 않는다는 비판을 받았다. 다른 이들은 국민당군이 치고 들어오는 지역에 엄청난 피해가 발생하리라는 우려를 표명하기도 했다. 그들의 우려에는 충분한 근거가 있었다. 하지만 주더가 마오를 지지했고 전선위원회도 약간은 주저했지만 마오의 전투 원칙을 승인했다. 다음 날 이 지침은 각 부대 지휘관에게 하달되었다.[218]

장제스의 군대는 6주 동안 홍군을 추격했다. 각 지역의 적위대(赤衛隊)가 장제스 군대를 괴롭히는 사이, 홍군 제1방면군은 국민당군과 전투를 벌이지 않고 퇴각을 거듭했다. 그들은 장시성 중부의 거친 산악지대를 가로질러 퇴각하면서, 지난여름 점령한 여러 개의 현을 —지수이(吉水), 지안, 융평(永豊), 러안(樂安), 둥구(東固) —차례로 국민당군에 내주었다. 제1방면군은 갈지자 모양으로 방향을 계속 바꾸면서 공산당에 대한 농민의 지지가 강한 지역인 남쪽으로 천천히 퇴각했다.

12월 초에는 장제스가 직접 난창에 왔다. 그는 사단 2개 병력을 추가로 파견하여 푸젠성 인근을 봉쇄했다. 국민당군의 주력 부대는 네 군데로 나뉘어 진격했고 거대한 활모양의 포위망을 형성했다. 장시성 중부를 가로지르는 약 240킬로미터 길이의 거대한 전선이었다. 국민당군이 압박을 가하며 천천히 포위망을 좁혀 오는 동안, 홍군은 포위망의 한가운데 자리한 황피(黃陂)라는 마을 근처에서 조용히 국민당군을 기다리고 있었다. 국민당 군대의 최전선에서 16킬로미터도 채 떨어지지 않은 곳이었다.

크리스마스 전날이자 마오의 37번째 생일 이틀 전에 홍군에게 첫 번째 기회가 찾아왔다. 펑더화이 부대는(당시 '제3군단'으로 불렸다) 북쪽으로 이동하여 장제스의 제50사단을 기다리며 매복을 했다. 그러나 탄다오위안(譚道源)이 지휘한 제50사단은 덫이 놓여 있음을 알아차리고는 전진을 멈추어버렸다. 결국 나흘간의 기다림 끝에 매복 작전은 취소되었다.

이후 제1방면군 전체는 왼쪽으로 방향을 틀어 남서쪽으로 20킬로미터 떨어진 룽강(龍岡)이라는 작은 마을로 이동했다. 12월 29일 국민당군의 또 다른 선봉 부대가 이곳에 도착했는데, 장후이짠(張輝瓚)이 지휘하는 제18사단이었다. 그날 밤, 홍군은 기습 공격을 감행하기 위해 어둠을 틈타 부대원을 전진 배치했다. 30일 아침 10시에 총공격이 개시되었다. 전투가 끝난 것은 다섯 시간 뒤였다. 홍군은 국민당군의 지휘관 장후이짠과 여단장 두 명을 생포했고, 9천 명의 포로를 사로잡았으며 5천 정의 소총과 30정의 기관총을 노획했다.[219] 이 전투 소식을 전달받은 탄다오위안은 자신의 부대를 급속히 퇴각시켰다. 그러자 제1방면군은 탄다오위안의 제50사단을 추격했고, 북동쪽으로 48킬로미터 떨어진 둥사오(東韶) 마을에서 따라잡아 공격을 퍼부었다. 전투 결과 홍군은 3천 명의 국민당 병사를 포로로 잡고 다량의 무기와 물자를 획득했다. 또한 국민당의 통신 부대 하나를 통째로 사로잡았는데, 이 소식을 들은 마오는 무척 기뻐했다. 2주 뒤 국민당 통신 부대는 홍군 최초의 무선 통신 부대 창설의 바탕이 되었다. 수동식 발전기와 광석 검파기를 이용하는 초보적인 통신 부대였지만 당시로서는 최첨단 기술을 이용하는 것이었다.[220]

장후이짠은 처형되었고 그의 머리는 널빤지에 실려 난창으로 흐르는 간강 위로 던져졌다. 물론 이는 장제스를 조롱하기 위함이었다.[221]

당시 마오쩌둥은 다른 누구보다도 기쁜 마음이었다. '적을 유인하여 깊이 들어오게 한다'는 원칙이 아무도 기대하지 않았던 큰 성과를 거두었을 뿐 아니라, 9월에 개최된 중국공산당 중앙위원회 제3차 전원회의에서 당 정치국 후보위원으로 복귀되었다는 소식을 들었기 때문이었다.[222] 이는 3년 전 추수 봉기 때 맡았던 직위로 복귀하는 것이었다.

하지만 좋은 일만 생긴 것은 아니었다.

1931년 1월 중순 당 정치국 상무위원회 위원 샹잉(項英, 1898~1941)은 아무런 사전 통보도 없이 마오의 지휘부가 머물던 황피 산간지대의 샤오부(小布)에 찾아왔다. 마오의 근거지에 이렇게 당직이 높은 사람이 온 것은 처음이었다. 샹잉은 '중국공산당 소비에트 구역 중앙국'*이라는 조직이 새로이 구성되었고, 최고 책임자가 저우언라이이

중국공산당 소비에트 구역 중앙국(中共蘇區中央局) 중국공산당이 관할하는 각지의 소비에트 지구를 총괄적으로 지휘하는 조직. 이하 내용에서는 '중앙국'으로 줄여서 표기했다.

며, 이 조직이 앞으로 장시성뿐 아니라 중국공산당 전체 근거지들에 대한 최고 지휘권을 갖는다고 통보했다. 좋은 소식도 있었다. 마오는 전혀 몰랐으나 이미 2개월 전에 그가 중앙국의 서기 대리에 임명되었다는 것이었다. 그러나 나쁜 소식이 곧바로 이어졌다. 샹잉이 마오의 직책을 넘겨받았다는 것이었다.[223]

샹잉은 마오보다 네 살 위였으며 이제껏 노동 운동을 조직하는 일을 담당해 왔다. 그는 제6차 당 대회에서 상무위원회 위원으로 선출되었는데, 더 많은 노동자 출신 당원을 당 지도부에 선출하려는 당시 분위기 덕분이었다. 이번에 그가 맡은 임무는 근거지를 중앙위원회의 통제 아래 두는 간단한 일이었다. 1월 15일 샹잉은 마오의 가장 중요한 권력 기반인 전선위원회를 폐지하라는 명령을 내렸다. 또한 마오가 주석을 맡은 '노동자농민혁명위원회' 역시 폐지할 것을 명령했으며, 그 밖의 다른 직책들에서 마오를 면직시키거나 다른 사람으로 대체하는 조치를 취했다.[224]

하지만 이러한 공식적인 변화가 반드시 실제적인 변화를 의미하지는 않았다. 샹잉에게는 높은 직책이 있었지만, 마오에게는 제1방면군이 있었다. 여러 가지 공식적 변화가 있었지만 결과적으로는 타협이 이루어졌다. 샹잉은 외관상 권력을 유지하고 마오는 사실상 권력의 대부분을 차지하게 되었다.

그런데 당시 상하이의 변화 때문에 상황이 조금 복잡해졌다. 스탈린은 중국 전문가인 파벨 미프*를 상하이에 파견해 중앙위원회 전원회의를 개최하게 했고 이미 권력을 잃은 리리싼의 잘못을 다시 한번 폭로하고 비판하도록 시켰다. 제4차 전원회의는 리리싼의 잘못을 몹

파벨 미프(Pavel Mif, 1901~1939) 러시아 혁명가이자 볼셰비키당의 간부이자 코민테른의 중국 정책 지도자. 본명은 미하일 알렉산드로비치 포르투스(Mikhail Aleksandrovich Fortus)이며 파벨 미프는 가명이다.

시 날카로운 어조로 비판하는 결의문을 채택했고, 이를 모든 당원이 반드시 읽도록 지시했다. 당 간부들의 직책 변동도 있었다. 마오의 직책에는 아무런 변화가 없었다. 명목상 지도자인 샹중파도 그대로 총서기 직책을 유지했다. 저우언라이는 다시 한번 교묘히 편을 바꾼 덕에 살아남았다. 하지만 취추바이는 당 정치국에서 해임되었고 샹잉은 당 정치국에서는 살아남았지만 상무위원회에서는 해임되었다.

하지만 가장 핵심적인 인사 교체는 왕밍이 당 정치국에 임명된 것이었다. 다부진 체격에 군턱이 진 26살의 젊은이 왕밍은 당 중앙위원회 위원도 거치지 않고 단숨에 당의 최고 지도 기관인 정치국에 이름을 올렸다.[225]

왕밍은 파벨 미프가 총장으로 있던 모스크바 중산대학을 졸업하고 1930년 중국으로 돌아왔다. 그는 모스크바 중산대학 출신 중국 유학파들 가운데 가장 눈에 띄는 인물이었다. 다른 유학생들도 제6차 당 대회에서 중앙위원회의 여러 요직에 임명되었다. '28인의 볼셰비키', '스탈린의 중국파', '귀국한 유학생'으로 불린 이들 유학생들은 향후 4년간 중국공산당 지도부에서 가장 강력한 세력으로 활동하게 된다.[226]

리리싼이 몰락했다는 소식이 처음으로 마오의 근거지에 도달한 때는 1931년 3월이었다. 그리고 3주 뒤에는 런비스가 이끄는 당 중앙위원회 대표단이 근거지에 도착했다.[227] 런비스는 10년 전 16살 때, 마오가 이끈 '러시아연구회'에서 러시아로 유학을 보낸 자였다. 1931년 1월 당 정치국 위원으로 임명된 런비스는 중앙위원회 제4차 전원회의의 결의문과 새로운 당 중앙이 발송한 지령문을 마오에게 전했는데, 지령문에는 중앙국의 활동에 대한 검토가 진행 중이며 이 작업이 완료될 때까지 기존의 '총전선위원회'가 장시성의 당 최고 기관 역할을 계속 맡는다는 내용이 담겨 있었다. 물론 '총전선위원회'의 서기

장시성 남부에 자리 잡은 중앙 소비에트 근거지(1931~1934)

후난

통구

난창

뤄팡　장주　푸저우

안위안

이황　난청

용핑　리촨

지안　지수이　러안　난펑

융신　피터우

닝강　푸톈　장시

마오핑　광창　젠닝

링　▲징강산　둥구　황피

쑤이촨　스청

구이둥　싱궈　닝두

간저우　루이진　푸젠

위두　창팅(팅저우)

다위　구톈

후이창　룽옌

선우　상항

광둥

는 마오에게 주어졌다. 또한 지령문은 기존의 '노동자농민혁명위원회'를 다시 부활시키며, 위원회의 주석은 마오가 맡고 총사령관은 주더가 담당하라고 지시했다. 이로써 마오와 주더는 장시성뿐 아니라 중국 내 모든 공산당 근거지의 소비에트 사업 및 군사 사업과 관련하여 명목상 최고 권력을 지니게 되었다.[228] 하지만 상하이의 새로운 공산당 지도부가 이러한 조치를 내렸다고 해서 마오에게 특별한 호의를 품고 있었던 것은 아니었다. 오히려 그 반대였음이 곧 드러난다. 다만 새로운 당 지도부는 샹잉이 리리싼을 비롯한 중앙위원회 제3차 전원회의 집단과 너무나 밀접하게 연결되었던 탓에 그를 불신했으며, 그의 힘을 제한하기 위해 마오의 힘을 키워준 것뿐이었다.[229]

이때 장제스의 제2차 포위 작전이 시작되었다. 장제스는 지난겨울보다 두 배가 많은 20만 명의 병력을 모았다. 국민당의 전술은 이전과 거의 동일했다. 국민당군의 주력 부대인 장제스의 부대가 '망치' 역할을 맡아 북서쪽에서부터 공산당의 근거지 쪽으로 밀고 내려오고, '모루' 역할을 맡은 군벌 군대들은 광둥성과 푸젠성 접경 부근에 미리 진을 쳐서 홍군의 남쪽 및 동쪽 퇴로를 차단했다. 그러나 이번 작전에서 국민당의 지휘관들은 제1차 포위 작전 때와 달리 무척 조심스럽게 움직였는데, 점령 지역을 확실하게 강화한 다음 새로운 진격을 하는 신중한 태도를 보였다.[230]

마오와 주더는 2월부터 국민당군의 준비 작업을 주시하고 있었다.[231] 하지만 국민당군에 맞서 대응하는 전략을 두고 샹잉과 의견 차이가 발생했다. 샹잉은 적군과 아군의 병력 차이가 클 때도 '적을 유인하여 깊이 들어오게 한다'는 전술이 과연 효과적일 수 있을지 의구심을 표했다. 샹잉이나 마오나 상대방을 확실하게 논박할 수 없었던 탓에 분명한 대응 전략을 세우지 못했다. 3월 들어 런비스가 이끄는 중앙위원회 제4차 전원회의 대표단이 도착한 뒤, 논쟁은 더욱더 복잡해졌다. 대표단은 홍군이 근거지를 완전히 포기하고 후난성 남부로 들어가는 것이 좋겠다고 제안했으나 마오와 주더는 반대했다. 다른 지도부 간부들도 저마다 다른 의견을 냈다. 심지어는 홍군을 해산해 분산 배치해야 한다는 몇 년 전의 논의를 되풀이하는 자들도 있었다.[232]

공산당 내 논쟁이 계속되는 동안 장제스의 부대는 막강한 위세를 과시하면서 천천히 남쪽으로 내려왔다. 홍군은 후퇴를 계속하여 3월 말에는 주력 부대가 닝두현(寧都縣)까지 내려왔다. 그곳은 지난번 제1차 포위 작전 때 결정적 전투가 벌어진 지역에서 멀지 않은 곳이었다.[233] 그리고 칭탕(靑塘) 마을에서 드디어 논쟁은 끝이 난다.

1931년 4월 17일 칭탕에서 중앙국은 확대회의를 열고 일련의 결의문을 채택했다. 결의문의 주된 내용은 샹잉의 지도력을 심하게 질책하는 한편, 마오가 '리리싼 노선'에 반대한 것을 칭찬하는 것이었다. 바로 그다음 날 마오는 군사 전술에서도 자신의 뜻을 관철했다. 장시성에서 철수하는 방안이 배제되었고 "장시성 근거지를 전체 소비에트 지역의 토대로 만들자"는 결의문이 채택된 것이다.[234] 홍군 제1방면군은 북쪽으로 이동하기 시작했고 장제스 군대 중 가장 약한 부대와 맞붙기 위해 둥구 근처의 산악지대로 향했다. 군대가 이동하는 동안 마오는 적군의 포위망 한군데를 강력하게 공격하여 돌파한 다음, 북동쪽으로 이동하여 푸젠성으로 향하는 야심찬 역습 작전을 세웠다.

이로부터 한 달 뒤, 마오쩌둥은 어느 산꼭대기, 사방이 흰색 벽면으로 둘러싸인 절에서 전쟁터를 내려다보았다. 그곳은 둥구에서 서쪽으로 약 16킬로미터 지점에 있는 바이윈산(白雲山)이었다. 전쟁터에서는 주더가 지휘하는 제1군단이 산 아래로 돌진하여 국민당의 2

개 사단에 강력한 공격을 퍼붓고 있었다. 한 시간 뒤 미리 약속한 신호가 울리자 펑더화이 부대가 나타나 적군의 측면을 치기 시작했다. 전투가 끝난 뒤 홍군은 4천 명이 넘는 병사들을 포로로 잡았으며 소총 5천 정과 기관총 50정 그리고 박격포 20문을 노획했다. 또한 국민당의 통신 부대 하나도 고스란히 홍군 손에 들어왔다. 이후 2주 동안 대규모 전투가 네 차례 더 벌어졌다. 그러다가 결국 5월 말 홍군이 동쪽으로 160킬로미터 떨어진 푸젠성의 젠닝(建寧)을 점령함으로써 기세를 드높였다. 당시 국민당군의 병력 손실은 3만 명에 이르렀고 홍군에게 빼앗긴 소총도 2만 정에 달했다. 제2차 포위 작전은 완전한 실패로 돌아갔고 장제스 지휘관들은 총 퇴각을 명령받았다.[235]

제2차 포위 작전을 막아냄으로써 홍군의 전술과 관련된 모든 논란은 종식되었다. 이제 마오쩌둥과 그의 군사 지휘관들은 자유롭게 전술을 택할 수 있게 되었다.

그러나 홍군이 이렇게 엄청난 승리를 거둔 탓에 절멸의 위기에 빠지게 된다. 장제스가 홍군을 그저 토비의 일종으로 여겼을 때는 그들이 잠시 발호한다 하더라도 크게 걱정하지 않았다. 하지만 홍군이 국민당의 가장 뛰어난 군사 지휘관을 패퇴시킬 만한 능력이 있다는 것이 입증되었기에 더는 그대로 내버려 둘 수가 없었다. 난창의 국민당 최고 군사 지도부는 여전히 '군사적 승리'라는 구호를 외치고 있었고, 장제스는 서둘러 군대를 다시 정비하기 시작했다. 6월 말에 장제스는 30만 명을 모았다. 4월에 비해 1.5배 늘어난 병력이었다. 이 병력으로 장제스는 제3차 포위 작전을 개시했다.[236]

마오를 비롯한 홍군 지도부는 크게 당황했다. 5월 말 제2차 포위 작전이 실패로 끝난 뒤, 국민당이 또다시 치고 들어올 것이라고 예상했지만 이렇게 짧은 시일 내에 다시 병력을 모을 수 있으리라고는 미처 예상치 못한 것이다. 6월 말 홍군의 병력은 푸젠성 서부 지역 전체에 흩어져 있었다. '민중을 동원하고 자금을 축적'하기 위함이었다. 이는 홍군의 병력이 증가함에 따라 대단히 중요한 일이었다. 6월 28일 마오는 앞으로 2개월 내지 3개월은 자금을 모으고 군사 물자를 비축하는 데 사용해도 된다고 여겼으나, 6월 30일이 되자 준비 기일이 열흘밖에 남지 않았다고 예상을 황급하게 수정했다. 그리고 다시 1주일이 지나기도 전에, 마오는 전 부대에 '비상 연락'을 보내야 하는 상황에 직면했다. 국민당의 제3차 포위 작전이 임박했으며, 이번 작전은 '극히 잔혹'할 것이고, 승리하기 위해서는 모든 사람이 이전보다 열 배 더 힘써야 할 것이라는 내용이었다.[237]

2개월 후 홍군은 거의 괴멸 직전까지 간다.

제3차 포위 작전에는 장제스가 직접 지휘를 맡아 공격했다. 국민당군은 대규모 협공전을 벌이며 중앙을 향해 서서히 남쪽으로 진격했다. 그들은 한 지역을 점령하면 방어용 진지를 구축했으며, 따로 떨어져 홍군의 공격에 노출되는 개별 사단이 없도록 주의를 기울였다.[238]

국민당군의 공격이 시작된 후 처음 열흘 동안 홍군 지도부는 흩어져 있던 병력을 집결해 전투 부대로서 최소한의 모양새를 갖추는 데 급급했다. 7월 중순부터 홍군은 남쪽으로 퇴각했고, 장제스의 동쪽 부대는 홍군을 추격하면서 푸젠성의 경계를 따라 남하했다. 홍군이 남쪽으로 퇴각한 이유는 국민당군으로 하여금 홍군이 광둥성 너머로 도주하려는 것처럼 보이고 싶었기 때문이었다. 홍군의 주력 부대는 루이진의 바로 북쪽에 위치한 런톈(王田)에 이르자 다시 방향을 틀어 서쪽에 자리한 위두현의 북부 지역으로 향했다. 홍군은 장제스 군대의 정찰기를 피하기 위해 마을의 큰 길이 아닌 작고 좁은 길로 이동했다. 마오의 계획은 일단 둥구 근처에서 매복하여 장제스의 서쪽 부대 가운데 가장 약한 곳을 공격하는 것이었다. 그렇게 되면 장제스의 동쪽 부대가 서쪽 부대를 돕기 위해 달려올 것이고, 그 틈을 타 홍군은 푸젠성 쪽으로 이동하여 적의 후면을 공격할 작정이었다. 홍군의 준비가 미흡했던 것을 감안하면 아마도 이 작전이 마오가 생각해낼 수 있는 최선이었을 것이다. 그러나 이는 제2차 포위 작전 때 마오가 수행한 작전과 너무 흡사했다. 장제스는 예전처럼 속아넘어가지 않았다.

국민당의 동쪽 부대는 닝두와 루이진을 점령한 뒤 남쪽으로 진군하는 것을 멈추고 서쪽으로 이동했다. 국민당군이 공산당 근거지로 깊이 들어옴에 따라 각 지역의 적위대가 국민당 병사들을 계속 괴롭혔다. 밤이 되면 호각을 시끄럽게 불고 구식 장총을 하늘에 대고 쏘아 그들이 제대로 잠을 이루지 못하게 했고, 산길에는 지뢰를 매설했으며, 통신선을 파괴했고, 환자와 부상병을 공격했다. 이에 국민당 군대도 보복을 가했다. 주더는 이를 다음과 같이 회고한다. "마을은 불타 잿더미가 되었고, 민간인들은 총에 맞거나 칼에 머리가 잘린 채로 시체 더미를 이루었다. 어린아이나 노인도 마찬가지였다. 여자들은 땅바닥에 쓰러져 죽어 있었는데, 죽기 전에 강간당했거나 죽은 뒤에 강간당했다."

7월 마지막 주, 한여름 500킬로미터의 강행군을 하며 지칠 대로 지친 홍군은 싱궈현 북부 지역에 멈추어 휴식을 취했다. 그리고 7월 31일 홍군의 주력 부대에 야간 기습 명령이 내려졌다. 약 80킬로미터 떨어진 곳에 있던 국민당군의 서쪽 부대 후방을 공격하는 작전이었다. 홍군은 이틀 밤 동안 힘든 야간 행군을 한 끝에 적군 후방에 도달했고 기습 개시 명령만 기다리고 있었다. 하지만 국민당 지휘관들이 본대에 병력 지원을 이미 요청했다는 첩보를 접한 마오는 기습 공격을 취소할 수밖에 없었다.

홍군이 싱궈현으로 퇴각하는 동안 9개 사단에 달하는 국민당군이 북쪽, 동쪽, 남쪽에서 홍군을 공격해 왔다. 홍군은 간강의 지류가 만든 좁은 돌출부로 쫓겨 들어갔다.

8월 4일 마오와 주더는 이제 다른 선택이 없다는 것을 깨달았다. 그들은 마지막으로 힘이 조금이라도 남아 있을 때 적을 치고 돌파해 가는 수밖에 없었다. 홍군 1개 사단이 지역의 적위대 및 농민 민병대와 병력을 합쳐 서쪽으로 빠르게 행군하기 시작했다. 후난성 쪽으로 도망치려는 흉내를 낸 것이다. 그러자 국민당의 4개 사단이 이들을 추격했고, 결과적으로 추격하는 4개 사단과 본대 사이에 약간의 균열이 생겼다. 그날 밤, 홍군의 주력 부대는 20킬로미터쯤 되는 틈새를 돌파하기 시작했다. 그리고 이틀 뒤 제3차 포위 작전에서 처음으로 양측 사이에 대규모 접전이 벌어졌으며, 홍군은 국민당 2개 사단의 추격을 뿌리치고 패퇴시켰다. 며칠 뒤 홍군은 전해 12월에 대승을 거두었던 룽강에서 다시 한번 국민당의 대규모 부대를 섬멸했으며, 7천 명이 넘는 포로를 사로잡았다.

하지만 장제스는 이전보다 홍군의 움직임을 훨씬 잘 예측했다. 그는 8개 사단을 더 투입해 홍군을 단단한 포위망 안으로 에워쌌다. 이제 홍군은 돌파해 나갈 틈이 보이지 않았다.

이때 마오는 다시 한번 유인 작전을 시도했다. 제1군단의 일부 병력을 마치 홍군 주력 부대인 것처럼 가장하여 북쪽으로 돌진하게 한 것이다. 그러나 적군의 포위망은 전혀 균열이 없었다. 탈출할 수 있는 유일한 통로는 약 900미터 높이의 산으로 가로막혔고, 산 양측에는 국민당 2개 사단이 각각 배치되어 있었다. 산은 도저히 지나갈 수 없을 것이라 여겨 방어 시설이 없었다.

유인 작전이 실패한 그날 밤, 무려 2만 명이 넘는 홍군 전체가 산의 높은 절벽을 기어올라 국민당군의 초병들로부터 불과 5킬로미터밖에 떨어지지 않은 지점을 통과했다. 산을 넘은 홍군은 다시 빠르게 행군하여 둥구현 북쪽의 산지로 들어가 안전한 곳에 자리를 잡았다.

이는 놀라운 작전이었으며 대단히 성공적이었다. 하지만 아슬아슬하게 절멸의 구렁텅이에서 빠져나온 마오쩌둥은 이제 자신이 상대하는 적군이 지난번의 포위 작전 때와 비교해 훨씬 더 강하다는 것을 절절히 느끼지 않을 수 없었다. 마오는 무거운 군수 물자는 모두 버리고 말의 수도 대폭 줄이라고 명령했다. 적군은 '대단한 기동력을 갖춘 부대'라고 설명하며, 이제부터 홍군은 길고도 힘든 투쟁을 각오해야 하고 야간 행군도 빈번하게 할 수밖에 없다고 주의를 주었다. 또한 마오는 전쟁의 승리는 홍군이 얼마나 신속한 기동력을 발휘하는가에 달려 있으며, 홍군의 기동 속도는 적군에 비해 "'열 배가 아니라 100배' 정도 빨라야 한다고 말했다.

그러나 의외의 곳에서 구원의 손길이 내려왔다. 여름 동안 장제스의 오래된 경쟁 상대인 후한민과 왕징웨이는 광둥성 및 광시성의 군벌들과 연합을 맺어 광저우에 정부를 세워 장제스의 난징 정부에 대항했다. 9월 초 광저우의 새로운 정부는 중국 남부 정권과 북부 정권의 충돌에서 요충지인 후난성에 군대를 파견했고, 장제스는 이러한 위협을 그대로 둘 수 없어서 장시성에서 벌이던 토벌 작전을 중단한 뒤 서쪽으로 방향을 돌렸다.

9월 6일 마오와 주더는 국민당 군대가 싱궈현에서 철수하여 북쪽으로 가는 모습을 지켜보았다. 장제스는 작별 인사로 두 사람에게 내건 현상금을 종전의 5만 은원에서 10만 은원으로 인상한다고 알렸다. 두 사람을 생포하든 죽여서 데리고 오든 상관없었다.[239]

마오는 다시 한번 자신의 전략이 승리를 이끌었다고 주장할 수 있었다. 국민당 17개 연대를 분쇄했으며, 부상당하거나 죽거나 생포한 국민당 병사는 무려 3만 명이나 되었다. 홍군은 장시성 남부와 푸젠성 서부에 걸친 21개 현을 전부 혹은 일부 차지했으며, 홍군의 통제를 받는 주민은 2백만 명을 넘었다. 하지만 이전 두 차례의 포위 작전과 달리 홍군 역시 큰 피해를 입었다. 게다가 장제스의 군대는 패배를 당한 것이 아니었다. 장제스 군대가 철수함으로써 결과적으로 홍군이 승리를 획득한 것뿐이었다.[240]

1931년 9월 18일, 일본이 만주를 침략함에 따라 장제스는 그쪽에 신경을 쓰지 않으면 안 되었다. 하지만 그는 장시성에 아직 끝나지 않은 임무가 있다는 것을 잊지 않았다. 장제스도 홍군도 때가 되면 장제스가 다시 이곳으로 돌아올 것이라는 점을 잘 알았다.

국민당과 합작이 실패로 끝나고 공산당이 무장 봉기 정책을 채택한 지 4년이 흘렀다. 4년 동안 중국의 공산 혁명을 위해 활동한 주요 인물로는 네 명을 들 수 있다. 취추바이, 리리싼, 저우언라이, 그리고 마오쩌둥이다. 이들은 모두 혁명이 결국 성공할 것이며 중국이 언젠가 공산 국가가 되리라는 굳건한 확신을 품고 있었다.

그러나 네 사람은 혁명의 방법과 혁명의 적기에 관하여 이견을 보였다. 그리고 실상 이 두 가지는 혁명에서 가장 중요한 것이기도 했다.

취추바이는 결핵을 앓던 젊은 작가였으며 톨스토이와 투르게네프를 좋아했다. 리리싼은 삶 전체를 오로지 공산주의에 바친 사람이었다. 두 사람은 혁명의 폭풍우가 곧 닥쳐오리라고 확신했다. 1935년 취추바이는 국민당 정부의 감옥에 갇힌 채 처형을 기다리며 기억에 남을 만한 편지를 썼다. 그는 만약 자신이 계속 공산당의 최고 지도자 자리에 있었더라면 리리싼과 똑같은 잘못을 저질렀을 것이라고 말하며 이렇게 덧붙였다. "한 가지 차이점이 있다면 나는 리리싼만큼 무모하게 돌진하지 못했을 것이다. 왜냐하면 나는 리리싼만큼 용기가 없기 때문이다."[241]

'혁명의 최고조'에 대한 리리싼의 집념에는 분명 오류가 있었다. 하지만 그의 집념 덕분에 공산당은 리리싼이 당권을 잡고 있는 동안 매우 강력한 집단으로 변모했다. 저우언라이는 이미 이때부터 핵심적인 행정 관료 역할을 맡기 시작했으며 모스크바의 '노선' 변화에 민첩하게 대응하면서 정확한 판단과 숙련된 솜씨로 임무를 수행했다. 마오쩌둥의 경우, 젊은 린뱌오 앞에서 '들판의 불' 이야기를 했듯이 이따금 낭만적 열정에 휩싸이곤 했지만, 그래도 네 명 가운데 가장 현실적인 입장을 취했으며 결국 그의 견해가 승리를 거두게 된다.

1931년이 되면, 이제까지 공산당 지도부가 논쟁한 두 가지 전략적 문제에서—혁명 투쟁에서 홍군의 중요성, 도시와 농촌의 관계—모두 마오쩌둥의 생각이 지지를 받는다. 중국공산당 중앙위원회 제4차 전원회의는 리리싼에게 반대한 마오의 견해를 결국 정당화했다. 이는 2년 반 전 제6차 당 대회가 취추바이에 반대 입장을 견지한 마오를 인정한 것과 유사했다. 제4차 전원회의는 리리싼(과 저우언라이)의 정책이 "근거지를 강화해야 할 필요성을 완전히 간과했음"을 인정했다. 또한 두 사람이 "유격전이 과거의 것이라고 생각"했으며 "홍군에 대도시를 공격하라고 하는 조급하고 모험주의적이며 교조주의적인 지령"을 내렸다고 평가했다.[242] 제4차 전원회의는 마오쩌둥의 마음에 더할 나위 없이 만족스러운 결의문을 통과시켰다.

그해 여름, 코민테른의 결정 사항은 다음과 같았다. 홍군은 중국 혁명의 가장 중요한 추진력이며 "홍군을 중심으로 삼아 노동자와 농민의 혁명 역량을 …… 공고히 하고 조직화해야 한다." 또한 중국공산당은 홍군을 더욱 강력하게 만들고, 홍군의 근거지를 확대하고 강화하며, 소비에트 정부를 세우고, 국민당이 지배하는 백색 지역의 노동자와 농민의 조직을 구성하는 일을 주요 과업으로 삼는다.[243] 이는 농민 운동이 도시의 혁명 운동을 이미 '크게 능가'했으므로 도시의 공산당 사업은 농촌 지역의 소비에트 근거지를 지지하는 데 목적을 맞추어야 한다는 의미였다.

코민테른은 노동자 봉기 문제는 아예 언급조차 하지 않았다.[244]

8장

내전과 숙청

1930년~1932년 봄

"잘못을 바로잡으려면 한계를 뛰어넘어야 한다."

MAO
THE MAN
WHO
MADE
CHINA

1927년 이후 중국공산당은 혁명 과정에서 부딪힌 현실적 요구와 생존의 절박함 때문에 전략을 크게 수정할 수밖에 없었으며, 이 과정에서 당의 성격이 근본적으로 변했다.

공산당은 이러한 변화를 긍정적으로 인식하며 '볼셰비키화'라고 칭했는데, 이는 어느 정도는 정확한 표현이다. 왜냐하면 중국공산당이 볼셰비키의 행동을 의식적으로 흉내 내려 했고, 레닌주의 규율을 강조했으며, 효율적이고 중앙집권화된 정치 조직을 만들려고 노력했기 때문이다. 하지만 공산당의 변화에는 다른 요인도 작용했다. 당시 중국공산당 지도부는 스탈린이 트로츠키나 부하린을 상대로 벌인 싸움을 당내 투쟁의 전형으로 삼아 모방했던 것이다. 중국공산당은 1929년 말 천두슈와 펑수즈를 트로츠키주의자라며 출당했고, 15개월 뒤에는 허멍슝(何孟雄)과 뤄장룽을 우파 세력이라고 쫓아냈다(뤄장룽은 창사 시절부터 마오의 친한 친구였다).[1] 이러한 경향은 중국 혁명의 특별한 폭력성 때문에 더욱 강화되었다. 도시에서는 백색 테러가 격렬하게 진행되었고(1927년 중반부터 도시의 공산당원은 무자비하게 색출되어 살해되었다), 농촌에서도 마찬가지였다(군벌의 사병들과 지주의 민병대는 공산당 동조자를 숨겨주고 있다고 의심되는 마을을 몽땅 불태워버리기가 예사였다). 홍군의 근거지는 국민당군의 포위 공격과 파괴에 대한 위협을 항상 느끼며 살 수밖에 없었다.

처음에는 국민당의 보복과 공산당 내 파벌주의로 인해 발생하는 폭력성이 대체로 공산당 외부 사람을 상대로 행사되었다. 예를 들어, 1927년 상하이에서 노동자들이 파업을 일으키도록 강제한 '검은 가운을 입은 총잡이'는 '황색 노동조합 지도자들'에게 폭력을 휘둘렀다. 그들이 계급 화해를 추진했기 때문이었다. 취추바이가 당 지도자이던 시절에 벌어진 광범위한 '방화와 살인'은 적어도 원칙적으로는 동요하는 자들을 공산당 편으로 만들기 위한 것이었다.

1928년 중반에 열린 중국공산당 제6차 전국대표대회에서는 폭력 전술이 반(反)생산적이라고 비판을 받았다.[2] 1929년 4월 마오쩌둥의 부대가 창팅을 공격하여 점령했을 때 5백 채의 가옥을 불태우고 1천 명이 넘는 사람을 살해했다는 신문 보도가 있었다. 당시 마오는 당 중앙위원회에 그러한 보도는 "모두 터무니없고 전혀 신뢰할 가치가 없다."며 일축했다. 실제로는 "반동 분자 다섯 명만 살해했으며" 불태워진 집도 다섯 채에 불과하다고 보고했다. 마오는 공산당의 목적을 달성하려면 테러가 필요불가결하다고 여겼다(이는 1926년 겨울 후난에 관한 마오의 보고서를 보면 알 수 있다). 또한 그는 "지주와 토호 그리고 그들의 개 노릇을 하는 자들을 일말의 자비심도 없이 처단하기 위해" 처형단을 구성하자고 주장하기도 했다. 하지만 이때의 테러는 반드시 계급의 적만을 대상으로 삼아야 했다.[3]

이러한 제한에도 불구하고 적과 동료의 구별은 점차 희미해졌다. 그에 따라 적에게 사용한 방법을 동료에게도 사용하기 시작했다.

결정적 계기는 1930년 2월 피터우에서 개최된 전선위원회 확대회의였다. 마오는 도시 공격을 명령한 리리싼의 결정에 관해 토론하기 위해 회의를 소집했다. 하지만 회의에서 주로 논의된 것은 둥구와 지안 부근의 당 조직에 관한 매우 지엽적인 문제였다. 1주일 뒤 마오는 전선위원회 이름으로 아래와 같은 통고문을 발표했다.

장시성 서부와 남부의 당 조직은 심각한 위기에 처했다. 이 지역의 주요 당 조직은 모두 지주와 부농으로 가득하며 정책은 전적으로 기회주의적 기조가 강하다. 만약 우리가 이러한 사태를 완전히 정리하지 않는다면 당의 중요한 정치 과업을 수행하지 못할 뿐만 아니라 혁명 자체가 근본적으로 실패할 수도 있다. (우리는) 모든 혁명 동지들에게 호소한다. …… 기회주의적인 정치 지도부를 타도하고 지주와 부농을 제거하라. …… 그리하여 당이 빠르게 볼셰비키화 되도록 노력하라.[4]

통고문 이면에 숨겨진 문제는 두 가지였다. 하나는 마오가 주로 후난성 출신들로 구성된 전선위원회에 중앙집권화된 권력을 강제하자 장시성 당 지도부가 불만을 품었다는 점이다. 다른 하나는 장시성 당 지도자들이 자신의 가족과 가문이 입을 피해를 의식한 탓에, 당시 전선위원회가 새롭게 추진한 엄격한 토지 개혁 정책에 미온적이었다는 점이다.[5]

마오가 볼 때 장시성 지도자들은 당 전체의 이익보다 자신들의 작은 지역을 우선시하는 '산봉우리주의자'*였기 때문에 엄격하게 다스리지 않으면 안 되었다.

피터우 회의는 기존 당 체계를 완전히 해체하고 새로이 '서남 장시성 특별위원회'를 구성하기로 결정했다. 이 특별위원회의 서기는 류스치(劉士奇)가 맡았는데, 그는 후난성 출신으로서 허쯔전의 여동생

산봉우리주의자 산봉우리처럼 작은 것을 더 중시하는 입장.

허이(賀怡)의 남편이었다(따라서 마오쩌둥의 동서이기도 했다).[6] 또한 피터우 회의에서는 '4대 당관(四大黨官)'으로 불린 장시성 서남 지역의 당 조직을 구축한 네 사람을 처형하라고 비밀 지령을 내렸다. 다른 이들에게 본보기로 삼으려는 이유였다.[7]

왜 마오쩌둥은 당 동지를 처형해서는 안 된다는 일종의 불문율을 깨기로 결정했을까? 그 단서는 피터우 회의 6주 전에 열린 구톈 회의 때 마오가 직접 작성한 결의문에서 찾을 수 있다. 당시 그는 당과 홍군의 '규율에 관해 개인주의적 반감'을 지닌 자들은 '객관적으로 볼 때 반혁명적인' 행동을 하는 것이라고 경고했다.[8] 이는 확실히 스탈린주의적이다. 훗날 마오는 이러한 생각을 발전시켜 조금 더 세련되고 유연한 이론을 만드는데, 바로 '적아모순(敵我矛盾)'과 '인민내부모순(人民內部矛盾)'이다(적아모순이란 '적대적 모순'으로 적과 우리 사이의 모순을 뜻하며, 인민내부모순이란 '비적대적 모순'으로 인민 내부에 존재하는 모순을 의미한다).[9] 그러나 이미 1930년이 되면 당의 결정에 반대하는 공산당원은 이유가 무엇이든 '적'으로 간주되고 '적'에 합당한 대우를 받아야 한다는 생각이 충분히 정당화되었다. 그들의 죄는 기본적으로 정치적이기 때문에 재판이 불필요하지만 대중을 교육하기 위한 연극으로서 시행할 수는 있었다. 마오는 당 지도자들이 이러한 재판에서 피고들을 "공개적으로 재판하며 사형을 선고"해야 한다고 (이미 사형이 결정되어 있기 때문에 다른 판결이 나올 수는 없었다) 주장하기도 했다.[10]

중국에서 재판의 독립성은 원래부터 중요한 개념이 아니었지만, 미미하게나마 중요성을 인정받았다 하더라도 이때 볼셰비즘으로 인해 완전히 말살되었다.

마오쩌둥이 '당내에서' 혁명의 폭력을 인정한 것은, 그가 지난 10년간 걸어온 길에서 한 걸음 더 내디딘 것에 불과했다. 10년 전 그는 중국을 구원할 수 있는 유일한 길이 마르크스주의라고 결론 내렸다. 이상주의를 꿈꾸던 학생 시절의 마오는 한때 마르크스주의가 너무나 극단적이고 폭력적이라 하여 배격한 적이 있었다. 하지만 점차 다른 사람을 죽이는 일에 대한 거부감이 사라졌다. 우선 이론적 측면에서 사라졌다. 마오가 후난성 농민들의 무차별적 폭력 행사를 옹호했을 때 이미 거리낌이 없었다. 1년 뒤에는 실제적 측면에서 사라졌다. 드디어 마오 자신이 군대를 이끌고 전투에 임했기 때문이다. 1930년이 되면 마오에게 '적'은 점점 더 많아졌고 그 경계마저 희미해졌다.

그런데 마오쩌둥이 내디딘 '한 걸음'은 그가 이끌던 당과 군대 조직에 중대한 변화를 몰고 왔다.

류스치는 숙청의 권한을 부여받고 열성적으로 일했다. 그는 몇 달 동안 수백 명의 지주와 부농 출신 당 간부를 서남 장시성의 당 조직에서 축출했다. 그해 5월 당 내부 문건에 최초로 'AB단'이라는 정체불명의 단체가 거명되었고, 그 단체가 각 지역의 당 위원회, 특히 지안, 융푸, 융펑, 싱궈의 당 위원회에 침투했다고 명시되었다. 원래 알파벳 A와 B는 각각 국민당 내 우파 세력의 상급 당원과 하급 당원을 가리키는 말이었으나, 반볼셰비키(Anti-Bolshevik) 연합을 뜻하는 영어 표현의 줄임말로 쓰이기 시작했다. 지안에 AB단이 형성된 때는 1926년이었다. AB단은 다른 지역에서는 침체 상태였으나 유독 장시성 서남 지역에서는 큰 세력을 이루었다. 그런데 사실 이 지역에는 공산당이나 AB단뿐 아니라 개량주의적 조직인 '개조주의자'(과거 국민당 좌파 지도자였던 왕징웨이를 지지하는 사람들), '제3당', '사회민주당'*도 있었다.[11] 이 조직들의 지지자들은 동일한 사회 계층 출신이거나 심지어 한 가문이나 계파 사람들이었으며, 어느 한 조직을 지지하

---

* 사회민주당은 중국에서 정식으로 창립된 적은 없다. 푸젠성 서부에서 반혁명 조직인 '사회민주당'이 존재한다는 소문이 돌며 숙청의 죄목이 되었다.

면서도 다른 조직과 연대하는 경우도 많았다. 따라서 공산당 내부에 AB단이 침투해 있다는 주장이 완전히 신빙성 없는 이야기는 아니었다. 문제는 규모였다. AB단으로 지목되어 공산당에서 숙청당한 사람의 숫자가 너무나 많아서 AB단의 존재 자체가 의심을 받았다.

마오가 지안을 점령한 10월에 이르면 서남 장시성 당원 가운데 1천 명 이상이—이는 전체 인원에서 볼 때 30명 중 한 명꼴이다.—AB단이 라는 의혹을 받아 처형되었다.[12]

당시 마오가 AB단 숙청 작업에 어느 정도 개입했는지는 확실하지 않다. 하지만 정황상 누가 보더라도 그가 일정 정도 관여했다는 것만은 분명하다. 류스치와의 개인적 관계를 굳이 거론하지 않더라도 마오는 전선위원회 서기였기 때문에 류스치가 지휘한 '서남 장시성 특별위원회'의 일에 최종 책임이 있었다. 따라서 AB단의 실체가 발각되자마자 마오는 분명 보고를 받았을 것이다. 또한 7월 홍군이 난 창을 향해 북쪽으로 이동할 때 이곳을 통과했기 때문에 자세한 상황을 전달받았을 것이다. 주목할 만한 점은 그때까지만 하더라도 비록 많은 사람이 체포되긴 했지만 처형당한 사람은 그리 많지 않았다는 사실이다. 그런데 홍군이 장시성을 떠난 뒤로 본격적인 피의 숙청이 시작되었다.[13]

피바람은 당시 30살의 리원린(李文林)이라는 명석한 인물이 장시성 서남 지역에 귀환하면서 거세게 몰아쳤다. 그는 원래 이 지역의 주요 당 지도자였으나, 류스치가 '서남 장시성 특별위원회' 지도자로 임명되었을 때 배제되었다가 다시 돌아왔다. 마오와 마찬가지로 부농 집 안에서 자란 리원린은 둥구 근거지를 세운 자들 중 한 명이었으며, 1929년 봄 홍군이 징강산을 탈출하여 장시성에서 피난처를 구할 당시에 뛰어난 지도력을 발휘함으로써 마오에게 깊은 인상을 남기기도 했다.[14] 1년 뒤 리원린은 '소비에트 지역 대표대회'에 참가하기 위해 상하이로 갔고 그곳에서 리리싼과 긴밀한 관계를 맺었다. 1930년 8월 장시성으로 돌아온 리원린은 마오쩌둥이 후난성에 있는 동안 특별위원회 위원들을 설득하여 확대전원회의를 개최했고 류스치 해임안을 통과시켰다. 또한 이 회의에서는 홍군의 도시 공격을 주장하는 리리싼의 정책 노선을 지지하기로 결의했으며, 지난봄에 마오의 촉구로 승인된 급진적인 토지 개혁 법률을 폐지했다.[15] 리원린은 '특별위원회' 서기에 임명되었고, 이후 리리싼의 지령으로 설립되는 장시성 행동위원회 서기 업무도 맡았다.[16]

새로운 지도부가 처음으로 명령한 것은 AB단 단원을 색출하는 데 '가장 잔혹한 고문'을 쓰라는 것이었다. "겉으로 보기에 매우 적극적이고 충성심이 강하며, 매우 좌파적이고 언사가 곧은 사람"도 의심과 신문의 대상이 되어야 한다고 강조했다.[17] 새로운 자백은 새로운 체포를 낳고 새로운 체포는 또 새로운 자백을 낳으면서, 결국 처형당하는 사람의 수가 급속하게 증가했다. 10월 마오가 지안에 도착했을 때 마주한 상황은 그가 몇 개월 전 숙청을 시작했을 때보다 훨씬 규모가 크고 복잡했다. 지안을 떠나기 전에는 지역 당 위원회가 '지주와 부농'으로 가득 찼다는 정도의 문제가 있었다. 그러나 마오가 당 중앙위원회에 보고한 바에 따르면, 이제는 지역 당 위원회가 "AB단 단원으로 가득하며 …… 이들은 암살*을 실행하고 있으며 (국민당)군과 접촉할 태세를 갖추고 있고 소비에트 근거지와 여러 혁명 조직을 말살하려는 반란을 계획하고" 있었다.[18]

---

* 여기서 '암살'이 구체적으로 무엇을 가리키는지 마오는 설명하지 않았으나, 아마도 다음 두 가지 사건을 염두에 두고 있는 것 같다. 첫째는 징강산 시절 동지들인 위안원차이와 왕쭤가 알 수 없는 이유로 총에 맞아 죽은 일이다. 사건 당시 두 사람은 반란을 일으키려 했다는 의심을 받고 있었다. 둘째는 이 보고서를 보내기 몇 개월 전 마오의 오랜 지지자였던 완시셴(宛希先)이 살해당한 것이다. 두 사건 모두 장시성의 당 관리가 연루되어 있다는 의혹이 있었다.(저자 주)

새로운 상황을 마주한 마오의 대처 방식은 숙청을 더욱 강력하게 추진하는 것이었다. 10월 26일 마오와 리원린은 공동성명을 발표한다. 각 지역의 소비에트 정부에서 '부농 출신의 반혁명 분자'를 제거하고, "AB단 활동가들을 모두 처형"하며, 홍군 내 AB단을 색출하는 작업을 개시할 것이라는 내용이었다.[19]

나흘 뒤 홍군의 단결된 모습은 완전히 끝이 났다. 마오가 '적을 유인하여 깊이 들어오게 한다'는 전술을 제안하자 장시성 출신 당 관료들이 격렬하게 반대했던 것이다. 장제스의 국민당군이 쳐들어오는 상황에서 적군이 진격하는 길목에 자신들의 마을이 있는 당 관료들에게 마오가 제안한 새로운 전술은 곧 삶과 죽음의 문제였다. 적군이 깊게 들어오도록 내버려 둔다면 자기 식구들 가운데 여자들은 강간당하고 살해당하며, 아이들과 노인들은 개죽음을 당하고, 저택은 모두 불타버리고, 모든 재산이 잿더미가 될 것이 뻔했기 때문이다. 이윽고 장제스의 첫 번째 포위 작전이 시작되자 홍군은 막강한 국민당군을 피해 남쪽으로 퇴각하기 시작했다. 홍군 내부에 불만의 목소리가 높아졌고 군 내부 폭동까지 우려되는 상황에 이르렀다.[20]

남쪽으로 후퇴하던 홍군은 황피에 도착한 뒤에는 전열을 정비하고 전투를 준비하기 시작했다. 그리고 홍군 내 정치부는 '정돈운동(整頓運動)'을 개시했다. 이는 의심 가는 사람을 색출하는 숙청 작업을 완곡하게 표현한 말이었다. 처음으로 색출된 사람은 연대 참모장교 간리천(甘隸臣)이었다. 그는 혹독한 구타를 당한 끝에 자신이 AB단에 소속되어 있다고 자백했다. 자백 하나면 충분했다. 몇 배나 더 강력한 적군에 둘러싸여 엄청난 긴장감을 느끼던 홍군에 숙청의 대폭풍이 휘몰아쳤다.

장시성 서남 지역을 휩쓸던 숙청의 불꽃이 이제 홍군을 휘감기 시작했다. 모든 연대가 격렬한 자기 파괴의 폭풍에 휩싸였는데, 여기에는 장교든 사병이든 상관이 없었다.[21] 각각의 부대에 중대 단위까지 '반동 분자 숙청위원회'가 구성되어 활동했다. 당시 21살 나이에 군단장을 맡았으며 훗날 중국 인민해방군 최고위급 지휘관에 오르는 샤오커(蕭克) 장군은 당시를 이렇게 기억했다.

그때 나는 모든 시간을 AB단 문제에 할애했다. 우리 사단은 이미 60명을 처형했다. …… 그런데 어느 날 밤 우리 사단의 당 위원회가 개최되었고 그 자리에서 60명을 더 처형하기로 결정했다. 다음 날 나는 상부에 보고하러 갔다. …… 제4군 군사위원회에서 내 보고를 듣더니 이렇게 지시했다. "너무 많이 처형하고 있다. 색출된 사람이 노동자나 농민 출신이면 그저 자백을 받는 것으로 끝내라." 나는 즉시 사단으로 복귀했다. 색출된 사람들이 이미 처형장에 도착한 상태였다. 나는 말했다. "처형하지 마라. 사단 당 위원회에서 다시 논의하겠다." 당 위원회가 개최되었고 30명이 넘는 사람을 풀어주기로 했다. 그러나 나머지 20여 명은 처형하기로 결정했다. 제4군의 총 인원이 7천여 명이었는데, 이 가운데 1천3백 명 내지 1천4백 명이 처형당했다.

정치위원들은 의지가 약하다는 소리를 들을까 봐 경쟁적으로 숙청 작업을 진행했다. 어느 정치위원은 홍군 내에서 잔심부름을 하는 14살 소년을 처형하도록 지시했다. AB단으로 추정되는 장교들에게 음식을 가져다준 것이 죄목이었다. 소년은 그 장교들이 어떤 혐의를 받고 있는지 몰랐다. 다른 사례로는 한 중대장이 숙청의 필요성에 의문을 제기한 대가로 중대원 전체가 처형되기도 했다. 숙청이 시작된 지 1주일이 조금 지난 시점에 제1방면군 중 장교와 사병 다 합쳐서 4천4백 명이 AB단과 관련되어 있다고 자백했다. 이 가운데 2천 명 이상이 즉결 처형되었다.

9개월 전 숙청이 시작될 때 분란의 대상은 단지 토지 개혁에 관한 것이었다. 하지만 여기에 장시성 출신과 후난성 출신 외지인 사이에 싹튼 경쟁심이 기름을 부었고, 이제 숙청 작업은 그 자체가 마치 생명체처럼 살아 움직여 무시무시한 활동을 전개했다.

'부농', 'AB단원', '반혁명 분자'라는 용어는 점차 혼동되었다.[22] 지역적 논란은 전국적 논란으로 번졌다. 장시성 서남 지역의 당 간부들은 자신의 이해관계 때문에라도 마오의 대항마로서 리리싼의 노선을 지지했기 때문이다.[23] 국민당군이 점차 포위망을 좁혀 오던 몇 개월의 긴박한 상황 속에서 누구라도 마오쩌둥의 전략에 의문을 제기하면 곧바로 AB단원으로 지목받아 몽둥이로 맞아 죽었다. 결국 AB단 숙청은 마오의 적수들을 향한 피비린내 나는 도살이 되었다. 그리고 이제 푸톈(富田) 사건이 일어날 수 있는 무대가 차려졌다.

둥구에서 서쪽으로 바이윈산을 넘어 약 16킬로미터를 가면 산 끝자락에 푸톈이란 곳이 나온다. 이곳은 간강의 지류인 푸수이(富水)가 흐르는 작은 마을이다. 푸수이에 놓인 낡은 돌다리 옆에서 여인네들이 쪼그리고 앉아 넓적한 바위 위에서 빨래를 했다. 몇 개 되지 않는 가게들과 구불구불한 골목에 다닥다닥 붙어 있는 작은 집들과 사슴뿔 같은 흰색 처마가 달린 회색 벽돌집들이 푸수이 강변을 따라 마구 뒤섞여 있었다.*

푸톈의 자연 경관은 유럽의 피레네 산맥을 연상시킨다. 높은 산봉우리는 소나무, 전나무, 대나무 숲과 담쟁이덩굴로 뒤덮여 있고, 산봉우리에 올라 아래를 내려다보면 네 개 현에 걸쳐 넓게 펼쳐진 산기

---

* 이 책의 초판이 나온 1999년까지도 푸톈에 관한 이 묘사는 유효했다. 마을의 모습이 마오쩌둥의 시대와 같았다. 하지만 20년 가까운 세월이 지난 현재는 그렇지 않다. 중국의 다른 지역과 마찬가지로 푸톈은 많이 달라졌다.(저자 주)

흙을 한눈에 볼 수 있다. 산기슭에는 양치류 계통의 작은 풀이 덮여 있고 계류는 빠르게 흘러내린다. 여름이면 눈이 부시도록 푸르른 논에서 몸집이 작고 마르고 뼈만 앙상한 농부들이 너덜너덜한 푸른색 윗도리와 펑퍼짐한 반바지와 불타는 태양의 열기를 막아주는 커다란 밀짚모자를 쓰고 일했다. 겨울에는 마을로 들어오는 모든 길이 진흙탕으로 변해서 둥구에서 걸어 들어올 수 없고 서쪽 들판을 건너오든지 아니면 물이 차 있을 때 강을 따라 배로 올 수밖에 없었다.

11월 중순 지안을 점령한 홍군이 퇴각하면서 푸톈에 장시성 행동위원회 본부가 세워졌다.

1930년 12월 7일 일요일, 점심시간이 조금 지난 오후였다. 마오쩌둥의 정치 참모 리사오주(李韶九)가 황피에서 한 무리의 병사들을 이끌고 푸톈에 도착했다. 리사오주의 손에는 마오의 총전선위원회에서 발송한 두 통의 서신이 들려 있었다.[24] 한 통은 장시성 소비에트 정부 주석 쩡산(曾山)에게 보내는 것이었고, 다른 한 통은 행동위원회 선전부 부장 천정런(陳正人)에게 보내는 것이었다. 두 사람 모두 마오쩌둥의 충실한 부하였다. 편지에는 리보팡(李百芳), 돤량비(段良弼), 셰한창(謝漢昌) 세 명을 체포하라는 명령이 쓰여 있었다. 리보팡은 행동위원회 내부에서 활동하는 AB단 비밀 본부의 우두머리로 지목되었다. 돤량비는 AB단 지부장이라는 혐의를 받았다. 셰한창은 둥구에 주둔하고 있는 제20군의 정치부 주임이었는데, 그 역시 AB단 단원으로 의심받았다. 세 사람이 지목된 배경에는 이미 붙잡혀 고문을 받은 다른 홍군 장교의 자백이 있었다.

리사오주는 혹시 발생할지 모를 사태에 대비해 즉각 행동을 개시했다. 그는 병사들에게 행동위원회 본부 건물을 삼중으로 포위하도록 명령했다. 그리고 따로 병사 열 명에게 자신의 호위를 맡기며 언제든 총을 쏠 준비를 하라고 지시한 뒤 행동위원회 사무실로 들어갔다. 거기서 리사오주는 세 사람과 또 다른 행동위원회 관리 다섯 명을 붙잡아 손발을 묶었다. 그들 대부분은 20대 초중반이었다. 그들이 도대체 무슨 일이냐고 묻자 리사오주는 아무 말 없이 권총을 꺼내 그들의 머리에 갖다 댔다.

행동위원회 건물에서 체포된 여덟 명의 당 관료는 과거 지방 행정관의 아문으로 압송되었다. 흰색 벽의 큰 건물이었다. 건물 중앙의 거대한 아치형 입구는 넓은 안뜰을 향해 뚫려 있었다. 안뜰에는 돌로 만든 테라스가 있었는데, 주위보다 높게 조성되었으며 향기로운 물푸레나무가 자랐고, 그 양쪽에는 나무로 장식된 길이 펼쳐졌다. 안뜰의 동쪽 끝에는 앞으로 튀어나온 회색의 큰 기와지붕이 덮인 높직한 단이 하나 있었다. 그 지붕 끝에 아름답게 조각한 처마 장식이 달려 있었고, 지붕을 떠받치는 네 개의 거대한 나무 기둥 아래에는 돌로 장식된 받침대가 놓여 있었다. 과거 제정 시대에는 이 높은 단 위에서 지역 행정관이 엄숙하게 앉아 예하 관료들과 정치를 논했다. 그곳 천장에는 '성경당(誠敬堂)'이라는 글자가 금으로 도금된 현판이 걸려 있었다. 이는 성실과 존경의 장소라는 의미이다.

높은 단 뒤쪽에는 목조 고문실이 있었다. 수백 년간 관아를 통솔한 지방 행정관이 황실의 엄한 법을 집행한 곳이었다. 그리고 그 고문실에서 리사오주는 신문을 시작했다. 돤량비가 첫 번째 대상자였다. 돤량비는 이날의 대화를 훗날 다음과 같이 기록했다.

리사오주가 내게 물었다. "돤량비, 당신은 AB단원입니까? 자백할 겁니까? 만약 자백을 하면 고문을 받지 않을 겁니다."

나는 엄숙하게 대답했다. "내 경력과 내가 맡은 일을 보시오……. 부디 자세히 살펴주시오. 내가 AB단원이라면 그것은 무산계급에 대한 범죄입니다. 만일 그것이 사실이라면 당신은 내게 손을 댈 필요조

마오쩌둥 1

456

차 없소. 내 스스로 권총으로 자살할 테니까……."

리사오주가 대답했다. "당신의 경력에 대해서는…… 나는 당신과 이론적인 이야기를 할 수 없소. 나는 오직 일곱 가지의 고문 방법만을 알고 있을 뿐이오……."

그는 일곱 가지 고문 방법에 대해 설명했다. 나는 말했다. "좋을 대로 하시오. 내가 무엇을 두려워하겠소? 당신이 무엇을 하든 간에 나는……." 내 말이 끝나기도 전에 리사오주는 병사들에게 내 옷을 벗기도록 명령했다. 병사들은 알몸인 나를 무릎을 꿇려 앉혔다. 그들은 내게 '지뢰 폭파'*라는 이름의 고문을 행했다. 그리고 향불로 몸을 지졌다. …… 나는 생각했다. '아, 이들이 나를 불태워 죽이도록 내버려 두자. 이 세상에서 죽음이란 그 누구도 피할 수 없다. 다만 어떤 방식으로 죽느냐의 문제만 있을 뿐이다.' 내 엄지손가락 두 개는 완전히 부러져서 피부에 겨우 매달려 있었다. 내 몸은 이미 향불로 지져 엉망이 되었다. 성한 곳이 없었다. 온몸 구석구석이 날카로운 것에 찔리고 매를 맞아 멍들었다.

그러다가 갑자기 그들이 매질을 중지했다. 리사오주가 말했다. "돤량비, 당신은 그냥 죽기를 바라겠지만 그렇게 되도록 내버려 두지 않을 것이오. 무슨 일이 있어도 당신은 자신이 AB단원임을 자백해야 하고 또한 당신이 아는 AB단 사람들의 이름을 대야 합니다. 만약 그렇게 하지 않는다면 나는 당신을 살아 있는 것도 아니고 죽어 있는 것도 아닌 상태로 계속 놔둘 겁니다."

---

* 이는 하반신에 심하게 구타를 가하는 고문으로 짐작된다. 이러한 방법은 공산당뿐 아니라 국민당이 지배한 지역에서도 1930년대 후반까지 자행되었다. 심지어 두 팔을 등 뒤로 묶은 다음 천장에 달린 막대기 같은 것에 걸어놓는 고문은 지금도 쓰이는 방법이다. 이는 '비행기 타기'라고 불린 고문 기술인데, 문화혁명 때는 '제트기 타기'로 칭하기도 했다. 여하튼 이러한 고문 방법은 사실상 중국에서 수백 년간 사용되었다.(저자 주)

리사오주는 분명 깡패같이 매우 폭력적인 사람이지만 그가 독단적으로 이러한 행동 방식을 취하기로 결정한 것은 아니었다. 그는 지시를 따랐을 뿐이었다. 마오가 직접 승인한 지시에는 다음과 같은 내용이 담겼다. "(AB단의) 주요 지도자들을 너무 빨리 죽이지 말 것, (최대한) 정보를 그들로부터 짜낼 것. …… (그렇게 해서) 그들이 내준 단서를 잡아 또 다른 사람들을 색출할 것."[25]

이러한 무자비한 방법이 모든 곳에서 행해졌다. 18개월 뒤 공산당 중앙위원회가 실시한 한 조사가 내린 결론은 다음과 같았다.

> 모든 AB단 사건은 자백을 근거로 하여 폭로되었다. 인내심을 가지고 사실 관계를 확인하거나 혐의 내용을 확인하는 일이 시행된 경우는 거의 없었다. …… 그저 사용된 방법은 …… 당근과 채찍뿐이었다. '당근'은 …… 속임수를 써서 자백을 유도하는 것이며 …… '채찍'은 혐의자 손을 묶어 공중에 매단 다음 대나무 회초리로 때리는 것이었다. 회초리가 효과가 없을 경우, 향불이나 호롱불로 살을 지졌다. 정도가 가장 심한 것은 혐의자의 손을 책상 위에 고정시킨 다음 손톱 밑에 대나무 꼬챙이를 박는 방법이었다. …… 고문 방법에는 별명이 붙었다. '가마 타기', '비행기 타기', '두꺼비 물 마시기', '원숭이 고삐 잡기' 등등. 저항하는 혐의자를 다루는 유일한 방법은 고문이었다. 혐의자가 자백해야 비로소 고문은 끝이 났다.[26]

결국 다른 모든 사람과 마찬가지로 돤량비 역시 자백했다. 하지만 돤량비는 그때 같이 체포된 일곱 사람만 공범이라고 인정하고 다른 사람의 이름을 대지 않았기에, 양심을 조금이나마 지킬 수 있었다. 리보팡은 기억력이 대단한 사람이었다. 그는 돤량비와 정반대로 대응했다. 1천 명에 가까운 이름을 적어내 고문하는 자들을 혼란에 빠뜨렸던 것이다.

그다음 날 12월 8일 아침, 리사오주는 전날 받아낸 자백을 근거로 더 많은 사람을 체포했다. 찡산과 황피에서 도착한 마오의 비서 구바이(古栢)도 신문에 참여했다. 이후 1주일이 지나기도 전에 120명이 체포되어 아문 안뜰 양편에 있는 감옥에 갇혔다. 감옥에는 마치 새장의 창살처럼 가는 대나무 줄기가 약 3센티미터 정도의 간격을 두고 바닥에서 천장까지 수없이 박혀 있었다. 리보팡과 다른 죄수 두 명의 부인이 남편의 소식을 들으러 아문에 찾아왔다가 갇히는 일도 일어났다. 여자들은 남자보다 더 잔인한 고문을 받았다. 병사들은 그들의 가슴을 칼로 도려내고 아랫도리를 불로 지졌다.

리사오주는 전선위원회의 지시에 따라 제20군의 숙청을 시작하기 위해 둥구로 출발했다. 그런데 그는 둥구에서 치명적인 잘못을 범했다. 푸톈에서 체포된 셰한창은 리사오주와 같은 창사 출신인 대대지휘관 류디(劉敵)를 AB단원으로 지목했다. 이에 류디는 자신이 모함당한 것이라고 주장했고 리사오주는 그의 말을 믿고 풀어주었다. 류디는 자유의 몸이 되자마자 곧바로 자신의 동료 및 부하들을 모아 반란을 일으켰다. 그는 병사 4백 명을 이끌고 푸톈으로 쳐들어가 구금된 자들을 구출하고자 했다. 다음 날 밤 전투가 벌어졌고 리사오주의 병사 1백 명이 죽었다. 아문의 육중한 문이 강제로 열렸고 행동위원회 지도자들은 비록 몸이 처참하게 상했지만 자유를 얻었다.

이들은 긴급회의를 열고 제20군 전체를 간강 건너편 융양(永陽)으로 이동하기로 결정했다. 그곳으로 가야 마오쩌둥의 보복을 피할 수 있다고 판단한 것이다. 아문 밖에는 '마오쩌둥 타도! 주더, 펑더화이, 황궁뤠 지지!'라는 글귀를 쓴 깃발을 내걸었다. 그리고 당 중앙에 서신을 보내 마오쩌둥을 모든 직책에서 해임해 달라고 호소했다.[27] 이 소식이 황피에 전해지자, 부대 사령관 세 명은 마오쩌둥을 지지하고 반란자들을 비난하는 성명서를 즉시 발표했다.[28] 그러나 홍군 지도부를 분열시키려는 장시성 행동위원회의 시도는 다소 교활한 방식으로 계속되었다. 마오가 작성했다는 서신의 사본이 돌기 시작했다. 마오가 비서 구바이에게 주더, 펑더화이, 황궁뤄 역시 AB단 지도자로 지목하는 증거를 수집하라는 내용이 담긴 서신이었다. 이러한 서신 조작은 너무도 뻔한 술수였기 때문에 아무도 믿지 않았다. 전선위원회는 융양의 반란 지도자들이 당에 반란을 일으켰으며 혁명 세력들 사이에 불화의 씨를 심으려 하고 있다고 장문의 반박문을 발표했다.[29] 이후 두 집단의 갈등은 교착 상태에 빠졌다. 간강을 두고 제20군과 마오의 군대가 대치하면서, 양측 모두 자기편이 당 정책을 충실하게 수행하고 있다고 주장했다.

푸톈 사건이 벌어지고 홍군 내부의 숙청 바람이 불었지만 마오는 장제스의 첫 번째 포위 작전을 확실하게 분쇄했다. 사실 그러한 사건들이 장제스 군대를 패퇴시키는 데 도움이 되었을지도 모른다. 숙청의 피바람을 견딘 군인들이 더욱 단결하여 매우 강한 규율을 갖추게 되었으며, 엄청난 의지와 투지를 지닌 군대로 변모했다고 볼 수도 있기 때문이다.[30]

그렇더라도 융양의 반란 군인들을 언제까지나 용인할 수는 없었다. 1931년 초 샹잉이 근거지에 도착했을 때 그가 수행한 첫 번째 임무는 푸톈 사건을 정리하는 것이었다. 이때쯤이면 장제스의 공격을 막아내 위세가 크게 높아진 마오 역시 AB단 처형 조치가 무리하게 진행되었다고 느꼈다.[31] 황피에서 체포당해 구금된 리원린은 비록 감시받는 생활을 이어가야 했지만 감옥에서 석방되었다. 그리고 리사오주는 과도한 열정으로 숙청을 추진했다는 질책을 받았다.[32] 1931년 1월 16일 새로 구성된 중앙국은 류디를 비롯한 네 명의 반군

1931년경의 마오쩌둥.

지도자를 당에서 축출하는 한편 푸톈 사건을 '반당(反黨) 사건'이라고 규정했다. 하지만 반군 지도자들이 모두 AB단원이라는 증거는 아직 없다고 명시했다.[33] 이후 6주 동안 샹잉은 평화적 해결을 위해 양쪽의 의사를 타진했다. 반란을 저지른 사람들과도 적당한 형식으로 화해할 수 있다는 언급을 조심스럽게 꺼내기 시작한 것이다.[34]

하지만 마오의 입장에서 볼 때, 샹잉의 해결 방식은 명백히 잘못된 것이었다. 게다가 샹잉이 푸톈 사건의 일부 원인이 분파 간 다툼에서 비롯되었다는 식으로 언급하면서 충분한 근거를 대자 마오는 더욱 화가 났다. 한편 샹잉은 AB단 조사가 정당한가 아닌가 하는 근본적인 쟁점에서는 마오의 입장을 지지했다. 다수의 당원 역시 마오를 지지했다.[35] 그래서 1931년 1월과 2월 내내 AB단 수사가 계속되었고 사람들이 계속 체포되었다.[36] 심지어 융양의 반란 집단조차 자신들은 AB단이 아니지만 AB단 수사 자체는 정당하다고 인정했다.

우리는 AB단이 장시성에 널리 퍼져 있는 조직이며 소비에트 지역까지 침투해 있다는 사실을 부정하지 않는다. 왜냐하면 바로 우리가 AB단과 열심히 투쟁한 사람들이기 때문이다. …… 퇀량비는 장시성 특별위원회 내부에 있는 AB단과 처음으로 투쟁한 자였다. …… (하지만 지금) 그는 AB단원이라는 오해를 받고 있다.[37]

심한 고난을 겪은 행동위원회 사람들조차 숙청 자체가 정당한 것이라고 말할 정도였으니 당시 소비에트 근거지에서 활동한 공산당원들의 마음이 어떠했는지 충분히 짐작할 수 있다. 1931년 3월 대부분의 반란자들은 무기를 내려놓고 당의 심판을 받겠다고 선언했다. 아마도 그들은 당으로부터 관용적인 처분을 받을 것이라고 언질을 받았든지 아니면 스스로 그렇게 믿었을 것이다.

하지만 불행하게도 그들이 무기를 내려놓은 시점은 바로 리리싼이 몰락하고 이 소식이 장시성의 공산당원들에게 전달된 때와 일치했다. 상하이에 새로 들어선 당 지도부는 푸톈 사건에 매우 엄격한 태도를 취했다. 이제 푸톈 사건은 '반코민테른, 반당적 리리싼 노선'이 표출된 사건이며, 푸톈 사건 주동자들은 "홍군을 말살하고 근거지를 파괴"하는 데 목적이 있다고 간주되었다. 4월에 류디는 주더가 주관한 군사 재판에서 사형선고를 받고 곧바로 처형되었다. 당시 그는 20대 초반이었다. 리보팡을 비롯한 다른 두 사람도 처형당했다.[38]

AB단 문제에 관한 새로운 처리 방식이 중앙국 확대회의에서 결정되었다. 이 회의는 중앙위원회 제4차 전원회의 대표단의 직권 아래 열렸다.

AB단은 공산당 내부의 작은 당이 되었고, 혁명의 깃발 아래 반혁명적 활동을 …… (전개했다). 최근에 (그러한 활동이) 어떻게 가능하게 되었는가? 주요 원인은 …… (첫째) 지주와 부농이 쉽게 중국공산당에 침투할 수 있었다는 것이다. …… 혁명이 전개됨에 따라 ……
이들은 우리를 틀림없이 배신할 것이다. …… (둘째) 당이 리리싼의
잘못된 노선을 따랐다는 것이다. …… (셋째) 과거에 우리가 불순 분
자를 숙청하는 데 충분히 주의를 기울이지 않았다는 것이다. 과거에
는 AB단원이 적발되면 현장에서 총살해버렸고, 추가 단서를 찾는
데 그들을 활용하지 않았다. …… 이로 인해 AB단은 확대될 수 있었
다.[39]

(마오가 통솔하는) 전선위원회는 "전체적으로 올바른" 노선을 따랐
으며 푸톈 반란에 계급적 관점을 취했다는 칭찬을 받았다. 반면 샹잉
이 통솔하는 중앙국은 "리리싼 노선과 타협"했으며 푸톈 반란에 "완
전히 잘못된" 접근 방법을 택하여 "계급적 관점에서 이탈"했고, 이로
인해 "각급 단계의 당 조직은 느슨해지고 유약해졌으며 AB단에 대
한 투쟁이 약화되었다"고 맹렬하게 비판받았다.

중앙국 확대회의가 내린 결론을 다음과 같았다. 푸톈 사건의 반란
지도자들은 모두 "AB단의 주요 단원으로서 …… 리리싼 노선의 깃
발 아래 반혁명적 반란을 일으켰다." (반면 샹잉은 이들이 단순히 실수
를 저지른 동지들이라고 변호하는 듯한 발언을 했었다.) 또한 리리싼 노
선과 AB단은 동전의 양면이라고 설명했는데, 이는 마오와 새로운
당 중앙에 엄청나게 유리하게 작용했다. 이제 마오는 숙청 작업이 당
내의 반대파를 몰아내기 위해 수행된 것이 아니라 당 노선을 수호하
기 위해 원칙에 따라 진행한 일이라고 당당하게 주장할 수 있었기 때
문이다. 상하이의 새로운 당 지도부는 이전보다 스탈린 방식의 당
운영에 훨씬 더 익숙했으며 자신들의 최우선 과제가 중국공산당의
볼셰비키화라고 여겼다. 이때 볼셰비키화의 구체적 의미는 리리싼
노선 지지자, 지역 우선주의자, 당 노선 반대자들을 몰아내는 일이었

다. 말하자면 그들은 당을 충직하고 복종적인 레닌주의 정당으로 변모시키는 것이 가장 중요하다고 생각했다. 만일 다양한 형태의 당내 반대파를 한꺼번에 AB단 이름으로 묶을 수 있다면, 그들의 최우선 과제가 훨씬 수월하게 수행되는 셈이었다.

결국 4월 이후 숙청은 더욱더 맹렬하게 진행되었다.[40] 정치보위국을 통해 숙청 작업을 일률적으로 통제하려 했지만, 실제로는 각 마을과 현의 숙청위원회에 속한 당 관료들이—대부분 교육을 많이 받지 못해 문맹인 자들이었다.—막강한 권력을 행사했다.[41] 약간의 구실이 생기거나 심지어 전혀 구실이 없는데도 사형선고가 남발되었다. 중국공산당의 한 조사 위원은 이렇게 보고했다.

잠꼬대로 당에 대해 불평한 사람, 짐 나르기를 거부한 사람, 군중 집회에 참석하지 않은 사람, 당 회의에 출석하지 않은 사람……. 이들 모두가 AB단원으로 체포되었다. 사람들은 공포심을 너무 크게 느낀 나머지, 새로운 일터로 가길 두려워했다. 그것이 설령 승진일지라도 …… 새로운 일터로 온 사람들은 AB단원으로 지목될 위험이 컸기 때문이다. …… (숙청이) 최고조에 이르렀을 때에는, 심지어 다른 사람에게 말을 하는 것조차 AB단원으로 지목될 위험이 있었다. 그래서 당원들은 상급 당 관료가 출석하여 회의의 내용에 증인이 되어주지 않는다면 당 회의에 출석하지 않기도 했다.

(늦여름이 되자) 장시성의 정치보위국은 (근거지 내의) 모든 부농을 체포해야 한다고 제안했다. 그들이 AB단원일 수 있다는 이유였다. …… 정치보위국 간부들은 진짜 AB단원 하나를 놓쳐 그가 마음대로 암약하는 것보다 1백 명의 무고한 사람을 처형하는 편이 더 낫다고 공공연하게 발언했다. …… 그러한 괴상한 견해에 따라 모든 당 조직과 혁명 집단은 자유롭게 반혁명 분자를 체포하고 신문하고 처형

했다. 또한 AB단원을 철저하게 색출하는 모습을 보여야 혁명에 대한 충성심이 증명된다는 분위기가 만연했다.[42]

AB단원으로 의심받은 자는 고문을 당하면서 자신이 속한 '조직망'을 자백해야 했기 때문에, 어쩔 수 없이 안면이 있는 사람을 지목하거나 당 사무실에서 일하는 것을 한 번 본 적 있는 관료들의 이름을 억지로 기억에서 끄집어내어 댔다. 이러한 일이 벌어지자 당 관료들은 자신들의 명찰을 검게 칠해 이름이 보이지 않도록 하거나 아예 떼고 다녔다. 장제스의 제3차 포위 작전 중에는 혐의자를 신문할 시간조차 없자, 어떤 홍군 부대에서는 그저 명단을 한번 살펴보는 것으로 신문을 대신했다. AB단원이라고 자백한 자는 살려주고 부인한 자는 처형했다.[43]

푸톈 사건 이후 융강으로 달아났던 제20군은 7월에 중앙 근거지로 복귀했다(푸톈 사건을 주도한 행동위원회 위원들이 3월에 자수한 이후에도 제20군 본대는 그대로 융강에 머물러 있었다). 장제스 군이 벌인 대규모 협공전의 비상사태에 대처하기 위해서였다. 7월 23일 제20군은 위두에서 북쪽으로 32킬로미터 떨어진 핑터우자이(平頭寨)에서 마오의 군대와 합류했다. 사령관 쩡빙춘(曾炳春)은 이미 중앙국과 연락한 상태였으므로 제20군에 대한 의혹이 해결되었다고 믿었다. 하지만 제20군은 핑터우자이에 도착한 즉시 포위되었고 무장해제당했다. 사령관 쩡빙춘부터 말단의 부소대장까지 모든 장교들이 체포되었고 일반 병사들은 다른 홍군 부대에 분산되어 편입되었다. 단 몇 시간 만에 제20군의 존재 자체가 사라졌다. 이후 제20군이란 명칭은 중국의 군대 내에서 다시는 사용되지 않았다.[44]

한 달 뒤 리원린을 비롯한 행동위원회 지도자들과 쩡빙춘과 같은 군 장교들은 바이사에서 군사 재판을 받았다. 그들은 수천 명이 지

켜보는 가운데 모두 사형선고를 받았다. 이 재판을 주관한 사람은 마오쩌둥이었다.[45]

1931년 여름부터 초가을 사이에 얼마나 많은 사람이 숙청당했는지에 관해 정확한 통계는 없다. 단지 추정치만 있다. 제20군에서 처형당한 사람은 장교와 사병을 합해 약 4백 명이었다. 거의 같은 시기에 숙청 작업이 수행된 제35군에서도 사망자는 수백 명에 이르렀다. 제35군은 제20군과 마찬가지로 대부분 장시성 출신 병사들이 복무한 군대였다. 이외에도 다른 부대에서 숙청당한 인원을 셈하면 홍군의 전체 사망자는 훨씬 더 늘어날 것이다. 장시성의 공산당 조직 내에서 벌어진 숙청 작업을 보면, 전체 20개가 넘는 현 중에 세 개 현만 헤아려봐도 3천4백 명이 처형되었다. 9월 초 중국공산당 중앙 감찰관이 보고한 바에 따르면, "서남 장시성 당 조직과 공산주의청년단에 있던 지식인 가운데 95퍼센트"가 AB단과의 관련성을 자백했다. 오늘날 중국의 역사가들은 당시에 관해 가장 좋은 정보를 가지고 있으면서도 그저 '수만 명'이 죽었다고만 밝힐 뿐이다.[46]

1931년이 저물어 갈 무렵 국민당의 포위 작전에 따른 긴장감이 줄어들면서 숙청 바람도 잔잔해졌으며 마오 역시 그 일에 덜 관여했다. 12월에 숙청이 재개되었을 때에도 이번에는 현실적이고 제도적인 통제를 위한 좀 더 진지한 노력이 있었다. '반혁명 사건 처리 및 사법 기관 건립을 위한 임시 절차'가 마오의 이름으로 공표되었다. 언급된 여러 가지 목적 중에는 '대중의 권익 수호'도 포함되었다. 임시 절차에 따르면, 하위 관료들은 처형 명령을 내릴 수 없고 소청 제도가 마련되었으며 고문은 금지되었다. 하지만 이 새로운 규정은 공공연하게 위반되었으며, 실상 규정 자체에도 빠져나갈 구멍이 얼마든지 있었다. 게다가 규정에는 형벌을 결정할 때 대상자의 출신 계급을 변수로 고려해야 한다는 계급적 원칙이 명문화되었다. 지주, 부농, 그 밖에 '자본가 배경'을 가진 자는 사형선고를 받았고, '대중'은 사형을 면했을 뿐 아니라 새로운 출발을 할 수 있었다. 이는 오랫동안 중국 공산당의 사법 체계에 근본적인 분열적 요소로 남았다.[47]

이때 저우언라이가 상하이에서 근거지로 내려와 중앙국의 서기를 실질적으로 맡았다. 그리고 1932년 1월 처음으로 숙청의 규모와 방법을 공식적으로 문제 삼았다.[48]

살인이 대단치 않은 일로 여겨졌다. 이로 인한 가장 심각한 결과는 당내 공포 분위기가 조성되었다는 것이다. 최고 지도 기관조차 영향을 받았다. 이러한 정책은 …… (당의) 적대자들을 고립시켜서 그들의 반혁명적 영향력에 기만당해 온 대중을 공산당의 편으로 끌어들이지 못한다. 오히려 정반대. 이러한 정책은 우리의 혁명 역량을 손상시키며 계급 전쟁의 전선에 있는 사람들을 동요하게 만든다. 이는 가장 심각한 잘못이다.[49]

하지만 저우언라이가 비판한 대상은 오로지 '비조직적' 살인뿐이었다. 중앙국과 저우언라이는 반혁명 분자에 대한 숙청은 그 자체로 '완전히 올바른' 정책이라고 주장했다.[50] 변화가 필요한 것은 숙청의 방법이었으며, 변화의 이유는 숙청 자체에 종지부를 찍기 위해서가 아니라 숙청을 좀 더 효율적으로 진행하기 위함이었다.

1932년 봄에도 처형은 계속되었다. 달라진 것은 이전보다 다소 천천히 숙청이 이루어졌다는 점이다. 리원린과 쩡빙춘과 다른 AB단원 세 명은 1931년 8월에 받은 '재판' 이후, 장시성 서남부 전 지역의 마을에 끌려다니며 군중집회에서 공개적으로 비판당했다. 그리고 이들은 1932년 5월 공개 처형당했다. 2년이 지나면 숙청은 점차 줄어들어 결국 끝나지만, 그동안에도 정치보위국은 한 달에 5백 건의 사건을

처리했으며 평균 80명 내지 1백 명을 처형했다.[51]

장시성에서 벌어진 피바람은 사실 더 큰 규모에서 자행된 숙청의 일부였다. 푸젠성 서부 지역에서는 6천 명이 넘는 당원과 당 관료가 사회민주당원이라는 의혹을 받아 처형당했다. 펑더화이가 통제한 후난성과 장시성의 오래된 접경지대에서는 처형된 자가 1만 명이나 되었다.[52] 우한에서 북동쪽으로 약 110킬로미터 떨어진 다볘산(大別山)에 자리한 어위완(鄂豫皖)에서는 장궈타오가 주도적으로 '배신자, AB단원, 제3당원' 2천 명을 처형했다. 도회적 이미지의 장궈타오는 베이징대학 출신이었으며 마오와 마찬가지로 중국공산당을 창립하는 데 함께한 인물이었다. 그는 당시 당 정치국 상무위원회 위원이었는데, 그의 옆에서 정치위원을 맡았던 천창하오(陳昌浩)는 어위완에서 벌어진 숙청을 이렇게 설명했다.

혁명의 형세는 하루하루 크게 발전하고 있다. …… 적들은 그들의 비행기와 대포와 기관총이 얼마나 쓸모없는지 깨달았다. 그래서 그들은 이제 개조파, AB단, 제3당을 이용하여 우리의 소비에트 지역과 홍군에 침투하려 하고 있다. …… 이는 몹시 악랄한 계획이다. 적이 비행기와 대포로 공격해 오면 우리는 그것을 눈으로 볼 수 있다. 하지만 개조파, AB단, 제3당의 모습을 눈으로 확인하기는 쉽지 않다. 적들은 참으로 악랄하다.[53]

장시성의 동북 지역 근거지에서 반혁명 분자 수천 명이 처형되었다. 숙청 작업을 지휘한 사람은 좌파 성향의 쩡홍이(曾洪易)였다. 이후 그는 푸젠성 북부로 이동하여 '개량주의자와 AB단원' 2천 명을 처형했다.[54]

숙청의 분위기는 서서히 그 독을 공산당이 지배하는 모든 지역에 뿌렸다. 1937년 중국의 정치 지형이 크게 변할 때까지, 홍군 병사들은 엄청나게 불리한 상황에서 전투를 벌이며 때로는 보통 사람들이 상상도 할 수 없는 고난과 궁핍에 시달렸지만 이따금씩 군대 내 피바람이 일어나면 국민당군에 살해된 것보다 더 많은 동료 병사들이 죽음을 맞았다.

숙청의 구실은 항상 같았다. 토지 개혁 정책에 관한 의견 차이, 지역 간 혹은 민족 간 대립, '리리싼 노선'과 관련된 정치적 문제. 숙청의 방법도 비슷했다. 푸젠성 동부 지역의 공안국장은 이렇게 설명했다. "우선 혐의자에게 자백하도록 강제한다. 만약 그가 자백하면 그 자백에 따라 그를 처형한다. 그가 자백하지 않으면, 그때도 그를 처형한다."[55] 숙청의 근본 원인 역시 항상 같았다. 바로 권력이었다. 당 지도자들은 자신의 의지를 관철해야 했고 부하들이 자신에게 절대적으로 복종하도록 만들기 위해 숙청을 자행했다.

1930년대 초 중국의 공산당 근거지에서 벌어진 일들을 설명하는 데 '스탈린주의의 전형', '스탈린주의적 논리의 영향'이 거론된다. 하지만 스탈린주의의 역할은 사실 미미했다. 소련에서 본격적으로 대규모 유혈 숙청이 시작된 것은 푸톈 사건이 일어나고 4년이나 지나서였다. 1934년 레닌그라드에서 세르게이 키로프(Sergei Kirov) 암살 사건이 일어난 뒤에야 대숙청 바람이 불었기 때문이다. 그러므로 원인은 중국 내부 상황에서 찾아야 할 것이다. 중국공산당 지도부는 몇 년 전만 하더라도 선의에 가득 찬 지식인들이 모인 이상주의적이고 비효율적인 집단이었다. 이 집단은 3년 전 국민당이 한번 밀어붙이자 쉽게 무너지고 말았다. 그런데 이제 단단한 볼셰비키 핵심 집단으로 변하여, 특이한 상황에서 특이한 방법으로 죄 없고 충성심이 가득한 사람들을 마구 죽일 수 있게 되었다.

가장 결정적 요인은 내전이었다. 대부분의 전쟁에서 탈영병은 총살형을 당하고 포로는 정보를 캐내기 위해 학대당하며 인간의 기본적 권리는 제한된다. 공산당과 국민당이 벌인 내전에서도 규칙은 존중될 수 없었다.

1931년 초 중국공산당 정치국의 보위 담당자 구순장(顧順章)이 장제스를 암살하는 임무를 부여받고 우한으로 파견되었다. 구순장은 과거 블라디보스토크에서 소련 비밀경찰에게 훈련을 받은 뛰어난 공작 요원이었다. 그는 마술사로 변장했지만 그의 얼굴을 이미 사진으로 파악하고 있던 국민당 경찰에 4월에 체포되었다. 이후 국민당에 설득당한 구순장은 투항했다. 상하이에 있던 프랑스 정보 당국의 추산에 따르면, 구순장이 국민당에 공산당 내부 정보를 제공한 결과 3개월 만에 공산당원 수천 명이 처형되었다. 그중에는 공산당의 명목상 최고 지도자인 총서기 샹중파도 있었다. 그는 6월 총살형에 처해졌다.

한쪽에서만 살인극이 벌어진 것은 아니었다. 구순장이 국민당에 투항한 다음 날 그의 가족이 모두 사라졌다. 5개월 뒤 가족들은 주검이 된 채로 프랑스 조계의 어느 빈집에서 발견되었는데, 모두 나체에 머리가 잘리고 없었으며, 무려 3미터 깊이의 땅속에 버려져 있었다. 이는 저우언라이의 지령에 따라 한 공산당원이 행한 일이었다. 그는 국민당 요원에게 체포되어 구순장 가족을 보복 처형했다고 진술했으며 시체를 묻은 장소를 실토했다. 그가 죽이지 않은 유일한 사람은 구순장의 어린 아들이었다. 저우언라이는 아이까지 모두 죽이라고 했지만 도저히 그렇게까지는 할 수 없었던 것이다. 그 공산당원은 다른 집으로 경찰을 몇 차례 더 안내했다. 그곳 땅속에서도 많은 주검이 발견되었다. 당의 규율을 유지하기 위해 저우언라이가 처형을 명령한 공산당 간부들이었다. 30여 구의 시체가 발굴되자 경찰은 이

제 그만하면 되었다고 수색을 중지했다.[56]

저우언라이가 구순장의 가족을 몰살한 것은 특이한 행동이 아니라 무자비한 전쟁 규칙이었다.

국민당 역시 야만적이기는 마찬가지였다. 후베이성에서는 홍군 지도자 쉬하이둥(徐海東)의 아내가 국민당에 붙잡혀 다른 사람에게 첩으로 팔려 갔다. 쉬하이둥의 친족 60명 이상이 색출되어 모두 살해당했는데, 어린아이와 갓난아이도 예외가 아니었다.[57] 마오쩌둥이 창사 공격에 실패하고 철수한 지 2개월이 지난 1930년 11월, 그의 아내 양카이후이는 창사의 류양먼 밖의 처형장으로 끌려가 총살당했다. 국민당 후난성 정부 주석 허젠의 명령이었다. 당시 여덟 살이던 마오쩌둥의 장남 마오안잉은 어머니와 함께 감옥에 갇혔지만, 친척들이 경비병에게 뇌물을 주고 빼내 남자 동생 두 명과 함께 비밀리에 상하이로 보냈다. 당시 일곱 살이었던 차남 마오안칭은 어머니가 체포되는 과정에서 국민당 병사에게 얻어맞아 머리를 다쳤고 평생 그 고통을 안고 살아야 했다. 삼 형제가 상하이에 도착하고 얼마 안 되어 네 살 먹은 막내 마오안룽은 설사병에 걸려 죽었다. 그리고 2년 뒤 상하이의 당 조직이 붕괴되자 누구도 마오의 자식들을 돌볼 형편이 되지 못했다. 그리하여 두 아들은 상하이 거리에서 그날그날 되는대로 먹고 살아갔다.[58]

에드거 스노의 표현에 따르면, 쉬하이둥이 통솔한 어위완 근거지에서는 사람들을 살육하는 행위가 '종교 전쟁의 수준'에 도달했다. 국민당군은 어위완과 다른 남부의 공산당 근거지에서 '연못의 물을 빼내 물고기 잡기(排水捉魚)' 정책을 펼쳤다. 말하자면 지역 주민 가운데 홍군을 지지할 가능성이 있는 건강한 남자는 무조건 다 죽이고 마을 전체를 불태우며 홍군의 식량이 될 수 있는 곡물은 모조리 빼앗거나 없애는 것이었다. 홍군이 숨어든 요새 근처의 숲은 모두 베어 넓은 공터로 만들고 공터에서 움직이는 것이 있으면 무조건 총을 쏴 죽였다. 홍군을 요새에 꼼짝 못하게 가두려는 목적이었다. 죽지 않고 살아남은 마을 주민은 평야 지대로 끌고 내려와 국민당 병사나 지주의 민병대의 감시 아래 나무집에서 떼를 지어 살게 했다. 여자와 소녀들은 창녀나 하녀로 팔았다. 외국인 선교사들이 비난하자 장제스는 이 행동만은 금지했다.

국민당군은 처음에는 몇 명이나 죽였는지 셈하기 위해 죽은 사람의 머리를 보관했다. 하지만 이 방법이 (무게 때문에) 어렵게 되자 귀를 자르기 시작했다. 어느 사단은 "업적을 과시하기 위해" 300킬로그램이 넘는 귀를 모았다고 전해진다. 후베이성 황안현(黃安縣)에서는 마을 주민 10만 명이 살해당했다. 허난성 신현(新縣)에서는 8만 명이 살해당했다. 펑더화이의 오래된 근거지인 후난성과 후베이성의 접경지대는 한때 주민이 1백만 명에 이르렀으나 몇 년 뒤 1만 명밖에 남지 않았다. 20년이 흐른 뒤에도 이 지역에는 파괴된 마을의 잔해와 사람의 뼈가 산속 여기저기에 흩어져 있었다고 한다.[59]

마오쩌둥은 이러한 참혹한 학살 현장을 직접 목격한 적은 거의 없었다. 장시성에서 엄청난 학살과 살육이 일어난 시기에 마오가 지휘한 홍군은 장시성을 떠났기 때문이다.[60] 하지만 이러한 학살과 살육의 분위기 속에서 마오쩌둥을 비롯한 공산 지도자들이 활동했다는 사실은 염두에 둘 필요가 있다.

송나라의 역사가 사마광의 저작*을 읽은 마오쩌둥은 아마도 잘 알고 있었을 테지만, '현재를 비추는 거울'인 중국 역사에서는 반란을 일으키면 몹시 잔인하게 진압했다. 장제스가 홍군 지역에서 살육을

---

* 《자치통감(資治通鑑)》을 말한다. 사마광은 1065년 영종의 명에 따라 역사서를 서술했는데, 신종이 이 책을 읽고서 '다스리는 일(治)의 자료(資)가 되고 역사를 통하는(通) 거울(鑑)이 된다'는 의미의 '자치통감'이라는 제목을 내렸다.

자행했으나 19세기 중엽 '태평천국운동' 때 벌어진 일에 비하면 그리 심한 것이 아니었다. 장제스 군대는 귀를 수집했으나 17세기에 이자성*은 쓰촨성의 반란을 진압할 때 발목을 수집했다. 이자성은 애첩이 너무 잔인하다고 항의하자 그녀의 발목을 잘랐다고 한다. 국민당군은 공산당 지도자의 가족을 몰살했지만, 청나라 시대에는 반란을 일으킨 선비와 장군은 본인뿐 아니라 구족(九族)을 모두 멸했다. 소련의 비밀경찰 내무인민위원회*는 숙청 대상자의 비율을 미리 정한 뒤 실행하곤 했는데, 이와 유사한 방식이 중국공산당에는 몇 년 전부터 있었으며 사실상 중국의 오랜 역사 속에서 발견되는 처형 관행이었다.[61]

이러한 역사적 맥락에서 공산당의 피와 공포에 젖은 투쟁의 소용돌이를 이해해야 한다. 공산당을 이끈 젊은 지도자들은 대부분 자식들과 완전히 결별한 자들이었다(만약 마오쩌둥처럼 가족과 연을 유지할 경우 공산당 활동 때문에 가족들이 처형될 수 있었다). 당 지도부에는 40살이 넘은 사람이 없었다. 이들은 모든 힘과 충성을 단 하나의 대의명분에 쏟아부었으며, 철저한 외골수가 되어 광적으로 헌신했고 외부 세계의 도덕 법칙을 완전히 무시했다. 홍군의 거의 모든 병사들은 고아나 다름없었으며 그들의 소망은 오로지 적대 계급에 대한 복수뿐이었다. 증오는 강력한 무기였다. 외부의 적에게도 내부의 적에게도 마찬가지였다.

모든 당 지도자가 똑같이 행동한 것은 아니었다. 어위완 근거지에서 활동한 오징탕(高敬塘)은 숙청 작업을 아주 흔쾌히 받아들였고,

---

이자성(李自成, 1606~1645) 명나라 말 농민 반란을 주도한 지도자. '이자성의 난'으로 명나라는 멸망했다.

* **내무인민위원회**(Narodnyi Komissariat Vnutrennikh Del, NKVD)는 국가보안위원회(KGB)의 전신이다. 1930년대 스탈린의 대숙청 때, 내무인민위원회의 각 지역 본부에는 '인민의 적'으로 체포해 처형할 사람의 수가 할당되었다.(저자 주)

이로 인해 이 지역에는 공포감와 고립감이 극에 달했다. 당시 어위완 지역은 당 중앙위원회와 연락이 잠시 두절된 적이 있었다. 1937년 당 중앙위원회가 연락을 회복하기 위해 사람을 파견했는데, 극도의 공포와 고립감에 휩싸인 지역 공산당원들이 연락관을 첩자로 오인하여 체포한 뒤 총살해버렸다. 반면에 주더의 곁에서 정치위원을 한 천이는 테러 수단을 쓸 수밖에 없을 때조차도 규모를 최소화하려고 노력했다.[62]

마오의 방식은 다소 복잡했다. 그는 '철의 규율'을 강조하면서도 홍군 전원이 자원병으로 이루어져야 하며 올바른 사상과 훌륭한 지도력과 솔선수범으로 무장해야 한다고 주장했다.[63] 마오에게 볼셰비즘은 단순히 권력을 쟁취하기 위한 수단이 아니었다. 그는 이 사상을 가지고서 새로운 중국의 탄생에 필요한 이념적 역량뿐 아니라 심지어 도덕적 역량까지 구축하려고 했다. 규율과 자유, 강압과 자발 사이의 충돌에 관해 마오는 '대립의 통일' 관념을 사용하여 충돌은 결국 통일을 이룰 것이라는 논리를 세웠다(이러한 논리는 마오가 학생 시절과 훗날 옌안에서 쓴 글에도 나타난다). 하지만 이는 어디까지나 지적 차원에서의 해결이다. 실제로는 항상 통일보다 충돌이 발생했다. 1930년대 초 장시성에서 일어난 사건들과 마오가 자신의 인생에서 이따금씩 추진한 숙청과 정풍운동이 그랬다.

충돌이 발생할 때면 마오는 1926년 후난성 농민 운동에서 얻은 교훈을 언급했다. "잘못을 바로잡기 위해서는 한계를 뛰어넘을 필요가 있다. 그렇게 하지 않고는 잘못을 바로잡을 수 없다." 이러한 관점에서 본다면 피의 숙청은 유감스러운 일이며 피할 수 있다면 더 바람직하겠지만, 그렇더라도 필수적인 것이었다.

AB단 개념이 고무줄처럼 늘어난 것도 마찬가지이다. 다른 당 지도자들과 마찬가지로, 마오 역시 처음에는 AB단이 진정으로 위험하다고 인식했을 것이다. 하지만 그는 분명 고문을 받은 피의자가 내놓은 자백 이외에는 아무런 증거도 없는 것을 알았을 것이다. 수만 명이 처형되었지만 그 가운데 한 사람이라도 진짜 AB단원이라고 마오가 믿었는지 의심스럽다. '사회민주당원', '개조주의자', '제3당' 따위가 언급되었지만 실상은 아무런 의미가 없었다. 그저 당 지도자가 공격해야 마땅하다고 판단한 당내 반대파에게 입맛에 맞게 덮어씌울 수 있는 개념들이었다. 중앙국 역시 AB단 색출 작업에서 '용어 사용의 착오'가 있었음을 언급하며 개념상의 허점을 인정했다.[64] 분명 마오는 이러한 착오조차 당시 상황에서는 필요했다고 생각했을 것이다. 이후 진행되는 모든 정치 운동에서 이와 유사한 '착오'가 종종 발생하기 때문이다.

9장

중화소비에트공화국 주석

1931년 가을~1934년 가을

"기름진 자에게 빼앗아 여윈 자를 돌본다."

MAO
THE MAN
WHO
MADE
CHINA

1931년 9월 장제스의 제3차 포위 작전이 실패로 돌아가자 당 중앙은 이번에야말로 마오쩌둥과 그의 장시성 근거지를 더욱더 철저하게 통제하기로 결정한다.

당시 공산당은 구순장이 국민당에 투항함에 따라 도시 조직이 완전히 와해되었고 상대적으로 홍군 근거지의 중요성이 커졌다. 또한 코민테른은 이미 1년 전부터 혁명 투쟁의 다음 단계가 전개될 장소는 중국의 도시가 아니라 바로 농촌이라고 계속 강조하고 있었다. 결정적으로 1931년 6월에는 당의 총서기였던 샹중파가 체포되어 처형되는 일이 발생했다. 그 결과 당 지도부를 교체하는 일이 시급한 과제로 떠올랐으며, 사실상 상하이 활동이 불가능해졌기 때문에 당 지도부를 농촌으로 분산 배치하는 사안을 논의하기 시작했다.

이미 4월에는 상하이 당 중앙의 지도자들이 어위완 근거지와 허룽의 후난성 서부 근거지에 파견되어 당 위원회를 지휘했다. 늦여름이 되자 저우언라이는 오랫동안 미룬 장시성으로의 여정을 드디어 실행에 옮기기로 결정한다. 중앙국의 운영을 맡기 위함이었다. 한편 소련 유학생 출신 왕밍은 중국공산당의 대표로서 코민테른에서 활동하기 위해 안전한 모스크바로 돌아갔다. 또 다른 소련 유학생 출신인 보구는—그는 당시 24살이었다.—상하이에 남아 새로운 당 중앙위원회가 구성되기 전까지 당의 총서기를 맡기로 했다.[1] 장시성의 홍군 근거지에서는 공산당 정부를 수립하는 계획이 본격적으로 추진되었다(당시 장시성 근거지에는 '중앙소구中央蘇區'라는 거창한 이름이 붙었다). 이는 전체 당 중앙 지도부를 지방으로 배치하는 작업의 첫 단계였다.

이러한 배경 속에서 왕밍, 보구, 그리고 두 사람의 동조자들은 마오쩌둥의 권위를 약화하는 작업에 착수한다. 8월 말—아직 장제스의 제3차 포위 작전을 격퇴하기 전이다.—당 중앙은 마오를 격렬하게 비판하는 장문의 지령문을 발표했다. 비판의 내용은 마오가(그의 이름이 구체적으로 거론되지는 않았다) 분명한 계급적 관점을 지니고 있지 않고, 부농에게 너무나 유약하며, 노동 운동을 발전시키지 못하고, 이미 계획되어 있는 소비에트 정부를 세우라는 반복된 지시를 무시하고, 근거지를 확장하지 못하고 있으며, 홍군을 유격주의에 빠지게 했다는 것이었다.[2] 당의 지령문이 마오에게 도착한 때는 제3차 포위 작전이 끝난 뒤인 10월이었다. 마오는 한편으로는 분개하면서 다른 한편으로 어리둥절했다. 방금 마오와 동료들은 열 배나 더 강력한 적을 격퇴하지 않았는가? 소련 유학생들은 유격주의가 낡은 전술인 것처럼 굴었던 리리싼을 격렬하게 비판하지 않았던가? 또한 지난여름 코민테른은 장시성 근거지에서 실시된 정책을 두고 마오를 개별적으로 칭찬하는 이례적인 행동을 보이지 않았던가?

하지만 상하이의 보구에게 그러한 세세한 사항은 별로 문제가 되지 않았다. 그해 가을 보구의 관심은 정책이 아니라 권력이었기 때문이다.

10월 중순 보구는 내키지는 않았지만 마오가 중앙국의 서기 대리를 계속 맡는 데 동의했다(마오는 이 직책을 5월부터 비공식적으로 맡고 있었다). 다만 저우언라이가 장시성에 도착하기 전까지로 기한을 한 정했다. 또한 보구는 측근들을 더 높은 직책으로 승격해 달라는 마오의 요청을 거절했다. 얼마 뒤 당 정치국 위원 중 한 사람이 장시성으로 찾아와서 마오에게 새로 구성되는 소비에트 정부의 수반이 되어 달라고 청했다. 이에 발맞춰 보구도 마오에게 수반 역할을 맡아주기를 요청했다.[3] 바꾸어 말하면, 마오더러 당과 군 내부에 영향력을 행사하지는 못하고 명예만 있는 윗자리로 쫓겨나라는 것이었다. 11월 초 바로 그러한 의미의 조직 개편이 단행되었다. 소비에트 근거지 당 대표대회가 개최되었고, 여기서 마오가 지휘한 총전선위원회가 해체되고 혁명군사위원회가 설치되었다. 혁명군사위원회의 주석은 주더가 맡았으며 마오는 그저 12명의 위원 중 한 명일 뿐이었다. 설상가상으로 그는 이 대표대회에서 가혹하게 비판까지 당했다(여기서도 마오의 이름은 직접 거론되지 않았다). '편협한 경험주의'에 의존하여 당의 정책을 무시하고 현실적 여건만 지나치게 중시했다는 이유였다.[4]

이틀 뒤 11월 7일은 러시아혁명 기념일이었다. 이날 루이진에서 동쪽으로 5킬로미터쯤 떨어진 작은 마을 예핑(葉坪)에는 장시성을 비롯한 인근 근거지에서 6백 명의 대표자가 모였다. 이들은 셰(謝)씨(예핑 마을의 흔한 성씨였다) 가문의 사당에서 회합하여 '중화소비에트공화국'의 설립을 선포했다. 중세풍의 고색창연한 사당 주위에는 1천 년의 세월을 견디며 옹이가 박힌 거대한 녹나무들이 숲을 이루고 있었다. 옻칠이 된 굵직한 기둥 사이에는 망치와 낫이 그려진 깃발들이 줄줄이 걸려 있었다. 홍군 부대가 당당하게 행진하며 위용을 과시했고 곧이어 횃불을 든 행렬이 이어졌다. 폭죽을 수없이 터뜨려 푸른 연기가 일었고 사람들의 귀가 먹먹해졌다.[5] 마오는 다음과 같이 연설했다. "지금 이 순간부터 중국에는 전혀 다른 두 국가가 존재

1931년 11월, 중화소비에트공화국 선포를 앞두고 루이진에 모인 공산당 지도부. 왼쪽부터 차례로 런비스, 주더, 덩파, 샹잉, 마오쩌둥, 왕자샹이다.

하게 됩니다. …… 하나는 이른바 중화민국이라고 불리는 제국주의의 앞잡이입니다. …… 또 하나는 중화소비에트공화국으로 착취당하고 압박받는 노동자, 농민, 병사, 노고 민중(勞苦民衆)의 국가입니다. 중화소비에트공화국이 내거는 기치는 제국주의 타도, 지주계급 타도, 국민당 군벌 정부 타도 …… 그리고 온 나라의 진정한 평화와 통일입니다."[6]

'중화소비에트 제1차 전국대표대회'는—공산당 의회의 새로운 이름이었다.—공산당이 지배하는 20여 개 현 가운데 루이진을 수도로 정했고 마오쩌둥을 국가주석 및 정부 수반으로 지명했다.[7]

사정을 잘 모르는 자들은 마오쩌둥이 무척 부러워할 만한 자리에 임명되었다고 생각했다. 마오의 새로운 직책은 이제까지 그가 맡은 어떤 공적 지위보다도 높았다. 코민테른 역시 그가 통치하게 될 새로운 '국가'에 큰 의미를 부여했다. 하지만 마오는 이미 자신의 힘을 무력화하거나 통제하려는 수많은 시도를 경험했다. 1927년 7월 저우언라이는 마오를 쓰촨성으로 보내버리려고 했으며, 한 달 뒤 취추바이는 마오를 상하이의 당 관료로 묶어 두려 했고, 1929년 리리싼은 마오를 홍4군에서 떠나게 만들려고 했다. 그래서 마오쩌둥은 자리가 높아졌다고 해서 결코 현실을 착각하지 않았다. 물론 이제 마오는 상당히 중요한 인물이 되었기 때문에 간단하게 무시해버릴 수 있는 대상이 아니었다. 크렘린의 지지를 받는 소련 유학생 집단과 그 집단에 동조하는 사람들도 마오를 쉽게 쫓아낼 수는 없었다. 하지만 그들은 마오를 의사 결정의 주요 계통에서 제외한다든지 마오의 힘의 원천을 잘라버리는 행동을 취함으로써 그를 구석으로 밀어낼 수는 있었다.

얼마 지나지 않아 그들의 노력은 결실을 맺었다.

저우언라이는 마오가 얼마간 대리했던 중앙국 서기 직책에 취임했고, 취임 직후인 1932년 1월 주요 도시를 점령하자고 또다시 제안했다. 이는 그동안 자주 언급된 '하나 혹은 몇 개의 성에서 최초의 승리를 확보'하는 목표를 달성하기 위함이었다.[8]

마오는 동료들에게 난창이 점령하기에 너무나 어려운 목표라는 점을 설득할 수 있었다. 하지만 중앙국 위원들 다수는 상하이에 머물던 보구와 협의한 뒤에 다시 회의를 열어 간저우 공격을 재차 요구했다. 마오는 또다시 반대했고 주더는 마오의 견해를 지지했다. 마오는 간저우가 방어망이 잘 갖추어진 데다 삼면이 강으로 둘러싸여 있으며 적군은 이 도시를 '결코 상실할 수 없는 주요 거점'으로 인식하고 있다고 설명했다. 또한 간저우를 치려면 큰 대포를 비롯한 공성용 무기가 필요한데 홍군은 그러한 장비가 부족하기 때문에 지난해에도 공격하지 못했다고 덧붙였다. 하지만 중앙국은 그의 설명을 받아들이지 않았다. 결국 간저우 공격에 찬성한 펑더화이가 전선 총사령관에 임명되었고, 펑더화이는 마오의 견해가 잘못되었음을 증명할 기회를 얻게 된 데 대단히 만족해했다.[9]

열흘 뒤 중앙국은 세 번째 회의를 개최했다. 저우언라이가 참석하지 않아 마오가 의장을 맡았다. 이 회의에서는 1931년 9월 일본이 만주를 침략한 사건에 주목했다. 보구는 일본의 침략을 "소련을 공격하려는 위험하고 구체적인 조치"라고 해석했다. 마오의 생각은 달랐다. 마오는 일본이 침략한 탓에 중국 전역에서 전통적인 계급 분열을 뛰어넘어 반일 감정이 형성되었으므로 공산당이 이러한 분위기를 활용해야 한다고 주장했다. 이는 마오가 훗날 주창하는 항일 통일전선 개념의—나라를 방위하는 애국적 대의 앞에 중국의 모든 계급을 한데 모은다는 생각이다.—시초였다. 몇 해 뒤면 항일 통일전선 개념이 중국공산당의 권력 쟁취 과정에서 큰 역할을 하게 되지만 당시로서는 시대에 너무나 앞선 생각이었다. 모든 당 정책의 취지는 계급의 경계를 모호하게 하는 것이 아니라 계급투쟁을 격화시키는 것이었다. 마오의 동료들은 1929년에 중동철도 문제로 소련과 일본이 충돌했을 때처럼 모스크바가 위협을 받는 상황에 제일 관심을 두어야 한다고 주장했다. 회의는 격해졌다. 그리고 마침내 한 참석자가 마오를 정면으로 쳐다보며 말했다. "일본은 소련을 공격하기 위해 만주를 점령했소. 만약 당신이 그것을 보지 못한다면 당신은 우경 기회주의자요."* 순간 모든 사람이 입을 닫았다. 마오는 자리에서 일어나 나가버렸다.

바로 그날, 혹은 며칠 뒤 마오쩌둥은 병가를 냈고 승인을 받았다. 당시 마오가 맡고 있던 홍군 제1방면군 총정치위원은 소련 유학파 왕자샹이 넘겨받았다.[10] 1주일 뒤 마오는 허쯔전과 함께 호위병 몇 명을 데리고 둥화산(東華山)의 버려진 절로 들어갔다. 루이진에서 남

---

* '우경 기회주의자'는 스탈린이 부하린을 비롯한 소련의 '반당 세력'을 비난할 때 쓴 표현이다. 그러므로 이는 당의 정책을 조직적으로 반대하고 있음을 의미하는 것으로 대단히 심각한 정치적 비난으로 볼 수 있다.(저자 주)

쪽으로 8킬로미터쯤 떨어진 그곳에서 한동안 마오는 '건강 회복'을 위한 시간을 보낸다.[11]

절은 적막하고 외로운 곳이었으나 당시 마오의 삭막한 기분과 잘 어울렸다. 본당은 표면이 매끈한 검은 바위 한편을 깎아 만든 석실이었다. 전면에 석벽을 쌓았고 지붕에는 회색 기와를 얹었으나 어둡고 춥고 습기가 가득했으며 바닥에는 이끼가 자랐다. 정치적 곤경에 처하면 종종 그랬듯이 마오는 이번에도 깊은 우울증에 빠졌고 몸 상태도 좋지 못했다. 허쯔전의 눈에 남편이 갑자기 늙은 것처럼 보였으며 실제로 체중이 줄기 시작했다. 허쯔전은 습기가 마오에게 좋지 않다고 생각해서 젊은 호위병들을 본당에 머물게 하고 자신과 마오는 본당에서 몇 미터 떨어진 동굴로 이사 갔다. 크기는 더 작았지만 눅눅하지 않았고 안에 돌로 만든 작은 통이 있어 세수를 할 수 있었다. 물은 대나무 작대기 양편에 양동이를 매단 채 좁은 오솔길을 따라 약 100미터를 걸어가 골짜기 바위틈에서 받아 와야 했다.

동굴에서 평야 쪽을 바라보면 아름다운 풍경이 펼쳐졌다. 서쪽을 둘러싼 산언덕에는 오래된 탑 세 개가 마치 보초같이 서 있었다. 마오는 지난날 근거지에서 행복하게 지내던 때 지은 시 몇 수를 붓글씨로 쓰는 일에 몰두하려고 애썼다. 이따금씩 당의 서류와 신문이 루이진에서 왔다. 그는 이렇게 강제된 한가함 속에서 정치적 상처가 치유되기를 기다리는 일 말고는 할 수 있는 것이 없었다.

'임시 중앙'으로 불린 보구의 새로운 지도부는 훗날 대단히 불합리한 노선을 제시한 것으로 비판받았지만 사실 보구의 지도부가 상하이에 살아남았다는 사실 자체가 큰 성과였다. 당시 코민테른의 중국 담당자는 우크라이나 출신의 정보 요원 야코프 루드니크(Yakov Rudnik)였다. 그는 일레르 눌랭(Hilaire Noulens)이라는 가명을 사용했으며 국제노동조합운동을 벌이는 벨기에 사람으로 위장하여 상하이에서 활동했다. 그러나 1931년 6월 루드니크는 경찰에 체포되었고 이후 코민테른의 중국 사업은 완전히 마비되었다. 이렇게 어려운 상황에서 보구는 장원톈과 함께— 장원톈 역시 소련 유학파였고 당시 30대 초반이었다.—공산당 공작원 조직을 유지했고 이들을 장제스의 최고 군사 지도부까지 침투시켜 국민당 특무 공작원 및 변절한 공산당원들을 처치했다.[12]

그러나 '임시 중앙'은 공산당 근거지를 지도하는 방면에서는 별로 성공적이지 못했다. 주요한 이유는 과거 리리싼과 취추바이가 빠져든 좌경적 사고방식을 여전히 고수했기 때문이다. 이로 인해 보구는 1932년 1월에 또다시 대도시 공격 정책을 추진했다.

우리는 대도시 공격을 피했다. 이는 과거에는 올바른 전술이었지만 지금은 상황이 바뀌었다. 지금 우리의 과제는 (우리가 지배하는) 지역을 확장하고, 분리된 여러 소비에트 지구를 서로 연결해 하나의 통일된 소비에트를 만드는 것이며, 현재 유리한 정치적, 군사적 조건을 활용하여 하나 혹은 몇 개의 성을 점령하여 그곳에서 혁명 완수를 위한 최초의 승리를 거두는 것이다.

과거의 취추바이나 리리싼 지도부와 비교해볼 때 보구의 분석은 훨씬 더 현실적이었으나 그 역시 과거 지도부와 거의 비슷한 결론에 도달했다. 보구는 당시 대공황 때문에 국민당 지배 지역의 경제가 '전반적으로 붕괴 직전'에 놓였으며, 홍군은 장제스의 포위 공격을 수차례 이겨내면서 "내전의 피어린 전투장에서 단련되어" 과거 어느 때보다 강하다고 분석했다. 그는 '국내 계급 세력 사이의 균형'이 변화되었으므로 정책 역시 변화되어야 한다는 논리를 폈다.[13]

보구의 주장은 합리적인 면이 있었다. 사실 마오쩌둥도 지난 3년 간 '한 개의 성에서 승리'를 천명했다. 목표가 이러한데 아무것도 하지 않을 수는 없었다. 작은 성과에 만족하고 움직이지 않는 반란군은 곧 무너지게 마련이다. 따라서 분리된 공산당 지배 지역을 서로 연결하기 위해 대도시를 공격한다는 것은 논리적으로 충분히 타당한 정책이었다. 하지만 보구의 입장에는 크게 두 가지 문제가 있었다. 첫째는 견결진공* 노선을 철저하게 따라야 한다고 요구한 것이며,[14] 둘째는 전술적 규칙과는 상관없이 난창, 지안, 그리고 또 다른 장시성 도시인 푸저우(撫州)를 반드시 점령해야 한다고 지시한 것이다. 게다가 군사력에서도 균형이 맞지 않았다. 상하이의 당 지도부는 장제스의 제3차 포위 작전이 실패로 끝나자 홍군의 힘을 지나치게 과대평가했다. 반면에 마오와 주더는 자신들의 역량을 과대평가하지 않았으며, 홍군은 1년 전과 마찬가지로 국민당이 잘 방어하고 있는 대도시를 점령할 힘이 없다고 판단했다. 그래서 두 사람은 간저우 공격을 반대했지만, 보구와 장원톈과 그들의 추종자들은 마오와 주더의 주저를 기회주의의 증거라고 여겼다. 자신들이 내세운 정책을 반대하는 자가 아니라, 그저 정책을 실행하는 데 주저하는 자에게 문제가 있다고 몰아붙인 것이다.

원소절이 지난 지 며칠 되지 않은 3월 초의 어느 날 오후였다. 마오쩌둥의 호위병은 멀리서 말을 탄 두 사람이 이쪽으로 다가오는 것을 발견했다. 마오가 병가를 내고 쉬는 동안 소비에트 정부의 주석을 대리한 샹잉과 그의 호위병이었다.

샹잉은 무척 어색한 표정으로 마오에게 간저우 공격이 완전히 실

견결진공(堅決進攻) 마오쩌둥의 유격 전술과 달리, 지속적인 전진 공격을 주로 하는 전술.

패했다고 보고했다. 2월 중순부터 3주 동안 펑더화이 부대는 네 번에 걸쳐 간저우 성곽 수비를 뚫으려고 소모적인 공격을 감행했지만 번 번이 실패로 돌아갔다. 성벽을 폭파하려는 시도 역시 실패했다. 그러던 중 이틀 전 갑자기 간저우의 국민당군이 출격하자 펑더화이는 몹시 당황했으며 적군의 기습을 가까스로 격퇴했다. 그리고 이제 국민당의 증원군 4개 사단이 지안과 광둥성 쪽에서 접근하고 있는 탓에 펑더화이 군은 퇴로가 막히는 위험에 처했다. 이에 군사위원회는 샹잉을 파견해 마오에게 병가를 끝내고 즉시 복귀해 조언해줄 것을 요청한 것이다.

마오쩌둥은 즉시 출발 준비를 서둘렀다. 마침 강한 비바람이 불어서 허쯔전은 잠시 기다렸다 출발하자고 애원했다. "당신은 몸 상태가 안 좋아요. 그런데 비바람을 맞으며 간다면 더 아플 거예요." 마오는 들은 척도 하지 않았다. 그는 이미 '병'이 나은 상태였다.[15]

마오가 간저우에서 간강을 따라 25킬로미터 정도 올라가 장커우(江口) 마을에 도착했을 즈음, 펑더화이 부대는 이미 국민당군의 포위망에서 탈출했다. 하지만 홍군 제1방면군의 진격 방향은 여전히 결정하지 못했다. 마오는 장시성 북동쪽으로 가서 푸젠성 북부 접경 지대에 새로운 근거지를 만들어야 한다고 주장했다. 마오는 그곳이 적군의 세력이 가장 약하고 산악 지대라서 홍군의 전투 방식에 가장 적합하다는 이유를 댔다. 하지만 그의 동료들 대다수는 마오가 제안한 장소가 지안과 난창을 위협하라고 한 당 중앙의 목표와 너무나도 멀리 떨어진 탓에 동의하지 않았다. 최근의 패배에 몹시 분노한 펑더화이도 마오의 제안에 반대했다. 결국 회의에서는 홍군의 병력을 둘로 나누기로 결론지었다. 펑더화이가 이끄는 제3군단은 간강의 서쪽 강변을 따라 북상하여 지안으로 향하고, 린뱌오가 이끄는 제1군단은 난창에서 남쪽으로 약 130킬로미터 떨어져 있는 장시성 중부의 세 개 현을 점령하기로 했다. 마오쩌둥은 비공식 고문 직책을 맡아 린뱌오 군과 동행했다. 그런데 며칠이 지나지 않아 마오는 푸젠성을 공격 목표로 삼는 것이 훨씬 더 좋다고 린뱌오와 그의 정치위원 녜룽전을 설득했다. 이에 린뱌오는 군사위원회에 전보를 보냈다. 그리고 군대를 푸젠성 경계 바로 안쪽에 있는 도시 창팅까지 행군시킨 후 거기서 군사위원회의 다음 결정을 기다리기로 했다. 마오는 린뱌오와 헤어져 루이진으로 갔다. 그곳에서 개최되는 중앙국 회의에서 자신의 견해를 관철하기 위함이었다. 때는 3월 말이었다.[16]

회의는 저우언라이의 주재 아래 이틀간 진행되었으며 결과적으로 마오쩌둥의 견해가 승인되었다. 당연한 결과였다. 저우언라이는 마오의 반대를 무릅쓰고 근거지 일대에서 첫 번째 군사 작전을 주도했다가 수치스러운 실패를 했고, 샹잉은 저우언라이의 군사 작전이 볼썽사나운 긴급 철수 작전으로 전환되자 마오를 찾아가 도움을 요청하는 불편한 역할을 떠맡았다. 펑더화이가 회의에 출석했더라면 분명 마오의 생각에 반대했을 테지만 불참했다.[17]

하지만 1932년 봄 마오쩌둥이 자신의 뜻을 관철할 수 있게 된 데에는 더 큰 다른 원인이 있었다.

드디어 저우언라이와 마오의 마음이 통하기 시작한 것이었다. 이후 40년 넘게 이어진 두 사람의 의기투합은 중국 역사에서 매우 특별한 의미를 띠게 되는데, 그 첫 번째 공조가 바로 1932년 봄 루이진 회의에서 이루어졌다.

저우언라이는 마오쩌둥보다 다섯 살 아래였으며, 수완이 뛰어나고, 세련되고, 항상 침착하며, 감정을 잘 조절했다. 절대로 극단적인 견해를 표명하는 일이 없었고 언제나 상황에 맞는 최선의 것을 끌어내는 사람이었다. 그는 공산당의 최종적인 승리만이 유일하게 가치 있는 목표라고 여겼으며 그 목표를 위해서라면 얼마든지 융통성 있게 처신할 수 있었다.

반면에 마오는 항상 극단적으로 의견을 표명했고, 특이한 목표 의식과 강한 신념과 무한한 자신감과 몹시 예리한 사유 능력과 사물의 본질을 꿰뚫어 보는 직관력이 있었다. 루이진 회의에서 저우언라이가 마오의 견해에 동조하자, 마오는 사실상 린뱌오 군대를 자신의 지휘 아래 두고서 당 중앙이 정한 목표와 정반대 방향인 남동쪽으로 거침없이 진격시켰고, 이로써 자신의 주장을 기정사실화했다. 그리고 이 과정에서 그는 소련 유학파가 박탈하려고 한 군사 지휘권의 자유를 대부분 회복했다.[18]

마오의 첫 번째 공격 목표는 장시성과 푸젠성 해안 중간쯤에 위치한 룽옌(龍岩)이었다. 그곳은 1929년 겨울 구톈 회의가 열린 장소라 마오에게 익숙했다. 4월 10일 마오의 군대는 룽옌을 지키던 위수 부대 2개 연대를 격파했고 포로 7백 명을 사로잡았다. 열흘 뒤에는 장저우(漳州)를 공격하여 점령했다. 이는 18개월 전에 홍군이 지안을 장악한 이후 처음으로 대도시를 점령한 것이었다.

마오는 의기양양했다. 당시 전투에 참여한 병사들의 기억에 따르면 마오는 공산당을 표시하는 오각형의 붉은 별 모양을 새겨 넣은 옅은 회색의 장교 모자를 쓰고 흰색 말을 타고서 장저우로 들어갔다고 한다. 그다음 날 마오는 저우언라이에게 다음과 같이 전보를 보냈다. 장저우의 주민들이 "우리를 환영하기 위해 열광적으로 거리로 뛰쳐나왔다." 장저우는 지리적으로 푸젠성 해안 도시 샤먼으로부터 불과 50여 킬로미터밖에 떨어지지 않아 교역의 중심지였으며 인구가 5만 명이 넘었다. 이는 홍군으로서는 대단히 큰 성과였다. 노획물만 해도 50만 위안이 넘는 현금, 무기와 탄약, 국민당 비행기 두 대(유감스럽게도 홍군은 이 비행기를 조종할 줄 몰랐다), 그리고 마오에게는 개인적으로 다른 노획물만큼 소중한 중학교 도서관의 대규모 장서가

저우언라이와 마오쩌둥(1935년 옌안). 1932년에 처음 의기투합한 두 사람은 이후 40년 넘게 정치적 파트너로서 공조한다.

있었다. 책들은 징발된 자동차에 곧장 실려 루이진으로 보내졌다.[19]

하지만 보구는 무척 불쾌했다.

마오쩌둥이 푸젠성 쪽으로 군대를 끌고 갔다는 소식이 상하이에 전해지자, 당 중앙은 자신들이 조심스럽게 짜놓은 북방 진격 계획이 완전히 망가진 데다, 루이진의 중앙국이 이를 용인한 것에 대해 비판의 목소리를 점점 더 높였다.[20]

그러자 중앙국은 반성하는 모습을 보였다. 5월 11일 저우언라이가 주재한 회의에서—마오는 장저우에 있었기 때문에 불참했다.—비굴할 정도로 심한 자아비판을 했다. 중앙국은 스스로 '매우 심각한 잘못'을 범했음을 인정했고, 대도시 점령에 대한 의심을 '완전히 바로잡을 것'을 약속했으며, 더 일반적인 차원에서 '우경 기회주의의

계속된 오류'를 바로잡겠다고 선언했다.[21]

저우언라이가 당 중앙에 보인 고분고분한 모범적인 태도는 귀감이 되어 이후 몇 주 동안 이어졌다. 하지만 마오의 반응은 전혀 달랐다. 저우언라이가 보구의 비판을 전하자 마오는 당 중앙에 답신을 썼다. "귀하의 전보를 잘 받았습니다." 그리고 다음과 같이 말을 이었다.

> 당 중앙의 정치적 분석과 군사 전략은 완전히 잘못되었습니다. 첫째, 중국의 지배 세력은 세 번에 걸친 (포위) 공격과 일본의 공격으로 …… 매우 큰 타격을 받았습니다. …… 우리는 절대로 적의 힘을 과대평가해서는 안 됩니다. …… 둘째, 세 차례 포위 공격이 끝난 지금, 우리의 전체적 전략은 과거처럼 우리의 내부 전선(즉, 홍군 근거지)에서 방어하는 전략을 반복해서는 절대로 안 됩니다. 반대로 우리는 외부 전선(즉, 백색 지역)에서 공격하는 방법을 택해야 합니다. 우리의 과업은 주요 도시를 점령하여 한 개의 성에서 승리를 거두는 것입니다. 이 과업의 선결 조건은 적을 궤멸하는 것임을 우리는 알아야 할 것입니다. …… 현재 상황에서 지난해의 전략을 사용하자고 제안하는 것은 우경 기회주의입니다.[22]

사실상 매우 도전적인 답변이었다. 마오는 당 중앙이 자신에게 퍼부었던 비난을 의식적으로 보구의 면전에 고스란히 쏟아부은 것이었다. 지난 몇 개월 동안 상하이의 당 중앙은 마오가 "혁명적 형세를 과소평가"하고 "외부로 발전해 나갈 기회를 포착"하는 것을 게을리하며 "과거의 낡은 전략을 마치 영원히 올바른 교조로 착각"하고 있다고 지적하면서, 이 모든 것이 심각한 우경 기회주의의 오류에 해당한다고 비판했기 때문이다.[23]

보구의 반응에 관한 기록은 남아 있지 않다. 하지만 기분이 좋지 않았으리라는 것은 쉽게 짐작할 수 있다. 그리고 이때부터 마오쩌둥과 '임시 중앙'의 관계는 극도로 악화되기 시작한다.

마오가 푸젠성으로 진격한 이후 중앙국은 마오의 행동을 통제하기 위해 더 많은 노력을 기울였다. 중앙국은 마오에게 '공격적 태세'를 갖추고 항상 '견결진공 노선'을 확실하게 따르라는 지시를 끊임없이 보냈다. 5월 말 홍군은 장저우를 포기하고 철수했다. 광둥성에서 군벌 군대가 진격하고 있었던 탓에 마오는 장시성 근거지의 남부를 방어하기 위해 서쪽으로 이동하기 시작했다. 6월 초 푸젠성의 서부 지역에서 주더와 왕자샹은 마오가 중앙국의 지령을 잘 따르도록 통제하기 위해 마오 부대에 합류했다. 마오의 부대는 장시성 남부로 들어가 다위 쪽으로 이동했다. 다위는 후난성과 가깝고 텅스텐 광산이 있으며, 1929년 1월 마오와 주더의 군대가 징강산에서 탈출하던 도중 잠시 머문 곳이었다. 저우언라이는 "적을 강력하게 공격하라."고 여러 번 지시를 내렸지만, 마오는 한 달이 지난 뒤에야 광둥성의 군벌 군대를 공격해 장시성 밖으로 격퇴했다.[24]

이때쯤이면 상하이의 보구와 장원톈은 대단히 불쾌했을 것이다. 6개월 동안 두 사람은 자신들이 세운 계획이 서서히 허물어지는 것을 지켜봐야 했다. 1월 간저우 공격이 실패로 돌아갔고 이후 마오가 장저우 남쪽으로 군대를 몰고 감으로써 그들이 세운 북진 계획은 엇나가버렸다. 그리고 이제는 광둥성에서 온 군벌 군대를 격퇴하는 데 힘을 쏟아야 하는 상황이 되었다. 원래 당 중앙은 1932년 1월부터 6월까지 상반기가 중국 남부에 산재한 공산당 근거지들을 강력하고 통일된 지역으로 재편하는 데 가장 유리한 기간으로 보았다. 하지만 결국 아무것도 이루지 못한 것이다. 원인은 아직 홍군의 힘이 약해서 할 수 있는 최대의 군사 작전이 적의 침입에 저항하거나 적의 약한 곳을 치는 정도였기 때문이다. 전투 현장의 홍군 지도자들은 이를 이해하고 있었지만 상하이의 당 지도부는 그러한 설명을 받아들이지 않았다.

보구의 엄격한 요구와 실제 전장에서 살아남을 필요성 사이에서 양편의 대화는 불가능해졌다.

대립이 심각한 상황이었지만 영원한 중재자 저우언라이는 양편의 타협을 이루려고 시도했다. 그는 보구가 처음부터 요구한 장시성 북방의 대도시를 공격하기로 결정했다. 저우언라이가 직접 홍군 제1방면군을 지휘하되, 구체적인 작전은 홍군의 실제 역량을 최대한 고려하기로 했다. 한편 저우언라이는 마오쩌둥을 원래 직책인 총정치위원으로 복귀시켜 홍군 내에서 정상적인 지위를 차지할 수 있도록 조치했다. 저우언라이는 마오의 '경험과 강점'이 필요하다고 강조했다. 그리고 마오가 원래 자리로 복귀한다면 "자신의 잘못을 시정"할 마음이 생길 것이라고 주장했다.[25]

왕자샹과 주더는 이미 마오의 주장에 설득된 상태였기 때문에 저우의 타협안에 즉시 동의했다. 하지만 루이진에 남아 후방의 지휘를 책임지고 있던 런비스와 다른 중앙국 사람들은 심각한 우려를 표명하며 동의하기를 꺼려했다. 저우언라이가 이들을 계속 설득했고, 결국 8월 중순 즈음에는 타협안에 응했다. 보구는 오랫동안 지체되어 온 북방 공격 작전이 실제로 시행되기만 한다면 무엇이든 시도해볼 용의가 있었기에 저우언라이의 중재를 받아들였다.[26]

마오는 홍군 제1방면군 전체를 단일 군대로 재조직한 뒤에 북쪽으로 진군하여 우선 러안, 이황(宜黃), 난펑(南豊) 현들을 점령하자고 제안했다. 그가 언급한 세 개 도시는 5개월 전 원래 공격하기로 했던 지역이었는데, 당시 마오는 푸젠성을 공격하기 위해 방향을 바꾸어 동쪽으로 진군했다. 마오는 세 도시들을 공격한 뒤 난창의 조금 더 큰 도시를 점령하면 그때는 푸저우(撫州)를 쉽게 공략할 수 있을 뿐 아니라, 홍군은 "간강 하류의 주요 도시를 탈취하고, 나아가 난창을 장악할 수 있는 기틀을 마련하는 데 유리한 위치를 차지할 것"이라고 주장했다.[27]

작전의 첫 번째 단계는 예정대로 진행되었다. 홍군은 러안, 이황, 난펑을 쉽게 공략하여 포로 5천 명을 사로잡고 총 4천 정을 손에 넣었다. 하지만 두 번째 공격 목표인 난창은 수비 태세가 강했다. 이에 주더와 마오는 퇴각을 명령했다. 하지만 저우언라이는 런비스가 이끄는 후방의 지휘부에 상황이 좀 더 유리해질 때까지 기다리겠다고 무전을 보냈다. 저우언라이는 후방을 좀 더 안심시키는 무전을 계속 보냈지만 실제 홍군은 계속 퇴각하여 9월 초에는 남쪽으로 100킬로미터나 떨어진 닝두현 둥사오까지 밀렸다. 후방의 지휘부는 이러한 상황에 심각한 우려를 표하며 퇴각 조치는 잘못이므로 즉시 북쪽으로 진군해야 한다는 의견을 직설적으로 제시했다. 이에 저우언라이 역시 감정이 상해, 군대는 지쳐 있으며 휴식이 "절대적으로 필요할" 뿐 아니라 만일 현 단계에서 군대를 진군한다면 근거지 자체를 적의 공격에 노출시키는 위험을 초래할 것이라고 날카롭게 답했다.[28]

이후 한 달 동안 중앙국 위원들은 두 편으로 나뉘어 논쟁했다. 과거처럼 마오가 혼자 다른 사람들을 상대로 주장을 펴는 것이 아니었다. 저우언라이, 주더, 왕자샹이 마오와 한편이었고 런비스, 샹잉, 근거지 보위 담당자 덩파(鄧發, 1906~1946), 공산주의청년단의 지도자 구쭤린(顧作霖)이 반대편이었다.[29]

10월 초 중앙국 위원들은 닝두현 북쪽의 작은 산촌 마을 샤오위안에서 회의를 열고 의견 차이를 좁히고자 노력했다. 저우언라이의 주재 아래 양측은 나흘 동안이나 회의를 계속했으나 극도의 대립과 깊은 상처만 남기고 말았다.[30]

닝두 회의에서 후방의 지휘부는 전방의 지도자들이 "혁명의 승리와 홍군의 힘에 대한 신념이 부족하다."고 비난했다. 반면에 전방의 지휘부는 당 중앙의 '견결진공 노선'은 올바르지만 실제 조건을 참작하여 행동해야 한다고 응수했다. 특히 마오는 자신을 거리낌 없이 변호했다. 런비스나 샹잉은 지나치게 당당한 마오의 모습을 보며, 자신들이 품었던 의혹이 사실이라고 확신했다. 바로 모든 문제의 근원은 마오이며, 마오가 없어지기만 하면 문제가 해결될 것이다.

지난해 내내 마오쩌둥을 겨냥한 오래된 비난이 되살아났다. 여기에 마오가 우경 기회주의자로서 당 중앙의 올바른 군사 노선에 완강하게 저항한다는 새로운 비난이 덧붙었다. 내용은 마오가 조직원으로서 상부 지시를 존중해야 하는 규율을 완전히 무시했고(지난 5월 마오가 당 중앙이 '잘못된 견해'를 내세웠다고 격렬한 어조로 비난한 것을 가리킨다), 간저우 공격 결정도 반대했으며, 푸저우와 지안을 공격하라는 명령 역시 거부했고, 장저우를 점령했을 때도 그저 자금을 모으는 일에만 열중함으로써 '유격대 사고방식'을 지니고 있음을 드러냈다는 것이었다. 또한 후방의 지도자들은 마오가 '적을 유인하여 깊이 들어오게 한다' 전술과 '나무 둥치 옆에 앉아서 토끼가 달려와 머리를 박고 쓰러지기를 기다리는 …… 순진한 수비 노선'을 선호하며 적의 세력이 가장 약한 접경지대에서만 전투를 벌인다고 맹비난했다.

몇몇 비난은 근거가 있었다. 실제로 마오는 당 중앙의 결정과 매우 다른 군사 전략을 선호했기 때문이다. 회의가 계속되면서, 홍군의 전략에 관한 마오와 당 중앙의 견해 가운데 어느 것이 옳은가의 문제는 관심의 초점에서 점점 멀어졌다. 이제 샹잉과 그의 동료들은 마오가 당 규율을 파괴하고 있다는 것을 더 심각한 문제로 받아들이기 시작했다. 당 규율을 어긴 것만으로 마오가 잘못을 저질렀다는 논리였다.

군사 전략과 관련해 합의점을 찾는 것은 상대적으로 쉬웠다. 마오를 포함한 모든 사람들은 제1방면군이 적의 약점에 힘을 집중하여 공격해야 하고, 근거지가 위협받기 전에 적의 포위망을 분쇄하려면 적을 하나씩 제거해야 한다는 데 공감했다. 다만 이를 위해서 마오는 이황, 러안, 난펑을 먼저 공격해야 한다고 주장한 반면, 다른 참석자들은 그보다는 좀 더 서쪽 지역에서 전투를 벌여야 한다고 주장했다. 하지만 원칙적인 군사 전략에 동의한 이상 세부 사항은 조정할 수 있었다.

진짜 문제는 '마오쩌둥을 어떻게 할 것인가'였다. 후방의 지휘부는 마오가 전선에서 완전히 물러나야 한다고 고집했다. 저우언라이는 그들의 의견이 지나치다고 하며 이렇게 말했다. "마오쩌둥은 여러 해 동안 전쟁을 수행한 경험이 있습니다. 그는 전투에 능합니다. …… 그는 전선에서 우리에게 많은 유익한 제안을 해줍니다." 저우언라이는 두 가지 해법을 제안했다. 하나는 마오가 종전과 마찬가지로 정치위원을 계속 맡되 자신(저우언라이)의 지휘 아래 두는 것이며, 다른 하나는 저우언라이가 정치위원 직책을 넘겨받고 마오는 전선에서 고문으로 남는 것이었다. 주더와 왕자샹은 저우언라이의 생각에 동의했다. 하지만 마오는 자신이 군사 지휘의 책임을 맡으면서 완전한 권한이 없는 것을 달가워하지 않았고, 후방 지휘부도 저우언라이의 해법에 동의하지 않았다. 그들은 마오가 자신의 잘못을 인정하지 않기 때문에 전선에 남아 활동하면 또다시 예전 습성대로 행동할 것이라고 판단했다. 그리고 그들은 아마도 과거 저우언라이의 행동을 고려할 때, 그가 마오를 '지휘하고 통제할' 수 있다고 말하는 것을 결코 믿을 수 없다는 말도 덧붙이고 싶었을 것이다.

저우언라이는 타협의 명수다운 방안을 제시했다. 마오가 정치위원을 그만두고 군사 고문 역할을 수행하되, 런비스를 비롯한 후방 지도자들이 품은 불만을 참작하여 마오가 '무기한 병가'를 내 그의 역할이 필요할 때까지 전선에서 물러나는 것이었다. 저우언라이는 일단 과열된 감정이 가라앉으면 마오를 조용히 전선에 복귀시켜 일하도록 할 생각이었다.

그다음 날 마오는 홍군의 병원이 있는 창팅을 향해 출발했다. 그는 어쩌면 나흘간의 회의 결과가 이보다 더 나쁘지 않은 것을 다행으로 여겼을지도 모른다. 창팅에 도착하니 아내 허쯔전이 두 번째 아이(아들)를 낳기 직전이었다.[31] 하지만 이것이 끝은 아니었다. 닝두에서 나흘 동안 회의가 열릴 때 상하이에서는 보구와 장원톈이 장시성의 상황을 논의했다. 그들이 내린 결론은 마오의 '보수주의와 퇴각주의'는 결코 용납할 수 없다는 것이었다. 당 중앙은 마오가 즉시 전선을 떠나야 하며 앞으로는 정부 사업에만 관여해야 하고, 중앙국은 마오의 견해에 상반되는 견결한 투쟁을 전개해야 한다고 지시했다. 또한 저우언라이가 마오에게 확실하게 대항하지 않고 중앙국 서기의 권위를 내세워 올바른 노선을 실행에 옮기지 못했다고 비판했다.

모두를 깜짝 놀라게 할 만한 당 중앙의 극단적 결정이 전달된 것은 마오가 이미 닝두를 떠나 창팅으로 향한 뒤였다. 다시 소집된 회의에서는 며칠 전 저우언라이가 제시한 타협안을 취소하고 당 중앙의 결정을 수용하기로 결의했다. 마오쩌둥은 이 소식을 듣고 불같이 화를 냈다. 동료들이 '고압적인 종파주의 방식'으로 일종의 '결석 재판'을 했다고 비난했다. 하지만 마오에게는 결정을 되돌릴 힘이 없었다. 10월 12일 마오가 총정치위원 자리에서 해임되고 그 자리에 저우언라이가 임명되었다는 발표가 나왔다. 이후 2년 동안 마오는 주요한 군사 정책 결정 과정에서 완전히 배제된다.[32]

그해 겨울 마오가 맞이한 중국의 설은 전해와 마찬가지였다. 그는 몸이 아팠고 정치적으로는 실각한 상태였다. 마오는 작은 요양원에 당의 고위 관료 두 명과 함께 머물렀다. 그들 역시 정치적 질병을 앓고 있는 자들이었다. 환경적으로는 마오가 지난해 머문 둥화산의 오래되고 눅눅한 절보다는 요양원이 나았다. 또한 당내에서 그가 차지하는 위상에는 아무런 변화가 없었다. 닝두 회의의 내용은 일반 당원에게는 비밀에 부쳐졌기 때문이다. 하지만 그 밖의 측면에서 마오가 처한 상황은 1년 전보다 더 나빴다.[33]

벌써 여섯 번째였다. 마오쩌둥은 공산당원이 된 후로 12년 동안 여섯 번이나 뒤로 밀려났다. 첫 번째는 스스로 원해서 옆으로 비켜섰다. 1924년 공산주의 운동 자체에 회의를 느껴 은둔한 시기였다. 두 번째는 1927년 가을 추수 봉기가 실패로 끝난 뒤였다. 세 번째는 1928년 징강산 시절이었다. 당시 새로 구성된 후난성 당 위원회가 마오를 특별위원회 서기 직책에서 해임했다. 네 번째는 1929년 유격 전술을 둘러싸고 주더와 논쟁했을 때였고, 다섯 번째는 1932년 1월 둥화산으로 들어갔을 때였다. 그리고 1년 만에 이번 닝두 회의에서 여섯 번째 굴욕을 당했다. 하지만 이전 다섯 번의 경우는 마오를 구원해줄 당내 권력을 가진 동료가 있거나, 그가 일부러 이 보 전진을 위해 일 보 후퇴를 작정한 것이었다. 하지만 이번에는 마오에게 대단히 적대적인 당 중앙의 지휘부에 의해 쫓겨난 것이었다. 게다가 마오는 당 지휘부와 충돌하는 과정에서 자신을 도와줄 수 있는 저우언라이 같은 동료의 입지를 크게 약화시켰으며, 당 지휘부를 불필요하게 도발하기도 했다.[34]

마오는 다시 야위어 갔다. 허쯔전은 남편의 퀭한 눈과 삐쩍 마른 뺨을 보고 크게 걱정했다. 그가 결핵에 걸렸다는 소문이 돌았다. 하지만 정치적으로 실각할 때마다 항상 나타난 신경성 우울증이었다. 마오는 아내에게 처연하게 이렇게 말했다. "그들은 나에게 형벌을 주어 결국 죽여버리려는 것 같소."[35]

병원에 도착한 지 얼마 되지 않아 마오는 한 사람을 만났는데, 이 만남은 앞으로 한 해 동안 큰 파란을 일으키게 된다. 그는 병원에서 치료를 받고 있던 푸젠성 당 위원회 서기 대리 뤄밍(羅明)이었다. 마오는 뤄밍에게 장제스가 벌인 세 차례 포위 작전을 상세하게 이야기해주며, 그가 원래 직책에 복귀하면 유연한 유격 전술을 채택하여 홍군이 장제스의 네 번째 포위 공격을 분쇄할 수 있도록 도우라고 말했다. 뤄밍은 마오의 의견을 동료들에게 전달했고 얼마 지나지 않아 푸젠성 당 위원회는 마오의 유격 전술을 활용하기 위해 준비하기 시작했다.

한편 상하이의 보구와 장원톈은 이제 당의 지휘부를 모두 루이진으로 옮길 때가 되었다고 확신했다. 중앙 소비에트 근거지는 세력이 커지고 있고 상하이에서는 경찰의 압박이 더 심해졌기 때문이었다. 보구는 상하이를 출발하여 장시성으로 가는 도중 푸젠성에서 뤄밍을 만났다. 뤄밍은 그에게 푸젠성 당 위원회가 활용하고 있는 새로운 전술에 대해 신이 나서 열심히 설명했다. 뤄밍은 새로운 전술이 과거에 따르려고 노력했던 "융통성 없고 기계적인" 상부의 지령보다 훨씬 낫다고 이야기했다. 보구가 그의 말을 즐거이 받아들였을 리가 없다. 보구는 루이진에 도착하자마자 가장 먼저 마오의 영향력을 소비에트 전 지역에서 몰아내는 조치를 단행했다. 뤄밍이 보구에게 이야기한 내용은 크게 왜곡되어, 마치 그가 '기회주의적 노선'을 따르고 혁명 상황에 '비관적이고 패배주의적 평가'를 내리며 심지어는 "당을 폐지해야 한다고 공개적으로 주장한" 것처럼 전해졌다.[36]

곧 수천 명의 당 관료가 '뤄밍 노선을 추종한다'는 혐의로 조사를 받았다. 그들 가운데 20대 후반의 젊은이 네 명이 특히 마오와 가까운 사이로 지목되었다. 덩샤오핑은 장시성 남부 후이창현(會昌縣) 당 위원회의 서기였다. 마오쩌탄은 마오의 친동생이고, 구바이는 마오의 예전 비서였다. 셰웨이쥔(謝唯俊)은 징강산 시절부터 마오와 함께했으며 당시에는 장시성 출신 모병 병사들로 이루어진 '독립 제5사단'의 사단장이었다. 1933년 4월 네 젊은이는 공개 비판 자리에 참석해서 "산골짜기에는 마르크스주의가 있을 수 없다"는 것을 이해하지 못하는 '촌뜨기'라는 비난을 받았다. 이에 네 젊은이는 자신을 놀려대는 사람들을 두고 '양판쯔(洋販子)', 즉 외국(모스크바) 출신 장사꾼이라고 조롱했다. 네 명 모두 직책에서 해임되었으며, 이들 외에도 마오의 지지자들 여럿이 직책을 잃었다.[37]

이때쯤 마오쩌둥은 당 지휘 본부가 설치된 루이진 근처의 작은 마을 예핑으로 돌아왔다.[38]

마오는 공화국 주석이라는 높은 지위 덕에 '뤄밍'을 비판하는 움직임에 직접 피해를 입지는 않았다. 게다가 그는 코민테른의 지지를 받고 있었다. 1933년 3월 코민테른은 보구에게 '마오 동지에게 화해의 태도'를 취하고 '동지다운 영향력'을 발휘하여 마오에게 정부 사업의 완전한 책임을 부여하라고 촉구하기도 했다.[39] 1920년대 말에서 1930년대 초 마오가 처한 상황을 살펴볼 때 한 가지 이상한 점은, 모스크바가 중국공산당을 관리하라고 지명한 중국인 지도자들과 마오의 사이는 무척 나빴던 반면, 정작 러시아 사람들은 마오의 역할을 점차 긍정적으로 평가했다는 사실이다. 1928년에 개최된 중국공산당 제6차 전국대표대회 이후, 중국공산당의 주요 지도자들 중 오로지 마오만이 중국 혁명의 세 가지 중요한 쟁점에 관해(농민, 홍군, 농촌 근거지의 주요 역할을 말한다) 스탈린과 의견을 같이했다. 크렘린은 이 사실에 주목했다. 이미 1932년 5월 코민테른의 정치서기국은 보구에게 마오를 공개적으로 비난하지 말라고 주의를 주었다. 의견 차이는 오직 중앙국 내에서만 거론되어야 한다는 것이다. 저우언라이는 코민테른의 지시를 받아들였으며 계속 따를 것이라고 모스크바에 약속했다. 하지만 5개월 뒤 닝두 회의에서 마오는 군사 직책을 박탈당했다. 이때 코민테른이 상하이에 새로이 파견한 독일인 아르투어 에베르트(Arthur Ewert)는 보구가 비밀리에 마오의 견해를 반대하는 대대적이며 공개적인 움직임을 전개하도록 지시했다는 것을 알아차렸다. 에베르트는 보구의 지시를 철회하며 다음과 같이 말했다. "마오쩌둥은 여전히 사람들에게 인기 있는 지도자입니다. (우리는) 지도 조직 내 이견을 좁히도록 요구합니다."

그러나 장시성과 너무 먼 크렘린에서 마오의 입장을 지지한다는 것은 실제로 큰 의미가 없었다. 지난해까지만 해도 마오와 허쯔전은 다른 중앙국 사람들과 함께 오래됐지만 훌륭한 석조 저택에서 지냈다. 그 저택은 튼튼한 기와를 얹었고 사각 지붕의 네 귀퉁이에 있는 처마는 하늘을 향해 추켜올려져 있었다. 저택의 주인이었던 지주는 공산당을 피해서 도망친 것이 아니라 저택에서 한 여인이 죽은 뒤로 그곳이 불길하다며 떠났다. 당 지도자들은 일층의 방을 하나씩 차지했다. 저택 한가운데에는 정원이 있었고 정원 둘레에는 일층의 방들과 연결된 나무로 지어진 낭하가 있었다. 낭하 기둥에는 정교한 부조가 새겨졌고 각 방의 창에는 화려한 나무 장식과 나무 덧문이 달려 있었다. 저우언라이와 런비스는 당 정치국 위원이었으므로 가장 좋은 방을 차지했다. 마오는 이들보다 조금 작은 방에서 살았는데, 흙벽에 벽돌 바닥이 깔린 곳이었으며 저우언라이의 방 옆에 있었다. 주더와 왕자샹은 끝의 방을 차지했다. 두 사람의 방 사이에는 중앙국 회의실이 있었다.[40]

상하이에서 보구가 도착하고 마오가 실각함에 따라 상황이 급격하게 변했다. 마오는 여전히 중앙국 위원이었지만 정치적으로 고립된 상태였기 때문에 며칠이나 다른 중앙국 위원과 마주치는 일이 없기도 했다. 저우언라이와 주더는 전선에 나갔고 그해 봄 왕자샹은 박격포탄의 파편에 맞아 심각하게 부상당했다. 나머지 동료들은 마오를 완전히 따돌렸다. 마오는 훗날 이렇게 말했다. "나는 악취를 풍기는 장승 같은 신세였으며, 똥통에 빠진 나무 보살상 같았다. 내게 허락된 행동은 먹고 자고 싸는 것뿐이었다."[41] 4월이 되자 마오는 한층 눈에 띄게 차별 대우를 받았다. 국민당군이 예핑에 비행기로 폭격을 가하기 시작하자, '필수적이지 않은 인원'은 서쪽으로 15킬로미터쯤 떨어진 사저우바(沙洲壩)라는 작은 마을로 이사 가도록 조치되었는데, 마오도 그 인원 중 한 명이었다. 이제 그가 예사롭게 만날 수 있는 사람은 자신과 관련된 탓에 정치적으로 탄압을 받은 자신의 형제와 허쯔전의 누이동생과 부모뿐이었다.[42]

이제 마오는 시간이 남아돌았다. 징강산 시절에는 어쩌다 한가해지면 주더와 천이와 함께 시를 논했다. 그들은 젊은 시절에 암기한 시를 읊으며 시간을 보냈는데, 주로 중국 시의 황금기를 이룬 당나라와 송나라의 시인 이백, 두보, 육유(陸游)의 작품이었다. 훗날 허쯔전의 회고에 따르면, 마오는 문학 이야기가 나오면 얼굴이 환하게 빛났다고 한다. 그는 책 읽기를 너무나 좋아해서 책을 넣고 다닐 수 있게 윗도리에 특별히 큰 주머니를 달 정도였다. 마오는 평소에는 말수가 별로 없지만 문학과 관련된 주제가 나오면 몇 시간이고 신이 나서 이야기했다. 한번은 그가 무척 좋아하는 소설인 《홍루몽》 이야기를 허쯔전과 나누면서 밤을 새기도 했다. 마오는 특유의 관점에 따라 《홍루몽》을 거대하고 세력 있는 가문의 두 파벌이 투쟁을 벌이는 것으로 해석했다.[43]

1933년 여름부터 1934년 내내 마오는 독서하고 대화할 수 있는 여가 시간이 많았지만 가족 이외에는 같이할 만한 사람이 없었다. 또다시 그는 그저 좋은 날이 오기를 기대하며 기다리는 수밖에 없었다.

그러나 이번 기다림에는 좋은 날이 과연 정말로 오기는 할지 확신하기가 힘들었다.

1931년 11월 마오쩌둥은 '공화국 주석'이자 '인민위원회 주석'에 임명된 이후 국가와 정부의 수반으로서 소비에트 근거지에서 행정상 총책임을 맡았다. 그의 책임에는 수많은 법률과 규칙을 기초하고 공포하는 일도 있었는데, 최소한 개념상으로나마 새로운 중화소비에트 공화국이 현대 국가에 걸맞은 행정 체계를 갖추도록 하려는 것이었다.[44]

마오의 주요 관심사는 경제였다. 이 시기에 그가 쓴 연설문을 보면 계속해서 농민들에게 "봄철 파종을 잘하라"고 당부하는 애국적 호소와 "아편을 재배하지 말고 곡물을 심어야 한다"고 지시하는 경고가 등장한다.[45] 근거지에서 식량, 의복, 다른 물품을 잘 생산하여 홍군에 공급하는 한편, 외부에서 들여올 수밖에 없는 소금 같은 생활필수품을 백색 지역과 비공식적으로 거래하는 일도 마오의 소관이었다. 우편 제도도 구축되었다. 인민은행도 설립되어 마오의 둘째 동생 마오쩌민이 수장을 맡았으며 '국폐(國幣)'라는 화폐를 발행했다. 국폐에는 조악한 사포지에 빨간색과 검은색 잉크로 가운데 레닌과 둘레에 노동자와 농민들이 밝고 새로운 공산주의 미래를 향해 씩씩하게 행진하는 모습이 그려져 있었다. 화폐는 은(銀)으로 돌려주었다. 은은 처음에는 지주에게 징발했으나 점차 세금으로 징수했으며, 누진율이 적용되었기 때문에 사실상 상인과 부농이 대부분을 납부했다. 이 밖에 '혁명 전쟁 공채'를 발행하여 강제로 매도함으로써 은을 충당하기도 했다.[46]

가장 핵심적인 경제 문제는 토지 개혁이었다. 농촌 사회에서 땅은 삶의 터전이다. 땅이 있으면 먹고 살 수 있고, 땅이 없으면 굶어 죽는다. 당시 중국의 전체 인구 4억 명 가운데 90퍼센트가 농민이었으므로 토지 재분배, 즉 부자의 땅을 몰수해 빈자에게 주는 것이 중국에서 공산 혁명을 추진하는 데 가장 중요한 수단이 될 수밖에 없었다. 또한 토지 재분배는 국민당과 공산당이 결정적으로 대립하는 지점이었다.

토지 재분배 문제에 관한 마오의 견해는 대단히 급진적이었다. 징강산 시절에 그는 중농의 토지를 포함하여 모든 땅을 예외 없이 다 몰수했고, 그다음 남녀, 노소, 빈부의 구별 없이 모든 사람에게, 심지어 홍군에서 활동하여 농가에 거주하지 않는 사람까지도 계급을 비롯한 다른 어떤 차별도 없이 똑같은 넓이의 토지를 나누어주었다. 토지 소유권은 명목상 국가에 귀속되었으며, 토지 재분배가 실시된 이후 토지를 사고파는 일은 금지했다.

마오는 식구가 몇 명인지를 기준으로 삼아 일률적으로 토지를 재분배하는 것이 간단할 뿐 아니라 가장 가난한 빈농까지도 생존을 보장할 수 있다고 주장했다.[47] 그러나 리리싼과 보구는 마오의 방법에 동의하지 않았다. 리리싼은 너무 '좌경적'이라며 반대한 반면 보구는 너무 '우경적'이라서 반대했다. 리리싼은 각 가정의 노동력을 기준으로 삼아 토지를 분배해야 한다고 주장했고(이는 부농에게 유리하다), 보구는 출신 계급을 기준으로 해야 한다고 주장했다(이는 빈농에게 유리하다).[48]

리리싼과 보구의 방법 모두 단점이 있었다. 부농은 자본도 많고 가축도 많기 때문에 생산력이 가장 높다. 하지만 계급적 관점에서 볼 때(마오의 아버지가 그랬던 것처럼) 부농은 지주가 되는 과정에 있다. 다시 말해 그들은 경제적으로 부유한 쪽으로 한 계단씩 올라가려고 노력함으로써 점점 더 착취적인 위치에 선 자들이다. 마오의 표현에 따르면, 정치적으로 볼 때 부농은 농촌에서는 일종의 '중간계급'이라

너무 심하게 쥐어짜면 순식간에 정치적 충성의 방향을 바꾸어버린
다.[49] 그러한 까닭에 공산당이 온건한 정책을 사용하면 근거지의 경
제는 발전하지만 계급투쟁이 시들해진다. 반대로 계급적 접근을 사
용하면 경제가 침체되고 식량 부족 사태가 일어난다. 이러한 모순적
인 사태에 직면하여 공산당은 그때그때 정치적으로 우세한 입장에
따라 정책 방향을 바꾸었다.

다른 문제도 있었다.

주민을 구분하여 토지를 분배하려면—1928년 말부터 그렇게 했
다.—빈농, 중농, 부농으로 나누는 기준을 마련해야 한다. 임금을
받는 일꾼을 고용하는 농가는 부농이라고 규정해야 하는가? 아니면
돈을 빌려주고 이자를 받는 것도 부농의 기준이 되어야 하는가? 부
농의 토지는 전부 몰수해야 하는가? 아니면 부농 자신이 경작할 수
없는 초과 토지만 대상으로 해야 하는가?[50]

이러한 질문에 대한 답은 수십만 농가에게 말 그대로 생사를 가르
는 문제였다. 조금 온건하게 방침을 정했다가 좀 더 엄격하게 바꾸
는 것은 단지 공산당 공식 문건에서 쉼표를 이쪽저쪽으로 약간만 옮
기면 되는 일이었다. 하지만 실제 농촌에서는 한 가족이 근근이 먹고
살아갈 수 있을지 아니면 먹일 수 없는 아이 하나를 내다 팔아야 할
지를 결정했다. 마오는 장시성 남부 지역을 조사한 뒤 다음과 같이
보고했다.

한 마을에는 37호의 농가가 있는데 …… 이중 다섯 농가가 아들을
팔았다. …… 그들은 파산했기 때문에 아들을 팔아 빚을 갚고 식량을
사 먹을 수밖에 없었다. 아들을 사들인 사람은 지주이거나 …… 부농
이다(이들은 대를 잇기 위해 아들이 필요했다). 부농보다는 지주가 아
들을 사는 경우가 더 많다. 남자아이는 최소 1백 위안에서 최대 2백

위안으로 거래된다. 이때 사는 쪽이나 파는 쪽이나 '매매'라고 말하지 않고 '입양'이라고 부른다. 하지만 보통 사람들은 모두 '아이를 파는 것'이라고 이야기한다. '입양 계약서'는 보통 (인신을 사고파는 계약이라는 뜻으로) '신계(身契)'라 불린다. ……

(매매가 이루어질 때) 친척과 친구가 열 명 넘게 (중개인 자격으로) 입회하는 경우도 있으며 아이를 사는 쪽에서 이들에게 '증인을 서준 대가'를 지불하기도 한다. 팔려 가는 아들의 나이는 서너 살에서 일고여덟 살까지가 보통이나 가끔 13살이나 14살인 경우도 있다. 거래가 끝나면 중개인들이 아이를 업고 매수자 집으로 데려다준다. 그러면 친부모는 소리치며 운다. 가끔 부부 싸움이 일어나기도 한다. 아내는 남편이 무능력하여 제 식구를 먹이지 못해 아이를 팔았다고 탓한다. 곁에서 구경하는 사람들도 대부분 눈물을 흘린다. ……

네다섯 살 아이가 가장 비싸다. 왜냐하면 그 나이대의 아이들은 쉽게 '친밀한 관계를 형성'할 수 있기 때문이다. 반면 나이가 더 든 아이는 싸다. …… 왜냐하면 친밀한 관계를 형성하기 힘들 뿐 아니라 양부모로부터 도망치는 경우가 있기 때문이다. ……

누가 아들을 팔았다는 소문이 나면, 그 사람에게 돈을 꿔주고 못 받은 사람들이 그의 집으로 달려온다. …… 그들은 잔인하게도 이렇게 소리친다. "아들을 팔았다면서? 이제 빨리 내 돈 갚아!" 왜 채권자들은 이렇게 행동할까? 이때가 꿔준 돈을 받을 수 있는 중요한 순간이기 때문이다. 만약 아들을 판 직후에도 채무자가 돈을 갚지 않는다면, 영영 돈을 돌려받을 기회가 오지 않으리라는 것을 채권자는 잘 알고 있다.[51]

마오는 중국의 농민 문제에 관심이 깊었다. 그는 1926년 겨울 후 난성 농민 운동에 관한 뛰어난 현지 조사를 수행했으며, 이후에도 계속 농민 문제에 관심을 기울였다. 1927년에는 징강산에서 농촌 현지 조사를 실시했으며 1930년 이후에는 장시성에서 조사를 벌였다. 마오는 장시성 연구를 통해 자신의 견해를 세워 당시 리리싼이 주창하고 지방의 많은 당 관료가 옹호한 이른바 '부농 노선'을 비판했다. 그해 5월에 마오가 쓴 글을 보면, 넓은 지역을 피상적으로 조사하는 것보다 한 곳을 심도 있게 조사하는 것이 더 낫다는 주장과 함께 다음과 같은 이유가 제시되어 있다. "(피상적인 조사는) 말을 타고 지나가면서 꽃을 바라보는 것과 같으므로 …… 한평생 노력을 해도 문제를 깊이 있게 파악할 수 없다."[52]

마오가 실시한 농촌 조사 가운데 가장 세밀한 연구로 알려진 것은 1930년에 장시성, 푸젠성, 광둥성과 접경한 쉰우현(尋烏縣)에서 벌인 조사이다.

쉰우현에 관한 조사 결과는 놀라울 정도로 훌륭하다. 6만 자에 달하는 문건에는 쉰우현과 주변 지역의 농촌 생활이 아주 자세하고 흥미롭게 기술되어 있다.[53] 쉰우현은 2천7백 명의 주민이 사는 성곽 도시였다. 그곳에는 창관(娼官) 30개 내지 40개, 두부 가게 30개, 잡화점 16개, 옷가게 16개, 여인숙 10개, 이발소 8개, 식품점 7개, 한약방 7개, 술집 7개, 보석방 7개, 소금 가게 5개, 정육점 3개, 대장간 3개, 담배 가게 2개, 우산 가게 2개, 관(棺) 제작소 2개, 가구점 1개, 폭죽 가게 1개, 양철공 점포 1개, 시계 수리점 1개가 있었다. 이 밖에도 무수하게 많은 노점상과 찻집과 식당이 있었으며, 정기적으로 장이 열렸다. 마오의 조사에는 아편 점포가 나오지 않는다. 아마도 공산당이 이곳을 점령한 이후 없어진 것으로 보인다. 마오는 점포에서 구입 가능한 소비재 물품 131개도 꼼꼼하게 조사했다. 밤에 잘 때 쓰는 모자에서부터 바지가 흘러내리지 않도록 메는 어깨끈과 안전면도기는 물론이고 조개로 만든 장식 단추까지 나열했다. 그리고 치료용으로 쓰는 소독 및 지혈용 거즈에서부터 가공 처리하지 않은 비단실까지 모두 34종의 천을 소개했다. 또한 마오는 수십 종류의 해산물, 생선류, 채소류를 열거했으며 열대 과일 양타오(楊桃, 스타푸르트)나 목이버섯 같은 1년에 몇 킬로그램밖에 거래되지 않는 희귀한 식품도 빠뜨리지 않았다. 쉰우현에서 인근 지역으로 내다 파는 품목도 정리했다. 총 금액은 미국 돈으로 20만 달러에 달했으며, 쌀, 차, 종이, 목재, 버섯, 동백기름이 주요 품목이었다. 그리고 이러한 물품들을 운반하는 짐꾼이나 노새가 어느 도로나 산길을 이용하는지도 상세하게 기록했다. 점포 주인들은 거의 모두 실명을 기재했으며 그들의 가족 관계, 정치적 입장, 심지어는 생활 습관까지 세밀하게 정리하고 기록했다. 예를 들면, 어느 점포의 주인에 대해서는 "과거에는 여자를 사서 노는 것을 좋아했지만 지금은 아내 때문에 그런 버릇을 버렸다(아내를 맞으려고 250위안을 들였다)."라고 설명했고, 도시에서 가장 규모가 큰 잡화점의 주인을 두고는 "여자를 사거나 도박을 하는 데 돈을 잘 쓴다."라고 기록했다.

마오는 마을 주민의 6퍼센트를 차지한 매춘부를 따로 서술했다. 가장 잘 알려진 매춘부 14명의 이름이 나열되었는데, 대부분 젊은 여성이었고 쌴뱌오(三標) 지역 출신이었다. 마오는 이렇게 덧붙였다. "쉰우 사람들에게는 이런 말이 있다. '여자는 쌴뱌오 여자, 찹쌀은 샹산(項山) 찹쌀.' 이는 쌴뱌오 여자가 무척 예쁘다는 뜻이다." 마오의 설명에 따르면 쉰우현에 매춘부가 많은 이유는 지주 집안 출신 자제가 점점 더 많이 서양식 학교에 입학하기 때문이었다. "젊은이들은 공부하기 위해 따뜻한 가정을 떠나 도시로 왔다. 그래서 이들은 외로움을 많이 느꼈고 창관으로 자주 발걸음을 옮겼다."

쉰우현 전체 주민 중에서 글을 전혀 모르거나 아는 글자가 2백 자가 안 되는 사람은 80퍼센트였다. 거의 모든 여자가 문맹이었다. 5퍼센트의 사람들만이 책을 읽을 수 있었다. 대학을 다닌 사람은 30명이었고 외국에 유학한 젊은이는 여섯 명이었다. 이중 네 명은 일본에서 공부했고 두 명은 영국에서 공부했다.

쉰우현 조사 보고서는 토지 소유 문제를 가장 중요하게 다루고 있다. 마오는 대지주 20명을 열거했다. 첫 번째로 언급된 대지주는 판밍정(潘明徵)이었는데, 지역 주민들은 '똥딴지 할아버지'라고 불렀다. 판밍정의 자산은 미국 돈으로 치면 15만 달러에 달했다. 이는 가난한 지역 사정을 감안할 때 엄청난 금액이었다. 또한 대지주에는 못 미치는 1백여 명의 지주들을 나열하며 그들의 재산, 교육 정도, 가족 관계, 정치적 입장을 자세히 적어놓았다. 마오는 정치적 입장이 반드시 계급에 의해 결정되는 것은 아니라고 언급했다. 그는 소지주 가운데 몇몇은 진보적이거나, 최소한 "반동적이지 않다"고 기술했다. 쉰우현의 전체 주민 중 대지주는 0.5퍼센트, 소지주는 3퍼센트, 부농은 4퍼센트를 차지했다. 중농이 20퍼센트였으며 나머지는 빈농이거나 고용된 일꾼이었다. 같은 해 마오는 싱궈현도 조사했는데 계급 비율이 이와 유사했다.[54]

마오는 자신의 조사 결과를 바탕으로 삼아 부농 계층은 '지극히 소수'라고 주장할 수 있었으며, 장시성 서남부 당내에서 마오의 견해에 반대하며 부농 계층의 중요성을 과대평가하는 자들을 (그리고 부농이 중요하므로 호의적으로 대해야 한다고 주장하는 자들을) '우경 기회주의자'로 비난할 수 있었다. 마오는 부농이 '농촌 지역의 자산계급'이며 '한결같은 반동파'라고 강조했다.[55] 따라서 마오는 그들이 소유한 초과분의 토지를 당연히 몰수해야 할 뿐 아니라, '기름진 자에게 빼앗아 여윈 자를 보충하는(抽肥補瘦)' 정책을—부농의 몰수되지 않고 남은 토지 가운데 비옥한 것을 빈농의 척박한 토지와 바꾸는 것이다.—채택해야 한다고 주장했다.[56]

하지만 1931년 초 왕밍과 소련 유학파가 공산당의 주요 세력이 되자 마오쩌둥의 이러한 견해는 너무나 온건한 것으로 간주되었다.

당시 스탈린은 '반(反)쿨라크 운동'을 서서히 진행하고 있었다(반쿨라크 운동 결과 1천2백만 명의 '부농'이 물리적으로 소멸했다). 따라서 코민테른의 적극적인 승인 아래, 중국공산당은 부농의 토지와 재산을 (초과분만이 아니라) 전부 몰수한다는 지침이 결정되었다. 그리고 지주 가족은 토지 재분배 과정에서 배제했다. 이는 굶어 죽으라는 이야기였다. 부농은 '상대적으로 척박한 토지'를 노동력과 비례해 주었다. 반면에 빈농과 중농은 가장 비옥한 토지를 식구 수에 따라 배분했다.[57]

가혹한 새로운 기준을 제대로 적용하기 위해서 보구는 '토지조사운동'을 개시했고 1933년 2월 루이진에 도착한 직후에는 마오를 지명하여 이 운동을 담당하도록 지시했다.[58] 이는 마오가 주창한 과거의 정책이 너무나 소극적인 것으로 판명되었기 때문에 이제 그 잘못을 바로잡는 일에 직접 나서라는 의미였다. 그러나 또 다른 이유도 있었다. 이러한 종류의 운동을 추진하는 데 마오가 제일 적임자였던 것이다. 1926년 왕징웨이가 마오를 국민당 농민운동강습소 소장으로 선택했던 것이나 몇 개월 뒤 천두슈가 중국공산당이 최초로 설립한 농민위원회 서기로 임명한 것도 똑같은 이유였다. 농촌 생활의 세부 사정을 마오보다 더 잘 아는 당 지도자는 없었다. 다시 말해 토지개혁 작업이 시작된 후 온갖 종류의 실제적 문제가 끊임없이 튀어나올 때, 마오만큼 잘 대처할 수 있는 당내 인사가 없었다.

예를 들어보자. 연못은 어떻게 할 것인가? 현재 경작하지 않는 휴경지는 어떻게 할 것인가? 산지와 숲은 어떻게 할 것인가? 대나무 숲은 어떻게 할 것인가? 심기는 했지만 아직 수확하지 않은 청묘(青苗)는 어떻게 할 것인가?

문제는 더 있었다. 토지 재분배는 마을 단위로 실시해야 하는가 아니면 지역 단위로 실시해야 하는가? 마을 단위로 재분배할 경우 가문에 대한 충성심이 너무나 강해 계급 및 경제 이익이 자칫 경시될 수 있으며 토지 개혁의 의미가 약해질 수 있다. 하지만 주민이 3만 명 이상이 되는 지역 전체를 대상으로 삼아 재분배할 경우 농민의 직접적인 지지를 끌어내기가 버거워진다. 또한 여러 기준이 서로 충돌하면 어떻게 해야 하는가? 경제적으로는 소지주이지만 정치적으로는 진보적인 입장인 경우에는 어떻게 재분배해야 하는가? 만약 빈농이 자신의 계급 지위를 악용하여 지역에서 악질적이고 독단적인 행동을 하면 어떻게 처리해야 하는가?

그해 가을 마오쩌둥은 이러한 문제에 답을 제시하는 백과사전 같은 여러 규칙을 만들어냈다. 그가 결정한 가장 중요한 사항은 지주와 부농과 중농을 구분하는 것이었다. 마오에 의하면 부농이란 우선 가족 중 최소 한 사람이 한 해 동안 적어도 4개월 이상 생산적인 노동에 종사하고, 가족 총수입의 최소 15퍼센트 이상을 타인을 착취하여—일꾼을 고용하거나 경작지를 대여하거나 돈을 빌려주고 이자를 받거나—얻는 농가였다. 만일 가족 중 한 사람도 한 해 동안 4개월 이상 일하지 않는다면 지주로 분류되었다. 그리고 타인을 착취하여 얻는 수입이 15퍼센트에 미치지 않으면 중농으로 구분되었다. 마오는 마치 선생님처럼 아래와 같이 계산법을 설명했다.

한 농가가 있다. 식구가 모두 11명이고 그중 두 명만 일을 한다. 이 농가는 160담*의 소출이 나는 농지가 있고 그 값어치는 480위안이다. 그리고 산비탈에 기름을 얻는 동백나무 밭이 두 필이 있으며 여기에

담(擔) 부피의 단위. 마오는 개념상의 토지 단위를 언급할 때는 소출량으로 말했으며, 1담은 1섬과 같다.

서 1년에 30위안의 수익을 얻는다. 하나 있는 연못에서 얻는 수익은 1년에 15위안이고, 돼지를 비롯한 가축에서 얻는 부수입이 1년에 50위안이다. 이 농가는 7년 동안 일꾼 한 명을 고용했으며 그의 노동 가치를 돈으로 환산하면 1년에 70위안이다. 또한 다른 사람에게 30퍼센트 이율로 돈을 꾸어주어 이자 수입이 1년에 75위안에 이른다. 이 농가에는 교육을 받은 아들이 하나 있는데 자기 힘을 과시하면서 주위 사람을 괴롭히는 작자다.

평가: 이 농가는 비록 두 명이 노동을 하지만 일꾼을 한 명 고용하고 있으며 상당한 이자 수익을 내고 있다. 착취에 의한 수입이 전체 수입의 15퍼센트가 넘는다. 집안 식구가 많지만 식구에게 들어가는 여러 비용을 제하고도 많은 돈이 남는다. 따라서 그들은 부농이며 그들에게는 척박한 땅을 분배해야 한다. 교육을 받은 아들은 악질적인 토호이므로 토지를 분배할 필요가 전혀 없다.[59]

마오는 규정들을 '극도로 조심스럽게' 적용해야 한다고 강조했다. 왜냐하면 계급이 어떻게 결정되는가는 '삶과 죽음을 결정하는 문제'이기 때문이었다.[60] 하지만 신중함에 관한 마오의 당부는 그저 희망 사항일 뿐이었다. 마오는 토지 재분배 운동이 그가 규정한 합리적이며 세분화된 접근과 근본적으로 성격이 다르다는 사실을 잘 알고 있었다. 마오가 지적한 대로 토지 개혁은 "폭력적이고 잔혹한 계급투쟁"이며 "부농을 약화하고 지주를 제거"하는 것이 목적이었다. 따라서 때때로 그들 가운데 '거물 악질분자'는 군중집회로 끌어내 비판받게 하고 대중이 내린 사형선고에 따라 처형해야 하는 경우도 있었다.[61]

이러한 상황에서 조심스럽게 토지조사운동을 하는 것은 쉬운 일이 아니었다. 빈농들은 '지주'와 '부농'을 구분하는 데 이러니저러니 말이 많았다. 더 많은 사람이 '지주'와 '부농'으로 낙인찍히면 자신들이 더 많은 토지를 '재분배'받을 수 있음을 알았기 때문이다. 중농들조차 혹시라도 부농으로 판정받아 재산을 몰수당할까 봐 두려워하며 산속으로 도망가는 일이 여러 지역에서 발생했다.[62]

결과적으로 토지조사운동은 제대로 시행되지 못하고 중단된다. 시작한 지 1년 반도 채 되지 않아 국민당 군대가 이 지역을 점령했기 때문이다. 하지만 이 운동의 여파는 오래갔다. 1933년 이후 홍군이 점령한 지역에서는 계급 출신이 그 사람의 가치와 운명을 결정하는 궁극적인 요인으로 간주되었다. 그리고 이는 중국 사회의 병폐로 자라나 반세기가 지난 1980년대에도 영향을 끼친다. 당시 많은 지역에서 지주와 부농의 자손들은 한 사람의 능력이나 지력이나 노력에 비해 출신 성분이 그의 가능성과 기회를 결정하는 데 여전히 더 중요하다는 사실을 경험했다. 비록 계급이라는 요인의 중요성이 예전보다 덜했지만 오래된 증오의 흔적이 남았던 것이다.

토지조사운동에는 '봉건적이며 미신적인 반혁명 조직들'을 완전히 제거하겠다는 피해망상적 충동이 뒤따랐다.[63] 이는 과거 AB단 숙청 운동과 여러 면에서 비슷했다. 마오는 다수의 '이질적인 계급 분자'가 각 지역의 소비에트 정부와 홍군 내에 잠입하여 방해 공작을 벌이고 있다고 선언했다. "봉건 세력에 최후의 공격을 가하여 그들을 완전히 제거해야 한다. …… 이는 잠시도 지체할 수 없는 긴급한 과업이다."[64]

새로운 과업을 수행하기 위해 선택된 사람은 소비에트 근거지에서 정치보위국 국장을 맡은 덩파였다. 그는 호방한 성격에 주변인들을 웃게 만들었으며 취미로 경마와 사격을 즐겼다. 덩파는 얼굴에 장난기 어린 미소가 가득했으나 사실 몹시 무서운 사람이었다. 그의 호위병들은 날이 넓적하고 전체가 곡선을 이루며 칼자루 끝에는 붉은 술이 달린 처형용 대도를 차고 다녔다. 1931년 푸젠성에서 덩파는 사회민주당원 색출에 나서 수천 명을 숙청한 적이 있었다.[65] 그리고 이제 그가 마오쩌둥의 승인 아래 수행한 여러 숙청 방식은 오래도록 사라지지 않은 채 중국공산당의 정치 운동과 결부되어 반복된다.

'악질 지주 및 토호'를 비롯한 의심스러운 계급 분자들을 재조사하기 위한 명단이 작성되어 각 지역에 배포되었다. 도시와 마을에는 '고발 상자'를 비치해 사람들이 익명으로 의심스러운 이웃을 고발할 수 있도록 했다.[66] 인권을 보호하는 법적 장치는 없었다. 마오는 '죄가 명백할' 경우 처형한 뒤에 보고하도록 지시했다.[67] 훨씬 더 사악한 숙청 방식은 존재하지 않는 단체가 적발되었다고 발표하는 것이었다. 이 역시 마오쩌둥의 승인 아래 수행되었다. '일심회(一心會)', (위두의) '처형 여단', (후이창의) '비밀 감시 여단' 같은 조직들이 적발되었는데, 이는 충성을 다하지 않는다고 생각되는 자들을 잡아들이고 신문하기 위한 구실에 불과했다.[68]

당시 장시성에서 마오쩌둥과 덩파가 개발한 숙청 방법들은 30년이 지난 1960년대까지도 중화인민공화국의 승인 아래 활발하게 사용되었다.

마오가 국가 및 정부의 수반 자격으로 제정한 법률 역시 오랜 생명력을 보였다. 1934년 4월에 발표된 '반혁명 분자 처벌 규정'은 20여 개의 반혁명 범죄를 규정했는데, 하나를 제외하고는 모두 사형으로 처벌했다. 죄목 중에는 '소비에트에 대한 확신을 저해하기 위해 …… 대화를 나누는 것'과 '의도적으로 법률을 위반하는 것'이 있었다. 그리고 이 정도로는 충분하지 않은 것처럼 마지막에 '이 밖에 모든 반혁명 범죄'라는, 구체적으로 서술되지 않은 포괄적 항목을 만들어서 다른 반혁명 범죄를 저질렀을 때와 똑같은 처벌을 받도록 했다.[69] 이

법조문은 1990년대 초까지 중국 법률에 남아 있었다.

이는 중국공산당만의 특이한 관행이 아니었다. 포괄적 법령은 중국의 왕조 시대 때부터 있었으며 공산당이나 국민당이나 사회 통제를 위해 이를 이용했다.[70] 1931년 국민당의 법률을 보면 '평화를 교란한' 죄는 사형으로 다스린다고 규정했다.[71] 국민당과 공산당 모두 법률을 제정한 것은 정치적 정통성을 보장하기 위함이었지 개인의 인권을 보장하기 위해서가 아니었다.

1931년 말 루이진에서 제정된 선거법도 계속 유지되어 훗날 중화인민공화국까지 이어졌다. 투표 가능 연령은 남녀 모두 16세 이상이었다. 하지만 투표권은 '올바른' 계급 범주에 속하는 노동자, 빈농, 중농, 병사에게만 한정되었다. 상인, 지주, 부농, 성직자, 승려, 특별한 직업 없이 노는 자에게는 투표권을 명시적으로 박탈했다. 공직 후보자는 각 지역의 당 위원회가 출신 계급과 '정치 활동'을 기준으로 삼아 선정했다. 마오의 설명에 따르면 이는 '올바른 사고방식'을 지녔는지 평가하는 절차였다. 두 가지 기준이 충족되어야 후보자의 능력을 살폈다. 투표는 거수로 했으며 지역 투표권자의 90퍼센트가 참여할 때만 비로소 유효한 선거로 간주되었다.[72]

마오는 당선자의 4분의 1이 여성이어야 한다고 주장했다.[73] 이는 중국의 '봉건적, 가부장적 사상 체계'에 대한 공격의 일환이었다. 5년 전 후난성 시절에 마오는 혼외정사가 만연한 현실을 긍정적으로 평가하기도 했다. 또한 그는 "부유한 계급의 여인들보다 육체노동을 더 많이 하는" 가난한 여인들이 더 자립적이라고 말하며 이들이 "삼각관계 혹은 그 이상의 관계"를 맺는 것을 긍정적으로 평가했다.[74] 마오가 작성한 쉰우현 보고서는 기본적으로 경제 문제에 관한 보고서인데도 과도할 정도로 많은 분량을 성 관습 변화라는 주제에 할애했다. 마오의 기록에 따르면 쉰우현의 젊은 여성들은 "더욱 자유롭게 행동했으며" 땔감을 구한다는 핑계로 산속에 들어가 늦게까지 있으면서 "남자 친구들과 연애하는 일이 …… 점점 증가했다. 커플들은 산속에서 공공연하게 '자유로이 사랑을 나누었고' …… 결혼한 남녀가 따로 애인을 두는 경우가 거의 모든 지역에서 발견되었다."[75]

감각주의자로서 마오는 여성의 성 해방을 지지했다. 하지만 여성의 지위 향상을 강조하는 데는 더 큰 목적도 있었다. 마오는 남자 한 명을 교육하면 그 개인만 교육하는 것이지만, 여자 한 명을 교육하면 가족 전체를 교육하는 효과가 있음을 이해했다. 이는 훗날 서양의 발달이론가들 사이에서 유행한 구호이기도 한데, 마오는 이미 반세기 전에 알고 있었던 것이다.

여성 해방의 핵심은 결혼 제도의 변화에 달려 있었기 때문에, 마오는 5·4운동 때부터 제도를 변화시키고자 목소리를 높였다. 중화 소비에트공화국이 창설되었을 때나 20년 뒤 중화인민공화국이 세워졌을 때나 마오가 처음으로 발표한 법률은 동일했다. 바로 여성과 남성에게 결혼과 이혼에서 동등한 권한을 부여한다는 것이었다.[76]

모든 사람이 새로운 법률에 만족한 것은 아니었다. 농촌의 남편들은 이렇게 불평했다. "혁명은 모든 것을 없애버린다. 이제는 마누라까지 없애버린다." 어떤 여성들은 새로운 자유를 만끽하며 수년간 남편을 서너 번 바꾸기도 했다.[77] 군대의 사기를 높이기 위해 홍군 병사의 아내는 남편이 동의해야만 이혼할 수 있다는 조항이 추가되었다.[78] 하지만 공산당을 지지하는 핵심 계층은 최빈층의 젊은 남자들이었다. 이들은 기존의 결혼 제도에서는 돈을 몇 년씩 모아야 했기 때문에 아내를 맞이하기가 무척 힘들었다. 그래서 새로운 결혼 제도를 몹시 환영했다. 대부분의 농촌 여성 역시 좋아했다. 마오 자신도 결혼 제도 개혁을 자신이 이룬 가장 큰 업적으로 여겼다. "민주적 결혼 제도는 과거 수천 년 동안 인간을 구속한 봉건적 족쇄를 파괴했다. 특히 여성의 경우가 그러하다. 새로운 결혼 제도는 인간의 본성에 맞는 새로운 형식을 확립했다."[79)

마오가 토지 개혁과 다른 정부 업무에 몰두해 있는 동안, 그의 정치적 지위는 매우 불분명했다. 마오는 권력의 자리에 선 것도 아니고 패배자의 자리로 떨어진 것도 아니었다. 1933년 초봄 저우언라이와 주더는 당 중앙이 지시하는 '견결진공' 노선을 무시하고 대체로 마오가 주창한 전술을 택하여 장제스의 제4차 포위 작전을 분쇄했다. 홍군은 장제스 휘하의 주요 사단 몇 개를 격파했고 1만 명의 포로를 사로잡았다. 이러한 상황에 용기를 얻어 마오는 병원을 떠난 지 몇 주 뒤인 3월에 후방 지휘부에 들어가 지위가 낮은 군사 고문 역할을 맡으려고 애썼지만, 보구는 즉시 이를 좌절시켰다.[80)

3개월 뒤 마오는 중앙국에 닝두 회의 때 자신을 군사 지휘 계통에서 쫓아낸 결정이 공정하지 못하므로 재고해 달라고 청원했다. 이에 보구는 당시의 결정이 완전히 옳았다고 반박하며, 만약 그 결정이 아니었다면 제4차 포위 작전에서 승리를 거두지 못했을 것이라고 답했다.[81)

가을 동안 마오의 지위는 다소 나아졌다. 토지조사운동 덕분에 명성이 조금 올라갔으며 '뤄밍 노선'에 대한 숙청 운동도 한풀 꺾였기 때문이었다. 9월 장제스의 제5차 포위 작전이 시작된 직후 마오쩌둥과 주더는 푸젠성에 주둔한 '국민당 제19로군(十九路軍)'과 일련의 교섭을 시작했다. 제19로군 지휘자들은 장제스가 일본의 만주 침략에 효과적인 대책을 마련하지 않는 데 불만을 품고 있었다. 4주 뒤 그들은 장제스의 난징 정부에서 독립한 '인민혁명정부' 수립을 선포했다.

이는 홍군에게 엄청난 희소식이 될 수 있었고 그렇게 되어야만 했다. 그해 여름 내내 보구는 소비에트 근거지를 북쪽으로 확대한다

1933년 12월, 국민당 난징 정부에 반기를 든 '인민혁명정부'를 압박하기 위해 푸젠성에서 총공세에 나선 장제스.

는 목표를 내걸고 소모적인 군사 작전을 전개했지만 결국 실패했다. 한편 장제스는 최정예 사단을 포함하여 50만 명의 병력을 새롭게 모집했으며, 30만 명의 보조 병력도 갖추었다. 주더가 지휘하는 부대는 병사들이 여기저기로 흩어진 데다가 사기가 꺾이고 지친 상태였기 때문에 밀려드는 국민당군의 공세를 막아내기가 쉽지 않았다. 게다가 푸젠성 접경지대에 자리한 리촨(黎川)까지 무너졌다. 리촨은 루이진에서 북방으로 약 200킬로미터 떨어진 곳에 있어 근거지의 북방 출입구를 방어하는 중요한 역할을 하는 곳이었다. 이에 주더는 리촨을 탈환하기 위해 공격했으나 오히려 큰 피해를 입고 물러났다.

이러한 상황에서 1933년 11월 장제스는 주력 부대 일부를 빼내 푸젠성 반란 정부의 위협에 대처해야 했다. 공산당 정부가 다시 한번 아슬아슬하게 구원되는 순간처럼 보였다.

하지만 공산당 지도자들은 푸젠성의 새로운 동맹자들이 지닌 의도와 그들이 한 약속을 의심했다. 심지어 장시성 시절 내내 군벌 세력들 간의 입장 차이를 활용해야 한다고 동료들에게 촉구한 마오조차도 푸젠성의 국민당 반란군을 어느 정도 지원해야 할지 갈피를 잡지 못했다. 12월 말 장제스는 푸젠성에 총공세를 퍼부었다. 이는 공산당이 예상한 것보다 훨씬 빠른 공격이었고 그들이 여전히 확실한 입장을 정하지 못한 상태에서 일어난 일이었다. 마침내 당 지도부가 푸젠성을 제한적으로나마 지원하기로 결정했을 때는 이미 제19로군이 장제스에게 패배한 뒤였다. 이제 장제스 군대는 원래의 목표였던 포위 작전을 다시 개시할 수 있었다.

장제스가 푸젠성을 공격한 2개월 사이에 공산당 중앙위원회는 오랫동안 연기해 온 제5차 전원회의를 개최했다. 나흘간의 회의 결과 마오쩌둥은 또다시 애매한 지위에 처하게 된다. 마오는 10여 년 전 중국공산당이 설립되었을 당시에 맡았던 당 정치국 위원에 복귀했다.* 마오는 '국가주석'이었고 모스크바의 지속적인 지지를 받고 있었기 때문에 그의 지위 상승은 당연했다.[82] 하지만 당 정치국 서열을 보면, 마오는 정치국 위원 11명 가운데 꼴찌인 11번째로 결정되었다. 또한 제5차 전원회의 기간 내내 보구를 비롯한 다른 당 지도자들은 마오의 '우경 기회주의적 견해'를 비판했고, 결국 마오가 정부 수반 자리를 장원톈에게 넘겨주어야 한다는 결정이 채택되며 회의가 폐회

---

* 1923년 6월부터 1924년 말까지 마오는 다섯 명으로 구성된 '중앙위원회 정치국'의 위원이었다(이 조직은 당 정치국의 초기 형태이다). 1927년 5월 마오는 중앙위원회 후보위원 자격으로 당 지도부에 복귀했다. 그리고 그해 8월부터 11월까지 당 정치국 후보위원이 되었다. 1928년 6월에 중앙위원회 위원으로 재선출되었고, 이 직책은 그가 1976년에 사망할 때까지 48년간 계속 유지했다. 1930년 9월에 개최된 제3차 전원회의에서 마오는 후보위원으로 당 정치국에 합류했다. 샹중파가 국민당에 체포되어 처형당한 이후인 1931년 여름부터 1934년 1월에 열린 제5차 전원회의 때까지 당 정치국은 기능을 멈추었다. (하지만 다소 혼란스럽게도 정치국 위원들은 직위를 그대로 유지했다.) 이 기간 당 정치국은 '임시 중앙'으로 대체되었는데, 임시 중앙을 이끈 보구와 장원톈은 당 정치국 위원이 아니었다. 1933년 봄, 보구와 장원톈은 근거지에 관한 중앙국의 책임을 맡았으며 1934년 1월 당 정치국이 정식으로 재구성되면서 중앙국은 폐지되었다.(저자 주)

되었다. 이제 마오는 오로지 중화소비에트공화국의 주석 자리만을 보유하게 되었다.[83]

마오쩌둥은 1934년 1월에 열린 제5차 전원회의에 아예 출석하지 않음으로써 경멸적 태도를 드러냈다. 그는 병중이라고 평계를 댔지만 보구는 이를 '외교적 질병'이라고 조롱했다.[84] 마오는 전원회의가 폐회한 지 불과 며칠 뒤에 열린 '중화소비에트 제2차 전국대표대회'에는 참석했으며 회의를 주재하며 아홉 시간에 달하는 긴 연설을 하기도 했다.

훗날 마오는 제5차 전원회의가 소련 유학파의 '좌경 노선'이 정점을 이룬 시기였다고 평한다.[85] 전원회의의 정치 결의안으로 채택된 보고서에서 보구는 아무런 주저 없이 지금 중국이 '직접적 혁명 상황'이라고 단언했다. 다시 말해 중국이 전국적 봉기를 가능하게 하는 선결 조건을 이미 갖추었다고 주장하며 "혁명 투쟁의 불길이 전 중국에서 불타오르고 있다."고 선언했다.[86] 참으로 현실과 동떨어진 이야기였다. 보구가 연설하던 그 순간에 장제스의 군대는 남쪽을 향해 거침없이 진군하기 시작했다.

제5차 포위 작전에서 국민당 군대는 이전까지와는 상당히 다른 '토치카 포위 전략'을 구사했다. 토치카는 마치 중세 유럽의 망루처럼 생긴 석조 요새로, 총안을 낸 흙벽과 최대 6미터 두께의 외벽으로 건설되었으며 내부에 중대 병력을 수용할 수 있었다. 국민당군은 1.5 킬로미터 정도의 간격으로 토치카를 건설했고 사이에는 길을 터서 병력이 이동할 수 있게 했다. 홍군이 '거북이 등껍질'이라고 부른 이 요새는 소비에트 지역의 북쪽과 서쪽 경계선을 따라 약 300킬로미터에 걸쳐 거대한 반원형을 그리며 늘어섰다. 국민당 군대는 아주 천천히 전진했다. 현지 병력은 후방에서 통제를 강화했고, 선봉 부대는 몇 킬로미터 앞에 다시 새로운 토치카 대열을 세웠다. 당시 장제스의 군사 고문이었던 독일인들은 특유의 철저함을 과시하면서 이 전략을 착실하게 수행했다. 포위 작전이 계속된 그해 국민당 군대는 모두 1만 4천 개의 토치카를 건설했으며, 홍군과 홍군이 관할하는 주민들은 점점 좁혀져 오는 포위망에 갇혔다.[87]

공산당에도 오토 브라운이라는 독일인이 있었다. 그는 3년 동안 모스크바의 프룬제군사아카데미*에서 전통적인 전쟁술을 배웠고, 이후 코민테른의 지시에 따라 1933년 9월 말 상하이에 도착해 공산당 지도부와 함께했다.[88] 오토 브라운이 공산당에 제안한 전투 전략은 국민당군이 토치카를 떠나 전진해 올 때 맹렬한 공격을 짧게 수행하는 것이었다. 결과는 완전한 대실패였다.[89] 사실상 다른 결과는 가능하지 않았다. 왜냐하면 당시 포위 작전에서 장제스의 의도가 바로 홍군이 소모적인 진지전에 임하도록 압박하는 것이었기 때문이다. 장제스의 군대는 수적으로 홍군에 비해 열 배나 절대적인 우위에 있었으므로, 이러한 조건에서 벌이는 전투라면 홍군의 패배는 당연했다. 그렇다면 대안은 있었을까? 마오는 홍군 전체가 북쪽이나 서쪽으로 국민당 포위망을 돌파하여 토치카 전열 바깥에서 전투를 벌여야 하며, 홍군에게 유리한 기동성 있는 전투 방식을 수행하기 위해 저장성이나 후난성의 지형에서 싸워야 한다고 (1934년에 최소 두 번은) 주장했다.[90] 국민당군이 수적으로 압도하는 상황에서, 마오의 제안이 성공적이었을지는 알 수 없다. 그의 주장이 받아들여지지 않았기 때문이다. 보구와 오토 브라운은 마오의 제안을 거부했고 그와 유사한 제안들을 '도피주의'라든가 패배주의라며 비난했다.[91]

군사적 긴장이 높아지면서 정치적 긴장도 높아졌다. 홍군 내에는

프룬제군사아카데미(Frunze Military Academy) 1918년에 창설된 소련의 가장 대표적인 군사관학교. 군사 이론가이자 러시아의 정규군인 적군(赤軍)의 창설자 프룬제(Mikhail Vasil'evich Frunze, 1885~1925)의 이름을 땄다.

보위국 간부들이 처형단을 이끌고 전장을 다니면서 싸움을 '감독'했다. 당시 25살이었던 겅뱌오(耿飈)라는 젊은 연대장은 자신의 연대가 적군에 요충지를 빼앗겼을 때 벌어진 일을 기억했다. "나는 (군단 보위국장) 뤄루이칭(羅瑞卿)이 다가오는 것을 보았다. 그는 마우저 권총을 들고 '행동대' 선두에 서서 내 쪽으로 걸어왔다. 심장이 멎는 것 같았다. 끔찍한 일이 일어날 것만 같았다! 당시에는 …… (동요한다고) 의심되는 자는 처형당했다. …… 아니나 다를까, 그는 내게 곧장 다가오더니 머리에 권총을 들이댔다. 그러고는 큰 소리로 따졌다. '도대체 뭐 하는 거야? 왜 후퇴했지?'"[92]

겅뱌오는 운이 좋았다. 그는 처형당하지 않고 계속 전투에 임할 수 있었고, 훗날 모스크바 주재 중국 대사 자리까지 오를 수 있었다. 하지만 운이 좋지 않은 사람도 많았다. 7년 전 징강산에서 마오가 홍군 전원이 자원병으로 이루어져야 한다는 원칙을 천명했을 때와는 상당히 다른 분위기였다.

민간인의 사정은 더 나빴다. 마오가 만든 토지 개혁 규정들은 작동하지 않았고, 홍색 공포 정치가 시작되었다. 수천 명의 지주와 부농이 처형되었다.[93] 수만 명의 주민이 백색 지역으로 도망쳤다. 1934년 4월 홍군은 루이진에서 북쪽으로 약 110킬로미터 떨어져 있는 광창(廣昌)에서 또다시 엄청난 패배를 당했다.[94] 군사적으로 포위되면서 경제 봉쇄가 시작되었다. 농민 출신 신병들은 떼를 지어 도망쳤다. 공산당 정권이 곧 망할 것이라는 징조가 여기저기에서 보이기 시작했다. 확인된 것은 없었지만, 공산당에 반대하는 각종 비밀결사와 여러 가문의 사람들이 방해 공작을 펴고 있다는 말이 돌았다. '반혁명 분자 색출'이 실시되었고 소비에트 근거지는 온통 증오와 절망의 소용돌이에 휩쓸렸다.

광창 패전 직후인 1934년 5월 초, 보구와 저우언라이는 소비에트 근거지를 포기해야 할 수도 있음을 깨달았다. 그들은 이 가능성을 코민테른에 통보했다. 보구, 저우언라이, 오토 브라운은 '3인단'을 조직하여 비상 계획을 세웠다.

마오는 이러한 사태를 알지 못했다. 여름 내내 당 정치국이 소비에트 근거지에 관한 보고를 받지 못했던 탓이다.[95] 아마도 마오는 자신이 영향력을 행사할 수 없을 뿐 아니라 동의할 수도 없는 결정에 참여하고 싶지 않았을 것이다. 제5차 전원회의 이후 마오는 군사위원회 회의에도 출석하지 않았고 5월과 6월에는 남부 소비에트 근거지에 있는 여러 현을 방문했다. 전장에서 되도록 멀리 떨어져 있으려는 의도였다.[96] 7월 말 국민당군의 폭격이 심해지자 공산당 지휘 본부는 사저우바를 떠나야 했다. 마오와 허쯔전은 서쪽으로 몇 킬로미터 떨어진 윈스산(雲石山)으로 이동하여 외딴 도교 사원에 머물렀다.[97] 사원의 둘레에는 소나무와 대나무가 숲을 이루었고 오랜 세월 비바람을 맞은 바위들은 기기묘묘한 형상을 띠었다. 당 정치국과 군사위원회가 가까운 마을에 자리를 잡았지만 마오는 그들과 거의 접촉하지 않았다.[98] 그는 당의 내밀한 사정은 '전혀 모르는' 사람이었다. 그리고 그것이 마오가 바라던 바이기도 했다.

하지만 벌써 당내 세력에 변화가 생기기 시작했음을 보여주는 사건이 있었다.

그해 가을 마오가 처한 정치적 곤란은 그의 건강에 영향을 끼쳤다. 기독교 선교사 학교에서 교육받은 의사이자, 당시 홍군의 초보 수준의 병원 시설을 책임지고 있던 넬슨 푸(Nelson Fu, 푸롄장傅連暲)가 마오를 돌보았다. 그는 마오의 건강 상태를 염려하여 의료 보조원이 마오 곁에 상주하도록 조치했다. 9월 위두에 있었던 마오는 고열에 시달리며 며칠 동안 의식이 반쯤 없었고 열이 40.5도까지 올라갔다. 넬슨 푸가 말을 타고 100킬로미터나 되는 거리를 직접 달려왔다. 진찰 결과 마오의 병명은 뇌 말라리아였다. 넬슨 푸는 다량의 카페인과 키니네를 처방하여 마오를 살려냈다.[99]

넬슨 푸에게 위두로 가라고 명령한 사람은 바로 장원톈이었다. 그는 마오의 후임으로 정부 수반에 오른 사람이자 보구의 친밀한 동맹자였다. 광창 패전 직후 장원톈은 보구와 한바탕 크게 논쟁을 벌였다. 장원톈은 오토 브라운의 군사 전략이 전장의 지형과 병력의 차이를 전혀 고려하지 않았다고 지적했고, 이에 보구는 장원톈이 마치 멘셰비키처럼 말한다고 대꾸했다. 이후 4개월 동안 홍군은 여섯 개의 전선에 분산 배치되어 국민당군과 힘겨운 소모전을 벌이며 서서히 모든 힘을 소진해 갔다. 그러나 상황이 이러한데도 보구는 '소비에트 영토 단 한 치도 적에게 양보하지 말라!'는 구호를 반복했으며, 장원톈은 점점 더 실망감이 커져 갔다. 윈스산에 거주하던 시절에 마오를 찾아온 당의 고위급 지도자는 장원톈 한 사람뿐이었다. 이제 그는 보구의 교조주의와 경험 미숙에 크게 실망하고 있음을 감추지 않았다.[100]

또 다른 당 정치국 위원 왕자샹은 제4차 포위 작전에서 크게 부상당해 그때 몸속에 박힌 박격포탄의 파편 때문에 항상 들것에 실려 다니는 신세였는데, 그 역시 조금씩 마오의 뜻에 동조하기 시작했다.

보구는 마오, 장원톈, 왕자샹에게 홍군의 전략적 이동에 참여하도록 지시했다. 전략적 이동이란 장시성 소비에트 근거지에서 철수하는 작전을 완곡하게 표현한 것이었다. 처음에 보구는 세 사람이 각각 다른 부대에 소속되도록 지시했으나 얼마 뒤 무슨 이유에서인지는 확실하지 않지만 그들이 같은 부대에서 함께 이동하도록 놔두었다.[101] 그리고 이러한 판단 탓에 보구는 곧 뼈아픈 정치적 대가를 치르게 되었다.

하지만 장원톈과 왕자샹은 결정적 권력이 없었다. 마오가 자기편으로 만들어야 할 사람은 바로 저우언라이였다. 홍군이 광창에서 처참한 패배를 당하는 동안 저우언라이는 밀려났고, 보구가 총정치위원을 맡아 직접 나섰다.[102] 그때부터 마오는 저우와의 관계를 개선하는 데 상당한 노력을 기울였다. 마오는 6월 장시성 남부의 현들을 방문하는 중에 푸젠성 남부 접경지대 주변의 군사 상황을 보고서로 상세하게 작성하여 저우에게 보냈으며, 그해 가을에는 유격전에 관한 휴대용 소책자를 만들어 저우에게 전달했다. 이에 저우는 군사위원회의 지령을 통해 마오가 만든 소책자가 발행되도록 주선했다. 9월에 마오는 위두로 거처를 옮겨줄 것을 당에 요청했는데 이를 승인해준 사람이 저우였다. 위두에서 마오는 주변 지역에 대한 치안 보고서를 작성했다(몇 개월 뒤 위두는 홍군이 서쪽으로 대이동을 시작했을 때 집결지가 된다).[103] 하지만 저우는 매우 조심성 있는 인물이었다. 그는 이전에 마오를 변호하다가 큰 어려움을 겪은 적이 있었다. 그래서 저우는 보구가 코민테른의 지지를 받고 있는 한 그에게 도전할 뜻이 없었다.

1934년 10월 18일 목요일 오후 늦은 시각이었다. 마오쩌둥은 호위병과 함께 위두의 동문을 통과하여 간강의 도하점까지 이동했다. 당시 마오의 상황은 나아진 것이 없었다.

마오는 이미 7년째 전쟁에 참여하고 있었고 그중 마지막 3년은 중화소비에트공화국의 국가주석이었지만 미래는 여전히 불확실했다. 그가 개인적으로 소유한 것이라고는 담요 두 장, 솜이불 하나, 비옷 하나, 외투 한 벌, 부서진 우산 하나, 책 한 꾸러미뿐이었다. 곧 어둠이 밀려왔고 마오는 횃불에 의지하여 간강을 건넜다. 그때 그가 근거지를 떠나면서 얼마나 착잡한 심정이었을지는 상상할 수밖에 없다. 수없이 많은 작은 배들이 탁류가 천천히 흐르는 넓은 강 위를 지나갔다. 4만 명이 넘는 홍군의 전투 병력과 비슷한 수의 보조 인력과 짐꾼이 모두 강을 건너는 데는 꼬박 사흘이 걸렸다.[104] 그때 허쯔전은 또 임신 중이었다. 그녀는 당시 행군에 참여할 수 있었던 20명의 여성(모두 고위급 지도자의 아내였다) 중 한 명이었으며, 위생 부대의 일원으로 이미 루이진을 떠난 상태였다. 행군에 참가하기 위해 허쯔전은 아들을 루이진에 두고 떠나지 않으면 안 되었다. 2살 난 아들의 이름은 샤오마오마오(小毛毛)였다. 허쯔전은 아들을 유모에게 맡겼다. 그러나 공산당이 철수한 뒤 루이진에는 파괴의 대폭풍이 몰아쳤고 그 와중에 아이는 다른 가정으로 옮겨졌다. 그리고 이후의 종적은 알 수가 없다. 1949년 이후 철저하고도 광범위한 조사가 이루어졌지만 샤오마오마오는 발견되지 않았다.[105] 인간 마오쩌둥이 세상에 남긴 열매 하나가 꽃을 피우지도 못한 채 사라진 것이다.

10장

대장정

1934년 가을~1937년 여름

"혁명에 이르는 길은 직선이 아니다."

MAO
THE MAN
WHO
MADE
CHINA

홍군이 중국의 남부를 가로질러 행군하며 전투를 벌이던 1934년 가을, 지구 반대편 열강의 각축장이 된 유럽에서는 무서운 세력들이 패권을 차지하기 위한 싸움을 벌이고 있었다. 이들은 제1차 세계대전이 휩쓴 살육의 땅에서 자라나, 이제 인류에게 전혀 다른 차원의 엄청난 재앙을 안겨줄 참이었다. 독일 남부 도시 뮌헨에서 자동차를 타고 한 시간을 가면 아름다운 온천 도시 바트비제(Bad Wiessee)가 있다. 그곳에서 히틀러는 '나치 돌격대'를 숙청했다. 1934년 6월 30일 모두가 잠든 새벽에 일어난 일이었다. 갈색 제복으로 유명한 돌격대원들은 과거 히틀러가 권력을 잡을 시기에는 큰 도움을 주었지만 그 이후에는 방해가 되었다. 히틀러는 이 마지막 방해물을 제거해야만 나치당원들을 비롯하여 전체 독일 국민을 자신의 지위와 사상 아래 하나로 단결시킬 수 있다고 판단했다. 이날 밤 바트비제에 뿌려진 살인의 씨앗은 몇 년 뒤 나치의 학살 수용소로 자라났고 이 학살 수용소에서 유대인, 집시, 동성애자, 공산주의자, 그 밖에 '바람직하지 못한 사람들' 6백만 명이 살해당했다.[1] 바트비제에서 숙청이 일어난 지 5개월 후 스탈린이 히틀러의 뒤를 따랐다. 12월 1일 오후 레닌그라드의 소련공산당 지역 본부에 암살자가 걸어 들어와 세르게 이 키로프를 쏴 죽였다. 키로프는 당시 많은 사람이 좋아하고 스탈린의 경쟁자로 여긴 자였다. 키로프의 암살 사건을 시작으로 하여 5년 동안 대숙청이 진행되었다. 거센 숙청의 불길은 소련 전역에 퍼져 약 1백만 명의 사람들을 집어 삼켰는데, 그들은 고참 볼셰비키 당원, 트로츠키파, 부하린파, 적군(赤軍) 지휘관, 당 관료, 비밀경찰, 그리고 실제로 스탈린에 정치적으로 반대하거나 반대한다고 추정되는 사람들이었다. 그리고 이들의 열 배가 되는 사람들이 강제 노동 수용소로 끌려갔고 거기서 대다수가 죽었다. 규모로 본다면 마오가 4년 전 장시성에서 AB단을 처리한 것은 비교가 되지 못했다. 마치 피의 대성찬을 앞두고 애피타이저를 한입 베어 먹은 것에 지나지 않았다.

하지만 세계사에서 1934년에 가장 중요한 사건은 유럽에서 멀리 떨어진 아프리카에서 일어났다. 그곳에서 발생한 싸움 때문에 인류는 엄청난 대학살의 소용돌이에 빠진다. 12월 5일 아프리카 에티오피아 서남부 오가덴 사막의 작은 오아시스 도시 왈왈(Walwal)에서 우물 관할권을 둘러싸고 에티오피아와 당시 이탈리아령 소말릴란드가 전투를 벌였다. 엿새 뒤 이탈리아의 무솔리니는 에티오피아에 피해 보상을 요구하면서 최후통첩을 보냈다(그때 마오와 그의 동료들은 퉁다오에서 마오가 권력을 쟁취하는 데 토대가 된 중대한 회의를 했다). 왈왈 사건은 10년 전 이와 같은 분쟁이 국가 간의 전쟁으로 확대되는 것을 방지하기 위해 설립된 국제연맹을 완전히 무력화했다. 그리고 이탈리아는 '왈왈 사건'을 빌미로 삼아 결국 에티오피아를 공격했고, 이는 이탈리아와 독일 그리고 얼마 뒤에 일본이 추축국을 형성하는 계기가 되었다.

당시에는 이러한 일들이 결국 어떤 방향으로 흐를지 아무도 몰랐다. 중국이나 모스크바의 공산당원들뿐 아니라 제국주의 열강도 알지 못했다. 하지만 소련은 큰 위협을 느꼈다. 일본이 만주를 점령했을 때 다른 열강들이 묵인했기 때문이다. 소련은 이미 1905년 일본에 한 차례 패했다. 그리고 볼셰비키혁명 직후인 1918년 일본군이 시베리아에 진출했을 때 입은 피해도 생생하게 기억했다. 1931년부터 소련과 그들을 추종하는 세력은 새로운 국제 정세 분석을 내놓았다. 분석에 의하면, 과거에는 제국주의 진영 내부의 모순이 새로운 세계전쟁을 일으킬 위험이 컸지만 이제는 열강들이 일본을 선두로 하여 소련을 상대로 제국주의 전쟁을 일으킬 위험이 가장 높았다. 이러한 분석 결과를 바탕으로 하여 코민테른은 '소련을 방위하라!'는 새로운 구호를 내걸었고 보구와 리리싼은 이를 충성스럽게 따랐다. 코민테른의 구호를 실천에 옮기는 방법은 '아래로부터의 통일전선'을 구축하는 것이었다. 세계의 공산주의 세력은 비(非)공산주의자의 지지를 끌어내 반제국주의적이자 반일본적인 대투쟁을 벌이는 한편 희망이 없을 정도로 타락한 자산계급 정당들과는 공식 연합을 맺지 말아야 했다.

서방 민주주의 국가들은 독일, 이탈리아, 일본에 유화 정책을 견지했고 공포와 탐욕이 원칙보다 더 큰 힘을 지니게 되면서 국제정치 상황은 보기 흉할 정도로 비정상적으로 돌아갔다. 결국 공산 체제의 소련과 나치 독일은 상호불가침조약을 체결하기에 이르렀다.

루이진의 소비에트 정부가 처한 상황은 훨씬 단순했다. 5년 동안 공산당이 백색 지역에 주로 선전한 내용은 공산당은 일본과 싸우지만 장제스는 싸우지 않는다는 것이었다. 이는 사실이 아니었다. 장제스는 이미 1932년부터 일본과의 전쟁을 준비했다. 하지만 그는 공산당을 먼저 처리해야 한다고 결정했고, 일본의 침략자들에게 치욕적인 양보를 거듭하고 있었다.[2] 이에 마오는 국민당이 '제국주의의 주구'이며 '부끄러운 무저항' 정책을 추진하여 중국의 국가이익을 팔아넘기고 있다고 비난했다.[3] 또한 그는 장제스와 그의 동맹자들이 정권을 잡고 있는 한 일본에 대항하는 것은 불가능하므로, 모든 진정한 애국자들의 첫 번째 과제는 국민당 정부를 타도하는 것이라고 말했다. 1932년 4월 중화소비에트공화국은 일본에 정식으로 선전포고를 했으며 '항일 의용군' 편성을 주장했다. 마오와 주더는 국민당이 공산당과 싸우기를 멈추고 그 대신 일본과 싸우기로 결정한다면 휴전 협정을 체결하겠다고 제안했다. 1934년 8월 홍군의 일부 부대는 근거지 밖으로 나가 저장성에서 적을 혼란시키기 위한 군사 작전을 벌였는데, 그때 공산당은 홍군 부대가 '항일 선봉 부대'이며 북쪽으로 진격하여 침입자들과 싸우러 간다고 선전했다.[4]

공산당의 행동은 지식인들 사이에 반향을 불러일으켰다. 지식인들은 일본의 침략에 대항하지 않는 것을 엄청난 수치로 느꼈다. 장제스는 일본보다 공산당이 더 큰 위협이라고 계속 주장했지만 나라의 명예를 지키지 않는 사람으로 인식되었다.

하지만 여전히 권력은 공산당이 아니라 장제스가 쥐고 있었다. 홍군이 장시성에서 도망쳤는데 신문에서도 다루지 않았다. 이제 공산당은 다른 곳에서 벌어지는 더 중요한 일에 비해 부차적이었고, 그들이 아무리 일본의 위협에 경종을 울려도 현실적으로는 별 의미 없는 소리에 지나지 않았다. 장제스의 비서 탕량리(湯良禮)는 이렇게 언급하기도 했다. "중국의 공산주의는 죽어 가고 있다." 개항 도시에서 발행하는 신문도 같은 논조였다. 상하이의 〈차이나위클리리뷰(China Weekly Review)〉는 다음과 같이 보도했다. "만일 정부가 장시성에서 시행한 작전을 계속 추진한다면, (공산당의) 모든 활동은 단지 평범한 토비 수준으로 전락할 것이다."[5]

한편 일본 기자들은 조금 어두운 전망을 내놓았다. 만일 공산당이 중국 내륙의 오지에서 안전을 확보한다면, 해안 지방에서 활동하는 지금보다 더 강력한 세력으로 자라날 수 있을 것이라는 지적이었다.[6] 물론 그들이 이러한 전망을 내놓는 데는 나름의 목적이 있었다. 국민당의 지배력이 약하다고 계속 주장하는 것이 일본의 제국주의 야심과 맞아떨어졌기 때문이다. 여하튼 공산당이 일본의 미래 야심을 제대로 꿰뚫어본 것과 마찬가지로, 일본도 중국공산당을 정확하게 판단했다.

1935년 1월 홍군이 쭌이에서 행군을 잠시 멈추었을 때 마오는 처음으로 당 지도부에서 지배적 지위를 차지하게 되었다. 당 동료들이 마오의 견해가 항상 옳았으며 다른 사람들의 (특히 보구, 저우언라이, 오토 브라운의) 견해가 틀렸다는 것을 인정했기 때문이다. 만일 공산당의 근거지가 붕괴하지 않았더라면, 보구가 좀 더 여유로운 태도로 다른 사람의 충고에 귀 기울였다면, 홍군이 샹강 도하 작전에서 크게 패하지 않았더라면, 오토 브라운이 독재자처럼 굴지 않았더라면, 마오는 결코 지배적 위치에 오르지 못했을 것이다. 당 동료들이 마오에게 힘을 실어준 것은 이제 다른 가능성이 모두 사라지고 더는 방도가 없었기 때문이었다.

마오는 이미 여러 차례 정치적으로 몰락했다가 거의 하루아침에 지위가 회복되는 경험을 했지만 이번에는 다소 차이가 있었다. 우선 그는 정치적으로 완전히 몰락한 것도 아니었고 그렇다고 예전처럼 확연하게 정치적으로 부활한 것도 아니었다. 공식적으로 마오는 예전이나 지금이나 여전히 소비에트공화국의 주석이었다. 그가 쭌이회의에서 공식적으로 임명된 직책은 당 정치국의 상무위원회 위원과 저우언라이의 수석 군사 고문뿐이었다(수석 군사 고문은 2년 전 닝두회의에서 저우가 마오에게 맡기려고 했으나 다른 사람들의 반대로 무산된 직책이다). 다른 (그리고 아주 중요한) 차이도 있었다. 과거의 마오쩌둥은 홍군의 정치위원이나 접경지대 당 위원회 서기 같은 하위 직책을 목표로 삼았다면, 이제 41살의 마오는 당의 최고 지도자 자리를 노리고 있었다는 점이다.

마오가 당권을 장악하는 데 퉁다오 회의가 첫걸음이었다면 1935년 봄에 개최된 쭌이 회의와 그 밖의 회의들은 첫 단계라고 할 수 있다. 마오는 현명하게도 당권 장악의 여정이 결코 간단하지 않으리라는 것을 알았다. 정치국 상무위원회 위원과 당의 지도자 사이에는 많은 사람이 건너려다 추락한 엄청나게 깊고 넓은 정치적 골짜기가 있었다. 또한 쭌이와 홍군이 목표 지점으로 삼은 서북 지방 사이에는 누구도 성공을 자신할 수 없는 대단히 위험한 군사 작전이 기다리고 있었다.

장시성을 출발할 때 홍군은 8만 6천 명이었다. 3개월 뒤 쭌이에 도착했을 때 홍군의 병력은 3만 명으로 줄어들어 있었다. 홍군은 지난 1년 동안 전투에서 한 번도 승리다운 승리를 거두지 못했다. 홍군이 생존할 수 있었던 것은 전투력 덕분이 아니었다. 홍군이 패퇴하는 길목에 세력을 잡고 있던 여러 군벌들이 조심스럽게 행동했기 때문이었다. 그들은 겉으로는 장제스의 동맹자였지만 실제로는 경쟁자였다. 그렇기 때문에 군벌들은 공연히 공산당과 싸우느라 자신들의 힘을 소진하기보다는 그저 홍군이 지나가는 것을 바라만 보았다.[7]

따라서 마오의 첫 번째 임무는 홍군의 사기를 북돋는 일이었다.

하지만 이는 쉽지 않았다. 쭌이 회의조차 군사 지휘관들이 남쪽에서 군벌 군대가 공격해 오기 시작했다는 소식을 듣고 각자 부대로 복귀하는 바람에 급하게 끝내야 했다.[8] 그리고 이후 5주 동안 홍군은 계속 좌절에 좌절을 거듭했다. 홍군은 쓰촨성에 새로운 근거지를 세우기 위해 양쯔강의 상류 진사강을 건너려 했다. 하지만 진사강 도하 작전은 샹강 도하 작전 때 입은 처참한 참패를 되풀이했다. 홍군은 쓰촨성과 구이저우성의 군벌들이 매복한 곳으로 들어갔고 그

들과 전투를 벌였다. 홍군이 위험에서 빠져나왔을 때는 이미 3천 명의 병력을 잃은 뒤였다.[9]

적군이 추격하고 홍군은 계속 후퇴를 거듭하던 어느 날, 허쯔전은 두려움 속에서 출산을 기다렸다. 일행은 버려진 움막에 잠시 머물렀고 허쯔전은 들것에 실려 가던 중에 네 번째 아이를 낳았다. 여자아이였다. 허쯔전은 아이를 인근 마을 주민에게 맡겼다. 그녀는 딸의 이름도 짓지 않았는데, 두 번 다시 보지 못하리라는 것을 이미 알고 있었던 듯하다.[10]

마침내 2월 말이 되어서야 홍군의 운이 트이기 시작했다. 러우산관(樓山關) 전투에서 장제스 휘하의 최고위급 지휘관이 이끈 국민당군 2개 사단을 격퇴한 것이다. 이 승전 덕분에 홍군은 쭌이를 탈환했고 3천 명의 포로를 잡았다.[11] 마오는 러우산관의 승리를 크게 기뻐하고 안도하며 아름다운 시를 지었다.

서풍은 차가운데
머나먼 하늘에 기러기 울어대고 서리 어린 새벽달이 걸렸다
서리 어린 새벽달 아래
높게 울리는 말발굽 소리
숨죽이는 나팔 소리

웅장한 관문이 철통같다고 말하지 마라
오늘 우리는 한걸음에 산봉우리를 넘는다
산봉우리를 넘으니
푸른 산들은 마치 바다와 같고
떨어지는 해는 마치 피와 같구나*[12]

1935년 봄 홍군은 주더가 총사령관을 맡고 마오가 정치위원에 오르며 다시 한번 '주-마오군'이 되었다. 그리고 저우언라이, 마오, 여전히 들것에 실려 다니는 왕자샹이 새로운 '3인단'을 구성하여 전반적인 군사 전략을 짰다.[13] 과거 명칭인 홍군 제1방면군이 다시 쓰였다.[14] 통상적인 전술은 사용되지 않았다. 향후 2개월 동안 마오쩌둥은 현란하고 화려한 기동전을 구사하며 구이저우성과 윈난성을 이리저리 휘젓고 다녔다. 추격하던 적군은 어리둥절했고 장제스의 군사 전략가들은 혼란스러워했으며, 심지어 홍군 지휘관들조차 상황이 어떻게 돌아가는지 알 수 없을 정도였다. 홍군은 구이저우성과 쓰촨성을 가르며 흐르는 츠수이허(赤水河)를 네 번이나 건넜다. 그러고 나서 남쪽으로 거대한 활 모양을 그리면서 행군했다. 장제스의 지휘 본부가 자리 잡은 구이저우성 성도 구이양(貴陽)을 불과 몇 킬로미터 떨어져 지나친 다음, 다시 남서쪽으로 약 640킬로미터 행군하여 윈난성 성도 쿤밍(昆明)을 위협하는 척했고, 결국은 북쪽으로 방향을 바꾸어 누구도 예상치 못하게 양쯔강 상류를 건넜다. 5월 초의 일이었다.[15]

훗날 마오는 구이저우성 작전이 자신의 군사 경력에서 가장 자랑스러운 순간이었다고 회고한다.[16] 상하이의 〈차이나위클리리뷰〉도 이를 인정했다. "홍군에는 지략이 뛰어난 인물이 많은 것 같다. 이것을 부정하는 것은 바보 같은 짓이다."[17] 국민당군 위수 부대의 한 사령관은 당시 상황을 한마디로 표현했다. "그들은 장제스의 코를 부여잡고 이리저리 끌고 다녔다."[18]

장제스 측은 수치스러운 패배를 은폐하기 위해 이런저런 노력을 기울였다. 그들은 이상한 소문을 열심히 전파했는데, 주더가 살해당

* "西風烈 長空雁叫霜晨月 霜晨月 馬蹄聲碎 喇叭聲咽 雄關漫道眞如鐵 而今邁步從頭越 從頭越 蒼山如海 殘陽如血"

했다거나 주더의 부하들이 주더를 붉은색 비단으로 싸서 시체를 감추고 있다거나 '악명 높은 괴수' 마오쩌둥이 몹시 아파서 들것에 실려 다닌다거나 '붉은 잔당'이 완전히 괴멸했다는 내용이었다.[19] 하지만 그때쯤 홍군은 이미 국민당 손아귀에서 완전히 벗어나 양쯔강 북쪽으로 55킬로미터 지점에 있는 성곽 도시 후이리(會理) 인근에 안전하게 진을 치고 있었다. 홍군은 자신의 진영 주위 150킬로미터 이내에 있는 나룻배가 모두 강의 북쪽 둑에 단단히 묶여 있음을 확인했으며, 이로써 장제스가 통솔하는 윈난성 군대가 홍군을 추격할 수 없을 뿐 아니라 그럴 의지도 지닐 수 없음을 깨닫고 안심했다.

후이리에서 개최된 당 정치국 확대회의에서 마오는 이제까지 자신을 의심했던 동료들을 질책하는 연설을 했다. 첫 번째 대상은 린뱌오와 그의 정치위원 녜룽전이었다. 이들은 마오가 이끈 꾸불꾸불한 행군 탓에 병사들이 의미 없이 탈진 상태에 빠졌다고 불평하며 펑더화이가 마오쩌둥을 대신해 작전 지휘를 맡아야 한다고 주장했었다. 그다음 질책 대상은 펑더화이였다. 펑더화이는 항상 그렇듯 전투를 당장 개시하고 싶어서 린뱌오가 주장한 지휘권 이양에 너무 빨리 동조했었다. 다음은 류사오치와 양상쿤이었다. 이들은 홍군이 더는 이동하지 말고 고정된 근거지를 구축해야 한다고 제안했었다. 그 밖에도 여러 사람들이 마오의 비난을 피하지 못했다. 마오의 질책을 받은 이들 중 가장 나이가 어린 린뱌오는 당시 27살밖에 되지 않았다. 그래서인지 마오는 그를 가볍게 꾸짖기만 했다. "동지는 아직 어린애요. 도대체 무엇을 안단 말이오? 우리가 커다란 활 모양으로 행군해야 하는 이유를 동지는 정말 모르겠소?" 또한 항상 그렇듯 펑더화이가 가장 많은 비난을 받았다. 그는 가벼운 자아비판까지 해야 했다. 하지만 마오는 자신의 승리가 너무나 확고한 까닭에 관대할 수 있었다. 그리고 그는 이 회의에서 앞으로 다가올 시련에 대비해 당과 군의 지휘부 동료들을 자신의 통솔 아래 단단하게 결집하려는 목표가 있었다. 한편 마오의 동료들은 마오의 판단이 옳았고 자신들의 판단이 틀렸다는 것을 또다시 분명하게 인정하지 않을 수 없었다.[20]

물론 이번 작전에도 희생이 없지는 않았다. 홍군은 이제 2만 명을 조금 웃돌 뿐이었다.[21] 하지만 마오의 지휘 덕에 홍군은 완전히 절망적이었던 상황에서 벗어날 수 있었다. 후이리 회의 이후 제1방면군의 군사 지휘관들이나 당 지도자들은 마오의 군사 전략과 지도력에 다시는 도전하지 않았다.

그러나 홍군이 어디로 가야 하는가 하는 문제는 여전히 해결되지 않았다. '서쪽을 향한 행군'은 이제 '장정'으로 변하고 있었다. 목적지를 급히 정했다가 철회하고, 다시 새로운 목적지를 결정했다가 포기하는 과정이 몇 차례 반복되었다. 정치국은 처음에 후난성 서북 지방에 있는 허룽에게 가려고 했다. 그다음에는 쓰촨성 남부에 소비에트 근거지를 마련하려고 했다가, 윈난성, 구이저우성, 쓰촨성 세 개 성의 접경 지역으로 바꾸었다. 그리고 다시 쓰촨성 서남부에 근거지를 세우기로 계획했으나 이마저도 철회했다. 이제 홍군의 최고 지휘관들은 최종 목적지를 장교들과 병사들에게 알려, 그들을 안심시켜야 할 필요가 있었다. 마침내 후이리 회의에서 분명한 결정이 내려졌다. 북쪽으로 이동하여 장궈타오 부대와 합류하기로 결정한 것이다. 3년 전 장궈타오가 이끄는 제4방면군은 어위완을 떠나 쓰촨성 북부로 이동하여 거기에 자리를 잡은 상태였다.[22]

대장정 동안 홍군은 용기와 인내의 위대한 서사시를 이룩한다. 홍군의 백절불굴 정신과 영웅적 행동에 관한 수많은 전설이 만들어졌다. 훗날 국민당은 홍군의 전설을 무너뜨리려 애를 쓰지만 결국 실패하고 만다.

5월 중순 마오의 군대는 후이리를 출발했다. 남부 지역의 녹음이 짙은 평지를 벗어나 산을 오르자 고도 1,800미터가 넘는 척박한 고원이 펼쳐졌다. 산비탈에는 티베트장미, 유도화, 진달래, 철쭉이 붉은 꽃망울을 피우고 있었다. 그리고 온갖 종류의 외래 식물도 있었는데, 19세기 영국의 식물학자들이 정원 장식을 위해 히말라야 산맥에서 채집하여 퍼진 식물들이었다. 그곳은 이족(彝族)이 지배하는 땅이었다. 이족은 중국과 버마 사이의 험준한 산에 살면서, 동쪽의 평야에서 밀려들어 온 한족 개척자 세력과 수백 년 동안 끊임없이 전쟁을 벌인 민족이었다. 이족의 땅을 통과하기 위해 이 지역 출신인 홍군 총참모장 류보청(劉伯承)이 나섰다. 그는 전투 중에 한쪽 눈을 잃어 '눈이 하나밖에 없는 용(독안룡·獨眼龍)'이라 불렸다. 류보청은 이족의 최고 지도자에게 닭 피를 제물로 바쳐 형제의 의를 맺었고, 덕분에 홍군은 이곳을 안전하게 지나갈 수 있었다. 그러나 대오를 쫓아가지 못하고 뒤에 처진 낙오병은 가차 없이 무기와 옷을 강탈당했으며, 그 자리에서 굶어 죽었다.[23]

힘든 고원 지대를 통과한 홍군은 다시 북쪽으로 약 100킬로미터를 행군하여 다두하(大渡河)에 이르렀다. 다두하는 70년 전 '태평천국운동' 때 익왕(翼王) 석달개(石達開)가 4만 병력을 이끌고 왔다가 청나라 군대가 쳐놓은 덫에 걸려 항복한 장소였다. 석달개는 능지처참을 당했으며, 그의 4만 명의 병사들도 학살당했다. 다두하 강물은 며칠 동안이나 그들의 피로 붉게 물들었다. 마오처럼 장제스도 석달개의 이야기를 알고 있었다. 장제스는 쓰촨성의 군사 지휘관들에게 북쪽으로 급히 이동하여 다두하 기슭의 주요 도하점을 점령하라고 명령했다. 그렇게 되면 공산당군은 강을 건너지 못하고 강의 오른쪽 기슭에 고립될 것이라는 계산이었다.

장제스가 명령을 내리고 있을 즈음, 홍군은 나루터가 있는 안순창

(安順場)에 도착했다. 하지만 마침 홍수가 진 데다 배라고는 작은 배세 척뿐이었다. 작은 배로는 홍군의 선봉 부대만 간신히 강을 건널수 있었다. 마오는 사단장 겸 정치위원 양청우(楊成武)에게 강의 상류로 약 150킬로미터 행군하여 루딩(瀘定) 마을로 가라고 명령했다. 루딩에는 오래된 쇠사슬 다리가 강을 가로질러 놓여 있었다.[24]

루딩은 티베트의 주도 라싸(拉薩)에서 중국의 수도 베이징까지 공물을 나르던 오래된 길이 있었다. 하지만 안순창에서 루딩까지는 길이 없었다. 양청우 휘하의 병사들은 아래에 강물이 거세게 흐르는 절벽에 난 좁은 길을 따라 이동할 수밖에 없었다. 훗날 양청우는 이 길이 "마치 양의 내장처럼 구불구불하게 산을 휘감았다."고 기록했다. 행군은 매우 더뎠다. 적군 1개 대대가 고갯마루를 지키고 있어 한바탕 싸움을 벌이느라 시간은 더 지체되었다. 또한 양청우가 회고한바에 의하면 절벽 길은 비가 내리면 "마치 기름이라도 바른 듯 미끄러웠고" 또한 항상 짙은 안개가 끼어 있었다. 다음 날 새벽 5시 양청우의 부대가 야영지에서 나와 다시 행군을 다시 시작하려고 할 때였다. 홍군 본대 군사위원회에서 온 전령이 강의 바로 건너편에 국민당군이북방으로 급속 행군하고 있다는 첩보를 전했다. 이제 그들은 24시간내에 루딩에 도착해야만 하는 상황이었다. 루딩까지는 아직 130킬로미터 정도가 남았고 길이라고는 없는 산뿐이었다.

홍군의 엄청난 강행군과 루딩에서 국민당군과 벌인 전투는 멋진전설이 되어 중국인의 한 세대의 기억 속에 아로새겨진다. 훗날 루딩전투는 '장정 가운데 가장 결정적인 사건'으로 불리게 되었는데,[25] 만일 이날 강행군에 실패하고 전투에서 졌다면 홍군은 완전히 분쇄되었을지도 모른다.

첩보를 전달받은 양청우의 부대는 엄청난 강행군을 벌인 끝에 다음 날 새벽 루딩에 도달했다.

국민당군에 맞선 공산당 홍군의 전설적 전투로 불리는 '루딩 전투'를 묘사한 선전용 그림.

　루딩 다리(瀘定橋)는 길이가 약 110미터이며 13가닥의 쇠밧줄로 이어져 있었다. 아래에는 드문드문 나무판자가 깔려 있었지만 양옆에는 밧줄 말고는 아무것도 없었다. 일찍이 어느 여행객은 아시아 지역의 고원과 중국 본토를 연결하는 이 다리를 보고 "인간의 기발한 재주가 만들어낸 가느다란 거미줄"이라고 묘사했다.[26] 다리의 서쪽 나무 밑판은 국민당 군사 지휘관의 명령에 따라 제거되었고 쇠밧줄만 앙상하게 남아 있었다. 다리의 동쪽 끝에는 높이가 약 6미터 되는 돌벽이 축조되어 있었는데 가운데에는 루딩으로 들어가는 문이 있었고 벽 위에는 기관총들이 설치되어 접근로를 통제했다. 양청우는 이때 상황을 간략하게 표현했다. "우리는 극복해야 할 여러 어려움들을 보고 깜짝 놀랐다."[27]

　병사 22명이 자원하여 공격의 선봉에 나섰다. 1년 뒤 에드거 스노는 당시 전투에 참여한 생존자들의 증언을 토대로 삼아 루딩 전투의 고전적 묘사를 남겼다.

그들은 등 뒤에 수류탄과 마우저총을 동여매고서 곧 쇠사슬 다리를 향해 몸을 던졌다. 아래에는 급류가 흘렀다. 병사들은 쇠밧줄을 부여잡은 손을 교차하면서 앞으로 나아갔다. 홍군의 기관총은 적의 요새를 향해 불을 뿜었고 총탄이 교두보에 쏟아졌다. 이에 적군도 기관총 발사로 응수했고 저격병들은 쇠밧줄에 매달려 천천히 전진하는 홍군 병사들을 향해 총을 쐈다. 홍군 병사 하나가 총에 맞아 물속으로 떨어졌다. 또 한 명이 떨어졌다. 또 한 명이 떨어졌다. …… 아마도 쓰촨성 출신 병사들은 이러한 전투병들을 처음 봤을 것이다. 홍군의 젊은 병사들은 그저 밥벌이를 위해 싸우는 것이 아니라 승리를 위해 목숨을 내걸고 전투에 임했다. 이들은 사람인가? 미친 사람인가, 아니면 신인가? ……

결국 홍군 전사 한 명이 쇠사슬 다리의 동쪽 밑판 위로 기어 올라갔다. 그는 수류탄을 꺼내 안전핀을 뽑고 적군의 요새에 난 구멍으로 정확하게 던져 넣었다. 국민당 군사 지휘관들은 다리의 모든 나무판자를 제거하라고 명령했다. 하지만 이미 때가 늦은 뒤였다. …… 나무판자 위에 파라핀 기름을 급하게 뿌리고 불을 붙이자 타기 시작했다. …… 그러나 이미 많은 홍군 병사가 쇠밧줄에 매달려 전진했고 나무판자에 붙은 불을 끄고 새로운 나무판을 깔면서 다리를 건넜다. …… 하늘 위에서는 장제스의 비행기가 엄청난 소음을 내며 빙빙 돌고 있었지만 어떻게 할 도리가 없었다.[28]

실제 상황은 스노가 묘사한 것보다 조금 덜 극적이지만 그렇다고 큰 차이가 있는 것은 아니다. 돌격대가 "몸을 던져 …… 손을 교차하면서" 앞으로 나아간 것은 아니었다. 그들은 게처럼 몸을 옆으로 돌린 다음 다리 양쪽에 있는 쇠밧줄에 매달려 이동했고, 그들의 뒤를 따라 다음 병사들이 나무판자를 하나씩 깔면서 움직였다.[29]

그러나 어떤 방식이든 간에 이들이 다리를 건넜다는 것 자체가 기적이었다. 역사는 되풀이되지 않았다. 과거 태평천국군은 다두하에서 몰살되었지만 공산당군은 살아남아 다두하를 돌파했다. 6월 초에 홍군은 모두 강을 건넜다. 그들을 산 가운데로 몰아 포위하려던 장제스의 작전은 실패로 돌아갔다.*

루딩 전투 이후 홍군 지도부는 다시 모였고 앞으로 어디로 갈지 의논했다.[30]

루딩은 히말라야 산맥 동쪽 끝에 있었다. 남쪽으로 50킬로미터 정도 떨어진 곳에는 해발 7,500미터의 얼음산 궁가산(貢嘎山)이 있었고, 그 거대한 산의 그늘이 루딩 마을에 드리워졌다. 가장 쉬운 선택은 동쪽의 평야 지대로 가는 것이었지만 국민당군의 집결지와 너무 가까웠기 때문에 제외되었다. 다음으로 가능한 길은 다두하를 따라 북서쪽으로 행군하여 칭하이성(靑海省)과 간쑤성(甘肅省)의 접경지대에 가는 것이었다. 그러나 그 경로에는 중국인 병사들에게 몹시 적대적인 티베트인들이 살고 있다는 문제가 있었다.

마오쩌둥은 제3의 경로를 택했다. 북동쪽으로 행군하여 자진산(夾金山)의 해발 4,200미터에 달하는 고개를 여러 개 넘어야 하는 길이었다.

출발하자마자 어려움이 닥쳤다. 산기슭에서 국민당 비행기가 홍군을 발견하여 마오를 비롯한 정치국 위원들이 속한 부대에 기총소사와 폭탄을 퍼부었다. 당 지도자들 가운데 다친 사람은 없었지만 마오의 호위병 한 명이 죽었다.[31] 이후 길은 점점 더 사정이 나빠져만 갔다. 오토 브라운은 다음과 같이 회고한다.

---

* 장룽(張戎)과 존 핼리데이(Jon Halliday)가 공저한 《마오: 알려지지 않은 이야기들》에서는 루딩 전투가 실제로는 벌어진 적이 없다고 주장한다. 이에 관해서는 이 책의 '개정판 후기2'를 보라.(저자 주)

우리는 티베트 고원과 중국 본토를 나누는 좁고 가파른 산등성이를 계속 올라갔다. 물이 엄청나게 불어난 강을 건너야 했고 울창한 원시림을 뚫고 가야 했으며 위험한 늪지대를 조심스럽게 지나야 했다. …… 여름이 시작된 지 한참 되었건만 기온이 10도를 넘은 적이 별로 없었다. 밤이면 기온이 영하로 떨어졌다. 그곳 주민들은 중국인들이 옛날부터 야만인이라고 부른 티베트계 소수 민족이었는데, …… 라마승의 지배 아래 …… 뿔뿔이 흩어져 살고 있었다. …… 그들은 산속에 숨어 기다리고 있다가 소규모 부대나 낙오자들을 습격했다. 우리가 행군한 길에는 살해당한 홍군 병사의 시체가 점점 더 많아졌다. …… 우리 모두는 믿기 어려울 정도로 많은 이(蝨)에 시달렸다. 이질에 걸려 피를 흘리며 설사하는 병사들도 많았다. 장티푸스도 발생하기 시작했다.[32]

일반 병사들에게는 눈 덮인 산봉우리를 넘는 일이 대장정 과정에서 가장 힘든 부분이었다. 그들은 짚으로 만든 신발을 신었고 중국 남부에서 가져온 얇은 여름옷을 입고 있었다. 마오의 기억에 따르면, 어떤 부대는 물건을 나르던 말 가운데 3분의 2가 행군 도중에 죽었다.[33] 말은 한번 쓰러지면 일어나지 못했다. 당시 마오쩌둥과 같은 부대에서 행군한 후베이성 당 지도자 둥비우(董必武)는 병사들도 이동하는 중에 쓰러져서 다시 일어나지 못했다고 전한다.

짙은 안개가 우리 주위를 휘감았다. 바람이 거세게 불어왔고 산을 반쯤 올라갔을 때는 비가 내리기 시작했다. 더 높이 올라가자 이번에는 엄청난 우박이 쏟아졌다. 공기가 너무 희박해져서 우리는 숨조차 쉬기 힘들었다. 말을 하는 건 거의 불가능했다. 너무나 추워서 입김이 다 얼어붙었고 손과 입술이 파랗게 변해 갔다. …… 쉬기 위해 혹은 용변을 보기 위해 쭈그리고 앉았던 사람들은 그냥 그 자리에서 얼어 죽었다. 기진맥진한 정치 일꾼들이 병사들에게 계속 전진하라고 손짓을 하거나 몸을 건드리며 격려했다. …… 한밤중에 우리는 다음번 봉우리를 향해 기어오르기 시작했다. 비가 내리다가 눈이 왔고 또다시 거센 바람이 몸속으로 파고들었다. …… 거기서 수백 명의 홍군 병사가 죽었다. …… 산을 넘는 내내 우리는 쓰러진 병사를 발견하면 손을 뻗어 일으켰지만 대개는 이미 죽어 있었다.[34)]

아주 험한 길을 만나면 환자를 들것으로 운반할 수 없기 때문에 사람이 업고 가야 했다. 허쯔전도 그러한 환자였다. 허쯔전은 네 번째 아이를 출산한 지 2개월 만에 위생 부대 소속으로 부상병을 돌보며 행군하고 있었다. 그때 갑자기 국민당군의 비행기가 나타나 기총 소사를 가했다. 허쯔전은 부상당한 한 장교를 보호하려다 총탄 14발을 맞았다. 마오에게는 아내가 곧 사망할 것 같다는 보고가 전해졌다. 그러나 놀랍게도 허쯔전은 죽지 않고 살아남았다. 하지만 파편 몇 개는 머리를 비롯하여 너무도 위험한 위치에 박혀서 뽑아낼 수가 없었다. 몇 주 동안 허쯔전은 혼수상태에 빠졌다가 다시 깨어났다가 하면서 죽음의 문턱을 넘나들었다.[35)]

높은 산봉우리를 넘어 아무도 사용하지 않는 외진 길을 따라 행군해야 한다는 마오의 결정은 결국 올바른 것으로 판명되었다. 6월 12일 선봉대가 산을 넘어 골짜기에 닿았을 때 드디어 우군을 만났다. 마오궁현(懋功縣)의 다웨이(達維) 마을에서 장궈타오가 총지휘관으로 있는 제4방면군 전초 부대를 만난 것이다. 처음에는 서로를 적군으로 오인하여 총격전을 벌였지만 상대의 신호나팔 소리를 듣고 아군임을 알게 되었다. 마오의 군대나 장궈타오의 군대나 상대가 어디에 있는지 정확한 정보가 없었기 때문에 잠시 오인했던 것이다.[36)]

마오와 주더를 비롯한 당의 지휘부가 도착한 때는 닷새 뒤였다. 다웨이 마을에서는 두 군대가 만난 것을 축하하는 횃불 집회가 성대하게 개최되었다. 병사들은 민속춤을 추고 간단한 촌극도 했다. (훗날 중국의 국가주석이 되는) 사단장 겸 정치위원 양상쿤의 24살 난 아내 리보자오(李伯釗)가 소련 유학 당시 배운 '야블라치카'라고 하는 수부(水夫)의 춤을 추자 모든 병사들이 넋을 잃었다. 마오는 짧은 연설을 했다. 제4방면군 병사들이 지역 지주로부터 징발한 음식을 모두 배불리 먹었다. 이후 며칠에 걸쳐 제4방면군의 다른 지휘관들이 다웨이에 도착했고, 이윽고 6월 24일에는 총지휘관 장궈타오가 도착했다. 그는 몸이 건장하고 기세가 당당했고 마오보다 4살 아래였다. 비바람이 쏟아지는 가운데 장궈타오는 대규모 기마 부대의 호위를 받으며 다웨이에 이르렀고, 마오를 비롯한 정치국 위원들이 모두 밖으로 나가 그를 맞이했다. 다시 한번 축하 집회가 열렸으며, 밤에는 당 지도자들이 모여 이 경사스러운 만남을 축하하는 연회를 열었다. 연회 장소는 량허커우(兩河口)였는데, 아편 피우는 사람이 많고 다웨이보다 더 작고 가난한 마을이었다.[37]

제1방면군 병사들은 지난 8개월 동안 끊임없이 전투에 임했기에 장궈타오 군대와 합치게 되자 너무나 기뻐했다. 드디어 그들은 마음 편하게 휴식을 취할 수 있고 소진된 힘을 보충할 수 있었다.

하지만 마오쩌둥과 장궈타오는 병사들만큼 마음이 편하지 않았다.

이념적 문제도 정치적 문제도 아니었다. 두 사람이 중국 혁명에 관해 생각이 다른 것도 아니었고 혁명을 완수하는 방법론에서 의견이 상충하는 것도 아니었다. 문제는 누가 권력을 잡는가 하는 것이었다.

지난해 10월 마오가 위두를 출발할 때 8만 6천명이던 홍군의 병력은 이제 1만 5천 명이 채 안 되었다. 장궈타오는 네 배의 병력을 갖고 있었다.[38] 마오의 병사들은 누더기가 된 여름옷을 입고 있었지만 장궈타오의 병사들은 따뜻한 솜옷 차림이었다. 마오의 병사들은 남부 출신으로 전투에 지쳤으며 산악의 추운 날씨에 익숙하지 않았고 먹을거리를 구하지 못했을 뿐 아니라 설령 음식을 얻는다 해도 보릿가루로 만든 티베트 고유의 음식인 참파를 제대로 소화하지 못했다. 반면에 장궈타오의 병사들은 쓰촨성 출신으로 익숙한 고장에서 전투를 했으며 음식을 풍부하게 먹었고 충분한 휴식을 취했으며 건강 상태가 양호했다.

만일 이때 공산당이 적절하게 구성된 지도부가 있고 확실한 지휘 계통이 갖춰진 상태였다면 이는 별다른 문제가 되지 않았을 것이다. 하지만 1935년에 중국공산당은 그렇지 못했다.

쭌이 회의에서 내린 결정들은 사실 확고한 정당성이 없었다. 공산당 정치국 위원 12명 중 쭌이 회의에 참석한 인원은 여섯 명밖에 되지 않았기 때문이다. 그 자리에서 당의 총서기로 선출된 장원톈은 아직 당 중앙위원회에도 선출된 적이 없는 인물이었다. 이는 보구 역시 마찬가지였다. 두 사람은 상하이 당 중앙 시절에 정상적인 당 규정이 아닌 특별 절차에 따라 임명된 자들이었다. 게다가 후이리 회의 이후에는 총서기 장원톈보다 마오쩌둥이 당 정치국을 좌지우지하고 있었다.

당내 서열에서 장궈타오는 마오쩌둥에게 조금도 밀리지 않았다. 마오와 마찬가지로 장궈타오 역시 중국공산당 창당 멤버였고, 1923년 이래로 당의 최고 지도부에 자주 포함되었다. 만일 마오가 사실상의 최고 지도자 역할을 수행할 수 있다면, 야심만만한 장궈타오가 최고 지도자 자리에 오르지 못할 이유가 전혀 없었다.

과거에는 이러한 문제가 불거지면 항상 코민테른이 최종 결정을 내려주었다. 하지만 지난 8개월 동안 코민테른은 거의 아무런 소식이 없었다. 홍군이 루이진을 빠져나오기 며칠 전, 상하이의 프랑스 조계의 경찰이 중국공산당의 은신처를 급습했고 당이 소유한 유일한 단파 무선 송신기를 압수했다. 그리하여 이때부터 1936년 여름까지 공산당은 모스크바와 직접 교신이 중단된 상태였다.[39]

6월 12일 두 부대가 최초로 접촉한 날부터 마오쩌둥과 장궈타오는 서로 상대방보다 우월한 입지를 확보하기 위해 매우 조심스럽게 움직였다. 장궈타오는 마오 휘하의 군사 지휘관들에게 은밀하게 접근했다. 마오는 마치 아무 일도 없었다는 듯이 시치미를 떼며 자신이 코민테른의 지지를 받고 있다는 증거로 오토 브라운의 역할을 강조했다.[40] 마오와 장궈타오는 량허커우에서 직접 대면하기에 앞서 열흘 동안 많은 전보를 주고받으며 서로의 입장을 조심스럽게 탐색했다. 마오의 촉구에 따라, 당 정치국은 장궈타오에게 쓰촨성과 간쑤성과 산시성(陝西省)의 경계인 민강(岷江)과 자링강(嘉陵江) 사이에 근거지를 설립하자고 제안했다. 이에 장궈타오는 완곡하게 반대했다. 그러자 마오는 다시 예의 바른 어조로 전보를 보냈다. "다시 한번 생각해보시기를 청합니다."[41] 드디어 직접 만난 자리에서 두 사람은 서로를 '노형'이라 부르며 깍듯하게 대했다. 겉으로는 예의를 차렸지만 속으로는 냉혹할 정도로 단순한 계산을 했다. 장궈타오는 자신의 압도적인 군사적 힘을 당내 권력으로 전환하려고 했다. 한편 마오는 정치국 내 과반수가 자기편이었기 때문에 장궈타오의 시도를 저지할 수 있었지만, 그럴 경우 지불해야 할 대가를 미리 계산하지 않을 수 없었다.

며칠 동안 계속된 회의는 마침내 나흘째 되던 날인 6월 28일에 량허커우의 어느 라마교 사원에서 끝이 났다. 야크 기름으로 불을 붙였기 때문에 사원의 벽은 온통 연기로 시꺼멓게 그을어 있었다. 이날 회의는 저우언라이가 주재했고 양측의 의견을 조합한 타협안이 만들어졌다. 장궈타오는 타협안이 별로 마음에 들지 않았지만 받아들였다. 마오가 처음 제안한 대로 홍군의 주 병력은 북쪽으로 계속 이동하여 간쑤성 남부에 근거지를 마련하고, 공격적인 기동전을 펼쳐 장시성에서처럼 장제스 군대의 토치카 전술에 걸려 '항아리 속의 거북이' 신세가 되는 것을 경계하기로 했다. 장궈타오에게는 주더의 바로 아랫자리인 군사위원회의 부주석 직책이 주어졌다. 두 군대의 지휘권을 통합해야 한다는 중요한 문제에 모든 사람이 원칙적으로 동의했으나 결정은 나중으로 미뤘다.[42]

표면적으로는 마오가 기선을 잡은 것처럼 보였다. 마오의 계획을 장궈타오가 받아들였기 때문이다.

하지만 이날의 합의가 빈껍데기에 불과하다는 것이 곧 밝혀졌다. 제1방면군은 북쪽으로 약 160킬로미터 떨어진 곳에 위치한 마오얼가이(毛兒蓋) 마을을 공격하기 위해 출발했다. 마오얼가이 마을을 점령해야 간쑤성으로 가는 주요 고갯길을 방어하는 쑹판(松潘)을 공격할수 있기 때문이었다. 하지만 장궈타오의 제4방면군은 곧바로 쫓아오지 않고 시간을 질질 끌었다. 7월 18일 당 정치국 회의가 다시 소집되었다. 간염 증세가 심해진 저우언라이는 총정치위원을 사임했고 장궈타오가 그 직위를 대신 맡았다. 하지만 여전히 제4방면군은 움직이지 않았다. 결국 쑹판 공격은 실패로 끝났다. 공산당군이 조금씩 북쪽으로 이동하면서 여러 차례 비상 회의가 열렸고, 그때마다 장궈타오에게 유리한 안을 내놓았다. 하지만 장궈타오는 아직 충분하다고 여기지 않았다.

양측은 서로에 대한 의심과 분노가 점점 더 강해졌다. 갈등의 핵심은 '홍군이 어느 방향으로 이동할 것인가'와 '그 결정을 내릴 권한이 누구에게 있는가'였다. 마오는 줄곧 북쪽으로 이동해야 한다고 주장했다. 장궈타오는 서쪽이나 남쪽으로 이동해야 한다고 맞섰다.

8월 초 당 정치국은 티베트 사람들이 사는 사워(沙窩)에서 일련의 회담을 열고 홍군의 공공연한 분열을 방지하기 위해 장궈타오의 권한을 확대하는 데 합의했다. 이에 따라 장궈타오와 주더가 공동으로 홍군 전체의 지휘권을 맡고, 둘로 대열을 나누어 행군하기로 했다. 좌측 대열은 주로 제4방면군으로 구성되었는데, 장궈타오와 주더를 포함한 총사령부가 있었다. 우측 대열은 좌측 대열보다 병력 규모가 훨씬 작았고 제1방면군과 제4방면군이 합동으로 이루어졌다. 우측 대열에는 마오를 비롯한 여타 당 정치국 위원들이 동행했으며 지휘는 장궈타오의 부하인 쉬샹첸(徐嚮前)이 맡았다. 이러한 결정이 내려지자 장궈타오는 북쪽으로 행군하는 데 동의했다. 북행 경로에는 위험한 늪지대로 이루어진 거대한 초원이 있었다. 쑹판 공격이 실패로 돌아갔기 때문에 홍군이 간쑤성으로 가려면 유일하게 남은 길이었다.[43]

사워 회의 결과는 겉으로 보기에 마오가 큰 도박을 한 것처럼 보이지만 실상은 그렇지 않았다. 어차피 최종 결정권은 당 정치국에 있었으며 마오는 정치국 내에서 지배적인 영향력을 행사하고 있었기 때문이다. 게다가 이번 결정은 영속적인 것이 아니었고 다만 심각한 대결 국면을 일시적으로 피해보자는 의도에서 나온 것이었다. 여하튼 모든 사람이 어차피 한번은 양측이 맞붙을 수밖에 없다는 것을 알았다.

열흘 뒤 마오얼가이에서 장궈타오가 없는 사이에 당 정치국 상무위원회 회의가 개최되었다. 이 회의에서 상무위원회는 장궈타오를 비판하는 데 필요한 증거를 비밀리에 수집할 것을 지시했으며, 당 중앙위원회 결의문을 승인했다(그러나 공개되지는 않았다). 결의문에는 장궈타오가 서쪽으로 행군하여 칭하이성와 남부 닝샤(寧夏)의 고립된 고원으로 들어가자고 한 제안이 "위험하고 퇴각주의적"이라고 서술했다. 또한 다음과 같은 위협적 문구도 있었다. "이 제안은 공포, 적 세력에 대한 과대평가, 우리 세력과 우리 승리에 대한 확신의 결여에서 나온 것이다. 이는 우경 기회주의이다."[44]

처음 얼마 동안은 마오와 장궈타오가 합의한 새로운 지휘 체계가 잘 작동하는 것처럼 보였다. 당 중앙의 비판적 발언과 장궈타오 나름의 불만에도 홍군 대열은 서로 80킬로미터쯤 거리를 두고 북쪽으로 행군하기 시작했다. 그러나 바로 그때 마오가 훗날 "내 인생에서 가장 아득한 순간"이었다고 회고하는 사건의 무대가 만들어지고 있었다.[45]

황하의 물길은 히말라야 산맥에서 시작하여 서쪽으로 흐르다가 네이멍구(內蒙古)에서 거대한 유(U)자를 그리며 북쪽으로 향한다. 황하가 만든 거대한 유(U)자 속에는 13,000제곱킬로미터에 달하는 거대한 초원이 해발 3,300미터에 자리 잡고 있다. 어느 작가는 이 초원을 보고 마치 '내륙의 사르가소 바다*'와 같다고 말한 바 있었다.[46] 오토 브라운은 이 초원 지대에 관해 다음과 같이 회고한다.

푸르른 수풀 아래에는 무시무시한 늪이 감추어져 있었다. 늪을 덮고 있는 얇은 흙을 밟거나 좁은 길에서 한 발이라도 벗어나면 늪에 깊이 빠져버렸다. …… 우리는 그 지역의 소나 말을 우리보다 먼저 늪 속으로 보냈다. 동물들은 본능적으로 가장 덜 위험한 길을 찾아냈다. …… 하루에도 몇 차례나 차가운 빗줄기가 내렸다. 비는 밤이 되면 눈이나 진눈깨비로 변했다. 저 멀리 지평선까지 바라보아도 집 한 채, 나무 한 그루가 없었다. 우리는 쭈그린 자세로 잠을 잘 수밖에 없

사르가소(Sargasso) 북대서양 한가운데 있는 바다. 해류가 없고 해조류가 너무 많아 범선이 항해하기 힘들어 죽음의 바다로 알려졌다.

었다. …… 몇몇 병사들은 아침에 깨어나지 못했다. 추위와 피로에 희생당한 자들이었다. 당시가 8월이라는 사실을 믿을 수 있겠는가? 음식이라고는 우리가 비축한 곡식 알갱이뿐이었고 정말 어쩌다가 한 번씩 돌처럼 단단하게 굳은 말린 고기 한 조각을 먹을 수 있었다. 늪의 물은 마실 수가 없었다. 물을 끓여 소독해야 했지만 땔나무가 없었기 때문이다. 하지만 마실 수밖에 없었다. 병사들은 설사병이 나서 아래로 피를 줄줄 흘렸다. 장티푸스도 …… 다시 한번 맹위를 떨쳤다.[47]

현지에서 구한 제대로 빻지 않은 곡식을 소화하지 못해 죽은 병사들도 있었다. 일부 병사들은 너무도 배가 고픈 나머지, 앞서 간 부대의 병사들이 곡물을 제대로 소화시키지 못하고 피를 흘리며 용변을 본 것을 헤쳐서 소화되지 못한 낟알을 찾아내 물에 씻어 먹기도 했다.[48]

중국 남부의 평야나 해안 지역의 왁자지껄한 마을에서 자란 일반 병사들은 광막하게 펼쳐진 초원 지대를 마주하자 삶의 의지가 산산이 부서지는 듯했다. 당시 젊은 의무병이었고 나중에 외교부장이 되는 지펑페이(姬鵬飛)는 그때 상황을 이렇게 회고한다. "매일 아침 우리는 사람이 얼마나 살아남았는지 확인해야 했다. 어떤 병사들은 일어나지는 못했지만 눈은 뜨고 있었다. 아직 죽지 않은 것이다. …… 우리는 그들을 일으켜 세웠다. 그러나 그들은 다시 물웅덩이 속으로 주저앉았고 죽어버렸다."[49] 초원의 늪지대를 통과하는 동안 제1방면군은 3개월 전 자진산을 넘을 때 죽은 병사의 수만큼을 또 잃었다.

마오가 이끄는 우측 대열이 먼저 초원 지대를 통과했다. 초원 분지의 남쪽 끝 마오얼가이에서 북쪽 끝 바시(巴西)까지 약 60킬로미터의 거리를 엿새 동안 행군했다. 늪지대를 벗어나자마자 홍군은 국민당군 1개 사단과 전투를 치러야 했다. 국민당군은 홍군의 진로를 막

장정 기간 동안 국민당군의 추격을 피해 행군하는 홍군 병사들.

기 위해 동쪽에서 산을 넘어 왔지만 홍군에게 압도적으로 패하여 수
천 명의 사상자를 냈다.[50)

8월 말이 되었다. 마오의 행렬은 잠시 멈추어 휴식을 취했고 장궈
타오의 좌측 대열은 늪지대를 건너기 위한 행군을 시작했다. 그들은
초원 지대의 서쪽 끝에서 출발하여 약 100킬로미터를 행군해야 했다.
하지만 황하의 지류에 이르렀을 때 물이 불어난 것을 보고는 퇴각하
기로 결정했다. 장궈타오는 퇴각 결정을 통보하는 무선 교신에서 이
상할 정도로 유치하고 짜증스러운 언사를 썼다. 그는 지금의 곤란이
마오쩌둥 때문에 발생한 것이라고 비난하며, 자신의 좌측 대열뿐 아
니라 우측 대열 역시 남쪽으로 향할 것을 명했다. "끝없는 초원 지대
는 우리 앞에 있고 더는 전진할 수 없으니 만약 우리가 결단을 내리
지 않는다면 여기서 모두 죽고 말 것입니다. 이곳은 엉망진창입니다.
…… 당신들이 고집을 부려 여기까지 왔지만 지금 상황이 어떠한지

좀 보십시오! 북쪽으로 계속 가는 것은 부적절할 뿐 아니라 수많은 난관이 기다리고 있을 것이 뻔합니다."[51]

양측은 무선 교신을 격렬하게 주고받았다. 정치국에서는 원래의 북행 계획을 존중해야 한다고 계속 고집했고 장궈타오는 그 계획을 폐기해야 한다고 주장했다. 그리고 9월 8일 장궈타오는 제1방면군에 임시로 파견된 제4방면군 장교들에게 원래 소속 부대로 복귀하라는 명령을 내렸다.

그날 밤 정치국은 회의를 소집했다. 저우언라이는 여전히 몸이 아파 제대로 운신하지 못하는 상태였지만 이날 회의에는 들것에 실려 참석했다. 정치국 위원들은 장궈타오에게 그의 결정을 재고해 달라는 내용의 무선 전보를 보내기로 결정했다. 전보에는 극히 부드러운 언사가 사용되었다. "당신의 형제인 우리들은 당신이 다시 한번 생각해보기를 청합니다. …… 그리고 북행을 계속하기를 희망합니다. 지금은 홍군에게 대단히 중요한 순간입니다. 우리 모두는 지금 신중해야 할 필요가 있습니다."[52]

다음 날 아침 장궈타오의 답장에는 그가 고집을 꺾은 것 같은 내용이 담겨 있었다.

하지만 장궈타오의 전보에는 미심쩍은 부분이 있었다. 징강산 시절부터 마오의 경쟁자이자 성격이 매우 급한 인물인 펑더화이는 장궈타오가 덫을 놓고 있다고 생각했고 비밀리에 당 정치국 본부 주변에 호위 병력을 배치했다. 그리고 마오에게 만일 당 정치국 위원들이 공격당할 경우를 대비하여 제4방면군 출신 장교들을 인질로 잡는 것이 어떨지 물었다. 마오는 잠시 숙고한 뒤에 거절했다. 두 시간 뒤 참모장 예젠잉은 장궈타오가 비밀리에 보낸 두 번째 전보를 탐지했다. 장궈타오는 제4방면군 출신의 지휘관 쉬샹첸과 정치위원 천창하오에게 우측 대열을 이끌고 남쪽으로 돌아오라고 명령했다. 명확한 언

급은 없었지만 만일 남쪽 귀환을 막는 자가 있으면 무력을 사용해도 무방하다는 뜻이 내포되어 있었다.[53]

마오, 보구, 장원톈, 저우언라이는 펑더화이의 제1방면군 지휘 본부에 다시 모였다. 그들은 이제 더는 방법이 없으며 이쪽이 먼저 선수를 치는 수밖에 없다는 데 모두 동의했다. 당시 북서쪽으로 30킬로미터 떨어진 어제(俄界)에서 진을 치고 있던 린뱌오 부대에게는 이동하지 말고 향후 상황 전개를 기다리라고 명령했다.

훗날 마오는 그날 밤 홍군의 운명이 풍전등화 같았다고 고백한다.[54] 1년 동안 홍군은 위두를 출발하여 거의 8,000킬로미터를 행군했고 2백 회가 넘는 전투를 치렀으며 전 세계에서 가장 험난한 땅을 돌파해 왔다. 병사들은 대부분 글을 모르는 농민이었지만 다른 어떤 근대적 군대도 살아남기 어려운 엄청난 고난을 이겨냈다. 전통 군사학에 의하면 한 부대가 병력의 4분의 1을 잃으면 전투 부대로서 기능이 끝났다고 본다. 초원 지대를 벗어났을 무렵 홍군은 당초 병력의 90퍼센트를 손실한 상태였다. 그리고 엄청난 희생을 치른 고난의 행군이 드디어 끝을 보이고 있었다. 그런데 이제 내분으로 자멸을 자초하고 있었던 것이다.

새벽 2시 어둠을 틈타 펑더화이 휘하의 병력이 조용하게 진지를 빠져나왔다. 이들과 합류하기 위해 예젠잉과 양상쿤도 쉬샹첸의 지휘 본부를 몰래 빠져나왔다. 그들의 손에는 한 꾸러미의 지도가 들려 있었다.

이들의 이탈은 곧 발각되었다. 정치위원 천창하오는 병력을 파견하여 추격해야 한다고 강력하게 주장했다. 완고한 성격의 쉬샹첸은 천창하오의 주장을 받아들이지 않았다. 대신에 소련 유학파 출신으로 성격이 급하고 장궈타오를 지지한 리터(李特)가 마오가 있는 부대로 급히 달려왔다. 리터는 자신이 기병 부대를 이끌고 이탈한 병사들을 추격하여 그들이 돌아오도록 설득하겠다고 말했다. 마오와 함께 있던 오토 브라운이 리터를 말에서 끌어내렸다. 두 사람이 러시아어로 크게 논쟁하자, 정치국 위원들은 어리둥절해하며 그 모습을 쳐다볼 수밖에 없었다. 이때 마오가 리터에게 속담을 하나 언급했고 일시에 팽팽한 긴장감이 누그러졌다. "남녀를 밧줄로 묶어 억지로 부부로 만들 순 없소. 집안 식구끼리 싸움은 누구도 말릴 방법이 없는 거요." 마오는 제4방면군 소속 가운데 남고 싶은 사람은 남지만 제1방면군은 북행을 계속하겠다고 못 박았다.[55]

마오와 동료들은 장궈타오에게 뒤따라오라고 명하는 전보를 마지막으로 보냈다. 전보는 이렇게 끝을 맺었다. "더는 반대하지 말 것! 더는 지체하지 말 것! 더는 불복종하지 말 것!" 장궈타오는 아무런 답도 하지 않았다.[56]

쉬샹첸은 장궈타오와 합류하기 위해 우측 대열의 나머지 병력을 이끌고 초원 지대를 지나 남쪽으로 돌아갔다. 당시 주더는 장궈타오와 동행하고 있었는데, 무척이나 불행한 처지였다. 이후 1년 동안 거의 인질 같은 신세로 제4방면군과 함께해야 했기 때문이다.[57] 한편 제1방면군 지도자들에게는 더 시급하게 해결해야 할 문제가 생겼다. 동쪽에서 국민당군이 막강한 위세를 과시하며 다가왔던 것이다. 펑더화이는 주더의 사령관 직책을 맡았고 마오쩌둥은 그가 예전에 맡았던 정치위원으로 복귀했다.[58] 이제 1만 명이 조금 못 되는 병력만 남았다. 만약 이들이 초원 습지를 등진 채 고립된다면 완전한 패배가 기다리고 있을 뿐이었다.

북서쪽으로 행군하여 어제에 도착했을 무렵, 마오쩌둥은 너무도 절망에 빠져 과거 쓰촨성을 지날 때 처음 지녔던 생각을 다시 꺼냈다. 계속 북쪽으로 치고 올라가면 소련 경계선 쪽으로 갈 수 있으므로 소련의 지원을 받아 와이멍구(外蒙古)나 신장(新疆) 지역에 새로운 근거지를 설립하자는 것이었다. 마오는 "과거에 당 중앙이 그러한 정책에 반대했다"는 것을 인정하면서 다음과 같이 말했다. "하지만 지금의 사정은 다르기 때문에 …… 우리는 반드시 돌파하여 …… 코민테른의 지도와 조력을 받아야 할 것입니다. …… 우리는 독립적인 공산당이 아닙니다. 도움 요청을 전적으로 거부하는 것은 잘못입니다. …… 그렇게 한다면 우리는 영원히 유격전을 벌일 수밖에 없을 것입니다."[59]

중국공산당 역사의 초창기를 제외하면, 마오쩌둥이 중국 혁명이 파멸로 끝나는 것을 막기 위해 소련에 도움을 요청해야 한다고 공개적으로 발언하는 것은 이때가 처음이자 마지막이었다.

결과적으로 이러한 생각은 실천에 옮길 필요가 없게 된다. 홍군은 이틀 동안 다시 동쪽으로 행군하여 라쯔커우(臘子口) 길에 도착했다. 그곳은 바이룽강(白龍江)이 흐르는 곳으로 국민당 군대가 단단히 축조한 난공불락의 방어 진지가 있었다. 강의 골짜기는 계속 좁아져서 폭이 겨우 2~3미터였으며 양편에는 높이가 300미터 이상 되는 가파른 절벽이 우뚝 솟아 있었다. 이곳에서 홍군은 다시 한번 놀라운 작전에 성공하여 홍군의 역사에 빛나는 전설을 하나 더 만들었다. 양청우가 이끄는 연대에서 20명의 특공대가 차출되었다. 그들은 국민당군의 요새 뒤 가파르게 솟아 있는 절벽을 기어올랐고 방심하고 있던 적군 수비대에 수류탄을 던져 격파했다. 이것이 대장정 기간에 치른 주요한 마지막 전투였다.[60] 나흘 뒤인 9월 21일 제1방면군은 간쑤성 남부에 자리한 마을 하다푸(哈達鋪)에 도착했다. 4개월 전 홍군이 윈난성을 지나온 이후 처음으로 마주친 한족이 사는 지역이었다. 하다푸에서 홍군은 국민당에서 발행한 신문을 보고 산시성(陝西省)에 공산당의 근거지가 있다는 사실을 알게 되었다. 소련으로 가는 계획은 폐기되었다. 그 대신 동쪽으로 행군하여 닝샤를 거쳐 우치(吳起)까지

가기로 결정했다. 우치는 서북 접경 지역의 매우 건조한 고원 지대에 있는 도시로 바오안과 가까웠다.[61]

이후 한 달 동안 홍군은 약 1,000킬로미터를 걸었다. 그들은 마치 달 표면처럼 풀 한 포기 없는 땅을 가로질렀다. 분가루처럼 부드러운 갈색의 흙이 쌓여 이루어진 원뿔 모양의 언덕은 몇 단으로 쌓아 올린 케이크처럼 층이 졌고 층을 가르는 선은 너무도 매끄러워서 누군가 칼로 다듬은 듯했다. 이따금 폭이 좁고 급격한 경사가 진 거대한 골짜기도 마주쳤다. 골짜기 수백 미터 아래에는 다시 평탄한 대협곡이 있었다. 우치는 홍군이 이제까지 지나온 어느 한족 주거 지역보다 가난했다. 2~3년마다 한 번씩 홍수나 가뭄이 들어 농사가 안 되었다. 주민들은 부드러운 황토 절벽에 동굴을 파서 살았다. 그러나 홍군에게는 휴식처처럼 보였다. 이따금 바오안에서 회족(回族) 기병대가 공격해 와 작은 싸움이 벌어지기도 했지만, 국민당군은 라쯔커우가 뚫린 뒤에는 공격해 오지 않았다. 먼저 전령들이 새로운 근거지에 도착했다. 그곳은 류즈단(劉志丹)과 가오강(高崗)이 통솔하고 있었는데, 공산당 고위 간부 쉬하이둥에 의해 반혁명 분자로 의심받아 감금된 상태였다. 쉬하이둥은 어위완 근거에서 북쪽으로 이동하며 전투를 벌이다 불과 몇 주 전에 이 지역에 도착했다. 이윽고 당 정치국 위원들이 우치에 도착했고 두 사람의 석방을 지시했다.[62]

이 삭막한 황야 지대에서 마오는 12년을 보낸다. 1935년 10월 22일은 마오가 위두를 출발한 지 1년 하고도 나흘이 지난 뒤였다. 이날 대장정이 종결되었음이 선언되었다. 마오와 함께 대장정에 나선 사람들 가운데 그때까지 살아남은 사람은 5천 명이 채 안 되었다.[63]

대장정 동안 공산당 지도자들이 중국을 둘러싼 국제 정세를 망각하고 있던 것은 아니었다. 홍군은 중국 서남부를 통과하며 일본에

1935년 10월, 장정이 끝난 후 홍군 생존자들에게 연설하는 공산당 지도자.

대항하여 전 중국의 단합을 호소하는 구호를 내걸었다.[64] 6월 마오 쩌둥은 일본군이 네이멍구 지역으로 침입했다는 소식을 제4방면군 에게 들었고 당 정치국은 장제스가 일본군을 저지하지 않는 것을 규 탄하는 성명을 발표했다.[65] 9월 말 제1방면군이 하다푸에 도착했을 때 마오는 나라 전체의 분위기가 전과 다르다는 것과 장제스가 일본 에 쓴 유화 정책이 결국 한계에 도달했다는 것을 알아챘다.

그해 여름 일본은 국민당 정부에 압력을 넣어 베이징과 톈진 부근 에 주둔한 중국군을 철수시켰으며, 일본에 적대적인 지방 관료들을 면직했고, 반일 감정 표출을 금지하는 치욕스러운 '선의훈령(善意訓 令)'을 발표하도록 했다. 이러한 상황에서 이르자 중국인들의 분노가 곳곳에서 터져 나왔다.[66]

물론 마오는 상황 변화를 그저 짐작만 할 뿐이었다. 하지만 그가 입수한 정보만으로도 홍군이 산시성(陝西省)으로 이동한 결정은 옳 았다고 확신하기에 충분했다. 9월 중순 마오는 홍군의 연대장들과 모인 자리에서 이렇게 말했다. "장궈타오는 우리를 기회주의자라고 비난했습니다. …… 자, 지금은 누가 기회주의자입니까? 일본 제국주의가 지금 중국을 침략하고 있습니다. 우리는 일본에 대적하기 위해 북쪽으로 가는 것입니다." 1주일 뒤 정치국 상무위원회는 산시성 북부 지역이 '새로운 항일 근거지'가 될 것이라고 선언했다.[67] 마오에게 이 선언은 등댓불처럼 느껴졌다. 1년 동안 허겁지겁 도주하던 공산당이 이제 새로운 목표를 세우게 된 것이다. 비록 옳지 못한 이유 때문이었지만 본능적으로 북쪽으로 가자고 한 마오의 주장은 결국 옳은 것으로 밝혀졌다. 반면에 남쪽으로 이동하기로 한 장궈타오의 결정은 잘못된 것으로 판명되었다. 마오는 8년 전 정치국에 보내는 서신에 당 중앙이 내린 결정을 두고 "뛸 듯이 기쁘다"고 쓴 뒤로 크게 성숙했다. 하지만 '동방의 회색 용(東方蒼龍)'으로 불린 일본을 제압하는 새롭게 수립된 당의 사명을 보고 마오는 큰 기쁨을 느끼지 않을 수 없었다. 마오는 닝샤 남부를 통과할 때 높은 산에서 처음으로 저 멀리 고원 지대를 바라보았다. 그곳만 지나면 홍군은 새로운 거처를 마련할 수 있었다. 그곳에서 마오는 시를 한 수 지어 자신의 감정을 표현했다.

> 류판산(六盤山)에 높이 오르니
> 서쪽에서 가벼운 바람이 불어
> 우리의 붉은 기가 한가로이 흔들리네
> 오늘 긴 밧줄을 하나
> 손에 단단히 쥐었으니
> 회색 용을 잡아두는 날이 언제나 올까?[*68]

1935년 가을, 일본에 관심을 기울이기 시작한 사람은 마오쩌둥만

* "六盤山上高峰 紅旗漫卷西風 今日長纓在手 何時縛住蒼龍"

이 아니었다. 스탈린 역시 유럽 지역에서 일어나는 파시즘과 독일, 이탈리아, 일본이 새롭게 맺은 연합을 크게 경계하며 주시했다. 1935년 7월에 개최된 코민테른 제7차 대회에서는 '반파시즘 통일전선'이라는 새로운 전략이 공개되었다. 이 전략은 과거에는 공산주의자와 사회민주주의자가 철천지원수였지만 이제는 파시스트 열강들에 대항하여 무산계급과 무산계급의 옹호자인 소련을 방어하기 위해 단합된 공동 투쟁 전선을 구축한다는 것이었다.

새로운 전략에 따라 프랑스와 에스파냐에서는 '인민 전선' 정부가 탄생했으며 무정부주의자, 공산주의자, 자유주의자, 사회주의자, 생디칼리스트 같은 이질적인 세력들이 연합했다.

중국공산당은 전략이 분명치 않았다. 1935년 8월 1일 당시 중국공산당을 대표하여 모스크바에 있던 왕밍은 선언문을 발표하며 일본에 대항하는 '통일 국방 정부'를 수립해야 한다고 촉구했다. 그런데 중국에는 공산주의자들이 연합할 만한 무정부주의자, 자유주의자, 사회주의자가 없었다. 오로지 장제스의 국민당만 있을 뿐이었다. 하지만 왕밍은 장제스를 배신자이자 "인간의 얼굴을 했으나 짐승의 심장을 지닌 쓰레기"로 칭하며 일본 못지않은 적대 세력으로 규정했다. 왕밍의 모스크바 선언문은 공산당의 오래된 주장을 다시 한번 충실하게 반복했다. 만일 소비에트 지역을 공격하지 않고 일본과 싸우기로 작정한다면 공산당은 장제스의 국민당 군대를 포함한 그 어떤 백색 군대와도 힘을 합칠 준비가 되어 있다는 제안이었다. 하지만 현실적으로 볼 때 공산당의 제안이 받아들여질 가능성은 이전보다 크지 않았다.[69]

이러한 소식이 산시성에 전달된 때는 11월 중순이었다. 이때 홍군은 시안(西安)에서 다가오는 국민당 군대를 격퇴하기 위해 남쪽으로 조금 이동한 상황이었다. 한 달 뒤 당 정치국은 와야오부(瓦窯堡)에서 회의를 열고 새로운 전략이 의미하는 바를 논의했다. 황하에서 서쪽으로 80킬로미터 떨어진 곳에 있는 와야오부는 단층짜리 회색 벽돌집이 많은 성곽 도시였다.[70]

1935년 12월 25일 당 정치국은 정치 노선의 변화가 담긴 결의문을 채택했다. 이는 1년 전 쭌이 회의에서 소련 유학파의 군사 전략을 변경한 것만큼이나 극적인 변화였다. 당시에는 소련 유학파가 옹호한 전통적 전쟁 전술을 폐기했다. 와야오부 회의에서는 1931년 제4차 전원회의 이후 당의 정책 결정 과정을 지배한 소련 중심의 교조주의를 폐기했다.

그 대신 이념적 부담을 최소화하고 공공의 지지를 최대로 얻기 위한 실용적이고 유연한 정책이 채택되었다.

와야오부 결의문은 중국공산당이 노동계급에만 의존할 경우 일본과 장제스에 대항하는 투쟁을 이끌 수 없다고 선언했다. 그리고 부농, 소자산계급, 심지어 민족자산계급까지 자기 나름대로 역할이 있으며, 우경이 아니라 좌경이 현재 공산주의 사업의 주된 위험이라고 주장했다. 결의문에 따르면, '좌경 관문주의(左傾關門主義)'는 새로운 상황에 대처하기 위한 전술 변화를 꺼리고, 실제와 동떨어진 정책에 집착하며, "마르크스주의, 레닌주의, 스탈린주의를 중국의 특정하고 구체적 조건에 적용하지 못하고 경직된 교조로 만들어버린다." 그러므로 당원들은 단순히 '공허하고 추상적인 공산주의 원칙들'을 노예처럼 추종하는 것이 아니라, 공산당이 중국 대다수 인민의 이익을 대변한다고 인민이 납득하게 될 때 승리할 수 있다는 것을 알아야 한다. 결의문은 공산당의 승리를 위해 앞으로 부농이라 할지라도 토지와 재산을 압수하지 않을 것이고, 소매상과 소자산가와 지식인에게 노동자, 농민과 똑같은 정치적 권리를 부여할 뿐 아니라, 이들의 경제적 자유와 문화적 자유 역시 보호할 것이며, 대규모 자본가도 호의적으로 대우할 것이라고 밝혔다. 또한 '노동자, 농민, 병사 소비에트 공화국'이란 명칭을 '소비에트 인민공화국(蘇維埃人民共和國)'으로 변경할 것이라고 선언했다.[71)]

와야오부 회의를 주재하고 결의문을 기초한 사람은 마오쩌둥이 아니라 장원톈이었다. 이는 공식적 권력 구조를 반영한 것이었다. 여전히 공식적으로는 장원톈이 당 총서기였기 때문이다. 하지만 이는 마오쩌둥이 잘 찾아내는 정치적 묘책으로도 볼 수 있다. 장원톈은 과거 제4차 전원회의 때 당 지도부에 속했다. 당시 장원톈과 그의 동료들이 옹호한 모든 것을 암묵적으로 비난하는 새 정책 노선을 발표하는 데 그보다 더 적절한 인물이 어디 있겠는가?[72)]

마오의 42번째 생일을 하루 앞두고 발표된 와야오부 결의문은 당내에서 마오의 이념적 영향력을 보여주는 신호탄이 되었다. 이틀 뒤 공산당 활동가 회의에서 마오는 자신의 승리를 흐뭇한 심정으로 자축했다.

'관문주의' 옹호자들은 …… 혁명 세력이 순수해야만 하고, 그것도 절대적으로 순수해야만 하고 혁명으로 이르는 길은 직선, 그것도 절대적인 직선이어야 한다고 말합니다. 이것은 성경에 쓰여 있지 않은 것은 올바르지 않다고 주장하는 것과 같습니다. (그들의 말에 따르면) 민족자산계급은 전적으로 그리고 영원히 반혁명가입니다. 부농에게는 단 한 치도 양보해서는 안 되며, 황색 노동조합과는 끝까지 강건하게 투쟁해야 합니다. …… (그들은 또 질문합니다.) 고양이치고 생선을 먹지 않는 고양이가 있는가? 군벌치고 반혁명적이지 않은 군벌이 있는가? …… 결국 '관문주의'만 채택하면 모든 문제가 해결되며, 통일전선은 기회주의적 정책에 불과하다는 결론에 이릅니다. 동지들이여, 어떤 것이 옳습니까? …… 나는 단 1초도 망설이지 않고 답할 수 있습니다. 통일전선이 옳습니다. '관문주의'는 옳지 않습니다. 3살짜리 아이들이 하는 생각에도 옳은 것이 많겠지요. 하지만 아이들에게 국가 혹은 세계의 중요한 사업을 맡길 수는 없습니다. 아이들은 아직 그러한 것들을 이해하지 못하기 때문입니다. 마르크스-레닌주의는 혁명의 대오 가운데 발견되는 그러한 '소아병'에 반대합니다. 세상의 모든 활동이 그렇듯이 혁명 역시 구불구불한 길을 따라갑니다. 직선을 따라가는 것이 아닙니다. …… '관문주의'를 택하는 것은 '물고기를 깊은 물속으로 쫓아버리고 참새를 울창한 수풀 속으로 쫓아버리는' 행동입니다. '관문주의'를 택하면, 수백만 수천만 군중을 …… 적의 편으로 쫓아버리게 될 것입니다.[73]

와야오부 회의에서 보구와 저우언라이 그리고 다른 좌파들은 공개적으로 비난받지 않았다. 마오의 관심은 자신의 적대 세력을 소외시키는 것이 아니라 그들을 자기편으로 끌어들이는 것이었기 때문이다. 장원톈이 맡은 일은 그들 앞에 놓인 힘든 과업에 맞서 합의를 이루도록 도와주는 역할이었다.

참으로 힘든 과업이 그들 앞에 놓여 있었다. 대장정을 경험한 이들에게 산시성(陝西省) 근거지는 평화로운 안식처였지만 그곳은 너무나도 가난했다. 심지어 구이저우성이나 쓰촨성의 산속 마을도 산시성에 비하면 부유하고 풍요롭다고 말할 수 있을 지경이었다. 게다가 사방이 적으로 둘러싸여 있었다. 닝샤와 칭하이로 넘어가는 서쪽 접경지대에는 회족 기병대가 있었고, 동쪽 산시성(山西省)에는 옌시산(閻錫山)이 이끄는 백군이 진을 치고 있었다. 남쪽에는 만주에서 일본군에게 쫓겨난 장쉐량의 동북군(東北軍)이 자리하고 있었다. 그러므로 공산당이 새로운 터전에서 번영하려면, 아니 그저 살아남기라도 하려면 더 많은 양식과 보급품을 마련해야 하고 더 많은 신병을 모집해야 하며 사방을 둘러싼 적들 가운데 최소한 하나라도 무력화해야 했다.

와야오부 회의 이전부터 마오는 장제스 휘하의 병력 중 장쉐량이 이끄는 만주군(동북군)이 가장 약하다고 단언했다.[74] 장쉐량의 아버지 장쭤린은 20세기 초 비적 우두머리로서 많은 전투와 살육을 벌인 끝에 중국에서 가장 힘센 군벌로 성장했다. 당시 30살 초반의 장쉐량은 아버지와 자신을 구분 짓기 위해 죽은 아버지를 '대원수'라 칭하고 자신을 '소원수'라 칭했다. 그는 무자비한 성격에 종종 기만적으로 행동했고 가끔 순진한 모습을 보였다. 하지만 그는 애국자였다. 장쉐량의 아버지 대원수는 일본 간첩에게 암살당했다. 장쉐량 또한 그가 지배하던 땅을 일본인들에게 빼앗겼다. 그 이유 중 하나는 장제스가 일본군과 싸우지 말라고 부추긴 탓이었다. 결국 장쉐량의 군대는 고향을 잃어버렸다. 그들은 공산당과 싸우는 데 별로 관심이 없었다. 그들이 증오한 대상은 오직 일본이었다.

1935년 11월 말부터 마오는 장쉐량의 군사 지휘관들에게 휴전을 제안하며 일본 침략자들에 맞서 공동으로 투쟁하자고 선전했다. "우리는 중국 사람입니다. 우리는 같은 중국 곡물을 먹습니다. 우리는 같은 땅에 삽니다. 홍군과 동북군은 모두 중국 땅에서 왔습니다. 어째서 우리가 적입니까? 어째서 우리가 서로를 죽여야 합니까? 오늘 저는 당신의 명예로운 병사들에게 전투를 중지하고 …… 평화 협정을 맺자고 제안합니다."[75]

홍군 부대에는 백군 장교를 생포하면 그냥 놓아주고 백군 부상자를 잘 돌보아주라는 지시가 내려졌다. 이러한 방침에 따라, 1936년 1월 펑더화이는 2개월 전에 생포한 백군 장교 가오푸위안(高福源)을 풀어주었다. 그는 장쉐량의 동창이었다. 가오푸위안은 와야오부에서 남쪽으로 160킬로미터 떨어진 뤄촨(洛川)으로 돌아갔다. 그는 뤄촨에 있는 동북군의 지휘 본부로 가 장쉐량에게 공산당의 제안이 진실임을 납득시켰다. 1주일 뒤 국민당군 비행기가 홍군에 포위된 국민당군 위수 부대에 보급품을 가져다주기 위해 홍군 쪽으로 날아갔다. 정해진 약속에 따라 비행기에서는 가오푸위안이 펑더화이에게 보내는 편지가 홍군 쪽에 투하되었다. 1월 19일 마오의 특사 리커눙(李克農)이 뤄촨에 도착했고 양측의 교섭이 시작되었다.[76]

교섭은 놀라울 정도로 순조롭게 진행되었다. 1월 20일 장쉐량은 리커눙을 만나 내전에 '소극적'으로 임하는 데 즉각 동의했다. 유일한 걸림돌은 장제스였다. 마오는 리커눙을 통해 보낸 협상문에서 일본에 대한 투쟁과 '민족 반역자'에 대한 투쟁은 동전의 양면이므로, 둘 중 하나만 취할 수는 없다고 주장했다. 장쉐량은 이를 단호하게 거부했다. 그는 공산당과 즉시 휴전할 수는 있지만 총사령관 장제스에게 공개적으로 반기를 드는 일은 못 한다고 답했다.[77] 1936년이 다 가기 전 장쉐량과 마오쩌둥의 입장이 다소 변했고 이로 인해 엄청나게 중요한 결과가 도출되었다. 우선 양측은 서로 의견이 다르다는 사실을 받아들였다. 3월 초 마오쩌둥은 정치국에 장쉐량과 휴전하기로 했으며, 장쉐량이 와야오부 남쪽 푸현(富縣)과 옌안(延安)에 전진 배치한 위수 부대를 홍군의 우군으로 대우하기로 했음을 구두로 통보했다.[78]

5주 뒤 저우언라이는 장쉐량과 직접 대화를 나누기 위해 옌안을 방문했다. 두 사람은 교회당에서 만났고 한밤중까지 의견을 주고받았다. 그리고 다음 날 동이 틀 무렵 저우언라이는 옌안을 떠났다. 두 사람은 하나의 통합된 정부를 수립하고 항일국민연합군을 설립하는 것이 그들이 나아갈 유일한 길이라는 데 생각을 같이했다. 하지만 장쉐량은 아직 공개적으로 항일을 선언할 준비가 되어 있지 않았으며, 만일 장제스가 직접 홍군 지역에 진격하라고 명령할 경우 이에 대항할 준비도 되어 있지 않았다. 그래서 이를 제외한 나머지 사항에 대해서만 휴전 협정을 철저하게 준수하기로 합의했다. 양측은 상임 연락관을 임명하고 홍색 지역과 백색 지역의 상업 거래를 허용하며, 홍군이 백색 지역을 지날 때 무사히 통과할 수 있도록 협조하기로 했다. 저우언라이의 보고에 따르면, 장쉐량은 심지어 무기와 탄약까지 홍군에 공급하겠다고 약속했다.[79]

남쪽이 안정되자 마오쩌둥은 또 다른 주요 과업을 수행하는 데 전력을 기울였다. 이미 와야오부 회의에서 결정된 대로, 대장정 기간 중 소진된 공산당의 군사 역량을 재구축하는 임무였다.[80]

1935년 12월, 제1방면군은 고작 7천 명밖에 되지 않았다. 류즈단과 가오강 휘하의 산시성(陝西省) 병력이 3천 명이었고, 쉬하이둥이 어위완에서 데리고 온 병력도 3천 명이었다. 이러한 상황에서 마오는 신병을 4만 명 모집한다는 목표를 세웠고, 이 가운데 1만 명을 그해 봄철에 모으려고 했다. 마오가 목표를 달성할 수 있는 길은 황하를 건너 산시성(山西省)으로 원정 공격을 떠나는 방법뿐이었다. 펑더화이는 원정 공격에 나섰다가 귀환하지 못할 수도 있다고 경고했다. 하지만 마오는 원정 공격을 강행했고 저우언라이와 보구가 남아 산시성(陝西省) 근거지를 지키기로 했다.[81]

산시성 원정 공격에는 '항일 구국 동방 원정'이라는 이름이 붙었다.[82] 이는 선전용으로 적절했다. 마오는 홍군이 허베이성까지 진출해 일본 침략자들과 싸울 것이라는 감동적인 연설을 했다. 하지만 실제 원정의 목적은 훨씬 더 제한적이었다.

원정군은 2월 말부터 5월 초까지 2개월 반 동안 산시성(山西省)에 머물렀으나 일본군 진영 300킬로미터 이내로 진군한 적은 한 번도 없었다. 그들은 그저 황하를 넘어 90킬로미터 정도 나아가 어느 좁은 지역에서 국민당군과 작은 전투를 벌였고, 그곳에서 지주들에게 30만 은원을 몰수하고 약 8천 명의 병사를 모집했다. 신병 가운데 절반은 산시성(山西省) 출신 농부들이었으며 나머지 절반은 국민당군 포로였다. 이렇게 하여 마오는 약 2만 명의 병력을 거느리게 되었다. 이는 1년 전과 거의 비슷한 수였다. 만약 공산당 지도부가 분열하지 않고 단결했다면 이보다 훨씬 큰 규모의 병력을 보유했을 것이다. 1936년 봄과 여름, 중국공산당은 아이러니하게도 장쉐량의 동북군과는 통일전선을 이룰 수 있었지만 내부적으로는 분열되어 있었다. 여전히 대규모 홍군을 거느린 장궈타오는 쓰촨성에 있었다.

하지만 홍군 내부에서도 변화가 일어나기 시작했다. 양측이 갈라선 지 1주일 만에 장궈타오는 제4방면군 내에서 일련의 정치 회의를 개최하여 마오, 저우언라이, 보구, 장원톈을 당에서 '제명하고' 새로운 '중앙위원회'와 '정치국'을 구성한 후 자신이 총서기를 맡았다. 이후 장궈타오는 와야오부에 통지를 보내 산시성(陝西省) 지도자들에게 이제부터 당 중앙이라는 '부당한 명칭'을 사용하지 말고, '중국공산당 북방국'이라는 명칭을 사용하라고 명했다.[83]

마오쩌둥은 비교적 조심스럽게 행동했다. 장궈타오와 헤어진 다음 날에 열린 어제 회의에서는 장궈타오를 당에서 제명하자는 말이 나왔지만 마오는 반대했다. 비록 장궈타오가 "홍군을 분열시키는 죄"를 범했고 "우경 기회주의 및 군벌의 경향"이 있다고 비난하는 결의문을 채택했으나 공개하지는 않았다. 또한 마오는 대장정이 끝난 뒤 자신의 위치를 확고히 하기 위해 '군사위원회' 주석이 아니라 '군사위원회 서북국 주석'을 맡았고(또한 군사 문제의 총책임자가 되었다) 저우언라이와 왕자상을 부주석으로 임명했다. 장궈타오가 마오를 대체하는 새로운 당 중앙을 세웠을 때도 마오는 한 달 이상 아무런 대응을 하지 않았다. 1936년 1월 장궈타오가 물러서지 않을 것이 확실해지자, 마오는 어제 회의에서 채택한 결의문을 공개하도록 승인함으로써 양측의 분열을 공식화했다.[84] 이때쯤 코민테른은 와야오부에 자리 잡은 중국공산당 중앙위원회를 지지하며, 마오쩌둥을 세계 공산주의의 '당당한 대표자' 가운데 한 명으로 간주하고, 장궈타오가 설립한 대항적 당 지도부 조직에 반대한다는 입장을 분명하게 밝혔다.[85]

그해 봄이 되면 장궈타오의 운도 다한다. 처음에는 제4방면군의 남부 군사 작전이 매우 성공적인 성과를 거두었다. 하지만 겨울철 장제스 군대가 반격에 나서면서 정세가 변하기 시작했다. 마오가 '동방 원정'에 나간 사이 장궈타오는 두 차례 큰 패전을 당했다. 제4방면군은 비옥한 청두(成都)의 평야에서 퇴각해 티베트와 외진 지역으로 들어갈 수밖에 없었다.[86]

5월 마오쩌둥은 '동방 원정'에서 와야오부로 귀환했고 장궈타오가 돌아오도록 다시 노력을 기울였다. 만일 장궈타오가 부대를 이끌고 북쪽으로 와서 마오의 군대와 합친다면 과거의 일은 모두 과거로 묻어 두겠다고 약속했다. 당 정치국은 장궈타오에게 유화적 어조의 전보를 보냈다. "장궈타오 동지, 당신과 당신의 형제인 우리 사이에는 아무런 정치적 혹은 전략적 이견이 없습니다. 과거를 논할 필요는 없습니다. 현재 우리의 유일한 과업은 …… 장제스와 일본에 대항하여 단결을 이룩하는 것입니다."[87]

얼마 지나지 않아 장궈타오 부대에는 런비스와 허룽이 지휘하는 제2방면군이 합류했다. 그들은 2년 전 구이저우성 북부 지역에서 하나로 통합된 부대였다.* 이로써 장궈타오 부대는 규모가 커졌지만 장궈타오의 정치적 권위는 약해졌다. 북쪽으로 군대를 이동해야 한다는 목소리가 점점 커졌다. 결국 연합 부대는 다소 주저하면서 7월 초 대초원을 가로지르는 행군에 나섰다. 그들은 1년 전 마오 부대가 산시성(陝西省)으로 올 때 지나온 경로를 그대로 따랐고 똑같이 끔찍한 고생을 했다. 1936년 10월 그들은 펑더화이가 지휘하는 제1방면 군과 만났다. 펑더화이는 병력을 이끌고 간쑤성으로 진입하여 거의 란저우(蘭州)까지 마중 나왔다. 하지만 죽음의 행군이 아직 끝난 것 은 아니었다. 국민당군이 황하의 주요 도화점을 미리 차단한 탓에 2 만 명이 넘는 제4방면군 주력 부대가 강을 건너지 못하고 서쪽에 고 립되었다. 그러자 장궈타오는 총정치위원 자격으로 자신의 주력 부 대에 간쑤성의 허시쩌우랑*을 행군하라는 명령을 내렸다. 그러나 이 는 자살 행위에 가까웠다. 명령을 따른 병사들은 허시쩌우랑에서 회 족 기병대를 만나 학살당했다. 이로부터 1년 뒤 대학살에서 살아남 은 병사들이 기진맥진한 상태로 산시성(陝西省)에 도착했다. 전체 병 력의 절반 이상이 희생된 후였다. 리셴녠(李先念)이 이끈 지휘부는 인 원이 크게 감소하여 4백 명에 불과했다.[88]

1936년 12월 6일은 장궈타오가 치명적인 '허시쩌우랑' 행군 명령을 내려진 지 한 달이 지난 뒤였다. 그날 장궈타오와 주더는 산시성(陝 西省) 북부 지역에 자리 잡은 당 정치국 본부에서 마오를 비롯한 당 지도부와 만나 단결이 회복되었음을 축하하는 자리를 가졌다. 그리 고 다음 날에는 마오가 군사위원회 주석이 되고 장궈타오와 저우언 라이가 부주석에 오르는 개편이 단행되었다.[89]

---

* 1934년 10월 런비스는 자신이 후난 동부에 세운 근거지를 포기하고 국민당군의 포위 공 격을 피해 탈출했다. 그는 동쪽으로 이동하여 후베이, 후난, 쓰촨, 구이저우 네 개 성의 접 경 지역에 주둔하고 있던 허룽의 군대에 합류했다. 그다음 해 런비스와 허룽은 자신들의 '대장정'을 시작했다. 이들은 마오쩌둥이 간 경로보다 더 깊숙이 티베트 지역 안으로 들어 갔고, 그 덕분에 제1방면군이 당한 피해보다 훨씬 더 적은 사상자를 내고 산시성(陝西省) 에 도착했다. 서북 지방에 도달한 홍군의 3개 부대 가운데 가장 긴 경로를 거친 부대가 바 로 제2방면군이었다. 장궈타오의 제4방면군은 1935년에 이미 쓰촨성 북부 지역에 있었기 때문에 경로가 가장 짧았다.(저자 주)
허시쩌우랑(河西走廊) 중국 본토와 중앙아시아를 연결하는 실크로드의 한 부분. 북서쪽에서 남동 방향으로 늘어선 좁고 긴 평지로, 길이가 약 900킬로미터에 이른다. 황하 서쪽에 위 치해 있으며 복도와 모양이 비슷하다 하여 '주랑'이라는 명칭이 붙었다.

공산당 지도자 장궈타오와 마오쩌둥(1938년 옌안). 당내 권력을 두고 마오
와 경쟁했던 장궈타오는 간쑤성에서 국민당군에 대패하면서 정치적으로
몰락했다.

　하지만 이는 허울에 불과했다. 마오에 맞선 장궈타오의 도전은 끝
났다. 장궈타오의 정치 경력 역시 마찬가지로 끝이 났다. 지난해 와
야오부 회의 이후 마오는 당 정치국에서 최종 결정권을 행사했다. 게
다가 이제는 중국 남부에서 북부까지 대장정을 견딘 약 4만 명의 홍
군 병사를 지휘할 수 있는 최고 권한을 손에 넣었다. 간쑤성의 '허시
쩌우랑'에서 제4방면군의 꽃이라고 할 수 있는 정예 부대가 몰살당
한 사건은 장궈타오의 정치적 몰락을 재촉했다. 하지만 그러한 일이
없었다 하더라도 그는 결국 몰락했을 것이다. 이미 15개월 전 마오얼
가이 회의에서 마오쩌둥은 적절한 때가 오면 장궈타오가 자신의 잘
못에 책임을 져야 할 것이라고 경고했기 때문이다.[90]

당내 권력을 놓고 장궈타오와 간헐적이나마 오랜 투쟁을 벌이는 동안, 마오는 좀 더 큰 사냥감을 노리고 있었다. 1936년 3월 초 장쉐량이 휴전에 합의한 직후 당 정치국은 난징의 장제스 정부와 평화 협정을 타진하는 것을 승인했다.[91]

장제스를 같은 편으로 끌어들이려는 목적은 아니었다. 그는 여전히 반혁명의 화신이었고 '배신자이자 부역자'였으며 따라서 일본 못지않은 적대 세력이었다. 당내 지령문은 다음을 분명하게 명시했다. "누구든지 배신자 장제스를 만나려고 하는 사람은 끔찍한 죽음을 당할 것이다."[92] 당시 공산당이 내건 '먼저 내부를 안정시키고 이후 일본과 싸운다(先安內後攘外)'는 구호는 장제스가 주창한 정책이 지닌 정당성을 약화하고, 국민당 내 반일 파벌에게 힘을 실어주며(이 파벌은 장제스의 처남이자 전前 재정부장 쑹쯔원宋子文이 이끌었다), 마지막으로—그렇다고 결코 부차적인 이유는 아니었다.—통일전선을 형성할 수 있는 동맹자를 찾기 위해 모든 수단을 강구하라는 모스크바의 요구를 만족시키는 데 목적이 있었다. 소련은 1933년 국민당과 외교 관계를 회복했다. 반코민테른 입장을 취한 추축국 세력이 강해지자, 앞으로 전쟁이 벌어졌을 때 소련의 국가 이익을 위해 결코 무시할 수 없는 병력을 보유한 장제스를 잠재적 동맹자로 삼기 위함이었다. 물론 소련의 국가 이익이 중국공산당의 이익과 같을 수는 없었다.

마오가 국민당에 제안한 내용을 보면 본심과 선전이 교묘하게 섞여 있다. 그는 세 가지 기본 조건을 제시했다. 첫째, 내전을 즉각 중단하고 홍군이 '일본 제국주의의 침략을 저지'하기 위해 허베이성으로 이동할 때 자유로운 통행을 보장한다. 둘째, 정치범을 석방한다. 셋째, 정치적 자유를 복원한다. 얼마 뒤 마오는 두 가지 조건을 추가했다. 이는 '내부 개혁 추진'과 '국가 방위를 목적으로 한 단일한 국방 정부 수립'이었다.[93]

중국 전역에서 반일 감정이 불타오르고 있었다. 1935년 일본이 중국 북부 지역에 대한 지배권을 승인해 달라고 요구하자, 그해 겨울 분노한 중국인들이 이른바 '12·9항일운동'*을 일으켰다. 수만 명의 학생들이 베이징을 비롯한 중국 각지에서 격렬한 시위를 벌였다. 중국 공산당은 이 항일운동을 16년 전에 일어난 5·4운동에 비유했다. 지방에서는 성난 군중이 일본인 여행객을 공격하는 사건이 벌어졌으며, 지식인들은 각종 구국 단체에 가입하기 위해 모여들었다. 몇 개월 동안이나 중국과 일본은 금방이라도 전쟁을 개시할 것 같았다. 상황이 이러했기 때문에 마오는 공산당이 국민당과 대화를 하더라도 전혀 손해 볼 것이 없다고 판단했다. 만일 협상이 진전되면 국민당 내 친일파와 반일파 사이에 긴장이 커질 것이고, 협상이 중단되면 이를 대중에게 알림으로써 장제스의 일본 유화 정책에 분노한 여론이 공산당을 지지하도록 유도할 수 있기 때문이었다.[94]

협상은 중단되지 않았다. 1936년 여름이 되면 매우 다양하고 복잡한 비공식 경로와 비밀 협상 기구가 자리를 잡았다. 모스크바에서는 국민당 외교관들이 왕밍과 중국공산당 코민테른 대표부 사무실에서 비밀 회담을 열었다.[95] 난징에서는 승려로 변장한 공산당 밀사가 당시 국민당에서 장제스 다음으로 힘이 있던 천리푸(陳立夫)와 접촉했다. 첫 만남 이후 마오는 천리푸와의 회담을 위해 좀 더 고위급 밀사를 난징과 상하이에 파견했다. 이때 양측은 홍콩이나 광저우에서 국민당 지도자들과 저우언라이의 회담이 성사될 수 있을지 논의했다.[96]

협상이 진전됨에 따라 장제스와 일본 침략의 의미를 바라보는 마오의 관점이 점차 변화했다. 1936년 4월 마오는 '일본에 항거하고 장

12·9항일운동 일본군이 중국 화북 지역에 괴뢰 정부를 수립하려고 도모하자 베이징의 학생들을 중심으로 일어난 항일 운동.

제스에 반대한다(抗日反蔣)'는 구호가 역효과를 낸다고 결론지었다. 마오는 장원텐에게 말했다. "우리 입장은 일본과 싸우고 내전을 중단하는 것입니다. 장제스와 싸우는 것은 그다음 일입니다." 한 달 뒤, 마오는 모든 제국주의 열강을 단 하나의 연합으로 똑같이 취급하는 것이 과연 타당한지 의문을 제기한다. 일본과 영국, 미국 사이에 긴장이 고조되는 현실을 인식하기 시작한 것이다.[97]

이러한 배경에서 에드거 스노의 공산당 근거지 방문이 허락되었다. 공산당의 대의를 서방 세계에 소개하기 위해서였다. 6월 홍군은 와야오부의 본부를 더 외지고 빈곤한 바오안으로 옮겼다. 바오안은 광막한 황토 지대의 중심부에 있었다. 공산당 지도자들은 풍화로 만들어진 붉은 사암(砂巖) 절벽에 있는 동굴에 거주했다. 언덕에서는 흙탕물 강이 내려다보였다.[98] 그곳에서 마오는 에드거 스노에게 예언적인 발언을 한다. 다음은 그들이 7월 16일에 나눈 대화이다.

중국의 주권을 좀 더 희생하면 …… 일본의 진출을 막을 수 있다고 생각하는 사람들은 유토피아적 망상에 사로잡힌 자들입니다. …… 일본 해군은 중국해를 봉쇄하고 필리핀, 시암(태국), 인도차이나, 말라야, 네덜란드령 동인도제도를 탈취하려 하고 있습니다. 일단 전쟁이 발발하면 일본은 이들 지역을 전략 기지로 활용할 겁니다. …… (하지만) 중국은 매우 큰 나라입니다. 나라의 모든 땅 한 치 한 치가 전부 적의 칼날 아래 놓이지 않는 한, 이 나라는 정복되었다고 말할 수 없습니다. 설사 일본이 중국 영토의 상당 부분을 점령하고 그 땅 위에 사는 1억 명 심지어 2억 명의 중국인을 지배한다 하더라도, 우리는 아직 패배한 것이 아닙니다. …… 일본 제국주의의 파도는 중국인의 저항이라는 암초 위에서 산산이 흩어져 그 힘을 잃을 것이며, 혁명적인 중국 인민이라는 거대한 인적 자원의 저수지에서 수많은 사람이

쏟아져 나와 자유를 위해 싸울 것입니다.[99]

이보다 며칠 전 처음으로 장제스는 일본에 대한 그의 인내심이 드디어 바닥나고 있음을 드러내는 공개적인 발언을 했다. 그는 만일 일본이 중국 북부 지역에 세운 (만주 인근의) 괴뢰 정부를 승인하라고 계속 압박한다면, '최후 희생의 순간'이 올 것이라고 경고했다. 장제스의 표현은 조심스러웠지만 과거와는 분명하게 달랐다.[100]

1936년 여름과 가을 내내 공산당은 공적으로나 사적으로나 국민당과 국민당 지도자들에게 휴전을 체결하고 일본에 대항하여 힘을 합치자고 여러 번 호소했다.[101] 8월 뒤늦게나마 중국공산당과 국민당의 항일 연합이 소련의 이해관계에 극히 중요하다고 판단한 스탈린은 마오쩌둥에게 압력을 행사했다. 이에 마오는 과거 1920년대에 존재한 국공 통일전선을 부활시키고, '대중화통일민주공화국(大中華統一民主共和國)'을 수립하여 다른 지역과 마찬가지로 홍군 근거지도 의회제를 보장할 것을 제안했다.[102] 마오는 스노에게 이렇게 말했다. "민족의 자유가 박탈된 인민에게 혁명 과업은 즉각적 사회주의가 아니라 독립 쟁취입니다. 만일 국가가 없다면 사회주의를 논할 필요도 없습니다. 국가가 있어야 그 안에서 사회주의를 시행할 것 아닙니까?"[103] 심지어 마오는 홍군이 명목상 국민당 군대의 지휘 계통에 들어가 공식적으로 국민당 군대의 일부가 된다면 홍군의 명칭을 변경하겠다고 말했다. 공산당 군대와 영토에 관한 당의 통제권만 인정된다면 그 어떠한 양보도 할 수 있다는 태도였다. 그러나 마오는 장제스에 대한 의심도 표현했다. 장제스가 정말로 전략을 바꾸었는지 의심스러우며 그가 앞으로도 계속 입장을 바꿀 것이라고 예견했다. 그의 의심은 곧 정당한 것으로 판명된다.[104]

10월이 되자 장제스는 "일본에 맞서기 위해서는 반드시 먼저 공산당을 물리쳐야 한다."고 선언했다. 10월 말 마오쩌둥은 국민당과의 협상이 이제 "결정적으로 하향 국면에 접어들었다"고 말했다.[105] 11월 상하이에서 열린 비밀 회담에서 천리푸는 매우 강경한 태도를 보였다. 그는 공산당 병력의 상한선을 정해야 한다고 주장했다. 처음에는 3천 명을 제안했고 다음에는 3만 명을 제안했다. 그리고 그 이상은 절대 안 된다고 못 박았다. 난징에서 열린 두 번째 회의에서 저우언라이는 공산당이 그 조건 역시 받아들일 준비가 되어 있다고 말했다. 그러나 여전히 합의는 이루어지지 않았다.[106]

이유가 곧 밝혀졌다. 장제스가 이제 마지막으로 한 번만 더 밀어붙이면 공산당을 전멸시킬 수 있다고 확신했던 것이다. 12월 4일 철저하게 통제된 시안 공항으로 가는 도로는 차량 통행이 금지되었고 경찰이 깔렸다. 이윽고 총사령관 장제스가 도착했다. 그의 방문은 여섯 번째이자 마지막이 될 공산당 포위 작전을 최종적으로 준비하기 위한 것이었다.[107] 지난 3개월 동안 장쉐량은 장제스에게 내전을 중단하고 동북군이 일본과 싸울 수 있도록 허락해 달라고 계속 청원했다. 그러나 이제 장제스는 장쉐량에게 최후통첩을 전달했다. 홍군과 전투를 벌이든지, 아니면 동북군 전체가 중국 남부로 이동하든지 선택하라는 명령이었다.[108]

일련의 사건들이 빠르게 전개되었다.

12월 8일 화요일, 일본 육군성 장관은 중국이 협조하지 않는다면 새로운 충돌이 불가피하다고 경고했다. 그다음 날 수천 명의 학생이 시위 행렬을 짜고 린퉁(臨潼)을 향해 행진했다. 시안 근처의 온천 휴양지인 린퉁은 장제스가 지휘부를 설치한 곳이었다. 경찰이 사격을 개시하자 몇몇 젊은이가 부상당했다.[109] 12월 10일 목요일, 마오는 장쉐량에게 전보를 보내 장제스의 '지나친 요구' 때문에 국민당과 협상이 결렬되었다고 통보했다. 하루 뒤 마오쩌둥의 비서 예쯔룽(葉

子龍)은 장쉐량이 보낸 답장 전보를 받았다. 예쯔룽이 기억하는 바에 따르면, 전보는 상당히 짧았고 비밀 전문이어서 암호를 풀고 보니까 중국 고전 문헌에 나오는 한 구절이었는데 두 글자가 무슨 뜻인지 예쯔룽 본인도 몰랐고 서기처에서도 아는 사람이 없었다. 예쯔룽은 두 글자를 해독하지 못한 채 마오쩌둥에게 답장을 들고 갔다. 마오가 보더니 곧 얼굴에 미소를 띠었고 이렇게 말했다고 한다. "좋은 소식이 올 거야."[110]

다음 날 토요일 아침, 인근에 거주하던 오토 브라운이 잠에서 깨어나 보니 바오안 전체가 흥분의 도가니에 빠져 있었다. 마오의 사무실과 당 정치국, 군사위원회를 연결하는 야전 전화가 쉴 새 없이 울렸다. 마오는 보통 밤늦게까지 일하고 한낮까지 잠을 잤는데 그날은 벌써 일어나 있었다. 한 호위병이 오토 브라운에게 바오안 전체를 흥분하게 한 믿기 어려운 소식을 전해주었다. 동이 트기 전, 장쉐량의 명령으로 장제스가 체포되어 시안의 동북군 사령부에 구금되었다는 것이었다.[111]

시간이 지나면서 사건의 전모가 밝혀졌다. 금요일 밤 장쉐량은 마오에게 미묘한 비밀 전문을 보냈고 이후 십여 명의 고위급 지휘관이 참여하는 회의를 소집했다. 장쉐량은 장제스의 총참모장 체포, 성 정부 주석 사무실 접수, 경찰과 남의사(藍衣社) — 국민당의 준군사조직 — 무장해제, 공항 점거를 명령했다. 장쉐량의 개인 호위대 대장인 26살의 대위가 2백 명을 이끌고 린퉁으로 가서 새벽 5시에 장제스의 숙소를 급습했다. 장제스는 그의 호위병들이 저항하는 틈을 타 숙소 뒤 눈 덮인 험한 산으로 도망쳤다. 두 시간 뒤 장제스는 좁은 동굴에서 발견되었다. 얇은 잠옷 차림으로 추위에 벌벌 떨고 있었으며, 급하게 도망치느라 의치도 두고 온 탓에 말도 제대로 하지 못하는 상태였다. 결국 장제스는 창피스러운 몰골로 젊은 대위의 등에 업혀 산을 내려왔고 다시 차에 실려 시내로 수송되었다. 장쉐량은 장제스에게 험하게 대우해 참으로 죄송하다고 수없이 사과했다. 그리고 신변 안전을 보장하겠다고 약속한 다음, 지난여름부터 꾸준히 반복해 온 주장을 다시 한번 되풀이했다. 장제스가 정책을 변경하여 일본에 대항해야 한다는 것이었다.[112]

소식을 접한 공산당원들은 지위의 고하를 막론하고 모두 정신을 잃을 정도로 기뻐했다. 저녁에는 군중집회가 열렸다. 그 자리에서 마오, 주더, 저우언라이는 장제스를 군중 앞에 끌어내 재판에 회부해야 한다고 주장했다. 장궈타오는 훗날 이렇게 회고한다. "일어나서 박수갈채를 보내야 할 사건이었다. 모든 문제가 간단하게 해결될 수 있을 것 같았다."[113]

일요일 오전에 열린 정치국 회의에서 장궈타오를 비롯한 당 지도부는 국민당 정부 타도와 장제스 처형을 주장했다. 그는 끔찍한 내전을 시작했으며, 치욕스러운 유화 정책으로 일본에 부역했고, 불과 며칠 전 공산당의 화해 제의를 최종적으로 거절하고 중국의 방어보다는 '비적 소탕(剿匪)' 정책을 우선했다는 이유였다. 마오의 입장은 좀 더 신중했다. 아니 어쩌면 다소 기만적이었다고 할 수 있다. 마오는 객관적으로 볼 때 장제스가 친일적이었다고 언명했다. 그리고 장제스의 구금은 '혁명적 의의'가 있으므로 공산당은 이를 당연히 지지해야 마땅하다고 했다. 그러나 장제스를 타도하는 데 공산당이 앞장서서는 안 되며, 더 적절한 방식은 장제스를 '인민의 심판대' 앞에 끌어내 그의 죄가 널리 공개되도록 하는 것이라고 주장했다. 훗날 장궈타오의 해석에 따르면, 마오쩌둥의 발언은 공산당이 직접 손에 피를 묻히지 않고 장쉐량이 직접 장제스를—마오는 장제스를 '원흉'이라고 표현했다.—처리하도록 부추긴 것이었다.[114] 또한 마오는 난징 정부의 좌익 및 중도 세력의 지지를 끌어내 거국적 항일 통일전선을

1936년 12월, 국민당군 사령관 장쉐량과 양후청(楊虎城)이 국민당 총통 장제스를 구금하고 항일 전쟁을 위해 공산당과 협력을 요구하는 사건이 벌어졌다(시안 사건). 사진 왼쪽이 장쉐량, 오른쪽이 양후청이다.

구축하기 위해 노력하는 한편, 우익 국민당 지도자들이 시안 사건을 무력으로 진압하려는 움직임을 보이면 이를 막아야 한다고 말했다.

공산당의 입장은 주말 동안 일련의 전보를 통해 장쉐량에게 전달되었다. 전보에서 마오와 저우언라이는 홍군이 장쉐량의 행동에 적극 찬동하며 동북 지역을 향후 항일 전쟁의 주요 기지로 삼겠다고 강조했다.[115]

하지만 곧 공산당의 구상이 깨지기 시작한다.

장쉐량은 애초부터 자신의 목적이 장제스를 징벌하는 것이 아님을 분명히 밝혔다. 습격 사건이 일어난 아침 장쉐량이 난징 정부에 발표한 '국가에 보내는 전보'를 보면, 장제스가 "과거의 실수를 교정"하도록 하는 데 그의 목적이 있다는 것을 알 수 있다.

5년 전 동북 지역을 상실한 이후 나라의 주권은 지속적으로 약화되었으며 우리의 영토는 나날이 줄어들었다. 우리는 민족적 치욕을 계속 당하고 있다. …… 이 때문에 실망하지 않은 사람은 한 명도 없다. …… 총사령관 장제스는 적절치 않은 조언자들에게 둘러싸여 있으며 우리 인민 대중의 지지를 배반했다. 그에게는 그의 정책이 이 나라에 끼친 해악에 큰 책임이 있다. 장쉐량을 비롯하여 여기에 서명한 다른 사람들은 그에게 다른 길을 택할 것을 눈물로 호소했다. 하지만 우리의 호소는 줄곧 거절당했고 외면당했다. 얼마 전 시안의 학생들은 구국 운동을 위한 시위를 벌였고, 장제스 장군은 경찰에게 지시해 시안의 애국 소년들을 살해했다. 어찌 양심이 있는 자가 이런 일을 참을 수 있는가? …… 그리하여 우리는 그의 신변을 보장하는 한편, 그의 각성을 촉구하기 위해 마지막 충고를 드리는 바이다.[116]

이는 장제스가 반란자들의 요구를 들어주기만 하면 중국의 최고 지도자 자격을 계속 유지할 수 있다는 뜻이었다. 그들의 요구는 공산당이 제기해 온 것과 거의 비슷했다. 즉 정부 범위를 확대해 모든 애국 정당의 대표자를 포함하고, 내전을 중단하며, 정치적 자유를 복원하고, '민족구망(民族救亡)', 다시 말해 항일의 원칙에 기반해 정책을 세우는 것이었다.

한편 난징에서는 장제스 구금 사건으로 치열한 논쟁이 벌어졌다. 장제스의 지지자들은 평화적 해결을 외쳤다. 이들의 대표는 장제스의 부인이자 역량이 대단했던 쑹메이링(宋美齡)이었다. 한편 군정부장 허잉친(何應欽)을 위시한 우익 진영과 친일파들은 느슨한 연대를 이루어 시안을 비행기로 폭격하고 대규모 토벌 작전을 펼쳐야 한다고 주장했다. 이는 장제스를 꼭 구출하겠다는 목적이 아니었으며, 오히려 이런 작전 가운데 장제스가 사망한다면 좀 더 확실한 친일 성향의 지도자를 새롭게 세우겠다는 의도가 깔려 있었다. 쑹메이링 측이 가까스로 주도권을 잡았지만, 평화적 해결이 진전되지 않는다면 군사 공격이 개시될 것이 분명했다.

12월 17일 목요일, 저우언라이가 시안에 도착했을 때는 이미 상황이 크게 변한 뒤였다. 그는 바오안에서 말을 타고 힘겨운 여정 끝에 옌안에 이르렀고 거기서 다시 장쉐량이 비행기를 보내줄 때까지 나흘을 기다렸다가 겨우 비행기를 타고 시안에 도착했다. 난징에서 벌어진 세력 다툼은 공산당 지도자들이 희망한 것보다 훨씬 불리하게 흘러갔다. 장제스를 공개적으로 심판대에 올리자는 마오의 며칠 전 주장은 이제 크게 호소력을 잃은 상황이었다.[117]

이때 스탈린이 개입했다. 그는 마치 광신적 애국주의자처럼 중국 공산당의 이해관계에는 전혀 관심이 없으며 소련만 중요하다는 태도를 보였다. 이에 마오쩌둥은 너무도 분노가 치밀어 말을 하지 못할 정도였다.[118]

스탈린은 장쉐량의 반란이 결코 '혁명적 사건'이 아니며, "일본이 꾸민 또 다른 음모이며 …… 그 목적은 중국의 통일을 방해하고 항일 운동의 증폭을 저해하는 것"이라고 주장했다. 겉으로 볼 때 스탈린의 판단은 너무나도 어리석었다. 다음 날 열린 정치국 회의에서 마오쩌둥은 스탈린의 판단을 거부했다. 당시 일본은 장제스의 구금 사건을 소련의 음모라고 주장했는데, 마오는 그 주장이 말이 안 되는 것처럼 스탈린의 주장도 불합리하다고 지적했다. 마오쩌둥은 시안 사건을 지극히 긍정적으로 인식했고, 이로 인해 "국민당이 지난 10년 간 이어진 잘못된 정책에 종지부를 찍었고 …… 두 시대 사이에 전환점이자 새로운 국면의 시작점을 열었다"고 평가했다. 그러나 스탈린도 나름대로 충분한 이유가 있었다. 며칠 뒤 코민테른의 최고 지도자 게오르기 디미트로프가 전보를 보내 이유를 설명했다. 스탈린은 중국에서 장제스의 지도력 아래 반일 전선을 구축하려고 희망하는 바, 장쉐량의 행위는 스탈린의 희망을 좌절시키는 것이기에 항일 운동의 진전에 "객관적으로 손해"라는 내용이었다. 마오는 전혀 모르고 있었지만, 소련은 이미 11월에 국민당 정부를 다시 동맹자로 끌어들임으로써 불과 얼마 전 일본과 독일이 결성한 '반코민테른 협정'에 대항하려고 착수했다. 게다가 모스크바에서는 중국과 소비에트의 안보 조약에 관한 비밀 협상이 진행 중이었다. 그런데 장제스가 구금되자 스탈린의 계획이 모두 위험해진 것이다. 스탈린은 세계의 지도적 사회주의 강국 소련의 중요한 국가이익을 저해하는 행위는 그 어떤 것도 용납할 수 없었다. 중국공산당이 의견을 달리하는 것 따위는 스탈린의 관심사가 아니었다.[119]

모스크바와 중국공산당 사이의 마찰은 전혀 새로운 일이 아니었다. 하지만 중국공산당 창건 초기 잘잘못을 따지는 것은 모호한 일이었다. 과연 누가 확실하게 모스크바가 잘못했다고 말할 수 있었겠는가? 혹은 누가 중국공산당 지도자들이 모스크바의 노선을 잘못 이해했다고 따질 수 있었겠는가?

1936년 12월에 내려진 스탈린의 지령은 달랐다. 마오가 중국공산당 내에서 지도자 역할을 맡고 나서 처음으로 구체적인 행동을 지시하는 명령을 소련으로부터 하달받은 것이었다. 마오가 더 짜증이 난 까닭은 그도 12월 16일경이면 장쉐량의 태도와 난징의 반응을 고려할 때 평화적 해결 외에 다른 방도가 없다고 이미 판단했기 때문이었다.[120] 그해 5월에 마오는 에드거 스노와 대화를 나눈 적이 있었다. 당시 에드거 스노는 공산 중국이 결국에는 소련이 좀 더 확장된 것에 불과하지 않느냐고 말했고, 이에 마오는 화를 내며 코민테른은 공산당원들에게 '지시하지' 않으며 중국은 소련의 통치를 받고 있는 것이 아니라고 답했다. "우리가 해방된 중국을 위해 싸우는 것은 이 나라를 모스크바에 넘겨주기 위함이 결코 아닙니다."[121] 그런데 겨우 5개월 만에 우려하던 상황이 벌어지고 만 것이다. 이때 마오는 소련의 '국제주의'라는 것이 일방통행이며 중국은 거기에 순응할 수밖에 없다는 사실을 절감했고, 이를 오랫동안 잊지 않고 기억했다.

한편 이미 사태는 자체의 논리에 따라 빠르게 전개되었다. 장제스는 중재안을 변경했다.[122] 쑹메이링은 12월 22일 시안에 왔고 오빠 쑹쯔원과 함께 장쉐량과 저우언라이를 상대로 협상을 진행했다. 그리고 갑작스러운 시작만큼 갑자기 끝이 났다. 12월 25일 장제스는 비행기를 타고 난징으로 돌아갔다. 장쉐량은 자신의 충성심을 증명하고자 장제스와 동행했다.[123] 장제스를 석방한다는 원칙이 합의되어 있었지만, 저우언라이에게 미리 통보되지는 않았다. 이러한 사정을 알게 된 마오쩌둥은 불편한 심경을 드러냈다. "장제스를 석방하면 여러 이로운 점들이 있을 수 있다. 하지만 그러한 이점들이 정말로 실현되는지는 좀 더 확인해보아야 한다."[124]

장제스가 구금되어 있는 동안 과연 무슨 일이 일어났을까? 겉으로 드러난 것보다 더 많은 일이 진행되었을지도 모르고, 반대로 별다른 일이 없었을지도 모른다.

훗날 장제스는 공개적으로 시안 사건을 언급하면서, 자신은 정치 교섭을 거부했으며 어떤 문건에도 서명한 적이 없다고 밝혔다. 엄밀히 따지면 맞는 말이다. 저우언라이가 마오에게 말한 바에 의하면, 협상에 임한 것은 오로지 쑹메이링과 쑹쯔원뿐이었으며 이 협상에서 장쉐량의 주요 조건에 관한 합의가 도출되었고, 그 이후에야 비로소 장제스는 장쉐량과의 면담에 응해 합의 사항을 지키겠노라고 구두로 약속했다.[125] 이에 마오는 장제스가 끝까지 "불확실하고 회피적 태도"를 견지한 것으로 내다봤고, 또한 그가 계속 직접 참여하지 않았다고 주장하고 설사 참여했다 하더라도 구금 상태에서 강제로 한 합의를 실제로 이행할지 장담할 수 없다고 판단했다.[126]

사건 직후 벌어진 일들은 모두 부정적이었다. 장쉐량은 자신을 희생양으로 삼아 대담한 행동을 함으로써 합의를 이끌어냈지만 곧 군사 재판을 받고 10년 형을 언도받았다. 이후 사면 조치를 받았으나 가택 연금 상태에 놓였다(장쉐량은 50년도 넘은 세월이 흘러 90세가 된 뒤에야 타이완에서 가택 연금이 해제되었다). 장제스는 국민당 군대의 철수를 약속했지만 반대로 보충 병력이 투입되었다. 난징에서는 토벌을 벌여야 한다는 주장이 제기되었다. 장쉐량의 병력은 방어 요새를 구축하기 시작했다. 1937년 1월 마오쩌둥은 홍군에게 "확고하게 전쟁을 준비하라"고 지시했다.[127] 다시 한번 코민테른이 간섭했다. 코민테른은 "장제스를 제거하고 난징 정부를 타도하는 것을 목표로 삼았던 중국공산당의 이제까지의 잘못"을 비난한 다음, 국민당과 더 적극적인 협력 정책을 "공개적으로 선언하고 확고하게 실행"하라고 마오쩌둥에게 요구했다.[128] 마오는 메시지를 받지 못한 척하며 아무 반응을 보이지 않았지만 몹시 불쾌했을 것이다.

2개월이 지나자 위기의 순간은 지나갔다. 장제스와 저우언라이는 접촉을 재개했다. 처음에는 대리인을 통해 만났고 다음에는 직접 대면했다.[129] 마오는 중국공산당이 어디까지 양보해야 하는지에 관해서는 스탈린과 의견이 달랐지만, 중국 전체가 일본에 대항해 싸우려면 최소한 장제스가 총지휘권을 잡아야 한다는 점은 스탈린과 마찬가지로 분명하게 알고 있었다. 그러나 곧 이루어질 것이라고 여겼던 통일전선은 쉽게 결정되지 않았다. 그해 봄과 여름 내내 양측은 여러 문제를 두고 논쟁을 이어갔다. 홍군이 몇 개 사단을 보유할 것인가

에서부터 군모에 어떤 모양의 배지를 달 것인가까지 문제는 다양했다.[130)

훗날 공산당과 국민당은 모두 시안 사건이 하나의 전환점이자 중국 역사의 방향을 크게 바꾼 일이었다고 평가한다. 하지만 진실은 아마도, 마오가 장제스가 풀려난 직후 정치국 회의에서 한 발언과 가까운 것 같다. 당시 마오는 만일 국민당과 휴전이 실현된다면 그것은 장제스가 약속을 했기 때문이 아니라 "상황의 변화로 장제스에게 다른 선택의 여지가 없어졌기 때문"일 것이라고 말했다. 시안 사건은 분명히 중요한 촉매 역할을 했다. 하지만 결정적 요인은 아니었다.[131) 결정적 요인은 7월 7일에 발생한 사건이었다. 일본군이 루거우차오(盧溝橋) 근처의 주요 철도 교차로를 점령한 일이었다(루거우차오사건). 베이징 중심가에서 남서쪽으로 약 9킬로미터 떨어진 곳에서 일어난 사건이었다. 이로써 태평양전쟁이 시작되었다.

이때까지도 장제스는 망설였다. 마오, 주더, 펑더화이를 비롯한 홍군 지휘관들은 전체 중국 인민에게 총동원령을 내리고 공산당 군대가 전선으로 이동할 수 있도록 허가해 달라고 장제스에게 "정중하게 호소했다." 그러나 일본의 공격이 있은 지 1주일이 지나도록 장제스는 반응을 보이지 않았다.[132) 마오는 중국공산당 군사위원회에 신중을 기할 것을 당부하며 아래와 같이 전보를 보냈다.

장제스에게 자신이 구석에 몰렸다는 느낌을 주지 않도록 주의하십시오. (우리의) 현재 책무는 그가 통일전선 구축의 마지막 발걸음을 걷도록 유도하는 것입니다. 이 일에는 여전히 문제가 발생할 수 있습니다. 우리는 지금 결정적 순간에 도달해 있습니다. 국가의 생존이 달려 있습니다. 지금은 장제스와 국민당이 자신들의 정책을 완전히 변화시켜야 하는 때입니다. 이러한 전반적 노선에 맞춰 우리는 모든 일

을 진행해야 합니다.[133]

마오가 이 전보에 서명한 때는 1937년 7월 15일이었다. 그다음 날 저우언라이는 난창 근처의 루산으로 가서 장제스와 회담했다. 그해 들어 세 번째 만남이었다. 저우언라이는 공산당이 발표할 선언문 초안을 제시했다. 공산당이 이전에 제시한 약속을 다시 한번 반복하면서 동시에 국민당 창립자 쑨원이 일으킨 민주 혁명을 공산당도 지지한다는 내용이었다. 그 대신 공산당이 바라는 것은 단 두 가지뿐이었다. 하나는 일본을 상대로 전쟁을 개시하는 것이고, 다른 하나는 '민주주의'였다. 이는 공산당 활동을 합법화해 달라는 의미였다.[134]

장제스는 확실한 답을 하지 않았다.

7월 28일 마오쩌둥은 최후통첩을 보냈다. 국민당이 동의하든 하지 않든 총사령관 주더와 부사령관 펑더화이가 이끄는 홍군이 8월 20일부로 일본과 전투를 벌이기 위해 전선으로 출발한다는 내용이었다.[135]

그다음 날 일본군은 베이징을 점령했다. 7월 30일에는 톈진을 점령했다. 열흘이 더 지났다. 8월 13일 일본군은 상하이를 공격했다. 장제스의 권력 기반을 직접적으로 위협한 것이었다. 이제 더는 결정을 미룰 수 없었다. 장제스는 자신의 비서에게 지시했다. "저우언라이에게 가서 즉각 그들의 군대를 진격시키라고 말하라. 그들은 더는 기다릴 필요가 없다." 얼마 지나지 않아 공산당의 홍군이 (국민당의) '국민 혁명군 팔로군'으로 바뀌었다는 발표가 나왔다.[136]

마침내 9월 23일 국민당은 저우언라이가 2개월 전 루산에서 제시한 선언문을 발표했다. 그리고 장제스가 직접 나서서 국가의 이익을 위해 통일전선이 다시 부활했음을 선언했다.[137]

장제스가 끝까지 망설인 것은 충분히 이해할 만하다. 그는 10년에 걸쳐 공산당을 황무지로 내쫓았고 중국 정치 무대의 변방으로 쫓아내는 데 성공했다. 그런데 그 공산당이 합법적 정당으로서 다시 중앙무대로 진출하여 전국적 범위의 지지 세력과 전국 차원의 정강과 역할이 허용되었다. 마오의 입장에서는 국가 권력으로 다가설 수 있었다. 수십 년 뒤 마오쩌둥은 중국을 방문한 일본 총리 다나카 가쿠에이(田中角榮)를 만나 일본인들 덕분에 권력의 길이 열렸다고 말했다. 그러자 일본 총리는 잠시 어리둥절한 표정을 지었다.

약어 설명

CHOC	Cambridge History of China
CQ	China Quarterly
CWIHP	Cold War International History Project Bulletin
JYMZW	建國以來毛澤東原稿(Jianguo yilai Mao Zedong wengao)
NCH	North China Herald
SW	Selected Works
ZZWX	中共中央文件選集(Zhonggong zhongyang wenjian xuanji)

프롤로그

1) 逢先知(編),《毛澤東年譜》, 1, 人民出版社, 北京, 1991, pp. 439-440. 퉁다오 회의가 개최된 날을 12월 11일로 언급하는 자료가 많은데, 이는 오류이다. '중공중앙당사연구실'이 펴낸 *History of the Chinese Communist Party: A Chronology of Events, 1919-1990*(Foreign Language Press, Beijing, 1991, p. 93)을 보면, 홍군이 "후난성으로 넘어가는 길을 장악했다"고 서술하고 있다. 퉁다오 회의는 그다음 날 열렸다. 다음 자료도 참고하라. 馬齊彬, 黃少群, 劉文軍,《中央革命根據地史》, 人民出版社, 北京, 1986, pp. 528-529; 國防大學黨史政工敎硏室(編),《長征新探》, 解放軍出版社, 北京, 1986, pp. 39-40; Braun, Otto, *A Comintern Agent in China: 1932-1939*, C. M. Hurst, London, 1982, pp. 92-93.

2) 1995년 1월 기준으로 '쭌이 기념관'에 전시되어 있었다.

3) Salisbury, Harrison, *The Long March*, Harper and Row, New York, 1985, pp. 109 and 364, n. 10.

4) Smedley, Agnes, *Battle Hymn of China*, Victor Gollancz, London, 1944, pp. 121-123.

5) *North China Herald*(이하 NCH), Shanghai, Nov. 14, 1934. 다음 자료도 참고하라. Garavente, Anthony, 'The Long March', *China Quarterly*(이하 CQ), 22, pp. 102-105; Benjamin Yang, *From Revolution to Politics*, Westview Press, Boulder, 1990, p. 103; Salisbury, pp. 91-104. 10월 10일 루이진에서 공산당이 철수하자 곧 국민당 군대가 루이진을 점령했다. 장제스는 홍군이 이동 중인 것은 알았지만, 근거지를 완전히 버리고 떠난 것인지 아니면 새로운 공격을 준비하기 위해 재집결하려는 것인지는 알지 못했다.

6) Salisbury가 이 전투를 가장 잘 묘사했다(*The Long March*, pp. 91-104).

7) Benjamin Yang, 'The Zunyi Conference as One Step in Mao's Rise to Power', CQ, 106, p. 264.

8) 회의가 끝난 후, 12월 12일 19시, 군사위원회는 다음의 명령을 발한다. "최우선 순위 명령

임. 후난의 적군과 군벌 타오광(陶廣)이 퉁다오 쪽으로 진격하고 있음. 다른 적군 부대들은 계속하여 홍장(洪江)과 징현(靖縣)을 향해 전진하고 있음(두 곳 모두 구이저우성과 후난성 경계에 있으며 퉁다오보다 북쪽에 있다). 이들은 우리가 북쪽으로 가는 것을 저지하려고 함. 따라서 우리는 구이저우성으로 갈 것이니 준비할 것. …… 우리 군은 내일 계속하여 서쪽으로 이동할 것임. …… 제1사단은 …… 리핑을 점령할 것."(《毛澤東年譜》, 1, pp. 439-440)

9) Smedley, Agnes, *The Great Road*, Monthly Review Press, New York, 1956, pp. 313-314.

10) Martynov, A. A., *Aleksandr, Velikii Pokhod, 1-go fronta Kitaiskoi rabochekrestyanskoi krasnoi armii*: *Vospominaniia*, Moscow, 1959, pp. 170-176.

11) Smedley, *The Great Road*, pp. 315-316.

12) Gu Zhengkun(ed.), *Poems of Mao Zedong*, Peking University Press, Beijing, 1993, pp. 68 and 70.

13) 《毛澤東年譜》, 1, pp. 440-441; 《長征新探》, pp. 41-42; 李維漢, 《回憶與研究》, 中共黨史資料出版社, 北京, 1986, pp. 350-351; Braun, p. 93.

14) 1995년 1월 기준으로 '리핑 기념관'에 전시된 결의문 내용이다.

15) 《長征新探》, pp. 43-44; 《文獻與研究》, 1, 1985, pp. 20-21; 《毛澤東年譜》, 1, p. 442. 1995년 1월 기준으로 허우창 회의의 결의문은 '쭌이 기념관'에 전시되어 있다.

16) 1995년 1월 기준으로 '쭌이 기념관'에 전시되어 있다.

17) 쭌이 회의의 세부 사항 중 많은 것이 아직도 논쟁거리이다. Yang, 'The Zunyi Conference', CQ, 106, pp. 235-271; Thomas Kampen, 'The Zunyi Conference and Further Steps in Mao's Rise to Power', CQ, 117, pp. 118-134. 이 두 자료가 가장 신뢰할 만한 설명을 제공한다. 다음 자료도 참고하라. 《遵義會議資料選編》, 貴州出版社, 貴陽; 金冲及, 《毛澤東傳(1893-1949)》, 中央文獻出版社, 北京, 1996; Braun, pp. 94-108.
당시 회의 장소와 마오가 머물던 집은 현재 기념관이 되었다. Salisbury는 무슨 까닭인지 모르겠으나 이때 지도자들이 머물렀던 숙소를 잘못 기록했다. "보구와 오토 브라운은 …… 다른 사람들과 격리된 곳에 머물고 있었다."(*The Long March*, p. 118) 당시 보구와 오토 브라운은 지휘 본부로부터 약 90미터 정도 떨어진 곳에 머물렀으며, 실제로 도시에서 먼 곳에 머문 사람들은 마오, 왕자샹, 장원톈이었다.

18) Braun, p. 96.

19) 金冲及, p. 341.

20) Braun, p. 98.

21) 마오의 연설문은 남아 있지 않지만, 당시 회의에서 승인된 결의문은 마오의 연설 내용에 토대를 둔 것으로 보인다(Yang, CQ, 106, pp. 262-265; Chen, Jerome, 'Resolutions of the Zunyi Conference', CQ, 40, pp. 1-17).

22) 다음 자료를 참고하라. Kampen, p. 123; Yang, CQ, 106, pp. 265-271. 특히 다음 구절에 주목하라. "보구 동지는 …… 분명 이 요인을 부차적으로 여기지 않았다."(p. 267)

23) Pantsov, Alexander and Levine, Steven I, *Mao, the Real Story*, Simon and Schuster, 2012, p. 271; Sheng, Michael, *Battling Western Imperialism*: *Mao, Stalin and the*

United States, Princeton University Press, 1997, pp. 20~21.

24) Braun, p. 104.

25) Ibid., pp. 108~118;《毛澤東年譜》, 1, pp. 445~459; Kampen, pp. 124~134.

26)《黨史資料通訊》, 10, 1987, p. 39.

27) Li, Zhisui, *The Private Life of Chairman Mao*, Chatto and Windus, London, 1994, pp. 365~369.

28) Ibid., pp. 355~364. 다음 자료도 참고하라. Salisbury, Harrison, *The New Emperors*, HarperCollins, London, 1992, pp. 134, 217~219 and 221. 1980년대 초 내가 베이징에 살 때, 마오의 성(性)에 대한 집착은 중국공산당 고위 간부의 자식들 사이에서는 이미 유명한 이야기였으며 재미있는 (그리고 부러운) 대화 주제였다.

29) 리즈쑤이는 마오가 다음과 같이 말한 것으로 썼다. "나는 여자들 속에서 몸을 씻지." 하지만 과거 마오를 자주 접했던 한 여성의 회고에 따르면 마오는 이런 식의 말을 자주 했으며 리즈쑤이처럼 순화된 표현을 쓰지 않고 직설적인 표현을 썼다고 한다.

30) Li Zhisui, p. 366.

31) Ibid., pp. 292~293 and 365~369.

32) Yang, CQ, 106, p. 263.

33) 원래 레닌이 (그리고 클라우제비츠가) 이야기한 구절이다. 마오는 이를 주제로 삼아 1938년에 〈論持久戰〉(SW, 2, pp. 152~153)이라는 논문을 썼다. 여기서 그는 다음과 같이 말했다. "전쟁은 정치다. …… 정치는 피를 흘리지 않는 전쟁이며, 전쟁은 피를 흘리는 정치다."

1장 소년 유학자

1) Bodde, Derk, *Annual Customs and Festivals in Peking*, Henri Vetch, Peiping, 1936, p. 87.

2) Siao, Emi, *Mao Tse-tung: His Childhood and Youth*, Bombay, 1953, p. 2.

3) Dore, Henri, SJ, *Recherches sur les Superstitions en Chine*, 1, Shanghai, 1911[Variétés Sinologiques no. 32], pp. 8~17; Cormack, A., *Chinese Births*, Weddings and Deaths, Peking, 1923, pp. 2~5.

4) Pantsov and Levine, p. 13.

5) 마오의 유년 시절에 대한 정보는 주로 1936년 여름 마오가 에드거 스노에게 이야기한 것에 근거를 두고 있다. 당시 마오의 나이는 42세였다(Snow, *Red Star over China*[rev. edn.], London, Pelican Books, 1972, pp. 151~162). 이차 자료 가운데는 샤오 형제가 쓴 책이 있다. 샤오 형제는 마오가 20대 초반이었을 때 가깝게 지낸 친구들이다(Emi Siao, *Mao Tse-tung*; Siao Yu, *Mao Tse-tung and I were Beggars*, Syracuse University Press, New York, 1959). 샤오위가 자신의 책에서 이야기한 마오의 어린 시절은 대체로 허구이다. 리루이가 쓴 마오의 전기는 반(半)공식적이라 할 만한데, 이 책에서 전하고 있는 마오의 어린 시절은 마오가 스노에게 이야기한 내용에 토대를 두고 있다(*The Early Revolutionary Activities of Comrade Mao Tse-tung*, M. E. Sharpe, White Plains, New York, 1977).

6) 그는 '이창(貽昌)'이라는 자를 쓰기도 했다(ibid, p. 12). 에드거 스노는 자신의 책 *Red Star over China*(Victor Gollancz, 1937)에서 마오 부친의 이름을 영문으로 Jen-sheng이라 기

록했다(이 표기는 Wade-Giles 방식이며 이를 현대 병음 방식으로 바꾸면 Rensheng이 된다). 이 책의 개정판에는(Penguin, 1972, p.152) Shun-sheng이란 표기가 괄호로 묶여 추가되었다. Shunsheng 즉 순성(順生)은 마오 부친의 묘비에 새겨져 있으며, 이 묘비는 1950년대에 제작되었다. 에드거 스노가 1937년판에 실수를 범한 까닭은, 아마도 후난 방언에서 Ren과 Shun의 발음이 매우 흡사하기 때문일 것이다.

7) 당시 샹탄현은 후난성에서 쌀 생산량이 가장 많은 지역의 하나였으며, 후난성은 중국 전체에서 쌀 생산량 3위였다(McDonald, Angus W., Jnr, *The Urban Origins of Rural Revolution*, University of California Press, Berkeley, 1978, pp. 7 and 275).

8) Yang Zhongmei, *Hu Yaobang: a Chinese biography*, M. E. Sharpe, Armonk, New York, 1988. p. 5.

9) 마오의 집에는 별채가 있었는데 거기에도 방이 세 개 있었다. 별채에는 마오의 아버지가 고용한 일꾼 가족이 살았다.

10) 마오가 제시한 수치에 따르면, 약 3천 평의 농지를 소유한 마오 가족은 1년에 최소 50은원의 현금 수입을 올렸다. 농지 보유량이 늘어나면서 당연히 수입도 늘어났을 것이다. 흉년에는 쌀 가격이 올랐으므로 수입의 두 배 내지 세 배를 벌었으리라고 짐작된다. 이외에도 마오의 아버지는 쌀을 사고팔면서 이익을 남겼고 다른 사람의 땅의 저당권을 사들여 이자를 받았으므로 추가 수입이 있었다.

11) 이를 마오가 인정하는 듯한 언급이 전해진다. 1968년 7월 그는 홍위병 지도자들과 대화하며 다음과 같은 말을 했다고 한다. "나의 부친도 훌륭한 사람은 아니었네. 부친이 지금 살아 있다면 투쟁의 대상이 되었을 거야."(*Miscellany of Mao Tse-tung Thought*, pt. 2〔JPRS-61269-2〕, Joint Publications Research Service, Arlington, VA, Feb. 1974, p. 389).

12) O'Sullivan, Mortimer, 'Report of a Journey of Exploration in Hunan from 14th December 1897 to March 1898', Shanghai, North China Herald Office, p. 4. 주민이 약 30만 명이었다고 하는 자료도 있다.

13) Quan Yanchi, *Mao Zedong: Man not God*, Foreign Languages Press, Beijing, 1992, pp. 90-94.

14) 마오의 1960년대를 이야기한 리즈쑤이(*Private Life of Chairman Mao*, pp. 77 and 103), 1930년대를 이야기한 에드거 스노(*Red Star over China*, pp. 112-113) 모두 마오가 '농민의 습성'을 지녔다고 서술했다. 마오의 경호대장이었던 리인차오 역시 마오를 '시골 사람'으로 묘사했다(Quan Yanchi, p. 90).

15) Little, Archibald J., *Through the Yangtse Gorges, or Trade and Travel in Western China*〔3rd edn.〕, London, 1898, pp. 167-168.

16) Li Zhisui, pp. ix, 100 and 107. 리인차오도 마오가 "오로지 손에 기름이나 잉크가 묻었을 경우에만" 비누를 사용했다고 언급함으로써, 마오가 씻는 것을 싫어했음을 확인해주고 있다(Quan Yanchi, p. 96). 또한 다음을 참고하라. Siao Yu, pp. 85-86, 152, and 257.

17) Quan Yanchi, p. 65; Siao Yu, p. 86; Li Zhisui, p. 103.

18) Snow, pp. 112-113.

19) Quan Yanchi, pp. 111-112.

20) 마오가 스노에게 자신의 유년 시절에 대해 이야기할 때 자신의 나이를 서양식으로 계산했

는지 중국식으로 계산했는지 분명하지 않다(Snow, pp. 151-162). 후자의 경우 한 살이 더 늘어난다. 나는 서양식이었다고 가정했다. 6살이면 농민의 자식들이 부모를 돕기 시작하는 나이이기 때문이다.

21) Williams, S. Wells, *The Middle Kingdom*(rev. edn.), 1, New York, 1883, p. 525.

22) Macgowan, John, *Lights and Shadows of Chinese Life*, Shanghai, North China Daily News and Herald Press, 1909, pp. 57-58.

23) Williams, p. 544; Smith, Arthur H., *Chinese Characteristics*, Shanghai, 1890, p. 386.

24) Williams, p. 542. "상인, 기술자, 향신들은 …… 그들의 아들을 상점이나 회계 사무소로 보냈다. 거기에서 숫자 계산이라든가 서신 작성 등 영업의 기본적인 기술을 습득하도록 하려는 목적이었다. 이런 아이들은 보통 3~4년 정도만 학교 교육을 받았다. 과거 시험을 보려는 아이들은 예외였다."

25) Snow, pp. 153-156 and 159.

26) Macgowan, pp. 59-63. *Chinese Characteristics*(Smith, p. 220)에도 선생들이 "매우 엄격한 태도를 보이는 것은 일반적인 현상임이 확실하다"고 언급되어 있다.

27) Snow, p. 153.

28) Emi Siao, p. 15.

29) *Chinese Repository*, 4, Canton, July 1835, pp. 105-118.

30) Macgowan, p. 64; *Chinese Repository*, 4, p. 105.

31) Smith, Arthur H., *The School System of China, East of Asia*, 3, Shanghai, 1904, p. 4.

32) Williams, 1, pp. 526-527.

33) Ibid., p. 541; Macgowan, p. 66; Justus Doolittle, *Social Life of the Chinese*, New York, 1865, p. 378.

34) *Chinese Repository*, 4, pp. 153-160, 229-243, 287-291 and 344-353; 5, pp. 81-87 and 305-316; 6, pp. 185-188, 393-396 and 562-568; Williams, pp. 527-541.

35) Smith, *Chinese Characteristics*, p. 323; Claude Cadart and Cheng Yingxiang, *L'Envol du Communisme en Chine* (*Mémoires de Peng Shuzhi*), Paris, 1983, pp. 14 and 36-37.

36) *Three Character Classic*(*Chinese Repository*, 4, p. 111)에 나와 있다. 초등 교육 기간에 대해서는 다음 자료를 보라. Williams, 1, p. 541; Macgowan, p. 66; Cadart and Cheng, p. 37. 마오 자신의 진술에 의하면, 그가 마을 서당을 떠날 즈음이면 이미 《수호지》를 비롯한 대중 역사 소설을 읽고 있었다고 한다(Snow, pp. 153-156).

37) Snow, p. 153.

38) Ibid., pp. 154 and 156.

39) *Odes for Children*(*Chinese Repository*, 4, p. 288).

40) Snow, p. 156.

41) 《三字經》, 北京, 1979(등사판 인쇄본), lines 258-263. *Chinese Repository*, 4, p. 110의 번역을 인용했다.

42) Snow, p. 156.

43) Vsevolod Holubnychy, 'Mao Tse-tung's Materialistic Dialectics', CQ, 19, 1964, pp. 16-17.

44) 마오가 마르크스주의에 관한 책을 처음으로 읽은 시기는 26살 때이다.

45) Lucian Pye의 책 전체를 떠받드는 전제는 다음과 같다. 동생 마오쩌탄이 태어난 뒤 마오는 버림받은 느낌을 받았고, 이는 마오의 성년기 성격과 행동에 결정적으로 영향을 주었다는 것이다. Lucian Pye는 논리를 정밀하게 제시했다. 그러나 그의 전제는 둘째의 탄생으로 어머니의 사랑을 박탈당한 중국의 수많은 첫째 아이들이 어째서 모두 다 혁명의 지도자로 성장하지 않았는지에 대해서는 설명하지 못한다(Pye, Lucian W., *Mao Tse-tung: The Man in the Leader*, Basic Books, New York, 1976). 동생의 출생으로 마오가 영향을 받은 정도가 다른 보통 아이들에 비해 더 컸다는 증거는 전혀 없다.

46) Schram, Stuart R.(ed.), 'Mao Zedong's funeral oration in honour of his mother' (Oct. 8 1919), *Mao's Road to Power*, 1, *The Pre-Marxist Period: 1912-1920*, New York, 1992, p. 419.

47) *Chinese Repository*, 6, pp. 130-142.

48) Smith, *Chinese Characteristics*, p. 202.

49) Snow, pp. 154-155.

50) 이러한 판단을 뒷받침해주는 가장 강력한 증거는, 아버지를 조용하게 만드는 유일한 방법은 아무것도 트집 잡을 것이 없도록 하는 방법뿐이었다고 마오가 언급했다는 점이다. 또한 마오는 아버지가 자신을 "책망하는 것을 즐겼다"고도 말했다. 이는 아버지가 마오를 아주 줄기차고 체계적으로 책망했음을 드러낸다.

51) Pantsov and Levine, pp. 25-26.

52) "며느리는 온 가족에게 하녀처럼 여겨졌는데, 실제로 며느리의 위치가 그러했다. 따라서 당연히 힘세고 잘 양육된 며느리를 선택하는 것이 바람직했다."(Smith, *Chinese Characteristics*, p. 292).

53) Williams, p. 787.

54) Snow, p. 172. 마오의 언급은 아주 간략하다. "부모가 …… 나를 결혼시켰습니다." 하지만 당시 중국에서 결혼을 하는 것은 단 한 번 예식을 올리는 것으로 끝나는 것이 아니었고 일련의 과정을 거쳐야 했다. 우선 사주팔자를 교환하고, 좋은 날을 택하고, 그다음 서로 예물을 교환하고 신랑 측은 신부 측에 지참금을 지불해야 한다. 마지막으로 신부가 시댁으로 거처를 옮기고 신랑과 함께 교배주를 마신 다음, 하늘과 땅 그리고 선조들에게 고두해야만 비로소 두 남녀는 혼인한 것으로 간주되었다(1990년대에도 중국 농촌 지역에서는 이러한 예식 절차가 행해졌다). 《사오산 마오 씨 족보(韶山毛氏族譜)》(全國圖書館文獻縮微復制中心, 7, 北京, 2002, p. 387)에 따르면, 마오쩌둥과 뤄이구 사이에 '위안즈'라는 이름의 아들이 태어났고, 양씨 성의 가족에 의해 양육되었다고 한다. 이 아들이 존재했다는 다른 증거는 전혀 없다. 하지만 아이의 이름은 흥미를 불러일으킨다. '위안'은 마오 씨 집안의 21번째 손의 돌림자이며 따라서 마오쩌둥의 자식은 원래 이 돌림자를 써야 했다. 하지만 5·4운동 이후 이러한 관습은 폐기되었으며, 1920년대 태어난 마오쩌둥의 아들들은 모두 '안(安)'을 돌림자로 사용했다.

55) Snow, p. 157.

56) 1999년 5월 사오산에서 들은 이야기이다. 다음 자료도 참고하라. Pantsov and Levine, p. 27.

57) 1915년 6월 마오는 샤오위에게 여름 방학 동안 고향에 내려가고 싶은 마음이 특별히 없다고 말했다(Schram, *Mao's Road to Power*, 1, p. 62). 샤오위는 이 사실을 언급하며 마오가 "자신의 고향 집에 대해 애틋한 감정이 없었다"고 썼다(*Mao Tse-tung and I*, p. 84). 한편 마오의 어머니는 다음 해 병이 났고(Schram, 1, p. 92), 1917년 가을에 친정이 있는 샹샹현으로 갔던 것으로 보인다. 1918년 8월, 마오는 어머니 쪽의 친척 아저씨에게 쓴 편지에 이렇게 언급했다. "어머니가 아저씨 댁에 오랜 기간 머물 수 있게 해주셔서 대단히 감사합니다." 1919년 여름, 마오의 어머니는 치료를 위해 창사에 갔다(ibid., pp. 174 and 317).

58) Ibid., p. 317.

59) Snow, pp. 157 and 159-160.

60) Ibid., p. 156.

61) Ibid., pp. 160, 168, 170 and 175.

62) O'Sullivan, p. 2.

63) NCH, April 22 1910.

64) O'Sullivan, p. 7.

65) Parsons, William B., 'Hunan: the Closed Province of China', in *National Geographic Magazine*, 11, New York, 1900, pp. 393-400.

66) 'Hunan: A Record of a Six Weeks' Trip', NCH, June 12 and 19, July 3, 10 and 17 1891.

67) O'Sullivan, p. 2; Hillman, Lt.-Com. H,E., RN, *Report on the Navigation of Tung Ting Lake and the Siang and Yuan Rivers (Upper Yangtse) with descriptions of the three principal towns, Changsha, Siangtan, Chang Teh, in the province of Hunan, China*, London, HMSO, 1902, p. 17. 중국을 소개한 서구의 초기 저술가들이 후난 사람의 성격과 중국의 다른 지역과의 차이점을 이야기할 때, 모두 같은 의견을 냈다는 사실은 매우 인상적이다.

68) *Lettres Edifiantes et Curieuses*, 22, Paris, 1736, pp. ix et seq.

69) NCH, April 22 1910.

70) 베이징 주재 영국 공사 Claude Macdonald가 1898년 2월 19일 '총리아문'에 대해 한 발언으로, 다음 자료에 인용했다. Little, pp. xxi-xxiv.

71) Cadart and Cheng, pp. 28 and 50.

72) Ibid., pp. 42-43; Snow, p. 161. 펑수즈는 마오보다 두 살 아래이다. 펑수즈의 고향은 사오양현(邵陽縣)의 한 마을로 사오산보다 작고 더 외진 곳이었다. 하지만 외부 소식을 접하는 것은 사오산보다 열악하지 않았던 모양이다. 마오의 경우와는 달리, 펑수즈는 황제가 사망하고 몇 주 뒤에 그 사실을 알리는 포고문이 붙은 것을 보았다고 한다.

73) Schram, Stuart R., *Mao Tse-tung*[rev. edn.], Penguin, Harmondsworth, 1967, p. 21. 마오는 이 책을 사촌에게 구한 것으로 보인다(Schram, *Road to Power*, 1, p. 59).

74) 1897년 창사 시에는 후난성 성장 순무의 허가를 받아, 소규모의 사영 발전 회사가 창사 시에 세워지고 간헐적으로 운용되기 시작했다. 샹탄까지 이르는 전보 연락망이 설치된 것도 같은 해이다. 이때 보수적인 향신들은 전봇대가 풍수에 나쁜 영향을 준다고 격렬하게 반대했다. 1900년 처음으로 샹탄까지 외국의 기선이 왔다. 독일 예인선 Vorwaerts였다. 마오는 이런 '외국 배'에 대한 소문을 계속 들었겠지만 실제로 본 것은 처음으로 도시를 방문한 17

살 때였을 것이다. 창사에 전화가 설치된 해는 1910년이며 철로는 그로부터 7년 뒤 설치된다(Preston, T.J., 'Progress and Reform in Hunan Province', *East of Asia*, 4, Shanghai, 1905, pp. 210-219; NCH, April 29 1910, p. 249; Hillman, p. 3; O'Sullivan, pp. 6-7).

75) Snow, pp. 156-157 and 159.

76) Ibid, p. 156.

77) Ibid, p. 158. 마오는 자신이 14살 때, 즉 1908년에 (그가 다소 왜곡된 설명을 제시하는) 이 폭동이 발생했다는 식으로 말했다. 하지만 실제로는 그보다 2년 전에 일어났다.

78) NCH, June 10 1910, p. 616; July 1 1910, pp. 23-24; Esherick, Joseph W., *Reform and Revolution in China: The 1911 Revolution in Hunan and Hubei*, University of California Press, Berkeley, 1976, p. 130.

79) NCH, April 22 and 29 1910. 당시 노동자 한 사람이 한 달간 먹는 쌀의 양은 대략 2은원어치에 해당한다. 당시 가장 가난한 노동자의 벌이는 1은원도 되지 않았는데, 그 돈으로 가족까지 먹여 살려야 했다.

80) Esherick, p. 126.

81) NCH, May 6 1910. 이 사건은 1910년 4월 29일자 NCH에도 한커우(우한)로부터 전해진 소식으로 보도되었다. 이 폭동을 가장 잘 기록한 자료는 다음과 같다. Esherick, pp. 130-138. 물장수 부부 자살 사건은 당시 창사에 있던 일본 영사의 보고서에서도 확인된다.

82) Esherick, p. 133.

83) NCH, April 29 1910.

84) NCH, May 6 1910.

85) NCH, April 29 and May 13 1910.

86) Snow, p. 158.

87) 마오는 이 사건이 샤오산에서 일어났다고 말했다(ibid., pp. 158-159). 하지만 실제로 마오가 살던 작은 마을에서 일어났다면 그의 묘사는 분명 달랐을 것이다. 1910년 6월 17일과 7월 1일자 〈노스차이나헤럴드〉를 보면 명백히 동일한 사건으로 보이는 일이 샹탄현 화스에서 발생했다는 보도가 있다. 화스는 류산 근처의 작은 마을이다.

88) Snow, p. 159.

89) Ibid., p. 160.

90) Emi Siao, p. 18; Siao Yu, pp. 20-21.

91) 마오는 이때 상황을 "나는 사촌과 함께 학교에 가서 등록했습니다."라고 간단하게 말했지만, 샤오위는 매우 흥미롭게 묘사한다(ibid, pp. 21-26). 마오가 장대에 자신의 물건을 묶어 짊어지고 와서는 교장에게 5개월 동안 시험 삼아 입학할 수 있게 해 달라고 요청했다는 것이다. 하지만 마오가 이 학교에 온 시기는 1909년 8월이었고, 그때면 해당 학년도가 5개월밖에 남지 않은 상황이었다는 설명이 사실에 더 가까운 것 같다. 마오가 자신이 16살 때 이 학교에 들어갔다고 한 말을 고려하면, 그가 1910년도 봄에 도착했다고 볼 수 있다. 하지만 마오가 그 학교에서 거의 2년을 보냈다는 언급을 고려하면, 도착 시점은 1910년 봄보다 일러야 한다. 한편 샤오위의 서술에 따르면, 마오가 이 학교에 들어간 나이는 16살이 아니라 15살이다.

92) 마오가 이 학교에서 어떻게 행동했는지를 샤오위가 묘사한 것을 읽으면, 실제로 그랬을 것

같은 느낌이 든다(pp. 27-30).

93) Snow, p. 161.

94) Ibid., pp. 161-162.

2장 신해혁명 한복판에서

1) Esherick, *Reform and Revolution in China*, pp. 179-182; NCH, Oct. 14 1911, p. 105.

2) Esherick, pp. 153-155.

3) NCH, Oct. 21 1911, pp. 143 and 152.

4) Ibid, p. 143; *The Times*, London, Oct. 15 1911.

5) NCH, Nov. 11 1911, p. 354.

6) Ibid., Oct. 28 1911, p. 227.

7) *The Times*, London, Oct. 14 1911.

8) NCH, Oct. 14 1911, p. 103; Oct. 21, p. 143; Nov. 11, p. 360(이창에서 발생한 만주족 부녀자의 수난에 대해 보도하고 있다). 청 황실이 이 폭동을 얼마나 심각하게 보고 있었는지는 10월 30일 발표된, 처량한 느낌을 주는 황제 칙서에 반영되어 있다(NCH, Nov. 4, p. 289).

9) Siao, Emi, *Mao Tse-tung: His Childhood and Youth*, p. 22. 마오의 말에 따르면, 창사까지 걸어왔다고 한다(Snow, *Red Star over China*, p. 163).

10) Snow, p. 163.

11) 20세기 초 창사에 대한 설명은 다음 자료를 보라. Hume, Edward H., *Doctors East, Doctors West: An American Physician's Life in China*, Allen and Unwin, London, 1949; Parsons, William B., *An American Engineer in China*, McClure, Phillips, New York, 1900; Hobart, Alice Tisdale, *The City of the Long Sand*, Macmillan, New York, 1926. 다음 자료에도 정보가 있다. O'Sullivan, Mortimer, 'Journey of Exploration'; Stokes, Anson Phelps, *A Visit to Yale in China: June 1920*, Yale Foreign Missionary Society, New Haven, 1920.

12) Hume의 서술에 따르면 인력거는 1911년 신해혁명 이후에야 창사에 다수 등장했다고 한다 (p. 113). Stokes의 서술에 따르면 1920년에도 그렇게 많지 않았다고 한다(p. 6).

13) Hume, p. 98.

14) Snow, p. 163.

15) Esherick, pp. 141 and 162.

16) Mao, SW, 3, p.73.

17) Snow, pp. 163-164.

18) Esherick, p. 162, Esherick은 〈民力報〉(Jan. 4 1911)를 인용하고 있다.

19) Esherick, pp. 165-168; Snow, p. 164.

20) Schram, *Mao's Road to Power*, 1, pp. 405-406 (Aug. 4 1919).

21) Hume, pp. 160 and 235.

22) Esherick, pp. 199-201.

23) NCH, Oct. 14 1911, p. 105; Oct. 21, pp. 144-145 and 152.

24) 10월 12일, 한커우 주재 일본 영사는 창사로 가는 전보선이 '절단'되었다고 보고했다(NCH,

Oct. 14 1911, p. 104; Oct. 21 p. 131).

25) NCH, Nov. 4 1911, p. 295.

26) Bertram Giles: Telegram no. 22 of Oct. 16 1911, FO228/1798, Public Records Office, London.

27) Esherick, p. 200.

28) Giles, Despatch no. 44 of Nov. 2 1911, FO228/1798.

29) Snow, pp. 164-165.

30) Esherick, p. 200; Giles, Despatch no. 44; NCH, Nov. 4 1911, p. 288.

31) Snow, p. 165.

32) Giles, Despatch no. 44.

33) 다음 자료도 참고하라. Schram, *Mao Tse-tung*, p. 33.

34) Giles, Despatch no. 44. NCH, Nov. 4 1911, p. 288.

35) Esherick, pp. 182-186.

36) Ibid, pp. 204-210; McCord, Edward A., *The Power of the Gun: The Emergence of Modern Chinese Warlordism*, University of California Press, Berkeley, 1993, pp. 74-76.

37) Esherick, pp. 58-65 and 155-157.

38) Giles, Despatch no. 44. 다음 자료도 보라. Esherick, p. 209.

39) Giles, Despatch (Nov. 17 1911), FO228/1798.

40) Snow, p. 166.

41) NCH, Nov. 4 1911, p. 289.

42) NCH, Nov. 11 1911, pp. 361-362, 364 and 366.

43) 11월 첫째 주말까지 혁명 집단이 점령한 성도는 우창, 창사, 시안(시안은 창사와 같은 날 점령되었다), 윈난부(雲南府)였다. 푸저우(福州)와 광저우는 1주일 뒤 점령했다.

44) NCH, Nov. 11 and 18 1911.

45) Snow, p. 166.

46) McCord, p. 120. 영국 영사의 추계에 따르면, 11월 말까지 5만 명의 후난 병사가 창사를 출발하여 우창, 사스, 정저우, 쓰촨성에 갔으며, 2만 명 내지 3만 명이 창사에 남아 있었다 (Giles, Despatch no. 49 of Dec. 1 1911, FO228/1798).

47) NCH, Dec. 2 1911, p. 594.

48) Giles, Despatch no. 50 of Dec. 20 1911, FO228/1798.

49) 나는 당시 마오가 제50연대에 소속되어 있었다고 추정한다. 왜냐하면 그가 군에 들어갈 당시, 제49연대는 후베이성에 있었기 때문이다(Esherick, p. 238). Giles는(Despatch no. 5) 이 두 연대를 혼동한 것 같다.

50) McCord는(p. 135) 리위안홍이 말한 것으로 인용하고 있다.

51) Emi Siao, p. 28.

52) McCord, p. 135.

53) Snow, p. 166.

54) NCH, Feb. 24, p. 506; May 18, 1912, p. 467.

55) Giles, Despatch no. 50.

56) Hume, p. 165.

57) NCH, Jan. 13 1912, p. 105.

58) NCH, Feb. 17 1912, p. 441; Snow, p. 167.

59) McCord, pp. 119–120; McDonald, *Urban Origins*, pp. 22–23.

60) Snow, p. 167.

3장 사범학교 시절

1) Selected Works of Mao Tse-tung(SW), 4, Beijing, 1967, p. 412.

2) Esherick, Reform and Revolution, pp. 237–249.

3) NCH, Dec. 30 1911, p. 872.

4) Hume, Doctors East, Doctors West, pp. 159 and 165–166.

5) NCH, Dec. 30 1911, p. 872; Jan. 20 1912, p. 173.

6) Snow, *Red Star over China*, pp. 167–170. 마오는 스노에게 자신이 사범학교에 1912년에 들어갔다고 말했지만(p. 174), 다른 많은 경우처럼 이번에도 마오는 또 한 해를 틀리게 말했다.

7) Ibid, p. 162.

8) Li Rui, *Early Revolutionary Activities*, p. 8; Snow, p. 169.

9) *Miscellany of Mao Tse-tung Thought*, pt. 2, pp. 496–497.

10) 《자치통감》은 종종 영어로 'General Mirror for Aid in Government'로 번역된다. 다음 자료를 참고하라. de Bary, Theodore(ed.), *Sources of Chinese Tradition*, Columbia University Press, New York, 1960, pp. 493–495.

11) *Mémoires concernant l'Histoire … des Chinois*, 1, Paris, 1776, p. 86.

12) Snow, p. 166.

13) Scalapino, Robert A., and Yu, George T., *The Chinese Anarchist Movement*, University of California Press, Berkeley, 1961, p. 38; Dirlik, Arif, *Anarchism in the Chinese Revolution*, University of California Press, Berkeley, 1991, pp. 121–123.

14) Snow, p. 170.

15) Schram, *Mao's Road to Power*, 1, pp. 9n and 487–488.

16) Snow, p. 171.

17) Schram, 1, pp. 175–313 (Winter 1917).

18) Ibid., pp. 5–6 (June 1912).

19) Ibid., p. 63 (June 25 1915).

20) Ibid., p. 139 (Sept. 12 1917).

21) Ibid., p. 132 (Aug. 23 1917).

22) Ibid., p. 66 (Summer 1915).

23) Ibid., p. 67 (July 1915).

24) Ibid., pp. 61–65 (May and June 1915).

25) Ibid., p. 103 (July 25 1916).

26) Ibid., p. 113 (April 1 1917).

27) Ibid., pp. 121 and 124 (April 1 1917).

28) Ibid., pp. 117 and 120 (April 1 1917).

29) Ibid., pp. 133-134 (Aug. 23 1917).

30) Ibid., p. 138 (Sept. 16 1917).

31) Ibid., pp. 201. 204-205, 208, 251 and 273 (Winter 1917). pp. 280-281도 보라. 이 인용문은 여러 문장을 합친 것이다. 왜냐하면 마오는 관점이 다르지만 동일한 관념을 자신이 작성한 메모의 여러 부분에서 반복하여 언급했기 때문이다.

32) Ibid., p. 310 (Winter 1917).

33) Ibid., p. 77 (Sept. 6 1915).

34) Ibid., pp. 263-264 (Winter 1917).

35) Ibid., p. 118 (April 1 1917).

36) Ibid., p. 69 (July 1915).

37) Ibid., pp. 237-238 and 247 (Winter 1917).

38) Ibid., p. 130 (Aug. 23 1917).

39) Ibid., p. 62 (June 25 1915).

40) Ibid., pp. 77-79 (Sept. 6 1915).

41) Ibid., pp. 128-129 (Summer 1917).

42) Ibid., p. 132 (Aug. 23 1917).

43) Ibid., p. 249 (Winter 1917).

44) Ibid., p. 139 (Sept. 23 1917).

45) 동양에서 일반적으로 육십갑자의 명칭은 한 글자씩 따로 번역하지 않는다. '신해' 역시 마찬가지다. '신(辛)'은 10개의 간지 가운데 8번째로 쇠를 뜻하는 '금(金)'과 성질이 비슷하다고 하며, '해(亥)'는 12개의 지지 가운데 10번째로 '돼지'를 뜻한다.

46) Snow, p. 169.

47) NCH, May 8 1915, p. 422; June 5, p. 715.

48) Li Rui, p. 25.

49) Ibid., p. 50; Schram, 1, p. 85 (Winter 1915).

50) McDonald, *Urban Origins*, pp. 23-28. 군부대의 반란에 대해서는 다음 자료도 보라. NCH, May 20 and 27 1916. 탕샹밍의 변장에 대해서는 다음 자료를 보라. NCH, Sept. 23, p. 617; Hume, p. 241. 유혈 사태에 대해서는 다음 자료를 보라. *North China Daily News*, Shanghai, July 20 and 21 1916. 이 신문은 또 7월 29일자로 발송된 기사에서 "후난의 상황이 나아졌다"고 보도했다(July 31).

51) Schram, 1, pp. 92 (June 24), 93 (June 26) and 7 (July 18 1916).

52) Hume, pp. 238-240.

53) McDonald는(p. 25) 이 처형이 "성의 오랫동안 사용하지 않던 과거 시험 건물"에서 진행되었다고 썼다. 그러나 그 건물은 이미 몇 해 전에 철거되었고 그 자리에는 후난성 교육협회 건물들이 들어서 있었다(Hume, p. 160).

54) Li Rui, p. 47. McCord는(*Power of the Gun*, p. 196, n. 125) 1만 5천 명과 1만 6천 명의

사망자가 있었다는 중국 자료 두 개를 근거로 인용했다. 마오는(Schram, 1, p. 95) "1만 명이 훨씬 넘는다"고 말했다.

55) 상하이에서 발행된 신문 〈時報〉는 후난을 "공포의 세계"라고 표현했다(McCord, March 14 1914, p. 198, n. 136에 인용되었다). Hume은-(p. 240) 탕샹밍의 통치를 "공포정치"라고 서술했다. 탕샹밍이 실각한 뒤, 후난성 출신 의원들은 리위안훙 대총통에게 전보를 보내, 탕샹밍의 '철권통치'를 "매우 강력하고 충격적으로 고발"했다(North China Daily News, 15 July 1916). 이들은 이후 탕샹밍을 탄핵했다(〈時報〉, Nov. 29 1916).

56) NCH, May 15 1915, p. 449.

57) McCord, pp. 193 and 195-198. 다음 자료도 보라. NCH, Sept. 23 1916, p. 616. "경찰이 곳곳에"로 시작하는 인용문은 〈時報〉, July 31 1914에서 따온 것이다.

58) Li Rui, p. 47.

59) Schram, 1 pp. 94-98 (July 18 1916).

60) Ibid., p. 95.

61) Ibid., p. 6 (June 1912).

62) Ibid., pp. 100-101 (July 25 1916).

63) 1917년 마오는 이렇게 썼다. "오늘날 뛰어난 인물이라고 할 수 있는 사람은 셋이다. 위안스카이, 쑨원, 캉유웨이다."(ibid., p. 131) p. 76 (Sept. 6 1915)도 보라.

64) 마오가 파울젠의 《윤리학 체계》(ibid., Winter 1917, p. 276) 여백 부분에 써놓은 메모를 보면, 다음 문장 옆에 위안스카이 이름을 적어놓았다. "폭군을 폭군으로 만드는 것은 …… 그가 오로지 쾌락과 권력을 추구한다는 점이다." 1920년 9월이 되면 마오는 '비적 위안(袁匪)'이라든가 '도살자 탕(湯屠夫)'이라는 말을 한다(ibid., Sept. 6-7 1920, p. 552, p. 529, n. 14도 보라).

65) Ibid., p. 141, n. 1 (Sept. 1917).

66) Siao Yu, Mao Tse-tung and I, pp. 37-40.

67) Schram, 1, p. 63 (June 25 1915).

68) 마오는 스노에게 자신이 이 광고문을 창사의 어느 신문 사이에 끼워 넣었다고 말했다(Snow, p. 172). 그러나 그 일이 있었던 당시에 그는 친구들에게 "몇몇 학교에 가서 붙였다"고 말했다(Schram, Mao's Road to Power, 1, pp. 81-82 and 84).

69) Li Rui, p. 74; Schram, 1, p. 81 (Sept. 27 1915).

70) 《시경》의 인용문이다.

71) Snow, p. 172.

72) 훗날 리리싼의 회고에 따르면, 그가 자신의 고향 마을에서 나와 창사에 도착한 직후 마오쩌둥을 처음 만났으며, 마오쩌둥이 너무나 공부를 많이 한 것 같이 보여서 완전히 압도되었다고 한다(Pantsov and Levine, p. 48).

73) 그해 가을, 마오는 "5, 6명이 답을 했다"고 기록했다(Schram, 1, Nov. 9 1915, p. 84).

74) Snow, p. 172.

75) Li Rui, p. 29.

76) Snow, p. 173.

77) Schram, 1, p. 69 (July 1915).

78) Ibid., p. 60 (April 5 1915).

79) 〈北京大學月刊〉, Jan. 28 1920.

80) Schram, 1, pp. 72 (Aug.) and 84 (Nov. 9 1915).

81) Li Rui, pp. 44~46.

82) Schram, 1, pp. 73~74 (Aug. 1915).

83) Siao Yu, p. 36.

84) Li Rui, pp. 41~42. Snow는(p. 175) 마오가 사범학교 시절에 160은원을 썼다고 말했다고 전한다. 그러나 사실 마오가 말한 기간은 1912년부터 1918년 사이 6년 반이다. 왜냐하면 마오는 "여러 차례 입학 등록 비용"을 지불했던 기간도 분명하게 포함했기 때문이다.

85) Snow, ibid.; Li Rui, p. 23.

86) Schram, 1, pp. 9~56 (Oct.-Dec. 1913), pp. 141~142 (Sept. 1917) and pp. 175~310 (Winter 1917).

87) Snow, p. 170. 다음 자료도 보라. Schram, 1, p. 62 (June 25 1915)

88) Schram, 1, p. 62 (June 25 1915).

89) Ibid., p. 84 (Nov. 9 1915).

90) Ibid., p. 85 (Winter 1915).

91) Ibid., p. 105 (July 25 1916).

92) Ibid., p. 130 (Aug. 23 1917).

93) Li Rui, pp. 52~53.

94) Schram, 1, p. 129 (Summer 1917).

95) 마오는 에드거 스노에게 〈民報〉에 난 한 기사를 보고서, 다섯 개 현을 방문하는 이 도보 여행에 대한 아이디어를 얻었다고 말했다(Snow, p. 171. 다음 자료도 보라. Siao Yu, pp. 96-202). 마오는 "농부들이 음식과 잠자리를 제공했다"고 말했지만, 마오와 친구가 여행 중 만난 사람들은 전부 지방의 향신이나 상인 혹은 관료들이었다.

96) Schram, 1, p. 159 (1917).

97) Ibid., pp. 106 and 131 (Dec. 9 1916 and Aug. 23 1917).

98) Ibid., p. 135 (Aug. 23 1917).

99) 이 선출과 6월에 있었던 '올해의 우수 학생' 선출은 분명히 별개로 보인다(ibid., p. 145, Nov. 1917). 마오는 이 모임의 '총무부장'으로 뽑혔는데, 형식상 최고 책임자는 학감이었지만 실질적으로는 마오가 책임자 역할을 했다(ibid., p. 143n; Li Rui, pp. 54~55).

100) Schram, 1, p. 145 (Nov. 1917).

101) Ibid., pp. 145~146.

102) Ibid., p. 68 (July 1915).

103) Ibid., p. 235 (Winter 1917).

104) Ibid., p. 115 (April 1917).

105) Ibid., p. 157 (Winter 1917).

106) 첫날 수업에 출석한 사람은 모두 85명이었고 그 가운데 30퍼센트가 청소년이었다(ibid., Nov. 1917, pp. 152~153).

107) Ibid., pp. 143~156. 〈신청년〉 같은 진보적인 출판물조차 1918년 1월까지는 아직 완전한 구

어체 중국어 문장을 사용하지 않았다.

108) Ibid., p.142. 마오는 야간 학교의 교과 과정을 계획하며, 자신이 가르치게 될 역사 수업에서 학생들에게 '애국정신'을 불어넣도록 하겠다고 강조했다(p. 149).

109) McCord, pp. 245–256; NCH, Sept. 15 1917, p. 594; Oct. 20, p. 85.

110) McCord, pp. 256–257. 다음 자료도 보라. NCH, Oct. 6 1917, pp. 17–18, Oct. 13, pp. 72 and 85–86; Oct. 20, pp. 152–153; Nov. 3, pp. 253–254 and 272–273.

111) Schram, 1, p. 144 (Oct. 30 1917).

112) McCord, pp. 257–259; NCH, Nov. 10 1917, pp. 333–334; Nov. 24, p. 463; Dec. 1, pp. 518–520.

113) Li Rui, pp. 48 and 50–51; Schram, *Mao Tse-tung*, p. 43.

114) Schram, *Mao's Road to Power*, 1, p. 19, n. 52.

115) Snow, pp. 169–170. 1916년 7월의 불안한 정국 속에서 마오가 샤오위에게 보낸 편지에는 다음과 같은 내용이 있다. "나는 샹탄에 있었고 창사로 가기가 두려워서 떠나기 전에 우선 친구들로부터 소식을 들으려고 기다리고 있었어. 나는 정말 두려웠어."(Schram, 1, p. 97).

116) Li Rui, p. 48.

117) McCord, pp. 259–263.

118) NCH, April 6 1918, p. 21; April 13, pp. 78–79.

119) Hume, p. 260.

120) NCH, April 13 1918, p. 80.

121) NCH, April 20 1918, p. 137.

122) NCH, April 13 1918, p. 79.

123) NCH, May 25 1918 pp. 452–453; McDonald, pp. 31–32.

124) NCH, June 1 1918, pp. 501–502.

125) McCord, pp. 263–264 and 284.

126) Li Rui, pp. 48–49 and 59; Schram, 1, pp. 167–168 (May 29 1918).

127) NCH, May 18 1918, pp. 398–399.

128) Ibid., Sept. 14 1918, p. 626.

129) Li Rui, p. 85.

130) Schram, 1, p. 136 (Aug. 23 1917). 이 구절은 마오가 졸업하기 9개월 전에 썼지만, 그 9개월 동안 이러한 생각을 바꿀 만한 특별한 일은 벌어지지 않았다.

131) Li Rui, pp. 85–86.

132) Li Rui, pp. 75–76. 마오는 에드거 스노에게 1917년에 신민학회가 만들어졌고 말했다(*Red Star*, p.173). 하지만 이는 마오가 다시 한번 시간을 잘못 말한 것이다. 샤오위는 자신이 서기에 뽑혔다고 말했는데, 이는 리루이에 의해 간접적으로 재확인된 사실이다. 리루이는 마오가 서기 직책을 "겸손하게 사양"했다고만 썼을 뿐, 누가 그 직책을 맡았는지는 밝히지 않았다. (샤오위는 1950년대 중국에서는 언급할 수 없는 인물이었다.) 리루이에 따르면 마오는 부서기였다. 다음 자료를 보라. Schram, 1, pp. 81–82 and 164, n. 1; Siao Yu, pp. 71–76.

133) 뭐쉐짠이 할아버지에게 1918년 여름에 보낸 이 편지는 '마오쩌둥 탄신 100주년 기념 전람

회'에 진열되었다. 전람회 개최 시기는 1993년 12월이었으며, 장소는 베이징에 있는 '중국 혁명역사기념관'이었다.

134) Li Rui, p. 76.

135) Schram, 1, p. 152 (Nov. 9 1917).

136) 예를 들면 1917년 8월 마오는 공자가 말한 다리를 건축하고 도로를 수선하는 일들이 "칭찬할 만한 일"이라고 했지만, 1918년이 되면 "아무런 가치 없는 일"이라고 썼다(Ibid., pp. 135 and 211).

137) Ibid., p. 208 (Winter 1917).

138) Ibid., p. 208 (Winter 1917).

139) Ibid., p. 132 (Aug. 23 1917).

140) Ibid., pp. 249–250 and 306.

141) Ibid., pp. 131–132 (Aug. 23 1917).

142) Ibid., p. 164, n. 1.

143) Li Rui, p. 87.

144) Schram, 1, p. 174 (Aug. 1918).

4장 베이징의 무정부주의자

1) Schram, *Mao's Road to Power*, 1, p. 83 (Nov. 9 1915).

2) Ibid., pp. 172–173 (Aug. 11 1918). 다음 자료도 보라. Siao Yu, *Mao Tse-tung and I*, pp. 215–216; Smedley, *Battle Hymn of China*, p. 123.

3) Snow, *Red Star over China*, p. 176. 다음 자료도 보라. Li Rui, *Early Revolutionary Activities*, p. 85.

4) Snow, p. 176; Siao Yu, p. 210.

5) Schram, 1, p. 317 (April 28 1919).

6) Snow, p. 176.

7) Schram, *Mao Tse-tung*, p. 48.

8) Snow, p. 176.

9) Snow, pp. 176–177; Siao Yu, p. 210. 다음 자료도 보라. Kates, George, *The Years That Were Fat*, Harper, New York, 1952, pp. 20–22; Strand, David, *Rickshaw Beijing*, University of California Press, Berkeley, 1989, pp. 29–30.

10) Snow, p. 177. 다음 자료도 보라. Li Rui, p. 95.

11) Pantsov and Levine, p. 62

12) Snow, pp. 179–180.

13) Pantsov and Levine, p. 63.

14) Schram, *Mao's Road to Power*, 1, p. 329 (July 14 1919).

15) Li Rui, p. 93.

16) Snow, p. 177.

17) Ibid., p. 174.

18) Dirlik, *Anarchism in the Chinese Revolution*, pp. 135–136; Wakeman, Frederic, Jnr,

History and Will, University of California Press, Berkeley, 1973, pp. 115-136.

19) Schram, 1, p. 135 (Aug. 23 1917).

20) Ibid., pp. 237-239 (Winter 1917).

21) Wakeman, pp. 140-146.

22) Ibid., pp. 15-52 (량치차오); pp. 156-157 (자유주의); pp. 238-243, 251 and 257 (왕양명); pp. 82-85 (왕부지). 다음 자료도 보라. Li Rui, pp. 17-19 and 24-27.

23) 1917년 가을 마오가 캉유웨이의 유토피아적 이상주의를 받아들였다가 그해 겨울에 그 사상을 폐기했던 것을 예로 들 수 있다. '불후의 명성'에 관한 생각도 마찬가지였다. 1916년 12월 마오는 이렇게 썼다. "진정으로 불후의 명성을 얻는 것이 한 사람의 성취 척도다." (ibid., p. 107). 하지만 1년이 지나자 죽은 뒤에도 영원한 명성을 남기려고 노력하는 것은 "어리석은 짓"이라고 비판한다(ibid., p. 240. p. 253도 보라).

24) Schram, 1, p. 130.

25) 1918년 3월과 4월에 각각 발행된 〈勞動〉에 몇 개의 글이 실렸다(Luk, Michael Y. M., *The Origins of Chinese Bolshevism*, Oxford University Press, 1990, pp. 18-19). 다음 자료도 보라. Dirlik, Arif, *The Origins of Chinese Communism*, Oxford University Press, 1989, pp. 26-28. 리다자오는 1918년 7월 〈신청년〉에 프랑스혁명과 러시아혁명을 비교한 글을 실었지만 이 글은 덜 구체적이었으며 그의 11월 논문에 비해 관심을 덜 끌었다.

26) de Bary, *Sources of Chinese Tradition*, pp. 863-865. 리다자오는 당시 많은 동시대인과 마찬가지로, 일본에서 공부했으며 마르크스주의에 대한 그의 지식 대부분은 일본의 출판물로부터 얻었다. 당시 일본에서 공부했던 사람으로는 〈晨報〉의 편집인 천푸셴(陳溥賢)이 있었다. 천푸셴은 마르크스주의 관련 문헌을 대중화하는 데 매우 중요한 역할을 했다. 다음 자료를 보라. Ishikawa Yoshihiro, *The Formation of the Chinese Communist Party*, Columbia University Press, New York, 2012.

27) Dirlik, Anarchism, pp. 176-177. 다음 자료도 보라. Scalapino and Yu, *The Chinese Anarchist Movement*; and Zarrow, Peter, *Anarchism and Chinese Political Culture*, Columbia University Press, New York, 1990.

28) de Bary, pp. 864-865.

29) Dirlik, Anarchism, pp. 172-175; Chow Tse-tung; *The May Fourth Movement: Intellectual Revolution in Modern China*, Harvard University Press, Cambridge, MA. 1960, p. 97. 다음 자료도 보라. Li Rui, p. 96. '회명학사'는 1912년에 창설되었다. 류스푸는 1915년 사망했지만 그의 지지자들은 1922년까지 활동을 계속했다. 1918년 봄 〈勞動〉을 발행하기 시작한 것도 그들이었다.

30) Scalapino and Yu, p. 40.

31) Snow, p. 177.

32) Schram, 1, p. 380 (July 21 1919).

33) Strand, pp. 1-46; LaMotte, Ellen N., *Peking Dust*, Century Publishing, New York, 1919, pp. 16-21; Franck, Harry, *Wandering in North China*, Century, New York, 1923, pp. 196-203. George Kates는 자신의 저술 *The Years That Were Fat*에서 1930년대 초 베이징을 묘사하고 있지만 대부분의 측면에서 1910년대와 별반 다르지 않다.

34) Strand, p. 42.

35) Kates, p. 87.

36) Snow, pp. 177-178.

37) Schram, 1, p. 93 (June 26 1916).

38) Ibid., p. 9.

39) 마오의 설명에 따르면, 그는 3월 14일 베이징을 떠나 이틀 뒤 상하이에 도착했다. 또한 창사에는 4월 6일에 도착했다(ibid., p. 317). 마오의 친구들이 탄 프랑스행 기선이 출발한 날은 3월 19일이었다(Li Rui, p. 97). 따라서 마오가 상하이를 출발한 뒤 중간에 난징에 들러 얼마간 시간을 보냈을 수도 있다. 하지만 마오가 에드거 스노에게 이 여행 중에 보았다고 말한 장소(pp. 178-179) 대부분은 실제로 그가 1년 뒤에 방문한 곳들이다. 다음 자료도 참고하라. Zhong Wenxian, *Mao Zedong: Biography, Assessment, Reminiscences,* Foreign Languages Press, Beijing, 1986, p. 41n.

40) Zhong Wenxian, p. 234.

41) Schram, 1, p. 174 (Aug. 1918).

42) Ibid., p. 317 (April 28 1919).

43) Ibid., p. 504 (March 14 1920).

44) Snow, p. 175.

45) Li Rui, p. 97.

46) Chow Tse-tung, pp. 84-116는 5·4운동의 발생과 진행 과정에 대한 가장 훌륭한 설명을 담고 있다. 다음 자료도 보라. NCH, May 10 1919, pp. 345-349 and May 17, pp. 413-419.

47) Kiang Wen-han, *The Chinese Student Movement*, New Republic Press, New York, 1948, p. 36.

48) Chow Tse-tung, pp. 107-108.

49) NCH, May 10 1919, p. 348.

50) Chow Tse-tung, p. 108.

51) NCH, May 10 1919, pp. 348-349; Chow Tse-tung, pp. 111-115; Dirlik, *Anarchism*, pp. 148-149. 당시 중국에 거주하던 서양인들은 일본의 야심을 몹시 우려했다. 일본의 야심이 그들 자신의 이해관계에 해롭게 작용할 것이라고 보았다(NCH, May 17, pp. 418-419).

52) McDonald, *Urban Origins*, p. 97.

53) 지난에서는 3만 명이 시위에 참여했으며 상하이는 2만 명, 난징에는 '5천 명 이상', 항저우는 4천 명이 시위에 참여했다(NCH, May 17 1919, pp. 413-414; Chow Tse-tung, p. 130). 러시아에서 출판된 어느 자료에 따르면 당시 창사에서는 '수천 명'의 사람들이 시위에 참여했다고 한다. (Deliusin, Lev(ed.), *Dvizhenie 4 maia 1919 goda v Kitae: Dokumenty i materialy*, Izdatelstvo Nauka, Moscow, 1969, p. 107).

54) McDonald, pp. 97-103; Li Rui, pp. 103-104. 다음 자료도 보라. NCH, May 17 1919, pp. 415-417; May 24 p. 507.

55) NCH, June 28 1919, p. 837. 다음 자료도 보라. NCH, June 21, p. 765.

56) Pantsov and Levine, p. 71.

57) Siao, Emi, *Mao Tse-tung: His Childhood and Youth*, pp. 69-70.

주
석
·
607

58) 마오는 이러한 문제들에 대해 〈상강평론〉에서 거의 언급하지 않았다. 1년 뒤 불매 운동 같은 운동들이 "현재 상황에 대응하여 일시적으로 일어나는 운동에 불과하다"고 말하며, 중국에 진정으로 필요한 것들은 이러한 특정 상황에 대한 관심을 "훨씬 넘어섰다"고 썼다. (Schram, Nov. 1920, p 611).

59) McDonald, pp. 103–104; Li Rui, pp. 104–105.

60) Schram, 1, pp. 318–320 (July 14 1919).

61) Ibid., pp. 378–389 (July 21, 28 and Aug. 4 1919).

62) Chow Tse-tung, pp. 178–182; McDonald, p. 105.

63) Li Rui, p. xxix.

64) 〈新潮〉, 2, no. 4, p. 849 (May 1 1920). 다음 자료를 보라. Schram, Stuart R., *The Political Thought of Mao Tse-tung*, Pall Mall Press, London, 1963, p. 104.

65) Schram, *Mao's Road to Power*, 1, p. 372 ('중단 없이 전진해 가던', '국가를 유지해야 하는가'); p. 319 ('억압'); pp. 379–380 ('지혜로운 계급과 우매한 계급').

66) Ibid., pp. 234–235: "황하가 동쪽으로 흐르다가 화산(華山)이라는 장애물을 만나면 훨씬 힘차게 흐르기 시작한다. …… 거대한 힘은 거대한 장애물을 만나게 마련이며, 거대한 장애물은 거대한 힘을 만나게 마련이다."

67) Ibid., p. 367 (July 21 1919). 다음도 보라. pp. 357–366 (July 21); pp. 334, 337–338 and 343 (July 14).

68) Ibid., p. 392 (July 28 1919).

69) Li Rui, pp. 125–126.

70) McDonald, p. 106.

71) Schram, 1, pp. 396–398 (July 30 1919).

72) Ibid., p. 377 (July 21 1919).

73) Li Rui, p. 116.

74) Schram, 1, p. 479 (Jan. 19 1920). 다음 자료도 보라. McDonald, p. 106.

75) Schram, 1, p. 418 (Sept. 1919). pp. 414–415 (Sept. 5)도 보라.

76) Ibid., p. 383 (July 28 1919).

77) Ibid., pp. 421–449 (Nov. 16–28 1919). 특히 다음을 주목하라. pp. 421–422 ('사회 제도의 암흑'); pp. 434–438 ('부서진 옥', '진정으로 용기 있는 행동').

78) Ibid., p. 428 (Nov. 21 1919).

79) Ibid., pp. 611–612 (Nov. 1920).

80) McDonald, pp. 108–109; NCH, Dec. 20 1919; Li Rui, p. 127.

81) NCH, Oct. 25, pp. 215–216.

82) Ibid., Oct. 4 1919.

83) Ibid., Nov. 22 1919, pp. 482–483.

84) McDonald, pp. 110–112; Li Rui, pp. 127–129.

85) Snow, p. 179; Schram, 1, p. 457 (Dec. 24 1919).

86) Schram, 1, pp. 457–459, 463–465 and 469–471 (Dec. 24 and 31 1919, Jan. 4 1920).

87) Ibid., pp. 457–490 and 496–497 (Dec. 24 1919 to Feb. 28 1920).

88) McDonald, pp. 112-113.

89) 마오는 원래 2월 말에 떠나는 것으로 계획했다(Schram, 1, Feb. 19 1920, p. 494). 그러다 가 3월로 연기했고 결국에는 4월이 되어서야 떠났다.

90) NCH, May 29 1919, p. 509, and June 12, p. 649 (우페이푸의 출발); June 19, p. 708 (1백 만 은원); June 26, p. 774 (총탄과 포탄 창고, '가장 기쁜 날').

91) Schram, 1, pp. 407-413 (Sept. 1 1919).

92) Meisner, Maurice, *Li Ta-chao and the Origins of Chinese Marxism*, Harvard University Press, Cambridge, MA, 1967, pp. 90-95 and 280. n.2. Dirlik의 주장에 따르면, 이 논문의 첫 번째 부분은 비록 날짜는 1919년 5월로 되어 있으나 실제로는 9월에야 출판 되었다고 한다(*Origins of Communism*, p. 47). 이 주장이 사실이라면, 마오는 '문제연구 회'를 창설하기 이전에 이 글을 읽지 않은 것이다.

93) Ibid., pp. 432-433 (Nov. 21 1919).

94) Ibid., pp. 453-454 (Dec. 1 1919).

95) Chow, pp. 209-214. '카라한 선언'은 1919년 7월 25일 발표되었으며, 이로부터 3주 뒤 소 련 신문에 선언 내용이 게재되었다. 하지만 베이징에서 공식적으로 이 선언이 확인된 때는 1920년 3월 21일이었다.

96) Snow, p. 181; Schram, 1, pp. 493-518 passim; Ibid., March 14 1920, p. 506 ('세계에서 제일가는 문명국'); p. 494, Feb. 19, 1920 ('리다자오에게 의논'); p. 518, June 7, 1920 ('러 시아어를 배우겠다'); pp. 504-507 ('엇갈리는 생각', '갈증'); pp. 494, 506-507 and 518 ('결 정을 유보').

97) 뤄장룽에 따르면, 《공산당 선언》이 출판되기 전에 등사판으로 인쇄된 번역문이 베이징대학 에 돌았는데 마오쩌둥이 바로 이 번역문을 본 것이라고 한다(Ishikawa, p. 54). 마오는 4월 11일 출발하여 5월 5일 상하이에 도착했다(《毛澤東年譜》, 1, p. 57).

98) Snow, pp. 180 and 182-183.

99) *History of the Chinese Communist Party: A Chronology of Events, 1919-1990*, Party History Research Centre, Foreign Languages Press, Beijing, 1991, pp 6-7. 1920년 과 1921년에 중국 각 지역의 여러 공산주의 그룹이 형성된 시점을 두고, 중국 내에서나 외 국에서나 논란이 끊이지 않고 있다. 그때는 공산주의 그룹 자체가 비밀리에 활동했으며, 당시에 작성된 중국, 러시아, 일본 자료가 적을 뿐만 아니라 서로 맞지 않는 내용도 많고, 당시 참여했던 사람들의 회고록도 항상 신뢰할 만하지 않기 때문이다. 이시카와는 다음과 같은 설득력 있는 주장을 한다. 3월에 베이징에서 '마르크스주의연구회'가 결성되고 난 후, 5월에 같은 종류의 모임인 '사회주의연구회'가 상하이에 결성되었으며 한 달 뒤 천두슈와 리한쥔이 '공산주의 소조'를 결성할 때, 이 '사회주의연구회'가 핵심적인 역할을 했다. 또 한 '공산주의 소조'는 베이징에서 리다자오와 장궈타오에 의해 결성되었으며, 광저우에서 는 탄핑산에 의해서 그리고 우한에서는 둥비우에 의해서 11월에 결성되었다. 베이징과 상 하이의 '공산주의 소조'는 무정부주의자가 다수를 차지하고 있었는데, 당시에는 이들 역시 사회주의자로 간주되었기 때문이다. 광저우에서는 공산주의자와 무정부주의자 구성원 간 에 충돌이 일어났고 결국 무정부주의자들이 조직을 떠났다. 이후 1921년 3월 순수하게 공 산주의자들로만 조직이 재창설되었다. 한편 1920년 8월 17일 베이징에서 진보적 그룹들의

모임을 계기로 광범위한 통일전선 조직 '사회주의청년동맹'이 출범했다. 같은 달 이 단체의 지부가 베이징과 상하이에 만들어졌으며, 톈진과 광저우에는 11월에 만들어졌다(Ishikawa, pp.151-215).

100) Schram, 1, pp. 450-456 (Dec. 1 1919). pp. 458-500 (March 5 1920)도 보라.

101) Luk, pp. 30-31. 다음 자료도 보라. Chow Tse-tung, pp. 190-191.

102) Ibid., pp. 494 (Feb. 19 1920) and 506 (March 14 1920); Womack, Brantly, *The Foundations of Mao Zedong's Political Thought, 1917-1935*, University Press of Hawaii, Honolulu, 1982, pp. 25-26; Li Rui, pp. 170-171.

103) Schram, 1, p. 519 (June 7 1920).

104) Snow, p. 181.

105) Schram, 1, p. 505 (March 14 1920).

106) Ibid., pp. 519-519 (June 7 1920).

107) Ibid., p. 505.

108) Schram, 1, pp. 534-535 (July 31 1920); pp. 583-587 (Oct. 22 1920); pp. 589-591 (Nov. 10 1920); Womack, p. 25.

109) Snow, pp. 178-179.

110) Schram, 1, p. 501 (March 12 1920).

111) Ibid., pp. 510-511 (April 1 1920). 펑황의 역할에 대해서는 다음 부분을 보라. p. 503 (March 12).

112) Ibid., pp. 526-530 (June 23 1920).

113) Ibid., p. 543 (Sept. 3 1920);《毛澤東年譜》, 1, p. 82.

114) McDonald, Angus W., Jnr, 'Mao Tse-tung and the Hunan Self-government Movement', CQ, 68, April 1976, pp. 753-754.

115) Schram, 1, pp. 543-553 (Sept. 3, 5 and 6-7); p. 580 (Oct. 10 1920).

116) McDonald, pp. 754-755; Schram, 1, p. 559 (Sept. 27), 565-571 (Oct. 5-6); pp. 573-574 (Oct. 8 1920).

117) Schram, 1, pp. 572 (Oct. 7 1920) and 577-578 (Oct. 10 1920); McDonald, p. 765.

118) McDonald, ibid.; NCH, Oct. 23 1920, p. 223.

119) NCH, Nov. 6 1920, pp. 387-388.

120) Schram, 1, pp. 544 (Sept. 3), 546 (Sept. 5), 556 (Sept. 26), 558 (Sept. 27), 561-562 (Sept. 30), 572 (Oct. 7) and 578 (Oct. 10).

121) McDonald, pp. 765-766; Li Rui, p. 144.

122) Li Rui, pp. 145-146; McCord, pp. 301-302; McDonald, p. 767.

123) Schram, 1, p. 562 (Sept. 30 1920).

124) Ibid., p. 595 (Nov. 25 1920).

125) Ibid., pp. 608 and 610 (Nov. 1920).

126) Schram, 1, Feb. 19 1920, pp. 491-492 ('헌신적인 동지들'); March 14 1920, pp. 505-506 ('공동의 목표'); 2, Winter 1920, p. 26 ('헛된 명예'); 1, Nov. 1920, p. 612 ('정치 무대'); May 16 1920, p. 524 ('무너뜨리고 완전히 쓸어버리기'); Sept. 20 1920, p. 556 ('주의는 운

동이 필요하다').

127) Ibid., 1, p. 600 (Nov. 25 1920).

128) Ibid., 2, Winter 1920, p. 29 ('16명'); Dec. 1 1920, pp. 5-14 ('몽타르지'). 리루이는 이때 참석한 인원이 14명이었다고 기록했다(pp. 149-150).

129) Schram, 2, p. 7 (Dec. 1 1920).

130) Van de Ven, Hans J, *From Friend to Comrade*: *The Founding of the Chinese Communist Party, 1920-1927*, University of California Press, 1991, pp 21 and 59.

131) Schram, 1, pp. 554-555 (Sept. 23 1920). 이 연구회의 책임자는 장지환(姜濟寰)이라는 자유주의적 성향의 후난성 정치인이었다. 1911년 혁명 직후 창사의 초대 지사(知事)를 역임했으며 나중에는 후난성의 재정청장이 되었다. 장지환은 또 '문화서사'의 기금을 마련하는 데 도움을 주기도 했다.

132) 펑수즈의 말에 따르면 16명의 후난 학생이 있었다고 한다(Cadart and Cheng, *L'Envol du Communisme en Chine*, p.196). 그러나 이들 중 몇몇은 류사오치처럼 이미 상하이에 가 있었다.

133) Cadart and Cheng, pp. 153-162. 허민판의 역할에 대해서는 약간의 논란이 있다. 그는 1920년 11월과 1921년 1월 '문화서사' 사업에 도움을 주었고(Schram, 2, pp. 49 and 58), 1921년에는 창사의 '중국-조선 상호협조회'에서 큰 역할을 수행한 적이 있다. 이 모임은 마오를 비롯한 사람들이 일본에 대항한 조선의 독립 투쟁을 돕기 위해 만든 모임이었다 (《毛澤東年譜》, 1, p. 82). 마오에게 적대적인 펑수즈의 회고에 따르면, 천두슈가 창사 지역에 관해서 허민판과 이야기했다고 한다. 하지만 마찬가지로 마오에게 적대적인 장궈타오에 따르면, 천두슈가 창사 소조를 만들기를 촉구할 때 마오에게 직접 편지를 보냈다고 한다(Zhang Guotao, *The Rise of the Chinese Communist Party*, 1, University Press of Kansas, KC, 1971, p. 129). 마오는 천두슈와 1918년부터 알고 지냈고, 상하이에서 천두슈와 일정 기간 일을 같이 하기도 했으며, 마오가 〈신청년〉에 글을 기고하고 〈상강평론〉의 편집자로서 유명했기 때문에, 장궈타오의 말이 사실일 가능성이 더 높다. 그러나 펑수즈의 주장처럼, 러시아에 갈 학생을 모집해 달라는 이야기를 천두슈가 허민판에게 했을 수도 있다. 당시 '러시아연구회'와 '왕부지학회'는 밀접하게 연결되어 있었기 때문이다.

134) Schram, 1, p. 594 (Nov. 21 1920). 11월 천두슈는 마오에게 잡지 〈공산당〉을 보내면서 '사회주의청년단'의 규정집을 함께 전달한다. 12월 2일 마오는 과거 자신에게 배웠던 장원량(張文亮)에게 천두슈가 12월 중에 창사를 방문하여 사회주의청년단을 정식으로 출범시킬 것이라고 말한다. 하지만 이 방문은 실현되지 않았다(Ishikawa, p. 192).

135) Schram, 2, p. 9 (Dec. 1 1920). Hans Van de Ven은 이 구절을 전혀 다르게 번역했다(p. 52).

136) Schram, 2, pp. 62 and 68 (Jan. 1-2 1921).

137) Ibid., pp. 8-11 (Dec. 1 1920).

138) Ibid., pp. 59-71 (Jan. 1-2 1921).

139) 《毛澤東年譜》, 1, pp. 73, 75 and 79. 창사의 '공산주의 소조'가 '청년단' 및 '마르크스주의학설연구회'로부터 분리되어 정식으로 존재했는지 아닌지에 대해 상당한 논란이 있다. 1920년 11월 천두슈가 마오에게 서신을 보내 '공산주의 소조'를 설립할 것을 제안한 것은

사실이다. 그러나 그러한 소조가 실제로 존재했다는 증거는 회고록(Zhang Guotao, 1, pp. 130-131; Cadart and Cheng, pp. 155-156)과 마오와 허수헝이 1921년 7월 중국공산당 제1차 전국대표대회에 후난의 대표자로 참석했다는 사실뿐이다. 그러나 당시 지난의 경우 '공산주의 소조'가 정식으로 발족되지 않은 상태인데도 불구하고 두 명의 대표자가 이 회의에 참석했다. 후난성도 마찬가지였을지도 모른다(Ishikawa, pp. 192-194;《毛澤東年譜》, 1, 86; Saich, *Rise to Power*, p. 14). 아마도 가장 적절한 서술은, 후난에 '공산주의 소조'가 정식으로 설립되었든 아니든 상관없이, 마오쩌둥과 허수헝은 자신들이 이러한 조직을 대표한다고 생각했다는 것이다.

140) Saich, pp. 11-13.

141) Schram, 2, pp. 35-36 (Jan. 21 1921).

142) Snow, p. 178.

143) Li Rui, p. 134.

144)《毛澤東年譜》, 1, pp. 67 and 76.

145) Dirlik, *Anarchism*, p. 120; Scalapino and Yu, pp. 37-38 (육불회); Schram, 2, p. 20 (신민학회).

146) Schram, 1, p. 64 (June 25 1915), 256 and 263-264 (Winter 1917).

147) Snow, p. 181.

148) Siao Yu, p. 51.

149) Schram, 1, pp. 445-446 (Nov. 28 1919).

150) Ibid., p. 491; Schram, *Mao's Road to Power*, 2, p. 25, n. 22; Siao Yu, pp. 52-53. Pantsov and Levine의 책도 보라. 이 책들의 서술에 따르면, 두 사람의 연애는 1919년 여름에 시작되었고 1920년 늦은 여름에 끝났다(p. 77). 슈람은 두 사람이 헤어진 이유가 "정치 이념적 차이"리고 추정했다. 타오이가 공산주의를 받아들이지 않았다는 것이다. 타오이가 나중에는 그랬을지 모르지만, 1921년 1월 신민학회가 볼셰비즘을 지도 철학으로 받아들일 때, 그녀는 분명 이에 찬성표를 던졌다. 게다가 두 사람이 헤어진 1920년 여름까지만 해도 마오쩌둥은 여전히 공산주의에 강한 의구심을 품고 있었다. 따라서 두 사람의 결별은 어쩌면 개인적인 다른 이유에 있었던 것 같다. 하지만 겉으로 보았을 때 두 사람은 헤어진 후에도 가깝게 지냈으며, 이것이 훗날 양카이후이의 질투를 불러일으켰다.

151) Li Rui, p. 164.

152) Pantsov and Levine, pp. 96-97.

153) Schram, 1, pp. 608-609 (Nov. 26 1920).

154) Ibid., pp. 443-444 (Nov. 27 1919).

155)《毛澤東年譜》, 1, p. 88.

5장 중국공산당 창당과 국공합작

1) Zhang Guotao, *Rise of the Chinese Communist Party*, 1, p. 139.

2) Saich, Tony, *The Origins of the First United Front in China: The Role of Sneevliet (Alias Maring)*, E. J. Brill, Leiden, 1991, pp. 31-33.

3) 1920년대 상하이의 모습을 묘사한 가장 훌륭한 책은 다음과 같다. Sergeant, Harriet,

Shanghai, Crown Publishers, New York, 1990.

4) 실제로 표지 문구는 "공원은 외국인 주민 전용"이었다. 그리고 몇 문장 뒤에 다음과 같은 문장이 덧붙여 있었다. "개와 자전거는 들어올 수 없다."

5) Saich, *Origins*, 1, p. 35.

6) Ibid., 1, pp. xxv, 21, 254 and 263-265.

7) Ibid., 1, pp. 43-47 and 52: Dirlik, *Origins of Chinese Communism*, pp. 191-195: Saich, *Rise to Power*, p. 25: Ishikawa, *Formation*, pp. 88-94. 펑수즈는 리다자오의 말을 근거로 삼아, 하얼빈에서 성장했으며 중국어를 유창하게 구사한 Khokhlovkin이라는 이름의 러시아 특사가 1920년 1월 베이징을 방문했다는 사실을 전하고 있다(Cadart and Cheng, *L'Envol du Communisme en Chine*, pp. 162-5). 그러나 이시카와는(pp. 121-122) 이 러시아 특사의 방문 시점에 관해 의문을 제기한다. 당시 Khokhlovkin은 '시베리아국 동방민족부'에서 중국 문제를 담당하고 있었는데, 이 동방민족부에서 작성한 보고서에 따르면 Khokhlovkin가 보이틴스키에게 돈과 지시 사항을 전달하기 위해 상하이에 파견된 시기는 그해 가을이기 때문이다(*Problemy Dal'nego Vostoka*, 5, Moscow, 2014, pp. 97-111). 하지만 1920년 8월이 되어서야 비로소 동방민족부가 설립되었으며, 설령 Khokhlovkin이 그해 가을에 상하이가 간 것이 사실이라 해도, 당시 보이틴스키가 소속된 극동국의 지령에 따라, 그해의 좀 더 이른 시기에 상하이에 갔을 가능성은 완전히 배제할 수 없다. 게다가 리다자오와 천두슈가 공산당 창설 가능성을 논의한 때가 1920년 1월이었다고 전하는 기록도 있다(Dirlik, pp. 195 and 293, n. 14). 러시아에서 파견되어 그해 중국에서 활동한 사람들은 이외에도 여러 명이 있었다. 보이틴스키가 상하이에 올 때 Titov와 B. I. Serebryakov라는 두 사람이 동행했다. Titov는 블라디보스토크의 동방연구소 출신으로서 일본 문제 전문가였다. Serebryakov는 훗날 조선 공산주의 운동의 전문가가 된다. A. A. Ivanov와 Sergei A. Polevoi 두 사람은 베이징대학에서 러시아어 강사였다. (나중에 Polevoi는 코민테른의 자금을 횡령했다는 혐의를 받자 미국으로 도주한다.) 그리고 그해 여름 보이틴스키의 직속 상관 V. D. Vilenskii-Sibiryakov는 블라디보스토크에서 베이징을 방문했다. 보이틴스키는 중국에 입국할 때 극동국의 Dalta News Agency의 기자로 신분을 위장했다(나중에 Dalta News Agency는 타스통신의 전신인 Rosta의 일부로 편입된다). Dalta News Agency의 베이징 통신원 A. E. Khodorov와 상하이에서 발행되던 급진적인 러시아어 신문 Shankhaiskaya Zhizn의 편집부 출신 M. L. Goorman도 코민테른의 지시에 따라 활동하는 자들이었다. 광저우에서는 K. A Stoyanovich와 L. A Perlin이 Dalta News Agency의 특파원으로 일하며, 탄핑산이 1920년 11월에 광저우 '공산주의 소조'를 창설할 때 도왔다. Mamayev라는 이름의 러시아인은 우한의 중국인 급진주의자들과 접촉하고 있었으며, Grin이란 이름으로만 알려진 또 다른 요원은 '사회주의청년단'의 대표자들이 러시아로 가는 것을 주선했다. '비밀 사절'로 불린 세 명의 러시아인이 있었으나, 이들이 혁명적 대의를 지지했던 것은 사실이지만 볼셰비키 운동과 관련이 있는지는 불명확하다. N. C. Burtman이라는 이름의 러시아인은 1919년 말부터 1920년 초 사이에 중국을 방문했다고 전해진다. 그는 자신이 리다자오와 접촉한 적이 있다고 주장했으며, 1920년 8월 이르쿠츠크에 '동방민족부'가 설립되었을 때 의장이 되었다. 또한 M. Popov라는 인물은 1918년과 1920년 사이에 상하이를 네 차례 방문했다. 멘셰비키 A. P. Agaryov는 1920년에 상하이를 방문했

다. 대동당을 비롯한 자칭 '공산주의 운동' 조직들과 러시아의 상호 작용하는 과정에는 Vilenskii-Sibiryakov, Polevoi, Stoyanovskii 등등의 인물들이 관여했는데, 이에 관한 이야기는 이시카와의 책에(*Formation*, pp. 123-150 and 225-226) 기록되어 있다.

8) Zhang Guotao, 1, pp. 137 and 139.

9) 《毛澤東年譜》, 1, p. 85; Li Rui, *Early Revolutionary Activities*, p. 166; Zhang Guotao, 1, pp. 136-151; Saich, *Origins*, 1, pp. 60-69; Van de Ven, *From Friend to Comrade*, pp. 85-90. Ishikawa, *Formation*, pp 227-63. 바오후이썽(包惠僧)이 훗날 기록한 바에 따르면, 각 대표자는 여행 경비로 1백 위안을 받았고(이는 당시 노동자의 여덟 달치 급료에 해당하는 금액이었다), 다시 각자의 지역으로 돌아가는 경비로 50위안을 더 받았다고 한다. (Ishikawa, *Formation*, pp. 237 and 411 n.46). 이 회의에 참가한 대표자가 몇 명인지에 관해 많은 논란이 있다. 마오쩌둥은 에드거 스노에게 12명이라 말했고, 이는 중국의 공식적인 입장이다. 다른 참석자들은 13명이라고 기억했으며 거기에 스니블리트와 니콜스키가 있었다고 말했다. 장궈타오는 훗날 회고하기를 회의가 열리기 전에 허수형이 창사로 돌아가버렸다고 했으나 이를 증명해 줄 증거가 없으며, 다른 참가자들은 허수형이 참석했다고 증언하고 있다. 이러한 혼란이 발생한 이유는 아마도 7월 31일 경찰의 검문이 있은 다음, 천궁보(陳公博)가 광저우로 돌아가버려 마지막 회의에 참석하지 않았기 때문인 것으로 보인다. 중국인 참가자의 명단은 다음과 같다. 후난성 대표 마오쩌둥과 허수형, 후베이성 대표 동비우와 천탄추(陳潭秋), 광둥성 대표 바오후이썽과 천궁보, 베이징 대표 장궈타오와 류런징(劉仁靜), 지난 대표 덩언밍(鄧恩銘)과 왕진메이(王盡美), 상하이 대표 리한쥔과 리다(李達), 마지막으로 도쿄 대표 저우푸하이.

10) Ch'en Kung-po (천궁보), *The Communist Movement in China*, Octagon, New York. 1966, p. 102. 이시카와는 러시아 문서고에서 나온 문건을 중국말로 번역한 자료를 인용했기 때문에, 이와 문구가 약간 다르다(pp.257-263).

11) Saich, *Rise to Power*, p. 16; Ch'en Kung-po, p. 82.

12) Ibid., p. 105. p. 102도 보라.

13) Saich, *Origins*, 1, pp. 12-21.

14) Ishikawa, *Formation*, pp. 261-263.

15) Ch'en Kung-po, p. 102. p. 105도 보라.

16) Ishikawa, p. 253.

17) Saich, *Origins*, pp. 73-77.

18) 이시카와의 서술에 따르면, 1922년 중국공산당 운영비는 1만 7천 은원에 달했다고 한다(이는 당시 9천3백 달러에 해당한다). 이 가운데 1천 은원을 제외하고는 모두 코민테른이 제공했다(*Formation*, p. 237). 1930년대 초가 되면 코민테른이 중국공산당에 제공한 보조금은 한 달에 3만 달러에 달했다(Pantsov and Levine, pp. 116 and 135-6).

19) 당 대회 첫날에는 각 지역의 소조 활동에 대한 보고가 있었다(Saich, *Rise to Power*, p. 14). 베이징과 광저우 소조의 보고서만 현재까지 보존되어 있다.(ibid., pp. 19-27).

20) Ibid., p. 14; Zhang Guotao, 1, p. 141.

21) 《毛澤東年譜》, 1, p. 85.

22) Zhang Guotao, 1, p. 140.

23) Saich, *Origins*, 1, pp. 64-67.

24) Siao Yu, *Mao Tse-tung and I*, p. 256.

25)《毛澤東年譜》, 1, p. 87.

26) Ibid., p. 88.

27) Ch'en Kung-po, pp. 102-103; Saich, *Rise to Power*, pp. 27-28.

28) Saich, p. 77, n. 22.

29) 이것은 1922년 집회의 설명이다(〈民國日報〉, Nov. 15 1922. 다음 자료에 실렸다. Wieger, Leon, *Chine Moderne*, 3, 'Remous et Ecume', Xianxian, 1922, pp. 433-434). 이 설명은 마오가 스노에게 한 묘사와 거의 일치한다(Snow, pp. 180-181). 중요한 차이점은 마오가 사건 발생 날짜를 1920년으로 잘못 말한 것뿐이다. 1921년 집회는 동일한 형식으로 진행되었고 역시 경찰에 의해 해산되었다. 이 집회에 대한 설명은《毛澤東年譜》(1, p. 89)에 있다.

30) Li Rui, pp. 170-173;《毛澤東年譜》, 1, p. 86; Schram, *Mao's Road to Power*, 2, pp. 88-92 and 93-98.

31) Schram, 2, pp. 91 and 97. pp. 156 and 162-163 (April 10 1923)도 보라.

32)《毛澤東年譜》, 1, p. 87.

33) 허민판은 몹시 더운 날 마오쩌둥의 행동을 보고 큰 충격을 받았다고 한다. 그는 이렇게 기억했다. 마오는 "학생을 가르칠 때와 동료에게 찾아와서 이야기를 할 때, 허리에 수건 한 장만 두르고 있었다. 사실상 나체였다. 그런 차림을 하고 위엄 있는 장소를 아무렇지도 않게 걸어 다녔다." 허민판이 이를 지적하자 마오는 다음과 같이 대꾸했다고 한다. "아무것도 아닌 작은 일을 가지고 왜 그렇게 야단이십니까? 설사 내가 완전히 나체라 해도 그것이 뭐가 그렇게 큰일입니까? 내가 수건이라도 두르고 있는 것을 다행으로 생각하십시오." 비록 허민판이 마오에게 혐오감을 품고 있었고 이 사건을 회고록에 담은 펑수즈 역시 마오를 싫어했지만, 이 이야기는 사실인 것 같다(Cadart and Cheng, pp. 159-160).

34) Ch'en Kung-po, p. 103.

35) Chesneaux, Jean, *The Chinese Labour Movement: 1919-1927*, Stanford University Press, 1968, pp. 41-47.

36) Wieger, *Chine Moderne*, 4, L'Outre d'Eole, Xianxian, 1923, pp. 434-437.

37) Li Rui, pp. 192-194; Shaffer, Lynda, *Mao and the Workers: The Hunan Labour Movement, 1920-1923*, M. E. Sharpe, Armonk, 1982, pp. 45-49.

38) Li Rui, p. 195; Perry, pp. 28-9 and 49-52.《毛澤東年譜》, 1, p. 86; Saich, *Origins*, 1, pp. 70-72; Schram, 2, p. 176 (July 1 1923). 다음 자료도 보라. Li Rui, p. 197; Shaffer, pp. 44-45 and 85. 당시 팡런취안의 '후난노공회'는 아직 안위안에 거점을 마련하지 못한 상태였다. 하지만 '후난노공회'와 경쟁 관계에 있던 '기계노공회'는 1920년 11월에 설립되었으며, 1921년 9월에 안위안의 철도 노동자 조직 내에 지부를 세웠다. 철도 노동자들은 광부보다 교육 정도가 더 높았으며, 마오쩌둥이 12월에 안위안을 두 번째로 방문했을 때 그를 맞이한 조직도 '기계노공회'였다.

39) Li Rui, p. 197.

40) Schram, 2, pp. 100-101 (Nov. 21 1921).

41) Li Rui, p. 197;《毛澤東年譜》, 1, p. 90.

42) Wieger, 4, pp. 441-443; Shaffer, pp. 54-56; Li Rui, p. 197; McDonald, *Urban Origins*, pp. 164-165; NCH, Feb. 25 1922, p. 512.

43) Shaffer, pp. 56-57; NCH, April 29 1922, p. 299.

44) 《毛澤東年譜》, 1, pp. 92-93.

45) NCH, Feb. 25 1922, p. 512.

46) NCH, April 29 1922, p. 299.

47) Perry, pp. 51-63;《毛澤東年譜》, 1, pp 91, 93, 95 and 98; Shaffer, pp 57-61 and 71-89; Li Rui, pp 184-187 and 199-206; McDonald, pp. 166-168. 4월 말 마오는 수이커우산의 납과 아연 광산에 간다. 5월에는 양카이후이와 안위안에 가고 초여름에는 웨저우에 간다.

48) Pantsov and Levine, p. 112.

49) Saich, *Rise to Power*, pp. 27-28;《毛澤東年譜》, 1, pp. 94-95.

50) McDonald, pp. 172-178; Li Rui, pp. 229-238. 다음 자료도 보라. Shaffer, p. 91; Chesneaux, pp. 190-191; Schram, 2, pp. 122-124 (Sept. 8 and 10 1922).

51) Schram, 2, pp. 125-126 (Sept. 12 1922). 창사의 노동 단체들은 호소문을 매우 많이 발표했다. 그 가운데 하나는 (마오가 쓴 것은 아닌 것으로 보이는데) "군벌의 해악과 폭력을 타도"하고 "뼈를 부수고 골수를 빨아먹는 이 도적들을 때려 부수자"라고 노동자들에게 호소하고 있다.《湖南近百年大事記述》, 湖南人民出版社, 長沙, 1979, pp. 493-494; McDonald, p. 177의 번역문을 인용했다.

52) Li Rui, p. 234; McDonald, p. 175.

53) Shaffer, p 91. 이어지는 서술은 다음 자료에 근거한 것이다. Perry, pp. 63-69; Shaffer, pp 88-98; McDonald, pp 169-172; Li Rui, pp 206-210.

54) McDonald, p. 177; Li Rui, pp. 238-239.

55) Shaffer, pp. 109-143; McDonald, pp. 180-186; Li Rui, pp. 213-229. 이어지는 설명은 다른 자료를 언급하지 않는 한, 이 세 자료에 근거를 둔 것이다.

56) 《湖南近百年大事記述》, pp. 464-504를 보면, 1922년 5월에 노동자들이 공임 인상을 요청하기 시작했고, 6월 1일부터 공임 인상이 적용되도록 요청하는 통고문을 붙인 것으로 설명한다. 그러나 노동자들은 중국의 전통적 음력을 사용했으므로 여기서 6월 1일은 양력으로 7월 24일이다(NCH, Nov. 4 1922, p. 288).

57) Schram, 2, pp. 117-119 (Sept. 5 1922).

58) Shaffer(pp. 116-117)와 McDonal(p. 181)의 주장에 따르면, 공임 인상이 실행에 옮겨진 뒤 얼마 되지 않아 곧 창사 지사가 임금 인상을 무효화했다고 한다. 하지만 창사 지사가 정식으로 무효화하는 공고문을 낸 날이 '여덟 번째 달의 14번째 날', 즉 10월 4일이었다(NCH, Nov. 4 1922, p. 288). 이렇게 되자, 10월 4일 발표된 공고를 철회시키는 것이 파업의 목표가 되었다(Schram, 2, pp. 129-131, Oct. 24 1922).

59) Schram, 2, p. 127 (Oct. 6 1922).

60) NCH, Jan. 14 1922, p. 83.

61) Ibid., Nov. 4 1922, p. 288.

62) Ibid., Nov. 11 1922, p. 370.

63) Ibid.

64) 《毛澤東年譜》, 1, p. 103.

65) McDonald, pp. 186~187; Li Rui, pp. 255~259.

66) 《毛澤東年譜》, 1, pp. 103~104; McDonald, p 188; Pantsov and Levine, p. 110. 다음 자료도 보라. Li Rui, pp. 259~261.

67) Schram, 2, pp. 132~140. 다음 자료도 보라. Li Rui, pp. 263~265.

68) Shaffer, pp. 164~192; McDonald pp. 188~191; Li Rui, pp. 239~244.

69) Zhang Guotao, 1, pp. 271~273. 다음 자료도 보라. Saich, *Origins*, 1, pp. 148~149.

70) Schram, 2, pp. 141~144 (Dec. 14 1922). 〈대공보〉에는 마오가 노동자들을 "이념적 실험"에 이용하고 있다고 암묵적으로 비난하는 기사가 실렸다. 리루이의 말에 따르면, 이 기사는 마오의 동맹자인 룽젠궁 편집인이 썼는데, 이 비난에 대해 마오는 분노하며 반박했다(Li Rui, pp. 248~253).

71) Saich, *Origins*, 1, pp. 121~132 and 149; Zhang Guotao, 1, pp. 273~277; Chesneaux, pp. 191~192. 다음 자료도 보라. Saich, *Rise to Power*, p. 35.

72) Schram, 2, pp. 111~116 (July 1922).

73) Wilbur, C. Martin, and How, Julie Lien-ying, *Missionaries of Revolution: Soviet Advisers and Nationalist China, 1920~1927*, Harvard University Press, Cambridge, MA, 1989, pp. 54~57 and 60~63; Saich, *Origins*, 1, pp. 126~129.

74) Chesneaux, pp. 206~210; Saich, *Origins*, 1, pp. 151~154; McDonald, pp. 195~197; Zhang Guotao, 1, pp. 277~291.

75) Chesneaux, pp. 212~219.

76) Schram, 2, pp. 147~154.

77) McDonald, pp. 171~172 (마오쩌민); 《毛澤東年譜》, 1, p. 111 and Li Rui, p. 244 (마오쩌탄). Perry, pp. 10, 78 and 105.

78) McDonald, p. 201.

79) Ibid., pp. 202~205. McDonald와(p. 205) 리루이의(p. 270) 주장과 달리, 마오에게는 체포령이 내려진 것 같지는 않다. 다음을 보라. 《湖南近百年大事記述》, pp. 516~520.

80) 《毛澤東年譜》, 1, pp. 109~110 and 113.

81) Saich, *Origins*, 1, pp. 79~85.

82) Pantsov, Alexander, *The Bolsheviks and the Chinese Revolution, 1919~1927*, University of Hawaii Press, Honolulu, 2000, pp. 54~55.

83) Saich, *Origins*, 1, pp. 256~257. 이 결의를 승인한 사람들의 이름이 구체적으로 언급되어 있지는 않지만, 당시 상하이에 있던 "창사에서 온 동지"는 마오 한 사람밖에 없었다. 《毛澤東年譜》, 1, p. 93을 보면, 마오가 '4월 중순'에 상하이에서 돌아왔다고 쓰여 있다.

84) Saich, *Rise to Power*, pp. 34~38. 다음 자료도 보라. Saich, *Origins*, 1, p. 90, n. 21; Pantsov, *Bolsheviks*, p. 55. 혁명적 세력들과 연합하는 문제는 5월 광저우에서 개최된 사회주의청년단 제1차 대회에서 논의되었으며, 6월에는 당 중앙위원회가 성명서를 발표하여 국민당을 "비교적 혁명적이며 민주적"이라고 규정하고 군벌들에게 대항하는 "민주주의적 연합전선"을 수립하기 위한 합동 회의를 제안했다.

85) Saich, *Rise to Power*, pp. 38~40.

86) Ibid., pp. 43 and 49.

87) *History of the CCP, Chronology*, p. 14.

88) Snow, pp. 184-185. 《毛澤東年譜》(1, p. 96n)는 마오가 스노에게 제시한 설명을 아무런 논평 없이 그대로 인용하고 있지만, 마오가 7월 5일부터 8월 7일까지 어떤 활동을 했는지는 따로 설명하고 있지 않다. 마오가 불과 3개월 전에 상하이에 왔다 간 적이 있었고, 천두슈의 주소를 분명 알고 있었으리라는 사실을 고려할 때 마오쩌둥의 설명을 그대로 믿기 힘들다(《毛澤東年譜》, 1, p. 109; Schram, 2. p. 155; Zhang Guotao, 1, p. 296). 마오의 옛 애인 타오이는 당시 난징에서 공부를 하고 있었는데, 난징은 마오가 상하이로 가는 도중에 거쳐 가는 곳이었다. 1년 전 마오는 공산당 제1차 당 대회를 마친 뒤 귀향하면서 난징에 며칠 머물렀다. 두 차례 난징을 거쳐 가면서 타오이를 만났는지 아닌지는 알 길이 없다.

89) Zhang Guotao, 1, p. 247.

90) 'Instructions to a Representatives of the ECCI in South China' (Aug. 1922), in Pantsov, Alexander, and Benton, Gregor, 'Did Trotsky Oppose Entering the Guomindang "From the First"?' (*Republican China*, 19, 2, pp. 61-63). Karl Radek가 내린 이 코민테른 지령은 공산당원들이 "국민당 내 지지자 집단 형성할 것"을 지시했을 뿐이다. 중국공산당이 채택하는 '당내 합작' 전략은 스니블리트의 제안으로 보인다. 다음 자료도 보라. Saich, *Origins*, 1, p. 117 (강력하게 반대); Ibid., p. 338 (쑨원이 직접); Ibid., pp. 119-120 (《향도주보》); Wilbur and How, pp. 54-57 (아돌프 요페). 요페는 1922년 8월에 중국에 도착했다.

91) 당시 중국인들은 전혀 몰랐겠지만 사실 코민테른도 중국 정책에 대해 갈팡질팡하고 있었다. 항저우 당 중앙위원회 회의보다 3개월 전인 1922년 12월에 열린 제4차 코민테른 총회는 Radek가 제안한 새로운 결의문을 의결했다. 결의문의 제목은 "동방 문제의 일반 테제에 대한 보충"이었으며, 그 내용은 국민당과의 연합이 지닌 장점에 관해 좀 더 회의적이었다. 이 결의문이 중국의 공산주의자들에게 촉구한 것은 "노동 대중의 조직과 노동조합 및 강력한 공산주의 대중 정당의 창설에 주된 관심을 기울이고", 신뢰하기 힘든 군벌들에게 쑨원이 의지하고 있으니 쑨원과 교섭하는 데 조심하며, 중국이 통일되는 방식은 군사적 수단에 의해서가 아니라 "인민 대중의 혁명적 승리"에 의해서라고 주장했다. 이는 8월에 스니블리트가 들고 온 지령문의 내용과 비교할 때, 중국공산당 지도자들에게 훨씬 더 호감이 가는 것이었으나, 이미 국공합작은 엄연한 현실이 되어 있었다(Pantsov, *Bolsheviks*, pp. 51-52).

92) Saich, 'Chen Duxiu's Report to the Third Party Congress' (June 1923), *Origins*, 2, pp. 572-573. p. 612도 보라. 1922년 여름과 가을 동안 주요한 두 가지 분열이 일어났다. 첫째, 장궈타오가 분파적 '소조'라고 규정된 조직을 만들었다(ibid., 2, pp. 115-116; Zhang Guotao, 1, pp. 250-252; 蔡和森, '中國共産黨的發展(提綱)', 《中共黨史報告選編》, 中共中央黨校出版社, 北京, 1982, p. 43). 둘째, 광저우 당 위원회는 국민당과 협조에 대한 항저우 중앙위원회 전원회의 결정을 거부했다. 이로 인해 결국 11월에 천궁보는 대표직에서 사임했고 탄즈탕(譚植棠)은 제명되었다(蔡和森, p. 69; Ch'en Kung-po, pp. 10-12; Zhang Guotao, 1, p. 249).

93) Saich, *Origins*, 2, p. 611 (June 20 1923). 예전에 스니블리트는 부하린에게 보내는 편지에

서 중국의 운동이 "매우 약하며 다소 인위적"이라고 쓴 적이 있다(ibid., 2, p. 476, March 21 1923). 요페에 관해서는 다음 자료를 보라. NCH, Feb. 3 1923, p. 289.

94) Saich, *Origins*, 2, p. 577. 스니블리트는 같은 달 코민테른에 "후난성 조직이 가장 훌륭하다"고 보고했다(ibid., p. 617). 또한 그는 1922년 Zinoviev에게 보내는 메모에(ibid., pp. 344-345) 후난성이 가장 훌륭한 당 위원회와 가장 훌륭한 청년단 지부를 두었다고 썼다. (당시 당 위원회 구성원 수는 후난성이 230명, 상하이가 110명, 광저우가 40명, 지난이 20명, 안후이성이 15명이었다.)

95) Ibid., 1, p. 449

96) Ibid., 2, p. 642 (40명의 대표); 2, p. 573 (420명의 당원). 다음 자료도 보라. ibid., 1, pp. 175-186; 2, pp. 565-566; Zhang Guotao, pp. 296-316; Van den Ven, *From Friend to Comrade*, pp. 122-126.

97) 이 부분에는 논란의 여지가 있다. 스니블리트는 자신의 제안이 21 대 16으로 가결되었으며 "16표의 반대표 가운데 여섯 표가 후난성에서 나왔다"고 보고했다. 그런 다음 후난성의 '대표'가 마오쩌둥이라고 밝혔다(Saich, *Origins*, 2, p. 616). 장궈타오는 회고록에서 자신과 차이허썬과 마오가 스니블리트의 주요 반대자였고(1, p. 308), 마오와 차이허썬이 다수의 결정에 따른 것은 이 투표가 행해진 뒤부터였다고 썼다(p. 311). 스니블리트는 마오가 "우리는 (국민당에) 가입하는 것을 두려워해서는 안 됩니다."라고 말했다고 전하는데, 이 구절을 근거로 삼아 슈람은 마오가 코민테른 노선을 지지했다고 주장한다(*Mao's Road to Power*, 2, pp. xxix-xxx). 하지만 국민당에 가입하는 문제는 이미 1922년 8월 항저우에서 결정되었고, 제3차 당 대회는 가입 조건과 그 의미에 관해 논의했다. 그리고 이에 대해 마오는 강한 우려를 보였다.

98) Schram, 2, pp. 157-161; Saich, *Origins*, 2, pp. 448-449, 580 and 590; Zhang Guotao, 1, pp. 308-309.

99) Saich, *Origins*, 2, p. 590.

100) Ibid, 2, p. 616. 다음 자료도 보라. Zhang Guotao, 1, p. 310. Pantsov, *Bolsheviks*, pp. 60-61 and 66-69; Saich, *Rise to Power*, pp. 76-79.

101) 《毛澤東年譜》, 1, p. 114; Saich, *Origins*, 2, pp. 642-643.

102) Saich, *Origins*, 2, pp. 539-540 and 643. Pantsov and Levine, p. 124 ('인사 문제'); Saich, p. 576 ('이제는 그런 불만을 말할 수 없게 되었다').

103) 스니블리트는 1923년 6월 Zinoviev에게 "'현실을 마르크스주의적 방법으로 분석할 수 있는 유일한 동지"는 취추바이뿐이라고 말했다. 당시 취추바이는 23살이었고 모스크바에서 2년을 보낸 뒤 중국으로 돌아와 기자 일을 하고 있었다. 그는 중국공산당 제3차 전국대표대회에서 중앙위원회 후보위원으로 선출되었다(Saich, *Origins*, 2, p. 615).

104) 《毛澤東年譜》, 1, p. 115.

105) 스니블리트와(Saich, *Origins*, 2, p. 659) 《毛澤東年譜》(1, p. 115)는 모두 마오가 1923년 6월 25일에는 국민당 당원이었다고 전한다. 다음 자료도 보라. 黎永泰, 《毛澤東與大革命》, 四川人民出版社, 成都, 1991.

106) Saich, *Origins*, 2, pp. 657-661, 678, 690 and 696; 《毛澤東年譜》, 1, p. 115.

107) Schram, 2, pp. 178-182 (July 11 1923).

108) Saich, *Origins*, 2, pp. 554-555 and 695-698; 《毛澤東年譜》, 1, p. 116. 당시 국민당은 중국 남부 지역 외에는 조직이 없었다.

109) 《毛澤東年譜》, 1, p. 118. 마오가 건설한 후난성 국민당 조직은 친공산당 성격이 매우 강했기 때문에, 훗날 국민당의 한 역사가는 이 후난성 조직을 "공산당의 음모"라고 말했다 (McDonald, p. 138).

110) McDonald, pp. 53-58.

111) Hobart, *City of the Long Sand*, pp. 237-238.

112) McDonald, p. 58.

113) Schram, 2, pp. 192-194 (Sept. 28 1923).

114) Hobart, ibid.

115) McDonald, pp. 58-59; Schram, 2, pp. 183-185 (Aug. 15 1923); ibid., p. 194. '스산'이라는 가명은, 과거에 마오의 가족이 그에게 붙여준 이름 '스산야즈(石三伢子, 돌의 세 번째 아이)'에서 따온 것일지도 모른다. 마오가 어렸을 때 마오의 어머니는 집 근처 산에 영험하다고 전해지는 바위 앞으로 마오를 데려가서 고개를 숙여 절을 하도록 시킨 일이 있다. 신령들의 보호를 받기 위해서였다. 마오가 태어나기 전에 이미 두 명의 사내아이가 태어났다가 곧 죽었기 때문에 마오는 '세 번째 아이'였다. 다음을 보라. Roux, *le Singe et le Tigre*, Larousse, Paris, 2009, pp. 36 and 903, n. 39.

116) 마오는 국민당 사무국에 보고하기를, 9월 말부터 그와 샤시가 당 지부를 어떻게 세울 것인가에 관해 토론하기 시작했으며 '며칠 뒤면' 창사 지부를 위한 비밀 준비 조직을 세울 것이라고 했다(Schram, 2, p. 193 (Sept. 28 1923). 다음 자료도 보라. Saich, *Rise to Power*, p. 85). 《毛澤東年譜》에 따르면, 1923년 9월 중순부터 12월 사이 안위안, 창사, 닝샹에 지부가 세워졌다고 한다. 한편 Pantsov와 Levine는(p. 129) 이해 연말이 되면 후난의 국민당원 수가 5백 명에 이르렀다고 하지만, 이는 너무 높게 추정한 것으로 보인다.

117) 12월 25일자 중국공산당 중앙위원회 제13호 통고는 다음 해 1월에 국민당 당 대회가 개최될 것임을 알리고 있다. 마오가 언제 창사를 출발했는지는 알 수 없지만 그가 상하이를 출발하여 광저우로 향한 날짜는 1924년 1월 2일이다(《毛澤東年譜》, 1, pp. 119-120).

118) Schram, 2, pp. 195-196 (Dec. 1923). 어느 고위급 당 역사가는 사실 이 시가 타오이에게 쓴 것이라고 확신했다. 나는 그 주장을 뒷받침할 증거를 알지 못한다. 좀 더 타당성이 있는 (그러나 역시 증거는 없는) 설명은, 마오가 이 시에서 언급하는 '원망'이 타오이 혹은 다른 여인 때문에 양카이후이가 느낀 질투심을 지칭한다는 것이다.

119) Wilbur and How, pp. 87-92; Holybnychy, Lydia, *Michael Borodin and the Chinese Revolution, 1923-1925*, Columbia University Press, New York, 1979, pp. 212-219; Cadart and Cheng, p. 335 (융숭한 대접) and p. 340 (마오 고문).

120) 《毛澤東年譜》, 1, p. 121; McDonald, p. 137; Wilbur and How, p. 97. 이외에도 여러 자료에서 보통 각 성의 대표단이 쑨원이 지명한 세 명과 각 성의 지부에서 선출한 세 명으로 이루어졌다고 설명한다. 후난성 대표단은 규모가 더 컸던 것으로 보인다. 그 이유는 린보취 같은 사람들이 포함되었기 때문인데, 그는 이미 광저우에서 국민당의 총무부 부부장으로 일하고 있었다(羅家倫(等編), 《革命文獻》, 8, 臺北, 1953, pp. 1100-1103).

121) Wilbur and How, pp. 93 and 97-99.

122) Zhang Guotao, 1, p. 332.

123) Wilbur and How, p. 100. 중앙집행위원회 총인원 41명 가운데 공산당이 열 명이었는데, 이는 상대적으로 큰 비중을 차지하는 것이라 할 수 있다. 당시 국민당의 당원은 10만 명이 넘었던 반면, 공산당은 당원이 5백 명 정도밖에 없었기 때문이다. 그러나 쑨원은 이런 조치를 취함으로써 러시아로부터 도움을 얻으려고 했다. 러시아는 1923년 쑨원에게 2백만 금 루블을 제공했다(Glunin, V. I., 'Politika Kominterna v Kitae', in Ulyanovsky, R. A.(ed.), *Komintern I Vostok: Kritika Kritiki – Protiv Falsifikatsii Leninskoi Strategii i Taktiki v Natsionalnovo-osvoboditelnovo Dvizhenii*, Glavnaya Redaktsiya Vostochnoi Literaturi, Moscow, 1978, p. 243). 중앙집행위원회의 위원만 표결권이 있었는데, 위원이 된 공산당원 중 일부는 쑨원의 과거 동료였다. 탄핑산은 '동맹회'의 옛 멤버였으며, 처음에는 후보위원이었다가 나중에 정위원으로 승격되는 린보취는 국민당의 전신인 '혁명당' 출신이었다.

124) 《毛澤東年譜》, 1, pp. 118 and 123.

125) 羅章龍, '中國共産黨第三次全國代表會議和第一次國共合作', pt. 2, 《黨史資料》, 17, 1983, p. 14.

126) 《毛澤東年譜》, 1, pp. 122-123. 이 기구는 각각 다섯 명의 정위원과 후보위원으로 구성되었다. 정위원 중에는 왕징웨이와 후한민이 있었고, 후보위원 중에는 마오와 취추바이가 있었다. 다음 자료도 보라. Cadart and Cheng, p. 374; Peng Shuzhi, in Evans, Les, and Block, Russell(eds.), *Leon Trotsky on China*, Monad Press, New York, 1976, p. 44.

127) 보이틴스키는 1924년 4월 중국에 돌아왔으며, 한 달 뒤 상하이에서 개최된 중국공산당 전원회의에 참가했다(Glunin, V. I., 'The Comintern and the Rise of the Communist Movement in China', in Ulyanovsky, R. A., *The Comintern and the East: The Struggle for the Leninist Strategy in National Liberation Movements*, Progress Publishers, Moscow, 1981, p. 267).

128) Wilbur and How, p. 105; Pantsov, *Bolsheviks*, pp. 65-66.

129) Schram, 2, pp. 215-217 (July 21 1924).

130) Cadart and Cheng, p. 373.

131) Ibid., pp. 374 and 381.

132) 《毛澤東年譜》, 1, p. 130.

133) Schram, 2, p. 214 (May 26 1924)를 보면, 마오는 자신의 "신경 질환이 악화되고 있다"고 말했다. 《毛澤東年譜》(1, p. 134)는 1925년 7월 12일자 허얼캉의 일기를 인용했다(그의 일기는 공식적으로 출판된 적은 없는 것 같다). "(국민당 지부) 모임이 끝난 것은 새벽 1시 15분이었고 마오는 집에 돌아가 쉬고자 했다. 하지만 그는 자신이 신경이 쇠약해졌기 때문에 …… 잠을 이룰 수 없을 것 같다고 말했다. 달은 이미 높이 떠 있었다. 그래서 우리는 2~3리를 걸었다. 우리는 피곤해져서 걸음을 멈추었고 (인근 마을인) 탕자완(湯家灣)에서 쉬었다." 9월에 마오는 또다시 이러한 증세를 보인다(ibid., p. 137). 리즈쑤이가 마오의 증세를 묘사한 것도 참고하라(*Private Life*, pp. 109-110).

134) 이를 가장 강력하게 증명해 주는 것은, 다음 해 1월에 열린 제4차 당 대회에서 마오가 당 지도부에서 제외되었다는 사실이다. 장궈타오와 취추바이 역시 제4차 당 대회에 참석하지

않았지만 두 사람 모두 중앙위원회와 중앙국에 선출되었다.

135) Van de Ven, pp. 143-144. 마오가 당 대회를 준비하면서 한 역할에 대해서는 다음 자료를 보라.《毛澤東年譜》, 1, pp. 128-129.

136)《毛澤東年譜》, 1, p. 130. 양카이후이는 6월 초 상하이로 와서 마오와 함께 살고 있었다 (ibid., p. 127).

137) Li Zhisui, p. 110.

138)《毛澤東年譜》, 1, pp. 131-132.

139) Lenin, V. I., *Collected Works*, 31, Progress Publishers, Moscow, 1966, pp. 241.

140) Saich, *Rise to Power*, pp. 40-43.

141) Ibid., p. 59.

142) Ibid., p. 77.

143) Galbiati, Fernando, *Peng Pai and the Hailufeng Soviet*, Stanford University Press, 1985, pp. 44-151.

144) 저우언라이가 펑파이를 추모하는 글을 보면, 펑파이가 1924년 "당에 들어오기 전부터" 농민 공작에 참여하고 있었다고 한다(一元[저우언라이의 가명], '彭湃同志傳略',〈北方紅旗〉, 29, Aug. 1930).

145) Zhang Guotao, 1, p. 309. 1923년 7월 15일 스니블리트는 그저 광둥성을 "농민과 연계하는 동지들"이 있는 중국의 네 개의 성 중 하나로 — 나머지 세 개는 후난성, 산둥성, 저장성이었다. — 언급했을 뿐이다(Saich, *Origins*, 2, p. 656). 분명 그는 펑파이가 성취한 일을 전혀 알지 못했던 것 같다.

146) 다음 자료에서 인용했다. Perry, Anyuan, pp. 48-49. 이 글에는 마오쩌둥이 썼다는 서명도 없고, 권위 있는 책《毛澤東年譜》의 편집인 팡셴즈(逢先知)도 *Mao's Road to Power*를 쓴 슈람도 이 글을 마오쩌둥이 썼다고 언급하지 않고 있다. 그러나 해당 지역의 역사가들은 이 글의 작성자가 마오쩌둥이라고 주장하고 있다(《毛澤東在萍鄉》(萍鄉, 1993)에서 류산원의 글을 보라). 실제로 마오는 1920년 11월에 이 지역을 방문한 적이 있으며, 문체 면에서 이 글은 이후 마오가 쓴 글들과 대단히 유사하다.

147) Zhang Guotao, 1, pp. 308-309. 장궈타오의 회고는 사실인 것 같다(《毛澤東年譜》, 1, p. 114에서 이 언급은 아무런 설명 없이 실려 있다). 장궈타오와 마오가 적대적 관계였다는 사실을 고려한다면, 사실이 아닌데도 장궈타오가 당 대회에서 마오가 농민 문제를 거론한 공로를 인정해야 할 이유를 이해하기 힘들다.

148) Saich, *Origins*, 1, p. 184;《中共中央文件選集》(이하 ZZWX), 1, Beijing, 1992, p. 151.

149) Kara-Murza, G. S. and Mif, Pavel, *Strategiia i taktika Kominterna v Natsionalno-kolonialnoi Revolyutsii na primere Kitaia*, Moscow, 1934, pp. 114-116 and 344.

150) Galbiati, p. 115.

151)《毛澤東年譜》, 1, pp. 131-132. 사오산에서 처음으로 농민협회가 결성된 것은 1925년 2월이다. (《湖南歷史資料》, 3, 長沙, 1958, pp. 1-10). 마오푸쉬안에 대해서는 다음 자료를 보라. Li Rui, p. 283.

152) Perry, p. 114.

153) 5·30사건에 대한 묘사는 다음 자료에 근거를 두고 있다. Wilbur, C. Martin, 'The

Nationalist Revolution: from Canton to Nanking, 1923–1928', in the *Cambridge History of China*(이하 CHOC), 12, Cambridge, pp. 547–549. 다음 자료도 보라. McDonald, pp. 206–208; Chesneaux, pp. 262–280.

154) McDonald, pp. 209–210.

155) 《毛澤東年譜》, 1, pp.132–135. 확실히 가뭄이 농민들이 적극적으로 행동에 나선 결정적 계기가 되었다(다음 자료를 보라. Chesneaux, p. 278; Mcdonald, pp. 210 and 231).

156) 金沖及, 《毛澤東傳》, 中央文獻出版社, 北京, 1996, p. 123; Snow, p. 186; 《毛澤東年譜》, 1, p. 132.

157) 《毛澤東年譜》, 1, p. 135.

158) Schram, 2, pp. 225–226. 마오는 8월 29일이나 30일 창사에 도착했고, 열흘 뒤 다시 창사를 떠나 광저우로 향했다. 그사이에 이 시를 쓴 것이 분명하다.

159) 다음 자료를 보라. Wilbur, CHOC, 12, pp. 547–553 and 556–557.

160) 《毛澤東年譜》, 1, p. 136.

161) Ibid., pp. 33–35 and 132.

162) Schram, 2, p. 237 (Nov. 21 1925).

163) 농민부는 1924년 1월 제1차 당 대회 때 만들어졌다. '농민운동강습소'는 1924년 7월에 만들어졌으며 펑파이가 초대 소장으로 임명되었다.

164) 《毛澤東年譜》, 1, p. 136–137.

165) Ibid., p. 137; Snow, p. 186.

166) Wilbur, CHOC, 12, pp. 555–559.

167) Schram, 2, pp. 263–267 (Dec. 4 1925). 이 성명서는 마오가 11월 27일 작성했고 이후 국민당 중앙집행위원회의 승인을 받았다. '시산회의파'에 반격을 가하기 위해 '국내와 해외의 모든 동지들'에게 전달되었다.

168) Ibid., 2, pp. 237 (Nov 21 1925), 290–292 (Dec 13), 295 (Dec 20) and 321–327 (Jan 10 1926).

169) Ibid., 2, pp. 249–62 (Dec. 1 1925).

170) 이어지는 내용은 다음 자료에서 나온 것이다. Wilbur, CHOC, 12, pp. 553–557.

171) Schram, 2, pp. 342–344 (Jan. 16 1926).

172) '농민 운동에 대한 결의' 내용 중에, 국민 혁명은 '단적으로 말하자면 농민 혁명이다'라는 구절이 있다(ibid., pp. 358–360, Jan. 19 1926).

173) 탄옌카이와 마찬가지로 장제스도 국민 혁명의 일부로서 농민 운동을 환영했지만, 그 이상은 아니었다(Wilbur and How, p. 797을 보라). 1926년 2월 보로딘은 국민당이 토지 혁명(즉 농촌 지역의 사회 혁명)을 지지하도록 하는 데는 엄청난 어려움이 있으며, 이를 위해서는 어쩌면 당을 나누어 보수파를 내몰아야 할 수도 있음을 인정했다(ibid., p. 216).

174) Ibid., pp. 248–249 and 250–252. Pantsov, *Bolsheviks*, pp. 85–92.

175) Vishnyakova-Akimova, Vera V., *Dva Goda v Vosstavshem Kitae*, Moscow, Izdatelstvo Nauka, 1965, p. 190.

176) Ibid., pp. 237–238; Wilbur and How, pp. 252–257 and 703–705; Zhang Guotao, 1, p. 495; Isaacs, Harold, *The Tragedy of the Chinese Revolution*, Stanford University Press,

1961, pp. 91-94.

177) 《毛澤東年譜》, 1, p. 159. 훗날 저우언라이는 장제스의 쿠데타가 일어났을 때 자신들은 "전혀 준비가 안 된" 상태였다고 말한다(Zhou Enlai, *Selected Works*, Foreign Languages Press, Beijing, 1981, p. 179). 당시 저우는 광둥성 당 위원회의 세 명의 지도자 가운데 한 명이었다. 다른 두 명은 탄핑산과 당 서기 천옌녠(陳延年)이었다(Zhang Guotao, 1, p. 454).

178) 훗날 상하이의 당 중앙이 내세운 노선이기도 하다(Saich, *Rise to Power*, pp. 232-233).

179) Zhang Guotao, 1, p. 498.

180) 1925년 12월 15일 마오는 총 일곱 명으로 구성된 국민당 정치연구회의 회원이 된다(이듬해 2월부터 이 연구회는 국민당 간부들을 훈련하는 일을 시작한다). 1926년 2월 5일에는 국민당 농민운동위원회 위원이 되고 3월 16일에는 농민운동강습소 소장 직책에 오른다(《毛澤東年譜》, 1, pp. 146 and 156-159).

181) 1924년 5월 중국공산당 중앙위원회 결의는 다음과 같이 쓰여 있다. "공산당의 임무는 국민당으로 하여금 부단히 제국주의와 군벌에 반대하는 선전을 계속하도록 만드는 데 있다. …… 이 목적을 달성하기 위해 우리는 반드시 국민당의 선전부에 들어가야 한다."('Resolution concerning the problem of CP work in the GMD', in Saich, *Rise to Power*, p. 120)

182) 《毛澤東年譜》(1, pp. 130-138)와 마오의 반(半)공식적 전기 작가 진충지(金沖及)의 기록(pp. 91-106) 모두 마오와 당 중앙의 접촉을 언급하지 않는다. 사실 엄밀히 따지자면 1924년 12월 이후 마오는 당 지도부에서 아무런 직책도 맡고 있지 않았으므로, 당 중앙과 접촉해야 할 이유가 없었다.

183) Schram, 2, pp. 340-341 (Jan. 16 1926).

184) Snow, pp. 186-187. 천두슈가 키운 펑수즈가 〈향도주보〉의 편집장이었다. 그는 무미건조한 학술적 엄격함으로 악명이 높았다. 마오가 1월에 글을 쓰면서 "학술적 사고는 …… 아무 쓸모없는 쓰레기"라고 언급했을 때, 이는 펑수즈를 염두에 둔 발언이었을지도 모른다.

185) Zhang Guotao, 1, pp. 484-493.

186) Ibid., p. 510. 마오가 특별한 역할을 했다는 언급은 없다. 다음 자료도 보라. Evans and Block, pp. 53-54; 《毛澤東年譜》, 1, p. 164.

187) Wilbur and How, pp. 267-273 and 717-719; Zhang Guotao, pp. 507-519; Pantsov, *Bolsheviks*, p. 93. 또한 이 회의는 국민당 지도자 다섯 명, 공산당 지도자 세 명, 그리고 코민테른 대표 보로딘이 함께 연석회의를 구성하여 두 당 사이의 향후 문제를 해결하기로 한다. 공산당 쪽에서는 탄핑산, 취추바이, 장궈타오가 지명된다. 그러나 회의는 실제로 한 번도 열리지 않았다(Zhang Guotao, 1, p. 521).

188) Evans and Block, pp. 53-55; Pantsov, pp. 92-93. 다음 자료도 보라. Zhang Guotao, 1, pp. 517-519.

189) Zhang Guotao, 1, p. 519; Chen Duxiu, p. 601. 트로츠키의 입장에 관해서는 다음 자료를 보라. Pantsov, *Bolsheviks*, pp. 101-1017.

190) 《毛澤東年譜》, 1, pp. 159 and 163-165. 또한 마오는 국민당 정치연구회에서도 사임한다. 그리고 국민당 선전부 소속 선전위원회에서도 사임한다. 4월 27일에 임명된 직책이었다

(ibid., pp. 162 and 165). 《毛澤東年譜》에는 마오가 농민운동위원회를 떠났다는 언급은 없으며, 1927년 3월 우한에서 농민운동위원회가 재조직되었을 때 마오가 상무위원회에 들어갔다고 서술되어 있을 뿐이다(ibid., 1, p. 183).

191) 한 고위급 소련 고문은 이렇게 말했다. "국민당원 가운데 중도파 혹은 우파로 알려져 있는 사람들도 …… (어떤 경우에는) 토지 문제 해결에 깊게 관여한다. 예를 들자면 장제스 장군을 들 수 있다."(Wilbur and How, p. 797)

192) 《毛澤東年譜》, 1, pp. 147–148, 157 and 161.

193) Wilbur and How, pp. 216–217; Schram, 2, p. 370 (March 30 1926).

194) Wilbur and How, p. 312.

195) McDonald, pp. 232–236; Wilbur and How, pp. 311–314.

196) 《毛澤東年譜》, 1, p. 166. 직전에 있었던 국민당 중앙집행위원회 전원회의를 제외하면, 이 환송 행사는 마오가 5월 31일부터 10월 15일까지 4개월 반 동안 유일하게 참여한 '정치적' 행사였다.

197) 《毛澤東年譜》, 1, pp. 165–169. Angus McDonald는 후난성에서 농민들이 얼마나 북벌을 지지했는지에 관해 주의 깊고 균형 잡힌 설명을 제시한다. 그는 농민의 지지가 산발적이었던 것은 사실이지만 북벌 군사 작전에 상당한 정치적 정통성을 부여했다고 결론짓는다(pp. 264–279).

198) Schram, 2, pp. 387–392 (Sept. 1 1926).

199) Ibid., p. 387. pp. 256–258 (Dec. 1 1925).

200) Ibid., p. 304 (Jan. 1926).

201) Wilbur와 How의 서술에 따르면(p. 216) 보로딘은 이렇게 썼다. "중국에서 제국주의의 주된 방어벽은 …… 중세적 토지 소유 제도이다. 군벌이 아니다." 마오의 언급은 이보다 2~3주 전에 〈중국농민〉에 게재되었다.

202) Ibid., pp. 318–329, 344–345 and 771–776; Wilbur, CHOC, 12, pp. 581–589.

203) ZZWX, 2, pp. 373–376; Saich, Rise to Power, pp. 210–213. 보로딘과 다른 소련 고문들은 광저우 당 위원회의 의견과 같았다(Wilbur and How, pp. 796–797).

204) Saich, Rise to Power, pp. 213–228.

205) 마오가 이후 국민당 좌파의 군사적 취약성을 비판하는 것을 보라(ibid., p. 225). 보로딘을 비롯하여 광저우에서 일을 한 모든 사람이 국민당 좌파가 신뢰성이 없다고 여겼다. 마오를 예외적인 사례라고 생각할 이유는 없다. 게다가 그는 국민당 좌파와 함께 우한으로 가지 않고 중국공산당 지휘부가 있는 상하이로 가는 행동을 통해, 자신의 신뢰가 어느 쪽을 향해 있는지 보여주었다.

206) Schram, 2, pp. 397–401.

207) Saich, Rise to Power, pp. 213–219.

208) 취추바이는 마오처럼 농민 문제에 관심이 있었다. 8월에는 농민운동강습소에서 강연을 하기도 했다(Li, Bernadette[Li Yuning], A Biography of Chu Chiu-p'ai, Ph.D. dissertation, Columbia University, New York, 1967, pp. 178–179). 취추바이는 마오의 논문에 강한 인상을 받아 국민당 선전부에 그 논문에 관해 질문을 하기도 했다(《毛澤東年譜》, 1, p. 169). 1927년 봄, 취추바이는 농민 정책에 관련하여 천두슈에게 반대하고 마오쩌

등을 지지한다(Li Yuning, p. 194).

209) 《毛澤東年譜》, 1, p. 173; Schram, 2 pp. 411-413.

210) Wilbur and How, pp. 359-362 and 375; Zhang Guotao, 1, pp. 556-562.

211) Wilbur and How, pp. 362-363, 373-375 and 393-394; CHOC, 12 pp. 599-603.

212) Saich, *Rise to Power*, pp. 219-228.

213) Glunin은 미출간된 코민테른 자료를 토대로 삼아 중국공산당의 당원 수가 1925년 5월에는 1천5백 명이었고, 1926년 1월에는 7천5백 명, 1926년 5월에는 1만 1천 명이었다고 주장한다. Samuil Naumov가 1926년 11월에 쓴 *Brief History of the CCP*는 당시 중국공산당 당원이 "약 3만 명"이라고 설명한다(Wilbur and How, pp. 444). 1927년 4월 제5차 당 대회 때가 되면 중국공산당은 당원이 거의 5만 8천 명에 이르렀다고 주장한다. 다음 자료도 보라. Wilbur and How, pp. 810-813(각급 지휘관).

214) Saich, *Rise to Power*, p. 225. 마오는 '광둥성 동지들'의 의견이라고 말하는 조심성을 보였지만, 실제 이것은 분명히 마오의 견해였다(다음 자료도 보라.《毛澤東年譜》, 1, p. 174).

215) Wilbur and How, pp. 806-809.

216) Schram, 2, pp. 420-422 (Dec. 20 1926).

217) Ibid., p. 430 (Feb. 1927).

218) Ibid., p. 425 (Feb. 16 1927).

219) Ibid., p. 429.

220) Ibid., p. 430. 다음 자료도 보라. McDonald, pp. 270-279.

221) Schram, 2, pp. 431-455. 훨씬 더 작은 규모이긴 하지만 마오가 묘사하고 있는 종류의 농민들의 행동은 이전에 후난성에서 발생한 적이 있다 1910년 쌀 폭동이 일어난 뒤, 순무 천춘밍(岑春蓂)은 다음과 같이 보고했다. "샹탄, 헝산, 리링, 닝샹에서 가난한 자들이 부잣집을 쳐들어가고 쌀을 먹고 곡식 창고를 파괴하는 사건들이 있었다."(Esherick, *Reform and Revolution in China*, p. 139)

222) 《毛澤東年譜》, 1, p. 165.

223) 마오는 보고서를 2월 18일에 제출했다. 후난성 당 위원회 기관지 〈전사(戰士)〉는 3월 5일부터 마오의 보고서 전체를 연재하기 시작했다. 〈향도주보〉는 1주일 뒤인 3월 12일부터 발췌문을 게재하기 시작했다(《毛澤東年譜》, 1, p. 184). 전체 본문과 취추바이의 서문이 담긴 소책자 형태는 4월에 등장했다. 이 시점에서 취추바이와 펑수즈는 공개적으로 서로 싸웠다. 다음을 보라. Schram, 2, p. 426 (무정부 상태); Zhang Guotao, 1, pp. 596-613(맹목적인 적색 테러). 리리싼의 아버지가 처형당했다는 소문은 많은 사람들이 사실이라고 믿었다(이 책의 초판에서 나 역시 그랬다). 그런데 리리싼의 딸과 부인과 면담한 Alexander Pantsov에 따르면, 소문은 거짓이다(Pantsov and Levine, p. 176 n).

224) 1926년 10월 모스크바는 중국공산당 지도자들에게 전보를 보내 상하이가 북벌 작전에 의해 함락될 때까지 농민 운동을 자제하라고 촉구했다. 이유는 국민당 군 지휘관들을 적으로 만들고 싶지 않았기 때문이었다. 1926년 11월 30일 스탈린은 이러한 "잘못된 견해"를 국민당과 중국공산당 내 "일부 사람들"의 탓으로 돌렸다. 그러나 1927년 8월에는 이것이 사실은 모스크바의 오류였다고 인정한다(Eudin and North, *Soviet Russia and the East*, pp. 293 and 353).

225) 코민테른 제7차 전원회의의 지시가 승인된 것은 1927년 12월 16일이었으며, 1926년 2월 3일 코민테른의 주간지 *Inprecorr*(*International Press Correspondence*)에 실렸다 (Eudin, Xenia, J., and North, Robert C., *Soviet Russia and the East 1920-1927: A Documentary Survey*, Stanford University Press, 1957, pp. 356-364). 이 지시문이 언제 상하이에 도착했는지는 확실하지 않다. 차이허썬은 '1월쯤' 도착했다고 말했다('Istoria Opportunizma v Kommunisticheskoi Partii Kitaia', in *Problemy Kitaia*, 1, Moscow, 1929, p. 16). 그러나 어쩌면 2월 중순에야 상하이에 도착했는지도 모른다. 코민테른 회의에 참석했던 로이와 탄핑산이 그때 모스크바에서 광저우로 돌아왔기 때문이다(Zhang Guotao, 1, p. 712, n. 17). Pantsov는 제7차 전원회의를 언급하지 않으며, 그 대신 1927년 3월 3일 소련공산당 정치국 회의를 언급한다(*Bolsheviks*, pp. 127-128). 이때 소련공산당 정치국은 중국 공산당에 국민당 우파를 축출하여 "그들을 정치적으로 매장하고 그들의 지도적 직책을 체계적으로 박탈하며 그리하여 노동자와 농민을 무장"할 수 있도록 하라고 촉구했다. 하지만 농촌 지역의 농민 혁명을 승인하는 단계까지는 가지 않았다.

226) 차이허썬의 말에 따르면, 이 지시 때문에 (다시 한번) 분노에 찬 논쟁이 시작되었다. 차이허썬과 취추바이가 한편이었고, 천두슈, 펑수즈, 상하이 공산당 위원회 서기 뤄이눙(羅亦農)이 다른 한편이 되어 논쟁을 벌였다고 한다(*Problemy Kitaia*, 1, pp. 16-18).

227) Snow, p. 188.

228) New York Herald Tribune, Feb. 21 1927. 〈노스차이나헤럴드〉는 이러한 상황에서도 긍정적인 측면을 발견해냈다. "이 사형 집행이 끔찍한 일이기는 했지만, 덕분에 분위기가 조용해지는 효과는 거두었다. 늘 보이던 선동자들이 …… 갑자기 다들 사라져버린 것이다." 또한 다음을 보라. Isaacs, pp. 132-3.

229) Wilbur and How, pp. 385-388 and 392-396.

230) Ibid., pp. 396-398. Zhang Guotao, 1, p. 576; Eudin and North, *Soviet Russia and the East*, p. 361.

231) 《毛澤東年譜》, 1, pp. 187-189; Schram, *Mao Tse-tung*, p. 98. 다음 자료도 보라. Schram, *Mao's Road to Power*, 2, pp. 467-475 (March 16 1927).

232) 《毛澤東年譜》, 1, pp. 190-196; Schram, 2, pp. 485-503.

233) 《毛澤東年譜》, 1, p. 181 and 192.

234) Isaacs, p. 165, and Zhang Guotao, 1, p. 587.

235) Issacs, pp. 128 and 163; Chen Duxiu, Evans and Block, p. 603; North, Robert C., and Eudin, Xenia J, *M. N. Roy's Mission to China*, University of California, Berkeley, 1963, p. 54.

236) 왕징웨이는 정직하지 않았다. 그 주 초 장제스는 왕징웨이와 내밀한 대화를 나누는 중에 보로딘이 제거되고 공산당원들이 추방되기를 바란다고 분명하게 말했기 때문이다. 한편 왕징웨이가 중앙집행위원회 전원회의를 열어 그러한 문제들을 다루자고 제안하자, 장제스는 이를 받아들이는 것처럼 행동했으며, 4월 3일 공개 성명서를 발표하여 왕징웨이의 권위를 존중하고 복종하겠다고 분명하게 밝혔다(CHOC, 12 pp. 623-624).

237) North, Robert, *Moscow and Chinese Communists*, Stanford University Press, 1963, p. 96; North and Eudin, *M. N. Roy's Mission to China*, pp. 54-58.

6장 국공합작 붕괴

1) *The Times*, London, April 13 1927; Isaacs, *The Tragedy of the Chinese Revolution*, pp. 175-185. 다음 자료도 보라. Clifford, Nicholas R., *Spoilt Children of Empire: Westerners in Shanghai and the Chinese Revolution of the 1920s*, Middlebury College Press, Hanover, 1991, pp. 242-275; Martin, Brian G., *The Shanghai Green Gang: Politics and Organized Crime, 1919-1937*, University of California Press, Berkeley, 1996, ch. 4, esp. pp. 100-107.

2) NCH, April 16 1927, p. 103.

3) 한 달보다 더 오랜 기간일 수도 있다. Harold Isaacs는 2월 19일 처음으로 상하이 노동자들이 봉기했을 때 바이충시가 군대를 보내 돕지 않은 것이, 장제스가 상하이의 노동 운동을 약화시키려는 의도적인 행동으로 보았다. 당시 광저우에 있던 인도 출신 공산당원 로이의 생각도 비슷하다(North and Eudin, *M. N. Roy's Mission to China*, p. 157).

4) 그 이전부터일 수도 있다. 장시성 간저우의 총노동조합 지도자이자 공산당원인 천짠셴(陳贊賢)은 3월 6일 장제스의 부하가 내린 명령으로 처형당했다(《毛澤東年譜》, 1, p.189). 다음 자료도 보라. Isaacs, pp. 143-144 and 152-153; Martin, pp. 93-95; Wilbur, CHOC, 12 pp. 625-634; Wilbur and How, *Missionaries of Revolution*, pp. 398 and 404-405.

5) Sokolsky, George E., 'The Guomindang', in *China Yearbook*, 1928, Tianjin Press, Tianjin, p. 1349.

6) *The Times*, London, March 25 1927. 당시 상하이에 거주하던 대부분의 외국인은 공산당과 국민당의 차이를 거의 구분하지 못했다. 정도의 차이만 있을 뿐 모두 '좌파'로 여겼다. 3월까지만 해도 두 당은 북방의 군벌 세력을 타도하는 데 연합하고 있었다. 두웨성의 청방이 이른바 '검은 가운을 입은 총잡이'를 제공하게 되지만, 그전에는 노동자의 봉기가 일어날 때면 청방 같은 지하 조직의 사람들이 참여하기도 했다. 4월 들어 장제스가 공산당을 타도하려고 결심했을 때 비로소 청방은 확실하게 국민당 편에 섰다. 그들이 가장 원했던 것은 노동자를 모집하거나 불법적 사업을 행함으로써 얻는 이익을 독점하는 것이었다. 다음 자료를 보라. Steven A. Smith, *A Road is Made: Communism in Shanghai, 1920-1927*, Curzon, 2000, pp. 179-187 and 191.

7) Strother, Edgar E., 'A Bolshevized China -The World's Greatest Peril', North China Daily News and Herald Press, Shanghai, 1927[11th edn.], pp. 4 and 14-15.

8) Sokolsky, p. 1349.

9) *The Times*, London, March 25 and 29 1927; Wilbur and How, pp. 400-401.

10) *North China Daily News*, March 28 1927.

11) 이 모든 움직임이 세심하게 조직되었다는 의미는 아니다. 중국인들이 장제스에게 돈을 빌려주고, 베이징 정부가 외국 공관을 조사하도록 열강이 허용하고, 소련 영사관을 통제하고, 두웨성의 '노동자 규찰대'가 작전 위치로 이동할 수 있도록 상하이 공부국이 허가해 준 각각의 이유를 살펴보면, '개별적으로' 일어난 사건들이었다. 하지만 이 모든 사건들은 1927년 4월 초에 이르러 형성된 전반적 상황에 따른 결과라고 할 수 있다. 다음 자료를 보라. Clifford, pp. 255-259; Sokolsky, p. 1360; Isaacs, pp. 151-152; Wilbur and How, pp. 403-404; Martin, pp. 101-104; *The Times*, London, April 7, 8 and 9 1927.

12) Vishnyakova-Akimova, *Dva goda v Kitae*, p. 345. 4월 1일 상하이에서 개최된 당 위원회 회의에서, 장제스가 장시성의 노동 운동을 압박하기 위해 청방에 60만 멕시코 달러를 지원했고 이와 비슷한 일이 상하이 시내에서도 진행되고 있다는 사실이 알려졌다. 당 위원회 서기 뤄이눙은 "혁명과 (장제스를 중심으로 한) 반혁명 사이에" 점점 더 심각한 충돌이 있을 것이라고 말했지만, 당분간은 이러한 충돌이 정치적 영역에서 벌어질 뿐, 무장 충돌로 발전하지는 않으리라고 믿었다(徐玉芳, 邊獻英, 《上海工人三次武裝起義研究》, 知識出版社, 上海, 1987, pp. 227-228; Smith, *A Road is Made*, p. 190). 얼마 뒤 총노동조합은 깡패들이 조합의 파업 감시대를 공격하려고 계획 중이라는 경고를 받았지만, 깡패들과 충돌이 그렇게 특별한 일이 아니었으므로 이것이 대규모 공격이 될 것이라 생각하지 않았다(《第一次國內革命戰爭時期的工人運動》, 人民出版社, 北京, 1954, pp. 492-493). 다음 자료도 보라. Chesneaux, *Chinese Labour Movement*, pp. 367-371. 한편 한커우에 있던 보로딘의 관심사는 장제스가 공산당에 어떤 의도를 품고 있는가 하는 문제가 아니라, 장제스가 지휘부를 난징으로 옮기려고 계획하고 있다는 소식이었다. 4월 7일, 국민당 정치위원회 긴급회의에서는 (구체적 행동을 취하기에는 이미 늦었지만) 장제스보다 한 발 앞서 한커우 정부를 난징으로 옮길 것을 의결했다. 상하이 상황에 대한 논의는 없었다(Wilbur, CHOC, 12, pp. 632-633). 모든 사람이 똑같이 사태를 엉뚱하게 판단하고 있었던 것으로 보인다.

13) Martin, pp. 104-105; Clifford, p. 253.

14) Wilbur and How, pp. 806-809. 3월 말 보로딘이 우려를 표명하는 일도 참고하라(ibid., p. 400).

15) *North China Daily News*, April 8 1927.

16) 예를 들면, 국민당 장쑤성 위원회 소속 공산당원 장수스(張曙時)는 4월 9일 난징에서 체포되어 국민당 경찰들에게 하룻밤을 억류당했는데, 그 이후에야 일련의 탄압 사태 배후에 장제스가 있다는 것을 알았다(Wilbur, CHOC, 12, p. 633). 저우언라이에 따르면, 주장과 안칭(安慶)에서 있었던 살해 사건(3월 17일과 23일)의 주동자가 장제스였음을 상하이 공산당 지도부가 알게 된 때는 4월 14일이었다고 한다(Zhou Enlai, SW, 1, pp. 18 and 411, n. 7). 4월 1일에 상하이 당 위원회가 회의를 열었고(저우언라이도 참석했다) 거기에서 장제스가 장시성 좌파에게 폭력을 휘두르기 위해 청방에 돈을 지불한 사실을 논의했는데도 어째서 4월 14일에야 알아차렸는지 쉽게 설명이 되지 않는다. 마찬가지로 4월 중순에 로이는 다음과 같이 말했다. "장제스가 자신의 요원을 쓰촨성에 보냈다는 보고를 방금 받았다." (North and Eudin, p. 169). 쓰촨성에서는 이미 3월 말부터 대대적인 탄압이 진행되고 있었다(Wilbur, pp. 626-627).

17) 1930년에 코민테른 대표로 중국에 오게 되는 파벨 미프는 훗날 이렇게 쓴다. "상하이 동지들은 옛날 노선에 의해 최면에 걸려 있었다. 그래서 자산계급의 참여가 없는 혁명 정부는 상상조차 하지 못했다."(Kitaiskiya Revolutsiya, Moscow, 1932, p. 98) Harold Isaacs가 지적했듯이, 이때 미프는 이 "옛날 노선"을 바로 스탈린이 추진했다는 사실을 영리하게도 빼버렸다(p. 170).

18) 《毛澤東年譜》, 1, pp. 192-193; Kuo, Thomas C., *Ch'en Tu-hsiu (1879-1942) and the Chinese Communist Movement*, Seton Hall University Press, South Orange, 1975, p. 161.

19) North and Eudin, *M. N. Roy's Mission to China*, pp. 160-182. 이 자료에 따르면, 4월 13일에서 15일 사이에 로이, 보로딘, 천두슈, 그리고 '다른 사람들'이 발언을 했으며, 16일에 중앙위원회가 로이의 발언에 토대를 둔 결의문을 채택했다. 하지만 18일 결의문이 취소되었고 20일에 새로운 결의문이 채택되었다.

20) 보로딘의 연설문은 구할 수 없었으나, 그의 논지는 로이의 답변을 보면 분명하게 짐작할 수 있다(North and Eudin, esp. pp. 160, 163 and 172). 또한 며칠 뒤 보로딘은 국민당 지도자들에게, 후베이성과 후난성의 농민들, 우한의 노동자들이 진행하고 있는 혁명 운동을 억제함으로써 "일시적인 전략적 후퇴를 하는 수밖에 다른 방도가 없다"고 말했다(Li Dun J., *The Road to Communism: China since 1912*, Van Norstrand, New York, 1969, pp. 89-91). 이때 상황에 관한 설명은 다음 자료를 보라. Fischer, Louis, *The Soviets in World Affairs: A History of the Relations between the Soviet Union and the Rest of the World*, 2, Jonathan Cape, London, 1930, pp. 673-677.

21) North and Eudin, pp. 163-172.

22) *History of the CCP, Chronology*, p. 46; Zhou Enlai, SW, 1, pp. 18-19; North and Eudin, pp. 63 and 170.

23) North and Eudin, pp. 176-177; Wilbur, CHOC, 12, p. 639. 우한 정부는 (장제스의 쿠데타 소식이 도착하기 전인) 4월 12일에 북벌을 재개하도록 압박한다는 결정을 내렸다. 그리고 19일에 또다시 대대적 선전 활동과 함께 이러한 결정을 공개적으로 반복했다. 만일 로이가 말한 중국공산당 중앙위원회 결의문 날짜가 정확하다면 이를 국민당 좌파가 승인한 날은 4월 17일이다(North and Eudin, p. 75).

24) 《毛澤東年譜》(1, p. 193)는 마오가 '4월 중순에' 사흘 동안 이어진 공산당 농민위원회 회의에 참석했다고 기록하고 있으나, 4월 13일부터 17일까지의 행적에 대해서는 언급이 없다.

25) 중요했지만 결과적으로는 의미 없는 일이 되어버린 이들의 협의에 관해서는 다음 자료를 보라. Schram, *Mao Tse-tung*, pp. 99-102, Wilbur, CHOC, 12, pp. 648-649; 《毛澤東年譜》, 1, pp. 191-199. 다음 자료도 보라. Schram, *Mao's Road to Power*, 2, pp. 487-491 and 494-503. 1927년 4월 2일부터 5월 9일 사이에 정기회의가 세 차례, 확대회의가 여섯 차례, 그리고 소위원회 회의가 네 차례 열렸다.

26) Snow, *Red Star over China*, p. 188; 《毛澤東年譜》, 1, pp. 197-198. 제5차 당 대회에 관해 마오가 전하는 바에 따르면, 천두슈가 마오와 리리싼의 이름을 직접 언급하며 비판했다고 한다(Saich, *Rise to Power*, p. 241. pp. 243-251도 보라). 마오가 제출한 결의안 초안의 배경에 대해서는 다음 자료를 보라. Carr, Edward Hallett, *A History of Soviet Russia: Foundations of a Planned Economy, 1926-1929*, 3, pt. 3, Cambridge University Press, 1978, p. 788.

27) Snow, p. 188.

28) *History of the CCP, Chronology*. 《中國共産黨會議槪要》, (瀋陽出版社, 瀋陽, 1991, pp. 54-60)에는 약간 다른 숫자가 제시되어 있다.

29) 《毛澤東年譜》, 1, p. 199. Conrad Brandt는 마오의 후임자가 취추바이라고 밝히고 있다 (*Stalin's Failure in China*, Harvard University Press, 1958, p. 128). 제5차 당 대회에서 마오와 마찬가지로 천두슈의 토지 정책에 반대했던 펑파이도 이때 농민위원회를 떠난다

(《毛澤東年譜》, ibid.; Galbiati, *Peng Pai and the Hailufeng Soviet*, p. 258).

30) Schram, 2, pp. 504-517. 이 단체에서 마오가 맡은 역할에 관해서는 다음 부분을 보라. Ibid., pp. 485-486.

31) Wilbur, CHOC, 12, pp. 630 and 636-638. Steven Smith는 1927년 4월부터 12월 사이 상하이에서 최대 2천 명의 공산당원 및 싸움에 가담한 노동자가 살해되었다고 추정한다(*A Road is Made*, p. 204).

32) Ibid., pp. 637 and 640-641; *The Times*, London, March 30 1927; Kuo, p. 161.

33) Wilbur, CHOC, 12, 641-643.

34) Ibid., pp. 651-653, Zhang Guotao, *Rise of the Chinese Communist Party*, 1, pp. 627-632. 거의 같은 시기에 장제스 군대는 리쭝런과 바이충시의 지휘 아래 북벌 작전을 재개한다. 양측은 북방 군대에 대한 군사 작전이 진행되는 동안에는 서로를 공격하지 않겠다고 각각 공개적으로 발표한다.

35) McDonald, *Urban Origins*, pp. 314-315 (pp. 290-299 and 304도 보라); Wilbur, CHOC, 12, pp. 638 and 653-654; Li Rui, *Early Revolutionary Activities*, pp. 313-317.

36) Xu Kexiang, 'The Ma-jih[Horse Day] Incident', in Dun Li, *Road to Communism*, pp. 91-95.

37) 柳直荀, '馬日事變的回憶', 《第一次國內革命戰爭時期的農民運動》, 人民出版社, 北京, 1952, pp. 81-84 (Li Rui, pp. 315-316에 일부 번역이 실려 있다).

38) Xu Kexiang, pp. 93-94. 장궈타오의 서술에 따르면 이때 쉬커샹 측이 갖고 있던 라이플도 1천 정 정도에 불과했다고 한다(1, p. 615). 류즈쉰의 주장에 따르면 '반격 계획'이 있었다고 한다. 하지만 너무나 모호한 계획이어서 아무런 실제적 효용이 없었다. '우리는 공격이 임박했다는 것을 알았다…… (그러나) 당시의 공산당은 …… 투쟁 경험이 없었다. …… 그래서 공격이 시작되자 우리는 혼란에 빠졌으며 우리의 계획은 모두 실패했다.'('馬日事變的回憶', p. 383. 다음 자료도 보라. 中共湖南省委宣傳部, 《湖南革命烈士傳》, 通俗讀物出版社, 長沙, 1952, p. 96).

39) 《湖南革命烈士傳》, p. 96(McDonald, p. 315에 번역되어 있다).

40) Xu Kexiang, p. 94.

41) McDonald, p. 316. Isaacs는 '이후 몇 달 만에' 2만 명이 사망했다고 전한다(p. 236). McDonald와 Isaacs가 전하는 사망자 수는 현재 구할 수 있는 모든 일차 자료의 정보와 크게 다르지 않다. 마오는 일부 현의 숫자를 보충 자료로 제시하면서, 후베이성과 후난성과 장시성에서 6월 13일까지 총 사망자 수가 "1만 명을 훨씬 넘는다"고 보고했다(Schram, 2, p. 516). 다음 자료도 보라. 〈民國日報〉, 漢口, June 12 1927 (Isaacs, pp. 225-226에서 인용 있다).

42) 柳直荀, '馬日事變的回憶'; Wilbur, pp. 656-657. 공격 취소 명령은 리웨이한이 내렸다. 그는 1923년 4월 마오의 후임으로 후난성 당 서기에 임명되었고 1927년 5월 말까지 그 직책을 유지했다(Brandt, Conrad, Schwartz, Benjamin and Fairbank, J. K., *A Documentary History of Chinese Communism*, Harvard University Press, 1952, pp. 112-113). 다음 자료도 보라. Zhang Guotao, 1, p. 636.

43) Wilbur는 국민당 문서고에 있는 한 보고서를 인용한다. 후베이성에서 샤더우인 부대에 공

격을 받아 "4~5천 명이 살해당했으며 여러 마을이 파괴되었다"는 내용이다(p. 654, n. 220). 다음 자료도 보라. Isaacs, pp. 225-227. 장시성에서는 사망자가 더 적었다(Wilbur, pp. 660-661. 다음 자료도 보라. Schram, 2, pp. 514-517).

44) Schram, 2, pp. 514-517 (June 13 1927).

45) McDonald, p. 316.

46) Zhang Guotao, 1, p. 615. 왕징웨이를 보좌한 탕량리 역시 '마일사변'을 "국민당과 공산당이 갈라서야 할 때가 왔음"을 인식하게 된 계기로 보았다(*The Inner History of the Chinese Revolution*, E. P. Dutton, New York, 1930, p. 279).

47) Wilbur, CHOC, 12, p. 665; North and Eudin, *M. N. Roy's Mission to China*, pp. 100-106 and 293-304; ZZWX, 3, pp. 138-141. 다음 자료도 보라. Roy, M. N., *Revolution and Counter-Revolution in China*, Renaissance Publishers, Calcutta, 1946, p. 615.

48) ZZWX, 3, pp. 136-137.

49) North and Eudin, p.104; Wilbur, p. 665.

50) North and Eudin, p. 103. 당시 중화전국농민협회의 지시문은 대부분 마오가 작성했다. 그러나 당시 후난성의 농민협회와 노동조합이 모두 탄압을 받고 있었기에 마오가 이 지시문을 누구에게 그리고 어떻게 보냈는지는 분명하지 않다.

51) Ibid., p. 104.

52) Ibid., pp. 314-317 (June 3 1927).

53) Schram, 2, pp. 504-508 (May 30) and 510-513 (June 7 1927);《毛澤東年譜》, 1, pp. 201-205. 6월 7일에 마오의 임명이 발표되었다.

54) Isaacs, pp. 190-196. Eudin and North, *Soviet Russia and the East*, pp. 301-302. 당시 트로츠키의 입장은 다음 자료를 참고하라. Evans and Block, *Trotsky on China*, pp. 443-461.

55) *History of the CCP, Chronology*, p. 49; North, Robert. C., *Moscow and Chinese Communists*, Stanford University Press, 1963, pp. 100 and 104-106. 코민테른이 5월 30일자로 승인한 결의문은 다음 자료에 번역되어 있다. Eudin and North, pp. 369-376 (379-380도 보라).

56) Zhang Guotao, 1, pp. 637-638; Evans and Block, p. 606. 다음 자료도 보라. '告全黨同志書', 上海, 1929.

57) Evans and Block, p. 601.

58) Schram, 2, p. 426; Cai Hesen, *Problemy Kitaia*, 1, p. 39.

59) Wilbur, CHOC, 12, pp. 661-662; North and Eudin, pp. 110-118; T'ang Leang-li, pp. 280-283; Zhang Guotao, 1, pp. 638-646. 로이의 사고방식은 그가 1927년 6월 15일 당 정치국에서 한 발언에 잘 드러나 있다. "우리는 국민당을, 확실한 답을 주지 않을 수 없는 그런 위치로 몰아넣어야 합니다. 국민당이 과연 혁명을 앞서서 이끌고 갈 것인지 아니면 혁명을 배반하려고 하는지 대중 앞에 분명하게 선언하도록, 우리는 국민당을 압박해야 합니다."(North and Eudin, p. 355)

60) North and Eudin, pp. 338-340.

61) 당 중앙위원회는 다음과 같이 언급했다. "적과 즉각적인 무장 충돌의 위험이 있다. 이는 우

리 당에 바람직하지 않다."(ZZWX, 3, p. 138).

62) 마오 사후에 다음 사항이 인정되었다. "비록 코민테른이 중국 혁명가들에게 준 충고에
는 일련의 오류가 있었지만, 이 지시만큼은 당시 가장 중요한 문제, 즉 혁명을 어떻게 구
해낼 수 있는가에 관해 올바르게 접근했다."(Hu Sheng(ed.), *A Concise History of the
Communist Party of China*, Foreign Languages Press, Beijing, 1994, p. 103).

63) 마오가 후난성 위원회 서기에 처음으로 임명된 6월 7일부터 재임명된 6월 24일까지, '후
난 문제'에 관한 당 중앙의 정책은 유동적이었다(《毛澤東年譜》, 1, pp. 203-204). 훗날 차
이허썬이 회고한 바에 따르면, 당 중앙위원회와 코민테른 대표(즉 보로딘과 로이)가 특별
위원회를 구성하여 후난성 농민 무장 봉기를 계획하도록 했으며, 이를 위해 "대규모의 전
우들이 후난성으로 파견되었다."(*Problemy Kitaia*, 1, p. 44). 6월 중순, 마오는 바로 이
들에게 지시 사항을 전달한 것이다(《毛澤東年譜》, 1, pp.203-204). 6월 17일 당 중앙위원
회 군사위원회를 이끌었던 저우언라이는 '후난성의 학살 (이후 결과) 처리 계획'을 정치국
상무위원회에 제출했다. 훗날 취추바이는 당 중앙위원회가 6월 중에 후난성의 공세에 대
한 '최종적 결정'을 내렸음을 확인해주었다(Qu, 'The Past and the Future of the Chinese
Communist Party', in *Chinese Studies in History*, 1971, 5, 1, pp. 37-38). 1주일 뒤 마오
는 후난으로 떠났고, 그곳의 당 간부들에게 특별 위원회의 계획을 설명했다(《毛澤東年譜》,
ibid.).

64) Wilbur, CHOC, 12, pp. 664-665 and 668; Vishnyakova-Akimova, p. 362.

65) Cai Hesen, *Problemy Kitaia*, pp. 56-57. 다음 자료도 보라. Qu Qiubai, pp. 41-42.

66) North and Eudin, pp. 361-369; Wilbur, CHOC, 12, pp. 665-667. 훗날 천두슈는 자신이
(아마도 6월에) 두 차례나 공산당이 통일전선에서 물러나야 한다고 제안했으나 당 정치국
의 다른 사람들이 반대했으며 공산주의청년단 지도자인 런비스만 유일하게 찬성했다고 주
장한다(Evans and Block, p. 604). 장궈타오 역시 6월 중순에 자신이 통일전선 파기를 주
장했으나 당 지도부의 다른 사람들이 조심스러운 태도를 보였다고 주장한다(1, p. 647).

67) Wilbur, CHOC, 12, p. 667.

68) 《毛澤東年譜》, ibid.; Snow, p. 189. 6월 29일 탕성즈가 쉬커샹을 지지한다는 성명을 발표
했기 때문에(North and Eudin, pp. 120-121), 보로딘은 당시 계획 중이었던 봉기가 국민당
좌파의 군대로부터 탄압을 받으리라 생각하고서 봉기 계획을 취소했다.

69) 《毛澤東年譜》, 1, p. 204; Schram, 3, pp. 5-12.

70) 《毛澤東年譜》의 기록에 따르면, 마오와 차이허썬은 7월 초 이들 문제에 관해 장시간 논의
했으며, 차이허썬은 이후 당 정치국에 서신을 보내 군사 문제에 충분한 관심을 기울이지
않는다고 비난했다(1, p. 205).

71) Pantsov, *Bolsheviks and the Chinese Revolution*, pp. 152-3; Pravda, July 10 and
16 1927; *History of the CCP, Chronology*, p. 50; Wilbur, CHOC, 12, pp. 669-671;
Pantsov and Levine, p. 187.

72) Wilbur, pp. 669-670; Isaacs, p. 270; 《毛澤東年譜》, 1, p. 206; Zhang Guotao, 1, pp. 656-
659.

73) Wilbur, pp. 671-672.

74) 양카이후이가 언제 우한을 출발했는지는 정확하게 알 수 없다. 그러나 4월 마오안룽의 출

산과 5월 21일 이후 후난성의 혼란상을 고려하면, 7월 말 이전에 양카이후이가 출발했을 가능성은 적다. 《毛澤東年譜》(1, p. 209)에 따르면, 마오는 그가 추수 봉기를 조직하고 있던 8월에 창사에서 아내와 잠시 시간을 같이 보냈다고 한다. 그러나 이들이 가족으로 함께 생활한 것은 우한에서 보낸 몇 달간이 마지막이다.

7장 혁명군 지도자

1) Zhang Guotao, *Rise of the Chinese Communist Party*, 1, pp. 669-672. 번역을 약간 수정했다.

2) 소련 영사 겸 창사의 코민테른 대표자 블라디미르 쿠추모프와 '청년인터내셔널'을 담당했던 26살의 독일인 하인츠 노이만도 이러한 자들에 해당한다.(Ristaino, Marcia R., *China's Art of Revolution: The Mobilization of Discontent, 1927 and 1928*, Duke University Press, Durham, NC, 1987, pp. 41 and 103-104; Pantsov and Levine, p. 194). 두 사람 모두 로미나제처럼 급진 좌파였다.

3) Zhang Guotao, 1, pp. 657-660.

4) Schram, *Mao's Road to Power*, 3, pp. 13-19.

5) 《毛澤東年譜》, 1, p. 206. 마오가 참여했다가 중간에 무산된 대규모 후난 봉기 계획을 재수립한 것으로 보인다.

6) Zhang Guotao, 1, pp. 660-676; 2, pp. 3-16; Hsiao Tso-liang, *Chinese Communism in 1927, City vs Countryside*, Chinese University of Hong Kong, 1970, pp. 81-90; Ristaino, pp. 21-38; Guillermaz, Jacques, 'The Nanchang Uprising', CQ, 11 (1962), pp. 161-168; Wilbur, C. Martin, 'The Ashes of Defeat', CQ, 18 (1964), pp. 3-54. 주장의 리리싼과 우한의 저우언라이가 참여한 난창 봉기는 늦어도 7월 20일에는 논의가 시작되었다.

7) 장궈타오가 전하는 말을 인용했다. Wilbur, CQ, 18, p. 46.

8) 난창에서 온 보고에 고무된 이유인지는 모르겠으나, 8월 11과 18일 소련공산당 정치국은 30만 달러(현재 가치로 환산하면 3백만 달러 이상이다)를 중국공산당에 전달하기 위해 상하이에 요원을 파견하고, 소총 1만 5천 정과 기관총 30정과 탄창 1천만 개를 공급할 것을 결의한다(Taylor, Jay, *The Generalissimo: Chiang Kai-shek and the Struggle for Modern China*, Harvard University Press, 2009, pp. 72 and 611, n. 99). 하지만 실제로 군수품을 받았다는 기록이 전혀 없어서 전달되었는지는 의심스럽다.

9) Schram, 3, p. 25 (Aug. 1 1927). 《毛澤東年譜》(1, p. 206)의 기록에 따르면, 7월 24일 혹은 25일에 상무위원회가 광둥성을 최종 목적지로 결정했다.

10) Goodman, David S. G., *Deng Xiaoping and the Chinese Revolution*, Routledge, 1994, p. x; Evans, Richard, *Deng Xiaoping and the Making of Modern China*, Penguin, Harmondsworth, 1995, p. 44; Saich, *Rise to Power*, p. 308.

11) Ristaino, p. 41. 외국인도 두 명 참석했다. 로미나제와 '청년인터내셔널 대표자'였다. Li Yuning은 청년인터내셔널 대표자의 이름이 Chitarov라고 말했다(*Biography of Ch'u Ch'iu-p'ai*, p. 227, n. 4).

12) 李昻, 《紅色舞臺》, 重慶, 1942. 이 책의 저자는 신주판으로 리앙(李昻)은 가명이다. 공산당원이었다가 전향했으며, 이 회의에 직접 참석하지는 않았다.

13) ZZWX, 3, p. 302.

14) Saich, pp. 296-313.

15) Ibid., pp. 296-308. 예를 들면, 마오가 1927년 5월 30일 작성한 '중화전국농민협회'의 지침서가 비판을 받았다(Schram, 2, p. 506).

16) Brandt et al., *Documentary History*, p. 119.

17) Schram, 3, p. 33 (Aug. 9 1927).

18) *History of the CCP, Chronology*, pp. 52-53.

19) 이 일의 주동자가 저우언라이라는 사실은 장궈타오의 설명에서 유추할 수 있을 뿐 아니라(1, p. 659), 마오가 나중에 천두슈를 비난하는 일과도 부합한다(Snow, *Red Star over China*, p. 189). 1936년의 상황에서 마오는 저우언라이를 직접 지목할 수 없었을 것이다. 마오는 쓰촨성 출신도 아니고 그곳에서 활동한 경험도 없었다. 다음 자료도 보라.《毛澤東年譜》, 1, p. 206.

20) 1927년 9월 28일 취추바이는 이렇게 말했다. "우리에게는 반드시 마오쩌둥이 있어야 한다. …… 만일 우리 당에서 독립적 의견을 지닌 사람을 찾는다면, 그는 마오쩌둥이다."(《毛澤東年譜》, 1, p. 221) 8월 7일 회의 이후 취추바이는 마오를 상하이 당 중앙에 배치하려고 했으나 마오가 거절한다. 이유는 다소 엉뚱했다. 자신이 높은 건물을 싫어하며 시골에서 "푸른 숲의 영웅들"과 함께 사는 것을 좋아한다는 것이었다. 이에 취추바이는 자신의 계획을 포기한다(Saich, *Rise to Power*, p. 209).

21) 毛澤東年譜》, 1, p. 206; Schram, 3, pp. 27-28.

22) Saich, pp. 317-319

23) Ibid., pp. 319-321;《毛澤東年譜》, 1, pp. 207-209; Schram, 3, pp. 33-34 (Aug. 9 1927). 단편적이나마 전해지는 자료에 의하면, 8월 3일 상무위원회가 새로운 '추수 폭동 대강(秋收暴動大綱)'을 발표한 지 불과 몇 시간 뒤에 마오는 후난성으로 돌아가지 말고 우한에 머물라는 지시를 받는다(아마도 취추바이가 마오를 상하이에 배치하려는 계획과 관련이 있는 것 같다). 마오는 후난성 위원회가 제출한 수정안에는 관여하지 않은 것으로 보인다. 당 문건에는 쿠추모프를 '마이어(Mayer 혹은 잘못 써서 Meyer) 동지'라고 칭했다. 그의 중국 이름은 '마커푸'였다(Pantsov and Levine, p. 194).

24) 마오가 목소리를 높인 것은 대단히 놀라운 행동이다. 왜냐하면 이리룽이 처벌받게 된 진짜 이유는, 로미나제가 암시했고(Schram, 3, p. 33) 펑궁다가 훗날 확인해준 대로(Saich, p. 322), 이리룽이 과거의 '기회주의적 오류들'에 대해 코민테른이 어느 정도 책임을 져야 한다고 요구했기 때문이다(Schram, 3, pp. 33-34; Saich, p. 322).

25) 《毛澤東年譜》, 1, p. 209.

26) Schram, 3, pp. 39-40 (Aug. 20 1927).

27) Ibid.;《毛澤東年譜》, 1, p. 210. 리리싼은 난창 봉기에 참여자들이 계속해서 '백색 테러의 깃발'을 사용하고 있다고 강하게 비판했다(Wilbur, CQ, 18, p. 23). 훗날 취추바이는 국민당 깃발을 계속 사용하기로 한 8월의 결정이 잘못이었다고 인정한다(*Chinese Studies in History*, 51, p. 53).

28) ZZWX, pp. 369-371. 9월 27일에 스탈린이 코민테른에서 한 연설을 보라(Eudin and North, *Soviet Russia and the East*, p. 307).

29) ZZWX, 3, pp. 294-297; Schram, 3, p. 32 (Aug. 7 1927).

30) Schram, 3, p. 35 (Aug. 18) and p. 40 (Aug. 20 1927).

31) Pak, Hyobom(ed.), *Documents of the Chinese Communist Party*, Union Research Institute, Hong Kong, 1971, pp. 91-95.

32) Schram, 3, pp. 30-31 (Aug. 7 1927).

33) Saich, *Rise to Power*, p. 310. 1주일 전 상무위원회는 남부 후난의 봉기 때 정규 부대 1개 연대가 핵심 역량이 되어야 한다는 마오쩌둥의 제안을 승인했다(Schram, 3, p. 28).

34) Saich, pp. 319-332; Qu Qiubai, pp. 21 and 70; 《毛澤東年譜》, 1, p. 212. 후베이성 봉기 때도 군사력 사용을 두고 유사한 토론을 했는데, 이에 관해서는 다음 자료를 보라. Roy Hofheinz, 'The Autumn Harvest Insurrection', CQ, 32, 1967, p. 47.

35) Saich, p. 315.

36) Ibid., p. 324; Hofheinz, CQ, 32, p. 48; Schram, 3, p. 36 (Aug. 18 1927).

37) 《毛澤東年譜》, 1, p. 212; Schram, 3, pp. 37-38 (Aug. 19 1927).

38) 〈中央通訊〉, 3, pp. 38-41 (Aug. 30 1927). 이 구절에 대한 다른 번역은 다음 자료를 보라. Pak, pp. 91-92; Hofheinz, p. 65.

39) 《毛澤東年譜》, 1, p. 213. 다음 자료도 보라. Saich, p. 504, n. 90.

40) Hofheinz, pp. 49-57.

41) 《毛澤東年譜》, 1, p. 213; Schram, 3, pp. 41-42(Aug. 30 1927).

42) Pak, pp. 99-101.

43) Ibid., pp. 60-66; Hofheinz, pp. 37-87. '중앙 계획'의 대부분이 〈中央通訊〉(Dec. 1927)에 실렸다. 후난성에는 네 개의 중심지가 명기되었는데, 서부의 창사, 헝양, 창더(常德)와 서남부의 바오칭(寶慶)이다. Hofheinz는 취추바이의 계획이 8월 초에 만들어졌다고 기록하고 있으나, 그렇게 되면 Hofheinz 자신이 구성한 사건 진행의 시간표가 엉망이 된다. 다음 자료도 보라. Hsiao Tso-liang, pp. 44-80; Ristaino, pp. 56-74.

44) 《毛澤東年譜》, 1, p. 213; Saich, p. 504, n. 90.

45) 《毛澤東年譜》, 1, p. 214.

46) Ibid., p. 215; Hofheinz, pp. 67-70.

47) 《毛澤東年譜》, 1, p. 216; Hofheinz, pp. 71-72.

48) Snow, p. 193.

49) 《毛澤東年譜》, 1, pp. 217-218; Hsiao Tso-liang, pp. 67-77; Hofheinz, pp. 72-79.

50) 《毛澤東年譜》, 1, pp. 218-220; Schram, 3, p. 34 (Aug. 9 1927). 다음 자료도 보라. He Changgong, 'The deeds of Jinggangshan will be remembered for thousands of years', BBC Summary of World Broadcasts, June 18 1981, FE/6752/BII/1.

51) Hofheinz, pp. 51-60.

52) Wilbur, CQ, 18, pp. 33-34; Ristaino, p. 35.

53) Ristaino, pp. 127-129.

54) Saich, pp. 331-341; ZZWX, 3, pp. 478-484. 다음 자료도 보라. Zhou Enlai, SW, 1, p. 194.

55) Ristaino, pp. 97-108; Hsiao Tso-Liang, pp. 135-148; Wilbur, 'The Nationalist

Revolution' CHOC, 12, pp. 692-695; Isaacs, *The Tragedy of the Chinese Revolution*, pp. 282-291; North, *Moscow and Chinese Communists*, p. 120. *History of the CCP*, *Chronology*에는 1927년 11월부터 1928년 6월 사이에 일어난 25건의 봉기 사례를 나열해 놓았다. 거의 모두 단기간에 그쳤다(pp. 56-59).

56) *History of the CCP*, *Chronology*, p. 56-59; Ristaino, pp. 126-139.

57) 《毛澤東年譜》를 포함한 거의 모든 중국의 저술을 보면, 마오쩌둥이 10월 초 싼완에서 '3대 기율'을 세웠다고 서술한다. 하지만 에브릴은 현지 저술가들이 제시한 두 가지 설명을 토대로 삼아 '3대 기율'이 이보다 열흘 뒤에 제시되었다고 주장한다. 마오가 후난 남부를 조사하기 위해 군대를 보냈다가 실패하고 퇴각하던 중에 병사들이 농민들에게 음식을 훔쳤는데, 이때 기율이 세워졌다는 것이다(*Revolution in the Highlands*, p. 163).

58) Schram, 3, p 59. 이러한 변화를 언급한 마오쩌둥의 편지가 1928년 8월에 작성되었다고 기록되어 있으나, 1928년 6월인 것으로 보인다.

59) 이 부분의 서술은 대부분 《毛澤東年譜》(1, pp. 220-244)를 참고했다. 이 《毛澤東年譜》는 1951년 중국공산당 중앙위원회가 장시성 근거지를 방문하여 들은 증언뿐 아니라(Grigoriev, A. M., *Revolyutsionnoe Dvizhenyie*, p. 62), 나중에 공산당 역사가들이 연구한 결과물과 각종 회고록 자료에 기초하고 있다. 이외에도 내가 1979~1980년, 1997년, 2004년에 현지를 방문하여 얻은 자료와 에브릴의 저술 *Revolution in the Highlands*(esp. pp. 155-330) 그리고 이 시기와 관련된 다음 네 개의 주요 단행본을 참고했다. 桂玉麟, 《井岡山革命鬪爭史》, 解放軍出版社, 北京, 1986; 《井岡山的武裝割據》, 江西人民出版社, 南昌, 1979; 《井岡山革命根據地史料選編》, 江西人民出版社, 南昌, 1986; 《井岡山革命根據地》, 1-2, 中共黨史資料出版社, 北京, 1987. 슈람의 *Mao's Road to Power*(3, pp. xxiv-xxix)에 있는 에브릴의 머리말도 보라.

60) 1927년 9월부터 1928년 4월 사이의 마오쩌둥의 연설과 저술이 모두 그러하듯, 이 서신도 망실되었다.

61) Schram, 3, p. 102 (Nov. 25 1928).

62) Ibid., p. 119.

63) 1928년 2월 17일 취추바이는 장시성의 당 간부에게 장시성 서남부의 혁명 전개는 후난성에 "매우 중요한" 파급 효과를 낳는다고 하면서 이렇게 말했다고 한다. "마오가 장시성 서남부의 당 서기가 되어야 하지 않겠는가?"(《毛澤東年譜》, 1, p. 234). 이는 실제 결과로 이어지지는 않았으나 취추바이의 생각을 잘 보여준다.

64) Carr, *Foundations of a Planned Economy*, 3, pt 3, p. 867(다음 자료에 실렸다. *Stenograficheskii Otchet VI Siezda KPK*, 5, Moscow, 1930, pp. 12-13).

65) Schram, 3, p. xxvi; ZZWX, 4, pp. 56-66.

66) 《毛澤東年譜》, 1, p. 229 (Dec. 31 1927). 당시 저우언라이는 당 중앙위원회 군사위원회의 서기로서 당 중앙의 군사 정책을 맡고 있었는데, 직책에 오른 지 얼마 되지 않아 당 규율을 너무나 철저하게 적용하는 사람이라는 명성을 얻는다. 저우언라이가 한평생 언제나 좀 더 강한 편에 붙는 경향이 있었다는 점을 고려하면, 그가 1927년 겨울에 마오를 비난한 것이 이러한 경향의 초기 사례라고 볼 수도 있다(이때 강한 편은 취추바이와 로미나제였다). 하지만 1928년 6월 이미 당 중앙의 군사 노선이 변해버린 때에도 그가 또다시 마오를 비난한

사실을 생각해보면, 좀 더 깊은 차원의 적개심이 있던 것이 아닌가 하는 생각이 든다. 아마도 1926년 3월 20일 광저우에서 일어난 쿠데타 때 두 사람이 충돌한 일이나, 1927년 6월 우한에서 후난 봉기를 처음에 함께 계획하다가 좌초되었던 일이 영향을 끼친 것 같다.

67) Schram, 3, p. 52 (May 2 1928).

68) Ibid., p. 84.

69) *History of the CCP, Chronology*, p. 58. 아그네스 스메들리는(*The Great Road*, Monthly Review Press, New York, 1956, pp. 212-225) 공산당의 투쟁을 생생하게 전달하고 있는 반면, 당의 활동은 실제보다 훨씬 조직적으로 묘사하고 있다. 그러나 당시 문서를 보면, 대부분의 시기 상하이의 당 지도부는 주더의 군대가 어디에서 활동하고 있는지조차 알지 못했다(Pak, pp. 183-194).

70) Smedley, pp. 2 (마오쩌둥) and 226 (주더).

71) Ibid., pp. 9-186. 다음 자료도 보라. 金沖及, 《朱德傳》, 中央文獻出版社, 北京, 1993.

72) 주더는 11월 당 중앙위원회 전원회의 결의문 한 부를 가지고 왔다(Schram, 3, pp. 83-84). 다음을 참고하라. Ibid., pp. 52 and 54; 《毛澤東年譜》, 1, pp. 236, 238 and 240.

73) 마오는 장시성 당 위원회에 제출한 보고서에 홍4군의 병력이 총 1만 8천 명이며, 이들 가운데 1만 명이 남부 후난 출신의 제대로 훈련받지 않은 농민 병사라고 말했다. 이들은 홍군이 후난성과 장시성의 접경 지역으로 귀환할 때 합류했다(Schram, 3, May 2 1928, pp. 49-52). 그러나 얼마 지나지 않아 농민 병사들은 각자의 고향으로 돌아갔고, 남은 병사들의 사망과 부상과 탈영으로 인해 주-마오군의 병력은 점차 줄어들어 1928년 후반기가 되면 약 6천 명 정도에 불과했다.

74) He Changgong, FE/6752/BII/1.

75) 마오가 접경 지역 제1차 대표대회에서 한 연설은 출판된 적이 없다(아마도 망실된 것 같다). 그해에 마오는 같은 주제로 두 번 더 연설했는데, 두 연설은 여러모로 비슷했다. 제시된 요약문은 마오가 1928년 10월 5일 제2차 대표대회 때 작성한 결의문에서 인용한 것이다(Schram, 3, p. 65).

76) Averill, *Revolution in the Highlands*, pp. 66-7 and 72; 《毛澤東年譜》, 1, p 229; Smedley, pp 232-233. 주 노인의 이름은 주콩양이다. 그는 군벌 부대에서 장교로 일하다가 1920년에 탈영했는데, 그때 부하 십여 명도 함께 데리고 나왔다. 그들은 지주로부터 돈을 뜯어내고, '어린 양 매달기', 즉 어린 아이를 납치한 다음 몸값을 뜯어내는 일을 주로 했다. 에브릴은 주 노인이 "말수가 적고 약간 귀가 먹었으며 여자를 좋아하고 음식과 술을 엄청나게 먹어치웠을 뿐 아니라 사격 실력이 훌륭하고 뛰어난 지도력을 갖춘 사람"이었다고 전한다. 주 노인의 이후 삶에 대해서는 알려진 바가 없다. 1927년 겨울 마오가 징강산에 도착하기 오래 전에 그는 징강산을 떠난 것으로 보인다.

77) 《毛澤東年譜》의 기록에 따르면, 마오는 1928년 1월 중순에 '적이 전진하면 우리는 물러나고, 적이 머물면 우리는 교란하고, 적이 물러나면 우리는 추격한다(적진아퇴 적주아우 적퇴아추)'는 12자의 원칙을 제시했다(1, p. 232). 16자의 완성된 문구가 등장한 것은 같은 해 5월이다.

78) Schram, 3, p. 85 (Nov. 25 1928).

79) Averill, *Revolution in the Highlands*, pp. 202-214.

80) 마오는 1927년 10월부터 이러한 지침들을 만들기 시작한다(《毛澤東年譜》, 1, pp. 222 and 226). 1928년 1월 25일 '6대 주의 사항'이 정식으로 처음 제시되었고(Ibid., p. 233), 4월 3일에 한 차례 수정되었다(Ibid., p. 238). '3대 기율'과 중복을 피하기 위해서였다. '8대 주의 사항'의 공식 문구는 다음 자료를 보라. SW, 4, pp. 155-156.

81) Schram, 3, pp. 93, 104 and 115 (Nov. 25 1928) and 173 (June 1 1929); 《毛澤東年譜》, 1, p. 231.

82) 《毛澤東年譜》, 1, p. 236. 다음 자료도 보라. Schram, 3, p. 115 (Nov. 25 1928).

83) *Chinese Studies in History*, 5, 1, pp. 69-70. 실제 취추바이 연설은 6월에 행해졌지만, 그보다 두 달 전에 연설문이 준비된 것으로 보인다(p. 53을 보라).

84) Saich, pp. 322-323; 《毛澤東年譜》, 1, pp. 209-210 and 243; Schram, 3, p. 5.

85) 당시 징강산과 상하이의 서신 교환은 안위안을 거쳐 이루어졌다. 후난성 당 위원회에 소속된 어느 젊은 당 간부가 이 연락 업무를 담당했다(그는 후난성 출신이었다). 상하이에서 안위안에 보낸 문건은 보통 술병이나 레코드판 커버 속에 숨겨져 있었다. 담당자는 문건 내용을 얇은 종이에 옮겨 적은 다음, 우산의 대나무 손잡이 속에 감추어 징강산으로 전달했다. 당시 새롭게 구성된 후난성 당 위원회는 1928년 6월부터 안위안에 머물렀는데, 당국의 압박을 피해 5월에 종전에 머무르던 창사에서 샹탄으로 이동했다가 안위안으로 간 것이었다.

86) 이 당 대회에 대한 유용한 설명은 다음 자료를 보라. Grigoriev, A. M., 'An Important Landmark in the History of the Chinese Communist Party', *Chinese Studies in History*, 8, 3 (1975), pp. 18-44; Carr, 853-875; Ristaino, pp. 199-214.

87) ZZWX, 4, pp. 71-75 and 239-257; Pak, pp. 371-372; 《毛澤東年譜》, 1, p. 244.

88) Grigoriev, *Revolyutsionnoe Dvizheniye*, p. 81; 《中國共産黨會議槪要》, p. 79; Zhang Guotao, 2, pp. 68-69; Saich, pp. 341-358. 다음을 참고하라. Ibid., pp. 358-386; *Chinese Studies in History*, 4, 1 (1970), 2-3 and 4 (1971).

89) Thornton, Richard, *The Comintern and the Chinese Communists, 1928-1931*, University of Washington, Seattle, 1969, pp. 32-38. 모스크바에서 코민테른의 결의가 채택된 때는 1928년 2월 25일이었지만, 취추바이 지도부는 4월 30일에 새로운 전략을 공개했고, 이후 7월이 되어서야 당 기관지 〈布爾什維克〉에 전략의 내용이 게재되었다(1927년 10월 당 기관지의 이름이 '향도'에서 새롭게 바뀌었다) (Grigoriev, *Revolyutsionnoe Dvizheniye*, p. 78).

90) Nikolai Bukharin, speech to the Sixth Congress, in *Chinese Studies in History*, 4, 1 (1970), pp. 19-22.

91) Saich, pp. 374 and 355-357.

92) Bukharin, speech, p. 21.

93) Ibid., p. 13. "지금 일어서고 있는 사람은 농민들이며, 탄압받고 억압받아서 아직 등을 펴고 일어서지 못하고 있는 사람은 노동자들이다." 제6차 당 대회의 여러 결의문을 관통하는 핵심 주제는, 주요 혁명 세력으로서 농민과 함께하는 무산계급의 지도였다.

94) Mao Zedong, SW, 1, p. 196 (Dec. 1936).

95) 이어지는 허쯔전에 관한 서술은 다음 자료에 근거해 서술했다. 王行娟, 《賀子珍的路》, 作家

出版社, 1988, pp. 1-23, 44-45, 60, 67-69 and 78-79; 劉曉農, '毛澤東第二次婚姻內情', 〈記者寫天下〉, 21, May 1992, pp. 4-11.

96) 지역 자료 중에는 마오와 허쯔전의 만남을 좀 덜 낭만적으로 묘사한 것이 있다. 당시 위안원차이에게는 20대 중반의 첩이 한 명 있었는데, 그해 여름 그녀는 위안원차이가 허쯔전에게 연정을 품고 있다고 오해해서 그다음부터 두 사람이 함께 있는 것을 볼 때마다 질투에 불타 볼썽사나운 모습을 보였다. 어느 날 그와 같은 소동이 극도로 심하게 벌어지자, 위안원차이와 왕쭤는 이러한 상황을 해결할 수 있는 최선의 방법이 허쯔전과 마오쩌둥을 이어주는 것이라고 결론 내렸다. 그렇게 되면 마오쩌둥이 근거지 지역 주민들과 장기적인 관계를 형성하게 되는 또 다른 장점도 있었다. 처음에 마오는 주저했으나, 2월이 되자 허쯔전은 마오의 비서로 일하기 시작했다. 5월 말이나 6월 초 두 사람은 마오핑 근처의 수녀원에서 작은 결혼식을 올렸다. 왕쭤와 위안원차이 그리고 십여 명의 지역 주민들이 결혼식에 참석했으며, 예식이 끝난 후 위안원차이가 직접 축하 저녁 식사를 대접했다(Averill, *Revolution in the Highlands*, pp. 179-181 and 188 nn. 40-41; Wang Xingjuan, p. 90.)

97) Wang Xingjuan, p 45; Smedley, pp. 137, 223-224 and 272-273.

98) 판초프와 레빈은 마오가 완전히 냉담했던 것은 아니라고 말하며 다음 일화를 전한다(p. 226). 1929년 11월에 마오는 동생 마오쩌민에게 메시지를 보내 달라고 리리싼에게 요청하며 말하길, 그가 양카이후이와 세 아들을 그리워하고 있으며 어떻게 하면 그들과 연락을 할 수 있을지 물었다는 것이다(Schram, 3, p.192). 그러나 이는 진지한 요청이라기보다 새로운 당 대표가 된 리리싼에게 과거의 개인적 유대 관계를 상기시킴으로써 환심을 사기 위한 시도로 보인다. 마오쩌둥이 정말로 가족을 찾기를 원했다면 양카이후이의 사촌 양카이밍이나 다른 후난성 출신 동료들을 통해 쉽게 연락할 수 있었을 것이다. 그러나 마오가 그때나 그 이후에 그러한 시도를 했다는 증거는 없다.

99) 당시 후난성 당 위원회가 징강산에 서로 충돌하는 숱한 메시지를 보냈던 까닭은 대부분 젊고 경험이 부족했던 후난성의 당 지도부가 자신들의 권위를 확보하려 했기 때문이다. 당 위원회가 파견한 첫 번째 사절 두슈징은 5월 29일 징강산에 왔다. 그는 방문을 마친 뒤 당 위원회에 귀환하여, 징강산 근거지가 제대로 조직되어 있지 않으며 지도부가 영역을 확장하려는 노력을 충분히 기울이지 않고 있다고 보고했다. 그리하여 당 위원회는 두 번째 사절 위안더성(袁德生)을 파견하여 6월 19일자 서신 두 개를 전달하게 했다. 내용은 홍군의 규모를 세 배로 늘리고 남부 후난 지역으로 공격적인 팽창 정책을 취하라는 것이었다. 1주일 뒤 두슈징이 징강산에 다시 파견되었다. 그는 지령문 두 개를 들고 왔는데, 위안더성이 전달한 서신의 뜻을 좀 더 강력하게 표명하는 내용이 담겨 있었다. 차이점은 이전에는 닝강 근거지도 보전해야 함을 강조하고 있지만, 뒤의 지령에는 그러한 강조가 사라졌다는 점이다. 이어지는 내용은 다음 자료에 근거했다.《井岡山革命根據地》, 1, pp. 133-144; Schram, 3, pp. 55 and 117;《毛澤東年譜》, 1, pp. 243 and 247-248; Pak, pp. 369-377. 이 시기에 대한 개괄적 설명은 에브릴의 책(*Revolution in the Highlands*, pp. 265-282)에 훌륭하게 서술되어 있다.

100)《毛澤東年譜》, 1, pp. 247-248;《井岡山革命根據地》, 1, pp. 511. 양카이밍은 두슈징과 함께 창사를 출발했지만, 6월 30일 회의가 끝나고 며칠 뒤에야 마오를 만났다(《井岡山革命根據地》, 1, p. 425). 다음 자료도 보라. Schram, 3, pp. 55-58 (July 4 1928).

101) 《毛澤東年譜》, 1, pp. 248-251. 다음 자료도 보라. Schram, 3, pp. 68 and 117.

102) 《毛澤東年譜》, 1, pp. 252-253; Schram, 3, pp. 87-88.

103) 《毛澤東詩詞對聯集注》, 湖南文藝出版社, 1991, pp. 23-25. 다음 자료도 보라. Schram, 3, p. 61.

104) 《毛澤東年譜》, 1, pp. 249-250; Schram, 3, pp. 85-86 and 113; 《井岡山革命根據地》, 1, pp. 471-472.

105) Schram, 3, p. 178. 처음에 주더는 마오의 부대와 합치는 것을 꺼려했다(1927년 12월에 중앙위원회가 제안했지만 1928년 4월까지 실행에 옮기지 않았다). 그리고 마오는 1928년 8월의 구이둥 회의 이전까지는 서로의 긴장 관계를 악화시키지 않으려고 노력했다(《毛澤東年譜》, 1, p. 252).

106) 훗날 마오는 "접경 지역에 머무는 것은 잘못되었다"라고 하는 "이상한 견해"를 지닌 "소수 동지들"이 있었다고 말한다(Schram, 3, p. 183).

107) 《井岡山革命根據地》, 1, pp. 471-472 and 523; Schram, 3, p. 711 (Oct. 5 1928); 《毛澤東年譜》, 1, pp. 228 and 254.

108) 《毛澤東年譜》, 1, p. 254.

109) Ibid., p. 256.

110) Schram, 3, pp. 80-81 and 113-114 (Nov. 25 1928); 《毛澤東年譜》, 1, pp. 228 and 254; 《井岡山革命根據地》, 1, pp. 472 and 523.

111) Ibid., pp. 80-121. 다음을 참고하라. Ibid., pp. 70-71 and 75; 《毛澤東年譜》, 1, p. 256. 마오의 보고서는 내용상 서로 상충되는 부분이 몇 군데 있다. 96~97쪽에서 마오는 식량과 의복이 심각하게 부족하다고 말하지만, 118쪽에서는 "식량과 의복은 이제 더는 문제가 아니다."라고 분명하게 밝힌다. 또한 115쪽에서는 적군 부대에서 "명령 불복종이나 탈영 사례가 거의 없다."고 이야기하지만, 119쪽에서는 "점점 더 많은 적군이 우리 쪽으로 투항하여 오고 있다."고 주장한다. 보고서의 앞부분은 11월 9일과 10일의 닝강 및 융신 전투 이전에 작성했고, 뒷부분은 이들 전투 이후에 작성되었을 가능성이 있다. 이 보고서를 축약하고 크게 수정한 내용이 'The Struggle in the Chingkang Mountains'라는 제목으로 SW(1, pp. 73-104)에 실려 있다.

112) Schram, 3, pp. 92-97.

113) Ibid., 3, pp. 92-97, 151 and 154-155; Peng Dehuai, *Memoirs of a Chinese Marshal*, Foreign Languages Press, Beijing, 1984, p. 231; Averill, *Revolution in the Highlands*, pp. 307-312; Smedley, p. 235.

114) Ibid., pp. 96-97. 다음 자료도 보라. He Changgong, FE/6752/BII/1.

115) Ibid., p. 139 (Feb. 13 1929).

116) 마오는 홍군이 1928년과 1929년에 아편을 취급했다고 인정했다(Schram, 3, pp. 57 and 173-174). 다음 자료도 보라. Peng Dehuai, p. 248. 1940년대 옌안에서 중국공산당이 아편 거래를 한 사실에 관해서는 다음 자료를 보라. Chen Yung-fa, 'The Blooming Poppy under the Red Sun', in Saich and Van de Ven, *New Perspectives on the Chinese Revolution*, pp. 263-298; Slack, Edward R., *Opium, State and Society: China's Narco-Economy and the Guomindang, 1924-1937*, University of Hawaii Press, Honolulu,

2001.

117) Schram, 3, pp. 105 and 119.

118) Peng Dehuai, pp. 193-229 and 233-234; 《毛澤東年譜》, 1, pp. 259-261. Averill, p. 316. 위의 자료들이 서로 상이한 숫자를 제시할 경우에는 에브릴의 서술을 따랐다.

119) 《毛澤東年譜》, 1, pp. 261-262.

120) 스메들리는 그들이 다편에서 "적군 부대를 완전히 압도했다"고 서술했다(p. 236). 하지만 그곳은 정부의 강력한 민병대가 주둔했던 곳이기 때문에 이 내용은 신뢰성이 떨어진다.

121) Ibid.; 《毛澤東年譜》, 1, p. 263.

122) 1960년대 중반 펑더화이는 이렇게 불평했다. "만일 홍4군이 잘 움직였다면 적군의 여단을 파괴하거나 격퇴할 수 있었다. (하지만) 홍4군은 다위 쪽으로 밀고 갔으며 …… (그래서) 징강산과 연결이 완전히 끊겼다."(Peng Dehuai, p. 233)

123) Ibid., p. 234-237.

124) Schram, 3, pp. 159 (April 5 1929) and 150.

125) 王行娟, 《賀子珍的路》, p. 118 and 135-136. 허쯔전의 기억에 따르면, 아이는 푸젠성의 룽옌에서 태어났다. 1929년 5월 말 마오 부대가 그곳에 잠시 머물렀던 곳이다(《毛澤東年譜》, 1, p. 276; Schram, 3, p. 166).

126) Smedley, p. 237.

127) 《毛澤東年譜》, 1, pp. 265-266 and 270; Schram, 3, p. 150.

128) Schram, 3, pp. 117, 119-120 (Nov 25 1928), 151 (March 20), 161 (April 5) and 172 (June 1 1929).

129) Ibid., pp. 117 and 120 (Nov. 25 1928).

130) Ibid., p. 161 (April 5 1929). 징강산에서 마오가 신문을 구하려고 노력한 사실에 관해서는 다음 자료를 보라. Averill, pp. 161, 185 n. 14, 200 and 310.

131) Ibid., p. 151 (March 20 1929).

132) 중국공산당 제6차 전국대표대회에서 실시된 선거들은 지극히 비정상적이었다. 그 원인 중 하나는 대회 참석자들이 제대로 된 대표자가 아니었기 때문이다. (모스크바에서 개최되었기에 마오쩌둥, 펑파이, 리웨이한 같은 주요 당원이 불참했고, 대표자 수를 맞추기 위해 당시 소련의 각 대학에서 공부하고 있던 중국인 유학생이 다수 참석했다는 문제가 있었다.) 또 다른 원인은 중국공산당을 결속할 수 있는 중국인 당 지도자가 없었다는 점이다. 중국공산당 중앙위원회 위원 입후보자 명단을 작성하여 제안한 것은 코민테른이었다. 입후보자 전원이 무사히 선출되었지만 각 입후보자의 득표수로 결정되는 당 서열은 원래 의도대로 되지 않았다. 정치국 구성원들이 많은 표를 얻어야 했으나 실제 득표수로 보면 이들이 받은 표는 상당히 적었다. 샹중파는 중앙위원회 서열 3위, 쑤자오정은 9위, 마오쩌둥은 12위, 저우언라이는 14위, 차이허썬은 16위, 샹잉은 17위, 장궈타오는 23위였다. 리리싼은 중앙위원회 서열 22위였고 당 정치국에는 투표권이 없는 후보위원으로 겨우 뽑혔다(1928년 11월이 되어서야 정치국 정위원으로 승격된다). 제6차 당 대회를 실제로 이끈 러시아 측의 운영이 엉망이었다고 할 수 있다(《中國共産黨會議概要》, p. 84).

133) 증명할 수는 없지만 합리적으로 추론한다면, 아마도 1월에 마오는 제6차 당 대회 문건들을 (전부는 아니지만) 받았고, 그와 동시에 새로운 중앙위원회와 정치국의 구성원 명단도

전달받았을 것이다. 1929년 5월 당 중앙위원회 특사인 류안궁이 홍4군을 방문했을 때, 새로운 당 지도부의 실제 양상이 어떠한지 처음 들었을지도 모른다. 하지만 그가 지도부의 변화에 대해 처음으로 언급한 시기는 (우리들에게 알려진 바에 한해) 1929년 11월 말이다. 그는 리리싼에게 이렇게 말했다. "(이틀 전) 천이 동지가 도착한 다음에야 비로소 나는 리 형의 상황을 알게 되었습니다."(ibid., pp. 151-152 and 192;《毛澤東年譜》, 1, pp. 274 and 289-290).

134)《毛澤東年譜》, 1, pp. 264-265; Saich, pp. 472-474; ZZWX, 5, pp. 29-38.

135) Schram, 3, p. 100.

136) Saich, pp. 473-474.

137) Ibid., pp. 147-152;《毛澤東年譜》, 1, pp. 264-270; Smedley, pp. 237-239 and 248-251.

138) 4월 3일 당 중앙위원회 서신이 루이진에 도착했다(Schram, 3, p. 153).

139) Ibid., pp. 153-161 (April 5 1929), 168 and 172; Peng Dehuai, p. 250.

140) Schram, 3, pp. 244-245 (Jan. 5 1930).

141) ZZWX, 5, p. 30.

142) Schram, 3, p. 154.

143) Ibid., p. xli; 金沖及,《土恩來傳, 1898-1949》, 中央文獻出版社, 北京, 1989, p. 193;《毛澤東 年譜》, 1, p. 272 and 278-279; Saich, p. 395.

144) Schram, 3, pp. 243-244 (Jan. 5 1930);《毛澤東年譜》, 1, p. 272.

145)《毛澤東年譜》, 1, pp. 275-278. 마오가 린뱌오에게 보낸 1929년 6월 14일자 편지와 1930년 1월 5일자 편지(Schram, 3, pp. 177-189 and 234-246) 그리고 9월 8일에 '당 중앙위원회가 홍4군의 전선위원회에 보낸 지령'을 보라(ZZWX, 5, 8, pp. 488-489). 다음의 자료도 참고 하라. Schram, 3, pp. 178-179, 184 and 187.

146) 王行娟, p. 139.

147)《毛澤東年譜》, 1, p. 277; Schram, 3, p. 181 and 185-187.

148) Schram, 3, pp. 156, 159 and 171;《毛澤東年譜》, 1, pp. 264 and 268-269.

149)《毛澤東年譜》, 1, p. 274.

150) Ibid., pp. 276-277; Schram, 3, pp. 180-185.

151)《毛澤東年譜》, 1, pp. 274 and 276-277; Schram, 3, p. xliv; 金沖及,《朱德傳》, pp. 175-180.

152) Schram, 3, p. 182 (June 14 1929);《毛澤東年譜》, 1, pp. 280-281;《中國共産黨會議槪要》, pp. 88-90; 簫克,《朱毛紅軍側記》, 中共中央黨校出版社, 北京, 1993, pp. 88-102.

153) 王行娟, pp. 135-137.

154) Ibid., pp. 140-142. 그가 신경쇠약에 시달리고 있었다는 것은 거의 확실하다.

155)《毛澤東年譜》, 1, pp. 281-283.

156) 王行娟, p. 143.

157) Ibid.;《毛澤東年譜》(1, pp. 283-284)에는 사건의 발생 순서가 약간 다르게 제시되어 있다.

158) 마오는 그해 11월 말에 자신이 "3개월 동안 매우 아팠다"고 기록했다(Schram, 3, p. 192). 《毛澤東年譜》는 적어도 10월 말에는 말라리아가 완치되었고 전한다(1, p. 288). 두 기록 모 두 그가 8월 초에 말라리아에 걸렸다는 사실과 부합한다고 볼 수 있다(다음 자료도 보 라.《毛澤東年譜》, 1, p. 284-285).

159) Ibid., pp. 284-285. 마오의 견해가 제시되어 있는 편지가(사적으로 린뱌오에게 보낸 6월 14일자 편지) 어떻게 상하이까지 전달되었는지는 확실하게 알 수 없다. 짐작컨대 마오나 린뱌오가 편지 내용이 당 대회 결의 사항에 포함될 수 있도록 조치한 것 같다.

160)《毛澤東年譜》, 1, p. 285. 스메들리는 주더가 류안궁을 회고하면서 좋은 감정을 보였다고 전한다(The Great Road, p. 266).

161)《毛澤東年譜》, 1, p. 286 and 295; ZZWX, 5, pp. 473-490.

162)《毛澤東年譜》, 1, pp. 288-290.

163) Schram, 3, p. 194.

164)《毛澤東年譜》, 1, pp. 291-292. 다음 자료도 보라.《中國共産黨會議槪要》, pp. 98-102.

165) Schram, 3, pp. 195-210 (Dec. 28 1929).

166) SW, 2, p. 224 (Nov. 6 1938).

167) Schram, 3, pp. 207-230.

168) Ibid., pp. 234-246 (Jan. 5 1930).

169) Zhou, SW, 1, p. 44; Saich, pp. 388-389.

170) Saich, pp. 400-407, esp. p. 406; Thornton의 분석은(pp. 96-110) 큰 오류가 있다. 전체적으로 그의 책은 매우 유용하지만, 마치 당시 모스크바와 상하이의 의사소통이 거의 즉각적으로 이루어진 것으로 잘못 가정하고 있다.

171) Saich, pp. 400 and 406.

172) (편파적이지만) 반대 견해에 관해서는 다음 자료를 보라. Gregoriev, Revolyutsionnoe Dvizheniye, pp. 170-174.

173) ZZWX, 5, pp. 561-575 (esp. Section 8, pp. 570-571). 이른바 '리리싼 노선'으로 알려진 정책들을 추진하는 데 모스크바가 어느 정도 책임이 있는지에 관해, 중국과 러시아와 서구의 연구자들이 많은 글을 써왔다. 가장 개연성이 큰 설명은, 코민테른의 서신 요약본이(전문이 아니었던 것 같다) 11월에 상하이에 도착했고, 이에 따라 곧장 새로운 '혁명의 고조'가 도래했음을 선언하는 중국공산당 중앙위원회 통고문이 작성되었으리라는 것이다. 여하튼 리리싼이 좀 더 공격적이고 도시 중심적 전략을 추구하기를 간절하게 바라고 있었고, 그해 겨울 코민테른의 모호한 입장이 그가 바라던 기회를 얻는 데 일조했다는 사실은 의심의 여지가 없다.

174)《毛澤東年譜》, 1, pp. 297-298;《中國共産黨會議槪要》, pp. 102-104; Peng Dehuai, p. 265. 12월 8일자 통고문이 마오에게 도착한 때가 1월이었다는 것은, 마오가 쓴 '국민당군의 병사들에게 보내는 편지'를 보면 알 수 있다. 이 편지는 그가 12월 8일자 통고문을 받은 뒤에 쓴 것이 명백하다(Schram, 3, pp. 247 and 249).

175) Schram, 3, pp. 268-269 (Feb. 16 1930).

176)《毛澤東年譜》, 1, pp. 299-300; Schram, 3, pp. 263 (Feb. 16 1930), 273-279 (March 18) and 280-282 (March 19 1930).

177) Schram, 3, p. 269.

178) Ibid., pp. 204 and 206.

179) Ibid., pp. 192-193 (Nov. 28 1929).

180) ZZWX, 6, pp. 25-35, esp. Section 3, and 57-60;《毛澤東年譜》, 1, p. 300.

181) 金沖及, 《朱德傳》, pp. 210-213; Grigoriev, p. 186.

182) ZZWX, 6, pp. 15-20; 《毛澤東年譜》, 1, pp. 303-308; Hsiao Tso-liang, *Power Relations within the Chinese Communist Movement, 1930-1934*, 1, University of Washington Press, Seattle, 1961-1967, pp. 16-18; 2, pp. 28-29; Schram, 3, pp. 420-421 (May 1930).

183) Grigoriev, pp. 181-187; Thornton, pp. 123-154. 구체적인 주장은 다음 자료를 보라. 〈布爾什維克〉, April 1930; ZZWX, 6, pp. 57-60 and 98-110; 《毛澤東年譜》, 1, pp. 304-306; Saich, pp. 428-439.

184) Saich, pp. 428-439 (June 11); 《毛澤東年譜》, 1, pp. 308-309 (June 9); ZZWX, 6, pp. 137-141.

185) Smedley, p. 276; Peng Dehuai, pp. 286-299.

186) Grigoriev, pp. 201-202; Thornton, pp. 165-166.

187) 金沖及, 《朱德傳》, p. 205; 《毛澤東年譜》, 1, pp. 305 and 310-311. 4월에 정치국은 주더의 승진을 결정했으나 주더는 투전능이 창팅에 도착한 뒤에야 이를 알게 되었다.

188) 《毛澤東詩詞對聯集注》, pp. 35-37 (Schram, 3, p. 460의 번역을 조금 수정하여 인용했다). 마오는 군대와 함께 창팅을 출발하여 난창 부근으로 행군하던 중에 이 시를 쓴 것으로 보인다. 이 책의 중국인 편집자들은 이 시가 "당시 (마오의) 복잡한 심경을 간접적으로 전달"하고 있다고 해설했다.

189) 《毛澤東年譜》, 1, pp. 311-312.

190) Ibid., pp. 312-313; Schram, 3, pp. 482-484 (Aug. 19 1930).

191) Saich, pp. 439-445. 다음 자료도 보라. Grigoriev, p. 190.

192) Saich, p. 431.

193) Grigoriev, p. 202; Saich, pp. 439-445; ZZWX, 6, p. 595.

194) Peng Dehuai, pp. 294-297.

195) 마오가 서남 장시성 특별위원회에 보낸 8월 19일자 서신을 보면, 그가 창사 점령 소식을 듣고 난 '이후에' 후난성 쪽으로 이동하기 시작했음을 알 수 있다. 하지만 그는 "점점 더 강렬해지는 혁명적 상황"을 활용하려면 병력 보충이 시급하다고 다시 한번 주장했다(Schram, 3, pp. 482-484; Peng Dehuai, p. 299).

196) 《毛澤東年譜》, 1, p. 314; Peng Dehuai, pp.300-301; ZZWX, 6, pp. 178-180 and 248-249. 마오는 이미 1930년 2월 피터우 회의에서 총전선위원회 서기에 임명되었다. 이는 주더의 홍4군, 펑더화이의 홍5군, 황궁뤠의 홍6군을 아우르는 직위였다. 그해 여름, 홍군의 조직 재편 과정에서도 마오는 서기 직책을 유지했지만, 그가 군에 대한 실질적인 통제력을 확보하게 된 시기는 8월의 류양 회의 이후였다. 마찬가지로 주더는 당 정치국에 의해 홍군의 세 부대를 관할하는 총사령관으로 임명되었으나, 실질적인 권한을 행사하게 된 때는 '홍군 제1방면군'이 조직된 이후였다.

197) Schram, 3, pp. 488-489 (Aug. 24 1930).

198) 《毛澤東年譜》, 1, p. 315. 다음 자료도 보라. Schram, 3, pp. 490-502, 508-521 and 524-525.

200) Schram, 3, pp. 526-528 (Sept. 13 1930). '지안 혁명 박물관'에 보관된 문건들을 보라.

201) 《毛澤東年譜》, 1, p. 318; Schram, 3, pp. 552-553 (Oct. 14 1930).

202) 《毛澤東年譜》, 1, p. 318 and 326; Schram, 3, pp. 553-554; Shihua, 2, Dec. 9 1930, pp.

3-4. 발췌문을 보려면 다음 자료를 참고하라. Grigoriev, p. 215; Schram, 3, p. lx.

203) Grigoriev, pp. 202-203 and 208.

203) 8월 26일에 전달된 이 메시지는, 리리싼의 정책에 대한 모스크바의 평가가 크게 변화되었음을 시사한다. 중국과 러시아에서 모두 메시지의 전문이 공개되지 않았다. 발췌문은 Grigoriev의 책에 나와 있다(pp. 206-207).

204) Ibid., p. 206; 金冲及, 《主恩來傳》, pp. 218-220.

205) 《毛澤東年譜》, 1, p. 317; Saich, pp. 445-457; 다음 자료도 보라. Thornton, pp. 187-200; Grigoriev, *Revolyutsionnoe Dvizheniye*, pp. 208-214; Grigoriev, 'The Comintern and the Revolutionary Movement in China', in Ulyanovsky, *Comintern and the East*, p. 372. 전원회의가 열리는 동안 참석자들 중 누구도—심지어 중국에 파견된 코민테른 대표자들조차—리리싼의 오류가 노선의 문제라고 생각하지 않았다. 이는 코민테른 상하이국에서 보낸 서신을 보면 알 수 있다(서신은 다음 자료에서 인용했다. Saich, p. 470). 1935년 취추바이는 수감 중에(아직 처형되기 전이다) 제3차 전원회의 당시 리리싼과 코민테른의 입장 간에 '근본적 차이'를 보지 못했다고 회고했다(Dun Li, *Road to Communism*, p. 169). 게다가 역설적으로 리리싼과 그의 지지자들이 전원회의에서 비판을 받고서도, 회의 이후에 (당 중앙위원회와) 당 정치국에서 더 큰 비중을 차지하게 되었다.

206) 리리싼은 8월 1일과 3일 정치국 회의에서 만주에 관해 언급했다(Grigoriev, *Revolyutsionnoe Dvizheniye*, pp. 203-204 and 216). 그런데 그의 언급은 10월이 되어서야 스탈린의 귀에 들어간 것으로 보인다. 그달에 코민테른이 '11월 16일 서신'을 작성하기 시작했기 때문이다(상하이에 서신이 도착한 날이 11월 16일이다). 코민테른의 서신의 도착함에 따라 '리리싼 노선'은 완전히 폐기된다(*Revolutsiya*, pp. 283-290). Grigoriev의 기록에 의하면, 리리싼이 상하이를 출발한 때는 10월 중순에서 10월 말 사이로 보인다. Grigoriev는 리리싼이 11월의 마지막 열흘간 모스크바에서 코민테른의 추궁을 받았다고 전하고 있다(p. 218). 미프가 중국으로 출발한 시기 역시 10월 말로 추정되는데(ibid., p. 216), 코민테른의 서신이 상하이에 전달된 직후 그가 도착했기 때문이다.

207) Schram, 3, p. 667 (Nov. 11 1930). pp. 574 and 579-582 (Oct. 26)도 보라. 1930년 말 '리리싼 노선'이 공식적으로 폐기된 이후에도 마오는 이 구절을 계속 사용한다. 물론 이러한 말이 점차 의례적인 수사로 사용되었다는 사실을 염두에 두어야 한다. 예를 들어 1931년 4월 19일, 마오는 전투를 앞두고 병사들에게 집결할 것을 지시하는 명령문을 쓰며 서두에 "중국 혁명의 물결이 매일 높아지고 있다."고 썼다(Schram, 4, p. 67).

208) 《毛澤東年譜》, 1, p. 319. 다음 자료를 보라. Schram, 3, pp. 558 and 577.

209) 마오는 창사 공격을 포기한 뒤, 동료들의 관심을 전국적 차원의 투쟁이 아니라 지역적 차원의 투쟁으로 되돌리려고 끊임없이 노력한다(Schram, 3, Oct. 14, pp. 552-553; Oct. 19, p. 558; Oct. 24, p. 572; Oct. 26, p. 574 and so on).

210) *Selected Military Writings of Mao Zedong*, Foreign Languages Press, Beijing, 1966, p. 117.

211) Schram, 3, p. 539 (Sept. 25 1930).

212) Ibid., pp. 588 (Oct. 26), 283-284 (March 21) and 285-290 (March 29 1930).

213) Ibid., pp. 289-290 (March 29) and 291 (April 1930).

214) Schram, 3, 여러 군데를 보라.

215) Ibid., p. 555 (Oct. 14 1930). 다음 자료도 보라. Schram, 4, pp. 88-89 (May 31 1931); 《毛澤東年譜》, 1, p. 332.

216) 《毛澤東年譜》, 1, p. 322; Schram, 3, p. 656 (Nov. 1 1930).

217) Ibid., p. 718 (Dec. 22 1930).

218) 《中國共産黨會議槪要》, pp. 120-122; Peng Dehuai, p. 308; 《毛澤東年譜》, 1, pp. 321-322. 다음 자료도 보라. Yu Boliu and Chen Gang, 《毛澤東在中央蘇區》, 中國書店, 北京, 1993.

219) 《毛澤東年譜》, 1, pp. 323-330; Schram, 3, pp. 690-703 (Nov. 27 and Dec. 14 1930) and 722-732 (Dec. 25, 26, 28, 29 and 30 1930).

220) 《毛澤東年譜》, 1, pp. 330-333; Schram, 4, pp. 5-8 (Jan. 1 and 2 1931) and 88-89 (May 31 1931)

221) 1997년에도 둥구의 노인들은 장후이짠의 최후를 여전히 긍정적으로 평했다.

222) 《中國共産黨會議槪要》, p. 119. 12월 상순 전선위원회는 황피에서 확대회의를 개최하여 제3차 전원회의의 결정에 관해 토론했다(《毛澤東年譜》, 1, p. 327). 다음 자료도 보라. Schram, 4, p. 59.

223) 《毛澤東年譜》, 1, p. 332. 정치국은 1930년 10월 17일 '소비에트 구역 중앙국'을 설립하기로 결정했고, 여드레 뒤 마오를 '대리 서기'에 임명했다. 샹잉이 도착하기 전까지 유효한 직책이었다(ibid., pp. 319 and 321).

224) 《毛澤東年譜》, 1, p. 332.

225) 《中國共産黨會議槪要》, pp. 123-127; Grigoriev, *Revolyutsionnoe Dvizheniye*, pp. 227-229; *History of the CCP, Chronology*, pp. 72-73. 다음 자료도 보라. Thornton, pp. 213-217.

226) 중국의 표준적 역사 저술들과 서구의 초기 해석들은, '귀국한 유학생' 집단이 제4차 전원회의 때부터 1935년 1월의 쭌이 회의 때까지 중국공산당을 완전히 장악했다고 주장한다. Thomas Kampen은 '귀국환 유학생' 집단이 하나의 단일한 조직이었던 적이 없을 뿐 아니라, 미프의 피후견인들이 가장 강력한 지위를 차지한 시기는 1931년 1월이 아니라 9월이었다고 설득력 있게 설명한다. 1931년 9월은 보구와 장원톈이 상하이에서 임시 중앙을 구성했던 때이다(*Mao Zedong, Zhou Enlai and the Evolution of thee Chinese Communist Leadership*, Nordic Institute of Asian Studies, Copenhagen, 2000). 한편 1931년 9월 이후부터 1934년 10월 퉁다오 회의 때까지는 저우언라이와 오토 브라운의 지원을 받은 보구가 사실상 누구도 도전할 수 없는 지위에 있었다.

227) 《毛澤東年譜》, 1, pp. 309 and 337. 3월 20일 마오는 '지난 며칠간' 상하이에서 특사들이 (이름을 밝히지는 않았다) 도착했다고 기록했다(Schram, 4, p.36). 짐작컨대 이들이 가지고 온 문건들을 토대로 하여 3월 18일부터 21일까지 황피에서 '중국공산당 소비에트 구역 중앙국' 확대회의가 개최된 것으로 보인다. 문건들 중에는 리리싼을 비판하는 코민테른의 서신이 포함되어 있었으나, 제4차 전원회의 자료는 없었다(Hsiao Tso-liang, *Power Relations*, 1, pp. 152-153; 2, pp. 352-360).

228) ZZWX, 7, pp. 139-142; 《毛澤東年譜》, 1, p. 337. 이에 앞서 마오는 군사위원회 소속의 총정치국을 설립하자고 샹잉을 설득했다. 물론 총정치위원은 자신이 맡으려고 했다(Schram,

4, Feb. 17 1931, pp. 12-13).

229) 제4차 전원회의는 제3차 전원회의 지도부가 채택한 '화해주의 노선'을 날카롭게 비판했다. 샹잉은 제3차 전원회의 지도부 중 한 사람이었다(다음 자료를 보라. Saich, pp. 459-461).

230) Hu Sheng, *Concise History of the Communist Party of China*, p. 158; Schram, 4, pp. xxxiv-xxxv.

231) 《毛澤東年譜》, 1, p. 334; Schram, 4, p. 14 (Feb. 21 1930).

232) 마오가 내린 3월 20일자 명령을 보면, 이러한 논란에 관한 암시를 엿볼 수 있다. 마오는 이렇게 썼다. "우리 모두가 결연한 자세를 취할 때에만 제2차 포위 작전에서 승리를 거둘 수 있다."(Schram, 4, p. 38). 다음 자료도 보라. Yu Boliu and Chen Gang, 《毛澤東在中央蘇區》, pp. 246-250; 馬齊彬(等), pp. 285-288.

233) Schram, 4, pp. 42-43 (March 23 1931); 《毛澤東年譜》, 1, p. 337.

234) Saich, pp. 530-535; Schram, 4, pp. 56-66; 《毛澤東年譜》, 1, pp. 339-342.

235) 《毛澤東年譜》, 1, pp. 344-345; Schram, 4, pp. 74-75 (May 14 1931). 다음 자료도 보라. Peng Dehuai, pp. 316-318.

236) 《毛澤東年譜》, 1, pp. 349-350; Schram, 4, p. xli.

237) Schram, 4, p. 92 (June 2), 98-103 (June 22 1931), 107-112 (June 28 and 30) and 115-117 (July 4 1931); 《毛澤東年譜》, 1, pp. 347-349.

238) 제3차 포위 작전에 대한 본문의 설명은 마오가 내린 군사 명령문들을 토대로 삼았다. Schram, 4, pp. 118-137 (July 12 to Aug. 17) and 142-153 (Aug. 22 to Sept. 23 1931); Ibid., pp. xli-xlii; 《毛澤東年譜》, 1, pp. 350-355; Peng Dehuai, pp. 322-324.

239) *China Weekly Review*, Aug. 29 1931, p. 525.

240) 펑더화이의 기록에 따르면, 세 차례 포위 작전 동안 그가 이끈 제3군단은 총병력 1만 5천 명 가운데 약 3분의 1을 잃었다고 한다(p. 325). 각 전투에 대한 설명들을 보면, 제3차 포위 작전에서 대부분의 손실이 발생했음을 알 수 있다(예를 들어 다음 자료를 보라. 《毛澤東年譜》, 1, p. 355).

241) Dun Li, pp. 159-176.

242) Saich p. 458.

243) Mif, p. 296. 코민테른은 1931년 8월 26일 결의에서 중국공산당이 백색 지역에서 '모든 힘을' 쏟아부어야 할 '당면 목표'는 "여러 소비에트 지역들의 방위를 위한 강력한 대중 운동"을 추진하는 것이라고 분명하게 쓰고 있다(ibid., pp. 300-302). 물론 이는 4년 전 코민테른의 (그리고 중국공산당의) 입장과 정반대된다. 그때는 도시의 투쟁이 일차적이고 농촌의 혁명은 부차적이라고 강조했다.

244) 코민테른의 '11월 16일자 서신'을 보라(Mif, pp. 284-285). 서신에 사용된 표현들을 보면, 18개월 전 마오가 당 중앙에 대해, 농민 운동이 도시의 노동 운동을 넘어선다 해도 염려할 필요 없다고 말한 경고가 연상된다.

8장 내전과 숙청

1) 소련공산당의 정책이 이리저리 변할 때마다 중국공산당이 맹목적으로 좇은 이유가, 중국공산당의 존립을 위해 따르는 것이 필요하다는 진실한 믿음 때문인지 아니면 재정적인 원

조 때문인지는 판단하기 어렵다. 1930년 1월부터 8월까지 상하이의 중국공산당 지도부는 코민테른으로부터 7만 달러 이상을 받았다. 그 돈이 없었다면 중국공산당은 운영되지 못했을 것이다. 1931년이 되면 코민테른이 제공하는 금액은 한 달에 2만 5천 달러로 증가한다. 다음 자료를 보라. Pantsov and Levine, pp. 228 and 247-248.

2) Qu Qiubai, *Chinese Studies in History*, 5, 1, pp. 58-59 and 69.

3) Schram, *Mao's Road to Power*, 3, pp. 74 and 172-173.

4) Ibid., p. 269 (Feb. 16 1930).

5) Averill, Stephen C., 'The Origins of the Futian Incident', in Saich, Tony, and Van de Ven, Hans, *New Perspectives on the Chinese Communist Revolution*, M. E. Sharpe, Armonk, New York 1995, pp. 80-83 and 95-99;《毛澤東年譜》, 1, p. 298; Schram, 3, pp. 270-271.

6) Ch'en, Yung-fa[Chen Yongfa], 'The Futian Incident and the Anti-Bolshevik League: The "Terror" in the CCP Revolution', *Republican China*, 19, 2, April 1994, p. 37, n. 30.

7) Dai Xiangqing and Luo Huilan,《AB團與富田事變始末》, 河南人民出版社, 1994, pp. 81-82; Averill, pp. 98-99.

8) Schram, 3, pp. 198-199.

9) 'On Contradiction', SW, 1, pp. 343-345; 'On the Correct Handling of Contradictions among the People', Feb. 27 1957, in MacFarquhar, Roderick, Cheek, Timothy and Wu, Eugene(eds.), *The Secret Speeches of Chairman Mao*, Harvard University Press, Cambridge, MA, 1989, pp. 131-189.

10) Schram, *Mao's Road to Power*, 4, p. 105 (June 1931).

11) 에브릴은 AB단이 1930년대 장시성에서 매우 활발하게 활동했음을 대단히 설득력 있게 설명한다('Origins', pp. 88-92 and 109-110) 그러나 공산당이 당시 주장했던 것처럼 그들이 심각하게 당을 타도하려는 시도를 했는지 여부는 이와는 전혀 다른 문제이다.

12) 다음 자료를 보라. Dai and Luo, pp. 83-89; Chen Yongfa, pp. 2-6.

13) Dai and Luo, p. 167;《中央革命根據地史料選編》, 1, 江西人民出版社, 南昌, 1982, pp. 222-263, esp. p. 248.

14) Averill, pp. 85, 104 and 111, n. 12. 1929년 2월 마오는 동생 마오쩌탄에게 둥구에서 리원린과 같이 일하라고 지시했으며, 1년 뒤에는 리원린의 정책을 특별히 칭찬하기도 했다(《毛澤東年譜》, 1, pp. 265-266; Schram, 3, p. 236). 다음 자료도 보라. Dai and Luo, p. 172.

15) 이 확대전원회의는 8월 5일부터 11일까지 열렸는데, 당시 7월 말부터 8월 사이에 열린 실무회의와 날짜가 겹친다(《中央革命根據地史料選編》, 1, pp. 264-322). 훗날 마오는 이때의 회의가 계기가 되어 당시 서남 장시성의 당 조직이 자신의 권위에 공공연하게 반대하기 시작했다고 말했다. 다음 자료도 보라. Schram, 3, pp. 710-712; Dai and Luo, p. 172.

16) Schram, 3, pp. 553-554. 마오가 리원린의 임명을 저지하려고 노력한 증거는 없다. 아마도 마오는 그때까지만 하더라도 리원린과 함께 일할 수 있을 것이라고 생각했을 것이다.

17) Dai and Luo, pp. 89 and 92. 다음 자료도 보라.《中央革命根據地史料選編》, p. 639-651.

18) Schram, 3, pp. 554 (Oct. 14) and 560 (Oct. 19 1930).

19) Schram, 3, pp. 574-589 (Oct. 26 1930).

20) 《毛澤東年譜》, 1, p. 322: Chen Yongfa, p. 13: Dai and Luo, p. 94.

21) 이어지는 설명은 다음 두 자료를 바탕으로 삼고 있다. Dai and Luo, pp. 94-96: Chen Yongfa, pp. 13-14 and 16-17. 홍군의 주력 부대는 대부분 11월 30일이나 12월 1일에 황피 인근 지역에 도착했다(Schram, 3, p. 700). 1930년 12월 3일자 총전선위원회 서신을 보면(마오가 작성했거나 최소한 승인했을 것이다) "홍군 내부의 위기는 이미 치유되었다"는 언급이 있다. 하지만 황피에서 반혁명 분자를 숙청한 일은(黃陂肅反) 실제로 훨씬 더 오래 갔다. 전선위원회가 밝힌 바에 따르면 12월 말까지 체포된 인원은 4천4백 명에 달했다(Schram, 3, p. 705). 그해 겨울 홍군 내 숙청 과정에서 처형된 사람은 모두 3천 명에서 5천 명 사이로 추정된다. 다시 말해, 홍군 전체 병력의 약 10퍼센트가 처형된 것이다.

22) 예를 들어, 전선위원회의 10월 26일자 공동 성명 제8부에는 세 용어가 혼용되어 쓰이고 있다(Schram, 3, pp. 586-587).

23) 서남 장시성의 당 지도자들이 리리싼에게 충성했다는 것은, 당시에는 그들이 비난받는 주된 이유가 아니었으나 '나중에는' 핵심적인 요인이 된다.

24) '푸톈 사건'에 관한 서술은 대부분 Dai Xiangqing and Luo Huilan의 책을 참고했다(pp. 98-99 and 103-106). 두 사람은 당 문서고에 있는 비공개 자료에 접근할 수 있었던 것 같다. 특히 마오가 지휘한 총전선위원회가 12월 3일과 5일에 각각 발송한 두 개의 서신이 눈에 띄는데, 마오가 푸톈에서 벌어진 체포 사건과 직접적으로 관련되어 있음을 보여주기 때문이다. 12월 5일자 서신은 기존의 지령을 보충하는 것이었다. 리사오주가 이미 출발하여 푸톈으로 가는 동안, 전령이 그에게 그 서신을 전달했다(나는 리사오주가 푸톈에 도착하기 전에 이 편지가 그에게 전달되었다고 상정했다). 리사오주가 너무 고압적으로 행동함으로써 사태를 악화시킨 것은 의심의 여지가 없지만, 그의 행동은 전선위원회가 내린 명령들에 따른 것이었다. 그리고 이 명령들은 그 중요성을 고려해볼 때 마오가 직접 기초를 잡았거나 최소한 직접 승인했음에 틀림없다. 나는 푸톈 당 위원회가 허락해준 덕에 푸톈 사건이 벌어졌던 건물을 방문할 수 있었다.

25) Letter of Dec. 5 1930(Dai and Luo, p. 99).

26) Chen Yongfa, p. 48: 《中央革命根據地史料選編》, 1, pp. 476-489.

27) Dai and Luo, pp. 104-108 and 117-121: Chen Yongfa, pp. 15-16. Dai and Luo에 따르면 리사오주는 푸톈에서 체포된 120명 가운데 약 25명을 처형하라고 명령한 다음 둥구로 출발했다. 류디의 부대가 12월 12일에 자유의 몸이 되도록 해준 사람은 '70명 이상'이었다.

28) Hsiao Tso-liang, *Power Relations*, 2, pp. 259-262.

29) 위조된 서신과 이와 함께 첨부된 장시성 행동위원회의 12월 20일자 서신의 내용은 다음 자료에서 볼 수 있다. Ibid., 1, pp. 102-105; 2, pp. 262-264. 다음 자료도 보라. Peng Dehuai, *Memoirs*, pp. 308-316(펑더화이는 이후에 얻은 정보를 통해 어떻게 위조된 서신이 당 중앙에 도착했는지 설득력 있게 설명한다); Schram, 3, pp. 704-713.

30) 숙청의 효과에 관해서는 다음 자료를 보라. Benton, Gregor, *Mountain Fires: The Red Army's Three-Year War in South China, 1934-1938*, University of California, Berkeley, 1992, pp. 478 and 506-507.

31) Chen Yongfa, p. 17. 비록 마오쩌둥이 푸톈의 반군과 홍군 내 반대자에게 무자비하게 행동했지만, 그렇다고 해서 그가 무차별적인 처형을 선호한 것은 아니었다(그 예로 다음 자

료를 참고하라. Schram, 3, p. 693).

32) Chen Yongfa, p. 18; 'Resolution on the Futian Incident, April 16 1931'(Saich, *Rise to Power*, p. 534).

33) Circulars no. 2(Hsiao Tso-liang, 1, pp. 108–109; 2, pp. 269–273).

34) '소비에트 구역 중앙국'이 반란군에 보낸 1931년 2월 4일자 서신과 2월 19일에 작성된 '지령 제11번(Circulars no. 11)'을 보라(ibid., 1, pp. 109–113; 2, pp. 274–283).

35) Circulars nos. 2 and 11. 다음 자료도 보라. Saich, pp. 534–535.

36) Chen Yongfa, p. 42, n. 63; 1931년 3월 마오가 "지금 당장" AB단원을 색출해야 한다고 발언한 대목을 보라(Schram, 4, p. 48).

37) Hsiao Tso-liang, 1, p. 104; 2, pp. 262–264.

38) Chen Yongfa, p. 18; Dai and Luo, pp. 149 and 188; Yu Boliu and Chen Gang, 《毛澤東在中央蘇區》, pp. 201–202. 다음 자료도 보라. Hsiao Tso-liang, 1, p. 113; 2, p. 358.

39) 'Resolution on the Futian Incident'; Schram, 4, pp. 56–66.

40) Chen Yongfa, pp. 21–25; Yu Boliu and Chen Gang, pp. 202–211; Dai and Luo, pp. 189–200.

41) 'Resolution on the Futian Incident', p. 535; Chen Yongfa, p. 23. 당시 지역 단위의 소비에트 정부에 관한 설명은 다음 자료를 참고하라(Mao's 'Xingguo Report', in Schram, 3, Oct. 1930, pp. 646–649). 총 18명 가운데 여섯 명이 도박꾼이었고 한 명은 도교의 도사였으며 글을 읽을 줄 아는 사람이 절반도 안 되었다.

42) Chen Yongfa, pp. 48–51.

43) Ibid.

44) Chen Yongfa, pp. 24 and 44, n. 87; Schram, 4, p. xliii; Averill, 'Origins', p. 106.

45) 스메들리는 당시 근거지 지역에 있다가 상하이로 돌아온 공산당원이 제공한 정보를 참고 삼아 이 재판을 묘사했다(*China's Red Army Marches*, Lawrence and Wishart, London, 1936, pp. 274–279. 다음 자료도 보라. Braun, *Comintern Agent*, p. 6). 그녀의 설명이 정확하다면 재판이 벌어진 장소는 바이사이고 시기는 1931년 8월 후반기이다(《毛澤東年譜》, 1, pp. 353–354).

46) Smedley, p. 279; Chen Yongfa, pp. 25 and 44, n. 87; Dai and Luo, pp. 192 and 206.

47) Schram, 4, pp. 171–174 (Dec. 13 1931).

48) 저우언라이가 개입한 덕분에 숙청이 멈추었다는 설명이 있다. 하지만 실제로 저우언라이가 서부 푸젠성 근거지에 도착한 때는—그는 루이진의 공산당 지휘부로 가는 길이었다.—12월 15일이었으며, 마오가 반혁명 분자를 처리하는 새로운 규정을 승인한 날로부터 이미 이틀이 지난 뒤였다. 물론 마오가 이렇게 행동한 데는 당 중앙의 계속된 재촉이 원인이 되었다. 또한 12월 18일 푸젠성에서 저우언라이가 숙청의 진행 방법에 매우 심각한 우려를 표명하는 서신을 작성했기 때문에, 새로운 규정이 (어느 정도라도) 실행되는 것을 도운 것은 사실이다. 《毛澤東年譜》, 1, pp. 362–363; Dai and Luo, p. 205.

49) ZZWX, 8, pp. 18–28, esp. pp. 21–22.

50) Ibid.; Schram, 4, p. 171.

51) Chen Yongfa, pp. 29–30; Dai and Luo, pp. 217–218.

52) 孔永松, 林天乙, 戴金生, 《中央革命根據地史要》, 江西人民出版社, 南昌, 1985, pp. 211-217; Benton, *Mountain Fires*, p. 354.

53) Saich, pp. 541-550.

54) Benton, pp. 198 and 239.

55) Ibid., p. 283.

56) Wakeman, Frederic, Jnr, *Policing Shanghai: 1927-1937*, University of California Press, Berkeley, 1995, pp. 138-139 and 151-160.

57) Snow, *Red Star over China*, pp. 342-343.

58) Zhong Wenxian, *Mao Zedong: Biography, Assessment, Reminiscences*, pp 222-224; 《毛澤東年譜》, 1, pp. 192 and 325; Pantsov and Levine, pp. 198-199 and 249-251.

59) Benton, pp. 314-322, 327-330 and 357-360; Snow, pp. 341-347.

60) Benton, pp. 67-68 and passim.

61) McCord, *Power of the Gun*, pp. 196-197.

62) Benton, pp. 316-317, 337-339 and 506-507.

63) 예를 들어 다음 자료를 보라. Schram, 3, pp. 668-670 (Nov. 11 1930).

64) 'Resolution on the Futian Incident', p. 533.

9장 중화소비에트공화국 주석

1) 당 중앙위원회는 긴급회의를 열어 정치국 구성원과 당 중앙위원회 구성원을 변경할 수 있었다. 하지만 각각 차기 당 중앙위원회 전원회의와 차기 당 대회에서 승인을 받아야 했다.

2) 《毛澤東年譜》, 1, p. 354; ZZWX, 7, pp. 355-375.

3) 《毛澤東年譜》, 1, pp. 357-358. 10월 초 루이진과 상하이 사이의 무선 연결 시설이 완비되었다.

4) Ibid., pp. 359-360; 《中國共産黨會議概要》, pp. 127-129. 일부 서구 학자들은 이 '대표대회'에서 마오가 중앙국 대리 서기 직책을 상실했고 샹잉이 대신 맡았다고 주장한다(예를 들어 다음을 보라. Schram, *Mao's Road to Power*, 4, p. xlvi). 그러나 《毛澤東年譜》에 따르면, 12월 말에도 여전히 마오가 서기 대리였다고 분명하게 기록되어 있다(1, p. 363. p. 361도 보라).

5) Hsiao Tso-liang, *Power Relations*, 1. 스메들리는 이 광경을 매우 화려한 문장으로 묘사한다(*China's Red Army Marches*, pp. 287-311).

6) Schram, 4, pp. 820-821 (Dec. 1 1931).

7) 《毛澤東年譜》, 1, p. 359.

8) Ibid., p. 364.

9) Ibid; Peng Dehuai, *Memoirs*, 326-329.

10) 《毛澤東年譜》, 1, pp. 365-366. 다음 자료도 보라. 金冲及, 《毛澤東傳》.

11) 王行娟, 《賀子珍的路》, pp. 167-168; 《毛澤東年譜》, 1, p. 366

12) Wakeman, *Policing Shanghai*, pp. 147-151 and 222; Braun, *Comintern Agent*, pp. 2-3; Litten, Frederick S., 'The Noulens Affair', CQ, 138, pp. 492-512.

13) CC Resolution of Jan. 9 1932, in Saich, *Rise to Power*, pp. 558-559 and 563.

14) Ibid., pp. 563-564.

15) 王行娟, pp. 168-169; 《毛澤東年譜》, 1, p. 367; Peng Dehuai, pp. 328-329.

16) 《毛澤東年譜》, 1, p. 368; Peng Dehuai, pp. 329-331.

17) 《毛澤東年譜》, 1, p. 369.

18) 이 기간에 마오는 먼저 행동을 취한 다음, 그 뒤에 승인을 요청했다. 하지만 그가 일부러 저우언라이보다 한발 앞서 행동하려고 했다는 증거는 없다. 에브릴은 다음과 같이 썼다. "저우언라이가 …… 창팅에 도착했을 때 …… 이미 마오는 다른 곳으로 이동한 뒤였다." (Schram, 4, pp. lii-liii) 하지만 마오는 이미 4월 2일 저우언라이에게 자신이 4월 7일에 창팅을 떠날 것이라고 무전을 보냈다. 창팅은 루이진에서 하루면 도착하는 곳이었으나 저우언라이는 4월 10일에야 그곳에 도착했다. 다음 자료를 보라. Ibid., p. 203; 《毛澤東年譜》, 1, p. 370.

19) Schram, 4, pp. 204-205; 《毛澤東年譜》, 1, pp. 370-372.

20) 4월 14일자 당 중앙 지시문은 다음 자료에서 인용했다. 《毛澤東年譜》, 1, pp. 371-375. 이달 말 〈紅旗週報〉는 보구와 장원톈의 글을 실어 지시문의 내용을 부연했고, 5월 20일자 당 중앙의 전보도 이를 자세히 설명했다.

21) Ibid., p. 375.

22) Schram, 4, pp. 217-218 (May 3 1932).

23) 예를 들어 다음 자료를 보라. Saich, pp. 558-566.

24) 《毛澤東年譜》, 1, pp. 376-379.

25) Ibid., p. 379; Schram, 4, p. 244 (July 25 1932).

26) 《毛澤東年譜》, 1, pp. 379-380.

27) Ibid., pp. 380-381; Schram, 4, pp. 247-248 (Aug. 15 1932)

28) 《毛澤東年譜》, 1, pp. 381-384. 다음 자료도 참고하라. Schram, 4, pp. 249-253 (Aug. 28 and 31). 기동성과 '기민한 작전'이 필요하다고 강조하고 있다는 점에서, 9월 5일자 명령문도 참고할 만한 자료이다.

29) Schram, 4, pp. 275-277 (Sept. 23) and 280-289 (Sept. 25 and 26 1932); 《毛澤東年譜》, 1, pp. 386-388.

30) 이 중요한 회의에 관해 거의 동시대에 기록된 설명은 다음 자료에 실려 있으며, 이어지는 설명은 대체로 이 자료에 토대를 두고 있다. ZZWX, 8, pp. 528-531. 다음 자료도 보라. 金沖及, 《毛澤東傳》, pp. 296-298; 《毛澤東年譜》, 1, pp. 389-390; Schram, 4, pp. lix-lx.

31) 王行娟, pp. 163-166; 《毛澤東年譜》, 1, p. 391.

32) 《毛澤東年譜》, 1, p. 389-390; 金沖及, pp. 297-298. 명백히 전선의 군 간부들은 마오를 점점 더 지지했던 것으로 보인다. 예를 들면 10월 14일자로 발송된 명령문을 보면, '총사령관 주더, 총정치위원 마오쩌둥, 총정치위원 대리 저우언라이'가 발송 주체로 기록되어 있다. 이는 저우언라이가 총정치위원으로 임명된 지 이틀 뒤의 일이며, 닝두 회의 결정 사항을—당 중앙의 개입 이전이나 이후의 결정 사항 모두를—정면으로 위배하는 것이었다 (Schram, 4, pp. lx and 303-307).

33) 王行娟, p. 170; 傅連暲, 《在毛主席敎導下》, 作家出版社, 北京, 1959, pp. 6-9.

34) 저우언라이는 마오를 지지했다는 사실 때문에 후방 지휘부로부터 혹독하게 비판당했다 (馬

齊彬(等),《中央革命根據地史》, pp. 367-368). 이에 상하이에서는 중앙국이 돌이킬 수 없을 정도로 분열될까 봐 우려했다(《毛澤東年譜》, 1, p. 391).

35) 王行娟, pp. 167 and 172.

36) Ibid., p. 171;《毛澤東年譜》, 1, pp. 391 and 393-394.

37) Saich, pp. 596-602;《毛澤東年譜》, 1, pp. 393-394 and 398-400; Schram, 4, pp. lxi-lxiii; Deng Maomao, Deng Xiaoping, *My Father*, Basic Books, New York, 1995, pp. 211-215.

38) 《毛澤東年譜》, 1, p. 394.

39) Ibid., p. 398; Pantsov and Levine, pp. 261-266.

40) 이 '중앙위원회 건물'은 오늘날 예핑의 역사 유적으로 보존되고 있다. 1933년 당시 고위급 간부들의 주거 상황은 그곳에서 생활했거나 일했던 사람들의 회고담과 회고록을 토대로 삼아 서술했다.

41) 金冲及, pp. 333-334.

42) 王行娟, pp. 172-173.

43) Ibid., pp. 114-115; Chen Changfeng, *On the Long March with Chairman Mao*, Foreign Languages Press, Beijing, 1972, p. 5.

44) Schram, 4, pp. 783-960.

45) 예를 들어 다음을 보라. Ibid., pp. 328-329 (Nov. 25 1932), 348-349 (Dec. 28 1932) and 382-383 (April 22 1933).

46) *Mao's Road to Power*(Schram, 4)의 여러 군데를 보라. 소비에트공화국의 경제 정책 개요를 보려면 마오가 작성한 다음 두 자료를 참고하라. '중앙소구 남부17현 경제 건설대회 보고'(pp. 479-490), '제2차 전국대표대회 보고'(pp. 656-713, esp. pp. 688-694 and 705-707). 다음 자료도 보라. Lotveit, Trygve, *Chinese Communism, 1931-1934*, Scandinavian Institute of Asian Studies, London, 1979, pp. 185-209; Hsu, King-yi, *Political Mobilization and Economic Extraction: Chinese Communist Agrarian Policies during the Kiangsi Period*, Garland Publishing, New York, 1980, pp. 279-305.

47) Schram, 3, pp. 128-130 (Dec. 1928). 1947년 이후 토지 개혁 역시 이와 유사한 방식으로 실시되었다가, 농촌 집단화가 시작되면서 개인의 토지 소유가 전면적으로 금지되었다. 마오 사후에 농촌 집단화가 폐지되었고 토지 분배는 징강산 시절과 유사한 형태로 돌아갔다. 즉, 각 가정에 경작지로 계약하여 내주는 토지 면적은 가정의 식구 수와 직접적으로 비례했다.

48) 1930년대 초, 공산당의 토지 정책에 관한 논의는 다음 자료를 참고하라. Hsiao, Tse-liang, *The Land Revolution in China, 1930-1934: A Study of Documents*, University of Washington, Seattle, 1969, pp. 3-77; Schram, 3, pp. xli-xliii; 4, pp. xlv-xlvii.

49) Schram, 3, pp. 102-106 (Nov. 25 1928).

50) 마오는 1930년부터 1933년 사이 토지 분배 문제를 연구하는 데 많은 시간을 쓴다. 이 과정에서 일련의 농촌 조사 보고서를 작성하는데 그 가운데 중요한 것을 열거하면 다음과 같다. 1930년 5월 쉰우 조사(Schram, 3, pp. 296-418), 1930년 10월 싱궈 조사(pp. 594-655), 1930년 11월 둥탕(東塘)과 무커우(木口) 조사(pp. 658-666 and 691-693), 1933년 11월 창

강(長岡)과 차이시(才溪) 조사(Schram, 4, pp. 584-640), 1933년 10월 10일자 '토지 투쟁 중 일부 문제의 결정에 관하여' 보고서(4, pp. 550-567). 이 보고서는 1933년 봄과 여름 장 기간에 걸쳐 루이진 주변 지역을 조사한 결과를 최종적으로 정리한 글이다.

51) Thompson, Roger R.(trans.), *Mao Zedong: Report from Xunwu*, Stanford University Press, 1990, pp. 178-181.

52) Ibid., pp. 64-65.

53) 전문이 다음 자료에 실려 있다. Thompson, pp. 45-217.

54) Schram, 3, p.610 (Oct. 1930).

55) Ibid., p. 436 (June 1930).

56) 이 정책은 1930년 6월에 처음 제시되었으며(ibid., p. 445), 그해 8월에 선포된 새로운 토지 법령에 포함되었다(pp. 503-507).

57) ZZWX, 7, pp. 355-375 and pp. 500-511; Hsiao, *Land Revolution*, pp. 47-77. 코민테른 은 1931년 7월 31일자 중국공산당 중앙위원회에 보내는 결의문에서 이 정책을 지지했다 (Pantsov and Levine, pp. 258-259).

58) 최초의 결정은 1932년 2월 8일에 발표되었으나(Schram, 4, p. lxvi) 실제로는 1년 뒤에 실 행되었다.

59) Ibid., 4, pp. 546-549 and 550-567 (Oct. 10 1933).

60) Ibid., p. 437 (June 1933).

61) Ibid., pp. 425-426, 434 and 507.

62) Ibid., p. 511.

63) Ibid., p. 368 (March 15 1933).

64) Ibid., pp. 394-395 (June 1 1933).

65) Braun, p. 31; Benton, *Mountain Fires*, p. 132.

66) 'Instruction no. 7 of the State Political Security Bureau', Summer 1933, in Hsiao, *Land Revolution*, pp. 231-232; Schram, 4, pp. 427-428 and 471.

67) Ibid., pp. 369-370. 다음 자료도 보라. Hsiao, *Land Revolution*, pp. 233-234.

68) Schram, 4, pp. 368 (March 15) and 378 (April 15 1933).

69) Ibid., 4, pp. 954-957.

70) Bodde, Derk, *Law in Imperial China*, Harvard University Press, Cambridge, MA, pp. 11, 517-533 and 541-542.

71) 'Emergency Law for the Suppression of Crimes against the Safety of the Republic', Jan. 31 1931, in Tang, Leang-li, *Suppressing Communist-Banditry in China*, China United Press, Shanghai, 1934, pp. 111-113. 공산당의 법률이 '반혁명적 의도'라는 표현을 사용했다면, 국민당의 법률은 '나라를 전복시키려는 목적' 따위의 모호한 표현을 썼다.

72) Schram, 4, pp. 794-799 (Nov. 1931), 469-478 (Aug. 9) and 533 (Sept. 6 1933). 1931년 12월 선거위원회 구성과 관련된 지극히 상세한 규정이 발표되었다. 그러나 후보자 명단을 누가 어떻게 작성하는가에 대해서는 아무런 언급이 없었다(ibid., pp. 827-829). 1934년 1 월 마오는 중국공산당 지부 위원회 간부가 이 일을 담당한다고 언급했다. 후보자 명단은 선거가 있기 며칠 전 발표되었는데, 후보자 숫자를 보면 선출 예정인 대표자 숫자와 똑같

거나 많았다(pp. 591-594, 626-627 and 672-676).

73) Ibid., p. 533.

74) Ibid., 2, p. 454 (Feb. 1927).

75) Thompson은 이 구절을 이렇게 번역했다. "남녀들이 산속에서 자유로이 만났다."(pp. 216-217). 그러나 실제 의미는 단순히 만났다는 것이 아니라 '사랑을 나누었다'는 뜻이다 (《毛澤東文集》, 1, 人民出版社, 北京, 1994, p. 241).

76) Ibid., pp. 791-794 (Nov. 28 and Dec. 1 1931).

77) Thompson, pp. 216-217; Schram, 4, p. 616.

78) Schram, 4, p. 715 (Jan. 27 1934). 다음 자료도 보라. 'Regulations on Preferential Treatment for the Chinese Workers' and Peasants' Red Army', Nov. 1931, Article 18(p. 785); 개정 결혼법은 1934년 4월 8일에 제정되었다(pp. 958-960).

79) Ibid., p. 698.

80) Schram, 4, p. 367 (March 5 1933).

81) 《毛澤東年譜》, 1, p. 403

82) 보구와 장원톈이 상하이를 떠난 뒤, 코민테른이 중국공산당 정책에 영향을 끼칠 수 있는 힘이 약화되는 것은 사실이다(1934년 여름에 아르투어 에베르트가 모스크바로 귀환한 뒤 그의 후임자가 지명되지 않자, 코민테른의 힘은 더욱 약해진다). 그러나 중국공산당은 여전히 코민테른의 지령에 복종해야 할 의무가 있었으며 공산당 지도부 역시 여전히 모스크바의 지지에 크게 의존하고 있었다. 마오가 정치국 성원으로 선출된 직후, 보구는 마오의 '질병'을 고려할 때 마오를 모스크바로 보내서 치료를 받도록 하는 것이 좋겠다고 건의했다. 그러나 1934년 4월 코민테른은 그러한 여행이 너무나 위험하다는 답을 보내왔다. 6월에 다시 한번 유사한 건의가 있었으나 이 역시 거부되었다. 이해 모스크바는 처음으로 중국공산당 내 마오의 지위에 대해 공개적으로 지지를 보낸다. 마오의 연설이 러시아어와 중국어로 출판되었으며, 월간지 Za rubezhom에는 마오의 경력을 소개하며 극찬하는 짧은 글이 실리기도 했다. 이때 중국 대표로 코민테른에 있었던 왕밍은 이러한 상황 변화를 보구에게 알려주려고 시도했다. 마오는 코민테른의 이러한 변화에 대해 전혀 알지 못했던 것으로 보인다(Pantsov and Levine, pp. 266-267 and 270-271).

83) 《中國共産黨會議槪要》, pp. 134-137; 《毛澤東年譜》, 1, p. 420.

84) Braun, p. 49.

85) Saich, p. 1168.

86) Ibid., pp. 609-622.

87) Wei, William, *Counter-revolution in China*, University of Michigan Press, Ann Arbor, 1985, pp. 104-125.

88) Braun, pp. vii-ix.

89) Ibid., pp. 266-269; Saich, pp. 627-635.

90) 마오는 1934년 1월에 저장성으로 이동해야 한다고 주장했고(王行娟, p. 177; SW, 1, pp. 247-248), 1934년 7월에는 후난성으로 이동해야 한다고 주장했다(《毛澤東年譜》, 1, p. 432).

91) 상하이에 있던 코민테른의 고위급 고문 Manfred Stern은 장시성 서북 지방을 향해 돌파해 나갈 것을 제안했으며(Braun, pp. 63-64), 펑더화이는 저장성으로 가기를 원했다

(*Memoirs*, pp. 344–345).

92) Geng Biao, *Reminiscences*, China Today Press, Beijing, 1994, pp. 205–207.

93) 1934년 3월 20일과 6월 28일에 장원톈이 내린 지시문을 보라. Hsiao, *Land Revolution*, pp. 282–290.

94) Benjamin Yang, *From Revolution to Politics*, pp. 81–82; Peng Dehuai, pp. 352–358.

95) 근거지에서 철수는 5월 중앙서기처가 결정했다(《毛澤東年譜》, 1, p. 428). 당시 서기처는 보구(당무), 장원톈(정부), 저우언라이(군사) 세 명으로 구성되어 있었다. 그러나 장원톈은 초기 토론 과정에는 참여하지 않았던 것으로 보인다(다음 자료를 보라. Benton, pp. 13–14 and 524, n. 51).

96) Braun, pp. 49 and 70–71; 《毛澤東年譜》, 1, pp. 426–430. 다음 자료도 보라. Yang, pp. 93–99.

97) 《毛澤東年譜》, 1, p. 432; 王行娟, pp. 183–184.

98) 《毛澤東年譜》, ibid. 다음 자료도 보라. Chen Changfeng, pp. 19–20.

99) Chen Changfeng, pp. 20–21; 傅連暲, pp. 29–37.

100) 傅連暲, p. 31; Braun, p. 71; 《毛澤東年譜》, 1, p. 434; 개별 인터뷰 자료.

101) 《毛澤東年譜》, 1, p. 434.

102) 王行娟, pp. 194–195; Yang, p. 81.

103) 《毛澤東年譜》, 1, p. 429, 433 and 435; Chen Changfeng, p. 20; Tan Nianqing(ed.), 《長征第一都: 于都》, 內部出版, 于都, 1996, pp. 31–32.

104) Chen Changfeng, pp. 22–23; Salisbury, *The Long March*, p. 15.

105) 王行娟, pp. 185–189.

10장 대장정

1) Fest, Joachim C., *Hitler*, New York, 1974, p. 470.

2) Mitter, *China's War with Japan*, pp. 58–60.

3) Schram, 4, pp. 361–363 (March 3 1933).

4) Ibid., pp. 206–208 (April 15 1932) and 355–356 (Jan. 17 1933); 《毛澤東年譜》, 1, p. 431.

5) Tang Leang-li, *Suppressing Communist-Banditry*, p. v; *China Weekly Review*, Feb. 16 1935.

6) *China Weekly Review*, Feb. 16 and May 4 1935.

7) Salisbury, *The Long March*, pp. 93–94, 109, 127 and 150. 다음 자료도 보라. Braun, *Comintern Agent*, p. 92; Yang, *From Revolution to Politics*, p. 104

8) Yang, pp. 111–112.

9) Salisbury, pp. 147–150; 《毛澤東年譜》, 1, p. 445.

10) 허쯔전의 설명에 따랐다. 그러나 허쯔전은 출산했을 때와 2개월 후 부상당했을 때 마오의 소재를 혼동하고 있다. 1950년 허쯔전은 아이를 찾기 위해 이 지역에 돌아왔지만, 찾을 수 없었다(王行娟, 《賀子珍的路》, pp. 199–200 and 206; Salisbury, pp. 151–153).

11) Salisbury, pp. 154–156; Yang, p. 126

12) 《毛澤東詩詞對聯集注》. 다음 자료에 실린 번역문을 수정했다. Mao Tse-tung, *Nineteen*

Poems, Foreign Languages Press, Beijing, 1958, p. 16.

13)《毛澤東年譜》, 1, pp. 450~452.

14) 1934년 1월에 '중앙홍군'으로 이름이 바뀌었다가, 1935년 6월부터 '홍군 제1방면군'으로 다시 공식적으로 불린다.《毛澤東年譜》, 1, pp. 423 and 459~461.

15) Salisbury, pp. 160~172 and 178~187. 다음 자료도 보라. Braun, pp. 112~116.

16)《聶榮臻回憶錄》, 北京, 1983, 1, p. 256.

17) China Weekly Review, April 13 1935, p. 220. 기사는 이러한 인정의 말 다음에, 마오가 서쪽으로 가는 것처럼 행동하고 있지만 곧 동쪽으로 방향을 바꿀 것이라고 예측했다. 장제스 역시 같은 결론을 내렸다. 물론 마오는 정확하게 그 반대로 움직였다.

18) 왕톈시(王天錫). 다음 자료에서 인용했다. Salisbury, p. 165.

19) China Weekly Review, April 13, pp. 214~215; April 20, p. 247; April 27, pp. 283~284; May 4, p. 318; May 18 1935, p. 385.

20)《毛澤東年譜》, 1, p. 455; Yang, pp. 127~128; Salisbury, pp. 192~195; Peng Dehuai, Memoirs, pp. 366~371;《聶榮臻回憶錄》, 1, p. 13. 브라운 오토의 말에 따르면 장원톈도 마오를 비판했다고 한다(pp. 116~118).

21) Braun, p. 116.

22)《毛澤東年譜》, 1, p. 455; Braun, p. 118.

23) Salisbury, pp. 196~200; Braun, pp. 116~117; Snow, Red Star Over China, pp. 225~226.

24)《毛澤東年譜》, 1, p. 457; Braun, p. 119; Yang Dezhi(Yang Teh-chih), 'Forced Crossing of the Tatu River', in Recalling the Long March, Foreign Languages Press, Beijing, 1978, pp. 79~100.

25) Snow, p. 224.

36) Grace Service. 다음 자료에서 인용했다. Salisbury, p. 222.

27) Yang Chengwu, pp. 95~98.

28) Snow, pp. 229~230.

29) 스노와 마찬가지로 오토 브라운도 전해 들은 이야기를 근거로 삼아 병사들이 쇠사슬에 매달려 '손을 교차하여' 전진했다고 묘사했다(p. 119). 하지만 전투 현장에 있었던 양청우는 병사들이 "쇠사슬을 따라 기어갔다"고 기록했다(Recalling the Long March, p. 98).

30)《毛澤東年譜》, 1, p. 457; Salisbury, p. 231.

31)《毛澤東年譜》, 1, p. 457.

32) Braun, p. 120.

33) Snow, p. 231.

34) 다음 자료에서 인용했다. Smedley, The Great Road, pp. 325~326.

35) 王行娟, pp. 204~208; Salisbury, pp. 172~173. 허쯔전이 부상당한 곳은 윈난성과 구이저우성의 접경 지역인 판현(盤縣)이다. 1935년 4월 초에 일어난 일이었다.

36)《毛澤東年譜》, 1, p. 458; Yang, p. 140. 오토 브라운의 글에 따르면, 마오는 자진산 남쪽에 있는 톈취안(天全)에 도착했을 때, 처음으로 홍군 제4방면군의 위치에 대한 미확인 정보를 접했다고 한다(p. 120). 장궈타오는 제1방면군의 위치에 대해 거의 정보가 없었다(Rise of Chinese Communist Party, 2, pp. 372~373; Salisbury, pp. 232~233 and 239~240).

37) 1935년 6월부터 9월 사이에 벌어진 제1방면군과 제4방면군의 연합과 분열 상황은 주로 다음 자료를 참고했다. 《毛澤東年譜》, 1, pp. 458-474; Zhang Guotao, 2, pp. 374-428; Braun, pp. 129-139; 《聶榮臻回憶錄》, passim; Yang, pp. 129-161; 金沖及, 《毛澤東傳》; Salisbury, pp. 240-282. 특정한 출처가 필요한 경우에만 따로 명기했다.

38) 오늘날 공식적으로 중국은, 다웨이에서 마오가 2만 명의 병력이 있었고 장궈타오는 8만 명이 있었다고 추정한다(예를 들어, 《中國共産黨會議槪要》, p. 156을 보라). 두 병력 모두 과장된 것으로 보인다. 장궈타오의 기록에 의하면, 제4방면군은 4만 5천 명, 제1방면군은 1만 명밖에 없었다(2, pp. 379 and 382-383). 오토 브라운은 후이리에 있을 때 제1방면군이 2만 명이었다고 말했는데, 그의 말이 사실이라면 2개월 뒤에는 병력이 더 감소했을 것이다. 슈람은 제1방면군의 병력이 7천에서 1만 명 사이였다고 추정한다(Mao's Road to Power, 5, M. E. Sharpe, Armonk, 2004, p. xlii). 현재 입수 가능한 모든 정보를 종합해볼 때, 가장 개연성 있는 설명은 다웨이에서 합류한 두 홍군 부대가 모두 합쳐 약 6만 명이었으며, 이때 제4방면군이 제1방면군보다 4 대 1 혹은 5 대 1의 비율로 더 많았다는 것이다.

39) China Weekly Review, Oct. 20 1934, p. 256; Schram, Mao's Road to Power, 5, p. lxiii; 鄭玉顏, '懷念劉長勝同志', 〈上海文史資料〉, 10, pp. 68-69; 楊云若, 楊奎松, 《共産國際和中國革命》, 上海人民出版社, 上海, 1988, p. 367.

40) Yang, p. 141; Braun, p. 121. 다음 자료도 보라. Zhang Guotao, 2, p. 383.

41) 《毛澤東年譜》, 1, pp. 458-460; Yang, p. 142.

42) 《毛澤東年譜》, 1, pp. 460-461; 《中國共産黨會議槪要》, pp. 156-159; 金沖及, pp. 355-356; Zhang Guotao, 2, pp. 383-389. 량허커우에서 승인된 결정 사항은 다음 자료에서 볼 수 있다. ZZWX, 10, pp. 516-517.

43) 8월 3일 사워에서 개최된 군사위원회 회의에서 이러한 개편이 제안되었고, 다시 8월 4일부터 6일 사이에 같은 장소에서 열린 당 정치국에서 승인되었다(《毛澤東年譜》, 1, pp. 464-465; Saich, Rise to Power, pp. 677-685; 《中國共産黨會議槪要》, pp. 164-167). 좌측 대열은 4만 5천 명, 우측 대열은 1만 5천 명으로 추정된다.

44) 《毛澤東年譜》, 1, pp. 467-468; 《中國共産黨會議槪要》, pp. 167-170.

45) 1960년 베이징에서 마오가 스노와 대담을 나눌 때 언급한 말이다(Red Star over China[rev. edn.], Grove Press, New York, 1969, p. 432).

46) Salisbury, p. 263.

47) Braun, p. 136.

48) 홍군 병사들은 쓰촨성의 티베트 지역을 통과하던 중 너무나 굶주린 탓에 지역 주민들로부터 식량을 탈취해서는 안 된다는 오래된 규칙을 어겼다. 1940년대 옌안에서 '접경 지역 위원회'를 이끈 셰줴짜이(謝覺哉)의 회고에 따르면, 훗날 마오는 그러한 행동이 잘못된 것이기는 하지만 홍군 병사들이 티베트 마을에서 보리를 훔치지 않았더라면 전체가 굶어 죽었을 것이라고 말했다고 한다(Chen Yung-fa, 'The Blooming Poppy under the Red Sun', in Saich, Tony and van de Ven, Hans(eds.), New Perspectives on the Chinese Communist Revolution, M. E. Sharpe, Armonk, 1995, p. 275; 다음 자료도 보라. Sun Shuyun, The Long March, HarperCollins, 2006).

49) Salibury, pp. 269-270. 1960년대 초 기근 동안 중국의 수형자들은 말똥을 뒤져 곡물을 집

어먹었다(Bao Ruo-wang[Jean Pasqualini] and Rudolph Chelminski, *Prisoner of Mao*, Penguin, Harmondsworth, 1976, pp. 241-242).

50) Zheng Shicai, 'Battle for Pao-tso (Baozuo)', *Recalling the Long March*, pp. 156-162. 다음 자료도 보라. Yang, p. 156.

51) 于吉楠,《張國燾和'我的回憶'》, 四川人民出版社, 成都, 1982, p. 218.

52)《毛澤東年譜》, 1, pp. 470-472; Peng Dehuai, pp. 372-378.

53) 두 번째 전보 내용은 한 번도 공개된 적이 없다. 따라서 일부 역사가들은 마오가 다른 당 지도자들이 북쪽으로 계속해서 행군하도록 이끌기 위해 꾸며낸 이야기로 설명하기도 한다(Yang, pp. 158-161 and 294, n. 88; Salisbury, pp. 279-280. 다음 자료도 보라. Braun, pp. 137-138). 하지만 펑더화이의 설명에 따르면, 분명히 두 번째 전보가 오기 전에도 당 지도부는 장궈타오가 갑자기 무력을 사용할 수도 있다고 우려했으며, 장궈타오는 제1방면 군의 암호 해독표를 회수해감으로써 그러한 의심을 살 근거를 제공했다(pp. 374-376). 그 뿐 아니라 이 사건이 일어난 때와 거의 동시에 작성된 당의 문건을 보면, 장궈타오가 "당 중앙을 자신의 군대로 위협하기에 이르렀다"고 강하게 비난하는 구절이 있다('Politburo Decision Concerning Zhang Guotao's Mistakes', March 31 1937, in Saich, p. 755).

54) Snow, *Red Star over China*[rev. edn.], p. 432; *The Other Side of The River*, Random House, New York, 1962, p. 141.

55) Yang, p. 294, n. 92.

56) Yang, p. 159. 마오의 부대가 바시를 출발한 이후에도 두 부대는 교신을 계속했지만, 9월 10일자 교신은 장궈타오가 남쪽으로 가지 말도록 촉구하는 정치국의 마지막 노력이었다는 점에서 의미가 있다.

57) 장궈타오도 당시 주더가 그가 처한 상황 탓에 "침울해했다"는 것을 인정한다(2, p. 427). 주더로서는 장궈타오를 벗어나려면 혼자서 빠져나가 마오의 부대에 합류하든지 아니면 좌측 대열 가운데 있던 제1방면군의 작은 부대를 이끌고 탈출을 시도하든지 해야 했다(둘 다 자살 행위에 가까웠다). 아니라면 주더와 그의 총참모장 '독안룡' 류보청은 그저 장궈타오를 따를 수밖에 없었다. 마오는 명백히 주더의 처지를 이해하고 있었다. 1936년 7월 정치국은 코민테른에 다음과 같이 보고했다. "주더는 장궈타오에게 통제받고 있으므로 자신의 의견을 독립적으로 제시할 수 있는 자유가 없다."(《毛澤東年譜》, 1, p. 470).

58) Yang, p. 163.

59)《毛澤東年譜》, 1, p. 473, 458; Braun, p. 121; Schram, 5, p. xlvii. 대장정이 시작되기 직전인 1934년 9월, 모스크바에서는 소련 영토 내에 중국공산당의 임시 피난처를 마련해주고, 비행기와 대포를 포함한 직접적인 군사 원조를 제공하는 데 대한 논의가 있었다. 이로부터 1년 뒤인 1935년 8월, 스탈린은 린뱌오의 사촌이자 코민테른에 중국 대표부의 일원으로 와 있던 린위잉에게 홍군을 중국과 소련의 접경 지역에 주둔시키는 방안에 찬성한다고 밝혔다. 스탈린의 말이 마오에게 전해진 때는, 린위잉이 산시성(陝西省) 북부에 도착한 11월이었다. 그때쯤이면 마오는 소련 국경선 근처로 이동하겠다는 생각을 버린 지 이미 오래였다. 그 대신 그해 겨울에 그는 중국 서북 지역에 있는 근거지를 확대하여 "소련 및 와이멍구와 하나가 되는 과업을 완수"하자고 제안했다(Schram, 5, pp. liv-lv; 'The Zhiluozhen Campaign, and the Present Situation and Tasks', Nov. 30 1935). 1936년 4월 마오는 덩

파를 모스크바에 파견하여 소련의 군사 원조에 대해 논의하도록 했다. 중국공산당이 요청한 군사 원조에는 '소총, 탄약, 기관총, 대공포, 대포, 양쯔강을 건너는 도하 장비'가 포함되었다. 이후 몇 달 동안 마오는 소련과 직접 연결되는 통행로를 개설하는 것이 중요하다고 반복하여 강조했다(ibid., p. lxiii). 그러나 1936년 10월이 되면 스탈린은 소극적인 입장으로 돌아서기 시작한다. 소련이 직접 중국공산당을 원조하는 것처럼 보일 경우, 장제스가 일본과 단독으로 평화 협정을 맺을지도 모른다는 우려 때문이었다. 6백 톤에 이르는 소련의 군사 물자가 와이멍구를 거쳐 중국공산당에 공급될 것이라는 약속이 있었지만 실제로 성사되지 않았다. 한편 소련은 55만 달러를 현금으로 보내주었다(현재 가치로 환산하면 약 1천만 달러 정도이다). 이중 15만 달러는 상하이에 있던 쑹칭링을 통해 보내주었다(Sheng, *Battling Western Imperialism*, pp. 23 and 28-29; 楊奎松, '蘇聯大規模援助中國紅軍的一次嘗試', 《近代史研究》, 1995, 1, p. 260).

60) Salisbury, pp. 282-284. 다음 자료도 보라. Hu Bingyun, 'How we captured Latzukou (Lazikou) Pass', in *Recalling the Long March*, pp. 111-117.

61) 《毛澤東年譜》, 1, p. 476-477; Peng Dehuai, p. 381; Yang, pp. 167-169.

62) 《毛澤東年譜》, 1, p. 484. 다음 자료도 보라. Salisbury, pp. 289-293; Yang, pp. 176-181.

63) 《毛澤東年譜》, 1, p. 482. 정치국은 22일에야 대장정이 종료되었다고 선언했지만, 홍군은 그보다 3일 전에 이미 우치에 도착한 상태였다.

64) 쭌이 기념관에 전시되어 있는 여러 사진 속에 이러한 구호가 등장한다. 또한 1935년 1월 12일 마오가 쭌이에서 행한 연설문도 참고하라(《毛澤東年譜》, 1, p. 443).

65) Ibid., pp. 458 and 461; Braun, p. 122.

66) Coble, Parks M., *Facing Japan: Chinese Politics and Japanese Imperialism, 1931-1937*, Harvard University Press, Cambridge, MA, 1991, pp. 182-225.

67) Yang, p. 167; 《中國共產黨會議槪要》, pp. 173-175.

68) 《毛澤東詩詞對聯集注》. 다음 자료에 실린 번역문을 수정했다. Mao, *Nineteen Poems*, p. 19.

69) Saich, pp. 692-698.

70) 《毛澤東年譜》, 1, pp. 483-489; Peng Dehuai, pp. 384-387.

71) Saich, p. 709-723. 다음 자료도 보라. 《毛澤東年譜》, 1, pp. 497-499.

72) 개별 인터뷰 자료.

73) SW, 1, pp. 164-168 (Dec. 27 1935).

74) 예를 들어 11월 26일 마오는 린뱌오에게 "(동북군을) 우리 편으로 만들기 위해 적극적이고 정직한 방법"을 사용하라고 지시했으며, 12월 초에는 장쉐량의 동맹자인 양후청(楊虎成)에게 호의적 의사를 전달했고, 포로로 잡힌 동북군의 장교들을 석방하라는 명령을 반복하여 내렸다(《毛澤東年譜》, 1, pp. 490-491 and 493; Yang, p. 187).

75) 예를 들어, 다음 자료에 실린 국민당 지휘관들에게 보내는 마오의 서신들을 보라. 《毛澤東年譜》, 1, pp. 490 (Nov. 26), 494-495 (Dec. 5 1935) and 506 (Jan. 1936).

76) Ibid., pp. 483, 502 and 505; Peng Dehuai, pp. 387-389.

77) 《毛澤東年譜》, 1, pp. 506-508, 512 and 514.

78) Ibid., pp. 516-517 and 519.

79) Ibid., p. 534. pp. 522, 527-528 and 532-533도 보라. 다음 자료도 참고하라. Saich, pp.

741-742. 6월 20일 홍군이 동북군과의 교섭에서 따라야 할 공식 지침이 하달되었다(Saich, pp. 742-748).

80) Saich, p. 705;《毛澤東年譜》, 1, p. 493; Peng Dehuai, pp. 385-386 and 389.

81)《毛澤東年譜》, 1, pp. 499, 504 and 506; Peng Dehuai, pp. 390-393.

82)《毛澤東年譜》, 1, pp. 508-539; Yang, pp. 187-189; Peng Dehuai, pp. 394-397.

83) Yang, pp. 191-193, 195 and 299, n.10;《毛澤東年譜》, 1, p. 495. 다음 자료도 보라. Salisbury, pp. 311-312; Zhang Guotao, 2, pp. 424-428.

84)《毛澤東年譜》, 1, pp. 472-473; Saich, pp. 685-686; Yang, pp. 160 and 164-165.

85)《毛澤東年譜》, 1, p. 508; Pantsov and Levine, pp. 291-293.

86) Yang, pp. 193-198.

87)《毛澤東年譜》, 1, pp. 541-542.

88) Yang, pp. 211-218; Salisbury, pp. 319-321; Peng Dehuai, pp. 401-405; *History of the CCP, Chronology*, pp. 108-109.

89)《毛澤東年譜》, 1, p. 619.

90) Ibid., p. 467 (Aug. 19 1935).

91) Ibid., p. 519.

92) Saich, p. 711 (Dec. 25 1935). 1936년 여름에도 중국공산당은 장제스를 매국노로 묘사했다 (ibid., June 20 1936, p. 742;《毛澤東年譜》, 1, pp. 527-528).

93)《毛澤東年譜》, 1, p. 519. 1935년 11월부터 1936년 사이 다양한 평화 협정 제안에 관해서는 다음 자료에 상세하게 논의되어 있다. Schram, *Mao's Road to Power*, 5, pp. li-lii and lvi-lxii.

94) 다음을 보라. Coble, *Facing Japan*, ch. 8;《毛澤東年譜》, 1, pp. 527-528.

95) 1936년 1월 모스크바에서는 마오의 활동과는 별개로, 왕밍이 국민당과 여러 차례 접촉했다. 하지만 스탈린은 난징과 협조 관계를 수립하는 데 관심이 있었지만, 여전히 장제스의 진심을 확신하지 못했고, 결국 모스크바와 국민당의 만남은 성과 없이 중단되었다 (*Chinese Law and Government*, 30, 1, pp. 13-15 and 79-100;《毛澤東年譜》, 1, p. 568).

96)《毛澤東年譜》, 1, pp. 516, 519, 594, 596 and 607.

97) Ibid., p. 533. 확실히 모스크바보다 마오의 태도가 더 빠르게 변했다. 소련은 1936년 7월에야 중국공산당과 국민당 사이 통일전선 가능성을 진지하게 고려하기 시작했다 (*Kommunisticheskii Internatsional i Kitaiskaya Revolutsiya, Dokumenty i Materialy*, Izdatelstvo Nauka, Moscow, 1986, pp. 263-266).

98)《毛澤東年譜》, 1, pp. 552-556. 스노는 몰랐겠지만, 마오는 바오안에 7월 12일에 도착했다. 스노가 도착한 지 불과 하루 전이었다.

99) Snow, pp. 126-132.

100) Domes, Jürgen, *Vertagte Revolution: Die Politik der Kuomintang in China, 1923-1937*, de Gruyter, Berlin, 1969, pp. 641-644.

101)《毛澤東年譜》, 1, pp. 544 and 553. 코민테른은 7월 23일과 8월 15일자 전보를 통해 중국공산당에 이러한 노력을 더욱 강화하라고 촉구했다(Garver, John W, 'The Soviet Union and the Xian Incident', *Australian Journal of Chinese Affairs*(이하 AJCA), 26, pp.

158-159). 다음 자료도 보라.《毛澤東年譜》, 1, pp. 568-618; Saich pp. 764-768.

102) Saich, p. 572 (Aug. 25 1936). 이보다 열흘 전 스탈린은 코민테른의 서기장 게오르기 디미트로프를 시켜 마오에게 메시지를 보냈다. 모스크바에 있던 디미트로프는 바로 그 전달에 복구된 무전을 이용하여 스탈린의 메시지를 전달했다. 전달된 내용 중에는 "장제스를 일본 침략자와 같은 수준에 놓는 것은 잘못"이라는 지적이 있었는데, 이는 마오가 이미 4개월 전에 스스로 내린 결론과 같았다(*Kommunisticheskii Internatsional*, pp. 266-269).

103) Snow, p. 439.

104)《毛澤東年譜》, 1, pp. 589 (Sept.) and 608-609 (Nov. 12-13 1936).

105) Schram, *Mao's Road to Power*, 5, pp. lxxvi-lxxvii.

106)《毛澤東年譜》, 1, pp. 607 and 619-620; Taylor, *The Generalissimo*, pp. 125-126.

107) Bertram, James, *First Act in China*, Viking Press, New York, 1938, pp. 110-112.

108) Snow, p. 430; Wu, Tien-wei, *The Sian Incident: A Pivotal Point in Modern Chinese History*, University of Michigan Press, Ann Arbor, 1976, pp. 66-71; Coble, p. 343.

109) Bertram, pp. 114-115; Wu, pp. 72-73; Snow, Helen Foster(Nym Wales), *The Chinese Communists: Red Dust*, Greenwood Publishing, Westport, CT, 1972, pp. 194-196.

110)《毛澤東年譜》, 1, pp. 619-620; 王凡,《知情者說: 與歷史關鍵人物的對話》, 2, 中國靑年出版社, 北京, 1997, pp. 212-213. 이와는 다소 다른 이야기가 다음 자료에 실려 있다.《葉子龍回憶錄》, 中央文獻出版社, 北京, 2000, pp. 38-39.

111) Braun, pp. 182-183.

112) Bertram, pp. 115-123; Wu, pp. 75-80.

113) Ibid.; Kuo, Warren, *Analytical History of the Chinese Communist Party*, 3, Institute of International Relations, Taibei, 1970, pp. 228-229; Zhang Guotao, 2, pp. 480-481.

114) 葉永烈,《毛澤東與蔣介石》, 第一卷, 風雲時代出版社, 臺北, 1993, pp. 168-177;《毛澤東年譜》, 1, p. 621. 다음 자료도 보라. Zhang Guotao, pp. 480 and 482-483. 이 자료들 사이의 주된 차이는 장원톈의 입장에 관한 것이다. 장궈타오는 장원톈이 장제스를 사형에 처해야 한다고 말했다고 전한다. 그러나 예융례(葉永烈)는 장원톈이 장제스를 살려주어야 한다고 말했다고 주장한다. 모든 자료에서 마오는 장제스를 재판에 회부해야 한다는 입장을 취한 것으로 서술되어 있다. 마오는 1936년 12월 15일자 홍군 최고 사령부가 국민당 정부에 보낸 전보에서 "인민의 심판대"를 요구했다(ZZWX, 11, pp. 123-125). 하지만 5주 뒤 1937년 1월 24일 마오는 정치국 상무위원회 회의에서 이는 "잘못"이라고 말한다(《毛澤東年譜》, 1, pp. 645-646). "원흉"이라는 표현은 정치국 회의 직후 마오가 장쉐량에게 보낸 전보에서 사용되었다(Schram, 5, p. 539).

115) 다음 자료에는 12월 12일부터 15일 사이에 마오가 장쉐량에게 보낸 전보 다섯 개가 기록되어 있다.《毛澤東年譜》, 1, pp. 621-623. 이 가운데 세 개가 다음 자료에 번역되어 있다. Schram, *Mao's Road to Power*, 5, pp. 539-542 and 544-546.

116) 다음 자료에서 인용했다. Bertram, pp. 126-127.

117)《毛澤東年譜》, 1, p. 624. 다음 자료도 보라. Warren Kuo, 3, p. 228. 12월 13일부터 마오는 중국공산당에게 장제스와의 싸움은 일본과의 싸움과 "같은 차원"이 아니라고 계속 강조했다(《毛澤東年譜》, 1, p. 621). 12월 15일을 마지막으로 중국공산당은 장제스를 재판에 회부

해야 한다고 더는 주장하지 않았다.

118) Snow, Edgar, *Random Notes on Red China*, Harvard University Press, Cambridge, MA, 1957, pp. x and 21. 다음 자료도 보라. Zhang Guotao, 2, p. 484. 슈람은 당 역사가들의 말을 근거로 삼아, 마오가 모스크바의 개입에 매우 화를 냈다고 설명한다(*Mao's Road to Power*, 5, p. lxxxvii).

119) Yang, pp. 224-225; Garver, AJCA, 26 pp. 153-154, 157-158 and 164-173; 金沖及, 《毛澤東傳》pp. 418-419 and 422-423. 마오는 12월 13일 정치국 회의에서 "혁명적 사건"이란 표현을 사용했다(《毛澤東年譜》, 1, p. 621). 12월 14일 〈프라우다〉와 〈이즈베스티야〉는 장제스의 구금을 일본의 음모라고 비난했다. 장궈타오에 따르면 마오가 12일 모스크바로 보냈고 이에 스탈린이 답전을 보냈다고 한다(pp.482-483). 그러나 스탈린이 언제 발송했는지는 불명확하다. 디미트로프의 전보는 16일 모스크바에서 작성되었다. 그러나 전송의 복잡함과 암호화 및 암호 해독에 걸리는 시간 때문에, 바오안에 있던 마오에게 전보가 도착한 때는 17일 밤늦게 혹은 18일 아침이었다. 그런데 18일에 중국공산당은 전보 내용의 일부가 뒤섞여 있으니 다시 전송해 달라고 부탁했다. 완전한 내용이 다시 전달된 날은 20일이었다(杨云若和杨奎松, 《共産國際和中國革命》, p. 392). 그리고 그날 바로 시안에 있던 저우언라이에게 모스크바의 전보가 전달되었다(《毛澤東年譜》, 1, p. 626).

120) 12월 17일 〈解放報〉에 게재된 논설을 보면(17일 게재되었으니 16일에 작성되었을 것이고 따라서 디미트로프의 전보가 도착하기 전이라 할 수 있다) 벌써 평화적 해결을 주장하고 있다(Yang, p. 303, n. 25).

121) Schram, *Mao's Road to Power*, 5, July 23 1936.

122) 저우언라이가 마오에게 보낸 1936년 12월 18일자 전보를 보라(《毛澤東年譜》, 1, p. 624).

123) Bertram, pp. 143-152; Wu, pp. 135-153.

124) Schram, 5, p. 566.

125) Chiang Kai-shek, *General Chiang Kai-shek: The Account of the Fortnight in Sian when the Fate of China Hung in the Balance*, Doubleday, Garden City, 1937, pp. 149-150; Zhou, SW, 1, pp. 88-90 (Dec. 25 1936).

126) Zhou, SW, 1, pp. 569-572.

127) Wu, pp. 155-165; Bertram, pp. 205-206 and 219-220; 《毛澤東年譜》, 1, p. 639.

128) *Kommunisticheskii Internatsional i Kitaiskaya Revolutsiya*, pp. 270-272.

129) Wu, pp. 170-172; Coble, pp. 356-358.

130) 《毛澤東年譜》, 1, pp. 651 (Feb. 9), 657 (March 1), 657-659 (March 5 and 7), 674 (May 9) and 676-677 (May 25); 2, pp. 9 (Aug. 4), 13 (Aug. 18) and 23 (Sept. 22 1937). 1936년 8월 13일에 마오가 님 웨일스와 나눈 대화도 보라. Wales, *My Yenan Notebooks*, privately published, 1961, pp. 151-153.131) 《毛澤東年譜》, 1, p. 633 (Dec. 28 1936). 1937년 8월 9일 마오는 당 회의에서 장제스가 정책을 전환한 것은 "일본에 의해 강제된 것"이라고 말했다 (《毛澤東年譜》, 2, p.12).

132) Sun, Youli, *China and the Origins of the Pacific War, 1931-1941*, St Martin's Press, New York, 1993, pp. 87-90; 《毛澤東年譜》, 2, p. 4; Scram, 5, p. 695.

133) 《毛澤東年譜》, 2, p. 3.

134) Zhou, SW, 1, pp. 93–95; Yang, p. 241.

135) 《毛澤東年譜》, 2, p. 6.

136) Ibid., pp. 6 and 16; Sun, pp. 91–92; Yang, pp. 242–244; Wales, *My Yenan Notebooks*, pp 151–153.

137) 《毛澤東年譜》, 2, p. 23.

인명

ㄱ, ㄴ, ㄷ

ㄹ

ㅁ, ㅂ

용어

옮긴이_양현수

서울대학교 정치학과를 졸업했고 미국 컬럼비아대학에서 정치학 석사와 박사 학위를 받았다. 현재 전문 번역가로 일하고 있다. 옮긴 책으로는 《장칭》, 《트로츠키》, 《민주주의의 삶과 죽음》이 있다.

마오쩌둥1

2019년 1월 25일 초판 1쇄 발행

- ■ 지은이 ─────── 필립 쇼트
- ■ 옮긴이 ─────── 양현수
- ■ 펴낸이 ─────── 한예원
- ■ 편집 ──────── 이승희, 윤슬기, 양경아, 유리슬아
- ■ 본문 조판 ────── 성인기획
- ■ 펴낸곳　교양인
　　　　　우 04020 서울 마포구 포은로29 202호
　　　　　전화 : 02)2266-2776 팩스 : 02)2266-2771
　　　　　e-mail : gyoyangin@naver.com
　　　　　출판등록 : 2003년 10월 13일 제2003-0060

ⓒ 교양인, 2019
ISBN　979-11-87064-32-9　04990
세트　979-11-87064-31-2

이 도서의 국립중앙도서관 출판예정도서목록(CIP)은 서지정보유통지원시스템 홈페이지(http://seoji.nl.go.kr)와 국가자료종합목록시스템(http://www.nl.go.kr/kolisnet)에서 이용하실 수 있습니다.(CIP제어번호: CIP2018042561)